· 娱乐研究译丛 ·

主编 | 晏青　支庭荣

娱乐与社会
影响、效果与创新（第二版）

［美］谢伊·塞尔（Shay Sayre）
［美］辛西娅·金（Cynthia King）／著

张建敏／译

Entertainment
and
Society
Influences, Impacts, and Innovations
2nd Edition

中国传媒大学出版社
·北京·

本书受到国家社会科学基金重大招标项目
"互联网群体传播的特点、机制与理论研究"(15ZDB142)资助

总 序
PREFACE

古登堡发明印刷机距今近600年,但在最近一个世纪里,娱乐功能才正式进入大众传播的功能序列,出现了哈罗德·门德尔松(Harold Mendelsohn)的《大众娱乐》(1966)、威廉·斯蒂芬森的《大众传播的游戏理论》(1964)等专门性的著作。娱乐与大众媒介相伴而生,但人们对娱乐进行较深入的研究还是近60年的事。我们很难给娱乐下定义,因为它是一个常识性的概念。目前娱乐研究学者一般认为,娱乐是一种沟通性、需要外部刺激、能让一部分受众感到快乐的活动。

娱乐在不同媒介的认知逻辑中存在差异,并在文化变迁、技术迭代中积累成当下样态。娱乐现象最先出现于报纸媒介,是大众传播历史上出现的一个新现象,受到较多关注。从20世纪初的"小报",到硬新闻软化、故事化,娱乐新闻出现,直到当下,新闻娱乐化现象时时露头。相比其他媒介形式,因为娱乐潜能有限,报纸的娱乐化程度并不高,早期报纸作为资产阶级思想启蒙阵地身负重任,同时因为它使用的是文字逻辑,所以娱乐化现象在报纸上一经出现便引发了很多关注。

电影中的娱乐似乎没这么让人关注。电影中的娱乐随着技术发展越来越摄人心魄。当然,电影的娱乐性施予,本质在于电影是一种虚构的、讲故事的媒介,它以假定为真,利用奇幻的视听技术满足人们的白日梦。1877年,托马斯·爱迪生发明了留声机,它迅速成为该世纪最受欢迎的家庭娱乐设备。爱迪生试图给留声机提供视觉效果而让助理迪克森发明了"电影摄影机",间接促成了19世纪末的电影的诞生。1902年,庞大的电影生产设施被制造出来,电影的流水线生产得以实现。大概从1897年开始,考虑到观众新鲜感会消退,电影行业的人们不得不频频更换电影放映场地，辗转于各地的杂耍剧院、露天游乐场、马戏团帐篷、中学等，彼时观看电影成为一种日常生活中偶发性、嵌入式的娱乐方式。直至10年后世界上第一座豪华电影院在巴黎被建造出来，电影的光学技术才得以实现。20世纪，电影开始引入叙事、声音、特效等技法和技术，成为娱乐的典型形式。

20世纪60年代，电视成为主流媒介之后，娱乐开始成为一个媒介现象被广泛关注。中国的娱乐化问题于20世纪90年代从电视媒介开始受到广泛关注。电视媒介承载了很多功能，一方面因为其日常性、公共性，电视有了更多公共服务价值。电视台作为国家经营之物，是人们信息接收和认知的权威来源，电视被视为严肃的媒介。另一方面电视是一个混杂的话语系统，其中有大量现实指向的内容（新闻、纪录片），也有大量虚构性、娱乐性的内容（电视剧、综艺节目）。所以，娱乐化作为一种问题域和方法域同时存在。

21世纪前后，基于计算机的互联网成为大众追求娱乐的主要媒介，媒介技术2.0时代的赋权带来的内容创生、传播过程的操控感、娱乐体验的丰富性以指数级的速度增长。如今，娱乐阵地转向移动媒体、智能媒体。据CNNIC（中国互联网络信息中心）的数据，截至2021年底，我国使用手机上网的用户超过10亿。其中，短视频用户规模达9.34亿。如今的娱乐方式更加多元，仅以电影、网络视频、网络直播、网络游戏、网络音乐、网络文学等几种业态来看，娱乐方式就五花八门了，如游戏的沉浸式、高卷入度的故事讲述和社交驱动的数字体验。2021年，全球游戏市值超过1,984亿美元，全球32亿游戏玩家，其中亚洲游戏玩家占14.8亿。所以娱乐产业年产值何止万亿？

娱乐很少纯粹享乐至上，更多的时候是"复调叙事"，甚至被视为"注意力引擎"（attention engines）。信息娱乐（infortainment）、寓教于乐（edutainment）等做法深入人心。比如，健康教育、信息教育、意识形态被整合到流行娱乐形式中，旨在积极影响意识、知识、态度或行为，而且一般认为，这种方式能有效减少人们对劝服性信息的抵触情绪，从而更有效。

综上可见，娱乐产业之巨、拥趸之多！阿萨·布里格斯（Asa Briggs）认为，大众娱乐是现代产业的源头。整个社会似乎也泛娱乐化，娱乐已渗透于日常生活、社会结构之中。那么引发的问题是，为什么我们所处的时代是娱乐社会，或者说，为何娱乐在这个时代挥之不去？

古代社会的个体嵌入与他人、社会的关系，与自然世界和宇宙整体的关系，亦在"人、神、自然"的统一秩序和整体的关系结构中。这种关系结构成为个体安身立命、产生意义感和价值感的源泉。但现代社会发生了"个人主义转向"和"个人中心主义转向"。"人"被重新发现，个体的"自我"价值从各种整体性的关系和等级秩序中跳脱出来，并被赋予神圣性，作为权利承担者的个体被释放出来，个体的权利在现代社会原则里得到维护。各种宏大的、超验的价值秩序解体，个体的私体验、自我主义变成唯我主义，个体很容易追求"渺小和粗鄙的快乐"，变成尼采所说的"末人"（last man）。泰勒在《世俗时代》一书中将类似现象概括为世俗社会的表征。我们生活在世俗时代，世俗性是理解当代整体问题的语境，而我们道德的、灵性的或宗教的经验与追寻正是发生在这一语境之中。在他看来，西方社会的世俗性首先体现在"公共空间的世俗性""宗教信仰与实践的衰落"，对宗教的不信任"已经成为许多人主要的默认选项"。

西方社会个人主义的兴起，容易引发人们对渺小、粗鄙的快乐的追求，放逐神性文化，从而追求当下的媒介享受，娱乐兴焉。在一定程度上，这种逻辑也可以用来解释中国情境下的娱乐问题。个人主义无法描述中国问题的核心要素，但现代社会价值的共通性、市场经济的基本运作原则，使得世俗性、个体、自我在我国成为一个需要正视的问题。

娱乐产业不仅丰富，而且是世俗社会的典型形态，它还适应人的生理心理结构。功利主义倡导者边沁认为，人类由痛苦和快乐主宰，道德的最高原则就是使幸福最大化。娱乐带来快乐。神经科学揭示，快乐是复杂的奖赏系统的核心部分，其核心体验是脑部深处的腹侧纹状体（伏隔核是其主要组成部分）运作的结果。眶额叶皮层中部与腹内侧额叶还会对快乐进行编码。另外，我们也应该认识到，文化多元的重要性。正如威廉·冯·洪堡（Wilhelm von Humboldt）所说的，人类的多样性发展，有着绝对而根本的重要性。以上罗列的种种说明，娱乐在社会生活中的重要性、广泛性，呼唤研究者入场。

如果将娱乐比喻成一个天平，一端住着"真善美"，另一端藏着"煽色腥"。国内主要选择"煽色腥"这一端进行伦理批判。在具体实践中，"娱乐问题"这一口头禅将娱乐问题化，也是很多讨论的逻辑起点。可能是无意识的，也可能是惯性使然，人们将娱乐单维度、武断地问题化，对其采用一种"被治理、规制"或"我们要严阵以待"的隐含语义系统的表达手段，并套入相应的理解框架。比如，"娱乐至死"这一术语将娱乐框定为一种"不祥之物"，而将娱乐者框定为一个"赴死者"，将提供娱乐的媒体框定为"作恶者"。

几十年来的相关研究汗牛充栋，看似繁花似锦，实则基础不牢、风雨飘摇。可以这样描述国内娱乐研究的问题：一是娱乐本体理论研究空缺。此现象甚是怪异，学界皆谈娱乐，可它究竟是何物，如何发生的，具体机制是什么等问题基本被漠视。可能是因为人人皆知娱乐，无细究的必要？二是主体意识缺乏。娱乐理论在学术界往往被边缘化。娱乐现象广受关注，但娱乐缺乏由内向外辐射的能力，往往成为流行文化、媒介伦理等研究的"婢女"。三是受限于固有的思维。研究陷于价值判断或不规范的规范。但大多数研究将娱乐视为冲毁主流价值堤岸的泥石流，从价值层面建立一套大众媒介的规范准则，试图用"应然"去推断"实然"。

无法有效展开娱乐研究的原因如下：一是早期的传播学者选择研究大众媒体的劝服功能而非娱乐功能，这个侧重点被长时期保持了下来。二是娱乐占据人们的日常时间，俘获了他们的注意力，因此研究者们误认为这对人类行为变迁没有决定性作用。这两条是娱乐研究者20多年前就提出来的。具体到国内，可能还要加上两条：一是中国的忧国忧民传统，让学者更关注严肃、沉重的事件，而将娱乐视为"轻佻"之物；二是实证主义研究滞后，近十几年有所缓解，但仍任重道远，这影响了娱乐研究的质量。这一系列因素，造成国内外关注的理论问题、选取的理论文本、研究方法都存在差异。

宽泛定义上的娱乐研究可以上溯至古希腊，理论成果包括柏拉图的游戏理论、马斯·霍布斯之幽默的优越论、赫伯特·斯宾塞之笑的理论、弗洛伊德之幽默的精神分析理论等。现代娱乐理论是从20世纪70年代开始的。世人大范围谈论娱乐，尤其以大众媒介为中介的娱乐现象成为一个被人广泛关注的对象，娱乐的媒介体验也开始成为学者们的关切点。发展至今，娱乐研究已有扎实的基础，众多学者已经构建了理论概念，并积累了相关体验，形成了娱乐研究的基本观念。

实际上，娱乐研究有两个学术传统，一个是受到法兰克福学派影响形成的批判传统。这些学者包括以利胡·卡茨（Elihu Katz）、大卫·福克斯（David Foulkes）、哈罗德·门德尔松等人。这个视角的研究，对信息的内容和形式进行了精确观察，并对符号系统和观众对娱乐的解释情境做了详细描述。只不过这个视角的娱乐研究在国外学术传统中中断了，相反，我国部分研究走的正是这条道路，但其往往将娱乐视为一个材料或对象，"顾左右而言他"。另一个是以道尔夫·齐尔曼为代表的研究传统，这是目前国外的主流研究范式。它在动机和情感心理学基础上发展而来，依赖于积极心理学、自我控制理论、道德心理学等理论资源，产生娱乐双因素模型、情感倾向理论、情绪管理理论、兴奋转移理论等娱乐理论，但这一传统在我国基本空白。

基于此，本译丛试图缓解我国这一困局："人民日益增长的美好生活需要和不平衡不充分的发展之间的矛盾。"

（1）丛书以娱乐本体理论为旨归，围绕"娱乐"这一内核事件的知识体系展开。《娱乐理论：牛津手册》一书在2021年由牛津大学出版社出版，近千页的篇幅，对娱乐理论的阐释不可谓不详。它为传媒娱乐研究提供了大量基于传播学和心理学的理论与模型，可视为人文社会科学研究的知识资源。全书论及基础理论、心理体验、特定娱乐形式、特定娱乐现象等，对娱乐理论、心理过程有深入讨论，对经典小说、VR（虚拟现实）视频游戏、虚构故事、媒介体育等各种"旧"和"新"的娱乐媒体做了梳理。

（2）心理学是国外娱乐研究最重要的传统和路径。丛书选择《娱乐心理学》《娱乐劝服心理学》两本论著，聚焦娱乐的心理学机制。前者聚焦心理学的视角与范式，从娱乐选择、接收和处理的基本机制与过程，到选择和接收媒介信息获得娱乐体验的机制与过程，以及娱乐理论中的心理学理论与模型等。后者从"劝服"这一新的视角，探讨娱乐媒体如何影响其受众，及其背后的心理加工机制。具体内容涉及植入式广告、品牌电影、电视节目和赞助活动等。

（3）对社会的影响是我们反思娱乐的重要面向。《娱乐与社会：影响、效果与创新》（第二版）讨论娱乐与社会是如何互塑的，侧重于讨论技术和文化融合对当代娱乐业的影响；讨论娱乐与经济、商业、文化、法律、政治、伦理、宣传、技术等的关系。

（4）娱乐理论要落脚到具体平台和经验材料上，迪士尼（Disney）、社交媒体是娱乐在传统媒体和新媒体领域的两个典型代表。《迪士尼政治经济学：好莱坞的文化资本主义》关注娱乐世界中的资本主义、娱乐经济的崛起、休闲文明的陷阱、好莱坞叙事等问题，对电影娱乐生产的论述较为精彩。《社交媒体娱乐》聚焦的是社交媒体平台催生的创意产业：社交媒体娱乐。社交媒体娱乐迅速扩张，传统娱乐业被迫将重要的权力和影响力让给内容创作者、"粉丝"和订阅者。数字平台为嵌入式广告创造了一个新市场，随之改变营销和传播领域。

译介这些论著，希冀国内的娱乐研究具有更多可资运用的理论资源，用以有效回答、解释当代娱乐文化现象。固然，这些理论、模型产生于国外语境，有部分还需要辨析，尤其需要结合中国文化语境进行理论消化和运用，我们不提倡西方理论崇拜，但也绝不漠视它。这些著作对娱乐的内在心理机制以及各种理论的阐述，为国内娱乐研究提供了一个好的"手电筒"。

在译丛即将付梓之际，作为丛书的组织者，有许多发自肺腑的感谢之言。首先，向这些著作的原作者致谢，他们原创性的成果为我们提供了宝贵的资源借鉴；其次，各位译者克服种种困难完成翻译任务，因为有他们，这些思想才得以以中文呈现；最后，感谢中国传媒大学出版社张毓强社长，他对丛书的优化提出了宝贵的建议。

娱乐研究需要我们重新理解日常经验和数字化生活，从现有的理论之林抽离，发展能够解释当下娱乐现象的理论体系。希望我们的工作最终能够得到广大读者的认可，以绵薄之力推动国内传媒研究的蓬勃发展。谨序。

晏　青　支庭荣

2022年6月12日

前 言
PREFACE

在史诗般的巨著《理性与无意识的关系》一书中,西格蒙德·弗洛伊德(Sigmund Freud, 1905—1958)曾宣称,"我们不知道是什么带给我们快乐,我们不知道因何而笑"(Freud, 1958, p.107)。四分之三世纪之后,费舍尔(Fischer)和梅尔尼克(Melnik)认为,"娱乐理论本身实际上是不存在的"(Fischer, Melnik, 1979, p.xi)。

时过境迁,过去的30年见证了令世人瞩目的变化,多样化的融合、数字媒体技术的激增,使娱乐信息在现代社会中无处不在。伴随着科技和娱乐渠道的急剧变化,娱乐科学领域的进步也变得同样重要。这些知识的发展不仅巩固了娱乐理论的实证基础,还极大地提高了娱乐理论的质量,增加了其数量。

这种现象具有多个维度,其影响之广泛和深远,以致一些学者认为我们生活在娱乐时代(Zillmann, Vorderer, 2000)。其他人则强调娱乐爆炸造成的功能失调,并哀叹娱乐至死(Postman, 1985)。

这些技术发展的结果之一是庞大而极其复杂的娱乐工业迅速发展。今天,娱乐是众所周知的媒体信息系统的重要组成部分,就连因循守旧的报业也纷纷设立娱乐部门。基于人们对娱乐信息系统的需求,娱乐业已成为全球价值万亿美元的产业(Emanuel, 1995)。许多经济学家已经开始认识到娱乐是新世界经济的驱动力(Wolf, 1999)。

娱乐学术研究的同步激增给高等教育领域带来了深刻变革。值得庆幸的是,这些学术进展不仅帮助我们理解娱乐产业的结构性变革本质及其影响,更让传媒学者能更透彻地把握娱乐的用途与传播流程。以研究娱乐的一门交叉学科——传播学为例,我们仅撷取传播学众多变化中的几种来审视就很具有启发意义。

- 首先,为传播专业服务的主要专业协会正在发生一系列变化。

- 例如，新闻与大众传播教育协会（AEJMC）于2000年成立了一个娱乐研究兴趣小组；国际传播协会（ICA）于2005年成立了一个以娱乐为导向的游戏研究兴趣小组；2008年，广播教育协会（BEA）启动了以娱乐理论和研究为重点的系列研讨会。
- 其次，传播学方面的期刊也在发生变化：传统的传播学杂志，如《传播学理论》，专门发行了娱乐研究专刊。此外，像《媒体心理学》这样较新的传播期刊，经常把一期的一半篇幅分配给娱乐学术文章。事实上，在2008年的《媒体心理学》第11卷第4期中，所有的文章都聚焦于娱乐理论。
- 致力于娱乐理论及研究的编撰类学术书籍明显激增，多达数卷，如坦南鲍姆（Tannenbaum）的《电视的娱乐功能》（1980），戈德斯坦（Goldstein）的《我们为何观看：暴力娱乐的吸引力》（1998），齐尔曼（Zillmann）与沃德勒（Vorderer）的《传媒娱乐：魅力的心理学》（2000），什鲁姆（Shrum）的《娱乐媒体心理学》（2004），布莱恩特与沃德勒合著的《娱乐心理学》（2006），而两人合著的另一本《玩电子游戏：动机、反应和后果》（2006）已成为学术界的畅销书。

这些发展无疑已经摧毁了费舍尔和梅尔尼克关于"娱乐理论本身实际上是不存在"的声明（Fischer, Melnik, 1979, p.10）。此外，在这些著作中不断涌现并日益完善的诸多娱乐理论已广受认可，使得弗洛伊德那句百年格言——"我们不知快乐从何而来，亦不明因何发笑"（Freud, 1958, p.107）——遭到了前所未有的质疑。

作为后现代、后工业社会的特征，娱乐的作用毋庸置疑，尽管最近娱乐领域的学术研究汗牛充栋，但只有一本综合性的、最新的娱乐教科书可供学生使用，而你手中拿着的正是这一本。《娱乐与社会：影响、效果与创新》（第二版）是对目前娱乐研究的完美汇编与综合，它深入阐释了娱乐对当今公民与社会的影响。

这本教科书有许多可圈可点之处：行文风格平易近人，图片和案例的选用既与时俱进又独具匠心。但最令人激赏之处在于，它既坚守理论研究的高度，又巧妙嫁接现实应用，将娱乐理论与流行文化熔于一炉，透彻解析两者对当代消费者与社会的影响。这种平衡殊为难得。

具体来说，第一部分介绍并清楚地阐释了娱乐理论的原则，以及在媒体丰富的现代社会中娱乐是如何运作的。这一部分的焦点包括娱乐媒体、娱乐类型和娱乐过程。此外，部分章节还分析了消费娱乐信息对不同受众所产生的副作用。第二部分以娱乐理论的基本原理为框架，清晰而系统地探讨了多个核心议题，重点关注娱乐经济，以及与之相关的品牌塑造、种族文化、全球化进程、伦理问题与监管政策等主题。第三部分介绍了媒体娱乐和流行文化的创新与变革，极为罕见地考察了古典表演艺术、娱乐与旅游及旅游业的相关性，富有洞察力和挑战性，分析了娱乐在新兴媒体与社会中的未来。

这是一本充满惊喜的教科书，精准切中了当代读者的兴趣点。它在坚持学术严谨性的同时，又能巧妙融入丰富的流行文化语境。阅读本书将是一场充满启发的探索之旅，既能获得新知，又能引发深思。有幸读到这本珍贵著作的读者是幸运的，因为他们将在才华横溢的谢伊·塞尔和辛西娅·金两位学者引领下，畅游娱乐时代的智慧海洋。

詹宁斯·布莱恩特
2009年于阿拉巴马州塔斯卡卢萨

第二版介绍

自2003年本书第一版出版以来,娱乐业有了许多新的发展。通过更新,这个版本重新定义了娱乐塑造我们生活的方式,并将其分门别类。

因为我们处于一个娱乐社会,所以我们提供本文作为对当代生活的基本解释。一种跨学科的研究娱乐的方法意味着我们的研究需要涵盖媒体、美国研究、社会学、商业、法律和传播领域的一系列话题。我们的讨论借鉴了社会科学和人文主义理论,以及市场营销、文化人类学、心理学、经济学和传播学等学科的研究成果。

本书追溯了当今社会、文化、技术、政治和法律现状对娱乐发展的诸多影响,重点聚焦于娱乐产业和娱乐消费是如何塑造这些日常现实的。

很多课程把娱乐视作大众文化的组成部分,本书的写作初衷就是用作课程导论,它涵盖了与21世纪的生活直接相关的广泛主题。熟悉这些学科的读者也将从这本书中受益,因为它将娱乐的一般概念应用于各种应用程序和学科中。

在每一章中,我们都会以"聚焦"为题重点介绍最近某些领域的最新发展,并以"近观"为题总结与所讨论的主题相关的最新的娱乐发展的一个方面,"时事速览"显示当前的统计数据和困境。在这个版本中,我们提供三个主要部分,共分为17章,请见以下提纲。

第一部分 影响:理论框架和指导原则(第一章~第五章)

在本书的第一部分,我们将围绕"理解娱乐对现实社会的作用"这个主题展开介绍。第一章对娱乐进行界定,并追溯了娱乐从早期表演到新媒体传播的发展历程。我们从理论和研究的角度,探讨了注意力经济对当代社会的重要性。第二章聚焦我们的融合文化——娱乐、广告与技术的融合。我们讨论后现代主义,以及后现代主义在融合中的作用与它对社会的影响。第三章我们研究娱乐受众的本质，详述粉丝、主动观众和被动观众以及细分型受众群体的特征，并讨论娱乐受众研究的本质。第四章涉及戏剧和故事，包括悲剧、喜剧、悬疑、恐怖片、真人秀和体育赛事。第五章讨论媒介效果理论、研究方法以及媒体影响文化的方式。

第二部分　效果：社会原因和效应（第六章~第十二章）

第二部分将讨论娱乐业务、市场营销、技术发展和信息时代道德规范的影响力。娱乐对我们文化的影响以及娱乐的社会成因与效果对全球环境的影响也在本节讨论之列。第六章将概述注意力经济、企业并购、技术影响以及服务行业、演出行业、电影行业和音乐行业的行业动态。第七章将讨论品牌化娱乐和主题化娱乐的本质，深入讨论营销组合、赞助行为、嵌入式广告、主题空间和符号现实等议题。第八章则概述娱乐法规的多个方面。第九章论述娱乐伦理中的哲学原理。第十章考察世界各地的宗教是如何将娱乐融入其教义和仪式的，以及我们作为社会人，如何利用社交媒体和榜样与他人建立联系。第十一章将追踪娱乐对种族和文化的影响。了解刻板印象和超级英雄如何塑造我们的信仰与价值观，并讨论美国媒体对全球态度和行为的影响。第十二章则研究娱乐实践中成瘾和暴力的表现方式。

第三部分　创新：当代趋势与实践（第十三章~第十七章）

第三部分将着重论述大众传媒、现场表演和旅游行业的创新性，论述娱乐行业的发展趋势与实践行为及其对未来的启示。第十三章通过政治、社会行动和教育中的娱乐，探讨娱乐中的宣传。第十四章则主要围绕大众传媒（印刷、广播和互联网）展开探讨，包括对大众传媒的创新与未来的探讨。此外，表演艺术（戏剧、歌剧、电影、音乐和舞蹈）对娱乐的贡献将在第十五章中介绍。与此同时，我们也将关注舞蹈、喜剧、节日、乐队演唱会、马戏、牛仔竞技、赛狗会、斗牛以及体育赛事，因为它们也已演变成今天的娱乐活动。第十六章探讨旅游业、自然风光和人文景点，以及娱乐在娱乐观众方面的作用。在最后的第十七章，我们将关注新媒体、互动性，并探讨技术将如何影响我们未来的生活方式和娱乐体验。

目录

第一部分 影响:理论框架和指导原则

第一章 娱乐一切 …………………………………………………… 3
第二章 融合文化 …………………………………………………… 24
第三章 理解娱乐受众 ……………………………………………… 51
第四章 戏剧与讲故事 ……………………………………………… 86
第五章 娱乐效果 …………………………………………………… 120

第二部分 效果:社会原因和效应

第六章 注意力经济:商业与技术 ………………………………… 153
第七章 品牌娱乐与主题化 ………………………………………… 191
第八章 标准问题:法律权利与义务 ……………………………… 231
第九章 资讯娱乐时代的道德规范 ………………………………… 270
第十章 宗教与社会化 ……………………………………………… 311
第十一章 种族、文化与全球化 …………………………………… 343
第十二章 罪恶之城:暴力、性、毒品和赌博 …………………… 375

第三部分 创新:当代趋势与实践

第十三章 娱乐的宣传作用:政治、行动主义和教育 ………… 417

第十四章　媒介娱乐……………………………………… 450
第十五章　舞台上的现场表演艺术……………………… 492
第十六章　旅游、景点和娱乐…………………………… 516
第十七章　新媒体与未来娱乐…………………………… 550

参考文献……………………………………………………… 584
索引…………………………………………………………… 613
图片版权……………………………………………………… 638
后记　跨越文化鸿沟的学术跋涉………………………… 640

1

第一部分

影响：
理论框架和指导原则

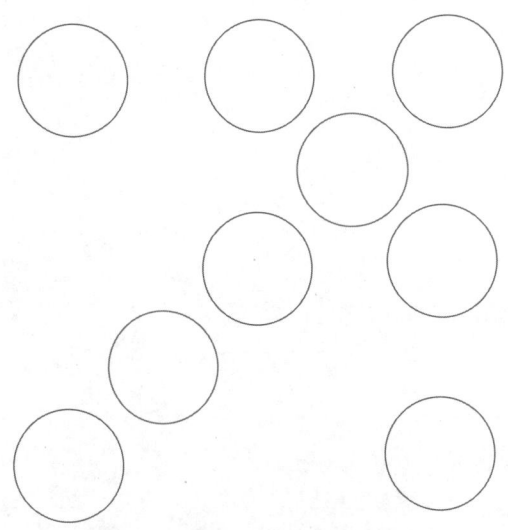

第一章　娱乐一切

> 沿着人生的高速公路，一切都是路边的风景。
>
> ——汤姆·罗宾斯（Tom Robbins）

在2000年，我们大都经历过为体验付费的情况，美国人更是将娱乐视为生活中实实在在的一部分。普通美国人在娱乐上的支出，比在汽油、家居用品和衣服上的花费更多，而且娱乐消费金额与外出就餐的花费几乎相同。普华永道会计师事务所称，到2010年，全球娱乐和媒体支出将超过1.8万亿美元（见图1.1）。我们已经过渡到"体验经济"时代，每个人都成了商业市场的一部分。[1] 娱乐业通过对模拟世界和虚拟现实的访问来包装体验。因为人类活动的很大一部分都与娱乐相关，所以娱乐是社会的重要组成部分。娱乐驱动社会行为，正因如此，它的贡献、意义和影响值得研究。

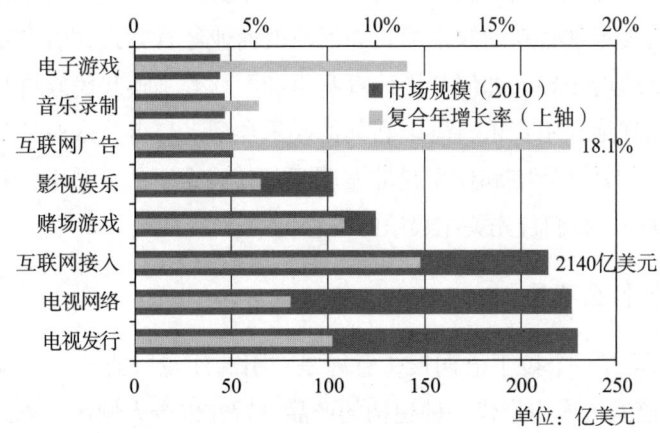

图1.1　全球娱乐和媒体产业（2010）

资料来源：www.metrics2.com/blog/2006/09/19/global_entertainment_media_industry_will_grow_to_1.html。

娱乐与社会

正如标题所暗示的，本书重点关注我们的社会如何影响娱乐的发展，以及娱乐如何反过来影响观众和更广泛的社会。当我们谈论"社会"时，它指的是许多因素，包括文化、商业、法律、政治、技术甚至宗教。显而易见的是，音乐、电影和电子游戏等娱乐项目反映了我们不同的文化。娱乐所讲述的故事，故事中人物的穿着和谈吐，常常是真实人物和事件的折射。例如，你可以分辨出法国电影和美国电影的区别，这不仅是因为语言的差异，而且是因为故事情节、场景、摄影风格，甚至是人物微妙的举止差异，反映了产生它们的文化的差异。

在接下来的章节中，我们将了解文化是如何通过从嘻哈音乐到拉斯维加斯（Las Vegas）旅游景点的各种娱乐活动进行传播的。我们也将探索娱乐塑造文化的方式，从"汉娜·蒙塔娜"效应等肤浅化的趋势到更严重的指责，从美国输出的娱乐正在使世界各地的文化变得"美国化"。与文化密切相关的宗教也在娱乐的发展中发挥了重要作用。我们将追溯包括音乐、体育和讲故事在内的多种娱乐形式的起源，以及宗教教义和仪式。同样，我们将思考当代娱乐对观众信仰和道德的潜在影响。

我们还会研究不断变化的法律和经济因素如何影响娱乐趋势。我们分析了放松管制与经济环境的不确定性如何推动索尼（Sony）、迪士尼等企业逐步发展为横跨娱乐全产业链的巨头——从电影制片厂到音乐公司，再到体育赛事特许经营权，业务版图不断扩张。我们还将探讨技术进步的影响，包括互联网改变音乐和广播等传统行业的方式，并为聚友网（MySpace）、脸谱网（Facebook）、优兔网（YouTube）和其他基于网络的娱乐提供商铺平了道路。此外，我们还会介绍将娱乐、新闻和广告融为一体的融合技术概念。

另外，我们将揭示这些新的娱乐形式如何改变商业经营方式并引发新的法律法规的出台。我们将看到政府领导人如何利用体育赛事和国歌等来唤起民族自豪感，以及反对派激进组织如何同样地利用音乐、电影和其他娱乐类型来赢得公众对其事业的支持。在某些情况下，娱乐的社会影响和作用是非常明显的。在余下的章节中，我们将深入探讨这些关系。在本章中，我们首先关注娱乐的概念。

什么是娱乐，什么不是

"娱乐"这个词有一个拉丁语词根，意思是"引起注意"或"令人愉快地转移注意力"。多年来，它已发展成为指代一种建构的产品，旨在以令人愉快的方式刺激观众以换取金钱。娱乐是一种现场的或有中介的体验，被有意识地创造、资本化、推广、维护及发展。换句话说，娱乐是某人故意为他人创造的。娱乐很容易找寻、进入和消费。当然，娱乐对于广大观众来说具有吸引力、刺激性、感官性、情感性、社交性和道德性。

正如我们现在所阐释的，娱乐是一个具有特定组件的业务。娱乐可以作为一种产品、服务或体验存在。娱乐产品可以是有票出售的现场演出和活动（见图1.2）；也可以是以印刷品或电子形式呈现的，有媒介载体的电视节目和电影。电视和电影是完全致力于创造娱乐产品的行业。

旅游和酒店业为游客提供服务；场馆也为体育、景点和一些娱乐活动的观众提供服务。服务旨在为消费者和观众带来愉悦的娱乐体验。

图1.2 作为娱乐的舞台表演

娱乐与产品和服务的不同之处在于它的体验成分。与产品和服务不同的是，体验是易逝的——只有在我们参与或观看的时候，体验才会持续；体验是无形的——它们是当下的，内容不断变化。

娱乐的关键时限方面是它的易逝性。就像水果不易储存一样，体验具有时间敏感性，并且随着时间的推移，它们的重要性会降低。与我们购买的纪念品不同，体验不能带回家——它们存在于我们的记忆中，而不是我们的购物袋中。我们可以购买一本书，但阅读的体验仍然是精神上的。虽然书皮和图片可能会引诱我们购买这本书，但这本书的体验乐趣存在于它的语言消费中。体验不是像黄金那样的投资品，也不是像爆米花那样的消耗品，体验是无形的，内容不断变化。体验的价值取决于受众为其付费的意愿。您最后一次为体验付费是什么时候？值这个价吗？

建构体验

娱乐总是被建构起来的，而且是有意识地被建构。娱乐的生产是通过主观意图和设计进行的，对于何为娱乐及娱乐的目的我们很清楚。其结构特征如下：

- 娱乐是由训练有素的专家和经验丰富的专业人士提供的，这些专业人士常常是团队作战；
- 大多数娱乐产品是一系列人士多方面投入的结果；
- 娱乐通常由一个主导人物或中心人物（如制片人、导演、作家等）组织并做出决策；
- 娱乐是一个由符号组成的网络，这些符号往往会经过塑造、模式化和打磨，以增强观众的体验；
- 大多数娱乐产品都依靠技术来最大限度地发挥其功效；
- 营销推广在观众实际接触娱乐产品之前，就告知观众如何体验。

当然，娱乐产品设计的目的是供人愉悦。但娱乐的主要目的是吸引观众，为了吸引、培养和留住观众，娱乐产品必须刺激观众以产生愉悦效果。作为资本逻辑下生产的产品，娱乐是为了赚钱而开发的——总有一条底线需要考虑。同时，娱乐可以激发强烈的情绪，可以教会我们不知道的东西，可以帮助我们从现实生活中逃离到模拟或替代的体验中。

如果你觉得娱乐就是一切，那你几乎是对的。它是我们日常生活的一部分，但也有一些事情不是娱乐：

- 娱乐不是艺术，尽管它有时可能渴望并达到艺术的水平；
- 娱乐不是平凡的生活，它与生活相关但又有不同的感觉、时间和情感；
- 娱乐不是真实的，因为娱乐使用的是更刺激的手段，以产生更好的体验；
- 娱乐不是理智的思想，它更像是简单而熟悉的思想，带有一丝惊喜；
- 娱乐不是道德，因为娱乐不会被评判为好坏，只是娱乐而已。

娱乐参与者

体验娱乐的两组参与者分别是消费者和评论家。对于消费者来说，娱乐的体验是不断成长和发展的。我们一开始是无知者，没有接触过任何娱乐，我们无法解释这种经历。作为新手，我们了解娱乐并最终发展为更高层次娱乐的爱好者。我们中的一些人发展为对娱乐产品有强烈依恋的粉丝；还有一些人成为幕后研究人员；另外一些人则发展为享乐主义者，他们不断追逐最好的产品。

对产品做出判断或评价并能解释其判断标准的人被称为批评家。简单的批评者讲述他们的经历而不解释原因；真正的批评家了解不同的受众，能够很好地解释和捍卫他们的判断，以说服其他人同意他们的观点。能够解释娱乐产品和其原理的具有原创想法的人是理论家。他们从五个角度审视娱乐产品：性别、经济、文化、媒体（技术形式的影响）和生产。本章稍后将向您介绍理论。

娱乐产业由四个关键要素构成：掌控产品整合流程的制片方，专注内容创作的创意团队，负责市场推广的营销人员，以及最终为娱乐产品与服务买单的消费群体。粉丝们致力于追随娱乐提供商和明星，他们将粉丝体验作为休闲时间的主要活动。正如我们将在后续章节中了解到的那样，消费者是对各种娱乐品牌拥有忠诚度的观众和粉丝。观众关系因其忠诚度和支持度而受到业界重视。

游戏的世界

娱乐及其故事对现代社会的影响始于空闲或休闲时间的到来。休闲时间是我们完成工作后剩下的时间。就其本质而言，休闲是社会分层的——富人比穷人能够购买更多的空闲时间。因为只有那些不必辛劳糊口的人才能享受，所以休闲活动一度为少数富有者、有权势的人所专属（见图1.3）。

在几个世纪后的美国，休闲时间是工业革命的产物，工人们有越来越多的空闲时间，同时负担得起娱乐活动的费用。娱乐的起源可以追溯到表演和游戏。无论是作为宗教仪式、神秘仪式还是文化仪式，这些休闲活动都发展为我们今天所享受的戏剧、游戏和体育赛事。

图1.3　作为娱乐参与者的攀岩运动爱好者

时间在手：休闲方式

我们有多种打发空闲时间的方式，命名这些休闲方式的术语有助于我们理解它们在社会中的作用。如上所述，我们将空闲时间、随意使用的时间称为休闲，它来自一个拉丁词，意思是"自由"。休闲是为了自身利益而进行的活动，是一种与工作无关的活动，是社会阶层的一种功能。现代休闲常常是指用于去一些休闲场所及进行一些休闲活动的时间。各种包含娱乐和消遣元素的消费活动现在都被认为是娱乐。我们进行三种类型的休闲体验：游戏、娱乐和消遣。

娱乐是包含在休闲中进行的活动或体验，出于满足感、愉悦感或创造性的充实而进行。娱乐业的发展是为了通过丰富青少年的游戏活动、扩大成人的娱乐活动，为其提供一条摆脱"无聊—疲劳"循环的途径。娱乐包括引人入胜的表演，尤其是公开表演，如音乐会、戏剧，还包括从喜剧或魔术中获得的乐趣。娱乐是一种愉快的消遣，如游戏或奇观，尤其是能从游戏中获得个人满足感。

我们今天享受的每一种休闲形式都属于上述三类之一。例如，身体活跃的成年人可能更喜欢娱乐活动；其他成年人则通过园艺自娱自乐，或通过媒体的娱乐活动寻求逃避，或享受悠闲购物以此作为远离工作的消遣。通过列出一周的活动，你会对你的个人娱乐偏好有所了解。图1.4显示了15岁以上的人每天平均花费的休闲时间。

尽管在某些行业的分类中这三种休闲方式都被归为娱乐工业，但是评判娱乐工业的更好方式是以内容为基础。娱乐工业将内容以三种不同的方式呈现给观众：现场表演（戏剧、音乐会）、媒体（电影和电视）以及互动体验（娱乐、游乐园、旅游和游戏）。在本书中，"体验"一词代表了所有形式的娱乐内容。

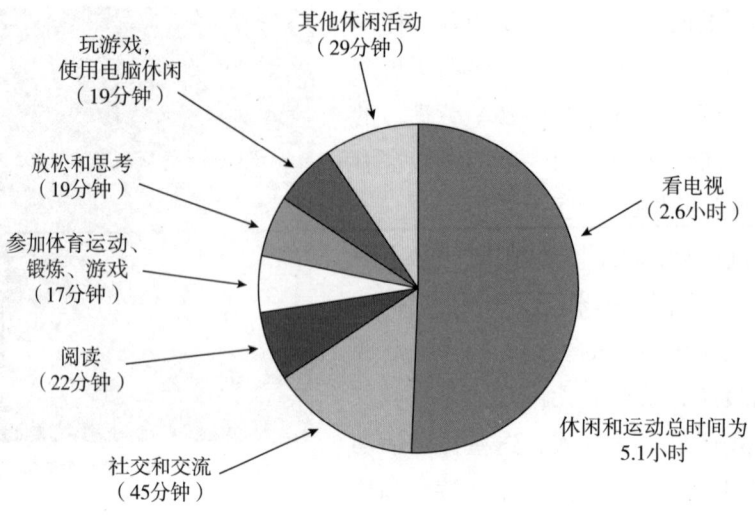

图1.4 休闲的形式

注：数据包括美国所有15岁及以上的人。数据包括一周中的所有天数，是2006年的年平均值。
资料来源：劳工统计局（Bureau of Labor Statistics）。

时事速览　在美国15岁及以上的人群中，有96%的人平均每天都会进行某种休闲活动，如看电视、社交或锻炼。男性花费的时间（5.7小时）比女性（5.0小时）多。看电视是占据美国人大部分时间的休闲活动，无论是男性还是女性，平均约占其休闲时间的一半。社交（拜访朋友、社交活动）时间每天大约为45分钟。男性比女性更有可能每天参加运动、锻炼或娱乐。阅读、玩游戏或使用电脑休闲的时间因年龄而异，75岁以上的人平均每周所花时间最多。
资料来源：劳工统计局，www.bls.gov/news. release/atus.nr0.htm。

时间在手：游戏的概念

随着闲暇时间的不断增多，人们开始专注于拓展游戏的概念。根据赫伊津哈（Huizinga）的说法，[2]游戏甚至在文化本身出现之前就已经存在，从文明开始就伴随和滋养着文化。他断言，人类社会中所有伟大的原型活动都渗透着游戏。为了将游戏定义为一种文化功能，将其与日常生活环境区分开来，他定义了游戏的主要特征：

- 游戏是一项自愿活动——没有人强迫我们玩；
- 游戏脱离现实——它是一天中的一个插曲，提供暂时的满足感；
- 游戏受地域和持续时间的限制——它有开始和结束；
- 游戏受规则控制或支配；

- 玩游戏者具有狂热的社群意识——体育迷就是这样一个社群；
- 游戏提升象征性的秘密感——它迥异于日常生活；
- 游戏是一项神圣而深刻的活动——它涉及仪式、典礼和举行象征性活动的场所。

现代游戏可能会表现出与赫伊津哈所提出的游戏概念不同的特征。例如，作为一种超乎寻常的活动，游戏被认为可以为人们提供在工作或日常生活消费中得不到的回报。今天，我们日常生活中的大部分消费都充斥着各种形式的游戏。

现代意义上的游戏是享乐主义的产物。作为文化运动的一个方面，享乐主义是我们个人追求纯粹快乐和即时满足背后的塑造力量。享乐主义消费指的是休闲体验的概念框架（见图1.5）。享乐主义表现在玩游戏、购物以及自我放纵和愉悦的活动中。

图1.5 水上滑板是一种休闲体验

在调查娱乐的发展过程中，我们尝试找出游戏概念的新方面，以增加其原始概念的维度。

游戏理论

游戏被视为娱乐活动的产物，其定义来自拉丁语 "ludenic" 一词，指游戏、娱乐、竞赛、戏剧和礼拜仪式表演。根据威廉·史蒂芬森的说法，[3] 游戏精神对文化的发展至关重要——舞台艺术、军事、辩论、政治、婚姻规则等都是以游戏为基础的。

游戏可以分为四个类别：竞技、机遇、模拟和眩晕。竞技类游戏涉及双方，如足球和国际象棋。机遇类游戏指的是投色子、中彩票等。模拟类游戏包括表演和角色扮演。眩晕类游戏是指那种会让人产生头晕感觉的游戏活动，如秋千、摩天轮和舞蹈等。如表1.1所示，这些类别中的每一种都可以在当代娱乐形式中找到。

史蒂芬森确定了游戏的三种方式：Wan是一种安静的、感性的中国游戏方式，如印度圣经《爱经》所呈现的；Paideia是原始的和纯粹的游戏，从中可以体验到无忧无虑的欢乐和不受控制的、幻想的感觉；Ludus是一种正式的游戏，在具有规则、惯例和技能发展的游戏中都可以发现它。游戏的维度可以从Paideia发展到Ludus。与工作相反，游戏能培养忠诚、竞争力和耐心。通过游戏，我们学会了构建秩序，构思经济，制止单调，建立公平。

表 1.1　游戏分类

维度	竞技	机遇	模拟	眩晕
	竞赛	碰运气	仿真游戏	恐高类眩晕游戏
派地亚	赛跑	吟诗	滑稽模仿	旋转类游戏
放风筝	摔跤		幻觉游戏	骑行
	田径	猜正反面	魔术	摇摆
	拳击			华尔兹
棋牌	国际象棋			狂欢节
	台球	打赌押注	撕名牌	滑雪
填字游戏	足球	幸运转盘	装扮游戏	
体育运动/训练	体育运动			爬山 走钢丝

资料来源：R.柯林斯，《人、游戏与竞技》，纽约自由出版社，经D.L.米勒(1970)改编，《神祇与游戏：万向游戏理论》，纽约：哈珀与罗出版社。

游戏理论将游戏和休闲与工作区分开来，认为工作涉及现实和生产，而游戏提供自我满足的体验。这个理论同时解释了游戏是如何带来快乐的，并认为快乐是一种具有不同层次的感受：生理上的快乐（就像一顿美餐消除我们的饥饿感）；与事物的关联以及自我与事物之间的关系（如骑自行车）；物品本身（最喜欢的物品）；交流的乐趣（欣赏电影）。

表演性娱乐

在21世纪，娱乐以两种形式呈现在全球范围内：一种是观众观看他人在竞技场或舞台上表演的活动，另一种是体验者参与活动，如游戏和旅行。无论是在最好的时期，还是在最坏的时期，娱乐都在全球观众的休闲活动中发挥着作用。马戏团及其表演者是有组织表演的先驱，他们提供娱乐来填满观众的闲暇时间。我们可以将西方娱乐的起源追溯到庞贝时代的罗马，当时的赛马等表演穿插着战车比赛，形成了我们现在熟知的马戏团。为了迎合当时的喜好，罗马马戏团以运动员奋战至死、动物决斗来娱乐大众。凯撒的观众为与野生动物搏斗的角斗士们欢呼；他的马克西穆斯竞技场（Circus Maximus）容纳了25万名观众。对于我们中的许多人来说，最初的娱乐体验产生于马戏团。

马戏表演中一些最著名的名字——驯兽师克莱德·比蒂（Clyde Beatty）、小丑埃米特·凯利（Emmett Kelly）和空中飞人埃斯卡兰特家族（Escalante Family）。他们有如此声望在很大程度上要归功于一位女马戏公关人员雪莉·奥康纳（Shirley O'Connor），[4] 82岁的奥康纳是好莱坞一家公关和广告公司的老板，她花了36年的时间宣传著名的林林兄弟（Ringling Brothers）和巴纳姆&贝利马戏团（Barnum & Bailey Circuses），她的丈夫是那里的领队。作为巡回马戏团的一部分，羊头人、鳍状肢男孩和双面人等表演者每年都会在美国各地的巡回演出中亮相。

如今，像太阳马戏团（Cirque du Soleil）等传统与现代杂糅的马戏团已经用舞者和小提琴取代了小丑及蒸气风琴。尽管大马戏团（Big Top）仍在美国各主要城市巡回演出，但传统马戏团毕竟是一个逝去时代的历史遗迹。你家附近有多少孩子会想到离家出走去加入马戏团？

笑声与戏剧

小丑的前辈们被称为宫廷滑稽演员，他们身材矮小，负责逗皇室大笑。这些一线喜剧演员是深夜节目当家人杰·雷诺（Jay Leno）和戴卫·莱特曼（Dave Letterman）等人的前辈。

喜剧中心（Comedy Central）上的新闻喜剧节目让人们发现，约翰·斯图尔特（John Stewart）的《每日秀》提供的讽刺视角，往往比严肃的演讲更能揭示真相（见图1.6）。如果您对政治娱乐感兴趣，并且希望能够勘破所有政治营销迷雾背后的真相，那么看他的节目尤其重要。

图1.6　2007年约翰·斯图尔特因《每日秀》获得艾美奖

剧院的诞生是对休闲娱乐最伟大的贡献，其首次以在露天圆形剧场为成千上万的希腊人演出的形式登上历史舞台。戏剧节在雅典时期非常受欢迎，举行戏剧节时，所有商业活动都被暂停，甚至囚犯也被允许参加。当演员在一个高高的舞台上表演时，其表演成就了一部专业的作品。一些表演者的初级阶段往往是扮演小丑。格里马尔迪（Grimaldi），一个由女性扮演的讽刺角色，彻底改变了舞台表演由男性主导的历史。在讽刺喜剧成为巴黎的热门节目后，女性在舞台上用舞蹈和歌曲娱乐观众。在美国西部，沙龙里的滑稽表演是疲惫的牛仔们的主要消遣节目。

经常与现场演员竞争的是木偶，木偶的起源可以追溯到大约4000年前的印度。早期的木偶是部落仪式上用的面具，其特点是带有铰链的下巴或有关节的头骨，主要用于宗教仪式。之后，木偶渐渐演变成四肢活动的人物。到了16世纪，木偶戏在欧洲非常流行。在18世纪，手偶被广泛用于儿童节目表演。[5]在美国，早期电视节目中出现的木偶明星包括提线木偶豪迪·杜迪（Howdy Doody）、口技表演者假人查理·麦卡锡（Charlie McCarthy）、手偶羊排（Lamb Chop）和布偶（Muppets）。

游戏规则

游戏是一种以规则、竞争以及身体技能、策略、机会和虚构元素为特征的玩乐形式。[6]游戏始于公元前2000年的中国围棋和日本的围棋游戏。3000年前,彩票以基诺彩票(Keno,一种赌博)的形式资助了中国长城的修建。从中世纪欧洲城市的郊区到现代美国,游戏在人们的社会化过程中发挥了重要作用。

通过玩游戏来娱乐自己是娱乐的一个重要方面。在18世纪的英国,捉迷藏和猜字谜等室内游戏是社交舞蹈的替代品。棋牌游戏起源于基督诞生前的罗马。从印度来到西方,国际象棋早在公元700年就很流行。纸牌游戏大约在1300年始于西班牙,在100年内,四种标准的纸牌套装(梅花、方块、红桃、黑桃)在法国固定下来。到了20世纪初,大富翁和拼字游戏开始流行,到了1970年,桌游《龙与地下城》横空出世。台球、沙狐球和射击比赛始于新英格兰的体育比赛。在过去的几十年里,当街机从昏暗脏乱的街道搬到区域性大型购物中心时,它已经成为游戏行业的重要组成部分。现在,街机游戏已发展成为一个创造数十亿美元的利润中心。电子游戏厅的兴起,使其再次焕发生机,每年创造着数十亿美元的收入。

自从在亚洲诞生以来,彩票就为从食品到武器的一系列产品提供了公共资金。意大利是第一个为中奖者颁发奖金的国家,向美国人展示了如何通过玩彩票获得奖金。彩票利润资助了独立战争中的殖民地军队以及大多数常春藤盟校。新罕布什尔州于1964年发行第一个国有彩票,如今已有38个州效仿这种做法。彩票行业向全国提供了25万个工作岗位,彩票产品在全国超过24万家零售商处销售。彩票爱好者甚至可以在megawin.com上在线玩游戏。图1.7显示了2005年至2006年美国各州彩票的人均销售额。

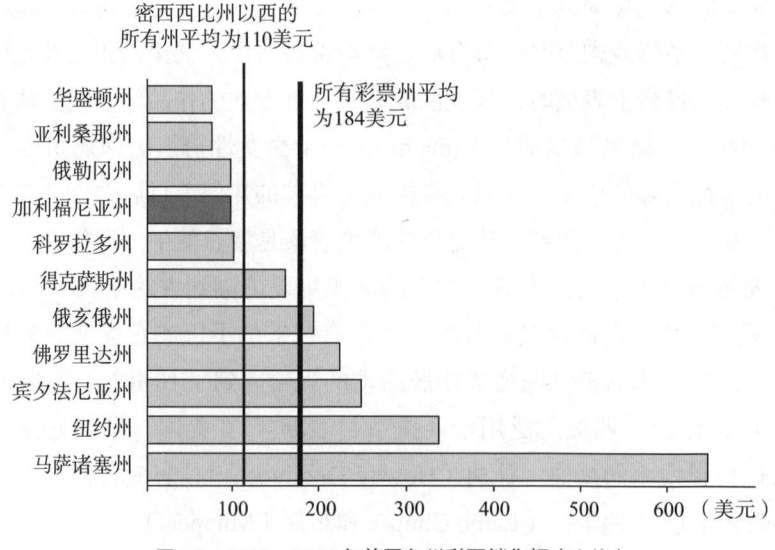

图1.7　2005—2006年美国各州彩票销售额(人均)

在各类运动形式中，竞技体育最受大众青睐。作为奥林匹克运动的发祥地，古希腊曾举办长达9英里的四马战车竞速赛，单场参赛选手可达40人，场面蔚为壮观。古罗马皇帝克劳狄斯（Claudius）更将全年93个节日定为体育盛会；至公元4世纪，国家资助的大型娱乐活动几乎隔日上演。而2008年，北京成功举办了全球瞩目的夏季奥运会（见图1.8）。

图1.8　北京奥运会的标志

随着全球观众和城乡演出参与者的增加，公共娱乐场所在现代社会的发展中发挥了重要作用。例如，当第一个广播节目准备好对外传输时，观众已经准备好并愿意让某些方面的表演进入他们的个人家庭，大众传媒因此崛起，并走上了自主发展之路。

大众传媒娱乐

与现场表演不同，有中介的娱乐活动主要在家中进行。2007年，美国各类媒体的总花费（广告）约为9300亿美元。[7]观众从公共空间撤离到私人空间，这不仅改变了娱乐的性质，也改变了我们的生活方式。随着大众电子传媒时代的到来，戏剧从一种参与性活动转变为一种视觉奇观活动。有线电视和卫星电视让用户能够从大量节目中进行选择，以满足他们的各种口味和偏好。

自从1959年AMC（美国电影院线）推出"首映电影"概念以来，电影业已经将名人作为流行文化的通用货币。[8]我们利用各种媒体来关注名人活动。当我们对追逐名人感到厌倦时，我们会使用互联网登录到我们最喜欢的网站进行娱乐、接受教育和狂欢。随着千禧年的到来，娱乐业发展成为一个价值4800亿美元的产业，而且处于经济增长和文化演变的最前沿。[9]

如今，技术推动了多种形式的娱乐，并与现场表演竞争，但也为现场表演留有生存空间。事实上，主题音乐（通过流行文化传播的主题音乐）的出现增强了人们购物和餐饮等日常体验。在爱乐乐团为电影伴奏的音乐会上，表演和技术的结合随处可见，如最近洛杉矶的一场音乐会上，爱乐乐团与经典卡通人物鲁尼·图恩（Looney Toon）联袂演出。

大多数时候，我们的体验并不局限于一种媒介或传输系统，相反，我们有随身携带的便携式电子设备。我们用"融合"这个术语来解释娱乐、广告和技术融合的现象。第二章中详细描述的融合则是动态的，它正在改变媒体、音乐和广告行业合并以及进入市场的方式。这种现象也被称为"麦迪逊和葡萄藤"（Madison and Vine）效应。[10]

> **时事速览**　2008年第一季度是互联网视频行业的分水岭，有两项重大举措相继推出：苹果公司在iTunes（免费数字媒体播放应用程序）上出租大型工作室电影，Hulu（视频网站）提供广告资助的数百个电视节目流媒体——甚至是大制片厂的故事片。你认为哪种类型的视频对视频的内容所有者回报最大——电影、电视节目、新闻或者体育节目？
> 资料来源：www.adamsmediaresearch.com/index.asp。

媒体的优势和融合在我们的日常生活中得到了体现。随着我们不断地从工作中解放出来，我们越来越多地玩各种形式的体验游戏。我们在健身房锻炼开始新的一天，在苹果手机上浏览晨报，在iPod（数字多媒体播放器）上听下载的音乐，或者在开车上班时收听广播脱口秀；我们使用社交网络与朋友联系，玩一些在线游戏，在主题餐厅吃饭，在大型购物中心购物，然后在睡觉前看美国奈飞公司（NetFlix）的DVD（数字化视频光盘）。在周末，主题公园、餐厅和旅游胜地是娱乐消费者与旅行者的热门场所，它们常常使人们模糊真实体验和模拟体验之间的区别。如果你能在拉斯维加斯体验威尼斯，为什么要去意大利呢？

理论和研究的作用

这种由大众媒体塑造的戏剧化、夸张的世界观，可以通过传播学、社会学、市场营销学、哲学及心理学等多学科理论（见图1.9）进行阐释。我们将在第四章和第五章对此展开深入探讨。关于娱乐对社会的影响，理论奠定了讨论的基础，所以呈现这些理论是为了让你更好地理解娱乐在21世纪是如何变得如此普遍和重要的。

大众媒体提供了一种机制，人们通过它来寻求自我认同，并通过它参与日常生活中的实际或替代行为。通过媒体及其符号，我们在戏剧结构的框架下理解我们的生活。本书将所有类型的休闲活动和戏剧性的娱乐视为游戏——给人以愉悦的体验。游戏为我们提供一些可以与他人交谈的共同点，有时游戏因处在变革的最前沿而能够帮助我们撼动社会。

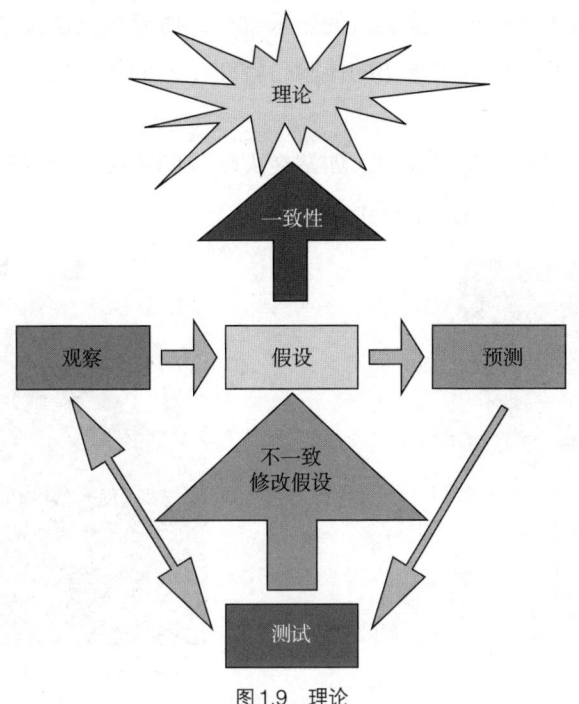

图 1.9 理论

媒体与娱乐研究的核心目标,在于系统考察并深入理解社会群体与个体如何认知、应对游戏这一文化现象,以及游戏如何被有机整合进当代生活方式之中。研究以各种形式贯穿全书。统计数据提供了观众参与的"内容",而定性访谈提供了娱乐影响观众、消费者和粉丝的"原因"。基于对娱乐的研究仍处于起步阶段,研究致力于回答我们如何与新技术互动,以及如何融合盈利、表演和营销等重要问题。这项研究大多集中分析这种融合。

娱乐体验

我们的生活已经成为基于兴趣和闲暇时间的一系列体验。我们通过各种方式来获得娱乐体验,而这基于我们的参与及从中所获。我们可以通过被动吸收、教育学习、完全参与和审美欣赏四种方式获得娱乐体验,即被动娱乐(见图1.10)、教育娱乐(见图1.11)、逃避现实的娱乐(见图1.12)、审美娱乐(见图1.13)。下面我们将对这些娱乐领域进行解释:

- 被动娱乐是指人们只是通过感官体验,而没有太多参与;在 iPod 上听音乐或阅读小说都是被动的体验。
- 教育娱乐需要一个人的积极参与,这种参与是在解决问题时发生的。专业电视频道和公共广播提供的娱乐,可以让我们更了解我们的世界。

- 逃避现实的娱乐体验比其他类型的娱乐或教育体验更具沉浸感。主题公园、赌场和虚拟现实游戏提供逃避现实的体验，旨在让人们暂时摆脱现实生活，得到喘息的机会。
- 当我们沉浸于视觉文化体验中，如站在大峡谷的边缘，参观艺术画廊，或在星巴克闲逛看路人时，就会产生审美娱乐。

图1.10　听音乐（被动娱乐）

图1.11　从电视中学习（教育娱乐）

图1.12　玩电子游戏（逃避现实的娱乐）

图1.13　享受温暖海风（审美娱乐）

我们对娱乐体验的任何投入都取决于我们的可用时间。你在这些娱乐领域花费了多少时间？

时间就是注意力

我们身边有太多触手可及的娱乐体验选择，这是娱乐供应商获得主要利益的地方，他们为争夺我们的注意力展开了激烈竞争。经济学家迈克尔·戈德海伯（Michael Goldhaber）用"注意力经济"来描述这种状况。作为一种稀缺资源，注意力是娱乐营销人员最抢手的商品。从电视节目到旅游目的地，再到体育运动，如今的消费者比以往任何时候都拥有更多的选择。这一点在互联网上表现得最为明显。人们只要按几下键就可以进入众多网站，获取海量的有关产品、服务、体验和品牌的信息。尽管我们的选择可能很多，但我们的时间和金钱是有限的。似乎每个人都想要我们的时间和金钱，但要得到这些，他们必须首先引起我们的注意。

注意力有两种价值：工具性的（引起我们注意的方式）和终端性的（对自我的注意）。与金钱一样，注意力也具有工具价值，因为它可以为你带来你可能想要的其他东西。说服通常被描述为一个过程，而被注意始终是第一步。因此，许多想引起你注意的人真正的目的可能是想要别的东西。例如，广告商争夺你的注意力，以便说服你购买他们的产品或服务；非营利组织期待你的注意以便说服你去做志愿者或捐款；你的朋友需要你的注意力可能是希望你帮他们一个忙；等等。

但注意力也有所谓的终极价值，这意味着许多人为了它本身而重视它。想想孩子们会做些什么来引起父母的注意？或者更糟糕的是，人们愿意做些什么或说些什么来参加全面公开的脱口秀节目？甚至"注意"这个词也表明注意力具有内在价值。我们重视我们给予的关注和我们得到的关注。

娱乐原则

注意力可能是有价值的，但金钱买不到它，至少不是直接能买到的。即使你付给人们数千甚至数百万美元，他们也不能保证你会得到他们的关注。我们中的大多数人都能回忆起我们曾经读过的书、听过的讲座和看过的节目。尽管我们怀揣良好初衷，但纵使竭尽全力，仍难免在过程中会走神，甚至更糟——沉入梦乡。

注意力自然是娱乐的用武之地。如果某件事很无聊，我们就不会去关注它。因此，注意力经济也是一种娱乐经济。无论你是拍电影还是做广告，如果你没有引起观众的兴趣——也就是说，如果你不娱乐他们，他们就会停止关注。

 聚焦工作中的娱乐   **暑期线上虚拟工作**

比起在快餐店打工或从事食品包装等传统暑期工作，如今越来越多大学生选择在《安特罗皮亚世界》（*Entropia Universe*）这样的虚拟空间中做电商，从事虚拟兽皮和武器的交易。尽管这些商品仅存在于虚拟空间，却能带来真实的财富收益——例如，就有一位大学生通过4个暑假的网络交易，累计赚取了3.5万美元的可观收入。

这些学生代表了一种新的创业者，他们在虚拟世界中寻找财富。随着暑期工作岗位的减少，精通技术的年轻玩家正在利用他们的计算机技能来满足他们对虚拟商品和服务日益增长的需求。在线虚拟游戏《第二人生》中有一些典型工作动漫人物，如时装设计师、建筑师和房地产开发商。玩家个人在虚拟商场购物，购买房产，与朋友闲逛，或者待在家里看电视，等待来自现实生活中的对手的计算机命令。

劳动力市场研究显示，青少年暑期就业人数已降至60年来的最低水平。但虚拟世界中的赚钱机会稳步增长。高德纳咨询公司（Gartner Media）预测，到2011年，全球80%的互联网用户将拥有一个虚拟动漫头像，这使得虚拟动漫角色在网络文化中随处可见。推动就业的是IBM（国际商业机器公司）和阿迪达斯（Adidas）等进入《第二人生》游戏的公司。

《安特罗皮亚世界》拥有72.2万名玩家，可以使用 Entropia ATM 卡从现实银行提取在线赚取的虚拟货币。《第二人生》玩家在虚拟服装、珠宝、住宅、汽车和房地产上的每日平均花费在150万美元。该网站有150万玩家使用信用卡购买菩提树，这是游戏《第二人生》中流通的货币——270棵菩提树相当于1美元。虚拟商家使用林登实验室运营的货币兑换系统将利润转换成美元，该系统通过实际支票或 Pay Pal 账户支付收益。

以下是两个学生真实的成功案例：

- 21岁的阿里拉·弗曼（Ariella Furman）是费城天普大学（Temple University, Philadelphia）的大四学生，是一名电影制作人，与其他玩家控制的虚拟角色一起编写剧本和拍摄场景。她与 Popchal 和 Electric Sheep Co. 等媒体技术公司签订了合同，为IBM和世界银行等客户制作视频。预计夏季收入每月2000~4000美元。
- 25岁的约翰·埃尔肯伯里（John Elkenberry）是东密歇根大学（Easter Michigan University）伊普西兰蒂分校（Ypsilanti）的大四学生，是 Digeridoo 设计公司（Digeridoo Design）的土地开发商，负责建造整个《第二人生》社区。他的客户是微软、CNET（业务公司）和英特尔，他为 Splenda 零卡路里甜味剂建造了一个主题公园。预计夏季收入每月3000~4500美元。

资料来源：《华尔街日报》，2008年5月16日。

讽刺的是，虽然你很难花钱买来他人的关注，却可能让他们心甘情愿为你付费。人们会为娱乐付钱给你。只要你让人们开心，你就会得到他们的关注。消费者为阅读报纸、杂志和书籍，看电影和听音乐付费。但是，如果你希望人们给予他们关注和金钱，你最好能提供一些真正好的东西。

让观众开心并不容易。昨天让观众开心的事，今天未必会让他们开心。每本新书、电影、电子游戏或购物中心都必须比上一个更好。当然，更宏大、更大胆、更好的节目通常更贵，但观众不想为今天的娱乐节目支付比昨天更多的费用。尽管观众愿意为娱乐付费，甚至支付高昂的费用，但娱乐提供商——那些制作杂志、电影和音乐的人——仍然发现仅靠这些内容的销售很难盈利。例如，报纸和杂志很少从发行中赚钱。他们的利润通常来自广告商的广告收入，这些广告商为利用出版物吸引注意力而付费。

事实上，真正吸引你注意力的内容通常是免费提供的。电视和广播对观众来说一直是"免费的"，音乐会或体育赛事等表演往往也是"免费的"，这种免费娱乐就是为了吸引广告商和观众的注意力。同样，音乐会场馆和剧院通常不仅从门票销售中获利，还会通过特许销售来赚钱——你在那里购买的饮料、爆米花和T恤。因此，尽管企业可能无法直接购买我们的注意力，但它们通过支付娱乐"诱饵"的成本来间接购买我们的注意力，而娱乐"诱饵"就是用来吸引我们注意的。

上网冲浪是当今最受关注的活动。通过网络交流并试图通过网络获得关注的人数正在不断增加。网络发送多媒体或虚拟现实信号的能力不断增强，这就使得营销人员能够通过这些手段吸引用户的注意力。脸谱网、优兔网和聚友网等社交网站都依靠广告为会员提供一个以娱乐方式展示自己的免费场所。

时事速览 在15~17岁的女孩中，70%的女孩在聚友网、贝博和脸谱网等社交网站上有经常使用的个人资料页面，而同龄的男孩这一比例为57%。尼尔森在线的一项类似研究显示，年龄在18~24岁的女性中，社交网络用户占17%，而同一年龄段的男性用户占12%（皮尤研究中心，2008）。

资料来源：www.diversityinc.com/public/3483.cfm。

本章小结

"我该如何度过闲暇时光？""我要买什么样的体验？"两个问题推动了世界上最大的工业的发展。从一开始，人们就以寻求娱乐来缓解日常劳作的压力。但直到最近，娱乐才成为人们的主要活动。虽然我们无法避免或逃避与娱乐的接触，但我们在选用哪种形式的娱乐、使用频率以及愿意花多少钱等方面具有选择权。本书在探讨各种体验式娱乐模式时，关注的是"空闲时间"如何演变为"每时每刻"。在大众媒体的推动下，消费型观众被改造和诱惑，怀着对体验的渴望，进入了超级资本主义的世界，这个世界由追求幻想和乐趣所推动。

正如我们将在接下来的章节中所看到的，游戏和寻欢作乐无处不在。娱乐的激增对我们有什么影响？影响至深。我们已经身处一个"如果不好玩，我们就不想做"的社会。这本书将带你了解我们娱乐一切的文化。

 聚焦全球娱乐　　　　　　　　　　　　　　　　　　　　娱乐无处不在

娱乐正经历着一个全球性融合的过程，每个国家都在用自己的方式来娱乐自己和他人。亚洲、南美和非洲的娱乐形式通常是构成西方娱乐文化分支的基础。这里介绍的一些起源于世界各国的娱乐形式，可以通过相关网站进行深入探索。日本动画（动漫）出

图1.14

图1.15

图1.16

现在我们的电视屏幕上，漫画书充斥着我们的书架。图1.14显示的男孩，是动漫《猫男爵》中的角色。《宝可梦》、《凯蒂猫》和《哆啦A梦》等热门动漫在西方文化与亚洲文化中都很受欢迎。更多信息请访问www.japan-zone.com/modern/tv_anime.shtml。[1]

在过去十年里，中国带有民族文化特色的主题公园如雨后春笋般涌现。欢乐谷是最新、最精致的游乐场，其特色是设有可供儿童骑乘的巨型虫子。有关公园的完整概览，请访问网页，网址为www.metafilter.com/62799/Chinese—Amusement-Parks。

宝莱坞（Bollywood）是印度孟买电影业的一个非正式的印地语术语，它制作的热门电影拥有庞大的粉丝群。如需进一步了解，请登录www.bollywoodworld.com。

在南美洲的许多地方都有狂欢节，狂欢节是一个为期四天的庆祝活动，从星期六开始，到星期二（狂欢节）结束。狂欢节的日期每年都在变化，但它始终是一场充满喧闹、音乐、舞蹈和展览的庆祝活动。要想了解南美洲所有的节庆活动，请访问网站www.gosouthamerica.about.com/od/carnavalinsouthamerica/Carnaval_in_South_America.htm。

非洲舞蹈表达了一种对于复杂生活的综合理解。非洲舞蹈简单而富有活力，配有节奏鲜明的动作、镇定自若的表情、身体装饰和道具。非洲传统舞蹈，作为一种结合音乐和语言的综合运动艺术，自古以来就在部落间的交流中发挥着重要作用。请在网站www.diamanocoura.org/上了解非洲舞蹈的历史和起源。

---

[1] 本书部分图无图题，保持和原著一致。

近观媒体　　　　　　　　　　　　　　　娱乐媒体的发展概况

《广告牌》(Billboard)：周刊杂志

该杂志致力于发掘音乐行业信息，拥有多个国际公认的音乐排行榜，每周追踪发布各个类别中最受欢迎的歌曲和专辑。网址为 www.billboard.com。

《今夜娱乐》(Entertainment Tonight)：(哥伦比亚广播公司CBS) 晚间半小时电视杂志

该节目致力于追踪明星。记者访谈明星，同时向我们展示音乐、电视、视频和电影的剪辑及预告片。网址为 http://www.etonline.com/。

《娱乐周刊》(Entertainment Weekly)：周刊杂志

该杂志发表内部人士的观点，每周为我们提供"热门歌单"上的歌曲片段，以及电影、电视、书籍和音乐、视频上的评论与活动资讯。杂志封面是当红明星，内页附有彩色图片以美化杂志的编辑评论。这本色彩绚丽浮夸的出版物具有视觉冲击力，并会带你进入一个多彩的娱乐世界。网址为 http://www.ew.com/ew。

娱乐媒体新闻网站（ Entertainment Media News Web Site ）

提供有关名人、娱乐、电影和电视的新闻，以及关于移动技术的博客。网址为 http://www.entertainmentmedia2.com。

娱乐与体育电视节目网（ ESPN ）：24小时体育新闻网

从足球到飞盘，从赛马到高尔夫，从赛车到赛艇，该网络为体育爱好者提供各种体育比赛的现场直播、赛事回放以及即将举行的赛事的预览。网址为 http://espn.go.com/。

《淡入：电影世界第一词》(Fade In: The First Word in Film)：月刊杂志

以精致考究的图片呈现采访和特写内容，如"好莱坞百强人物（你需要知道）"等专题，以及幕后故事和电影、印刷媒体和配乐的预告片。网址为 http://www.fadeinonline.com。

《访谈》(Interview)：月刊

厚厚的亚光页面展示采访者与电影明星、设计师、政治家以及几乎所有人的对话。采访中有大量的电影新闻、最新音乐、喜剧角色、观众和时尚细节。放大的广告照片和出色的商业摄影能够给读者提供欣赏绘画般的乐趣。例如，反女权主义批评家卡米尔·帕格利亚（ Camille Paglia ）就对金发女郎进行了哲学思考，并解释了为什么她们更有趣。网址为 http://www.interviewmagazine.com/。

《滚石乐队》(Rolling Stone)：双月刊

这是一份时髦、时尚的出版物，流传已久，被认为是值得信任的适合发表所有关于音乐、电影和电视新闻的杂志。随机的新闻色带会给页面边框上色，而且像静电一样，照片和文案汇在一起能够引发最新的娱乐新闻。网址为http://www.rollingstone.com/。

旅游频道（Travel Channel）：致力于报道各地风景名胜的电视网

无论你感兴趣的是荒岛、山顶度假村还是海上游轮，这个频道都应有尽有。频道广告商是度假酒店、航空公司和汽车租赁的供应商，他们经常为频道观众提供特别优惠。网址为http://travel.discovery.com/。

《种类》（Variety）：电影产业周刊

创刊于1905年，这本国际娱乐周刊提供及时的产业新闻和特刊，如《世纪剪贴簿》记录100位最著名的巨星、专家及历史荣耀时刻。如果你想知道电影行业人士正在看什么，卡纳商业信息公司的这份出版物应是你的案头读物。网址为http://www.Variety.com/。

《连线》（Wired）：月刊

这本杂志是值得购买的，因为它有科技时代最好的广告和社论。从有前瞻性的封面到光鲜亮丽的照片文字，《连线》杂志带来了最新的资讯。该出版物秉持"设计是一种连锁反应"的理念，开设《Zip驱动器》（Zip Drive）和《施瓦格袋》（Schwag Bag）等专栏，设置很多有创意的版块，如咆哮与狂欢（Rants and Raves）、电词（Electric Word）、恋物癖（Fetish）、必读（Must Read）、信息诱惑（Infoporn）、消费者评论（Street Cred）、最佳（Best）、新贵（New Money）、创意火花（Verge）等。网址为http://www.wired.com/。

讨论与回顾

1. 赫伊津哈的游戏概念与当代的游戏概念有什么不同？
2. 哪种社会理论最能阐释娱乐的传播？
3. 理论家和评论家在娱乐发展中扮演了什么角色？
4. 我们获得休闲体验的方式是怎样反映娱乐产业的显著增长的？

练习

1. 通过引用作者在书中的观点，赞成和反对"生活的一切都是有偿体验"这一论断。在陈述两种意见后，选择其中一个观点并为之辩护。
2. 上网搜索，找出适合以下四种游戏类型的游戏和娱乐形式：竞技、机遇、模拟和眩晕。
3. 记录两周内你参与的所有娱乐形式，并根据本章介绍的"休闲时间"类别进行分类。

你的"付费"活动与"免费"活动的比例是多少？你能从中得出什么结论？
4. 描述你在本章所讨论的四个娱乐领域——吸收、学习、参与和欣赏中任一领域的经历。哪一个经历涉及融合的概念？
5. 访问网站www.newsbusters.org，这是一个专门批评所谓"自由媒体偏见"的网站。该网站揭示了哪些保守偏见的证据？为什么该网站的模仿作品如此受欢迎？

参考书籍与网页

Aron, C.S. (1999). *Working at play: A history of vacations in the United States*. London: Oxford University Press.

Cooper-Chen, Ann (ed.) (2005). *Global entertainment media: Content, audience, issues*. London and Mahwah, NJ: Routledge/Lawrence Erlbaum Associates.

O'Connor, S.C. (2000). *Life is a circus*. Philadelphia: Xlibris Press.

Rifkin, J. (2000). *The age of access*. New York: Penguin Putnam.

www.MediaFuturist.com——提供有关娱乐、音乐和技术未来的新闻。

www.mckinseyquarterly.com/Media_Entertainment——提供娱乐商业新闻和社论。

www.newsbusters.org——从保守的角度批评媒体。

www.buzzburster.com/——关于媒体、音乐和娱乐新闻的博客。

www.ethnicmajority.com/media_home.htm——讨论娱乐和媒体业务的多样性。

www.clickclickexpose.com/——为媒体提供资源。

www.digitalentertainmentawards.com/finalists2.html——颁发数字娱乐和媒体卓越奖。

第二章 融合文化

今天,我们生活在由屏幕和网络构成的想象世界中。

我们所有的设备都是屏幕。我们也已成为屏幕。

我们身处于"审美"幻觉无处不在的现实中。

——让·鲍德里亚(Jean Baudrillard)

随着信息传播变得更加高效,信息更容易获取,文化也随之发生变化。人们希望随时获取信息。技术处于这一运动的前沿,既满足了需求,也创造了需求。[1]文化融合不仅是一个流行词,更是一种新兴的关系模式,将娱乐、技术、广告、品牌和消费者以富有创造性且令人耳目一新的方式结合在一起。正如哈佛大学的亨利·詹金斯(Henry Jenkins)所描述的那样,融合是媒体和技术的范式转变。[2]融合无处不在。手机、电视和汽车都可以使用互联网操作。世界已经变成了一个数字游乐场,传统的模拟信号输出媒体仍在努力与数字互动媒体保持同步。

融合是一种涉及计算机和信息技术公司、电信网络以及来自报纸、杂志、音乐、广播、电视、电影和娱乐软件等领域的内容提供商之间相互关联的现象。就其最简单的三个要素而言,融合是内容创作、传播和消费。例如,记者和博客作者以印刷与在线形式创作新闻及社论(内容创作),我们则通过手机或计算机接收这些新闻和社论(内容传播)。这一过程模糊了读者和出版商之间的区别(内容消费)。

融合是一个持续渐进的过程,其核心在于通过重构媒体生态实现用户注意力的迁移与再分配。融合是一种结构性转变,它改变了现有技术、行业、市场、类型和受众之间的关系。本章将带你进入文化融合的世界,探索类型融合、融合新闻、全球化、文化帝国主义和后现代主义的各个方面。技术、历史和媒体内容生产的多重融合是当代社会的特征,并决定了我们的未来。

融合的原则

我们体验娱乐、广告和文化的方式正在迅速改变，这模糊了广告媒体平台和消费者之间的审美与技术差异。在这里，表达比印象更重要；积极参与的受众通过多种媒体体验收集信息，为品牌和资产创造新的机会。融合包括多种路径。广告商以此寻找吸引观众的新方式，内容创作者以此寻找新观众，观众以此寻求与文化建立联系的新方式。融合文化需要重新协调媒体内容制作人、广告商和受众的期望。

融合的层面

融合主要发生在三个层面上：

- **科技**　创意内容已被转换为数字形式，通过宽带或无线网络传播，并在手机、PDA（掌上电脑）和DVR（数字视频录像机）等基于计算机的设备上显示。在这里，技术重叠，多个产品结合在一起形成一个产品，每个初始组件都具有优势。电话、电视和计算机的互补性提供了即时语音交流、实时世界监控和三维图形，这些结合在一起可以促进一种新型的密切联系的产生。[3]
- **产业**　从媒体到电信再到科技，各个行业的公司都已合并或结成联盟，以开发新的商业模式，从消费者对"点播"内容日益增长的需求中获利。大型媒体公司通过合并、收购和建立战略伙伴关系进入新的媒体环境，如国际媒体企业家鲁珀特·默多克（Rupert Murdoch）收购聚友网，将其新闻集团打造成了一个成熟的在线社区。

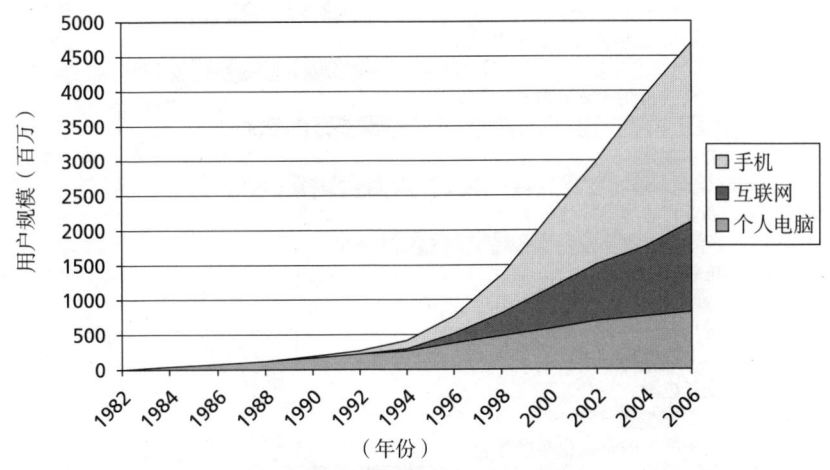

图2.1　全球通信技术的使用情况

资料来源：http://www.metrics2.com/images/3q2006/onlinevideo-ipsos-chart.jpg。

- **媒体** 消除IT（信息技术）、电信、媒体和消费电子行业的进入壁垒，创建一个大型融合产业。行业分析人士认为，印刷公司和广播公司等传统媒体的融合将取代与数字出版相关的新媒体。由于制作和发行障碍的减少，新媒体使我们能够直接或协同参与在互联网上创建新内容。

> **时事速览**
>
> 中国人是世界上最狂热的移动音乐听众。16~21岁的中国人每周大约花14个小时通过手机听音乐。他们听音乐主要是在家里（49%）、在车里（32%）或在乘坐公共交通出行时（30%）；31%的中国人在个人电脑上传送音乐，相比之下，利用移动服务将音乐下载到手机上的比例为22%。
>
> 资料来源：TNS（市场研究公司）全球技术。

24   新媒体的兴起，引发社会与行业的结构性反思，新旧标准的价值评估成为范式更迭的核心议题。随着只读光盘内容、个人电脑游戏、虚拟现实设备等数字媒体技术的发展，我们得以体验到所有预先存在的媒体类型。这些技术之所以能够实现这一点，是因为它们相互融合，创造出了一种全新的媒体元素拼贴。当万维网在1991年被推出时，它似乎是这种融合理论的逻辑延伸的产物。过去媒体的所有重要资源现在都可以通过全球网络访问。互联网成为新媒体产业的渠道。历史告诉我们，媒体的发展经历了一个发明、访问限制和信息泛滥的循环。融合理论适用于收入模式和利润动机的融合，以及随着媒体成熟而变化的市场潮流。图2.2显示了观众将数字视频传输到电子设备上的各种形式。

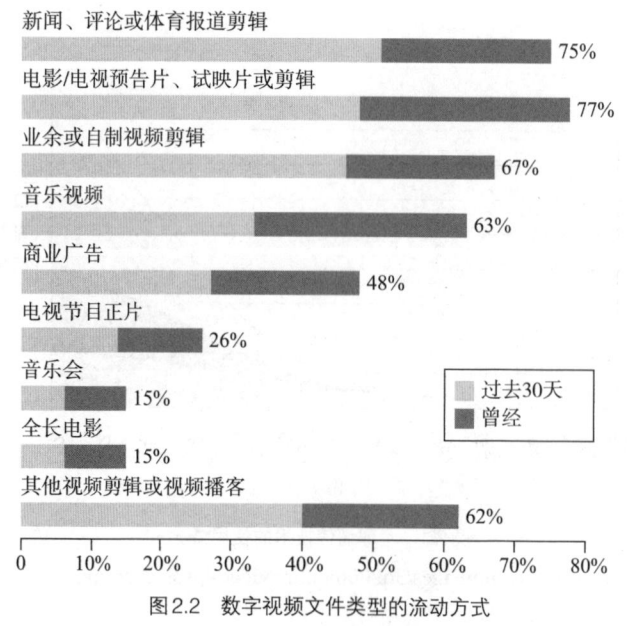

图2.2　数字视频文件类型的流动方式

资料来源：益普索洞察2007。

融合的概念

根据维基百科的说法，融合表示随着时间的推移趋向一个确定的值，或到达一个确定的点、形成一个共同的观点或意见，或朝向一个固定的或平衡的状态发展。我们专注于支撑融合关系的三个关键概念：参与式文化、体验式营销和跨媒体娱乐。[4] 未来娱乐也包括在内，因为它与所有形式的融合密切相关。

参与式文化

参与式文化涉及我们与媒体内容、媒体制作者以及彼此间互动的新方式，以及其他在整个媒介领域探索可用的资源。我们作为消费者已成为媒体内容创作、流通和诠释的积极参与者。这种参与加深了我们对媒体的情感投资，增加了我们对内容和品牌的认识。

亨利·詹金斯（Henry Jenkins）在他的《融合文化》（*Convergence culture*）一书中讨论了两种文化趋势：现代媒体倾向于以随机和互动故事的形式吸引观众参与创作；以及某一特许经营权通过一系列媒体传播方式传播并产生影响。[5] 詹金斯关注了美国真人秀节目《幸存者》（*Survivor*）的案例，该节目于2000年在美国电视台首次亮相［在英国，第一个真人秀节目是20世纪90年代的《老大哥》（*Big Brother*）］。《幸存者》节目衍生出另一个由粉丝观众制作完成的节目《幸存者剧透者》（*Survivor Spoilers*），该节目试图在比赛地点宣布之前就发现比赛地点。这些粉丝通过在线讨论小组，展示了忠实的观众如何发现或预测节目的结局，并最终影响了制作人员的。当媒体消费者创造出与媒体内容互动的新模式时，这种参与式文化的例子就存在了，而这种互动模式并不需要创作者认可。

福克斯电视网（Fox Network）注意到粉丝参与的影响，推出了真人秀节目《美国偶像》（*American Idol*），让观众通过手机短信选择获胜者（这种模式在欧洲很流行，但在美国首次推出是在2002年）。该节目的赞助商威瑞森通信公司（Verizon）在这种经典的融合行为中利用了多种媒体形式的特性。

詹金斯认为，转化的最好例子是《黑客帝国》现象。《黑客帝国》被誉为跨媒体

图2.3 电影和电子游戏中的跨媒体明星

叙事的典范，其通过构建狂热的粉丝社群，成功推动了媒介融合的进程。粉丝们积极深入挖掘电影故事背后的哲学意义，在这个世界上创造自己的精致小说和短片。《黑客帝国》多人在线游戏为这些粉丝提供了一种共同参与幻想的新方式。

史蒂文·约翰逊（Steven Johnson）是一位颇受争议的融合方面的作家（代表作为《一切坏事都对你有好处》）。他创造了"睡眠者曲线"一词来为针对《幸存者》《美国偶

像》是"电视垃圾食品"的指控辩护。约翰逊声称,一个流行娱乐的世界正在迫使流行文化消费者在角色扮演的视频游戏和虚拟环境中捕捉分割与剪辑,同时制定长期战略。约翰逊说,即使是在"蹩脚"的电视节目中,"观看节目时,你大脑中进行的思考和想象加工,比节目本身的内容还要有趣"。⁶因此,观众并没有成为盲目的观众,而是积极参与有关电视内容的决策活动。

大众媒体融合文化的另一个例子是内容提供商和赞助商之间的合作日益加强。一个例子是《美国偶像》评委桌上的可口可乐杯。另一种与品牌相关的娱乐则微妙得多。当我们观看《美国偶像》时,我们能够了解参赛者的个人情况,而不是把他们视为一般的艺术家。他们变成了真实的人,有个性、有动机、有家庭关系,我们看着他们进步或失败。这种亲密关系让我们能够以传统广告所不具备的方式参与媒体活动,以增强情感共鸣。第七章将详细讨论如何将广告与内容结合起来。

体验式营销

体验式营销是指利用参与式文化和媒体环境的关键方式。它创造独特的品牌延伸方案和策略,在多个媒体渠道中发挥作用,从而增强我们对产品和品牌的认同。

一切事物的商品化意味着一切事物都可以出售,这使得营销和广告达到了前所未有的水平。为了让顾客进入娱乐场所、让游客旅行、让观众观看体育比赛等,宣传是必要的。营销是一种手段,通过这种手段,整个文化都在寻找潜在的意义,这些意义可以通过娱乐变成付费体验。美国企业每年在营销上的花费超过1.5万亿美元(广告费150亿美元,促销费超过4500亿美元),通过将文化价值转移到顾客将购买的体验上来吸引顾客。过去被用来推销产品的手法现在被用来推销各种形式的娱乐。企业通过将文化的点点滴滴融入产品,并将其作为生活体验进行销售,销售产品反而是次要的,主要销售的是这些产品带来的体验。例如,我们买了一辆埃迪·鲍尔(Eddie Bauer)品牌的吉普车,这样我们就可以幻想在崎岖的陆地上冒险(如果我们离开高速公路的话)。

品牌娱乐,也被称为品牌内容或广告,是视听节目和品牌的组合,由品牌或广播公司发起。品牌节目是品牌战略和节目背景的融合,以使品牌和目标受众之间产生互动。品牌内容不是专注于植入式广告或公开的品牌社论,而是允许品牌在30秒的商业广告之外,与节目的内在特性(如表演、电影中的元素)建立深厚的关系。这是一个品牌创造娱乐的关键所在,否则这个品牌就不可能存在。

品牌娱乐节目的目的是通过在品牌和节目之间建立积极的联系,让品牌有机会向目标受众宣传其品牌形象。你明明可以在家上网,却非要选择去当地的星巴克咖啡馆上网,这就是品牌娱乐策略。第七章将更详细地讨论品牌娱乐。

跨媒体娱乐

跨媒体娱乐是故事、图像、人物和信息在各种媒体平台上的流动,它能够加深我们的感官体验。转化信息的一个例子涉及新闻传递。在我们的现代环境中,文字的潜力是无限的。我们通过融合新闻业将平面新闻业转向互联网和其他领域,这激发和改变了我们创造与体验媒体的方式。作为一种重要的新兴资源,新闻媒体融合有着较多的理论和概念问题。

新闻节目已经进入娱乐领域,我们称之为信息娱乐节目。认识到仅提供新闻是不够的,记者们转向了信息娱乐新闻策略。今天的编辑决策通常同等重视一则故事向观众提供娱乐和信息的能力。新闻融合有三种形式:新闻编辑室融合、新闻采集融合和内容融合,下面将对此进行讨论。[7]

新闻编辑室融合 新闻编辑室的融合使来自不同媒体的记者可以共享一个工作空间,而不是占用单独的办公室或大楼。这种现象的一个例子是佛罗里达州坦帕的新闻中心,该中心由《坦帕论坛报》、美国媒介综合集团(Media General Inc.)和总体拥有利益(TBO)网站的联合工作人员组成。所有这些都归美国媒介综合集团所有。这种共享新闻编辑室设施的方式鼓励跨平台合作和更有效的报道。

新闻采集融合 当记者、编辑和摄影师合作制作故事时,新闻聚集融合就会发生。例如,新闻组可共享一架直升机进行飓风报道;电视新闻播音员可能会使用报纸的图片;电视台记者可以通过在该台的网站上发布内容来扩大传播范围。这种融合允许记者以小组或团队的形式在多媒体中进行多任务处理,以实现有效的新闻传播。

内容融合 内容融合是指最终的故事以不同的媒体形式呈现,包括文本、图像、音频、视频、博客、播客和幻灯片。一种混合媒体将电视音频和视频与网络资源以及报纸的便携性结合起来。记者和编辑是内容制作人,他们选择最有效、最有趣的方式米呈现新闻故事。

我们已经将新闻报道的覆盖范围从仅限于地方和全国的夜间新闻时段,扩展为全天候播出的新闻网络。新闻节目有三个子类型:新闻调查、戏剧化的小报新闻和新闻评论。调查性新闻杂志已成为黄金时段的热门。《20/20》(*Twenty/Twenty*)、《60分钟》(*60 Minutes*)和《48小时》(*48 Hours*)是这种类型的代表性节目。更耸人听闻的新闻版本以小报新闻的形式存在,小报新闻通过演员将事件戏剧化,并在事后安排场景,这常常让不知道其虚构性质的观众感到困惑。对政治、金融、时事和名人的新闻评论以半小时和一个小时为单位填充着广播。《华尔街周刊》(*Wall Street Week*)、《与媒体会面》(*Meet the Press*)和《今晚娱乐》(*Entertainment Tonight*)都是这类节目中非常受欢迎的。

新闻节目因其与戏剧性小说的相似性而广受欢迎,是电视观众的热门选择。但当戏剧性的事件在实际的媒体中发生时,其呈现和处理方式往往会有所不同。在小说中,戏剧被用来推进情节;而在新闻报道中,戏剧性事件被不断重演和展开,目的是持续更新观众的信息。2008年,奥巴马和克林顿之间的民主党初选浸入我们的日常生活,每天都吸引着我们的注意力,直到提名人正式出现。

新闻与小说的不同之处在于新闻画面不可避免地存在。我们可以很容易地切走我们不想看的DVD或TiVo（数字录像设备）节目，但我们无法从广播中抹去灾难存在的现实。深夜主持人用政治讨论取代他们的喜剧形式，网络季首映被推迟，敏感节目从观看日程中被删除。观众被迫一次又一次地重温这些事件。这种小说与现实的神奇结合，使新闻节目在这样一场灾难性危机中既令人信服又令人烦恼。

新闻已经演变成喜剧，为观众提供了对当前事件的另一种看法。喜剧中心上演的《每日秀》（The Daily Show）和《科尔伯特报告》（The Colbert Report）提供了对立的政治哲学，通过娱乐信息既娱乐了观众，又为观众提供了信息（见图2.4）。

图2.4 2008年，约翰·斯图尔特和斯蒂芬·科尔伯特出现在MTV（音乐电视网）的网络节目《前线》中

未来娱乐：新媒体、宗教和教育

融合趋势在新媒体的推动下越发明显，尤其是新媒体的多功能性，它对未来所有的娱乐形式都产生了重要影响。

新媒体

新媒体娱乐产品似乎无所不能——你可以发送电子邮件、上网冲浪、给朋友打电话、播放视频和听音乐——所有这些都可以通过手机这样的手持设备实现。这种将娱乐与日常生活结合的趋势预示着一个充满潜力的未来，即其中产品和服务的融合将不断进步。"未来的博物馆可能融合主题公园和广场的功能，挤满了小玩意儿、奇幻装置、高档餐厅和令人眼花缭乱的商品。"[8]

多年来，电视和电影等娱乐媒介已经能够通过图像与声音刺激我们的视觉及听觉。有些形式的新媒体甚至会激发我们的触觉和嗅觉。佩戴者看到的景象被投射在他身后的屏幕上。佩戴者沉浸在电脑设置的场景中，并使用手套拾取和移动模拟对象。许多虚拟现实游戏和游乐设施现在允许观众与玩家感受运动及触觉——引擎的隆隆声、坠落的下沉感或撞击的砰砰声。新媒体可能还包括香味，如迪士尼在加州探险主题公园的"飞越加州"景点，在那里，观众可以闻到橘子林和松林的味道，同时可以享受模拟的乡村滑翔体验。新兴娱乐形式的制作者可能会继续尝试通过刺激我们的感官来模拟和操纵现实。专家称，我们离《星际迷航》中"全息甲板"那种完整的虚拟世界体验已经不远了。

宗教

宗教团体也在他们的礼拜仪式中融入娱乐。作家兼励志演说家肯·戴维斯（Ken Davis）在最近的视频《这就是我吗？》中将娱乐与宗教灵感融为一体，广告上写着："保证让你欢笑，并用上帝之爱的简单启示鼓励你。"[9] 许多新型服务机构提供资源和建议，帮助人们将娱乐融入宗教教义和聚会。例如，基督教喜剧演员指数（Christian Comedian Index）在1999年开始"为基督教活动策划者提供资源"。[10] 有关宗教娱乐的各个方面，可参见第十章的内容。

教育

沿着未来娱乐的路线，教师和教育项目正越来越多地寻找娱乐与教学结合的方式。荷兰拥有一个娱乐教育基金会，致力于研究在教育中融入娱乐的方式（反之亦然），如在非洲和其他国家为促进安全性行为而制作的广播肥皂剧。不足为奇的是，其中讨论的许多想法涉及传统和新媒体娱乐。第十三章详细讨论了教育娱乐。此外，你会在第十七章找到更多关于未来娱乐的内容。

融合趋势和融合效应

娱乐提供商总是在尝试和寻找新的方式来吸引与保持观众的注意力。他们引入新思想，在旧题材或故事情节上做新的尝试，以不同的方式组合题材，并添加新的元素，努力保持戏剧新鲜、引人入胜的感觉。这种想法可能只是源于一个人的创造力，和跳出条条框框思考，并发现新可能性的能力。但在许多情况下，这些想法是受到更大的社会趋势或技术进步的启发或推动的。

许多当代娱乐形式通过违背我们的期望或既定传统来引入新奇感。如前所述，戏剧和戏剧类型往往反映观众期待的某些范式，如好人通常会胜利，恶霸最终不会成功，浪漫喜剧以"从此以后永远幸福"结尾。事实上，在大多数娱乐形式中可以找到规范——电子游戏角色可以复活，戏剧有中场休息，酒吧和俱乐部有音乐播放，等等。但许多艺人和观众却因违反规则与既定规范而茁壮成长。这种操纵——时间和体裁的融合反映了当代娱乐的后现代性。

操纵时间

演艺人员演绎戏剧的一种方式是按照故事讲述的时间顺序进行表演。一个故事可能从中间或结尾开始,然后从那里前后推进,而不是从一个时间点开始,以直接的线性顺序继续发展。随着时间的推移,一部戏剧可能会在不提供任何线索的情况下按时间顺序向前或向后发展,因此,观众直到最后可能也无法准确地将事件按一定顺序拼凑在一起。这种技巧反映在许多流行电影中,如《低俗小说》(*Pulp Fiction*)、《滑动门》(*Sliding Doors*)、《香草天空》(*Vanilla Sky*)和《湖边小屋》(*The Lake House*)。

科技也让观众能够操纵娱乐的时间顺序。在互联网上,超链接允许个人筛选内容,以自己的速度前进或后退,而TiVo、DVD和更好的VCR(盒式磁带录像机)技术使观众更容易在节目或电影中前进或后退。电子游戏通常也允许玩家切换到不同的时间、场景或世界中。许多娱乐形式也通过在一个场景中融合不同世纪的历史和文化来操纵时间。例如,《怪物史莱克》(*Shrek*)等电影讲述的故事让人想起文艺复兴时期,但它们也包含了流行文化元素,如音乐、舞蹈、发型以及20世纪末和21世纪初的一些时尚元素。同样地,像《大力士》(*Hercules*)和《战士公主:西娜》(*Xena*)这样的电视节目经常把不同时代的参考资料混搭在一起。

类型融合

许多新的娱乐产品都是类型融合的结果。例如,喜剧元素在《尖叫与恐怖》(*Scream and Scary*)系列电影中与恐怖元素结合,在《尖峰时刻》(*Rush Hour*)等电影中与动作元素结合。流派融合不仅限于电影和电视,它也存在于音乐中,艺术家们尝试将不同风格的摇滚乐和爵士乐、科技乐和嘻哈乐、流行音乐和古典音乐混合在一起,甚至在烹饪中,人们也尝试将不同民族的食物"融合"在一起,如泰国比萨或墨西哥寿司。

虽然并非所有的类型、风格或品位都能很好地融合在一起,但类型融合是一种流行的策略,因为它在引入新颖元素的同时,仍然依赖于过去被证明是成功的元素。对时间和体裁的操纵常常迫使观众直面关于现实的看法。通过违反我们的规范和期望,这种娱乐往往回避了真实的以及非真实的问题。是否存在客观现实,还是这一切都只存在于我们的头脑中,抑或是一个视角问题?许多观众都被这些问题深深吸引。

融合的预期和非预期效果

正如进步和变革的所有方面一样,文化融合也有其后果,有些是预期中的,有些则不是。本书讨论了融合的两个后果——全球化和文化帝国主义在融合文化中发挥的作用。

全球化

全球化是不同国家的人民、企业和政府之间相互作用与融合的过程,这个过程由国际贸易和投资驱动,由信息技术推动。这个过程对世界各地的环境、文化、政治制度、经济发展和社会繁荣都有影响。

数千年来,从个体商人到跨国企业,跨越遥远疆域的商贸活动绵延不绝,跨国资本流动亦从未停歇。但过去几十年的政策和技术发展刺激了跨境贸易、投资和移民的增长,其规模

图2.5　地球在倾听

如此之大,以至于许多观察人士认为,世界经济发展已经进入了一个全新的阶段。当前的全球化浪潮是由政策推动的,随着许多政府采用自由市场经济体系,这些政策使经济体在国内和国际上都实现了开放。公司利用国外市场的新机遇,在国外建立工厂,并与外国合作伙伴一起安排生产和营销。因此,全球化的一个决定性特征是国际工业和金融业务结构。信息技术的进步是全球化的另一个主要驱动力。

全球化极具争议性。全球化的支持者认为,全球化使贫穷国家及其公民得以发展经济并提高生活水平,而反对者声称,建立一个不受约束的国际自由市场,西方世界的跨国公司会受益,而当地企业、当地文化以及普通人的利益会被牺牲掉。[11]最近的全球民意调查显示,许多人害怕全球化。根据英国广播公司2007年的一项民意调查,全球化和美国的力量对世界构成的威胁比战争或恐怖主义带来的后果更严重。第六章介绍了全球化的经济影响。

文化帝国主义[12]

如今,你几乎可以在世界任何地方旅行,无论你是习惯性地想吃巨无霸,还是一想到会错过MTV的最新一集《真实世界》就不想出门,美国人的口味几乎可以在任何地方得到满足。美国产品在全球的扩散不是偶然的。作为全球化的副产品,它是美国有意识地传播美国态度和价值观这一更大趋势的一部分,这一趋势通常被称为文化帝国主义。

文化帝国主义是指一个国家将自己的文化或语言在另一个国家推广或人为地注入另一个国家,将人们从他们的文化中区别或者分离出来的做法。通常情况下,前者是一个经济或军事上强大的大国,而后者是一个较小、不那么重要的国家。

时事速览　迈阿密的文化帝国主义?该市40%的人口是拉美裔,非拉美裔的人说他们在自己的国家感觉像在国外。有了两家西班牙语报纸、两家电视台、六家广播电台和政治统治以后,西班牙裔似乎已经占据了上风。难道这种现象更

能证明是文化混杂而不是文化帝国主义吗？你怎么认为？

资料来源：R. 劳思，《文化帝国主义的神话》，载于《经济教育基础》，网址为www.ilw.com/articles/2008,0812-rauth.shtm。

文化帝国主义不仅涉及简单的消费品；它还包括传播美国的原则，如自由和民主。虽然这一过程听起来很吸引人，但它掩盖了一个可怕的事实：由于美国企业和文化的巨大影响，世界各地的许多文化正在逐渐消失。

美国公司被指责想要控制世界上95%的消费者。许多行业在这方面都非常成功。例如，根据埃里克·施洛瑟（Eric Schlosser）的《快餐之国》（Fast food nation）介绍，麦当劳（McDonald's）在100多个国家拥有3万多家餐厅，其金拱门现在"比基督教十字会（Christian cross）得到更广泛的认可"。由于许多外国产业无法与美国的竞争，美国的这种主导地位往往会损害当地市场。因为这符合美国的经济利益，许多公司很容易忽视其统治的负面影响。沙文主义者相信社会达尔文主义的概念，即更强的"优越"文化会在"适者生存"中超越较弱的"劣等"文化，这可能是美国傲慢信念的来源。美国试图通过营销让世界相信其优越性，营销成功地将美国产品与全球消费者心目中的现代性联系起来。盖普（Gap）（具有讽刺意味的是，它们是在美国境外生产的）通过销售美国形象，使世界各地的消费者对美国产品狂热追捧。

通过倡导多样性，美国公司制定了一项成功的全球战略。例如，麦当劳的全球推广活动"我喜欢"，以及1971年可口可乐公司"我想教世界唱出完美的和谐"等营销活动，试图把美国商品描绘成能够超越政治、种族、宗教、社会和经济差异的产品，他们或许是想通过消费主义来统一世界，实现世界和平？

维亚康姆的MTV（见图2.6）通过将许多不同的美国化文化整合到一个极具影响力的美国网络（全球拥有超过2.8亿用户）中，成功地调整了这一策略。MTV在特定地理区域建立了超过20处的餐饮网络，如巴西和美国，这进一步增加了美国和迎合当地需求的现代化之间的联系。

通过在广告中使用受欢迎的当地图标，美国公司成功地将当地文化中的时尚与美国的时尚联系起来。根据内奥米·克莱因（Naomi

图2.6 聚集在MTV演播室前兴奋不已的粉丝，MTV在全球范围内提供西方音乐

Klein）的《无标识》（*No logo*），美国文化帝国主义在意大利引发了一场"缓慢的食品运动"，以及在印度第一家肯德基炸鸡店外烧烤鸡肉的示威活动。

媒体和信息产业加剧了商业形象的影响，它们声称自己是"公平"信息的来源。卫星使全世界约212个国家和地区的1.5亿家庭能够订阅美国有线电视新闻网（CNN）。美国有线电视新闻网是世界上最大的媒体集团时代华纳的成员。批评人士称，互联网是在全球传播美国影响力的另一个工具。但作为一种全球媒体，互联网也传播来自世界各地用户的各种观点，在当今的网络世界中，很难被称为美国的宣传工具。

美国并不是唯一有罪的一方。在2008年，丹麦人指责瑞典的宜家（一家低价家具店）侮辱他们，给这些家居用品起丹麦名字。一家瑞典零售商称，在宜家家具的等级世界中，科格、辛达尔、罗斯基尔德、贝林格、斯特里布、赫尔辛戈和尼瓦等门垫与地毯都是"七等"品。宜家的一位发言人表示，这一命名纯属巧合。宜家在全球范围内投放广告，使用与美国营销人员相同的本地化策略来吸引目标受众。

归根结底，美国的媒体和品牌对新兴资本主义来说是全球威胁还是全球机遇？这两种观点都存在争议。你对这个问题有什么看法？

后现代主义融合

许多人谈论后现代主义，但很少有人同意后现代主义的含义。出于这个原因，我们提出了我们自己的术语概念。前缀post的使用意味着它遵循了现代性，即19世纪末20世纪初作为资本主义工业国家形成的时代。房地产、劳动力、制造业和服务业扎根于现代主义。从现代性向后现代性转变的核心是一种由新形式的技术和信息带来的社会秩序，其中，模拟优先于现实。[13]

换句话说，后现代主义是复制而不是创造。后现代主义专注于未来而不是过去，用对意义的追求取代对真理的渴望。在当代社会，我们优先考虑获得娱乐和体验，而不是拥有某种物品——我们愿体验却不愿购买的东西。既然我们可以将后现代主义批评应用于每一种娱乐类型，那么它本身就适合做研究对象。在定义了后现代条件之后，我们将在文化空间、市场营销、媒体、建筑和博物馆展览中展示具体的后现代例子。后现代主义对娱乐和社会的影响常常会改变我们的观念与现实。通过理解这一现象的本质，我们将成为更好的娱乐和社会消费者。

 聚焦虚拟现实：后现代的电子游戏

最近的视频游戏趋势符合后现代美学。这些趋势是更大的文化意识和社会背景的结果。后现代主义的四个方面可以直接应用于电子游戏，请见以下解释。

时间控制（暂时掌控）

《波斯王子：时之沙》(*Prince of Persia: The Sands of Time*, 2003)使用充满黄金细沙的沙漏和王子匕首来控制时间，允许玩家把时间向前倒回长达10秒。第一人称射击游戏《恐惧》(*FEAR*, 2005)和赛车游戏《复仇之道》(*Burnout Revenge*, 2005)为游戏带来了第三维度。

开放性叙事VS线性叙事

线性叙事，被称为"宏大叙事"，它将读者从A点带到B点。后现代参与者具有决策能力。这种开放性挑战了善与恶的概念，游戏平台变得更加受角色驱动以及以角色为中心。玩家可以从零开始发展角色，并选择他们的善恶。《白与黑》(*Black and White*, 2001)让玩家变得全能，这种全能指的是由"元叙事"（关于政事的故事）带来的权力、地位、掌控权以及权威，是心理层面的全能，而不是情节和剧情设计出来的。

新兴的游戏玩法

玩家们正在寻找新的方法来篡改游戏机制，这超出了最初编程的范围。请看下面的例子。

- **机械电影**　在电子游戏中，通过运用游戏内模型而非实际的运动影像或真人演员，玩家可以制作出具有电影效果的场景。这种创新的游戏玩法允许玩家利用游戏中的元素，如角色、环境和动画，创作出类似电影的叙事片段，这为游戏体验增添了新的维度。
- **猫和鼠**　用于在线赛车游戏，参赛者以至少两辆车组成团队的方式进行比赛。每队选一辆速度非常慢的车，目标是让它最后穿过终点线。在游戏中，开快车的队员们的目标是将他们的慢车推到领先位置，并让对方的慢车冲出道路。
- **鲁里肯入侵**　这是一场基于鲁里肯（Lunkeen）阶层力量的想象中的政治运动，其灵感来源于《卡米洛特黑暗时代》(*Dark Age of Camelot*)中最小的玩家化身的微缩版。玩家们在一台游戏服务器上创造以"keen"结尾的角色（如Cokekeen、Iamkeen），这种角色变得如此流行，以致神话娱乐公司不得不重新设计其统计页面。
- **真实的经济互动**　在大型多人在线游戏中，玩家参与真实的经济互动，他们利用游戏中的经济系统进行交易，购买虚拟物品或角色化身，然后在拍卖网站或游戏货币兑换平台上以现实世界的货币出售这些虚拟物品或化身。其目标是赚取真正的钱，不管最初游戏设计师的目标是什么。例如，《魔兽世界》(*World of Warcraf*)、《无尽的任务》(*Everquest*)。

- **基于故障或怪癖的策略** 在第一人称射击游戏中，小故障或物理怪癖可以成为可行的策略，或可衍生出自己的游戏类型。例如，火箭跳跃在《雷神之锤》（*Quake*）中很流行，玩家在跳跃时向地面发射火箭，使武器的飞溅伤害推动他到达以其他方式无法到达的区域。

模仿、互文性和体裁混合

主要表现为直白的模仿。《侠盗猎车手：罪恶都市》（*Grand Theft Auto: Vice City*）是一个典型的例子（见图2.7），其故事情节借鉴了流行电影《低俗小说》和电视节目《迈阿密风云》（*Miami Vice*）。动视暴雪（Activision）2004年推出的游戏《吸血鬼》（*Vampire*）是后现代娱乐的一个非常典型的例子，几乎在学术上解决了现实与小说/幻想之间难以捉摸的关系，在这种背景下，它的后现代引用和典故手段实际上是有意义的。

图2.7 玩《侠盗猎车手4》

资料来源：David Halpert, davidsmag.wordpress.com/2008/04/28/postmordernism-and-the-video-game-part-one/。

你怎么看？

- 你认为哪些游戏具有后现代特征？

我们的后现代社会

后现代主义是描述我们社会的一种方式。如第七章所述，主题化是后现代表达的一个主要例子。在这里，时间和空间的位移与符号或虚拟现实的真实呈现结合，产生了一种后现代状态。许多形式的大众媒体被认为是后现代的，尤其是大卫·林奇（David Lynch）、史蒂文·索德伯格（Steven Soderberg）和奥利弗·斯通（Oliver Stone）的当代电影。后现代主义有多种定义，包括以下这些：[14]

- 怀旧情绪和对传统的坚守，加上模糊过去与现代界限的趋势，创造出一种独特的时代融合感，如约翰尼火箭咖啡馆（Johnny Rockets Café）。
- 对真实及其表现的强烈关注，如《拉斯维加斯》（*Las Vegas*）。
- 视觉上的色情，如《杀死比尔》（*Kill Bill*）。
- 性和欲望的商品化，如阿贝克龙比＆费奇广告公司（Abercrombie & Fitch advertising）。
- 将男性文化中的理想追求转化为具体消费行为的这种现象，即通过拥有象征力量、速度和实力的物品来彰显个人的社会地位或品位。例如，购买最大的电视，最快的汽车，以及设计用来杀人而非用于射击游戏的枪支。
- 由焦虑、疏远、怨恨和与他人分离形成的强烈情感体验。例如，电子游戏和互联网或电脑娱乐。

后现代主义的证据无处不在，你只需要知道如何识别它。为此，我们总结并强调娱乐艺术中后现代主义的五个核心特征。具体如下：15

- **娱乐和日常生活之间的界限消失**　这意味着娱乐成为我们生活中不可分割的一部分，我们无法真正区分什么是表演，什么是现实。我们的城市是消费、休闲和娱乐的中心，充斥着符号和图像，以致任何东西都可以被再现出来。休闲活动，如参观主题公园、购物中心、购物商场、博物馆和画廊，会填满我们的业余时间。

- **高等文化和大众文化之间的区别瓦解**　所有阶级的人都观看差不多的演出，收看差不多的电视节目，做类似的健身运动，去类似的地方度假。如今很少有真正高雅的活动。大众文化主导着观众的注意力，这个世界可以被称为"文化大卖场"。16

- **嬉戏和对"表面"文化的庆祝**　我们喜欢通常被称为"庸俗"或平庸的东西，如投掷色子、读者文摘、机场平装书、肥皂剧和小报。芭比娃娃的收藏家和粉丝们在俱乐部聚集一堂，讲述他们关于娃娃的故事；豆豆宝宝一停产就被囤积起来，然后作为流行产品被交易。类似《西红柿杀手的复仇》（*Revenge of the Killer Tomatoes*）这样的科幻电影在电影回顾展上亮相。我们拥抱并热爱世俗。

- **创意的衰落**　想法，并不是新创造出来的，往往是对已经存在的东西的重新整合。我们从过去的各个时代汲取经验，结合各种材料，创造出不同的形式，如迪士尼乐园和地中海俱乐部。我们屈服于时尚，如关注美国公路上的SUV（运动型多用途汽车）轿车爆炸事件，追赶流行时尚。我们聚集在相同的旅游景点，观看相同的电影，而这些都是根据其他受欢迎或成功的地方或电影的样子创作出来的。

- **娱乐：无限复制的艺术**　像拉斯维加斯这样的城市是其他地方的复制品，所以我们可能会在没有真正造访真实地点的情况下体验它们。我们精确地复制和制造，麦当劳快餐连锁店几乎成了我们日常生活的一部分。互联网一代正在使市中心高档化，他们将其开发为旅游和消费场所，就像大多数其他大城市一样，旧金山南部的市场区就是这种现象的一个例子。如果你醒来时不知道自己在哪里，然后贸然进入任何一个国际大都市，你将很难确定自己身处的地点，因为你遇到的特许权、体育和音乐信息与所有其他城市一样。你可能会想："我在哪里？"

聚焦后现代主义电影　　　　　　　观赏电影《怪物史莱克》

梦工厂用迪士尼使用的电脑动画成像系统制作了这部电影，它遵循了典型的迪士尼风格的故事情节设计。但《怪物史莱克》（见图2.8）的情节却与迪士尼的风格有所不同，它加入了明显的讽刺意味和颠覆性的元素。《怪物史莱克》似乎是一个典型的童话故事，这一事实正是它的讽刺性发挥作用所必需的。

图2.8　《怪物史莱克》电影海报

其中一处颠覆性设计是关于美的概念。菲奥娜公主受到诅咒，会在日落时分变成一个丑陋的食人魔，直到她被亲吻为止，这违背了人们对于公主的通常观念。讽刺的是，一旦史莱克最终吻了她，她就成了一个完完全全的食人魔公主。至此，她的真爱被刻画成一位绿色皮肤、橙色头发、体型丰满的食人魔形象。这部电影中的一吻把公主变成了食人魔，而不是像《美女与野兽》（*Beauty and the Beast*）中的一吻那样，让野兽变成了英俊的王子。菲奥娜还是一个战士，她迎战罗宾汉，颠覆了传统的性别角色定位。

这部电影还引用了其他童话故事的"互文性"，为故事增添了幽默感和深度。一个结合了当前流行歌曲、古典音乐和流行文化的乐谱创造了一种典型的后现代主义"拼贴"现象。

《怪物史莱克》在电影的发展过程中引发了所有后现代主义者的共鸣，这部电影显然是对后现代文化的庆祝。通过对传统童话主题的解构，对其进行分解、取笑，最终对其进行重构，这部电影作为童话的一个子类型而存在。我们对美和体裁的观念被分解，并以新的视角被重建。

将史莱克标榜为后现代英雄的表现有：

- 影片拒绝了宏大的叙事、童话故事；
- 他的英雄地位，与那些与众不同的人物，以及那些受现代主义黑暗面影响最大的童话人物相媲美；
- 他的英雄主义，与折磨姜饼人和其他角色的弗瓜王并列并形成对比。

很明显，使史莱克边缘化的是他的不同之处。电影的其余部分成为对后现代主义狂热者所宣称的拥有解放能力的庆祝，这是恐惧现代性的人的解毒剂。[17]

你怎么看？

- 你还能说出其他哪些激发后现代思想的电影？

后现代主义的精髓在于其彻底的风格去中心化，没有任何单一风格能够垄断话语权，所有表现形式都成为可被戏仿、重组与游戏性颠覆的开放性文本。全球各地的文化实践者不断进行传统符号的创造性融合，自由征用历史遗产与他者文化中的仪式、神话，在跨时空的对话中重构意义。在这一开放的公共文化领域中，不同时期、不同地域的文化符号共生共存：高科技艺术可能与古希腊柱子、巴洛克雕饰并置，碰撞出既令人震撼又充满魅惑的异质美学体验。

超现实

媒体应对后现代境况负责——它们通过指令、诉求、教化、政治宣传和新闻轰炸，将这种状态操控并渗透进我们的日常生活。媒体信息不仅制造更强化了一种信息被极速转发的生存状态，使我们每日都直面着高度"超现实"的景观。时间被切割成无数丧失时间感的永恒碎片，而现实则沦为一系列视觉影像的拼贴。

后现代主义者也是文化融合的倡导者，他们意识到与各种形式的中介沟通是我们的现实。若从字面上理解莎士比亚的话，那么后现代主义者声称商业使整个世界成为一个舞台，所有人都经历了"角色扮演"的模拟过程。事实上，对于许多孩子来说，每天花五到六个小时看电视、上网和玩游戏等活动使媒体比他们参与的任何其他活动都更真实。对一些人来说，一个事件只有出现在电视上、出现在新闻中或在互联网上才是真实的。超现实的迹象可以在我们生活的大多数领域发现。在这里，我们举几个例子——电影、促销、生活方式、建筑和博物馆——它们体现了后现代情况在娱乐和生活中的普遍性。

后现代生活方式

随着后现代主义的发展，传统的差别和等级制度被瓦解，多元文化主义被承认，全球主义被接受。我们庆祝差异而不是共性。这意味着所有的故事、宗教、历史、新闻解读等都可以共存，因为它们都有关联性，没有某一单一的视角占主导地位。例如，当你观看一场足球比赛时，你还可以看到阿纳德喝啤酒，看天气预报，了解一枚炸弹爆炸导致数百人死亡的新闻，观看最新上线的电影，回放失球和触地得分的片段。当每一种体验都获得同等的权重和重要性时，观众如何评价重要性？

抓住后现代主义本质的关键要素是了解其身份和财产的概念。法国哲学家让-保罗·萨特（Jean-Paul Sartre）指出了个人身份的三个方面："存在、行动和拥有。"[18]在20世纪的大部分时间里，拥有财产让我们心事重重。我们用汽车、服装和标志来帮助我们定义自己。向娱乐经济的转型将见证一个从拥有到行动的转变，这是我们个人身份最重要的标志。我们去哪里旅行，参加什么活动，我们喜欢什么俱乐部，参加什么运动，这些都将成为我们后现代、后资本主义国家公民定义自我概念（我们的存在）的重要部分。

根据萨特的说法，玩耍可以让我们实现在这个世界上生存的愿望。通过使用我们的资源购买游戏而不是物品，我们抓住了自由和幻想的本质。游戏和现实是分开的。在我们的娱乐社会中，我们的现实往往通过我们的游戏活动来定义，因此现实与游戏活动相互重叠，无法区分。时尚即娱乐就是一个例子。如今，没有单一的时尚标准。时尚的存在没有规则，只有多种选择。[19]我们可以穿登山靴，配上一条长裙和透明的品牌T恤，还可以用20世纪40年代的貂皮包裹自己。我们把时代和产物结合起来，而不考虑整合的规则（见图2.9）。

时尚一直在个人身份认同中扮演着重要角色。我们拥护品牌，因为这些品牌是我们的身份标签。但在纽约或伊斯坦布尔，你只需花费很少的成本就可以得到精美的品牌仿制品。在格林威治村一家出售钱包的商店里，你可以花18美元买到一个光滑的肩包，店员会贴上你想要的任何标志。在位于伊斯坦布尔的世界最大集市附近的一家钟表店里有一块牌子，上面写着："正宗的假手表。"劳力士、豪雅、卡地亚以及其他所有你能想到的名牌手表都只要25美元（如果你讨价还价的话，价格会更低），你可以把它们当真品戴上手腕。

图2.9　2008年欧莱雅墨尔本时装节

因为不再对个人身份有重要意义，标志正被夸张的设计、不匹配的面料和设计师服装的复制品所取代，这使服装成为一种负担得起的娱乐产品。风格使我们能够随意创造、维持或改变我们的身份；我们只需换一件衣服，就可以走进现实，或走出现实！

后现代建筑

我们的建筑环境对于任何关于后现代主义的讨论都是至关重要的。各种各样的地方都开始把自己打造成游客关注的对象和娱乐场所。后现代主义的建筑空间具有地方性、特定性、环境依赖性和特殊性。弗兰克·盖里（Frank Gehry）设计的建筑，最好地诠释了什么是后现代主义。著名的毕尔巴鄂古根海姆博物馆（位于西班牙）是当代艺术的展示地，盖里将他的作品解释为"包装物"。但批评人士对盖里并不友好，将毕尔巴鄂描述为"来自一张装饰艺术旅游海报的一艘豪华客轮，停靠在一座已经死亡并升入天堂的炼油厂旁边"，[20]而他的西雅图体验音乐项目被称为"出了错的心脏手术"。[21]

盖里的作品具有的后现代特征：其内外部差别缺失的奇怪感觉，空间定位的缺失带来的迷惑感，以及人和事找不到"位置"的混乱感。[22]但盖里只是众多后现代主义建筑师之一，他们将过去和现在结合在一起，提供活动空间和工作场所的设计与艺术互动。特别值得注意的是，加州大学欧文分校和圣克鲁斯分校融合了各种设计师的建筑风格与创作，为教育环境提供了趣味性和多样性。今天，形式不一定遵循功能，而是通过娱乐观众来表现超现实。

 聚焦后现代主义建筑　　　　　　　　　　　　　**弗兰克·盖里的后现代性**

图2.10　弗兰克·盖里

出生于加拿大的弗兰克·盖里（见图2.10）最为人所知的是他以雕塑的手法设计建筑，以及建造通常覆盖着反光金属的曲线结构。他最著名的作品是位于西班牙毕尔巴鄂的古根海姆博物馆，该博物馆被钛所覆盖。

从南加利福尼亚大学建筑学院毕业后，他在哈佛大学设计研究院学习城市规划。盖里设计的建筑以其扭曲的形态而闻名，这被视为现代主义建筑风格中解构主义流派的典型特征。在现代主义建筑中，建筑不需要反映特定的社会观念或形式遵循功能的信仰。

盖里的建筑，包括他的私人住宅，被认为是现代建筑的著名标志，已经成为旅游景点。不管他提供什么样的产品，许多博物馆、公司和城市都认为盖里的风格卓越。最近建造的三座美国建筑就体现了他的后现代风格。

西雅图的体验式音乐项目（2000）（见图2.11）代表了他最极端的风格。"俯冲"式外在呈现，红色、蓝色、紫色、银色和金色代表吉他的饰面，由最初用于开发幻影战斗机的3D（三维立体）计算机建模程序设计。

建于2003年的沃尔特·迪士尼音乐厅（见图2.12）占地293,000平方英尺（约合2.9万平方米），采用波浪形钢结构外观，看起来像一艘满桅的帆船。盖里想营造一种乘着具有仪式感的驳船去听音乐的感觉。

布拉格的舞蹈大楼（1996）（见图2.13）弗雷德和金格，是根据弗雷德·阿斯泰尔和金格·罗杰斯命名的，该建筑的样子隐约像一对舞者。

图2.11　体验式音乐项目　　　　　图2.12　沃尔特·迪士尼音乐厅　　　　　图2.13　舞蹈大楼

盖里因重复自己的风格而受到批评，成为他标志的脱节金属全景或许被滥用了。他最近的许多作品似乎都是标志性建筑毕尔巴鄂的古根海姆的衍生品。想要了解这位建筑师的更多信息，可以租借电影导演悉尼·波拉克（Sydney Pollack）拍摄的纪录片《弗兰克·盖里》，该片由索尼影业家庭娱乐公司（Sony Pictures Home Entertainment）于2006年8月发行。

盖里的设计反映了一种后现代的娱乐方式，原因如下：

- 盖里在他的建筑中模糊了娱乐和生活的界限；
- 无论是建筑界的高瞻远瞩者还是流行文化爱好者都可以体验盖里的建筑形式和风格；
- 盖里从现实和幻想中塑造了一个融合了过去与未来的形象；
- 盖里的建筑形式是重复的，是用以前的材料制作而成的。

购物商场建筑

零售商也将建筑作为一种工具用来吸引顾客进入他们的商店，并在购物时为他们提供娱乐。纽约的两家商店普拉达（Prada）和玩具反斗城（Toys "R" Us）就是很好的例子，展示了建筑如何被用来重新给品牌注入新鲜感。普拉达建筑师雷姆·库哈斯（Rem Koolhaas）认为，购物是公共活动的最后一种形式，他相信零售店的设计"核心"。核心理念通过抵消和破坏任何关于品牌是什么、做了什么或将要成为什么的公认观念，成为更新品牌的工具。[23]他在位于百老汇575号的苏豪区设计的这家商店耗资4000万美元，将硬边的后现代主义风格与科技结合，如采用玻璃的更衣室，只需按一下按钮就可以将玻璃变成半透明。电梯是一个安装在液压活塞上的玻璃圆筒，它由意大利制造，耗费1100万美元。商品陈列在挂在天花板上的金属笼子里，这些笼子可以四处移动，因此商店会不断地重新构思另一个昂贵的解决方案，以解决一个相当简单的问题。图2.14为阿玛尼在东京的旗舰店。

玩具反斗城时代广场购物中心的特色是拥有一个60英尺（约18米）高的摩天轮，它融合了娱乐和硬性营销功能。它有14个车厢，每个车厢都有一个单独的主题——其中一个车厢是根据土豆头先生和土豆头太太设计的，另一辆则是通卡卡车（Tonka）主题。大富翁先生有自己的主题车厢，芭比也

图2.14　阿玛尼银座大厦东京旗舰店

有。商店的大部分地方被划分为具有特殊主题的环境。这家商店的玻璃幕墙有时是透明的，有时其自动面板上覆盖着一系列图像，这些图像像遮阳板一样向下滚动，是一个不断变化的广告牌。在这两家商店空无一人的时候，人们可以更充分地欣赏它们的魅力，购物中心的建筑似乎已成为一个展示私人爱好之地，而非公共空间。

博物馆是表演与展览的场所，它为我们提供了历史时间与生活空间转换的环境。每年有近1.5万个博物馆为数百万美国人提供娱乐，每28个美国人中就至少有一个人是某一博物馆的游客。美国博物馆平均每年接待8.65亿人次游客，即每天230万人次。现存最大的博物馆是史密森学会，其藏品超过1.4亿件。[24]虽然博物馆作为娱乐替代品在当代变得非常重要，但它们也面临身份危机。博物馆包括了不同规模、预算和方向的众多场所，除了游客的需求，很难说是什么将它们联系在一起。但这种共同需求是博物馆提供的，为了满足这一需求，博物馆正在将其传统的教育角色转变为娱乐角色。

从2005年开始，随着古根海姆博物馆在柏林和毕尔巴鄂（见图2.15）的特许经营权的迅速扩大，以及其在巴黎、萨尔茨堡和吉朗的迅速扩张，现代博物馆最终演变为后现代博物馆。埃尔米塔日博物馆（位于俄罗斯圣彼得堡）和纽约现代艺术博物馆最近建立了一个联盟，以创建一个独立的营利性电子商务平台，用以策划来自这两个博物馆的国际展览活动。新闻博物馆于2008年4月在华盛顿特区开馆，致力于介绍新闻业的故事，展览内容包括柏林墙、世贸中心废墟的天线、博客写手的拖鞋和马克·吐温的墨水瓶。这些博物馆的后现代化现象反映了后现代文化的两个具体方面：博物馆的后现代企业化，以及博物馆作为仪式型娱乐的概念。

图2.15　西班牙毕尔巴鄂古根海姆博物馆

商业化和仪式化的博物馆

博物馆的后现代企业化将效率和合理化的现代企业理念，与展览、商品销售、餐饮店以及商业广告相关的后现代受众（来自目标市场）营销驱动结合。后现代主义博物馆商业化的关键是通过特定的观众定位，以更广泛的观众群为目标。这反映在积极的广告和营销活动中，并反映了后现代博物馆作为娱乐提供者的性质。在一种奇怪的后现代扭曲现象中，博物馆的受众定位策略使其成为一个受众驱动的实体，在商业化和满足后现代观众体验后现代博物馆体验的需求中变得根深蒂固，从而成为"仪式型娱乐"。

现代博物馆的审美沉思是早期艺术仪式理想的自然演变，而后现代观众驱动的仪式型娱乐是这一传统的进一步发展，它体现了博物馆对观众需求的响应和娱乐形式的创新。仪式型娱乐既体现了早期博物馆作为仪式的艺术理想，又体现了后现代观众驱动的博物馆作为综合娱乐中心的理想。因此，我们发现了一个有趣的情况：观众既期待娱乐价值，又期待某种形式的平静愉悦和精神滋养。作为观众驱动的实体，后现代博物馆别无选择，只能通过提供迪士尼化的完整博物馆娱乐体验来满足这些需求。例如，虽然现代博物馆可能会引入书店和咖啡馆来为其兜底，但后现代博物馆将聚会、出租功能和推广其他形式的艺术视为其作为综合娱乐中心的职责的一部分。观众驱动的后现代博物馆提供全方位体验的必要性，反映了后现代艺术空间之间界限的模糊。

图2.16　位于伊斯坦布尔的托普卡帕宫

后现代主义的影响

我们的媒介文化反映了后现代的状况。电影和电视节目表现了性、暴力和对过去的缅怀，情节剧则定义了两性之间的关系。后现代电影的问题在于观众可能不会将其视为后现代作品，而是将其视为镜像现实，明星的身份将成为我们自己的身份。当我们不断寻求呈现独特现实愿景的娱乐时，我们可能会被大卫·林奇（David Lynch）和昆汀·塔伦蒂诺（Quentin Tarantino）等导演的创作所影响，而没有适当的防御机制。将后现代主义理解为一种社会批判，有助于人们摆脱困惑，提升知情观察的能力。

聚焦后现代主义导演 　　导演大卫·林奇和昆汀·塔伦蒂诺的作品

图2.17 大卫·林奇

图2.18 昆汀·塔伦蒂诺

两位导演——大卫·林奇（见图2.17）和昆汀·塔伦蒂诺（见图2.18），以其后现代的电影制作方式脱颖而出。大卫·林奇的电影《蓝丝绒》（Blue Velvet，1986）和哥特风电视剧《双峰》（Twin Peaks，1990，美国广播公司）是后哲学电影的典范。电影和电视剧都以美国小镇为背景，包含了后现代定义中的所有恐怖和模拟现实的特征。这两个文本都显示了过去和现在之间界限的缺乏，其对时间的处理使观众处于一个永恒的现在。被称为典型的后现代导演的林奇，将不可呈现的东西（暴行、疯狂、受虐、吸毒和醉酒）展示在观众面前，以挑战私人生活和公共生活之间的界限。[25]

在《蓝丝绒》中，对过去的缅怀表现为播放20世纪50年代和60年代的摇滚乐，这表明我们这代安逸的年轻人的音乐可能会导致破坏和暴力。在这种情况下，神圣而不可侵犯与亵渎的过去被转移到现在和未来，在那里超现实总是真实的。这部电影既作为罪恶[26]和救赎的寓言存在，又作为色情崇拜存在。[27]林奇将他的电影的意义定位在观众对文本的体验中。这是读者反应理论的特点，观众认为他的作品要么是电影艺术，要么是垃圾，评论家的意见同样存在巨大分歧。一位评论家甚至把这部电影等同于宗教性、象征性的艺术。

电视肥皂剧《双峰》包含了传统软核剧的所有元素。在很短的时间内，该剧就引起了一种崇拜现象，那些通常不会看黄金时间电视节目的人都忠实地观看该剧。

林奇以其独特的视角洞察未来，在其中我们看到了技术和暴力，因此他在过去的幻想中寻求庇护。他的梦想是对当下生活提出后现代解决方案。他暗示，小城镇不再能免受城市罪恶的危害。他2001年的电影《穆赫兰道》（Mulholland Drive）是一部2小时25分钟的惊险片，充满激情，以及充满了围绕好莱坞和电影业的不可磨灭的画面。

昆汀·塔伦蒂诺继承了后现代主义传统，在20世纪90年代初作为一位时髦的导演声名鹊起，他大胆运用非线性故事情节、令人难忘的对话和血腥暴力，为观众所熟悉的典型美国电影带来了新的生命。塔伦蒂诺在1992年担任了《落水狗》（Reservoir Dogs）的编剧，这是一部由对话驱动的抢劫类电影，为他后来的电影奠定了基调。

在《落水狗》获得成功后，塔伦蒂诺回到阿姆斯特丹为《低俗小说》创作剧本。这部电影最终上映时，在1994年戛纳电影节上获得了金棕榈奖。它有许多广受好评的表现，还使塔伦蒂诺和阿瓦里获得了奥斯卡最佳原创剧本奖，以及最佳影片提名。

他创作和执导的《杀死比尔》第一部与第二部是高度风格化的复仇电影，继承了中国武术电影、日本电影、意大利西部片和意大利恐怖片的电影传统，以他和女演员乌玛·瑟曼（Uma Thurman）在制作《低俗小说》时开发的角色（那位新娘）与情节为基础。

塔伦蒂诺的电影以犀利的对白、断断续续的编年史和对流行文化的痴迷而闻名。通常，它们被视为画面暴力。当然，在他的代表电影《落水狗》、《低俗小说》和《杀死比尔》中，有大量飞溅和流动的血液的画面。但对人们影响最大的是暴力的随意性，乃至可怕的幽默，以及这些场景的紧张感和真实感。他的电影反映了一种真正的后现代人生观。

问题

- 你还能说出其他哪些后现代导演？

后现代主义是当下，是我们日常生活的超现实状态。随之而来的是，我们可以从手机、电脑、电视或亲身经历中选择和创造自己的现实。随着幻想和现实之间的界限变得模糊，工作和娱乐之间的界限也交织在一起。后现代主义代表了技术发展的一个高峰，预示着未来我们将继续享受这种丰富多样的体验。

本章小结

正如我们所看到的，融合让各种形式的娱乐、媒体和营销混合在一起，实现超现实传播。随着互联网技术的普及，我们可能无法获知谁在写我们读的东西，或者谁在读我们写的东西。通过"第二人生"等虚拟社区在网络空间使用在线人物角色，我们可以破坏真实自我的概念，使后现代主义永久化。寻找新的生活体验的男人们和女人们会敞开心扉，前往任何地方，并以付费表演的形式进入生活的方方面面。我们从生产工人的角色转变为创造性的表演者，这代表着我们社会关系的变化。

拉尔夫·劳伦（Ralph Lauren）和玛莎·斯图尔特（Martha Stewart）等人为我们的人生表演准备服装与布景。我们可以穿上Quicksilver（知名服装品牌）的衣服，成为冲浪者；或者穿上阿玛尼，成为专业人士。我们的形象管理人允许我们表演我们喜欢的任何幻想，并通过戏剧化的生活自娱自乐。劳伦和斯图尔特之所以能够做到这一点，是因为戏剧是社会上一直在发生的事情的典型。作为自己舞台上的演员，我们都既是娱乐者，又是观众。

如果这听起来有点难以接受，请查看杂志架、电视指南和时装店，寻找那些帮助我们创造幻想的现实的人存在的证据，反之亦然。欢迎来到超现实。

 **近观后现代主义：一篇关于后现代主义的评论**

基督的时尚：对人类之子的一次极端改造

不可否认，这个国家的基督教核心正受到冲击，从《断背山》（*Brokeback Mountain*）的高度到《粉雄救兵》（*Queer Eye*）的觊觎。自由派精英们强迫观众接受他们的安排，然后为自己的罪恶效力颁发奥斯卡奖。随着《海绵同性恋宝宝》（*Spongebob Gaypants*）等作品的面世，其对基本礼仪的大肆抨击，使人们不由得担忧，年轻人该如何被带到耶稣面前呢？当年轻人不断沉浸在iPods上的暴力色情视频时，如何才能让一个日渐衰败的古老宗教，与这年青一代迷失的灵魂建立起联系？

部分答案可能是简单的着装更换。对基督的传统描绘主要有两种：一种是在世的耶稣穿着某种老式长袍、便鞋，留着难以驾驭的胡须和风格冷漠的头发；另一种是乔托在14世纪绘制的那些令人沮丧的十字架，耶稣被钉于此。

虽然这些图片在神学上无疑是有用的，但都不太可能吸引那些由金光闪闪的50美分精心修饰过风格的孩子。今天的年轻人把穿着露腰上衣和长筒靴的杰西卡·辛普森（Jessica Simpson）视为全民偶像。对于那些注重形象的"都市男女"来说，还有什么能比一个看起来像心血来潮、对迷幻药成瘾的老嬉皮士和救世主更令人不快的呢？同样，那些受过训练以应对像范·迪塞尔（Vin Diesels）一样的世界名人的年轻女士一定会发现，一个瘦骨嶙峋的家伙穿着手工缝制的内衣，戴着一顶用荆棘制成的帽子的这种形象要扮演《世界末日的神圣战士》中的角色有点不太可能。

换句话说，为了保持联系，耶稣现在需要改头换面

首先是基督的头发。如果我们一定要保住长发，那么我们至少可以采用特定的长度：这种长度比大块头冲浪者的头发要长，又比威利·纳尔逊（Willie Nelson）的短。也许这种长度刚好到下巴最为合适。还要确保耶稣洗了头，用了护发素，并吹干了头发：我们想要一个肉体之上有光泽圣洁的发型。

下一步，必须去掉胡子。比如，没有山羊胡须和胡子茬。我们需要一个脸刮得干干净净、展现些许自尊的耶稣。要是他自己都无法信任自己有能力定期用剃刀刮脸，我们又怎么能相信他呢？为了达到水疗效果，耶稣应该做一次很好的面部按摩，修修眉毛。最不被人注意的小事会产生最大的反差效果。美白牙齿固然很好，但很可能他的辉光和神圣之美足以照亮眼前的一切。

接下来是神圣的身体。我们知道瘦削的表情是为了传达某种禁欲主义，反映出这个世界的信仰贫乏，以及纠正他死在十字架上的罪恶。但真的，带耶稣去健身房吧！一个没有胸肌，没有六块腹肌的基督怎么可能适合与魔鬼作战呢？你当然可以打赌撒旦和他的所有手下可以投射出一个比这更有影响力的形象！

最后一个出场的必须是上帝之子的衣服。在一个非文本化的后现代时期，严格遵循传统对我们没有好处。问问普通青少年，他是否知道人们在公元33年穿些什么，他会看着你，仿佛你刚从荒野之狼（Steppenwolf concert）的演唱会上走出来一样。那是因为他不知道也不在乎。在更正式的场合，耶稣需要穿上阿玛尼的服装——那些既合身又显强壮的款式，如白色双排扣西装，还要配一件浅蓝色的Fubu（美国服装品牌）运动服和几条金链子，以便聚会。他甚至可以装着Abercrombie和Fitch或Gap（三者均为美国时尚品牌）参加教堂混合乐队与祈祷团体。最后，无论这个国家的基督教团体为了获得良好的公共关系做了什么，都不应该表现出来上帝很渴望这种改变！年青一代不喜欢纠缠于负面的东西，那是过去热爱莫里西（Morrissey，英国殿堂级歌手）的X世代的偏好。今天的年轻人需要一个乐观的耶稣，一个可以在当地咖啡馆享用卡布奇诺，或者在阿斯彭滑雪的版本。我们需要一个极限运动版的耶稣，一个带MP3（一种能播放音乐文件的播放器）放着"陶土罐"（Jars of Clay，专辑名称）的基督。我们需要一个成功的上帝，一个代表我们价值观的上帝（见图2.19）。

怀疑论者可能会嘲笑以上所呈现的内容，但它并没有与当代的大教堂脱节。对注重价值观的婴儿潮一代人有效的方法，对注重时尚的年轻人同样有效。我们文化战争中的战士必须大胆行动。如果我们想拯救灵魂，我们必须使用一切必要的手段。

图2.19 对青少年而言最新、随意、精明的耶稣

资料来源：安妮·普拉达-克莱恩，《后现代村落》，载于《东西方评论》，第18期，网址为 postmodernvilliage.com/EastWesterlyReview。

讨论与回顾

1. 讨论融合文化对你的生活产生影响的主要领域。你希望在未来看到哪些其他类型的融合？

2. 你的生活在哪些方面是后现代的？过去、现在和未来的哪些元素在你的日常娱乐活动中占据了相同的时间与空间？
3. 比较新闻杂志、美国有线电视新闻和《每日秀》在报道政治事件时的异同。哪种形式更能有效地传达真实情况？为什么？
4. 讨论全球化和文化帝国主义之间的差异。这些现象会产生什么意外后果？

练习

1. 登录侏罗纪科技博物馆网站 www.mjt.org/，并根据本章介绍的后现代情况描述博物馆。博物馆的目的是什么？你会在游览洛杉矶期间前去参观它所在的威尼斯大道吗？为什么？
2. 观看奥利弗·斯通的电影《华尔街》(*Wall Street*)，并使用本章中的后现代术语对其进行分析。这部电影是艺术品还是垃圾？为什么？
3. 找到并阅读让·鲍德里亚（Jean Baudrillard）的《沟通的狂喜》(*The Ecstasy of Communication*)。总结他文章的主题。你同意他的后现代主义观点吗？为什么？
4. 玩一款具有后现代特征的视频游戏，并根据本章"聚焦虚拟现实：后现代的电子游戏"中提出的标准对其进行解释。

参考书籍与网页

Baudrillard, J. (1987). *The ecstasy of communication*. New York: Semiotext(e).

Cross, G.(2000). *An all consuming century. Why commercialism won in modern America.* New York: Columbla University Press.

Featherstone, M. (1991). *Consumer culture and postmodernism*. London: Sage.

Jameson, F. (1991). *Postmodernism*. Durham NC: Duke University Press.

Root, D. (1996). *Cannibal culture: Art, appropriation & the commodification of difference.* Boulder Co: Westview Press.

http://www.postmodernvillage.com/html——电影评论、期刊文章、游戏等。

http://www.elsewhere.org/pomo——使用随机文本生成系统对后现代学术写作流派的模仿。

http://www.sklar.com/page/article/shadrach——对野兽男孩《沙德拉赫》的后现代解读。

第三章　理解娱乐受众

> 发达社会的媒介化将表演融入日常生活,从而分散了娱乐表演。
> ——本·克肖(Ben Kershaw)

我们今天所看到的观众体验的基本特征是,每时每刻,每个人都成了观众,这是日常生活的组成部分。这种观众的概念被称为扩散受众。无论从什么意图和目的来看,娱乐活动在我们生活中的扩散都已将大众和现场观众的功能融合为一个信息接收的连续体。每时每刻都有海量信息,所以为了让人们更好地接收它们,信息必须具有娱乐性。我们将每个接收娱乐信息的人称为积极的意义创造者,他们通过观看或倾听来获得乐趣。这些扩散受众就是21世纪的受众。受众从媒体、表演、体育和其他休闲活动中获得的愉悦感,是娱乐拥有社会价值和心理价值的体现,我们需要娱乐来维持我们的归属感和幸福感。

当我们想到观众时,我们大多数人都会想象一群人在观看一个场地、屏幕或舞台上的表演。但就像雪花一样,没有两个观众是相同的,即使有相同的体验,大多数情况下他们的反应也是不同的。当你在天狼星电台(Sirius)上播放着你喜欢的嘻哈音乐频道时,你的祖母可能会捂住耳朵,而你的妈妈可能会同意播放这种音乐,但并不赞同你设置的音量。女孩看恐怖片时可能会尖叫,然而男孩可能会喜欢这种惊吓,因为这也许是他们安抚受惊女友的机会。

观众以独特的方式欣赏表演、游戏或旅行故事。这对娱乐营销人员来说是个挑战,他们要去解读观众的需求并满足目标受众的期望。要了解观众,必须首先把他们剖析为我们理解的群体。本章将帮助您了解观众是如何被概念化的,以便在最大限度上理解现场观众和媒介观众的本质,即他们是谁,他们想要什么。观众既是群体的成员,又是细分市场的成员,但我们喜欢把自己的参与看作个体的。观众的价值就在于他们有创造或破坏娱乐的能力,因此他们在当今的商业化社会中具有巨大的力量。现在,我们首先从描述所有现场娱乐表演的参与者开始。

图3.1 在英国的Womad音乐节上,巴爱巴·麦爱尔(Baaba Maal)和他的塞内加尔舞者将非洲传统音乐与世界各地的音乐风格结合起来

作为参与者的观众

娱乐无处不在!事实上,在全球发达社会中,娱乐几乎存在于人类活动的每个领域。作为日常表演的观众,我们不断地参与各种类似于娱乐的活动。日常生活中的表演这一概念,从四个方面把整个社会概念化为戏剧:[1]

- 我们都在假装或者扮演角色。在我们所有的社会活动中,都会产生一种特殊的幻觉,而这种幻觉在社会活动之外难以维持。当我们在帆船上时,我们穿着水手服,说着水手的行话,并按照我们所认为的水手的行为方式行事。
- 我们都扮演着不同的角色,这些角色会随着表演的性质而改变。海面风平浪静时,我们扮演成社交名流或船长;波涛汹涌时,我们扮演成严肃的领航员或警惕的船员。
- 人们在日常生活中的形象表明,表演无处不在。我们看到人们在生活的各个方面都很享受。无论是在陆地上还是在水上,我们都按照所要求的角色行事。
- 媒介表演和现场表演在任何时候都很盛行,并存在于我们生活的方方面面。互联网、电视和无线电广播打破了航行中的风平浪静——媒体无处不在,我们无处可逃。

表3.1提供了部分日常演出中观众和活动的类型。你能想到这份列表中未提及的其他观众群体吗?

从这个列表可以明显看出,我们大多数的社会角色和个人角色都属于某种扩散受众的类别。鉴于资本主义的本质,我们每时每刻都在成为观众,因为我们一直在消费某种形式的娱乐活动。当我们参与各种各样的表演时,我们是表演者,同时是观众。例如,

作为游客，我们扮演着消费者的角色，如购买纪念品，给我们的旅游经历拍照。同时，我们也是主办方提供的娱乐活动——主题公园、游览、展演等——的观众。

表3.1 日常生活中的表演

观众类型	消费活动
激进分子	抗议
选民	投票
消费者	购物
食客	外出就餐
狂热爱好者	参加俱乐部运动和活动
粉丝	崇拜电影和摇滚明星或名人
陪审团成员	判定有罪或无罪
听众	享受广播和音乐
成员	集体聚会或祈祷
悼念者	参加葬礼
参与者	参与娱乐或活动
患者	寻求医疗帮助
赞助者	支持艺术
玩家	参与游戏和赌博
读者	喜欢神秘和浪漫的小说
购物者	浏览、购买
学生	学习、研究
冲浪者	上网、浏览频道
游客	观光、购买纪念品
旅行者	飞行、骑行
观看者	观看电视或电影
访客	参观主题公园、动物园、博物馆
礼拜者	信奉宗教

现实观众

现实观众可以根据他们参与娱乐活动的时间长短和参与该活动的程度来区分。这两个因素决定了娱乐活动经济效益的好坏。当今的观众具有不同于以往观众的特质：自主性和分众化。

自主性

观众自主性是现下观众的特征。从前，观众受许多娱乐供应商的摆布。电视和广播的观众只能在特定时间选择有限的节目。如果你想观看或收听特定的节目，就必须确保在特定的时间观看或收听。如果你想在下午2点观看或收听节目，那你只能将就收看或收听当时正在播放的节目。现场娱乐同样受到时间和地点的限制。因此，我们都在同一时间一起体验同样的娱乐。娱乐节目制作人和节目编排者决定了我们可以享受何种娱乐，以及何时享受。

但最近娱乐活动的控制权已经从娱乐生产者转移到了娱乐消费者手中。观众不再受娱乐节目制作人的支配。像录像机（VCR）这样的发明使观众拥有了更多的控制权，因此今天人们可以在他们想要的时刻享受任何他们想要的娱乐。他们可以通过设置电视系统来查找、录制和播放想看的节目。互联网上的娱乐服务项目通常一天24小时都可以使用，新的搜索引擎技术允许用户建立定制的、个性化的档案，以此来提醒他们内容的更新，如网站帖子或与他们兴趣相关的新音乐。个人也不再受娱乐场所的限制。他们不仅可以在剧院、游戏厅、汽车、办公室和客厅里，还可以在公交车或公园长椅上享受电影、游戏、音乐和互联网娱乐，这一切都要归功于高质量的分辨率技术。

图3.2　2008年，在圣地亚哥的露天剧场（Cricket Wireless amphitheatre），音乐会开始前，乐迷们在后台与警察乐队（The Police）（左起第二、第三、第六）合影留念

分众化

分众化是指为特定的受众群体开发特定类型的内容，而不是为每个人设计的大众媒体。新的娱乐形式越来越个性化。多年来，娱乐一直为小众观众量身定制。音乐、电影、电视节目、杂志、视频游戏都是为特定人群设计的。仅仅由于在任何特定的时间和地点都有越来越多的娱乐选择，个人对自己的娱乐体验有了更多的控制权，并且这种趋势很可能会持续下去。

瞧瞧谁在看

观众因共同兴趣而组成了群体。新型观众群体的定义不再局限于传统的社会经济背景，而是形成了以趣味为核心的文化圈。趣味文化（Taste cultures）依赖于娱乐产品——是产品形式、风格、表现或类型与观众群体的生活方式相匹配的结果。这与观众的生活方式相匹配。说唱音乐被称为一种品位文化，它从音乐、时尚和生活方式中获得自己的身份。在每一种品位文化中，有三种类型的受众占主导地位，他们被称为观众、参与者和粉丝。

观众既是观看者，又是参与者。作为观看者，观众会被演员和他们的道具逗笑。球迷则是观看运动员比赛的观众。观众看电影和电视是为了一睹名人与明星的风采。观众既可以是被动的倾听者或观察者，又可以是主动的倾听者或观察者。

我们大多数人都是观众，在决定娱乐活动效果方面扮演着积极的角色。我们可以为现场表演欢呼或喝倒彩，可以用数字录像机录制电子内容。无论哪种方式，我们都有能力决定我们的所看所听。如果内容是我们不喜欢的，那就关掉它。

作为参与者，我们通过玩技能博弈和机遇型的游戏来挑战对手。作为旅行者，我们参与探索陌生的事物；作为游客，我们成为自我表演中的演员。参与者有两种——被动参与者和主动参与者。被动参与者包括交响乐观众，他们作为纯粹的观众来体验这个活动。相比之下，主动参与者，如滑雪者或高尔夫球手，会直接对表演体验产生影响。主动参与者往往会成为一个团队、音乐团体、电影明星，或表演者的粉丝和亲密追随者。如图3.3所示，观众正在积极参与媒体和娱乐创作。

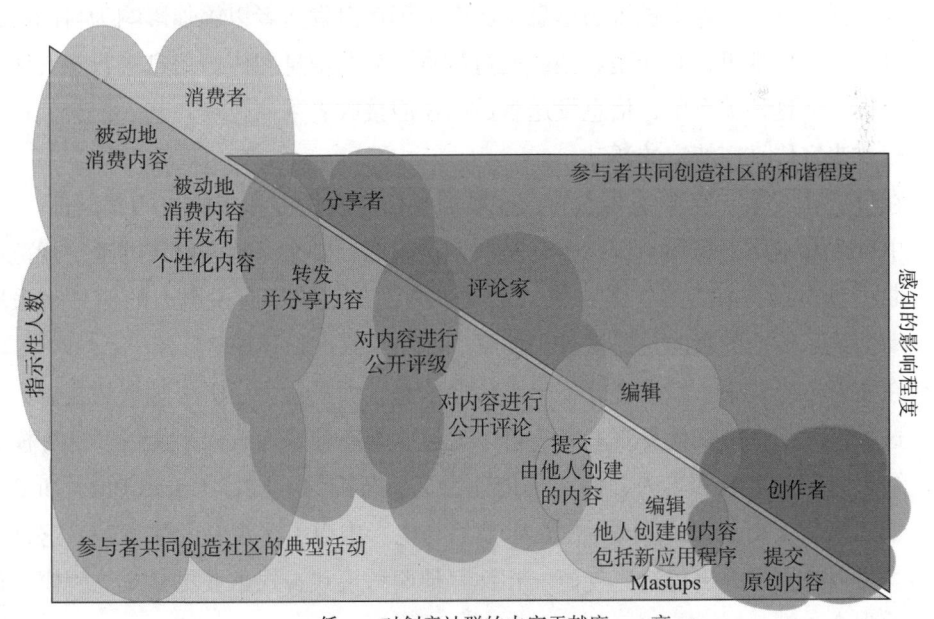

图3.3 积极的观众

资料来源：加里·海耶斯（2007），Personalizemedia.com。

观众是所有类型表演成功的关键。没有观众，就没有表演。你能想象安排了一场演唱会却没人来吗？引起注意、吸引和满足观众对娱乐业来说非常重要。但对于与观众同样重要的、鼓动和影响观众的因素，我们却知之甚少。尤其是当我们看不到他们的时候，如大众媒体的观众——浏览者、读者和听众。因为我们对观众的了解是零散的，所以这个术语本身就具有抽象性和争议性。在本章，我们将讨论从现场观众到大众媒介受众，再到细分娱乐受众的历史演变过程，然后我们讨论新的受众发展趋势，观众对节目内容的影响，以及对社会的影响。

图3.4 在俄亥俄州的一场橄榄球比赛上，球迷们得到了布鲁图斯七叶树（俄亥俄州立大学竞技吉祥物）的签名

观众画像

在实际应用领域对观众的特征进行描述和表征，新的趋势是关注传播消息的来源和接收者之间的关系，同时假设观众及其娱乐目的存在差异。以下三种模式最能描述这种关系，即传播模式、仪式模式、注意力模式：[2]

- 在传播模式中，观众被视为信息接收者，即信息发送者以施加影响为目的的信息接收者。在这里，观众是典型的通过教育、公共信息和广告信息进行意义转移的目标。在这种关系中，信息发送者试图说服接收者采取行动。艺人们会使用这种模式来宣传推广特定的活动。

- 在仪式模式中，交流是共享的，这增加了信息发送方和接收方的共同性。[3] 在其中，观众本质上是参与者，要么是戏谑玩闹的，要么是遵守仪式的道德规范的。曲棍球季票持有者参加各种仪式活动，并不是依赖于有说服力的信息来采取行动。娱乐传播的目的是提供日程信息、商品和瞄准粉丝博客。

- 在注意力模式中，发送者并不寻求传递信息，而只是为了吸引观众的注意力。在这种情况下，观众就是观看者，可以通过收视率和票房收入来衡量。这种模式的结果是产生名气和名人，而不是传递意义。布拉德·皮特（Brad Pitt）和安吉丽娜·朱莉（Angelina Jolie）在娱乐节目与电影中吸引了观众的注意力，这种注意力可以被衡量并出售给广告商。相比其他两种模式，娱乐业更喜欢这种模式产生的观众。

因此，无论是现场的观众还是媒介的受众，无论是被动的还是主动的，他们每天都会参与某种形式的体验活动。他们在影响娱乐发展方向方面的作用不容小觑，这一点我们将在下一节进行讨论。

现场演出和表演的观众

最古老的观众参与形式是观看奇观或现场表演。我们将从参加艺术演出的观众开始介绍，如歌剧、管弦乐音乐会、芭蕾舞、戏剧、马戏团、魔术和音乐会的观众。本节将探讨观众的参与动机及其对表演艺术提供者的价值。

在大众传媒出现以前，所有的观众都是在现场体验娱乐的。文化通过口头的方式传播，使人们积极支持或参与所有形式的娱乐活动。我们称这时的受众为简单受众，暗指"能听到的人"和作为观众的某种即时体验。[4] 简单受众从直接的交流中受益。今天，我们认为观众是那些计划、参加和欣赏现场表演（如音乐会、戏剧、电影、节日、政治会议、公共庆典、嘉年华、葬礼、法律审判、宗教活动和体育比赛）的人（见图3.5）。这些活动具有仪式性或神圣性，这是参加者在其他地方无法获得的。以观看戏剧演出为例，当代仪式包括预约座位、盛装打扮、中场休息时的社交、每场演出后的鼓掌以及购买纪念品。

图3.5　在旧金山，街头游行是中国新年庆祝活动的亮点

戏剧表演者

戏剧表演者和观众之间的交流是直接的，他们之间的物理和社会距离同音乐会、法庭、足球比赛和政治会议中的关系类似。这种社会分离因表演者的地位和表演氛围的对比而加剧，即明星和粉丝综合征。早期的研究人员认为，这种社会分离会产生现场观众的被动性，类似于我们从大众媒体观众身上看到的，他们被电视广告迷住了。但这样的

结果并没有出现,因为观众和表演者在现场娱乐形式中进行了意义交换与参与。

观众是由独特的个体组成的。但现场观众往往表现得像一个整体,一起到达,鼓掌,欢笑,再一起从指定座位离场。与那些通过媒介独自浏览、观看或者聆听的观众不同,现场观众依赖社会互动来获得相当一部分的娱乐体验。现场观众还占据了专用于某项活动的小范围的或专业化的空间,如体育场馆和剧院,这些空间是为活动预留的,而在其他时间空置。我们称这种场地为表演空间。它们通常是公共空间,表演者只有受到邀请才能在此表演。公共空间的使用缩短了观众与观众、观众与表演者之间的距离,并使各种社会经济体能够一起观看演出。

表演消费

对于理解现场观众来说,重要的是了解他们在消费表演中的作用,这种作用围绕着我们所说的消费体系。与参与表演艺术相关的消费体系包括行为触发因素、消费动机和嵌入长期记忆与日常生活经验的消费活动。行为触发因素包括以下几个:

- 社会阶层、职业、种族、性别认同、经验、参与度和性格。例如,一个人同时喜欢摇滚乐和交响乐,这是西方社会中外向的、中上阶层的和第二次世界大战后婴儿潮一代的典型品位。[5]
- 参加演出时发生的社会互动,包括同伴的数量,他们之间的关系类型,互动的内容、频率和时间,对品位和偏好相似性的了解。[6]一个人可能会与另一个人一起参加,因为他对表演形式有深入的了解。
- 表演艺术的属性,如戏剧或歌剧的属性。
- 时间、金钱、精力、健康、情绪等。一位观众可能因为在看戏期间家中有个可靠的保姆而感到放松。

消费动机

研究表明,人们观看演出的消费动机是多样的。其中一些动机和预期结果包括以下几个:[7]

- 丰富动机,如情感刺激、智力提升和体验非凡的存在状态。比如,在期中考试中获得A的好成绩。
- 减少动机,包括通过放松和逃避工作及责任来恢复精力。划皮划艇就是这样一种动机。
- 社交动机,让参与者有与他人联系的感觉,如友谊和与名人接触。加入联谊会就是一个例子。
- 区别动机,如感觉独特,体验选择的力量,感觉自己比别人优越,并通过时尚或对表演的反应将自己与他人进行比较。例如，驾驶保时捷可能是你感受优越感和体验卓越的方式。

我们观看现场活动的方式涉及5个因素（这些因素源于对棒球观众的观察，他们把观看比赛视为一种娱乐享受[8]），这些因素对于预测表演观众的观看体验非常有帮助：

- 获取实践。帮助观众在参加演出前寻求信息，如评论家的评论；为未来的活动做计划，如订购季刊；做出选择，如决定在演出结束后吃晚餐。
- 体验实践。帮助观众理解活动，如意大利歌剧中的字幕翻译；通过个人对表演质量的评估来做出判断；通过情感反应来欣赏表演。
- 整合实践。例如，通过参与音乐会前的讲座，成为知情的消费者；通过笑声或掌声为表演作出贡献；为活动增添个人化色彩，让自己享受。
- 自我表达实践。例如，与其他观众建立联系；通过坐在包厢座位上让自己与众不同；通过佩戴昂贵珠宝来彰显身份。
- 社交实践。通过在中场休息时与他人分享经验来进行社交实践；在摇滚音乐会上与他人跳舞或在演出后讲笑话。

观众的演变

随着活动参与者成为更热心的观众，参与动机可能会发生变化。一些消费者利用参加演出的出勤率来炫耀自己的地位，以此进行引人注目的休闲消费。这种类型的状态会产生三种类型的效应：[9]

- 凡勃伦效应（消费者购买高价商品的非正常市场行为），如人们支付400美元观看麦当娜（Madonna）演唱会。
- 虚荣效应，如一个人获得一张稀缺的门票去观看埃尔顿·约翰（Elton John）在雅典卫城的演出。
- 从众效应，如一个人因为其他人都在参加狂欢节而参加狂欢节。

社会学家研究观看经典节目演出的观众及他们的生活方式，以了解他们观看表演的原因。基于身份源于所属社群这一前提，观众经常参加符合他们期望的社会地位的活动。票价和预期的着装促进了观众的自我选择，这是一种地位导向型的娱乐选择。但随着流行文化的入侵，观众正在变得同质化，即使是最高雅的表演也在所难免。

购买或消费表演体验涉及多种因素的独特组合。每个消费者都会对某种特定的审美做出反应，这种审美既可能有助于也可能妨碍他们欣赏一场演出——有些人喜欢古典音乐会，而有些人更喜欢参加狂欢派对。体验是多种动机的结果，并且通常是无意识的——因为歌剧高雅的艺术地位而去观看歌剧，可能是一种无意识的动机。一些消费者喜欢伴随着表演的仪式行为，如在歌剧表演中，人们期望有正式的着装及得体的行为举止。观看演出的频率通常取决于特定情况下的机会——短期的演出限制我们观看演出的选择。参与体验受到社会互动的强烈影响，包含表演后的谈话或中场休息时的批评这两种情况。对演出活动的回忆会影响重复消费，如果你喜欢这个活动，你可能还会参加下一个活动。

现场活动迷

体育作为一种娱乐，通常与观看而非玩耍更紧密地联系在一起。不足为奇的是，研究表明，人们观看体育比赛的原因和他们享受其他形式的娱乐的原因有许多相同之处。表3.2列出了万恩（Wann）确定的球迷观看体育比赛的8个基本动机。虽然"娱乐价值"在此列表中被单列为一个因素，但几乎所有被确定的动机都反映了一般的休闲或娱乐功能。

表3.2　粉丝观看体育比赛的动机

增强自尊心	当他们最喜欢的球员或球队获胜时，球迷们会获得成就感
消遣日常生活	观看体育比赛被视为一种摆脱一切的方式
娱乐价值	球迷们喜欢体育运动的戏剧性和不确定性
积极压力	体育运动为球迷带来了激励作用。它能刺激我们的感官，让我们的肾上腺素激增
经济价值	一些球迷的动机是体育赛事赌博带来的潜在经济收益
审美价值	体育被许多人视为一种纯粹的艺术形式——人们欣赏体育表演的美和芭蕾舞
归属感的需要	通过与运动队结盟来满足人对归属感的需要，特别是当重要的参照群体，如朋友和家人也是球迷时
家庭关系	一些球迷认为，体育赛事为家庭提供了共度时光的机会，从而促进家庭团聚

资料来源：《体育营销：战略视角》（第2版），培生·普伦蒂斯霍尔出版社（Pearson Prentice Hall），188—193页。

虽然有些人认为自己是普通的体育迷，但大多数球迷要比其他人更热衷于某些体育运动。为什么有些人喜欢足球或曲棍球，而有些人喜欢高尔夫或赛车？研究表明，一个人观看体育比赛的动机差异可能可以解释体育偏好的差异。一些证据表明，个人的动机是审美、自尊和经济。以审美为动机的人倾向于个人的非攻击性运动，以自尊为动机的人倾向于团队运动，而以经济为动机的人更喜欢攻击性运动。研究还表明，男性通常比女性更喜欢攻击性运动。

体育偏好虽然会受到内在人格因素和其他特征的影响，但也会受到外部社会因素的影响。个人倾向于反映与其家庭、朋友、当地和国家文化偏好相一致的体育偏好。个人偏好也会受到环境因素的影响，如一个人的地理位置。例如，居住在水边的人更可能偏爱水上运动。与所有行业一样，体育生产商和营销商对这些因素进行了广泛的研究，以便更好地将体育赛事和产品推荐给合适的观众。

体育爱好者用类似于宗教狂热的方式追随他们的球队，这不仅体现在他们愿意花费在比赛门票和体育商品的金额上，还体现在他们在从小联赛到职业联赛的各个级别体育比赛中展现出的古怪传统和仪式性行为上。就像不同宗教教派的追随者一样，不同球队的球迷根据自己独特的传统表达崇拜。他们高呼战号，戴着"幸运"帽。在威斯康星州，球迷们用奶酪片装饰自己的头部，以示对球队的忠诚。世界各地的球迷画上战妆，从头到脚都涂上球队的颜色（见图3.6）。《美国粉丝》的作者丹尼斯·佩林（Dennis Perrin）将这种狂热等同于原始行为。

图3.6 脸上涂着国家标志性颜色的国际体育迷

> 在印第安纳州，篮球部落主义尤其极端。球迷们如此狂热，人们可以把他们视为盛宴上的昆虫……坐在拥挤的小镇体育馆里，看着男孩们在地板上奔跑，就像是在体验昆虫群体的极度狂热状态。如果比赛进入加时赛，头脑的意识会逐渐消退，人类作为哺乳动物的感觉需要几个小时才能恢复。[10]

运动员本身也有自己的传统。我们来看看NBA（美国职业篮球联赛）重要球员的一些赛前仪式。对于拉里·伯德（Larry Bird）来说，这样的仪式意味着在奏唱国歌时，将目光锁定在波士顿棕熊队英雄鲍比·奥尔（Bobby Orr）的4号球衣上，这件球衣被悬挂在波士顿花园球馆的横梁上。对于巴里·霍威尔（Bailey Howell）来说，这代表冲泡一杯茶，然后伸长小指啜饮，直到杯子见底。对卡里姆·阿卜杜尔·贾巴尔（Kareem Abdul-Jabbar）来说，这体现为经常光着膀子坐在他的储物柜旁看书。在佛罗里达州，足球的传统还包括在取得关键胜利后从对手的足球场上取下一块草皮，随后把它埋在训练场旁边的墓地里。

通过他们的奉献和仪式，球迷从某种意义上来说不再只是单纯的观众，而是成为积极的参与者。这种参与让他们觉得自己是球队的一部分，并且这种归属感增加了他们的乐趣。心理学对此现象提供了几种解释。根据社会认同理论，人们动机去做能提升自尊的事情。由此可以推断，体育迷们认为他们可以通过认同一支球队来获得这种提升。

球迷通过沾光效应（Birging）和撇清效应（Corfing）来认同他们的团队。"当我们的球队获胜时，我们喜欢骄傲地穿上球队的运动衫，展示球队海报来享受胜利。通过对胜利者的认同，我们觉得自己也是胜利者。当我们的球队获胜时，'我们'赢了。相反，当我们的球队失败时，我们便撇清自己与球队的关系。我们的言辞发生了变化，'我们'没输，'他们'才输了。当我们的球队陷入困境时，我们也可能撇清关系，去抨击、批评和贬低其他团队。"体育迷倾向于表达社群内部和社群外部的偏见，即社群内部（球迷所在的球队）的特征被自动视为好的，而社群外部（竞争对手）的特征被自动视为坏的。

球迷们还展现出一种被称为去个性化的过程，在此过程中，人们失去了自我意识，不再关注周围人如何评价自己的行为。当人们全神贯注于体育运动时，似乎会失去或改变自己的一部分身份，成为团队中的一员。他们被卷入当下，作为一个团队而不是作为个人行事。在运动员中，这种个人主义的丧失可能是有利的，因为团队成员愿意为了团队的利益牺牲自己的身体。也正是在这种情况下，运动员和球迷之间可能会发生群众暴动或骚乱。

 **聚焦粉丝**　　　　　　　　　　　　　　　　　**爱好者，粉丝，还是狂热者？**[11]

大多数美国人都经历过体育盛事。尽管对运动的情绪反应各不相同，但一些体育爱好者在观看比赛时会像运动员一样，出现激素激增和其他生理变化。自尊心也会随着比赛的得分跌宕起伏。在追溯体育对社会的作用时，科学家们表示，体育运动重现了与我们祖先在部落战争中出现的情绪。体育英雄已被塑造成勇士和自我的象征。当球队因获胜而赢得尊重时，穿戴球队球衣或帽子的爱好者也会得到这份尊重。

研究表明，与普通球迷相比，对自己球队有高度认同感的人会表现得极度兴奋。作为铁杆球迷的男性和女性，在球队胜利后会对自己的吸引力更加乐观。球队也喜欢铁杆球迷，因为他们在情感和经济上都给予了支持。

观众对运动队的作用十分重要，因为他们决定了一支特定的运动队在一段时间内的成败。培养忠实的爱好者（球迷）是体育营销者的一项重要职能。为了确定个人对球队的依恋程度，以及他对球队的热衷程度，在确定球迷行为的项目中我们使用了以下测试。调查对象通过在7个问题上逐个圈出适当的数字来表示他们的承诺程度。参与下面的调查，以确定你对体育的热情程度。

说明

请写出你最喜欢的运动队＿＿＿＿＿＿。

根据你对上述球队的感受，回答下列问题。在每一项上，圈出最能代表你态度的数字。

1. 这支球队获胜对你来说有多重要?
   不重要 1 2 3 4 5 6 7 8 非常重要

2. 你在多大程度上认为自己是这支球队的球迷?
   完全不是球迷 1 2 3 4 5 6 7 8 完全是忠实球迷

3. 你的朋友在多大程度上认为你是这支球队的球迷?
   完全不是球迷 1 2 3 4 5 6 7 8 完全是忠实球迷

4. 在赛季期间,你通过以下何种方式密切关注这支球队:
   (a) 亲自到场或观看电视
   (b) 收听广播电台或其他
   (c) 观看电视新闻或阅读报纸
   从来没有 1 2 3 4 5 6 7 8 几乎每天都有

5. 成为这支球队的球迷对你来说有多重要?
   不重要 1 2 3 4 5 6 7 8 非常重要

6. 你有多不喜欢这支球队最强大的对手?
   不喜欢 1 2 3 4 5 6 7 8 非常不喜欢

7. 你在你的工作场所、居住的地方,或者你的衣服上展示这个球队的名字或徽章的频率是?
   从不 1 2 3 4 5 6 7 8 经常

得分

你的分数意味着什么?把你所有的回答相加。分数低于18分为低认同度;18分至35分为中等认同;超过35分为高度认同;49分至56分为铁杆粉丝。

作为购物者的观众

现场表演的一个远亲就是购物,这是一项需要观众参与的现场活动。我们通常认为购物者是指想以优惠价格购入商品的人。但是自从购物中心和大型商店出现以后,购物已经成为一种娱乐。购物的分支——浏览,是一种能提高购买满意度的活动。购物通常是一种社交活动,它提供了一种打破常规、实现感官刺激、锻炼、娱乐和幻想的机会。有时间的人通过购物来缓解无聊和孤独,探索新产品,并结识朋友。对许多人来说,购买行为成了一种自我实现的手段。浏览和购买的购物者成了消费景观中的观众与表演者。

商场使浏览过程变得令人愉快,购物变得容易。商品价格是稳定的,交易通常用信用卡进行。与在商场和百货公司购物不同，在旧物交易市场或者集市上的讨价还价更类似于买卖过程。在这些地方，购买是通过协商进行的，购物者的最大挑战在于以低于要价的价格购买商品。我们大多数人都体验过在集市或车库大甩卖中以物易物的得意扬扬的感觉。在墨西哥、印度、印度尼西亚和土耳其等国家，购物者仍然可以享受以物易物，换取许多待售物品的快感。大多数美国人不会质疑收银机上的标签或电脑标价，一般按要价支付。但讨价还价，寻找便宜货的行为（也称为比较购物）已成为这10年最多样的娱乐形式。本书第十六章将对购物和购物者进行更为深入的讨论。

大众媒体受众

大众媒体受众不与他人或表演者互动，因此被隐藏起来。大众媒体受众是一个个独立的个体，彼此匿名，但他们的注意力却都集中在个人环境之外的感兴趣的事物上。[12] 每个人都基于他自己的电子设备与他人产生联系，从没有在个人自身的基础上与他人产生联系，见图3.7。

图3.7

受众问题

近年来出现了两个重要的问题，它们改变了媒体受众的性质和活动：受众接收和受众参与。

受众接收，以前局限于固定的地点，现在通过大量的设备，媒体能够随时随地向观众提供娱乐。宽带和无线技术让人们可以持续地享受各种娱乐活动。想想你有多少种接收音乐、视频、电影、新闻、游戏和信息的方式。现在再想想你可以在几乎任何地方接收到这些信息。对于试图接触新受众和现有受众的娱乐推广者来说，预测你的娱乐方式和所处的地方将是一个挑战。

> **时事速览** 随着青少年持续接触并使用社交媒体，由青少年创作的互联网内容也在持续增加，12~17岁的在线青少年中有64%的人参与至少一种类型的内容创作，这高于2005年57%的比例。内容创作不仅关涉分享创意，还涉及参与那些由创新内容推动的对话。近一半（47%）的在线青少年将照片发布到别人可以看到的地方，并且在这些发布照片的青少年当中，有89%的人表示人们至少在某些时候会对这些图片发表评论。
>
> 资料来源：Pew/Internet@ www.pewinternet.org，2007。

受众参与,已经成为节目效果的主要决定性因素。电子游戏的用户和电视迷是情节、剧集、游戏和他们自己的短片的创作者。例如,《星球大战》(*Star Wars*)的粉丝们在网站上创作了数百集新剧集;青少年为大型游戏开发商制作视频游戏,他们不再只是单纯的玩家;博客和类似聚友网这样的网站,使观众能够为全世界的隐形读者开发故事。

 **聚焦棒球观众**　　　　　　　　　　　　　　**让我们看看猴子**　　62

足球、篮球、曲棍球和摔跤的粉丝们似乎都全心全意地接受了新的体育娱乐方式。但在棒球界,反响却没那么热烈。尽管许多铁杆球迷似乎喜欢更传统的比赛氛围,但一些评论家认为,对于追求快节奏的当代观众来说,棒球太过时了。虽然棒球依然保持着相当强大的球迷基础,但职业球队却仍在继续寻找增加支持的方法。

迪士尼在阿纳海姆天使棒球队身上"施展了一些魔法",结果喜忧参半。迪士尼在1996年签署了一份协议,以1.4亿美元的价格收购了天使队,然后斥资9000万美元翻新了阿纳海姆体育场。爱迪生公司作为企业赞助商签署了一份协议,据传协议要求该公司在20年内向迪士尼支付约140万美元,以换取其在体育场的冠名权。迪士尼以口号"吻别你的大'A'"("Kiss your big 'A' goodbye")发起收购,这个口号中的"A"指的是体育场标志性的超大"A"字立牌。

不出所料,该球场现在有一个类似于迪士尼乐园的家庭娱乐主题项目,迪士尼乐园距离这条路只有几分钟的路程。巨大的球棒和棒球头盔成了爱迪生国际体育场的主入口,为比赛提供了壮观的背景。外场有着"Home Run Extravaganza"(本垒打盛会)字样的装饰,这是一个类似于迪士尼旧西部"雷霆山"过山车的景观喷泉区。天使队用烟花、音乐和80英尺高的间歇泉来庆祝他们的本垒打。当孩子们在座位上坐立不安时,他们可以把父母拉到中外场之外的"完美游戏馆"(The Perfect Game Pavilion),在那里他们的跑垒速度可以赶得上天使队的戴林·厄斯泰(Darin Erstad),或者试着像本垒打比赛中的提姆·赛门(Tim Salmon)那样打出本垒打,或者在新秀桌餐厅(Rookie Table Restaurant)点份花生酱和果冻三明治。

起初,这些变化似乎是奏效的。头条新闻写道:"迪士尼的魔力之作——天使队"[13]和"迪士尼的奇妙世界:第一名的天使队并不是球场里唯一的吸引力。"[14] 9岁的杰森·安德森(Jason Anderson)一边吃着滴着番茄酱的玉米热狗,[15]一边说:"这太棒了。"当然,当时的天使队获胜了。即便如此,也不是每个人都喜欢迪士尼的改造。迪士尼的做法与附近的洛杉矶老牌球队道奇队形成了鲜明的对比,后者继续在20世纪50年代的体育场里举办传统球赛,播放风琴音乐,售卖道奇热狗。许多天使队的老球迷批评迪士尼以啦啦队和摇滚音乐作为替代品。

图3.8

随后，逆转猴（the rally monkey）来了。据体育记者比尔·谢金（Bill Shaikin）说："这事儿可真够讽刺的。迪士尼——这位能把啦啦队和乐队塞进球员休息区屋顶、在外场摆假石头的球队老板——居然阴差阳错地找到了唯一能让天使队球迷兴奋的东西：一张上蹿下跳的猴子的照片。"[16]（见图3.8）

在天使队的比赛中，所有的公告、视频剪辑和两局比赛之间的娱乐活动都由天使队的娱乐总监罗德·默里（Rod Murray）和他的工作人员监督。他们为每场比赛做准备，就像准备一场戏剧一样。一切都按照脚本来做，包括播音员的对话以及音乐和视频提示。天使队以制作高质量的视频剪辑而闻名，这些视频都会在比赛过程中播放，每个球员都有一首主题曲，会在他上场击球时播放。但棒球比赛是不可预测的，所以工作人员必须具有灵活性且有创造力。

逆转猴的传说始于2000年6月，当时，天使队输给了旧金山巨人队。摄制组成员迪安·福里诺（Dean Faulino）和贾森·休姆斯（Jason Humes）正在努力争取一些观众的支持。他们找到了1994年金·凯瑞（Jim Carrey）主演的热门电影《神探飞机头》（*Ace Ventura, Pet Detective*）的一个视频片段，视频中有只猴子在上蹿下跳。他们将这段视频固定好，实现循环播放，并在上面叠加了"逆转猴"的字样。最终天使队重整旗鼓，在最后一局赢得两分，反败为胜，观众为之疯狂。

球迷们开始要求看猴子，"让我看看猴子！"这个口号也就随之诞生了。这只猴子成了天使队比赛场上的常客，在接下来的31场比赛中，有18场它帮助球队反败为胜。为了避免侵犯版权，天使队聘请了《老友记》中的卷尾猴凯蒂（Katie）来拍摄一系列逆转猴的宣传片。作为大规模商品销售的大师，迪士尼并没有预料到球迷们对这只猴子的需求。天使队的工作人员争先恐后地寻找纪念品猴子，以便能在比赛中出售。第一批96只毛绒猴在几小时内售罄。负责寻找批发商的蒂莫西·菲斯克（Timothy Fisk）说："为了满足大家的需要，我们快疯了""我们最大的问题是要找到记分牌上显示的那只猴子"。[17]这股热潮开始后不到一个月，爱迪生球场就售出了3500只玩具猴子。天使队"逆转猴"表明，娱乐，特别是像体育这样的娱乐项目，往往更像是一门艺术，而不是一门科学。即使是像迪士尼这样的老牌娱乐公司也很难预测观众会喜欢什么。

大众媒体受众类型

我们还研究了受众对媒体的集体反应。一些受众群体被当作解释团体[18]来研究,他们通过自己能够看到、读到或听到信息的环境,来对文本建构意义。神秘小说读者、肥皂剧观众和脱口秀听众都是受众作为解释团体的例子。交互式媒体创造了虚拟社区,其运作方式与其解释性媒体大致相同。这些社区的受众在媒介体验中发挥了积极作用。

从不同的角度观察思考媒体受众,使我们能够出于娱乐考虑做一些细分。一位研究人员就三种类型受众进行了区分:[19]

- 作为群体或公众的受众。新闻广播的听众就是这样的群体。
- 受众是寻求满足感的人群的集合。这些受众是因为某种特殊偏好而聚到一起的,如喜欢观看摇滚音乐会。这些有特殊需求的人会寻找媒体来满足他们的需求。例如,影迷们会通过阅读小报上的名人八卦来获得满足感。这类受众的形成是由社会地位或文化类别驱动的,因此是娱乐节目制作人的主要兴趣所在。
- 媒体受众。对于广告商来说,媒体受众尤为重要,他们是由渠道(媒体传输格式,如电视)或内容(类型,如悬疑)来定义的,这些渠道或内容是指媒体受众作为媒体消费者的角色。将受众视为媒体、渠道或内容的产物,具有直接的现实意义和明确的市场价值。

主动和被动的媒体受众

受众主动或被动的程度也是媒体所关心的。大众,如商业广告的观众,被认为具有被动性,因为他们没有集体行动的能力。但我们知道受众有能力快速切掉广告和选择节目,使他们自己兴奋起来。受众的行为为媒体传播者提供了反馈,而交互技术增强了媒体受众潜在的活力。

今天,那种关于人们只是呆坐着接收信息而没有权利去支持或反对内容的观念遭到摒弃,我们将不同层级的活动的开展都归因于各种类型的媒体受众。事实上,忧心忡忡的父母对电视收视率的抨击和担忧,就是大众媒体受众主动性的生动表现。通过理解受众的积极性,我们承认他们在竞争激烈的媒体娱乐节目世界中具有选择权。

数字录像机和互动技术不仅赋予了媒体受众决定观看什么内容的权力,更重要的是赋予了他们控制结果的权力。例如,《美国偶像》和其他真人秀节目依靠观众反馈来评估参赛者和确定获胜者。观众发展的最重要趋势是控制和创造;观众掌控、决定结果,最重要的是创造新的内容,这在媒介娱乐史上是前所未有的。

聚焦道德困境   **作为文化反堵者的观众**

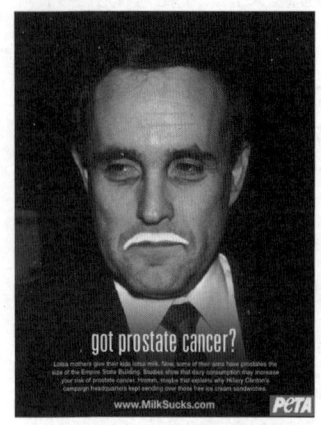

图3.9 一场模仿乳制品行业流行口号"喝牛奶了吗？"的广告活动。该活动由动物权益保护协会"善待动物组织"（People for the Ethical Treatment of Animals）发起

从过去的研究中我们知道，观众创造了自己对大众娱乐的理解。商标和其他商业说服符号被不满的观众颠覆，这种方式被称为"符号民主"（semiotic democracy）。厌倦广告的人往往会选择嘲讽广告，或者加入重新定义广告意义的战斗。

说服游戏（Persuasive Games）是一家总部位于亚特兰大的网络游戏制作公司，该公司推出了一款金考快印的游戏，我们可以称其为反广告游戏。"心怀不满"的玩家扮演店员的角色，被迫以一种金考快印商店中常见的消极、不称职的状态为客户服务。这款游戏开发于2006年，6个月后，其下载量已超15万次。显然，其他人也有过在类似于金考快印的不愉快的经历！

这种对商业说服的怀疑和嘲讽并不新鲜，但嘲讽公司和品牌的网络游戏正在逐渐占据主导地位。文化反堵有时被称为品牌主义（brandalism）、颠覆广告（subvertising）或破坏广告（adbusting），也可能在合法性上存疑。反品牌策略可能是违反法律的故意破坏或商标侵权行为。事实上，这种"符号的不服从"是试图对符号（标志）本身的意义进行重新定义，从而违抗它。

例如，名为"麦当劳电子游戏"（McDonald's Videogame）的游戏让玩家决定要砍伐多少雨林，以饲养更多的牛供人宰杀。于是，麦当劳的金色拱门就成了生态破坏的象征，而不是快餐的象征。正如上面的广告所示，绝对商标化的品牌成了死亡的象征。

那么，这些游戏是受法律保护、促进文化对话的恶搞模仿，还是对受保护商标的公然诋毁？

资料来源：罗布·沃克（Rob Walker）在《纽约时报杂志》（*The New York Times Magazine*）2006年9月3日的"消费"专栏中发布的内容。

你怎么看？

登录adbusters.com，查看网站上的一些广告恶搞。在你看来，这些恶搞和上面讨论的两个游戏在合法性上是否存疑？或者它们仅仅是一种报复广告商的方式？请为你的答案辩护。

媒体选择的因素

影响观众娱乐选择的两个因素是观看和自恋。观看是一种概念,即世界上的一切都被视为值得关注的事物。[20] 世界上的一切都是一个事件或一种表演。因此,每个物体、事件和人都是为了给观看者表演而创造出来的。这种观展/表演范式[21]突出了扩散受众的几个维度,具体如下:

- 我们把大部分时间花在各类媒体上;
- 媒体构成了日常生活;
- 社会是具有表演性的;
- 人们越来越自恋。

认识到扩散受众对娱乐的重要性之后,我们关注受众对付费表演的影响。

观看

观看遍布于生活中,其目的是看到和被看到。观看已经主导了工作、家庭、娱乐中的休闲活动。由于资本主义把一切都商品化了,因此所有自由时间、私人生活、休闲和个人表达领域都围绕着消费活动进行了重组。[22]我们的社会是一个消费社会,在这里我们关注着出售的物品和服务。我们渴望拥有我们看到的大部分事物,并且认为这个世界及其内容是可以拥有的。我们是图像的消费者。我们的世界不断地变得更加美化,更像一个吸引我们目光的文化物品。一切都在为扩散受众表演,所有人都置身于一个象征性的观看世界中。我们都在互相注视,同样,我们也意识到人们在注视着我们。

自恋

"自恋"是一种观念,即人们表现得好像他们正在被注视,好像他们处于某些观众围绕的中心舞台上。"自恋"这个词起源于希腊神话,俊美的男子纳西索斯爱上了自己的水中倒影。今天,自恋描述了西方社会人们的一种性格特征,特别是那些具有影响力的人。自恋者只能通过他人的形象来构建自我,他很难将自我与他人区分开。

 **聚焦自恋**   自恋是一种人格类型   66

自恋人格类型(见图3.10)的一些特征包括:[23]

- 倾向于活在当下,对过去或未来毫无感觉;
- 依赖他人,同时害怕这种依赖;
- 崇拜名人;
- 内心空虚;

- 与个人治疗和自助相关的伪自我洞察力；
- 紧张的自嘲式幽默；
- 激烈竞争但又害怕竞争；
- 游戏精神的衰退；
- 强烈的占有欲和迫切的要求。

你怎么看？
- 在你认识的人身上，你能认出多少个这样的特征？那在自己身上呢？

图3.10　自恋型人格

一些评论家称，一个自恋的社会，[24] 致力于自我满足，从而将自我投射到世界上。在这里，自我是一个扩散受众的中心。自我与人和物的世界之间没有界限，所以站在自我之外的东西只是自我的反映。自恋需要一个能反映自我的观众。自我与想象中的表演联系在一起，并在不断的审视下成为一个表演者。我们都在观看，也在被观看。外表和风格的重要性将自恋与表演联系起来。这种现象在以"自我发展"和"触及我们的感受"为基础的当代精神气质中表现得尤为明显。我们中有多少人觉得相比于自我感觉良好，看起来不错是更为重要的？

如今，沉浸式影院和虚拟现实技术将观众置于一个栩栩如生的三维世界中，而这是以我们的自恋欲望为模型的。利用自我的力量，我们正在建立一个由想象力控制的宇宙。这些技术是人类自恋与形而上学相遇的所在。在这里，膨胀的自我无法调和自己与现实世界的关系，于是创造出更适合我们欲望的模仿世界。[25] 艺术和技术的技巧使观众能够参与到故事中，从而制作出完全虚拟的世界，[26] 目的是要做得比他们自己模仿的世界更好。一位参观迪士尼未来世界（Epcot Center）的游客表示，在一个安全的地方体验不同的文化比在恐惧中环游世界更有趣。真正的危险在于，相比于真实环境，观众可能更喜欢与图像互动，而这会干扰他们与现实的关系，甚至会成为上瘾的根源。

扩散受众

扩散受众是围绕观看和自恋的关系构建而成的。表演由人、物、事构成，并控制着受众。相辅相成的是，观看和自恋既需要表演又产生表演，在这种表演中，人们被他人及自己视为表演者。我们经常在某种形式的娱乐中扮演观众的角色。因此，我们把娱乐定义为人们为了快乐或消遣而参与的任何活动。通常我们的角色会发生变化，从观众变成演员、主持人、制片人、艺术家等。在观众和表演者之间转换所产生的活动占据了我们的大部分时间。积极的观众对娱乐的成功至关重要，这正是我们研究观众的原因，也是我们在扮演观众角色时需要了解自己和他人的需求与动机的原因。下面我们将讨论当今娱乐经济中最重要的成员角色对社会的影响。

图3.11 类似于第二人生（Second Life）这样的虚拟网站上使用的头像

媒体粉丝和狂热爱好者

一些媒体受众对某些娱乐形式或特定的艺人产生了情感和心理上的依赖。对媒体明星、表演者、表演或文本极度热衷的追随者是媒体粉丝。偶尔，人们也会对银幕或电视明星产生依恋，并将这种关系延续到电影或节目内容外。这些依恋关系被称为准社会关系，与媒体用户的情感参与程度有关。一个例子是，一个女人和日间肥皂剧明星之间的关系。肥皂剧迷对某一特定明星形成依恋后，可能会对其产生幻想，就好像他是观众生活的一部分。研究人员通过衡量准社会互动来描述电视观众与他们喜爱的新闻人物之间存在的忠诚程度。[27]

狂热爱好者也是有组织地参与观众活动的人。通过某些特征我们可以将他们与粉丝区分开：狂热爱好者的活动并不以媒体形象和明星为基础，他们的活动通常更具组织性。[28]俱乐部、体育和音乐能激发狂热爱好者的奉献与支持动力。这种区别是基于娱乐的类型，而不是粉丝和狂热爱好者所表现出的支持程度。极端的奉献精神可能会演变成一种典型的崇拜或亚文化活动，即"死头"（Deadheads）。"死头"是20世纪60年代音乐组合"感恩而死"（Grateful Dead）的追随者，他们穿着扎染的衬衫和"嬉皮士"风格的服装，很容易被辨识出来。娱乐产业试图讨好粉丝和狂热爱好者，因为作为观众的他们会支持各式各样的休闲活动。

聚焦名声　　　　　　　　　　　　　寻觅我们的15分钟

图3.12　2006年，在哥伦比亚广播公司播出的节目《幸存者：巴拿马流亡岛》（*Survivor: Panama Exile Island*）的结局/重聚秀中，幸存者中的获胜者和决赛选手

很少有网络节目比《幸存者》（见图3.12）更能直接或间接地为每个美国人带来他们现在必不可少的15分钟的名声。《幸存者：中国》（*Survivor: China*）节目的参赛者斯科特·赫尔佐格（Scott Herzog），想成为一名获全球认可的参赛者。

对于一些观众成员来说，他们渴望被注意到，走进一个房间并让他人关心他们在做什么，这是他们存在的基础。

名声曾被心理学家认为是一种肤浅的动机，现在成了社会科学家的研究重点，他们正在测量其对人的心理影响，并描述其忠诚的追求者。《名誉动机》（*The Fame Motive*）的作者兼心理学家认为，追求名利的行为植根于对社会认可的渴望。

在世界范围内，追求社会地位的迫切愿望是显而易见的，即使对那些既不容易获得也不希望获得显赫地位的人来说也是如此。相比于农村，在媒体丰富的城市中心的人们出人头地的动力更多来源于名人效应。在中国和德国的一些城市调查发现，约30%的成年人经常做关于成名的白日梦，用安迪·沃霍尔（Andy Warhol）的话来说，另外40%的人希望获得"他们15分钟的成名时间"。

只有一小部分人真正希望从名声中获得意义。一些治疗师将这种对名声的渴望归因于长期存在的被拒绝或被忽视的感觉。为了感觉自己不只是凡人，人们试图将自己视为对世界有价值的贡献者。但是研究明显表示，瞄准像名声这样难以捉摸的目标，在心理上是很危险的，因为名声取决于他人的判断。以电视真人秀为例，它创造了瞬间成名的明星，然后让他们被遗忘。对他们和大多数人来说，正视自己不会出名的确是一项非常艰巨的任务。

资料来源：贝尼迪克特·凯瑞（Benedict Carey）为《纽约时报》撰写的文章，2006年8月22日，D1版。

你怎么看？

- 什么媒体对名声最关注？
- 用你自己的话定义名声。你的定义里是否包含"名声能带来幸福"这种假设？从历史上看，你能说出哪些迹象表明事实并非如此呢？

受众理论与研究

大众受众是近100年才被认真研究的，主要是在广播问世以后。研究这些受众是为了了解媒体对他们的影响。大量的媒体受众被视为能够控制他们的媒介体验的人。[29] 大众受众的研究是与大众传播理论和研究结合的。期望价值理论有助于理解这一庞大的群体。

媒介效果理论有助于我们理解媒体如何影响行为。对于关注电视暴力和儿童节目的心理学家来说，媒介影响尤为重要。媒体对参与媒介娱乐的群体和个体都有影响。一个常见的媒介效果理论是使用与满足理论，它用来解释人们如何使用媒体以及他们期望从中得到什么。这样对个体的研究可以推广到更大的群体。

意义导向理论用于理解人们如何解释媒介。学者们认为，大众传媒包含的信息具有多重含义，可任由个体观众、听众和读者来解读。这种观念被称为读者反应理论。当两个人观看一部电影，彼此之间以及与评论者有不同的观点时，这种差异是受欢迎的。这部电影本身没有意义，只是观众和评论家赋予了它意义，不管他们的观点有多么的多元或对立。

作为收视率的受众

作为一个量化媒体受众的工具，评级系统衡量的是收视率。电视观众最被看重的就是他们的在场观看。尼尔森收视率系统（Nielsen rating systems）用于检测什么观众在收看什么节目。拥有最多观众的节目可获得最高的广告收入。因此，成功的电视网和独立的电视台通过提供娱乐节目来取悦观众。电视网络以饮料广告和汽车广告满足大众需求。小众电台则以药品和运动器材吸引较少的听众。

测量设备这种系统工具虽然不是理论，但对于确定观看或阅读媒体载体的观众数量是必要的。媒体受众通常被称为"市场"，对经济分析非常有用。研究人员利用有关媒体受众的信息来衡量销售情况，确定广告覆盖范围，评估市场机会，测试产品，并评估业绩。对广告商而言，受众人口统计数据极具价值，因为他们必须将受众与品牌以及节目相匹配。在电视、广播、报纸、杂志和互联网领域，受众量化对于确定广告费来说非常重要。由于广告是大众媒介娱乐的主要收入来源，因此吸引大量受众是一项极其具有竞争力的业务。除了受众的数量，受众的满意度和信任度也会被测量与评估，以用于节目规划。

尼尔森（Nielsen）和其他联合研究公司为广告商提供观众数据，广告商根据观看、阅读或使用某一特定媒体的人数做出媒体购买决策。收视记录器用于收集电视观众信息，点击率是互联网的计量单位。

2005年，尼尔森公司将测量面板和基于人口普查的测量系统结合，当时意大利正在使用该系统。[30] 新的研究方法是将测量面板与以网站为中心的解决方案联系起来，该方案提出了尼尔森所谓的"综合受众"数（"Integrated Audience" number），这个"综合受众"数提供了详细的覆盖率和频率指标、受众人口统计资料以及其他用于活动前后分析工具的指标。长期以来，关于每种受众测量方法的精确性一直存在争议。

娱乐受众研究

除非我们知道人们想要什么，他们会支持什么以及他们的忠诚度的高低，否则我们无法提供最好的娱乐资源。社会学家、人类学家和人文市场研究人员[31]目前试图将观众理解为娱乐消费者。消费者研究人员的主要活动是观察人们享受媒体和浏览商店货架的过程。在此，我们对当前的一些趋势进行概述。

观察人们的观看与收听

研究娱乐受众的研究人员试图通过观察观众与媒体和表演者的互动来"进入"观众的头脑。这种类型的研究被称为民族志研究，这种研究调查人们在自然观看环境中如何观看和收听娱乐节目。[32] 一位研究人员[33]在威斯康星州和加利福尼亚州的200个家庭中长期观察人们的观看习惯，发现人们利用电视获取信息资源和人际关系，从而促进交流。一些家庭会谈论节目，并经常在共同的观看时间里进行互动。其他人则独自观看，每个人都在一个独立的观看空间中观看自己的节目。通过此类研究，我们对于电视对观众的影响，特别是电视暴力对儿童的影响有了相当多的了解。

受众研究的结果告诉我们，表演互动是涉及观看者、浏览者和听众本身的复杂而有象征性的工作。但研究人员对如何才能最好地调查观众意见不一。有些人对观看内容本身感兴趣，[34] 有些人则关注某些娱乐形式流行起来的原因。[35] 娱乐媒体仍然是一个重要的研究领域，因为人们通过各种形式的交流来构建身份认同感并与他人建立关系。这一点之所以重要，是因为普通公众的踊跃参与。此外，受众理论有助于维护人们参与流行商业文化的权利，并增强人们反思媒体文本的能力。我们愉快且私人的活动是现代生活的重要组成部分，更具有象征意义，而不是信息的焦点。研究人员发现，娱乐能让我们参与到多元化的流行叙事中，从中我们可以构建起一种自我意识和想象的社区。[36]

观察人们的消费

随着娱乐业的蓬勃发展，人们开始研究受众创造收入的能力。为了达到招揽受众的目的，营销人员想要了解的不是人们如何与表演者互动，而是人们为什么选择某种特定的娱乐方式。作为流行文化的消费者，在当今全球娱乐产业，流行文化的受众成为各种娱乐产品生产者竞相追逐的焦点。娱乐业的营销人员倾向于将观众视为观察者，观众的注意力通过订阅、票房收入和广告商付款的形式被捕获、衡量和兑现。[37]

营销人员通常根据观众的生活方式来定义目标群体。在这样做的过程中，他们倾向于构建现成的身份,这些身份可能反映现实也可能不反映现实。帆船运动就是消费者生活方式的一个例子(见图3.13)。在争夺受众的激烈竞争中,营销人员可能试图通过促销奖励措施来控制他们与这些受众的关系。例如,剪辑电影预告片以吸引特定的受众,但这些受众可能会对没有在预告片中呈现出来的实际电影内容感到失望。

图3.13 广告商利用生活方式细分来锁定户外娱乐的消费者

市场受众被设想为:[38]

- 一种商品,一种商业交易;
- 产生收入的数字;
- 观众注意力的给予或保留是他们与内容之间关系的关键特征。

受众即市场这一概念的当前含义已经扩展到包括娱乐和技术的购买者与使用者,以及信息的接收者。[39] 随着这种转变,娱乐消费者的权利也随之扩大。作为细分市场的受众对娱乐内容具有强大的影响力,因为他们有能力制造或打破特定的娱乐实体。今天的娱乐用户对娱乐供应商没有特别的忠诚度,他们只是个体消费者亲自选择用于建立联系的机构。鉴于每天向消费者发送的关于娱乐选择的信息数量较多,受众有更多机会避免接触营销者发送的不需要的信息。现在要想吸引观众的注意和参与,需要比以往任何时候更多的创造力。

受众的喜好

了解消费者的想法和需求是市场营销成功的关键,而收集这些信息是大型研究型公司的业务。它们对受众进行民意调查以确定受众喜欢谁,这样广告商就可以在各种娱乐形式中利用名人来销售品牌产品。形象转移是广告商经常采用的方法,即将名人的形象转移到品牌上。为了使名人与品牌相匹配,研究人员询问观众对名人的偏好,这些偏好是根据特定的人口统计数据和目标群体进行测量与匹配得出的。

由于是名人销售,消费者的评价对于能否成功开展营销活动十分重要。戴维布朗指数(DBI)明确了名人影响品牌亲和力和消费者购买意向的能力。该公司利用一个由150万名国内研究小组成员组成的数据库,对1700位名人与品牌形象、知名度和吸引力的相关性进行评估,以衡量名人对消费者购买行为的影响。

名人指数的得分基于几个指标,包括吸引力、志向、突破性、认可度、影响力、信任度和潮流引领者。[40] 通过将DBI得分与消费者认知和平均吸引力得分结合,广告商可以确定谁最适合他们想要进行广告宣传的品牌。例如，表3.3中比较了三位名人的总体吸引力。我们看到，虽然帕丽斯·希尔顿的消费者认知度为82.7%，但她对消费者的吸引力排名较低。因此，广告商不太可能让她代言那些信任和信誉至关重要的产品。该指数还对视频游戏角色和超级英雄进行了评级。游戏人物马里奥（Mario）和吃豆人（Pac Man）的消费者认知度都很高。事实上，马里奥的吸引力得分（95%）高于马特·达蒙（Matt Damon）和迈克尔·乔丹（Michael Jordan），吃豆人（94%）比本·阿弗莱克（Ben Affleck）更有吸引力！[41] 蜘蛛侠则被评为最受欢迎的超级英雄。

表3.3　消费者的名人意识　　　　　　　　　　　　（单位：%）

名人	DBI（戴维布朗指数）	消费者认知	平均属性得分
唐纳德·特朗普（Donald Trump）	74.2	83.2	60.8
帕丽斯·希尔顿（Paris Hilton）	69.8	82.7	50.5
肖恩·约翰·康布斯（Sean "DIddy" Combs）	60.4	59.7	59.7

福布斯杂志（Forbes Magazine）也从事评级业务，收集了数百万在线读者的意见。该杂志在2008年6月发布的一份榜单列出了各领域受欢迎的十大名人：奥普拉（Oprah，脱口秀主持人）、老虎·伍兹（Tiger Woods，高尔夫球手）、安吉丽娜·朱莉（Angelina Jolie，演员）、碧昂斯·诺里斯（Beyonce Knowles，歌手）、大卫·贝克汉姆（David Beckham，足球运动员）、约翰尼·德普（Johnny Depp，演员）、杰斯（Jay-Z，歌手）、警察乐队（The Police，20世纪70年代的摇滚乐队）、J.K.罗琳（J.K. Rowling，作家）和布拉德·皮特（Brad Pitt，演员）。福布斯还根据收到的新闻报道数量提供了一个丑闻指数。2008年，因丑闻或不当行为被媒体报道最多的是布兰妮·斯皮尔斯（Britney Spears，精神失控、行为不当）（见图3.14）、迈克尔·维克（Michael Veck，虐狗并斗狗赌博）、罗杰·克莱门斯（Roger Clemens，服用兴奋剂）、艾略特·斯皮策（Eliot Spitzer，涉嫌性侵、道德败坏）和耶利米·赖特牧师（Rev. Jeremiah Wright，发表煽动性言论）。广告商对那些在丑闻指数中得分较高的人避而远之，原因显而易见。

在今天的人形广告牌时代，决定明星在哪里结束，产品和宣传在哪里开始几乎是不可能的。一个品牌越是与名人联系在一起，就会有越多的观众和消费者模糊品牌与明星之间的界限。对于我们这些在购买产品时接受意义转移概念的人来说，最容易忽视的就是一个隐藏的因素，即为名人代言支付昂贵

图3.14　布兰妮·斯皮尔斯在2007年获得了最多的媒体报道

的产品成本。

受众细分

营销人员根据观众为演出或场地带来收入的能力区别看待他们。这个分类过程被称为细分。尽管有许多不同的方法来细分观众，如人口统计学、心理学、地理学和行为学方面的细分，但营销人员更喜欢将观众分为三个消费群体：现有客户、竞争客户和新兴客户。[42] 对于每个群体，营销人员都要准备关于演出的特殊信息和激励措施的组合，来吸引他们参加特定的活动。

建立档案

衡量受众对广告的反应，如电脑使用方面的性别差异，是一家公司一项新技术的分支在做的事情，该公司专门跟踪和分析互动电视上的遥控器点击行为，从而用于广告定制。通过收集用户的使用模式，该公司根据用户响应的广告建立了名为"剪影"的档案。这种新的生物识别监测在2005年已渗透40%的美国家庭，并伴随着110亿美元的广告费。当这种新技术使有线电视广告商能够根据消费者的实际使用情况制定具体的目标策略时，广告商使用的传统人口统计定位将会被淘汰。

目前，媒体消费和消费者行为的高速转变并不引人注目。数字广告出现了爆炸式增长。随着营销人员希望在他们从未涉足的领域博得眼球，社交网站风靡一时。媒介融合的效果是显而易见的，营销人员现在能够对他们的受众进行细分，并在不断扩大的媒体平台上追踪他们。其中一个平台就是互联网。在网络世界中，行为定位可以让消费者的在线浏览习惯决定他们将看到哪些广告。这也是营销人员在销售漏斗中进一步锁定用户的另一种方式，这能够帮助营销人员更好地预测用户的行为，从而使广告更具成本效益。

对媒介融合和行为定位的揭示与接受可以帮助精明的营销人员做出适当的营销决策，避免营销失误。由于消费者掌握了控制权，可以创作自己的内容，可以使用数字硬盘录像机（DVR）制作时移电视节目，并可以在网上发起（不发起）视频广告，因此营销人员需要以更高的效率来细分他们的观众。

图3.15 鲍勃·迪伦（Bob Dylan）在伦敦的舞台上表演

观众聚集

以下是一个细分市场如何作用于营销人员的示例。斯汀（Sting）的新音乐剧正在表演艺术中心上演，为了宣传该活动，我们针对不同受众群体分别制定了三种不同的策略：

- 针对现有客户——季票持有者或剧院常客。给此类客户发送一份宣布演出的信息。
- 针对有竞争力的客户——参加其他形式的娱乐活动的客户。制作宣传预告片，并作为广告在电视上播放。采取团体折扣、首次优惠券等激励措施，以吸引这部分观众在艺术中心观看演出。
- 针对新兴客户。通过开发进行中的项目把观众引入剧院，并将他们培养成忠实的观众。

通过对现有客户使用资讯信息，对有竞争力客户使用激励措施，以及对新兴客户使用信息和激励措施的组合，营销人员能以有效的方式分配促销资源，最大限度地提高观众的出席率。这种被称为整合品牌传播的规划策略，在推广产品、娱乐表演和场地方面都取得了成功。作为一位营销总监，你会把最大的预算用于留存现有客户还是开发新客户？为什么？

由于观众的期望很高，而且他们需要高质量的产品，所以演出商必须发展品牌资产并与消费者建立持久的关系，这与产品制造商为培养消费者的忠诚度所必须采取的方式基本相同。尽管观众的概念已经改变，但观众对娱乐业的重要性仍在持续增加。让我们面对现实，营销已成为一门最大的生意。娱乐对我们日常生活的影响是深远的，为了成为见多识广的观众，我们必须了解各种形式的娱乐的本质。

 聚焦价值观和生活方式　　　　　　　　以消费者生活方式进行的受众细分

营销人员根据消费者的价值观和生活方式，使用由加利福尼亚州斯坦福国际研究院的商业智能咨询机构（SRI Consulting Business Intelligence）开发的系统对消费者进行分类。其面向北美地区开发的价值观和生活方式系统（VALS）（见图3.16）通过自我定位与资源维度对消费者进行细分，共有3种自我导向。理想导向的消费者以抽象的、理想化的标准来指导他们的选择，而不是受情感或渴望得到他人认可、建议的影响。成就导向的消费者寻找能向同行证明成功的产品和服务。自我表现导向的消费者受到对社交或身体活动、多样性和冒险的渴望的引导。

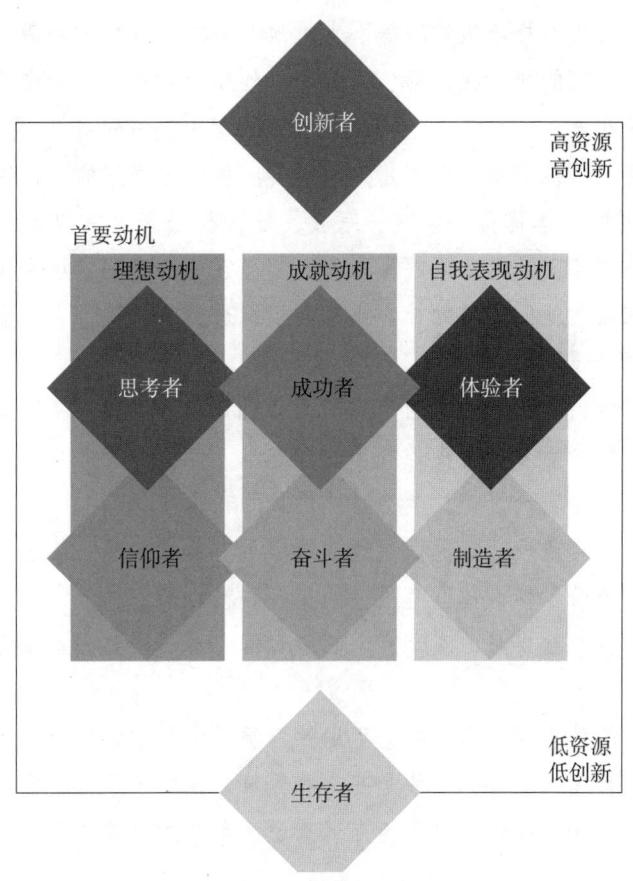

图3.16 斯坦福国际研究院的价值观和生活方式系统

8种资源细分市场中的每一个都表明了不同的态度、行为和决策模式。在此将介绍这些细分市场及其在娱乐观众中的应用。

创新者是成功的、负责任的、具有高自尊的人。由于拥有丰富的资源,他们在不同程度上表现出这3种主要动机。他们是变革的领导者,最善于接受新思想和新技术。创新者们会购买火车包厢的季票,开启异国旅行和狩猎之旅。

思考者是以理想为动机的。他们是成熟、满足且擅于反思的人,重视秩序、知识与责任。他们往往受过良好的教育,在决策过程中会积极寻找信息。思考者会参加歌剧和管弦乐演奏会,并且热衷于生态旅游。

成功者的动机是对成就的渴望,他们有着以目标为导向的生活方式,对事业和家庭有着深刻的承诺。他们的社交生活反映了这一重点,并围绕着家庭、礼拜场所和工作展开。成功者过着传统的生活,在政治上保守,并尊重权威和现状。对于他们来说形象很重要,他们渴望反映出自己最好的形象。成功者在观看体育赛事时,更喜欢坐在能被人看见的位置上。

体验者的动机是自我表达。作为年轻、热情和冲动的消费者,体验者很快就会对新的可能性充满热情，但同样会很快冷静下来。他们寻求多样性和刺激，体验新鲜、不寻常和冒险的事物。他们的能量在运动、体育、户外娱乐和社会活动中得到释放。体验者喜欢冒险旅行，并在游戏"第二人生"（Second Life）中拥有化身。

与思考者一样，信仰者也是以理想为动机的。他们是保守的、传统的人，有着基于传统的、既定准则的具体信仰：家庭、宗教、社区和国家。信仰者所表达的道德规范是根深蒂固的，并按字面意思加以解释。他们遵循常规，这些常规在很大程度上是围绕着家庭、家族、社区和他们所属的社会或宗教组织进行的。信仰者们会观看网络电视和PG（父母辅导）级电影。

奋斗者是时髦的，爱玩乐的。因为他们的动机是取得成就，所以奋斗者关心他人的意见和认可。对奋斗者而言，金钱是成功的标志，而他们并没有足够的金钱来满足自己的欲望。奋斗者会乘坐廉价游轮，参加当地乐队的音乐会。

制造者的动机是自我表达。他们通过建造房屋、养育孩子、修理汽车或装罐蔬菜等方式来表达自己和体验世界，他们有足够的技能和精力来完成他们的项目。制造者是拥有建设性技能和重视自给自足的实干家。制造者们会去国家公园里露营，在自己的乐队里演奏。

生存者过着狭隘的生活。由于缺乏可用的资源，他们常常认为世界变化太快。他们对熟悉的事物感到舒适，主要关注的是安全和保障。他们忠于自己喜欢的品牌，特别是如果他们能以折扣价购买的话。对于生存者来说，免费的户外音乐会是一种极具吸引力的娱乐形式。

资料来源：加利福尼亚州门洛帕克市斯坦福国际研究院商业智能咨询机构。

你怎么看？

- VALS系统如何帮助娱乐营销人员接触特定的受众？
- 请登录www.sric-bi.com/vals/presurvey，参加调查。你属于哪个细分市场？上文的细分市场描述是否适合你？
- 这种系统在接触受众方面有什么局限性？

最新的受众群体

有一个群体，被娱乐业的一些人认为是所有受众中最具影响力的观众群体，名为"生产型消费者"（prosumers）。该群体正引起全世界娱乐营销人员的注意。一家大型国际机构灵智整合行销传播集团（Euro RSCG）完成了一项针对9国生产型消费者的研究。该研究称，生产型消费者可以代表20%左右的任何特定群体或受众群体。他们无处不在，走在消费主义的前沿，他们对朋友和同事讲述的关于品牌与体验的内容往往在6~18个月后成为主流（见图3.17）。他们也因类别而异，如体育产品生产型消费者不一定是音乐产品生产型消费者。

生产型消费者即生产产品的消费者，他们通常拒绝传统广告，并总是利用互联网来研究要买的东西以及需要为其支付多少费用。一半的生产型消费者不信任他们在互联网上找不到的公司和产品。如果那些公司想影响生产型消费者，那么在信息提供方面必须非常开放。

图3.17 生产型消费者是创造性的消费者

此外，针对生产型消费者的市场营销呈现出相互矛盾的情况：商业部门认为生产型消费者是帮助公司提供更广泛的产品和服务的人，而活动家认为生产型消费者在主流经济中具有更好的独立性。无论怎样，生产型消费者给娱乐和体验营销人员带来了挑战（见图3.18）。

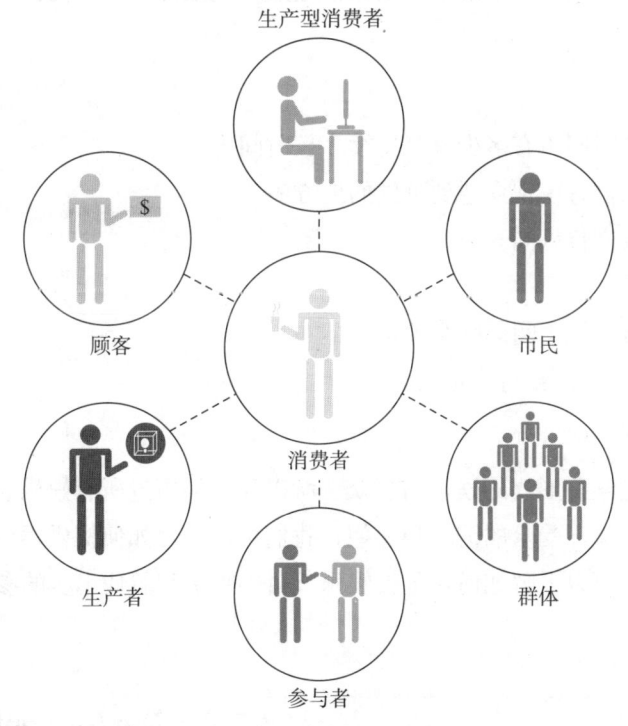

图3.18 生产型消费者：成为生产型消费者意味着受众既是消费者又是生产者

资料来源：http://dasmano.typepad.com/logic_emotion/2007/12/index.html。

未来主义出版物《线车宣言》（*cluetrain manifesto*）指出，"市场是对话，新经济正在从'被动的消费者'……转变为'主动的生产者'"。例如，亚马逊成为电子商务的领导者，部分原因在于它能够把客户关系构建为对话，而不是简单的一次性销售。[43] 生产者对消费者模式的出现和消费者对消费者（C2C）经济的兴起得益于互联网（开源软件、博客、留言板等）访问的便捷性和销售论坛的可用性［如易趣网（eBay）］。[44] 为了适应生产型消费者，娱乐营销人员必须建立和保持与观众的对话，而不是仅提供一个简单的后续活动时间表。

本章小结

娱乐受众是一群不断参与信息交换的人，他们在各种日常环境中利用娱乐来获得乐趣。他们已经从与表演者有简单的、直接的联系的人演变成独立的大众媒体受众。随着娱乐和媒体渗透我们的社会，受众扮演了不同的角色，并再次参与到表演中。只是这一次，受众拥有双重角色，即表演者和观众。角色的扩散使我们能够成为生活奇观的参与者。

一般来说，我们通过以下几个维度来描述娱乐受众的主要特征：[45]

- 主动或被动的程度。
- 互动程度。
- 规模和持续时间（有多少人，持续多长时间）。
- 在空间中的位置（观众遇到事件的地方）。
- 群体特征或文化认同。
- 成分的异质性。
- 发送者和接收者之间的社会关系。
- 信息与情境的社会/行为定义。
- 社会存在程度。

因为我们都是某种形式的娱乐的受众，所以我们经历过所有娱乐表现形式中固有的快乐和失望。通过关注受众的需求和愿望，我们可以学习如何提供娱乐体验。通过对受众的研究，我们也可以了解如何在各类娱乐节目中吸引和留住忠实的参与者。

近观群体   **直刃族（The Straight Edge）亚文化**

今天，音乐已经产生了强大的社会影响力，许多亚文化也已经发展起来，成为观众对令他们困惑或沮丧的社会事件的一种回应。"直刃族"就是这样一个团体，它最初是朋克摇滚乐的一个分支，现在已成为一种全球现象（见图3.19）。

直刃族是一个群体、场景和亚文化，与其他亚文化非常相似。直刃族通过自我表达、歌词、文身、标志、符号和意识形态为成员提供身份。其中一个符号是字母"X"，这是在参加有酒精供应的朋克摇滚音乐会时产生的。在各场所，青少年的手上被画上一个大大的黑色"X"，表示他们未成年人的身份。随着时间的推移，"X"成为这些选择不喝酒的摇滚乐手之间团结的象征。今天，"X"以多种形式出现在衣服上、手上和乐队标志中。这个符号代表了整个群体，给音乐

图3.19

会观众带来了归属感和身份认同感。成员们还通过文身和穿孔形成自己的身份，作为他们对直刃族忠诚的象征。通过将生活转变为艺术品，直刃族成员成为他们自己身份的活的象征。一位来自南加州的22岁直刃族成员说，穿孔有助于提醒他，自己是随时掌控着自己的生活的，而且它们"有助于使事情井然有序"。

　　直刃族成员将他们的文化描述为一种生活方式：对独特性的渴望和被倾听的强烈愿望。直刃族强调的是对信仰的热爱、正直和个体参与，而非天生的才能或固有的特质。成员们有着干净的生活方式，不吸毒、不抽烟、不滥交；许多人是纯素主义者或素食者。一个网站（https://www.myessays.com/details.php?eid=5345）解释说，直刃族的产生不是一种互联网现象，它是硬核的，关乎音乐的；它是关于友谊的，关于远离毒品的。成员们一致认为，这种生活方式的普遍主题：这个世界上的死亡、垂死和对完整性的破坏，迫使人们需要积极的态度。青少年进入这个圈子是为了逃避现实和严酷的世界，但拒绝把各种形式的上瘾行为当作一种逃避的途径。H2O乐队2002年在歌曲《我们想要的一切》(*All We Want*) 中描绘了他们的理念：

　　　　这就是我们想要的
　　　　就是被需要
　　　　没人告诉我们
　　　　孩子们现在都快疯了
　　　　当我们尖叫着寻求关注的时候
　　　　没人告诉我们
　　　　这就是我们想要的

　　正如由直刃族乐队Atreyu创作的歌曲《当机器和人类之间的界限变得模糊》(*As the Line Between Machinery and Humanity Blurs*) 所说，这种青年不想被电视控制、关照和调节。他们已经厌倦了当今媒体冷酷的机械本质和理想化的形象。

　　小型的、"草根"的或车库唱片公司组织推广、销售直刃族出版的作品。他们一向

自己独立经营硬核音乐唱片公司,并将其称为DIY,即"自己做"("do it yourself")。这些手段提供了唯一可以接受的方式来制作CD,并且使它们可用于硬核场景。Victory唱片、Indecision唱片、Equal Vision唱片是过去10年中3个较大、较具影响力的独立音乐唱片公司。

所有的DIY唱片公司都使用粉丝杂志来做广告和宣传,包括乐队采访、CD评论和唱片公司广告。其内容涵盖音乐、哲学、态度、素食食谱和动物权利等主题。这些杂志会被分发到当地唱片店和音乐会现场,并由广告商赞助,免费供读者阅读。《最大的摇滚》(*Maximum Rock & Roll*)是朋克广播节目的印刷版的延伸,其内容专注于现场报道和唱片公司的广告。这样的粉丝杂志对于将直刃族文化传播给观众非常重要。

基于互联网的网络杂志也很受欢迎,乐队可以就宣传和演出地点列表与观众直接沟通。网站www.revhq.com通过邮购提供了直刃族音乐CD和商品的大量目录。

资料来源:米歇尔韦伯(Michelle Weber),研究生,加州州立大学富勒顿分校,2005年。

你怎么看?
- 这种亚文化的成员用什么符号来相互交流?
- 你会把直刃族成员形容成一个邪教组织还是一个粉丝群体?为什么?

讨论与回顾

1. 请解释百事可乐广告的观众与参加音乐会的观众在主动留意和被动注意方面的区别。这两种活动都是娱乐的来源吗?为什么是或为什么不是?
2. 从以下几个维度对摇滚音乐会的观众和可能参加歌剧演出的观众进行比较:主动或被动的程度、活动地点、群体特征、观众和表演者之间的社会关系以及表演信息。在哪个维度上,这两个群体之间的差异最为明显?
3. 足球迷和足球狂热爱好者在哪些主要方面有所不同?哪个群体对其他观众构成了潜在威胁?为什么?
4. 媒体受众和现场表演的观众之间的主要区别是什么?社会互动对每种类型的观众起什么作用?
5. 生产型消费者在受众体验媒体的方式中扮演什么角色?请举出三个例子,说明生产型消费者如何影响或创造针对观众的内容。

练习

1. 如表3.1所示,记录你在48小时内参加的受众参与活动的数量。根据你的记录,对适用于你的活动的"受众"一词进行描述。你的定义是否符合本章关于娱乐受众的讨论?

2. 在《美国偶像》等节目中为参赛者投票的受众比过去活跃的观众参与度更高。在网上为最新版本《美国偶像》中你最喜欢的演员投票后，请写出"参与性受众"的定义。你的定义是否符合本章关于娱乐受众的讨论？
3. 上网查找日本、英国或德国的 VALS 系统。你能从系统的差异中得出什么结论？娱乐营销人员如何使用这些系统来推广体验？

参考书籍与网页

Ang, I. (1985). *Watching Dallas: Soap opera and the melodramatic imagination.* London: Routledge.

Fiske, J. (1987). *Television culture: Popular pleasures and politics.* London: Methuen.

Gray, A. (1992). *Video playtime.* London: Routledge.

Jenkins, H. (2006). *Fans, bloggers and gamers: Exploring participatory culture.* New York: NYU Press.

Leitch, W. (2008). *God save the fan: How preening sportscasters, athletes and convicted quarterbacks have taken the fun out of sports.* New York: Harper Collins.

Ross, K. and Nightengale, V. (2003). *Media and audiences: New perspectives.* London: Open University Press.

Sayre, S. (2008). *Entertainment marketing and communication: Selling branded performances, people and places.* Upper Saddle River NJ: Prentice-Hall.

http://www.audiences.blogspot.com——这个博客是关于技术驱动型社交网络与新兴媒体受众的交汇融合。

http://www.personalizemedia.com——讨论我们的数字化、沉浸式且不断发展的媒体世界。

http://www.nielsenmedia.com——定义了在线受众测量的全球标准。

http://www.sportsfanatics247.com——体育迷的社交网站。

第四章　戏剧与讲故事

> 戏剧的本质，在于演练人间百态，遍尝众生情感。喜剧以诙谐幽默，释放心底郁结；悲剧借伤痛之泪，予人哀痛与救赎；而憎恶与恐怖，恰如罗盘之上，另两枚情感指向的指针。
>
> ——劳伦斯·奥利弗（Laurence Olivier）[1]

西格蒙德·弗洛伊德认为，人类的精神生活始于幻想。最古老的初级心理过程遵循"享乐—痛苦"原理，其被描述为"保持清醒，将痛苦的体验拒之门外"[2]。享乐原则决定了我们努力寻求快乐，避免痛苦。那么，我们似乎有理由认为，评判娱乐的一个重要标准就是要带来快乐。许多不同形式的娱乐能够带来直接的快乐，如看电影，看球赛或去游乐园。但许多人似乎会从那些至少乍一看与快乐相去甚远的体验中获得快乐，如漫长而痛苦的体育运动，还有让人悲伤流泪或者害怕得尖叫的电影。究竟是什么让这些体验变得具有娱乐性？

换一个角度来思考，是什么让某件事情具有娱乐性，而不仅是单纯的有趣？比较一下电视上的情景喜剧或戏剧与纪录片或课堂讲座之间的区别。通常（我们希望）你会发现讲座很有趣，但它是娱乐项目吗？你是否曾经听过一个不仅有趣，而且很有娱乐性的讲座或演讲？如果有的话，请想一想是什么让它具有娱乐性。你可能记得一个非常鼓舞人心、令人震惊或好笑的讲座——让你感觉脑袋、心脏或肠子都要炸开了。这里的关键词是感觉。当我们赢得一场比赛时，我们感到高兴；而当我们输掉一场比赛时，我们感到愤怒或沮丧。当我们在看恐怖电影时，我们感到害怕；当我们听到"那首歌"时，我们感到悲伤。有趣的经历或信息往往使我们思考，但娱乐体验，更重要的似乎是使我们去感受。在此基础上，为了让我们能够感受，表演者们创造了戏剧。

戏剧原则

戏剧是许多娱乐形式的驱动力。悬疑、悲剧、喜剧和推理等类型通常被认为是戏剧的专门种类。尽管在传统上戏剧类型与书籍、电影、电视节目和现场表演联系比较紧密,但戏剧元素在大多数娱乐形式中都可以找到,从电子游戏、体育赛事到音乐和舞蹈。因此,好的娱乐取决于好的戏剧。

根据《韦氏大词典》,戏剧营造了"一种状态、情形或一系列涉及各方势力激烈冲突的事件"[3],这些事件使观众能够体验到人类的各种情感。戏剧通过描绘影响戏剧人物(主角和反派)命运的事件来产生冲突和解决冲突。所描述的事件则创造了一个叙事或故事,在这个故事中,好与坏的事情会发生在不同人物身上。当观众目睹这些事件时,他们会对人物和发生的事件形成判断。他们可能喜欢上一部分人和事,而讨厌另一部分。

根据戏剧倾向理论,我们对戏剧事件的反应取决于我们对其中相关人物的评判。[4]当好事发生在我们喜欢的角色身上,以及当坏事发生在我们不喜欢的角色身上时,我们会感到高兴。相反,当坏事发生在我们喜欢的角色身上,而好事发生在我们不喜欢的角色身上时,我们会持有负面情绪。一部戏剧必须包括"可爱"和"可恨"的角色,观众可能会感到有趣、悲伤、恐惧、愤怒、兴奋或得意,这取决于事情发生在了谁的身上。因此,成功的戏剧有赖于战略性地使用角色和情节发展来操纵观众的情绪。事实证明,这一观点在各个时代都是成立的。例如,在古希腊罗马戏

图4.1 戏剧依靠人物和故事情节发展来操纵观众的情绪

剧中,人们用面具来展现人物,每个面具都有自己的形状和颜色,以表现所描绘的人物或情感。其中最著名的是喜剧和悲剧的面具,它们在今天仍然是戏剧的象征。因此,衡量戏剧作品质量的一个标准就在于它能否如期唤起观众的情感反应。

无论是在书籍、喜剧小品还是在球赛中,我们面对戏剧都有一种共同的情感反应,那就是悬念。悬念是对即将发生的事件的期待和不确定性的情感体验。因此,悬念发生在观众确定最终结果之前。随着结果的揭晓,观众的情绪状态会转变为喜悦或悲伤等。只有当观众关心相关人物的命运时,不确定性才会引发悬念。

这种必要性(当观众关心相关人物的命运时,不确定性才会引发悬念)引出了一个有趣的问题。为什么观众会关心戏剧人物的命运,尤其是重要人物的命运?道夫·齐尔曼(Dolf Zillmann)曾提出两种让观众与戏剧人物产生联系的机制。[5]第一种机制是身

图4.2 我们对戏剧人物产生共情还是同情？

份认同。当观众开始认同主人公时，就会感受到主人公的所感，以至于他们几乎相信自己就是主人公。但这种"认同"的概念经常受到批评，因为戏剧中的暗示经常打断观众与主角之间的同感。例如，走过森林的主人公可能感到平静，但观众看到潜伏在树后的怪物和听到恐怖音乐后会感到害怕。

第二种机制是共情。观众被认为与戏剧人物产生共情，而不是同情他们。当事情进展顺利时，旁观者会为主角感到高兴和鼓舞，而当事情进展不顺利时，他们会担心、悲伤或愤怒。对主人公的积极感受会引发观众对人物有好运的希冀，以及对人物不幸的苦恼。相反，观众对反面人物产生反共情，从而对其胜利感到痛苦，对其死亡感到高兴（见图4.2）。

大多数观众都熟悉的"标准三幕"情节：男孩遇到女孩；男孩失去女孩；男孩赢回女孩。把"女孩"或"男孩"替换成"威胁生命的疾病""秘密军用飞机""可怕的太空外星人"，故事情节可以被划分成不同的类型，但其基本的套路仍然保持不变。第一幕，介绍人物；第二幕，主要的冲突出现了，并穿插着一些小的冲突；而在第三幕，冲突得到了解决。不难理解为什么观众会对爱、快乐和胜利产生共鸣，但悬念和冲突又有什么娱乐性呢？或者，更简单地说，为什么男孩必须失去女孩呢？想象一下，在一部电视剧中，一个男孩只是遇到了一个女孩，从此他们幸福地生活在一起。这听起来很有娱乐性吗？不大可能。冲突和不确定性是戏剧的本质，也正是戏剧的精彩和有趣之处。在生活中，我们经常发现，通过艰苦奋斗获得的成功比那些轻而易举取得的胜利更令人愉悦。我们享受这种胜利的戏剧性表征，与上述内容也并无差别。接下来提到的理论，都试图解释为什么观众会觉得戏剧和悬念如此吸引人。

故事与戏剧的要素

许多学者对"标准三幕"的故事模式进行了阐述，并列出了详细的框架和元素，他们认为这些元素对所有优秀的故事和戏剧来说是必不可少的。梅兰妮·菲利普斯（Melanie Phillips）和克里斯·亨特利（Chris Huntley）正着手准备撰写一篇关于剧本创作的文章，并将其发展成一个全面的故事理论，他们称其为戏剧创作理论（Dramatica）。[6]

根据这一理论，每个完整的故事都体现了内在自我解决问题的过程。两位学者坚持认为：

为了能够充分探讨任何议题，作者必须研究议题的所有可能的解决方案，并进行论证，向观众证明作者的方法是最好的。如果你的论证遗漏了某一部分或偏离了该论点，你的故事就会出现情节漏洞或不一致的地方。一旦你的论证涵盖了每个方面，你就绘制了观众可能看待这个问题的所有方式，由此，也映射出了任何人可能看待这个问题的所有方式。简而言之，你已经在头脑中绘制了一张解决问题的地图。[7]

当一个故事充分发展了这种思维模式时，他们称之为全面论证故事（Grand Argument Story），因为它从各个方面解决了问题。人物、情节和主题被概述为"故事思维"的基本要素。人物代表该思维的动机，可以从两个不同角度来定位：由外而内的客观观点，由内而外的主观观点。客观视角就像是我们看着他人，观察其思维运作过程。对于体验故事的观众来说，客观视角就像在看台上观看一场足球比赛。根据球员在球场上的职责，所有角色都能轻易地被识别。主观视角就像故事思维是我们自己的一样。从这个角度看，只有两个角色是可见的：主要人物和障碍人物。主要人物和障碍人物代表了故事思维的内在冲突。事实上，该理论认为，一个故事是由两股思维组成的。在现实生活中，我们经常扮演自己的"魔鬼代言人"，以接受另一种观点为最佳选择。同样，故事思维的可替代观点通过主要人物和障碍人物变得具体化了。对于观众而言，主角的经历仿佛让观众成为故事中实际参与的一员，而障碍角色是那个阻挡主角前进的"对手"。

该理论还概述了故事中四对典型的对立人物。第一对是主角（实现故事目标的主要倡导者和主要推动者）和反面人物（阻止主角实现目标的人）。第二对是理性人物（冷静，根据逻辑行事）和感性人物（狂热，根据感觉做出反应）。第三对人物是助手（忠实的支持者）和怀疑论者（谨慎的质疑者）。第四对是守护者（教师、助手、有良知的人）和病毒传染者（分散注意力，制造障碍，代表诱惑的人）。在许多故事中，人物比这些简单的原型更复杂，一个人物可能具有多种功能。但戏剧创作理论认为，如果你仔细观察，你可以在所有完整的故事中找到这些原型的元素。这些原型可以被进一步分解，并重新组合成许多可识别的"常备"角色。本章末尾的"近观原型角色"部分会对这些例子进行探讨。

根据戏剧创作理论，故事情节描述了故事内部逻辑或事件发生的顺序，这些事件从头到尾引导着人物所处的局面和秉持的态度，从问题开始一直到问题结束。但故事呈现不一定要遵循这个逻辑顺序。例如，关于一个人一生的故事不一定要按照从出生到死亡的顺序呈现。你可以在《低俗小说》和电视连续剧《迷失》（*Lost*）中看到这种技巧的运用。叙事可以向前或向后跳跃，但在一个内在统一的故事中，它的剧情会保持前后一致——发生什么、何时发生、发生在谁身上——的基本结构。

聚焦百老汇　　　　　　　　　　吸引年轻人和多样化受众

图4.3

传统的百老汇音乐剧是为成年人打造的，因为他们有钱买票。如今，音乐剧的票价和标题都是为了吸引年轻的、不同种族的观众而设计的。作家和制片人将时髦的故事与前卫的音乐结合起来，以满足这一新兴观众群体的喜好。比如，获得托尼奖的当红音乐剧，《身在高地》(*In the Heights*)和《春之觉醒》(*Spring Awakening*)就是针对大学生群体的（见图4.3）。

通过优兔网、聚友网和电视广告，营销人员与潜在的戏剧观众建立联系，并让年轻人接触到舞台演出信息。《魔法坏女巫》(*Wicked*)在脸谱网上的广告价格约为每周1000美元，《律政俏佳人》(*Legally Blonde*)则在iTunes上打广告，iTunes通过提供可下载的百老汇曲目与戏剧界密切合作。

此外，由于大量的音乐剧在改编成电影后大获成功，好莱坞和百老汇之间的界限正在变得模糊。年轻观众蜂拥而至，只为观看朱莉娅·罗伯茨（Julia Roberts）和阿什利·帕克·安吉尔（Ashley Parker Angel）等明星的表演。为了解决高额的出场费用，《吉屋出租》(*Rent*)等节目会在演出前两小时以25美元的价格出售"抽奖券"。

相比过去几年，百老汇演出吸引的观众在种族上更加多样化。在《身在高地》这部讲述曼哈顿拉丁裔人生活的戏剧，以及《过场》(*Passing Stage*)这部讲述一个来自洛杉矶的非洲裔美国孩子在欧洲追求艺术认可的戏剧中，都得到了观众的喝彩。《身在高地》《吉屋出租》和《Q大道》(*Avenue Q*)的制作人凯文·麦科勒姆（Kevin McCollum）认为，"百老汇应该反映美国的方方面面"。

百老汇需要替换其老龄化的观众，这意味着要吸引年轻的消费群体。如今大多数年轻人都不是在剧院的陪伴下长大的，所以需要借助音乐来吸引他们。此举在《流浪异乡》(*Passing Strange*)上颇有成效，它是第一部在CD上市前就能在网上看到其演员录音的音乐剧。

根据美国剧院和制片人联盟的数据，在2007年，非白人观众增加了26%，24岁以下观众的比例比前一年增加了22%。

资料来源：reportermag.com and latimes.com。

主题描述起来更加困难。一些作者会说，主题与故事的话题、情绪或气氛有关；另一些作者会说，主题是故事的信息；还有些作者认为主题是故事的前提，说明了某种行为的结果。从上述角度再进一步出发，一个故事的话题可能是蓝领工人，其情绪或气氛可能是"愤怒"。其中一个信息可能是"核电站出故障"。一个前提可能是"贪婪导致了自我毁灭"。显然，这些都可能出现在同一个故事中，而且每个故事都能让人或多或少地感觉到一定的主题存在。也许有人会说，这是因为每个人都是从不同的角度去看待主题的真正含义。

在戏剧创作理论，主题即视角，视角即关系。主题本质上是对凝视性客体与视觉性场域间互动关系的现象学描述。这导致主题具有难以言说的特质——它既非如情节那样具有事件性，亦非如人物般具有实体性，而是二者在戏剧空间中的关系性存在。电影中的情节通常是相当直接的。例如，皮克斯（Pixar）的《机器人总动员》（*Wall-E*）中的情节可能会被简要概括为"机器人相爱并拯救被污染的废弃地球"。显然，人们可能会争论概括故事细节的最佳方式，但所有人都会认同情节是对故事线的描述。但对主题的描述可能有更大的差异。《机器人总动员》的主题可能被描述为"一个关于爱之力量的轻松故事"（情绪或气氛），对"人类的懒惰、无知和贪婪"的批评（信息），或对"技术进步会使我们远离自然"的警告（假定）。戏剧创作理论对人物、情节和主题进行了更为复杂的分析，这里无法详述，但对这些原则的大致了解有助于我们对娱乐进行分类并理解其吸引力。

在不同文化的故事和传说中都能找到相似的原型人物。例如，饮血复活的死者、天使、试图克服过往罪恶的悲剧英雄、郊狼、西娜，甚至是粗暴的外公，都是可能在任何时刻被描绘成外星人的角色例子。TV Tropes网站列出了35种不同的原型。你还能说出多少个？

资料来源：http://tvtropes.org/pmwiki/pmwiki.php/Main/ArchetypalCharacter。

戏剧吸引力

有许多理论试图准确解释为什么观众会觉得故事和悬念如此吸引人。其中一种理论是兴奋迁移理论（Excitation Transfer Theory），该理论为经典戏剧法则提供了生理学层面的合理解释。[8]根据这一理论，情绪反应伴随着生理上的兴奋或唤醒。当我们感到害怕、高兴或愤怒时，我们的身体就会做出反应，如血压上升，心率加快（见图4.4）。这一理论表明，无论我们正

图4.4 人们面对恐怖电影时所产生的生理反应

在经历哪种情绪，我们的身体都会做出上述同样的反应。事实上，有人认为，我们所感受到的情绪只是我们对这些生理反应的主观解释。尽管我们没有意识到这一点，但我们的身体会首先做出反应，然后我们通过分析现状确定我们的感受。该理论进一步推断，伴随着情绪反应的生理兴奋可能会在情绪本身消退后长期存在。这种残留的兴奋可能会转移到我们目睹或经历的下一个事件中。我们将这种兴奋错误地归因于新的事件，最终导致我们的感觉被强化。

图4.5展示了兴奋变化过程。事件A发生于时间1，当来到时间2时，与事件A相关的想法和情绪可能已经开始平息，但产生的生理性兴奋需要更长的时间来衰减或消退。因此，当事件B在时间2开始时，事件A的兴奋度仍然很高。阴影区域代表了事件A在多大程度上增加了唤醒活动（个体的生理或心理激活程度），因此，其可能也加强了事件B的伴随认知和情绪反应。虚线表示如果每个事件单独发生的话，唤醒活动的情况。

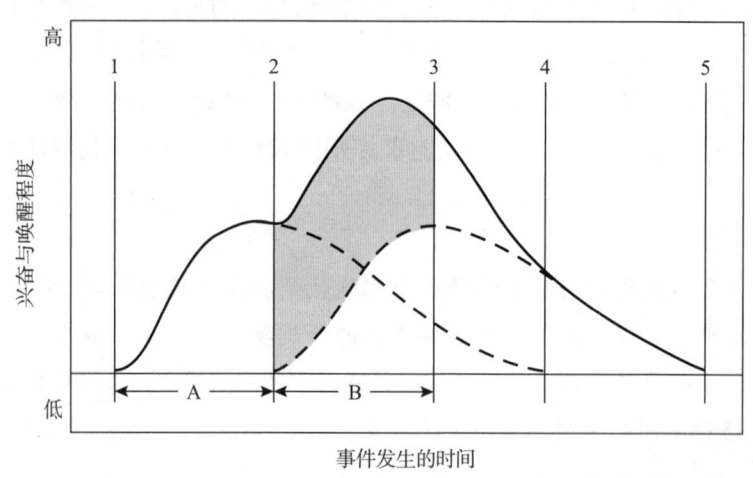

图4.5 兴奋变化过程

换句话说，如果我们在受到惊吓不久后就听到一个笑话，我们可能会笑得更大声一些，会觉得比平时更有趣一些。据说，标准的戏剧原则就是利用了这种现象。戏剧中的冲突和悬念越多，就有更多的兴奋点转移，使大团圆的结局更加令人愉快。这一理论可以用来解释大多数娱乐项目的吸引力。体育赛事、书籍、电子游戏、电影，甚至过山车都是由一系列的"场景"或事件组成的。随着事件的展开，从一个事件中产生的兴奋，不管是积极的还是消极的，都会转移到下一个事件中，从而增强整体体验。

兴奋迁移理论认为，观众对戏剧中的威胁或冲突的反应越强烈，他们最终越享受大团圆结局。但对于戏剧能够唤起强烈的、负面的情绪，一些学者质疑这是否为戏剧的唯一价值。他们疑惑为什么观众愿意忍受长时间的负面情绪环境，仅仅是为了在最后几分钟或几秒钟通过兴奋迁移来体验情绪释放。

另一个用来解释娱乐吸引力的流行理论是逃避主义。根据这一理论，娱乐可以作为逃避或转移日常生活中的烦恼和缺点的一种方式。如果我们享受戏剧主要因为它能转移观众对现实问题的注意力，那么只要能让观众忘记自己的烦恼，戏剧创造何种情绪——恐惧、愤怒、悲伤、快乐、娱乐——并不重要。一个不同的看法是，戏剧具有信息传递和自我反思功能。这种观点几乎与逃避主义直接对立，认为有些观众喜欢戏剧是因为它能让他们反思自己的感受和经历。[9]这一观点表明，个人喜欢与自己生活相似的戏剧，因为这能让他们重温自己经历过的事件，评估自己的行为，并获得未来将如何行动和反应的想法。为了使戏剧发挥这一功能，它必须是反映现实的。事实上，有些人可能会认为，如果现实生活包含大量的冲突和痛苦，那么戏剧也应该如此。

情绪管理理论（Mood Management Theory）同样认为，观众往往会寻找能够强化他们情绪的媒介（大概还有其他形式的娱乐）。这一理论建立在选择性接触的前提下，即受众会寻求与他们的感受和信仰相一致的信息与经验，而避免那些不一致的。这一理论是对悲剧吸引力的一种主流解释。的确，有证据表明，大众尤其是女性，在难过时更有可能选择悲伤的歌曲或电影，而在快乐时会避开它们。值得注意的是，这个基本理论不叫情绪增强，而叫情绪管理，反映了人们有时可能是寻求改变而非增强他们的情绪。因此，尽管有些人在心烦意乱时更喜欢悲伤的音乐或故事，但其他人可能会寻找一些积极向上的事物使自己振作起来。

戏剧的体裁

尽管上一节讨论的一般理论适用于大多数形式的戏剧，但不同的故事类型或体裁拥有各自独特的吸引力。与主题一样，体裁也很难定义。体裁有时指的是故事的背景，如西部片或科幻片。其他时候，它描述的是角色之间的关系，如爱情故事和伙伴的电影。体裁可能与观众从故事中获得的感觉有关，如喜剧和恐怖故事。甚至叙事风格也可以有自己的类型，如音乐剧或人物研究。因此，一些体裁可以通过四种不同的方式来定义：从基本的戏剧结构（故事形式，如悲剧）到主题（编码，如西部片）和风格（编撰，如音乐剧）或观众的期望/反应（接受，如喜剧、恐怖片）。在这里，我们回顾一下流行体裁的一些独特品质，包括悲剧、喜剧、悬疑、动作/恐怖和真人秀。

悲剧

与所有戏剧一样，悲剧依赖观众对戏剧人物的态度。但与传统戏剧中通常是好人获胜不同，悲剧的本质是坏事发生在好人身上。如果观众不认为一个角色是高尚或善良，他们就不会把这个角色的不幸解释为悲剧。因此，好的悲剧原则是创造出十分正直、高尚的人物，且他们的命运是悲惨的。例如，莎士比亚的许多戏剧和十四行诗中，悲剧的一个常见主题是失去爱情。失去爱情也是当代悲剧的一个流行主题，如《泰坦尼克号》(Titanic)等电影。许多获奖电视剧[如《实习医生格蕾》(Grey's Anatomy)和《迷失》]、流行小说[如丹尼尔·斯蒂尔（Danielle Steele）的小说]也包含着悲剧元素，当然还有无数的情歌。

与个人享受其他形式的戏剧类似，人们可能想要把观看悲剧作为逃避自身问题的一种方式，或者如情绪管理理论所言，个人在心烦意乱时可能更喜欢悲剧，因为它与当时的情绪相匹配。遵循"同病相怜"的古老谚语，那些悲伤或沮丧的人可能会发现戏剧性的悲剧令人欣慰，因为悲剧让他们觉得有人能够分享并理解他们的痛苦和绝望。除此之外也有一些其他的解释。追溯到亚里士多德，宣泄学说（Catharsis Doctrine）为悲剧和戏剧性痛苦的吸引力提供了最古老的解释。

宣泄是指紧张或焦虑情绪的释放。宣泄学认为，那些因某些生活经历而怀有恐惧或愤怒情绪的人，可以通过代入游戏中的类似经历或戏剧中的相似描述来缓解他们的情绪，而不是依照情绪采取行动。因此，这一学说表明，观众喜欢冲突和悲剧，可能是因为它为人们提供了一个机会，借以缓解而不是强化他们所经历的任何负面情绪。社会比较理论（Social Comparison）提供了一个相关的解释。[10] 该理论指出，当人们能够在自己和他人之间进行有利的比较时，他们会感觉更好。根据这一理论，当人们可以将自己与那些"情况更糟"的人进行比较时，他们会感觉自己过得更好。因此，个人喜欢冲突和悲剧的另一个原因可能是，它为人们提供了充分的机会来进行有利的生活比较。

尽管正面角色经常面临死亡的结局，但在许多情况下，一个或多个主角仍然要应对悲剧带来的创伤。因此，悲剧也可能提供一个具有独特价值的信息的功能，为面临类似个人悲剧的人们展示成功的应对策略。一个观点是，人们只是喜欢体验人类的各种情感。我们倾向于认为愤怒、悲伤和恐惧等情绪是不愉快的，但悲剧和恐怖片等类型的成功表明，有些人可能真的喜欢这些情绪。当然，通过戏剧来体验这些情感，在一定程度上给观众提供了安全感或疏离感。观众可以自由地感受悲伤或恐惧，而不必实际应对产生这些情绪的真实境况。戏剧创造的情感被称为元情感，这表明观众享受的可能不是情感本身，而是欣赏戏剧"安全"但有效地模拟强烈情感的功能。

幽默与喜剧

喜剧作为一种娱乐的来源，比比皆是。事实上，喜剧几乎霸占了全时段顶级电视节目和电影的半壁江山（见图4.6和图4.7）。除了电影、电视和印刷媒体这些常见的戏剧渠道，喜剧在广播节目和现场表演中也很受欢迎。喜剧通常被认为是戏剧的一种形

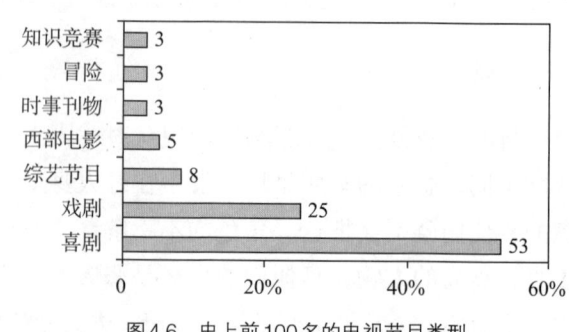

图4.6　史上前100名的电视节目类型

式。严肃戏剧（如动作片、悬疑片和悲剧）重视总体情节，因此与其他娱乐形式不同。

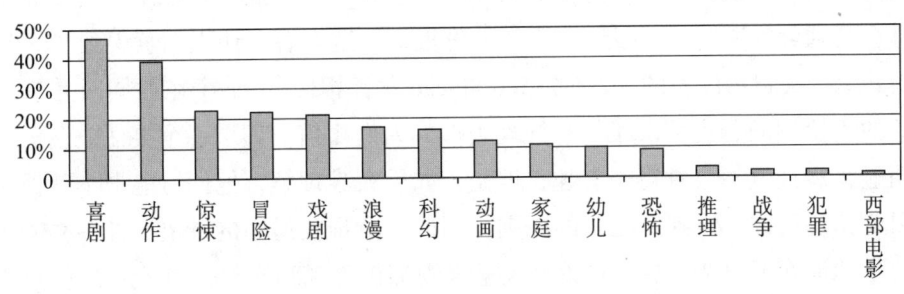

图4.7　史上前100名的电影类型

相比之下，情景喜剧和恐怖片等类型可能更多地从独立的场景中产生吸引力。欣赏这些故事可能不需要详细的背景和情节发展。尽管如此，单个场景中的事件和对话仍然反映了戏剧的基本原则。喜剧包括冲突和冲突的解决，以及人物和情节的发展，然而，不像大多数戏剧那样需要时间推动情节发展，喜剧可以更快地发展情节，这使其在广播节目和现场表演等场合很受欢迎。

喜剧，就其性质而言，是轻松的而非严肃的。弗洛伊德认为，观众依赖于某些线索，这些线索暗示着戏剧语境中的幽默与滑稽的要素。同时，他还概述了几种可以充当线索的笑料的特征。[11] 弗洛伊德划分了非倾向性幽默和倾向性幽默。非倾向性幽默依靠的是笑料，包括不会伤害、羞辱或贬低他人的无伤大雅的言语、讽刺和夸张。这就是没有恶意的谐音梗笑话（"knock knock"）和"鸡为什么过马路"的谜语类幽默。相反，倾向性的幽默则强调一方受到另一方的伤害。

贬损幽默

嘲弄他人的幽默通常被称为倾向性幽默或贬损幽默。像其他形式的戏剧一样，贬损幽默也能用倾向理论（Disposition Theory）来解释。如果观众对一个人有积极的态度，他们就更有可能被他的笑话逗笑。换句话说，一个喜剧演员或喜剧角色越被喜欢，观众就越觉得幽默。有人认为，当一个笑话针对的是不受喜欢的人时，人们会觉得好笑。当笑话指向的是受欢迎的个体，人们不会觉得有趣，甚至有可能觉得受到了侮辱。[12] 弗洛伊德认为，尽管非倾向性的笑话和谜语可能会带来一些微笑与礼貌性的笑声，但它们很少能够像倾向性幽默那样轻松地引起强烈的愉悦感。他进一步表示，我们所标榜的幽默很少是真正无辜的。相反，即使是最简单的文字游戏和笑话，也有很多包含了敌意与禁忌话题的倾向性情绪。

消除不协调

虽然倾向理论可以解释我们为什么会对某些形式的幽默发笑，但消除不协调理论（Incongruity Resolution）提供了另一个解释。[13] 谜语和其他形式的幽默往往提出一个问题或一些困惑（不协调），然后通过打趣（解决方式）来解释。这种类型的一些幽默可能是倾向性的或贬低性的，但往往是无害的。思考一下下面这个笑话："什么东西黑白相间且全身通红？""一份报纸。"当"一份报纸"这个答案让人们意识到"red"是一语双关以及"read"代表的意义时（red与read发音相似），某个东西同时是黑白相间和红色的不协调问题就解决了。与推理类似，人们相信，如果一个笑话或谜语太容易或太明显，观众就不会觉得很有趣；但是，如果太难理解，他们可能根本就抓不住要点。因此，要把握"恰到好处"的原则，创造一个难度适中的谜语。许多喜剧中的讽刺反映了"消除不协调"这一理论。大量喜剧都包含讽刺元素，如《黑衣人》（*Men in Black*, 1997/2002）中管理外太空"非法移民"的移民部门或找不到新郎的《婚礼专家》（*Wedding Planner*, 2001），正是这些不协调构成了幽默的基础。

有一种观点认为，不协调制造了紧张和不确定性。在提供关键线索或解决方案时，这种紧张就会以笑声的形式释放出来。该观点还认为，笑声代表胜利、掌控感以及优越感。笑声等同于战斗中赢得胜利的吼叫。因此，也有人推测，理解笑话的人笑得很开心，因为觉得自己比那些不理解的人要优越。优越感也与贬损幽默有关，面对那些被当作贬损笑话的对象，人们会产生优越感。

错误归因理论

有人认为，即使是倾向性的幽默也要依靠非倾向性的要素，文字游戏、讽刺和夸张等笑料作为观众发笑的线索。在弗洛伊德看来，观众并没有真正理解什么是使人们发笑的倾向性幽默。他表示，尽管观众可能认为是笑话和文字游戏让他们发笑，但单纯的笑话并没有创造出与倾向性幽默同样水平的愉悦，这表明正是倾向性元素——敌意和禁忌话题——真正激发了娱乐。这些猜测催生了幽默的错误归因理论（Misattribution Theory of Humor）。[14] 顾名思义，这个理论假设个体将他们对敌对性幽默的享受错误地归因于缓和的、非倾向性的幽默线索。其逻辑是，嘲笑他人的不幸是不被社会接受的。虽然在内心深处，观众可能对明目张胆的敌意感到好奇，甚至感到有趣，而由于担心受到社会谴责，他们不能自由地承认或表达这种享受。但在喜剧中，伴随着敌意的非倾向性的幽默线索可能会为观众提供开怀大笑所需要的正当理由。

幽默线索与恶搞电影

这样一来，似乎正是这些轻松愉悦的线索将戏剧与喜剧区分开来。尽管戏剧和喜剧都受倾向理论的支配，但在戏剧表演中，反派的遇害和灭亡可能会给观众带来愉悦感，甚至是狂喜，但笑声是不合适的。喜剧中的幽默线索，为这种伤害创造了一个轻松的背景，告诉观众笑声不仅是被允许的，而且是受到鼓励的。商业娱乐中普遍存在倾向性和贬损型幽默。例如，电影和动画片中的滑稽闹剧，往往集中在身体幽默上，如人们滑倒和相互撞击。这种倾向性的幽默形式实际上可能相当暴力，但它包含着音乐和面部表情等线索，让观众知道它并不严肃。

例如，《惊声尖笑》（Scary Movie，2000）对一些当代最受欢迎的恐怖片和悬疑片进行了恶搞，包括《惊声尖叫》（Scream，1996）、《我知道你去年暑假干了什么》（I Know What You Did Last Summer，1997）、《第六感》（The Sixth Sense，1999）、《女巫布莱尔》（The Blair Witch Project，1999）和《黑客帝国》（The Matrix，1999）。这些电影的成功推动了恶搞恐怖电影厂商的发展。这些漫画式的恶搞往往遵循类似的人物和故事线，而且和同类作品一样暴力；然而，还有一些额外的玩笑和夸张成分，以此向观众表明，他们不应该把这些事件太当真。因此，尽管观众在原版惊悚片中可能因悬念而屏住呼吸，因恐惧而尖叫，但在模仿片中，同样的故事线可能让观众捧腹大笑。

在一种有趣的后现代风格中，两位编剧亚伦·赛尔策（Aaron Seltzer）和杰森·弗莱德伯格（Jason Friedberg）合作创作了《约会电影》（Date Movie，2006），一部模仿浪漫戏剧的滑稽仿作。按照传统的戏剧原则，男孩遇到女孩，但在他们能够举行《我盛大的希腊婚礼》（Big Fat Greek Wedding，2002）之前，他们将不得不去《拜见岳父大人》（Meet the Parents，2000），与《婚礼专家》（The Wedding Planner，2001）联系，并与一个想要终结《她最好朋友的婚礼》（Best Friend's Wedding，1997）的女人抗争。与"消除不协调"的前提相一致，一个好的模仿片要在提供足够的背景同时平衡微妙的界限，使观众能够认出被模仿的人物和故事线，还要注入足够新的转折点，以保持影片的新鲜度和观众的参与度。

情景喜剧：笑声淡入淡出[15]

情景喜剧（sitcom）是指广播或电视喜剧系列，它涉及一个共同的环境或"情境"（如家庭、房子或工作场所）中一连串的人物。1926年，在芝加哥WGN电台首播的《山姆和亨利》，通常被认为是第一部情景喜剧（见图4.8）。该节目的灵感是将连环画中的笑话和故事线融合在一起，然后将其带到新的广播媒介中。类似的节目《阿莫斯和安迪》于1928年在哥伦比亚广播公司首次亮相，成为第一部向多家广播电台出售的情景喜剧，它是整个20世纪30年代最受欢迎的节目。当电视出现时，情景喜剧也成为该媒体开发的首批节目之一。在英国，英国广播公司（BBC）从1946年底到次年初一直在播放《品沃特的进步》（Pinwright's Progress）。《玛丽·凯和琼尼》（Mary Kay and Johnny）可能是美国第一部情景喜剧，这是一部15分钟的节目，于1947

图4.8

年11月在杜蒙特电视网首次亮相。根据《韦氏大词典》第12版，情景喜剧这个词是在1951年被创造出来的，当时《我爱露西》（*I Love Lucy*）正在制作中。

> **时事速览**
>
> 电视广告使用了与长篇影视作品相同的喜剧和戏剧技巧。GEICO保险公司发起了一个虚构的喜剧广告活动，标题是"即使是穴居人也能做到"。穴居人是非常讨人喜欢的角色，以至于有人为他们开发了一部长篇情景喜剧。一些广告由著名电影导演执导，如伍迪·艾伦（Woody Allen）、乔治·卢卡斯（George Lucas）和弗朗西斯·福特·科波拉（Francis Ford Coppola）。最著名的科幻广告是由苹果电脑公司在1984年制作的。该广告仅在超级碗期间播放过一次，由雷德利·斯科特执导，用于介绍苹果电脑。

传统上，情景喜剧的特点是单个剧集大多自成一体。常规人物基本保持不变，一集的事件随着这一集结束而得到解决。大多数情景喜剧都采用这种形式。前几集的事件很少在随后的剧集中被提及。虽然朋友或亲属可能会出现，但他们往往只在剧中登场一次，而且在随后的剧集中也很少被提及［在《布雷迪家族》（*The Brady Bunch*）和许多其他节目中这一点很明显］。最近，情景喜剧引入了一些持续的故事线。例如，《贝弗利山人》（*The Beverly Hillbillies*）在20世纪60年代至70年代播放得很成功，那段时间经常出现连续的故事。同时，《活在当下》（*One Day at a Time*）也出现了持续的主线和分为四部曲的剧集。情景喜剧更多地向系列故事的方向发展，《老友记》（*Friends*）使这种趋势变得根深蒂固。它是20世纪90年代至21世纪初美国非常流行的情景喜剧，其整体故事情节类似于肥皂剧。除了使用传统的情景喜剧故事，即在同一集里介绍和解决故事，该剧总是有两个或三个正在进行的故事发生在节目的任意时间点。《老友记》还使用了其他肥皂剧元素，如经常采用季末悬念，并在整个系列剧集中逐步发展人物关系。

20世纪80年代初，情景喜剧在美国的受欢迎程度开始下降，让位于晚间肥皂剧。1983年，《凯特与艾莉》（*Kate & Allie*）是唯一进入美国受欢迎电视作品前10名的情景喜剧。1984年，《考斯比一家》（*Cosby Show*）给情景喜剧带来了新的活力。该剧的成功带动了其他以喜剧人物为中心的节目，如以蒂姆·艾伦（Tim Allen）为中心的《家庭改良》（*Home Improvement*）、以保罗·莱泽（Paul Reiser）为中心的《我为卿狂》（*Mad About You*）和以杰瑞·宋飞（Jerry Seinfeld）为中心的《宋飞正传》（*Seinfeld*）。

在1989—1990年，排名前19的节目中有11个是30分钟的情景喜剧，但到1998年，情景喜剧再次显示出衰退的迹象。这一次的衰退不是因为趣味性的减少，而是因为制作成本的上升和网络对真人秀节目的偏好增加。演员的片酬要求和观众对制作质量不断提高的期望值，已经开始大幅推动情景喜剧制作成本的上升。到2005年，这些成本已经提升到平均每集125万美元，相比之下，真人秀节目一集只需要70万美元的成本。不足为奇的是，在2005—2006年，排名前20的节目只有一个是30分钟的情景喜剧，而有9个节目是真人秀。[16]

尽管30分钟的情景喜剧在当前可能已不再是主流，但喜欢笑料的观众不必担心，电视上仍然可以看到大量的喜剧，最明显的是真人秀节目取代了那些更传统的、有剧本的节目。其实大多数真人秀节目不是严格意义上的喜剧，但几乎所有真人秀节目都包含了幽默元素。在许多情况下，情景喜剧和真人秀节目的制作人都从一个类似的前提开始，如"当两个截然不同的人结婚时，可能会发生什么样的事情？"两者都是从选择他们认为具有良好故事潜力的人物和情景开始的。不过，在真人秀节目中，编剧不完全依靠自己的想象力或个人经验，而是通过观察"人物"，看看会发生什么，只是编剧仍需努力从他们看到的东西中拼凑出连贯、有趣的故事。

几乎所有的娱乐类型中都有喜剧元素。幽默常常作为喜剧宽慰被纳入更严肃的戏剧。《牛津英语指南》(The Oxford Companion to the English Language, 1992) 将喜剧宽慰定义为："在严肃、悲惨或悬疑的戏剧中引入有趣的场景、事件或言论，以暂时缓解紧张。"[17] 一位戏剧史学家指出："如果观众在中间的时刻放松了，他们可能会更好地专注于危机。任何一个看过小鸡挣扎出壳的人都会意识到，大自然的方式往往是'紧张—休息—紧张—休息'。"[18] 因此，喜剧宽慰可以作为严肃戏剧的一个突破口，在紧张或悲惨的场景之后，为观众提供一个身心放松和安定下来的机会。包括莎士比亚在内的大多数戏剧家都在不同程度上使用了喜剧宽慰手段。如今，幽默在偏严肃的戏剧中盛行，这从各种类型的流行电影被交叉列在喜剧标签下的数量上可见一斑。事实上，在有史以来收入较高的47部喜剧电影中，有40%的喜剧电影（19部）与偏严肃或悬疑的类型交叉排列，包括动作、冒险、戏剧、犯罪、惊悚、悬疑或恐怖。[19]

喜剧的新角色

新技术带来了新的媒介和新的挑战，创造了一个喜剧蓬勃发展的环境。许多新媒体（如互联网）和手持设备（如手机和掌上电脑）被认为更适合短小精悍的娱乐内容。[20] 尽管许多其他的戏剧类型需要时间来发展角色和故事，但喜剧能够快速轻松地发展。例如，那些都是单一静止图像的漫画，通常没有任何文字，却可以传达整个喜剧情节。因此，喜剧自然而然成为新媒体的选择。

人们只需查看自己的电子邮件收件箱，就能意识到幽默和喜剧在互联网上的扩散范围。在20~21世纪之交，像冲击波网站（Shockwave.com）这样的组织开始在"表演动画"方面获得巨大成功，这包括由Flash（一种动画技术）生成的动画片段，播放时间通常只有几秒钟，可以被下载并通过电子邮件发送给他人。这些动画通常以重复出现同一角色为特色，如一个跳迪斯科的外星人，随着歌曲《我会活下来的》(I Will Survive) 摇摇晃晃，被落下的迪斯科球压扁了。[21] 洛杉矶创意艺术家协会（CAA）新媒体部门的高级经纪人埃罗尔·格森说："这种互动节目将成为一种新的娱乐形式。它能满足网络受众的需求，让人们时不时地发出短暂的笑声。"[22] 视频分享网站优兔网的巨大成功也许就是喜剧在新媒体中占主导地位的最好证据。最受欢迎的优兔网视频很有可能包含短片模仿、滑稽家庭录像、名人出糗或其他幽默的内容。

目前的技术限制了新媒体设备传播内容的长度和复杂程度，但人们认为，即使这些障碍被克服了，简短仍然是这些媒体的主流。理由是，当个人有时间进行更多的娱乐活动时，他们更愿意在沙发上或剧院座位上观看大屏幕，而不是坐在办公桌前眯着眼睛看电脑或苹果手机。因此，幽默和喜剧似乎有能力继续在媒体娱乐王国中占据统治地位。

悬疑

在标准的悬疑故事中，通常只有两种结局。主人公要么击败对手，要么没有击败对手。女主角要么拆除炸弹，要么大楼爆炸。悬念因潜在后果的严重性和观众对其中一种结果的偏爱程度而得到加强。但在悬疑故事中，不确定性通过引入众多可能性而得到加强。悬疑片往往是回顾性的，结果可能是已知的（东西被盗或有人被杀）。悬念围绕着"谁干的"或"如何发生"这一不确定性展开。因此，一个好的、有悬念的谜团包含数种同样可行的可能性。有人认为，涉及太多的嫌疑人和情况可能会使观众应接不暇，从而失去兴趣。悬疑不仅出现于书籍、戏剧和电影中，而且在棋盘游戏、电子游戏和促销竞争中也可以找到。魔术表演被笼罩在神秘之中，而上演现场推理的主题晚餐剧院也越来越受欢迎，客人会积极解答甚至参与推理。

一些谜题的设计是这样的，尽管答案不是太明显，但观众能随着事件深入而解开谜题，最终在谜底揭晓时证实他们的猜测。另一些谜题从头到尾让观众一直猜测，以最大限度地提高不确定性。还有一些谜题引导观众，让他们觉得自己知道谁做了什么，怎么做的，但最后却使他们感到意外。根据对不同类型悬疑结果的喜好，可以把观众分成不同类别。[23] 虽然一些人可能喜欢他们的怀疑得到证实，但另外一些人可能更喜欢带给他们惊喜或让他们一直猜测的事件。寻求刺激和感觉的人更重视面对问题而不是解决问题，研究人员推测，他们可能更喜欢不确定性最大化的神秘事件，因为解决方案会终止未知的刺激。相比之下，那些喜欢接受挑战的人，以及那些在被智取的时候不会感到不安的人，更青睐于惊喜模式。最后，确认模式可能会使低自尊的人更满意，因为当他们的预感得到验证时，他们自我感觉良好。个人也有可能在不同的时间喜欢不同类型的谜题，这取决于他们的情绪。

动作和恐怖

动作和恐怖元素也可以在传统的娱乐形式中被找到，如书籍、电影，甚至音乐中，它们在电子游戏、游乐园的游乐设施和景点中同样受欢迎。动作片与恐怖片的典型特征都是高度暴力。这种类型的戏剧通常遵循标准的戏剧原则，包括善与恶之间令人兴奋的冲突。不出意外，倾向理论和兴奋迁移理论都为这类戏剧的吸引力提供了合理的解释。

有人指出，这些类型的戏剧还提供了宣泄功能，使观众能够清除自身的愤怒和恐惧。[24] 人们认为，恐怖和其他带有威胁性的戏剧给个人提供了一次面对与掌握恐惧的机会，迫使他们直面并间接征服他们心中的"恶魔"。有证据表明，观众对暴力剧的反应也可能反映了社会化的性别角色。暴力剧尤其是恐怖片，被认为以一种在恐怖片面前表现得无畏的方式，为青少年男性提供了展现男子气概的机会。同时，年轻的女性观众可以表现出适当的恐惧，以获得来自男性同伴的"保护"。事实上，研究表明，当男性在观看恐怖片表现得勇敢无畏时，女性会觉得他们更有吸引力，而当女性表现得害怕并向男性寻求安慰时，男性会觉得她们更有吸引力。[25]

> **时事速览**
>
> 根据互联网电影数据库（IMDb.com）的数据，有史以来排名前9的恐怖电影：《惊魂记》(*Psycho*, 1960)、《异形》(*Aliens*, 1979)、《闪灵》(*The Shining*, 1980)、《恶魔》(*Les Diaboliques*, 1955)、《大白鲨》(*Jaws*, 1975)、《卡里加里博士的小屋》(*Das Cabinet des Dr Caligari*, 1920)、《科学怪人的新娘》(*Bride of Frankenstein*, 1935)、《浮士德》(*Faust-Eine deutsche Volkssage*, 1926)，以及《怪形》(*The Thing*, 1982)。近期入选有史以来恐怖电影前50名的只有《刑房》(*Grindhouse*, 2007)和《僵尸肖恩》(*Shaun of the Dead*, 2004)。请注意，有一部法国电影和两部德国电影在该榜单中位居前列。

观看者

这也许并不奇怪，青春期的男性是图像暴力特别是恐怖片的主要观众。研究发现，男性比女性更喜欢恐怖片，而女性比男性更容易受到恐怖片的困扰。研究还表明，对暴力和恐怖的偏好方面存在人格差异。[26] 研究表明，与接触恐怖片和惊悚片相关的最常见的人格变量是"寻求感觉"（sensation seeking），即寻求可以产生"感觉"和兴奋体验的欲望。特别是寻求感觉的人，他们似乎很享受恐怖片营造的恐怖氛围所带来的刺激。同理心的差异，即个人与他人的关系和对他人的感受程度，也可能在决定恐怖片的吸引力方面发挥重要作用。研究发现，没有移情能力的人觉得恐怖片更吸引人。这里的理由是，高度共情的人能够贴近受害者的感受，因此，可能会变得过于痛苦而无法享受电影。低水平的想象力（幻想不真实的情况）、虚构的参与（将自己的感受转移到电影人物的行动和感受中）和情绪传染（沉浸在电影的情绪状态中）是测量恐怖片吸引力的好方法。同样，其逻辑是，一个不做白日梦的人，或者一个永远记得恐怖片并非真实的人，不会因为恐怖片中的事件而感到不安，而一个非常情绪化的人可能会感觉恐怖氛围和图像暴力太过令人不安。

人们喜欢暴力和恐怖似乎出于不同的原因。约翰斯顿（Johnston）指出了青少年在观看恐怖片时的四种动机。[27]

> 血腥观看者享受观看血腥的场面，个性特征是缺乏同情心、无惧和勇于冒险。这些人格特征的结合使这类人寻求血腥、死亡，甚至身体折磨的影像所带来的高度兴奋感。血腥观察的动机可能反映了人们对暴力（人们被杀的方式）的好奇心，对杀戮（受害者得到他们"应得"的）的报复兴趣，以及对怪诞（观看血和内脏）的吸引力。喜欢观看血腥的人，特别是男性，往往更认同凶手而不是受害者。
>
> 追求刺激的观看者享受被惊吓和恐惧的快感。与关注血液和肢体残缺的血腥观看者不同，追求刺激的观看者更关注悬念。他们的个性特点是强烈的同情心和冒险精神。
>
> 独立观看者观看恐怖片是为了检验他们的老成和勇敢。他们的倾向性共情水平较低，对暴力或悬念都没有偏好，并且在观看恐怖片前后都有积极的反馈。
>
> 问题观看者反馈说，观看影片后会感到愤怒和孤独。他们的个性特点是寻求刺激，这可能会表现为药物滥用和低倾向性移情。他们对受害者的认同可能反映了自身的无助。与其他三种观看者的动机不同的是，只有问题观看者提出在观看恐怖电影前后都感觉很糟糕。

从18世纪经典的哥特式恐怖片到20世纪的枪战片，大多数暴力动作片和恐怖片都遵循标准的戏剧原则，以正义最终战胜邪恶而告终；然而，在最近的暴力和恐怖故事中，反而是邪恶获得了更大的胜利。传统动作片和恐怖片严肃而沉默，但不可避免地，杀手注定要失败。最初，恐怖片和其他暴力惊悚片遵循一个传统的公式，即邪恶总会在故事的最后被明确地摧毁。但各种电影评论家认为，许多电影已不再遵循这一传统。从20世纪70年代初开始，随着《罗斯玛丽的婴儿》（Rosemary's Baby）和《驱魔人》（The Exorcist）的成功，一种新的惊悚片模式出现了，它描绘了手无寸铁的受害者在可怕的绝境中，邪恶战胜了理性和理智的力量。[28] 一般来说，这些电影包含悬念式的结局，虽然一开始看起来反派或怪物已经被消灭，但最后一幕显示邪恶力量还活着。许多流行的系列电影——《万圣节》（Halloween）、《十三号星期五》（Friday the 13th）、《猛鬼街》（A Nightmare on Elm Street）和《汉尼拔》（Hannibal Lecter）——都有悬念式结尾。当代暴力动作片和恐怖片中的反派与恶魔不仅经常在续集中存活下来，而且如今像汉尼拔·莱克特［Hannibal Lecter来自《沉默的羔羊》（Silence of the Lambs）、《汉尼拔》和《红龙》（Red Dragon）］和弗雷迪·克鲁格（Freddy Kruger）来自《猛鬼街》（Nightmare on Elm Street）这样的角色都被设计得相当成熟与巧妙。尽管这些发展为寻求创造娱乐的人提供了可选择的角色和情节,但也有人担心这些趋势可能会对观众产生影响,这将在下一章进行探讨。

真人秀

尽管大多数戏剧建立在现实的基础上,但通常情况下,故事是有剧本的,而不是自发的,即使是即兴表演,演员也会被赋予角色和基本场景来进行表演。最近的真人秀节目使真实的人物和真实的事件参与其中,如《真实世界》(*The Real World*)和《幸存者》等电视节目将所谓的"普通人"置于不同的生活环境中,用摄像机对他们进行拍摄。真人秀节目早期的受欢迎程度是惊人的,包括几款流行的子类型,如游戏节目[《谁想成为百万富翁》(*Who Wants to Be a Millionaire*)和《智者为王》(*Weakest Link*)]、惊吓/特技节目[MTV的《蠢蛋搞怪秀》(*Jackass*)]、倾诉性谈话节目[《莫里秀》(*Maury*)、《萨利秀》(*Sally*)和《杰里秀》(*Jerry*)],以及据说跟踪拍摄人们日常生活片段的节目(《真实世界》和《老大哥》),许多真人秀节目包含了这些子类型中一个以上的元素(见图4.9)。

图4.9 《老大哥》全明星决赛演员(CBS演播厅内)

真人秀并不新奇。电台广播一直依靠真人真事来提供娱乐,而游戏节目也是最早制作的电视节目。多年来,电视和电影制作人也曾在电视节目中尝试其他的真人秀节目,如《偷拍》(*Candid Camera*)和《警察》(*Cops*),以及《死亡真面目》(*Faces of Death*)。

真人秀节目的原则在本质上与所有戏剧相同。其中都有观众支持和反对的"好"角色与"坏"角色。当然,戏剧是由冲突驱动的,所以节目制作人通常会创造更有可能发生冲突的情境。个性强烈的个体会被安排在一起生活或相互竞争。观众似乎很喜欢这些节目，即使他们怀疑事件可能是精心策划的。事实上，尽管这些真人秀依旧比大多数节目更加具有自发性，但最近出现的"辅助现实"一词，承认了"现实"往往需要作家、制片人和剪辑员的帮助来增强其戏剧性的吸引力。[29] 但即使是有剧本的节目也已经发生了转变，转向提供更真实的气氛和观感。例如，电视节目《急诊室》(ER)、电影《女巫布莱尔》和《毒品网络》(Traffic)，它们所采用的拍摄角度、摇摄手法和展现的音频质量，使场景看起来像是用家用摄像机录制的；《白宫风云》(The West Wing)和《篮球兄弟》(One Tree Hill)等节目将当前事件和真实的公众人物纳入其故事线，再次模糊了事实和虚构之间的界限。

真人秀节目的吸引力

在某些情况下，这些节目的"现实"性质也许使它们更加可信，从而更具娱乐性，但在其他情况下，如此极端和不寻常的事件，很难让人相信这就是节目的主要吸引力。一个可能增加节目趣味的因素是其自发性。从理论上讲，即使是节目制作人也不知道接下来会发生什么。例如，当你观看《幸存者》的任何一集时，你不知道你会看到喜剧、悲剧还是动作/冒险情节。这种不确定性会增加悬念，从而提高节目的趣味性。一些分析员认为，这些节目的偷窥性质吸引了观众。与戏剧具有信息提供和自我反思功能相一致，这些节目也使观众从中寻找到关于如何行动的想法。或者，在一些更极端的节目中，它们可能会提供一种宣泄的方式，让人们可以间接体验他们不敢尝试的经历。

将普通人置于非同寻常的环境中，部分真人秀节目拥有的吸引力可能与此相关。例如，在美国广播公司的节目《单身汉》(The Bachelor)中，一名适婚男性同时与十几名女性约会，在特别的日子里到风光秀丽的地点约会。真人秀节目还有可能将参与者变成全国性的名人，在《美国偶像》这样的选秀和表演节目中就是如此，《幸存者》和《老大哥》的参与者通常也会在一定程度上变得出名。

一些评论家认为，"真人秀节目"一词不能准确地描述该类型节目中的数种风格。在《老大哥》和《幸存者》等以竞争为基础的节目中，以及其他一些提供特殊生活环境的节目（如《真实世界》）中，制作人设计节目的形式并控制着参与者的日常活动和环境，从而创造一个完全虚构的世界，竞争就在其中展开。制片人专门挑选参与者，并使用精心设计的场景、挑战、事件和环境来刺激他们采取特定的行为。这确实是没有剧本的戏剧。

即使是关注人们日常生活的纪实肥皂剧系列，制作人也可能在剪辑策略上非常慎重，将特定的参与者描绘成英雄或恶棍。一些参与者事后表示，为了获得更多的上镜机会，他们会调整自己的行为，使其看起来更加疯狂或情绪化。

现实原则

即使不是真正的"现实生活"，真人秀节目可能也比其他类型的节目更努力地保持这种真实的幻觉。对弗洛伊德来说,快乐原则可以解释我们娱乐的大部分动机;但幻想和虚构不能产生真正的满足感。尽管虚构的世界可能是令人愉快的,但我们的快乐却因我们知道它不是真实的而变得有限。虚幻的国度不能支撑我们。在现实世界中,我们必须工作和奋斗才能生存。尽管真正的、真实的经历不完美且常常不愉快,但由于它们是真实的,所以必须受到重视。因此,个人被迫为之努力的,不仅有快乐的事物,还有真实的事物,即使它并不令人愉悦。这就是现实法则。

斯蒂芬森(Stephenson)[30]将游戏与现实、休闲与工作区分开来:"休闲时间是我们的自由时间,用于娱乐、爱好或自我提高的时间。工作涉及现实,涉及谋生,涉及生产。相反,游戏除了提供自我满足,在很大程度上是没有生产力的。"斯蒂芬森还概述了游戏的特点:

> 游戏即"假装"(pretending),使得我们跳出需要承担义务和责任的现实世界。游戏是某一天中的一个插曲,它不是平淡无奇或是真实的,它是自愿行为,不是某项任务或道德责任。它在某种意义上是无利害关系的,提供了暂时的满足感。虽然游戏被认真地关照,但实际上它并不重要……游戏是隐蔽的,发生在特定的地点,有着明确的时间和空间目的:游戏有开头和结尾。[31]

斯蒂芬森所概述的品质将娱乐定性为"假装",因为它对我们没有任何真正的影响,它在某种程度上与我们生活中的一切事物相分离。但问题就在这里。尽管我们可能利用娱乐来逃避我们生活中的焦虑,但我们发现似乎很难真正享受那些"想象的"和不现实的经历。也许正是这种矛盾导致戏剧和现实之间的界限变得越来越模糊。尽管个体确实喜欢虚构的戏剧,但观众似乎越来越需要"真实的"娱乐。与第一章详述的注意力经济的原则相一致,一些人喜欢向世界讲述他们的个人戏剧,正如其他人喜欢观看他们的故事一样。

真人秀观众

人类喜欢多管闲事,这是真人秀节目成功的原因。分析员认为,"比起在人造客厅里听虚构角色讲事先设计好的笑话,年青一代观众群体更喜欢'现实'节目,这种年轻观众的喜好正在引领一个比起以往更需要迎合年轻人口味的行业"[32]。关于最初自发的真人秀节目为何突然增多这个问题,音乐电视网的节目总裁布莱恩·格拉登(Brian Graden)提供了一个相关的解释:"对这些年轻人来说,一群编剧和演员使用奇特技巧是一件不正常的事情。观看这些节目的年轻人是看莫妮卡的娱乐节目长大的,他们的观影渠道与上一代人大不相同。"[33]格拉登观察发现,在如今25岁及以下的人中,许多人实际上是作为视频对象长大的,父母拿着摄像机记录下了孩子生活中每一个重大事件（往往是小事）的无数片段。对于年轻的观众来说，网络电视上的真人秀节目与《蠢蛋搞怪秀》和《男人秀》（*The Man Show*），以及其他有线电视上的离奇节目，都是同一个制作传统。美国全国广播公司（NBC）娱乐部总裁杰夫·扎克（Jeff Zucker）说，观众喜好的转变与20世纪70年代中期发生在电视喜剧领域的情况并无二致，当时洛恩·迈克尔斯（Lorne Michaels）为美国全国广播公司带来了《周六夜现场》（*Saturday Night Live*）——这让鲍勃·霍普（Bob Hope）和杰克·本尼（Jack Benny）的老粉丝感到失望，而30岁以下的喜剧粉丝非常高兴。大卫·戈德堡（David Goldberg）说："年轻的观众正在寻找高能量的电视节目，那些充满肾上腺素的东西。"他是恩德莫公司美国分公司的总裁，这家荷兰公司负责制作真人秀节目，如《老大哥》和《谁敢来挑战》（*Fear Factor*）。[34]

如果年轻人迷上了这些节目，那么其他关于节目的看法便无关紧要。如今网络电视比以往任何时候都更受青年文化的影响。广告商更喜欢年轻的观众，而网络商将不惜一切代价来吸引他们。"我们必须开始接触下一代的观众。"扎克如是说，"我们的经济前景取决于此。"[35]

喜欢观看真人秀的观众往往同样热衷于参与节目。在美国版的《老大哥》节目中，参赛者如果没有在审查中崩溃，也没有被粉丝否决，便可获得50万美元的奖金。这种形式非常受欢迎，观众参赛者蜂拥而至，自费参加哥伦比亚广播公司（CBS）在16个不同城市的面试。参赛者努力争取现金奖励，需要的是人类的知识，而不是事实数据。

流行文化中的昙花一现给参赛者带来的不仅是"15分钟的名气"[36]——许多参赛者在杂志上发表文章并获得产品代言。在参赛者发财的同时，观众把他们的日常生活当作娱乐内容来观看。实际上，他们被愚弄了，以为那是日常生活。其欺骗性在于，真人秀节目中的策划与其他任何节目一样多。节目中的"普通人"并不普通，他们都是经过精心挑选、包装的。正如一位评论家所说，我们实际上是在观看"被困在公开的迷宫里的老鼠"。[37]

通过《幸存者》（见图4.10）的四部分节目内容，观众明白了真人秀节目只是另一种类型的游戏节目。尽管如此，一些观众还是会为了上电视而不惜一切代价。有一群人认为他们正在参加一个名为《食人族》（*Cannibals*）的真人秀节目，他们签署了免责协议，为自己可能被斩首承担责任；四分之三的人真的吃了被告知是人肉的东西（其实是猪肉）。[38] 对于不愿意冒险的观众来说，智力竞赛节目为观众提供了一个更安全、更容易掌控的屏幕参与机会。

图4.10 《幸存者》，密克罗尼西亚，粉丝队与明星队的对决

《幸存者》能否延续下去？

  《幸存者》的制作人使用了许多方法来最大化和维持节目的"戏剧性"吸引力，包括举办比赛后的活动，如团聚和采访，这进一步促进了"角色"和"情节"的发展，并有可能产生更多自发的冲突和争议。2006年，第13季的新"转折"是按种族划分部落：非裔美国人、亚裔美国人、西班牙裔美国人和高加索人。尽管这一策略确实引起了人们强烈的批评和对种族主义的关注，但在引发这种辩论的同时，该节目很可能达到了预期的效果，那就是重新吸引人们关注这一过时的节目。这一季的首播在其时段内排名第一，创下了自2005年赛季开播以来的最高收视率，但该收视率远远低于该节目之前的收视率；然而，在该季结束时，《幸存者》仍是位列前20的电视节目。

  同年，其他曾经备受欢迎的真人秀节目，如《学徒》（The Apprentice）的收视率也开始下滑。但就像其他类型的节目一样，一些真人秀节目消失了，新的真人秀节目又出现了（见表4.1）。2006年，一家总部位于美国纽约的卫星电视音乐频道VH1的《爱的味道》（Flavor of Love）最后一集吸引了600万观众，成为该网站历史上收视率最高的节目。同样，联合派拉蒙电视网（UPN）在2006年收视率最高的节目是真人秀节目《美国超模》（America's Next Top Model）。在2007—2008年的播出季中，由于多晚播出，《美国偶像》以及《与星共舞》（Dancing with the Stars）这两档真人竞技类节目占据了所有收视排行榜的前5位，真人秀占据了电视节目前20名中的近一半（9个）。

表4.1 真人秀节目及其模式

体裁	节目数量/个	案例
纪录片	25	《家庭密谋》（Family Plots, 2004），A&E网络节目，关于圣地亚哥的一个停尸房
历史游戏	12	《边境之家》（Frontier House, 2002），PBS节目，以1883年的美国边境为背景

续表

体裁	节目数量/个	案例
约会节目	23	《当少年遇到少年》(Boy Meets Boy, 2003)
执法教育	5	《美国战斗机飞行员》(American Fighter Pilot, 2002)
改造类	13	《天鹅》(The Swan, 2004)
人生改造	5	《交换配偶》(Trading Spouses, 2004)
名人主演的纪实肥皂剧	7	《奥兹家庭秀》(Osbournes, 2002)
偷拍	6	《整蛊总动员》(Punk'd, 2003)
真人游戏节目	25	《日本游戏秀生存记》(I Survived a Japanese Game Show, 2008)
滑稽模仿	8	《美国超级明星》(Superstar USA, 2004)
选秀节目	20	《谁能成为色情明星》(Can you Be a Porn Star, 2004)
梦想成真	5	《旧车创意改》(Pimp My Ride, 2004)

网络管理人员曾在媒体上表示担心，真人秀节目在DVD再版和联合制作方面的吸引力有限。但这种担忧已经减轻了，因为包括《拉古纳海滩》(Laguna Beach)、《极速前进》(The Amazing Race)、《天桥骄子》(Project Runway)和《全美超模大赛》(America's Next Top Model)在内的节目都在2006年亚马逊网站的DVD销售排行中名列前茅。"真实"概念在最近的特技和恶作剧电影中也获得了成功，如《蠢蛋搞怪秀》电影和《波拉特》(Borat)。千禧年一代的真人秀节目可能会消亡，但正如许多娱乐的势一样，它可能会持续影响未来几代人的娱乐方式。

真人秀节目的子类型

第一代真人秀娱乐节目，如《疯狂的摄像机》(Candid Camera)，不过是将偶然拍到的未经过编排的事件剪辑成片段，或用隐藏的摄像机记录简单的、经过策划的事件。一个典型的策划事件表现如下：一个钱包被丢在了人行道上，当一个路人弯腰去捡的时候，钱包被一根连接的绳子抢走了。多名路人的反应构成了一集节目，并配有笑声音轨。

如今的真人秀节目已经演变成为更复杂的产品，许多节目都具有清晰可辨的特征。为了探索这些发展，我们将真人秀节目分为以下几个子类型：游戏节目、纪录片风格、自我改善/改造类节目、约会节目和医生真人秀。

游戏节目

在游戏节目中，参与者们通常在一个封闭的环境中一起生活，他们为了赢得奖品而相互竞争。参与者们不断出局，直到只剩下一个人或一个团队，这个人或团队就会被宣布为赢家。最纯粹的游戏真人秀的例子是全球联合制作的《老大哥》。《幸存者》则是另一种游戏技巧，最后一季有少数族裔团队参与竞争。

《美国偶像》和《美国达人》(America's Got Talent)这样的选秀节目是否真正意义上的真人秀,我们对此尚未有定论,或者它们只是《明日之星》(Star Search)等节目的新版本。一方面,这些节目没有情节元素;另一方面,选手和评委之间有大量的互动,而且这些节目遵循传统的真人秀游戏规则,每集淘汰一到两名选手,由公众投票决定谁被淘汰。

以约会为基础的竞争节目是游戏节目的一个子类型,讲述参赛者选择追求者的过程。在整个赛季当中,追求者被逐一淘汰,直到最后只剩下参赛者和最后的追求者。这一类别中最知名的节目便是《单身汉》。

在游戏节目的另外一种子类型中,参赛者围绕某种技能执行各种任务,并由一位专家或一个专家小组进行评判,决定参赛者留下还是淘汰。这种节目无一例外地以某种求职的形式呈现,获胜者的奖品包括一份从事该工作的合同。例如,《学徒》(The Apprentice,评判商业技能)、《全美超模大赛》(America's Next Top Model,模特选拔)、《谁想成为超级英雄》(Who Wants to Be a Superhero)以及《天桥骄子》(Project Runway,服装设计)。

有时,参赛者只要上了节目就能得到一份工作。终极格斗冠军赛(UFC)的老板表示,《终极格斗》(Ultimate Fighter)第一季的最后一场比赛非常精彩,因此两位参赛者都得到了合同。在世界摔跤娱乐(WWE)的《艰难抉择》(Tough Enough)和《选美大赛》(Diva Search)节目中,许多被淘汰的参赛者最终都被公司选中。

纪录片风格

观众和摄像机以旁观者视角观察人们的个人日常生活与职业活动,我们把这类电视真人秀节目归为纪录片风格。在MTV的《拉古纳海滩》(Laguna Beach)(见图4.11)中可以看到这种"静默观察式"的拍摄方式。这种风格的节目的缩影是《橘子郡娇妻》(The Real Housewives of Orange County),它没有剧本,也没有给演员布置任务,有真实的地点。当"情

图4.11 MTV《拉古纳海滩》的演员们

节"是通过剪辑或事先安排的情境来构建的时候,这类节目就变得像肥皂剧一样。一些纪录片风格的节目将演员安置在人造的生活环境中,而在大多数情况下,他们之前彼此互不相识。

另一个相关节目的子类型是关于明星们的日常生活的,如《奥兹家庭秀》(The Osbournes)。在《与星共舞》和《冰上共舞》(Skating with Celebrities)等节目中,明星

们被赋予了一项特定的任务。

自我完善/改造类节目

一些真人秀节目展现了个体或某个群体如何改善他们生活的某些方面。在《交易空间》(Trading Spaces)中，一整季都在讲述同一群人，但通常每一集都有一个新的改善目标。尽管内容不同，但形式通常是相同的。首先，节目介绍了改造对象或自然环境中的改造对象，并向我们展示他们目前不太理想的状况。其次，改造对象与一组专家会面，由他们指导如何进行改进；在这一过程中专家会提供帮助和鼓励。最后，改造对象被放回他们的环境中，和他们的朋友、家人以及专家一起评估所发生的变化。自我改善或改造节目的例子包括《超级减肥王》(The Biggest Loser，减肥)、《极限改造》(Extreme Makeover，整个身体外观)、《粉雄救兵》(Queer Eye for the Straight Guy，衣着风格和仪容)和《超级育儿师》(Supernanny，育儿)。另外，《老房子》(This Old House)展示了房子翻新过程，《旧车创意改》(Pimp My Ride)和《美国热车》(American Hotrod)展示了汽车检修过程。这类节目一般不被认为是真正的真人秀，因为在这种形式的节目下没有潜在的人类戏剧性。

约会节目

有些节目，如《初次约会》(Blind Date)，展示了人们外出约会的情况。有时还包括竞争元素，每个潜在的配对对象都有不止一个追求者。对于那些恋爱关系不顺利的人，有线电视网Oxygen提供了一个新的真人秀节目，名为《与香农·多赫蒂分手》(Breaking Up with Shannon Doherty)。

医生真人秀

2006年，真人秀节目出现了新的变化，总部位于亚利桑那州的美迪西制药公司(Medicis Pharmaceutical)，即瑞蓝(Restylane)美容疗法的制造商，招募女性角逐美国"最辣妈妈"的头衔，该公司希望将这一竞赛拍摄下来并出售给电视网络。这个比赛专为郊区的妈妈们设计，比赛获胜者可以为她的孩子获得大学奖学金，并成为瑞蓝的官方代言人。通过将真人秀与病毒式营销活动交织在一起，该公司向那些未必富裕的女性提供流行的美容护理。在每个城市——达拉斯、迈阿密、芝加哥、纽约、洛杉矶和多伦多分别拍摄两集，获胜者们将在决赛中对决。评委包括一位当地媒体名人、一位医生、一位年轻人和一位10~12岁的儿童。每个城市都通过30秒的广告宣传海选活动。与《极限改造》中的名人不同，《最美妈妈》(Hottest Mom)中的名人都是拥有充实家庭和职业生活的女性，她们只是想要"一点小小的帮助"，让自己看起来更加美丽动人。[39]

重新审视体裁

正如单个人物可以拥有一个以上的典型特征，一个故事也可能拥有一个以上该类型或子类型的特征。在真人秀节目中，像《幸存者》这样的节目，既是一个游戏节目，又是参赛者在比赛期间的生活纪录片。真人秀节目也可能拥有悬疑、喜剧、恐怖或悲剧的元素。同样，一个有剧本的节目可能是一个浪漫的喜剧或一个恐怖的悬疑片。正如第二章所讨论的，类型混合在当代娱乐中已经变得越来越流行。尽管如此，体裁分类在帮助我们理解不同类型故事的吸引力和影响力方面发挥了重要作用。各个主要戏剧类型的概要和案例见表4.2。

表4.2 戏剧类型的概要和案例

类型	原则与特点	案例
悲剧	悲剧结尾，即坏事发生在好人身上	《罗密欧与朱丽叶》（Romeo and Juliet）、《泰坦尼克号》，以及大量的乡村音乐
喜剧	带有轻松提示的贬低。讽刺、不协调与解决不协调	《拜见岳父大人》、《三傻大闹宝莱坞》（The Three Stooges）、《辛普森一家》（The Simpsons），杰·雷诺（Jay Leno）在《今夜秀》（The Tonight Show）上的独白
推理片	故事开头交代发生的事件，再追溯推理的过程，引出事件的多种可能性	《非常犯罪嫌疑人》（The Usual Suspects）、"犯罪现场调查"系列（CSI television series）、《妙探寻凶》（Clue）、玛丽·希金斯·克拉克（Mary Higgins Clark）的小说
动作片/恐怖片	好人和坏人之间的激烈战斗。最后好人通常获胜	《星球大战》，战争电影，《德古拉》（Dracula）、《大白鲨》，史蒂夫·金（Stephen King）的小说和电影
真人秀	通过战略性地选择演员和情况来模拟上述不同类型的故事，形成无脚本的故事	《与星共舞》、《蠢蛋搞怪秀：大电影》（Jackass: The Movie），霍华德·斯特恩（Howard Stern）的广播节目

注：戏剧体裁都有自己独特的特点和原则，本表提供了一些关于特定流派的描述和例子。

戏剧无处不在

不难发现，戏剧、叙事和体裁的原则在传统的以"故事"为基础的娱乐中都有所体现，如书籍、电视和电影。如果你仔细观察，你会从大多数娱乐形式中发现故事和戏剧的元素。在迪士尼的魔法王国等游乐园中，景点的主题都是基于流行的童话故事和动作冒险电影。游乐路线沿途的风景展示了故事角色在不同场景中的活动，这些场景串联起了整个故事的"情节"。类似地，电子游戏也包括各种戏剧类型的角色和故事线。回顾上文提到的概念，娱乐刺激了我们的感受。戏剧和故事是唤起我们情感的载体，因此它们成为娱乐的一个整体特征。故事和戏剧的元素甚至可以在体育与音乐中找到。体育围绕着球员展开，球员就好比是人物角色。球迷们可能会对某位球员、某支球队，甚至是某项具体的运动产生积极和消极的倾向。与倾向性理论相一致的是，观众喜欢自己看好的球员或球队赢得比赛，也喜欢自己鄙视的对手输掉比赛。根据体育营销人员里克·伯顿（Rick Burton）和丹尼斯·霍华德（Dennis Howard）的说法，"职业体育受欢迎的原因之一是它产生了赢家和输家，英雄和恶棍"。即使是个人运动，如跑步或骑自行车，也会产生情感和表演效果，这在其他大多数消遣中一般是难以实现的。[40]

作为戏剧的体育

尽管体育与其他娱乐形式有很多共同点，但体育也有一些独特之处。体育不同于其他娱乐形式的一个重要特征是具有即时性。

体育成为电视的主打节目是有原因的：

> 它是人类最基本的戏剧，它的制作成本很低，而且是现场直播。在这个时空转换的时代，体育是仅存的实时横跨全国的现场活动，它的即时性力量不容小觑——奥斯卡、艾美奖，甚至《周六夜现场》都推迟到了西海岸时区播放。只有体育能让全国，甚至全世界的人们在同一时间观看同一场赛事，如果你有什么消息要传达，体育节目就是最好的传播媒介。[41]

体育是自发的。大多数戏剧都有剧本，大多数音乐都有乐谱，但体育的行动是自发的，不受参与者的控制。虽然其他形式的娱乐包含惊喜的元素，但它们通常遵循普遍的期望。比如，我们期望被一部恐怖片吓到，在喜剧俱乐部里大笑，随着一首伤感的乡村歌曲哭泣。对于体育，就像一些真人秀节目，我们的情绪更难预测；然而，我们的反应往往同样强烈——如果不是更强烈的话。在比赛开始时，我们满怀期待，不确定我们即将观看的比赛或竞赛是一个快节奏的惊悚片，一个冗长的悲剧，还是一个意想不到的喜剧。随着比赛的展开，如果是一场势均力敌的比赛，我们的情绪可能会像过山车一样——从兴奋到焦虑再到绝望，然后倒转回来。在一个形势较为一边倒的比赛中，一个团队或球员完全主宰了另一个团队或球员，我们可能会经历漫长的、起伏的胜利或失望的浪潮，这取决于我们支持哪一方。尽管真人秀节目引入了许多新形式，如出人意料的现场娱乐，但这些节目很少能成功地唤起观众强烈的、自发的反应，而体育节目却能轻松做到。

由于其自发性，体育节目制作人经常面临着与大多数娱乐节目提供者不同的挑战。没有人希望自己的球队输，但正是存在输球的可能性观众才想去看。在传统戏剧中，制作人把控内容，设定事件发生的节奏和顺序，以创造悬念和结果来满足观众。但在体育领域，出售娱乐节目的一方，包括体育特许经营公司和体育媒体，对这些因素几乎没有控制权。尽管如此，体育制作人仍然一直在寻找方法，以最大限度地提高体育赛事的戏剧性和娱乐价值。在一些案例中，这些努力是显而易见的，如职业摔跤，有人可能会说，职业摔跤既是一项运动，又是一个肥皂剧。职业摔跤手非但没有抗议，反而似乎接受了这种说法，这一点从2002年这项运动的名称，从世界摔跤联合会改为世界摔跤娱乐就可以看出。⁴² 实现这一转变的方式是，关注摔跤手们在擂台上的表现，同时关注他们在擂台外的表现，甚至在擂台外投入更多的关注度（见图4.12）。这种关注使角色得到更多的发展，有更多的操作空间以最大限度地提高节目的戏剧性吸引力（见聚焦《狂野角斗士》）。

时事速览　　关注北京奥林匹克运动会的观众人数创下了历史纪录。根据NBC的报道，北京奥运会在16天内有2.09亿观众，成为美国历史上收视率最高的电视事件，每晚平均有2810万观众。尼尔森报告显示，一半的观众是18岁以上的女性。

根据中国奥运会官方网站的数据，每天共有6.8亿或56%的中国观众通过电视观看这一赛事。在16天的时间里，奥运频道在中国吸引了13亿人观看，占中国观众的90.5%。欧洲广播联盟表示，从其成员网站上下载的奥运会视频流超过1.2亿个。这是有史以来收视率最高的一次奥运会，这使得广告商们非常高兴，因为他们花费超过15亿美元在电视上投放其品牌广告。

资料来源：http://en.beijing2008.cn/news/official/noc/oca/n214576451.shtml。

在其他体育项目中，这种努力可能更加微妙，但它们反映了类似的戏剧性技巧。为了促进体育的戏剧性，在比赛节目、体育文章和比赛评述中，制作方通过提供运动员简介来促进"角色成长"。球迷们不仅能得到运动员的成绩统计，还能得到关于他们生活和家庭的个人信息。多年来，体育项目本身也在不断变化，致力于提高观赏性。20世纪70年代，橄榄球、棒球和篮球的规则被修改，以增加戏剧性，从而吸引更多观众，更有效地适应电视节目的要求。

规则和时间表在不断被改变。为了更好地适应球迷一贯的休闲时间安排，棒球有了更多的夜间比赛，并且世界大赛在周末开始。投手球被降低，以使曲线球和滑球更有效——而且更刺激。在篮球比赛中，规则的改变旨在促进得分，因为球迷往往认为得分高的比赛更令人兴奋。同样，在全国橄榄球联赛中，为了强调更高的得分和向前的突破，球门柱被移回端线，开球从35码线而不是40码线开始，对进攻性持球的惩罚从15码减少到10码。此外，还建立了突然死亡加时赛，以加强节奏并最大限度地提高平分附加赛的兴奋度。赛程也有所改变，增加了表现优异的球队在更大的电视市场上的比赛场次。

即使是在比赛冷清或主队遭遇长期连败的情况下，体育特许经营公司也必须努力使观众保持愉悦的心情。如今，大多数用于提高体育戏剧性的技术并不新颖，只是得到了改进，如啦啦队、吉祥物和音乐都有助于在比赛暂停时使观众保持热情，但同时增加了一些有活力的新变化。比如，球员上场时不再是简单地通过公共广播系统宣布，而是用主题曲和精心制作的视频介绍他们。球队的颜色、标志和队服都更加鲜艳，新的体育场馆进行了设计，有豪华包厢、巨大的视频屏幕、VIP（贵宾）俱乐部、新奇的商店、大量的餐饮选择，并为电视观众提供了更好的拍摄角度，从而实现娱乐效果的最大化。

图4.12　通过无耻地利用古典戏剧技巧，职业摔跤充满戏剧性娱乐

 聚焦《狂野角斗士》（Wrestling Mania）　　　　　　　　**体育即戏剧**

"体育即戏剧"在职业摔跤中表现得最为明显。摔跤作为一种娱乐方式已经以某种形式存在了100多年，起先是作为一种狂欢节奇观，后来作为一种电视奇观。[43] 戏剧的许多特点都可以在职业摔跤中找到，擂台就像一个舞台，构成擂台的绳索、转椅和链条的就是舞台道具。戏剧的主题——正义的复仇，在善与恶的对抗情节中得到表达。摔跤手被描绘成英雄或恶棍。这些角色通过摔跤手的名字、服装和行为的组合而形成。但在肥皂剧中，这些角色随时都有可能改变。好的角色变坏，坏的角色洗心革面。恋情、联盟和阴谋经常重新组合。有趣的是，近年来，这类比赛中实际摔跤的时间减少了，越来越多的时间被花在了摔跤手和其他角色之间的姿态、嘲弄和戏剧情节展示上。请看这篇关于世界摔跤联合会现场直播的报道。

棒球传奇人物韦德·博格斯（Wade Boggs）出现在现场；全国头号作家，一个戴着皮革面具的男人，名叫曼金德（Mankind），被安排参加摔跤比赛；女子巧克力布丁比赛已经准备就绪。但一切都不对劲，对于WWF（世界摔跤联盟）和它的主席兼策划者文斯·麦克马洪（Vince McMahon）来说都不对劲。在上个星期的节目中，他现实生活的女儿斯蒂芬妮（Stephanie）被"欺骗"，嫁给了他的死对头摔跤手三H（Triple H）。现在麦克马洪拿着一把大锤冲进了拳击场，以示誓不罢休。斯蒂芬妮给他准备了一个惊喜。她告诉他，她爱上了三H；而且，他们正在操控公司。她说："你需要了解一些事情，三H比你智高一筹，他通过业务私有化超过了你。"[44]

另外，像其他传统戏剧一样，摔跤节目如果不是完全经过策划，其中大部分的行动至少是松散的。大多数摔跤迷都认为摔跤比赛是假的，但这并不妨碍他们乐在其中。事实上，摔跤迷的数量一直在增长。根据一份报告，1999年，两个周一晚上的摔跤节目各持续两个小时，吸引了3500万观众。虽然12～34岁的男性观众占绝大多数，但女性观众的数量一直在增加。[45] 除了在电视上观看摔跤，粉丝们还参加现场活动，订阅摔跤杂志，访问摔跤网站，并购买T恤衫、主题音乐和摔跤超级明星的自传。但观众永远是善变的，到2002年底，节目收视率和活动出席率表明世界摔跤娱乐公司可能正在失去一些观众。与所有的娱乐形式一样，职业摔跤的受欢迎程度可能会随着时间的推移而波动，这项运动也会因为试图吸引和留住观众而不断变化与发展。

你怎么看？
- 职业摔跤是运动成分较多还是戏剧成分较多？请观看一场摔跤比赛，并比较一下摔跤和其他运动，以及摔跤和其他形式的戏剧（如动作片或肥皂剧）之间的差异。
- 为什么职业摔跤在21世纪初变得如此流行？

音乐与情感

回顾上文提到的观点：娱乐刺激了我们的感受。戏剧和故事是唤起我们情感的载体，因此它们成为大多数娱乐的一个重要特征。有人认为，音乐是一种最能直接唤起情感的娱乐形式。因为歌词讲述了关于爱情、艰难时刻或胜利的故事。在几分钟内，音乐可以使我们平静下来，使我们受到鼓舞，或使我们感到悲伤。撇开歌词不谈，即使纯音乐的节拍和音调也能传达情感与故事。缓慢、低沉的声音常常暗示悲伤，而快速、高亢的声音常常暗示幸福或惊喜，大声、低沉的音调可能听起来很愤怒，等等。许多不会说意大利语的人仍然喜欢意大利歌剧，因为故事的核心更多地通过音乐和音调来传达，而不是通过歌词。事实上，有一部经典的音乐作品《彼得和狼》（Peter and the Wolf），真的使用了不同的乐器代表动物角色（法国号代表狼，长笛代表鸟，弦乐代表彼得，等等），以此来讲述一个故事，同时教孩子们关于音乐的知识。

音乐特别令人惊奇的地方是，它只用声音来传达故事和情感，而其他流行的娱乐形式涉及多种感官。电视和电影使用视觉与声音来讲述故事，而其他形式的娱乐，如游乐园的游乐设施和电子游戏，经常涉及视觉、听觉、触觉，甚至嗅觉。如果要理解或欣赏电子游戏以及其他形式的娱乐（如电影、书籍和其他基于戏剧的娱乐），还需要更多的认知努力。但听众可以在不花费大量精力或注意力的情况下享受音乐。个人可以选择将大量的精力和注意力放到音乐上，跟上开足马力的曲子跳舞和唱歌，但他们没有必要这样做。即使人们的注意力集中在其他地方，如工作、开车或打瞌睡，他们也可以享受音乐。要真正欣赏一本书、一部电影或电子游戏，通常需要更多的精力和注意力。

音乐的单一感官输入（听觉）和毫不费力的情感联系使它成为其他娱乐形式中叙事的常用补充。电影通过配乐来引导观众的情绪反应——播放恐怖的音乐来激发人们的恐惧，用忧郁的歌曲唤起人们的悲伤，等等。在体育赛事中，音乐的播放能凝聚球员和球迷。餐馆、酒吧、零售店、主题公园和其他休闲场所也播放音乐，以营造气氛，同时不影响他们的社会活动和互动。

本章小结

戏剧是大多数娱乐形式的驱动力。戏剧驱动着娱乐中的情感，使我们有所感触。关于戏剧的吸引力有很多猜测。它可能分散我们对问题的注意力，帮助我们清除负面情绪，使我们对自我感觉更好，并为我们自己的生活提供想法。不同的戏剧类型在标准戏剧原则基础之上各有特点，许多研究已经探讨了哪些人喜欢哪些戏剧类型及其原因。

戏剧无处不在，在书籍、电影、电视节目、电子游戏和音乐中都可以找到它。即使是没有剧本的娱乐节目，如真人秀和体育节目，也反映了传统的戏剧原则。这类节目的自发性和不可预测性创造了悬念与刺激，而这正是当代观众所渴求的。

 近观原型角色　　　　　　　　　　　　　　　　　　　　　**固定角色**

图4.13

固定角色是指主要根据文化类型或固定框架来确定其个性、举止和其他特征的虚构人物。大多数固定角色都与文学原型有关，但他们的定义往往更为狭隘。固定角色是戏剧类型的一个重要组成部分，它提供了联系和互动，使熟悉该类型的人能够轻易地识别出来。固定角色有时会被模仿，用于放大与这些人物有关的任何典型特征。以下各部分列出了一些常见的固定角色和固定场景。看看你能不能从最近的书籍、电影等内容中找到更多的例子来说明他们其中一个或多个特点（见图4.13）。

固定角色

不情愿的英雄：这种英雄通常是一个普通人，被迫进入他无法控制的特殊环境，并付出大量的努力和面临大量的危险。这种英雄由于各种原因对履行其英雄义务有所保留，如怀疑其重要性，或希望过简单的生活。不情愿的英雄的例子包括《指环王》（*The Lord of the Rings*）中的佛罗多·巴金斯（Frodo Baggins）、《最终幻想7》（*Final Fantasy VII*）中的克劳德·斯特莱夫（Cloud Strife）、《星球大战》（*Star Wars*）中的卢克·天行者（Luke Skywalker）和"真理之剑"（The Sword of Truth）系列书籍中的理查德·拉赫尔（Richard Rahl）。

滑稽的伙伴：他们是为剧情带来一些幽默感的胆小鬼，如《威尔与格蕾斯》（*Will & Grace*）中的杰克（Jack）和《怪物史莱克》中的驴子。

书呆子女孩：她的穿着并不时尚，她可能对某些专业领域有浓厚的兴趣，或者她的智慧引人注目。《大人物拿破仑》（*Napoleon Dynamite*）中的黛布（Deb）就是一个典型的书呆子女孩（她的发型很特别，穿着宽松、不时髦的衣服，并且喜欢摄影）。另外一个例子便是《校园神兵》（*Martin Mystery*）中的达拉·西蒙斯（Darla Simmons）。书呆子女孩通常心地善良，她们可能相当有吸引力，或者有可能通过一些"打扮"而变得如此［如《哈利·波特》（*Harry Potter*）中的赫敏·格兰杰（Hermione Granger）和《美少女战士》（*Sailor Moon*）中的水野亚美（Mizuno Ami）］。

古怪的邻居：与主角住得很近，具有古怪的品质，经常发挥推动情节的作用。例如，《宋飞传》（*Seinfeld*）中的科斯莫·克莱默（Cosmo Kramer）、《辛普森一家》中的内德·弗兰德（Ned Flanders）、《家居装饰》（*Home Improvement*）中的威尔逊（Wilson）和《家有仙妻》（*Bewitched*）中的格拉迪斯·克拉维茨（Gladys Kravitz）。

充满智慧的老者：一个向主角提供建议和指导的老年角色。例如，《指环王》中的甘道夫（Gandalf），《星球大战》中的尤达（Yoda），以及《杀死比尔》电影中的派美（Pai Mei）。

固定场景

激烈的争斗：两个敌对派别不断地争斗，彼此不和，双方都要为这场宿怨负责。这样的例子包括《罗密欧与朱丽叶》中的蒙太古（Montagues）和凯普莱特（Capulets），《西城故事》（*West Side Story*）中的喷气机帮和鲨鱼帮，以及哈特菲尔德和麦考伊夫妇（the Hatfields and the McCoys）。

功能失调的核心家庭：一个普通的家庭，有一个头脑简单的父亲，一个通情达理的母亲，一个麻烦的儿子，一个焦虑的女儿，以及一个古怪的小孩子。著名的例子是辛普森一家、格里芬一家、杰特森一家和超人一家。

家中次子：这种角色往往天性善良、聪明，但可能没有安全感，缺乏自信。《脱线家族》（*The Brady Bunch*）中的简和彼得·布莱迪（Jan and Peter Brady）可能是最有名的例子；近期相关的角色包括《马尔柯姆的一家》（Malcolm in the Middle）的麦尔肯（Malcolm）和《辛普森一家》中的丽萨·辛普森（Lisa Simpson）。

女孩三人组：三个女孩组成的团体，其中一个是金发，一个是深褐色头发（黑色），一个是红发。她们通常是女主人公，脾气各异，但也可以充当女主人公的友谊小组。例如，《霹雳娇娃》（Charlie's Angels）、《飞天小女警》（Powerpuff Girls）、《猫女乐队》（Josie and the Pussycats），以及《吸血鬼猎人巴菲》（Buffy the Vampire Slayer）中的巴菲·萨默斯（Buffy Summers）、科迪莉亚·蔡斯（Cordelia Chase）和威洛·罗森伯格（Willow Rosenberg）。

命运多舛的恋人：他们热情、感性、天真，激烈而非理性地相爱着，通常得不到社会或父母的认可，或不顾时间的无情。例子包括罗密欧和朱丽叶，以及他们的现代版本，《西城故事》中的托尼（Tony）和玛丽亚（Maria），《救世主》（Saved by the Bell）中的扎克和凯莉（Zack and Kelly），《吸血鬼猎人巴菲》中的巴菲·萨默斯和安吉尔（Buffy Summers and Angel），《实习医生风云》（Scrubs）中J.D.和艾略特（Elliot）。

讨论与回顾

1. 回顾有关戏剧原则戏剧吸引力的理论，思考并结合一些你喜欢的故事（书籍、电影、电视等），用这些理论来解释你喜欢它们的原因。
2. 考察不同类型的歌曲、电影、电视节目等娱乐形式，分辨出它们属于哪种类型，结合课文中的理论和自己的思考，找出每一种类型中好例子和坏例子的区别。换句话说，好的恐怖片、喜剧、真人秀节目具有什么特质？
3. 传统的戏剧理论如何解释无剧本的娱乐节目，如真人秀或体育节目的吸引力？无剧本的娱乐节目和有剧本的娱乐节目之间有什么异同？推测哪些类型的观众可能更喜欢无剧本或有剧本的娱乐节目。

练习

1. 做一个非正式的调查，尽可能多地问一些人他们最喜欢的电影和电视节目是什么。注意这些节目的类型（喜剧、悬疑等），并探寻每个人喜欢哪些类型，包括人口统计学上的差异，如年龄和性别，以及任何你能确定的个性差异。将你的发现与本章中探讨的趋势进行比较。
2. 在互联网上查找去年的热门电影清单，把它们分成图4.3中所列的类型。你的分类结果与排名情况有何异同？你能得出什么结论？
3. 回顾图4.3和表4.2中的体裁，看看你能不能为文中没有具体讨论的体裁想出通用原则和一般特征。

参考书籍与网页

Bryant, J. and Zillmann, D. (eds). *Responding to the screen: Reception and reaction processes.* Mahwah NJ: Lawrence Erlbaum Associates.

Phillips, M. and Huntley C. (2004). *Dramatica: A new theory of story.* Glendale CA: Write Brothers.

Zillmann, D. and Vorderer, P. (eds). *Media entertainment: The psychology of its appeal.* Mahwah NJ: Lawrence Erlbaum Associates.

第五章　娱乐效果

即便是最保守的估计也表明，美国的学龄前儿童将至少三分之一的清醒时间花费在看电视上。每天投入如此大量的时间到这项特定活动之中，会对正在发育中的脆弱人体造成什么样的影响呢？

——玛丽·温（Marie Winn）[《插电的毒品》（*The Plug-in Drug*），第4页]

检验娱乐效果的方式几乎与检验处方药作用的方法无异。事实上，一些批评家甚至声称娱乐形式（如电影、电视、音乐和电子游戏）可能会产生类似药物的效果。当研究人员在测试一种新药时，他们既要对预期效果进行评估（预期效果能否很好地实现，如缓解头痛、清除粉刺、治疗感染），又要检测潜在的副作用（如恶心反胃、体重增加、光敏反应等）。在研究娱乐，尤其是研究媒介娱乐的效果时，研究人员则通常会采用类似的研究方式，即医学研究中使用的方法和技巧。

当然，娱乐活动最明显的预期效果就是使人愉悦。表演者、作家、制片人为了娱乐受众而创作故事、电影、游戏、歌曲等，而受众也正是为了享乐去接触这些产品。因此，侧重于娱乐预期效果的研究往往会探究各种形式的娱乐的有效性。在第四章中，我们介绍了部分此类研究，揭示了戏剧是如何激起情感、心理，甚至生理反应的，这些反应构成了娱乐体验的关键。就像药物一样，并不是所有的娱乐形式对所有观众都会产生同样的效果。研究表明，对于某些受众来说，某些娱乐形式"效果更好"。

娱乐也会产生许多其他效果，包括有意的和无意的。例如，第三章讲述了观众从娱乐中寻求的各种效果或"满足感"，包括从生活问题和社会规范信息中转移注意力。在后面的章节中，正如你看到的，娱乐往往有着其他预期效果。企业赞助体育赛事，不仅希望其能娱乐观众，还希望吸引受众的注意力，并最终增加产品的销量。很多书籍、电影或者歌曲的创作也并不仅仅是为了娱乐观众，更多是为了教育和说服观众，让他们了解对创作者来说很重要的特定主题或问题。例如，像《汤姆叔叔的小屋》（*Uncle Tom's Cabin*）这样的书籍，像《美国X档案》（*American History X*, 1998）这样的电影，以及像"异见人士"（N.W.A., Niggaz With Attitude）乐团的一些歌曲，既娱乐了受众，也宣扬了对种族关系的某些观点。

就像药物一样，娱乐活动也可能会产生一些"副作用"。正如第四章中所说，有人认为，如果娱乐活动能够有目的地影响我们的情绪、思想和身体反应，那么这些影响就有可能不自觉地超出娱乐体验的范畴，从而更普遍地影响我们的情感、思想、行为以及身体状况。尽管书籍、体育、电影、音乐和电子游戏常常因其负面影响而遭受指责，如助长了暴力、吸毒、种族偏见、饮食紊乱等不良行为，但它们也有公认的积极影响，如舒缓压力、教育儿童、提高社会问题意识以及改善身体健康等。

效果类型

本章将探讨各类媒体和娱乐活动所产生的有意或无意的影响，这些影响超出了单纯的娱乐范畴，大多可以归于以下某一类，或同属于几种类型。

- **心理效果** 研究者们对娱乐活动带来的许多心理影响都很感兴趣。我们所见、所听、所做的娱乐活动能否更普遍地影响我们的思想和主张呢？例如，《美国X档案》《血钻》（Blood Diamonds）这样的电影会不会影响人们对种族关系、偏见和警察行动的看法？这类心理效果研究大多侧重于探究娱乐活动对我们认知社会议题、看待特定人群、形成自我认知所产生的影响。
- **行为效果** 对娱乐活动的选择能否更普遍地影响我们的行为举止？电影和音乐是否不仅会影响我们的观点，还会影响我们对他人所采取的行动？它们能让我们变得更内向、更具有攻击性或者更时尚吗？企业之所以花费大量资金去赞助电影、体育赛事、演唱会等娱乐活动，是因为它们相信，将自家品牌与这些娱乐选项捆绑在一起，能够刺激人们购买和体验它们的产品与服务。行为效果研究重点关注的是电影、音乐、电子游戏和体育等娱乐活动是如何影响我们的行为的——小到饮食选择，大到职业抉择。
- **生理效果** 研究者们甚至研究了娱乐活动带来的生理影响。正如在第四章所讨论的，一些研究已经揭示了娱乐中的悬念是如何影响我们的心律、呼吸和其他身体反应的。对于其他生理反应，研究者们同样予以关注。一些研究甚至表明，幽默等戏剧元素可能会提高我们的免疫力和疼痛耐受力，并有助于伤口愈合。

媒介效果理论发展史

当代的娱乐活动大多是以媒介为基础的，因此许多效果研究都是围绕媒介展开的，这不足为奇。尽管并非所有的媒介研究都集中在娱乐活动上（一些研究关注的是新闻或信息传媒），但大多数理论和研究成果都具有广泛的适用性。此外，随着新闻与娱乐活动之间、生活与媒介传播之间的界限越来越模糊，这些差异或许也会变得无关紧要。

对媒介效果的研究经历了几个不同的发展阶段和范式变迁。随着研究的推进，不同的设想和假定得到了检验，并渐渐形成了统一的理论或范式。范式作为对一个研究领域的总体看法，总结现有研究并与现有研究保持一致。但随着深入研究，新的见解可能会与该看法相冲突，而我们的思维也往往开始改变。旧观念被新观念所取代，甚至有时候思维可能会发生彻底性的转变，也就是我们常说的范式转换。[1]何为正确的理论和观点？我们对此的看法有了根本性的转变，新的范式就这样应运而生。

强效果理论

强效果理论或大众社会理论是为许多媒介研究学者所认同的最早的媒介效果范式。最早的关于媒介影响的研究出现在大众媒介诞生之际，始于19世纪下半叶报纸与杂志的"大规模"发行，并一直延续到20世纪上半叶，其间伴随着无声电影、有声电影以及广播的发明。工业化与城市化是这一时期美国以及西欧国家的社会特征。随着移民为了寻求更好的机遇和生活质量前往不同的国家与地区，这些国家和地区的社会结构也发生了变化。在美国，一些领导者把这样的变化视作对"美式"生活方式的威胁。在他们看来，媒体通过哗众取宠，用过于简单的内容来迎合移民有限的语言水平和低俗的审美趣味，从而损毁了传统的价值观。欧洲如阿道夫·希特勒时期的纳粹德国，成功借助媒体开展了宣传运动，这加剧了这样的担忧。在美国，为了避免这样的媒体滥用，人们强烈要求对媒体进行管控。

这种"媒介威力强大，而普通受众对其毫无抵抗之力"的观点正是强效果理论和大众社会范式的首要论点。沃尔特·李普曼（Walter Lippmann）是这种强效果理论的著名拥护者之一，他在其著作《舆论》（Public Opinion）中指出，我们所看到的世界并非真实的世界，而是"我们脑海中的映像"——这些映像是由大众传媒而非我们的个人经历塑造的。[2]"皮下注射论"和"魔弹论"是这一时代传播效果观的核心思想。媒介信息被看作危险的毒品或子弹，受众只能机械地全盘接受，就像"药剂注入皮肤、子弹击中靶子"一样。

> **时事速览**
>
> 涉及人与媒介关系研究的相关传播理论有48种左右。研究者们从微观、中观以及宏观的层面去阐释某一特定研究领域的相关理论。至少有57个学术交流期刊刊载过详述此类理论的研究报告。在学术研究中，最重要的机构莫过于国际传播学会（ICA）。该学会每年都会举办学术研讨会，让该领域的研究人员共聚一堂。

有限效果理论

大众社会理论是宏大理论中的一个典型理论——一个简单却又包罗万象的理论,它试图全面阐释某一现象(如本例中的媒介效果)。但很明显的是,观众并没有被颠覆性的媒介信息集体洗脑。事实证明,对于宏大理论来说,媒介效果过于复杂,最终导致这种单一范式退出历史舞台。

一般来说,范式的转换不是突然发生的,它们往往会经历较长的发展时段。不过这种转换通常是由重大事件或研究发现引起的。大众媒介研究正是在这种情况下从强大效果范式转换到有限效果范式的。例如,在1938年的万圣节,一件大事发生了:奥森·威尔斯(Orson Welles)将赫伯特·乔治·威尔斯(H.G. Wells)的科幻小说《世界大战》(*War of the worlds*)改编成广播剧,并在电台放送。该广播

图5.1　1938年,电台听众听到奥森·威尔斯说火星人正入侵地球

剧以模拟新闻播报的方式描绘了正在遭受火星人袭击的地球,成千上万的听众信以为真,惊慌出逃。大众社会理论的学者们把这一现象看作该理论的支撑论据。但更深入的研究表明,该理论是令人存疑的。普林斯顿大学的科学家们发现,尽管可能有100万听众因惊慌失措而采取了行动,但剩下的500万听众却并未如此。这些研究人员由此得出结论:有些人会受某些因素影响,有些人则不会。这也使得大众社会理论和强效果理论所预估的机械接受、广泛传播的传播效果遭到质疑。[3]

科学视角

这项研究表明,一种新的有限效果范式正在出现,该范式是基于更科学的媒介效果研究方法形成的。尽管在该范式下所形成的理论仍然认为媒介会对受众的心理、生理以及身体产生影响,但这些影响被认为是"受多种因素限制的"。这些理论不再泛泛而谈,而是为媒介效果研究提供了语境,将不同媒介现象对不同受众的影响区别开来。耶鲁大学的心理学家哈罗德·拉斯韦尔(Harold Lasswell)对第二次世界大战时期的宣传活动进行了研究,他的大众传播模型概括出了一套系统化的媒介传播模式:谁、说什么、通过什么渠道、对谁说、产生什么效果。一个新的研究时代就此开启,研究者们开始专注于对媒介传播模式中的每个独立的部分展开研究。

保罗·拉扎斯菲尔德(Paul Lazarsfeld)十分拥护这种研究方法,他认为仅凭猜测和传闻无法解释媒介效果的复杂性。[4] 他和他的同事都主张采用精心设计的研究方案,这些方案应该以调查研究、民意测试和其他科学的方法为基础。以拉扎斯菲尔德的研究

为基础，研究者们开始从公众受媒介影响的程度、显著的个体差异（如智力、年龄、受教育程度）、社会属性（如宗教信仰、政治背景）以及人际关系（如朋友、家庭）等角度切入，分别研究这些因素对媒介效果产生的影响。在这个更系统化、更科学化的新研究时代，学者们将这些媒介效果理论整合起来，统称为有限效果理论。

两级传播理论

拉扎斯菲尔德自己就大众传播和人际影响所提出的两级传播理论就是有限效果理论的经典范例之一。[5] 拉扎斯菲尔德和他的同事对1940年的总统大选进行研究后发现，媒介对投票行为的影响是通过意见领袖起作用的，也就是说，意见领袖常常根据自己的兴趣方向去消费媒介内容，并根据自己的信仰和价值体系对其进行解释，再把他们的思想传递给那些较少接触媒介的意见追随者。因此，根据这一理论，媒介产生影响需要两个步骤：首先是影响意见领袖，然后经由意见领袖间接地影响其他人。在今天，意见领袖仍然很重要，尤其是在左右娱乐趋势这方面。但电视和其他媒介的发展让人们更容易直接接触媒介内容，因此，人们认为作为为其他受众过滤媒介影响力的角色，意见领袖不再像过去一样发挥关键作用。

累积效应与文化效应

第二次世界大战后的几十年间，有限效果理论是媒介研究中的主流思想。但随着研究的深入，情况变得复杂。一些理论家认为，另一种新的范式已经发展起来。他们推测，当下许多科学的媒介研究方法周期短、研究范围窄，这是其未能充分揭示媒介强效果的原因之一。因此，新的研究方法开始扩大媒介研究范围、延长研究周期。虽然一些研究仍然采用更经典的科学定量的研究方法，但另外一些调查研究开始从更主观的、文化的角度来探讨媒介效果。这两类调查研究都再次考量了更强大的媒介累积效应，这种效应是长期反复接触媒介而逐渐累积形成的。考虑到当代理论与研究方法的多样性，许多大众传播学者认为，今天的效果研究领域并非仅有一种范式，而是多种范式并存的。这当中的许多理论和研究方法不仅与媒介娱乐相关，还与其他各种娱乐形式有关。

聚焦扩散理论　　　　　　　　　　　　　　　**在尼日利亚的应用**

发展中国家希望能够解决自身的形象问题。尼日利亚的形象工程旨在借助创新扩散理论重塑游客和居民眼中的国家形象。在这种情况下，扩散指的是随着时间的推移，新的尼日利亚形象借助大众传媒和意见领袖在公民、利益相关人以及其他公众（如潜在投资者）当中传播的过程。

由于尼日利亚公民的识字率低，许多人无法理解媒介内容，不得不从有文化的人或是意见领袖那儿获取该工程的相关信息。"尼日利亚是旅游胜地"的宣传活动大肆展开以后，研究者们询问受访者是否了解这个形象工程，80%的受访者表示了解，其中63%的人是通过互联网了解的，38%的人是间接得知此事的。剩余约20%的受访者表示从未听闻过该工程。

当被询问到该形象工程是否征集了尼日利亚人民的意见时，所有的意见领袖（教会领袖、医生和新闻工作者）都答道："没有。"创新理论认为，创新的过程如果能征询人们的意见并使之与人们的利益休戚相关，那么人们才更有可能展开合作，带来改变。尼日利亚的形象工程并未好好利用该理论。

尼日利亚公民之间的信息鸿沟与知识鸿沟是导致他们对这一形象工程缺乏认识的原因。该工程旨在吸引潜在投资者，重新引导公民将尼日利亚放在首位，并在全世界传播尼日利亚的理念和文化，但这些目标并未达到。社交营销是一种适用于非营利性服务项目的传播策略，已经在土耳其和南非两地取得了成功，并被推荐应用于尼日利亚的新形象宣传活动中。

资料来源：www.collegehandouts.com/files/applying_communication_theories_to_country_branding.doc。

你怎么看？
- 你会如何利用创新扩散理论向尼日利亚公民传递正面的国家形象呢？

研究方法

研究者们采用多种不同的方式对媒体和娱乐的影响进行研究。一般来说，采用定量研究方法的媒介研究学者倾向于从一个更独立、客观的角度对媒介进行临床研究，这与生物学、化学和医学领域的研究方法类似。相较之下，倾向于定性或文化研究方法的学者们则更具参与性和主观性，采用的方法与人类学研究和文学研究的方法相似：研究者们沉浸于研究之中，有时甚至作为参与者去获得更个人化的见解，研究理论往往由此发展而成。媒体和娱乐研究的各种不同的方法就反映了这样的视角差异。

定量方法

在定量研究中，研究者对受众的心理影响、行为影响和生理影响进行定量统计分析，以明确媒介和各种娱乐形式是如何影响大众的。有无娱乐活动的两类受众在思想、行为和身体状况上的数据存在差异，这类研究通常就是寻求这种差异。一些定量研究方法以直接观察为基础，另一些则基于自我报告。通过观察、计算执行某一特定动作的次数和时间长度（如计算在球队获胜或失利时，球迷们所喝的啤酒数），人们可以量化观察结果。类似地，让人们（口头询问或问卷调查）自我估计他们执行某一特定动作的次数和时间长度（如他们在观看球赛时喝了多少啤酒）也可以量化自我报告的结果。

电子游戏对一个孩子的社交行为有何影响？对此感兴趣的定量研究者或许会采用观察或自我报告的形式来收集数据，又或者二者皆用。他们可能会先关注玩电子游戏的孩子们或者调查他们玩电子游戏的习惯，然后观察他们与其他孩子的互动（他们是否玩得尽兴？是乐于分享还是独来独往？）又或者通过询问他们与其他孩子如何互动或询问他们的老师、家长等方式获得相关的互动行为报告，然后对此进行分析。

直接观察和自我报告的方式各有利弊。一般来说，研究者们更喜欢直接观察，但可供观察的内容有限，因而此类研究往往局限于自我报告这种研究方式。例如，我们无法直接观察人的观点和态度，只能通过信息反馈、问卷调查等自我报告的形式来获得预估数据。我们可能会让受访者用1～5的评分标准来评估自己对问卷中的表述的认同程度，对这些问题的答案能够帮助我们量化受访者的观点。

定性方法

直接观察、自我报告和史料记载都属于媒介效果的定性研究与民族志研究。定性研究并不把数据转化为数字和统计资料，而是对各种现象进行分析，这些现象源自他们对原视听文本的研究或叙事性的说明。例如，行为观察可以用录像、录音或转述的方式记录下来，分析结果则以节选和小结的形式呈现。

深度访谈和焦点小组是获取自我报告普遍采用的定性研究策略。较之于框架清晰的问卷调查法，深度访谈结构松散、注重细节，能够让研究者深入探究个体的想法、观点以及自我行为认知。研究者们会先提出一些笼统的问题，然后根据受访者的回答随机应变，深入探究。例如，采用深度访谈的方式探究电子游戏对儿童社交行为的影响时，研究者可能会先问孩子们爱玩什么游戏、为什么爱玩此类游戏，然后进一步追问他们还喜欢什么其他有趣的事情，由此深入探究他们的兴趣以及他们与其他孩子的互动行为。焦点小组与深度访谈类似，但后者是一对一地进行采访，前者是以小组为单位进行访谈，受访者可以相互交流，彼此回应。定性研究者并不统计分析具体谈话内容，而是纵观整个访谈过程以摸清走向，提取并记录那些能够代表其研究关键发现的特定内容。

在采用历史分析法时，研究者会记录历史问题和历史事件，并将其与当时的媒介工具相联系，从而研究媒介与社会趋势之间的关系。内容分析的深度性和丰富性是定性研究的优势之一，但该研究方法的主观性也使得一些批评家始终对此类研究发现持怀疑态度。

娱乐活动研究

实验室研究

实验研究严格遵循临床、定量的研究传统，在实际实验中，研究者从其感兴趣的群体（如某城市的公民、五年级的学生、单身女性等）中选择一群参与者作为样本组，将他们带到实验室或是其他受控制的环境中，然后让他们接触不同的媒体。例如，在阿尔伯特·班杜拉（Albert Bandura）经典的波比娃娃（Bobo doll）实验中（见图5.2），[6] 孩子们被选为样本组，并被细分为两小组：一组是实验组，孩子们会看到影片中有人在殴打波比娃娃；另一组是控制组（或者说对照组），孩子们会看到另一个版本的影片，影片中的人在玩波比娃娃，且没有任何暴力行为。观看完影片后，孩子们被安置在一个有波比娃娃的房间里接受行为观察。显然，较之于未看过暴力影片的孩子来说，那些看过暴力影片的孩子对波比娃娃更具攻击性。

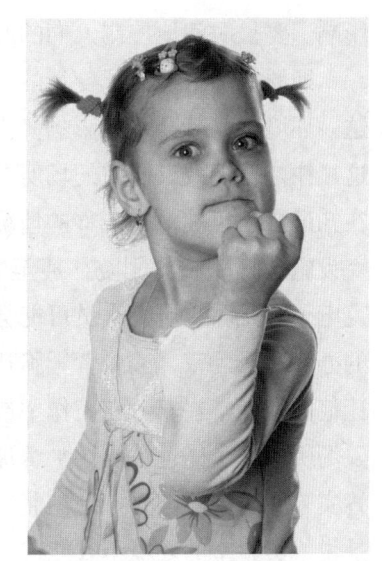

图5.2 阿尔伯特·班杜拉发现，在电影中看到成人击打娃娃的孩子们会效仿这样的暴力行为

通过精心安排，研究者能够最大限度地控制接触者和接触物。理想情况下，实验研究者倾向于随机抽样、随机分配。前者是指从大规模人口中随机抽取研究个体，后者是指参与者被随机分配成不同的组别，或被随机置于不同条件下（如波比娃娃实验中的暴力影片与非暴力影片）。这种随机性是必要的，有助于确保不同研究群体之间的相对平等，并让实验群体能够充分代表所研究的大规模人群。如果实验组的平均年龄大于控制组，或者他们普遍比控制组更常看电视，那么研究中所发现的任何差异都有可能是由这些因素引起的，而非他们所接受到的"实验条件"。同样，如果实验参与者普遍比所研究的群体年纪大或更常看电视，那么研究者就无法知道该样本组的研究结果是否适用于所研究群体中的大部分孩子。研究者可以试着"匹配"群组以确保实验群体和所研究群体大致相当，但人的差异是多样的（年龄、性格、人口统计特征等），一般认为随机抽样可以最大限度地确保某个群体的某项特征不会太过明显。

严格的变量控制要求使研究者在现实生活中很难对媒体和娱乐活动开展实验研究。首先，要获得真正的随机样本是很难的。寻找并说服人们参与到实验中并不容易，因此研究者们只能从自愿样本和方便性样本（那些随时可以参与实验的志愿者）中抽样。由于大多数研究是在大学中进行的，因此研究通常聚焦于大学生群体。如果我们仅对媒体或是其他娱乐形式对大学生（通常是那些为了获得额外学分而自愿参与实验的大学生）的影响感兴趣的话，这并没有什么，但研究人员往往也想探究这些活动对其他群体所产生的影响。

其次，在获取样本后，要进行随机分配也很难。我们或许可以说服个体来我们的实验室看看电影、玩玩电子游戏或听一两个小时的音乐（内容均由我们挑选）。但就像一剂药物可能并没有多大作用一样，"一剂"媒介或其他形式的娱乐活动不足以产生多大影响。要长时间地控制人们的所作所为更是难上加难，尤其是在娱乐这方面。

即便是严格控制了变量的实验室研究也常常引发争议。问题之一就在于"实验室"这一环境本身就会产生影响。人们通常不会坐在大学教室的座椅上看电影或听音乐，而这往往是开展效果研究的场所。因此，个体在实验室中的表现是否和平常一样，尤其是在知道自己正被他人观察的情况下，这存在疑问。为了创造更自然的环境，许多现代研究设施包括完整的剧院，甚至模拟或模仿自然环境的迷你"家"（见图5.3）。因此，研究电子游戏时，研究人员可能会把实验场所布置成可以玩游戏的客厅，或配有电脑游戏的办公室或卧室，又或者干脆让它看起来像个电子游戏厅。然后将人们带进实验室中，让他们像平常在家、在工作中或在游戏厅里那样玩电子游戏。但即便是在极度逼真的实验场所中，个体也很难像平常那样行事，因为他们往往知道自己正在被观察。因此，尽管实验室研究能够更好地控制变量，但该形式的生态有效性并不及其他研究形式。也就是说，实验室的环境不太能代表现实世界。

图5.3　现代娱乐研究的"实验场所"包括一些更真实自然的场景，如迷你剧院

田野调查

为了克服实验室环境的人为因素，一些研究者转向了田野调查。此类研究并不是让研究对象来到实验场所，而是由研究人员主动接近研究对象。他们前往剧院、音乐厅、游戏厅、酒吧、体育中心等各种现实场所，观察受众是如何被娱乐活动所影响的。例如，研究者可能会前往电子游戏厅，来了解哪类孩子（以年龄、性别、种族等要素分类）更倾向于玩何种电子游戏，并进一步研究不同的电子游戏是否会影响孩子们的思维模式和行为举止。例如，是会让他们更自信、更主动，还是会让他们更羞于与其他孩子交往？其中一些研究遵循定量研究的传统，研究者会记录下研究对象的媒介使用和娱乐体验以及由此产生的影响，即收集数据以便进行系统的统计分析。但在其他研究中，研究者更多采用的是定性研究方法，即通过田野观察和采访获得信息，并更主观地去解释

尽管这类研究具有更贴近现实的优势，但它们通常无法随机抽样、随机分配。人们自然会自主决定在何时何地体验何种娱乐活动，这样一来，要在田野调查中将研究对象分门别类则是困难且不自然的。即便研究者能够在田野调查中控制一些变量（如随机地让研究对象去看某部电影、听某场音乐会、玩某个电子游戏等），研究对象也始终会意识到自己正在被观察和研究，因此仍然无法确保研究对象能如常表现。但尽管在可控性上比不上实验室研究，但田野调查更具生态有效性，更能代表现实世界。

自我报告研究法

相较于控制媒体和娱乐活动的变量（在实验室研究中）或直接观察研究对象的媒体和娱乐活动抉择（在田野调查中），研究者通常依靠自我报告的形式来接触研究对象。渐渐地，研究者对长期累积效应越来越感兴趣。即便并非完全不可能，但要一次性花费几周、几个月或几年去控制甚至观察研究对象的所看、所听、所做是很难的，因此研究者往往会直接采访研究对象以搜集这些信息，再基于他们的报告内容对比其行为和态度的差异。所以，研究者可能会在调查中问儿童常玩什么电子游戏，以及玩游戏的频率如何，再观察玩某类游戏的孩子与不玩此类游戏的孩子在思维和行为上是否有差异。

当然，就像田野调查一样，自我报告研究法也无法控制"研究对象的娱乐活动"这一变量。因此，我们所观察到的研究对象所选娱乐活动的差异或许无关娱乐活动自身的特性，而是受到了很多其他因素的影响。例如，当一项调查研究观察到玩暴力游戏与激进倾向之间有关联时，不一定是玩暴力游戏的孩子们更好斗，有可能是更好斗的孩子们更倾向于玩暴力游戏，或者涉及一些其他因素。一项调查报告显示，爱去摇滚音乐会的人会比那些爱去古典音乐会的人更易患上肺气肿，难道这就意味着现场演出的摇滚乐会引起肺气肿吗？当然不是了。可能只是听现场摇滚乐的人比听古典音乐的人更常抽烟，而吸烟才是导致肺气肿的原因。如果研究者在调查中关注了其他潜在的影响因素（如此案例中的吸烟），那么他们可以分别统计、确定不同因素产生的影响（如听音乐会的影响和吸烟的影响），但要让研究者考虑到可能产生影响的所有因素是很难的。

内容分析和文本分析

如果我们想要真正了解受众是如何被媒介娱乐所影响的，我们就必须了解媒介的本质。就像药物研究员不会在不了解药物含量的情况下测试新药的效果一样，媒介研究者也无法在不了解媒介内容、文本（文字、图像和声音）的情况下，准确检验各种媒介娱乐活动的不同效果。大多数内容分析都会对媒介内容进行非常系统化的量化研究，即研究者将不同类型的媒介内容量化。例如，测量杂志上讨论某一话题的文章所占的篇幅，计算电影中暴力场面的总时长，或统计电视节目中扮演某类角色的女性、少数族裔的人数。

但要对媒介内容进行客观、定量的研究是很难的。例如，你如何确定统计影片暴力场面的度量衡？当一个角色只是推开他人或举枪对准他人但未扣动扳机时，这属不属于暴力场面？你是通过什么来统计暴力场面的，打斗时长还是伤亡人数？一般来说，选择何种研究方法取决于研究者有何研究兴趣。但研究者在确定研究方法时要格外小心，因为这些方法必须是客观的、可靠的——当不同的人采用相同的度量方法对同样的内容（如影片中的暴力现象）进行分析时，其分析结果应当是相同的。

除此之外，内容分析和文本分析还会采用定性的研究方法。在这类研究中，研究者不再客观地量化内容，而是通过选择摘录或例子，从特定的理论方法或角度对其进行解释，主观地展示趋势。不同的研究人员可能会根据自己的观点或视角，找出不同的例子或趋势。例如，让·基尔伯恩（Jean Kilbourne）创作了纪录片，名为《温柔地杀死我们》（*Killing Us Softly*），该片通过展示广告实例指出这些广告对女性形象进行不切实际和性别歧视性的歪曲表现。

研究者会对各种媒介娱乐形式的内容进行分析，包括电影、电视节目、杂志、电子游戏、体育赛事、歌词和音乐电视的画面形象（见图5.4）。因此，当研究者通过个人的自我报告更好地接触到某种媒介形式时，他们能更好地理解研究对象。但正式的内容分析往往只

图5.4　要了解电影或杂志对读者的潜在影响，首要的一步便是对其内容进行分析

从客观的内容度量角度进行评价。尽管此类分析可能会与调查研究或其他数据结合，展开进一步的评估，但内容分析本身并不试图对该内容的潜在影响或实际意义进行解释、评估。换句话说，内容分析只能告诉我们黄金时段电视节目中的枪支出现率、时尚杂志中的露脐女性数量，而无法告诉我们这些数据代表着什么，以及它们会对受众产生什么样的影响。但对媒体内容的定性研究则很好地避开了这些局限性。例如，让·基尔伯恩的研究就常常囊括对内容意义和趋势影响的阐释。

对媒体内容的定量和定性分析通常是对更多媒介效果研究的起点。例如，一项关于媒介如何影响刻板印象形成的研究，可能会首先对内容进行分析，找出其中的刻板形象。研究人员可能会对电影或电视节目的内容进行分析，分析是否过多地把某一特定族群描绘成罪犯或死因。如果这种刻板印象确实存在，那么研究者会做进一步的观察，看那些自述更常看电影或电视的人是否会更容易持有这些由媒介传递出的刻板偏见。因

此，内容分析能够为我们了解媒介娱乐的影响提供有益启示。然而，尽管内容分析能够提供有效的信息，但批评者仍然认为这些研究不够客观，因为研究人员很难对媒介内容制定清晰的、信息化的衡量标准。

有关研究方法的小贴士

在研究媒体和娱乐效果时，无论是定量分析还是定性分析，数据观测还是自我报告，实验室研究、田野调查还是内容分析和文本分析，每种研究方法都有其优缺点。现如今，许多研究者会综合运用多种方法，让它们各展所长。完美无瑕的研究是不存在的，每一次的调查研究都有待改进的地方，但研究者并不会因此轻易放弃，对他们来说，研究追求的不是单次的研究结果，而是众多研究经年累积后的综合发现。下一节我们将梳理媒介效果研究的一些成果以及相关的理论阐释。

媒介效果理论

本节将介绍大众传播媒介对受众的有限影响和长期影响。

有限效果

从第二次世界大战开始，美国和德国都为媒介研究提供了大量政府资金，以研究如何利用媒介打好战争宣传战。有限效果范式在这一时期盛行，许多新兴理论和后续研究都遵循科学的定量传统，即结构严谨、对照实验。

态度改变理论

美国陆军在新闻和教育署开设了一个实验部，并雇用了卡尔·霍夫兰（Karl Hovland）以及其他精于态度转变研究的心理学家。研究中，这些研究者完善了态度转变理论，该理论旨在解释人们是如何通过交流来形成、塑造并改变自身态度的，并希望能够探究态度与行为之间的关系。这就是我们常说的霍夫兰研究。[7] 该研究遵循了社会科学的传统，他们像医学研究者一样，通过实验（让研究对象接触不同的媒介或信息并测试其中的效果差异）来验证猜想。一般来说，这些研究是在实验室进行的，因此常常因不够客观而遭受批评。

尽管如此，这项试图解释媒介效果为什么会存在差异的研究仍然极大地促进了我们对媒介效果的理解。认知失调就是其中的新兴概念之一。当人们接收到的信息或媒介内容与他们自身的经验、想法或观点相冲突时，人们就会产生认知失调这种心理不适感。由于失调是件不舒服的事，因此研究者认为人们会参与到媒介信息接收的筛选过程中，以逃避或减轻不适感。研究者根据研究对象所消费、记忆和理解的信息或媒介，提出了三个与之相关的选择性过程。

- **选择性接触（选择性关注）**是指人们只接触或关注那些与他们的已有态度或信念相符的信息，即倾向于阅读那些与自己观点一致的报纸、杂志，收看这类电视节目、电影，聆听这类音乐和广播评论等。
- **选择性记忆**是指人们更容易记住那些与自己的已有态度和信念相符的信息。研究表明，当人们接触到有关某一事件的多个观点时，会更倾向于记住那些与自己观点一致的信息。
- **选择性理解**是指人们会采用一种与自己的已有态度和信念相符的方式去解释信息。例如，如果你喜爱的公众人物、政客、运动员、演员或音乐家改变了立场或转变了风格，那你可能会觉得他们是乐于尝试新鲜事物，或是回应公众诉求的。但如果是你不喜欢的人这样做了，那你可能就会觉得他们是叛徒。

聚焦理论   **认知失调和观点改变**

图5.5

认知失调有个有趣的地方：它对每个人的作用方式不同。你是否常常为迎合他人观点而改变自身的行为或想法？或重新确立那些你摒弃过的观点？一般来说，我们之所以追求这种一致性，是因为我们更倾向于努力向外界呈现一个统一的自我，而非展现自己思想的转变过程。

人们常常会就电影发表某些看法，几周后又毫无顾忌地传递完全相反的观点，而且并不觉得有何问题。库珀（Cooper）和沃切尔（Worchel）的一项实验（1970）解释了这种现象。[8] 该实验发现，如果人们参与研究时所获报酬较少，那他们很容易改变自己的态度。但如果所获报酬较丰厚，那么他们往往倾向于坚持自己的立场。也就是说，当人们考虑到行为不一致可能会带来消极影响时，他们会违背认知失调的法则。

除了避免引发认知失调，我们更倾向于以行为后果为依据展开行动。如果我们能够预见消极影响，那么我们就不会承认自己前后不一致；如果并没有任何不利影响，那么我们就必须承认，自己是基于行为后果进行决策的。

人们的选择是随机的吗？研究表明，如果观影者认为，与批评家的想法一致能够让他们在朋友面前更显聪明的话，那么他们在评价电影时就会转变自己的观点。或许这是因为承认自己有错总是很难。

社会心理学家艾略特·阿伦森（Eliiot Aronsen）[9] 提出，即便是面对大量的反面证据，我们的大脑也会拼命让我们觉得我们是在做正确的事情。根据阿伦森的说法，认知失调是"为自我辩护的引擎"、当我们的想法、态度和信念不一致时（如吸烟会危害生命，但我一天吸两包烟），我们就会陷入一个紧张不安的状态。没有找到消除这种不一致的方法，我们就无法放松。怀揣着两个相互矛盾的观点是无法理性思考的，这样的不一致会引发不适感。

广告商正是借助这一理论来制作商业广告的，让买家即便持有怀疑态度，还是乐于购买。"我应该花费这么多钱购买混合动力汽车吗？"丰田普锐斯的买家可能会感到困惑。但丰田汽车的商业广告向大众传递了这样的观点：购买混合动力汽车的车主比其他车主要更明智些，这样一来，花费更多的钱以节省燃油就能够让买家感觉良好。这些广告商可太聪明了。

在有限效果理论或效果最小化范式成为媒介研究的主导理论时，研究人员提出了这些选择性过程。如果人们会过滤掉那些与他们的立场不一致的信息或经验，那么就不要对显著的态度转变或行为改变抱有太大期望。如果人们只接触、记忆、理解那些与他们已有态度或经验相符的事物，那么我们可以预见的是，他们的态度会更加坚定。

托马斯·克拉珀（Thomas Klapper）的强化理论或者说现象主义理论[10]为这一观点提供了理论支撑。按照克拉珀的说法，媒介可能会影响态度和行为的转变，但这种转变往往是由更大的社会变革所引起的，而这种社会变革的强化只能借助媒介。克拉珀的研究并不是实验性的实验室研究，而是田野调查式的调查研究。通过调查，克拉珀计算了媒体曝光率和其他影响因素（如教堂、家庭和学校），他发现其他影响因素在预测态度和行为上更为有力。

强化理论的支持者认为，批评家不应过多地强调媒介效果，因为人们只听、看、读那些与他们已有观念和行为相一致的新闻及娱乐活动。由于这项研究采用的是自愿的、自我报告媒介使用情况的研究方法，而非实验室控制变量的方法，因此有关该理论的研究受到了许多批评，即在上文"研究方法"中所提到的田野调查和自我报告存在一些弊端。此外，由于克拉珀的强化效果研究是在电视诞生之前进行的，因此一些理论家推测，如果克拉珀看到了电视和其他新媒介，那他就有可能会认可媒介的强大影响力。

议程设置理论

有限效果范式的另一代表理论是议程设置理论。新闻学研究表明，媒介可以通过重点关注一些事件来设置议程，以影响受众对某些事件的重要性的认知。[11]这些研究将通过内容分析获得的实际媒介内容测量值与媒介曝光率调查测量值，以及其他影响因素和对重大问题的看法进行比较。研究结果表明，新闻事件的媒介曝光度越高，人们对事件重要性的排序就越会与媒介的报道量相关。当新闻报道聚焦医疗保健时，我们会觉得医疗保健是个很重要的话题。当新闻报道更多地关注教育或死刑时，我们又会觉得这些议题更重要。或许是因为我们前面说过的受众接收过程的选择性（很强），又或许只是因为改变观点很难，总之这项研究表明，媒体可能会影响我们对事物重要性的判断，但它并不一定会影响我们对某些事件的特定态度。因此，如果媒体开始更多地关注死刑，那

娱乐与社会：影响、效果与创新（第二版）

图5.6 恐怖主义议程设置

么人们可能会把死刑列为更重要的议题，但他们的观点（无论是赞成还是反对死刑）在很大程度上会保持不变——就算媒体报道呈现出某种偏向性。因此，议程设置理论的核心就体现在巴纳德·科恩（Barnard Cohen）的这一论断[12]之中：媒体可能不会告知我们具体的思考内容，但能很成功地告诉我们应该思考些什么。

虽然议程设置的研究主要集中在新闻媒体上，但我们可以预见到娱乐媒体也会产生同样的效果。与新闻一样，娱乐媒体也常经历不同的趋势变化，在这个过程中，某些主题和类型会在媒体上扩散。通常这些趋势变化是对新闻媒体现有趋势的反映或回应。例如，2001年9月11日，纽约世贸中心遭到袭击后不久，梦幻主题和英雄主义就在电影、电视甚至音乐中盛行。我们有理由认为，这些产品可能会影响人们对不同事件的重要性的判断。但与所有基于调查的效果研究一样，议程设置研究也只能揭示媒介、娱乐与受众观点之间形成的关联性或相似性，而无法证明媒介或娱乐能够直接创造或影响受众的观点。

社会认知理论

社会认知理论反映了另一种传统的科学媒介效果研究方法。阿尔伯特·班杜拉提出了社会学习理论，后来将之修正为社会认知理论，该理论将流行的观察式学习的心理学理论应用到大众媒介研究中，[13]他认为人们会模仿他们在大众媒介中所看到的行为。班杜拉和他的同事们认为，观察者可以从媒介中习得新行为，就像他们在任何其他语境下都可以通过观察习得新内容一样。换句话说，你可以通过观看电影中他人的行为学着跳舞、抽烟等，这就跟在自家后院学堂兄跳舞、抽烟一样简单。我们中的大多数可能从未真正开过枪，但我们通过观看他人如何开枪（一般是在电视节目或电影中）就可形成大致的认知。

模仿既可以直接模仿（个体直接复制他们在媒体中观察到的行为），又可以通过识别进行（个体不直接复制行为，但其行为方式反映了相关的、普遍的反应）。例如，如果一个小孩在卡通片《公路奔跑者》（*Road Runner*）中看到卡通角色用平底锅击打歪心狼（动画片中的主要角色之一）的头部，那么他很有可能直接模仿这一行为，用平底锅击打兄弟姐妹的头部，或者间接模仿，或者认同这种攻击行为，从而对另一个孩子拳脚相向。但人们显然不会直接复制他们在媒介中所看的一切行为。与有限效果或条件效果理论一样，社会认知理论概述了模仿行为产生的必需的关键条件。

- **关注** 个体要学习新态度或新行为，首先必须注意到（关注到）行为榜样的言行。如果人们并不关注电视或其他娱乐形式中的一些行为，那么他们就不会复制这些行为。
- **记忆** 个体必须用符号编码并记忆那些示范行为，否则就无法复制那些我们所看到的事物。
- **物质再现** 个体必须有能力执行该行为。如果我们没有必要的资源（如实力、金钱、时间等），就无法复制该行为。
- **强化** 个体的行为必须得到一些支持，无论是直接的还是间接的（如看到他人因此行为得到嘉奖）。

强化的要求可能会导致媒体对人们的模仿行为产生以下两种效果：抑制效果和反抑制效果。抑制效果是指媒体限制或降低了我们模仿某行为的可能性，而我们本来是很有可能参与到此行为模仿之中的。当我们看到某个榜样人物（如电影中的某个角色）因为某一行为而遭到惩罚，那么我们就不太可能去模仿这一行为。例如，当我们看到一个陌生人在街上摔倒时，可能会本能地想帮忙，然而，如果我们观看电影时看到人们因为试图帮助这样的陌生人而遭到起诉甚至枪击时，这样的本能就会被抑制，我们就会变得不太愿意提供帮助。反抑制效果是指媒体不再约束甚至增加了我们模仿某种行为的可能性。当我们看到某些榜样人物因为他们的行为而得到嘉奖时，我们就更有可能去模仿这些行为。因此，如果我们在媒体上看到那些原本不受人欢迎的行为（如抽烟、节食等）得到支持或者嘉奖，那么我们就很有可能去模仿这些行为。

这样的影响也不一定是负面的。如果在媒介中，某些激进人物代表受到了惩罚，那么孩子们的激进本性就有可能得到抑制。同样，模仿媒介内容的行为可能会鼓励积极行为的发生，如演绎并奖赏一些外向的社交行为来帮助个体克服羞怯。但这些模仿行为的潜在后果也是人们抱怨媒介叙事的基础，这些叙事显然美化了一些不良行为（如吸毒和犯罪），并贬低了一些正面行为（如在学校表现良好）。

社会认知理论是常用于理解娱乐媒体影响的理论之一。很多研究都已将社会认知理论运用到电视节目、类型电影和电子游戏（尤其是具备实验室环境）的研究当中，使这一理论成为传统科学中为数不多的更注重娱乐媒体而非新闻媒体的理论之一。部分此类研究将在本章后面进行详细介绍。该理论如此受欢迎的原因之一，就是它直观上给人一种很有道理的感觉。人们可能会模仿自己喜爱的影视角色、运动员和音乐家，这一观点是很容易让人接受的。通常来说，当我们细想这一学习形式时，就会想到孩子们像忍者神龟一样四处练回旋踢，或像哈利·波特一样施展魔咒。此外，大多数人还会想到我们自己的亲身经历，即成年人也会模仿电影或音乐录像带中的着装、言语或行为。

启动和联想理论

莱纳德·伯科威茨（Leonard Berkowitz）和他的同事提出了一种理论，该理论格外强调媒介所具有的短期、瞬时的影响。[14] 启动理论认为，借助大众媒介看到、读到或者听到某一事件或观点后，人们可以启动或者激发相关的思考或看法。他们认为，当我们接触了媒介之后，这些想法会短暂地停留在我们的脑海中，并相应地影响我们的反应和行为。因此，根据该理论，如果有人在我们驱车离开电影院的停车场时撞了我们的车，那么我们的反应可能会因为方才所看电影的不同而有所差异。如果我们看的是暴力动作片，那我们可能会比平时表现得更暴力些，因为该电影让我们脑海中的暴力想法更为突出。很多启动效果的研究都关注了媒介中的暴力现象对后续的暴力行为的影响。但如果我们刚看完一出浪漫喜剧片，我们可能会比平日里更善解人意，因为影片会让我们脑海中那些快乐的情绪占上风。启动理论的另一个论据是一项研究发现，异性恋的男性在阅读了"男孩女孩的相遇故事"后，会比实验对照组的人更倾向于在交谈中靠近女性，并且说得更多，笑得更多。

研究者已经研究过许多娱乐形式（如电影、电视、广播、电子游戏和体育赛事）的启动效应。研究表明，在大多数情况下，娱乐活动中的思想观念会影响人们之后的思想和行为，然而这种影响往往是极其短暂的。当我们沉浸于其他的想法和活动中时，早先的思想观念就会快速淡去。研究者认为，启动过程甚至可以在我们并不知情的情况下自动发生。一项研究发现，当参与者在不知情的情况下接触到具有敌意性的词汇（这些词汇在屏幕上快速闪过，个体并没有关注它）时，他们会比那些未曾接触过这些词汇的人更具敌意，即对一个人做出更恶意、消极的揣测。这种潜意识中的启动过程为音乐、灯光、电影、戏剧中的暗示内容以及各种其他娱乐形式的有效性提供了支撑。例如，特定的旋律、音调或音乐节奏会与恐惧、兴奋、愉悦等情绪相关联。因此，播放某种类型的音乐可能会触发相应思想和感受，从而引发听众对后续事件的特定反应。如果我们专注于音乐本身，那么我们有可能会意识到我们的反应是被操纵的。但当我们全神贯注地投入娱乐活动时，我们就不太能敏锐地感知到那些用于刺激我们反应的特定暗示。

就像社交学习一样，娱乐活动的启动效果也是显而易见的。我们都有过突然对电影中的某种事物产生渴望的经历，如突然想吃汉堡，或者突然想去游个泳。例如，一个体育教练可能会发现，在看完一部激励人心的体育题材电影或听完一首动感十足的音乐后，他手下的团队会表现得更佳。尽管启动效果往往被认为是一种短暂效果，但一些联想理论（如条件反射理论）认为，娱乐的暗示效应所持续的时间可能会更长。因为我们可以将特定的暗示与某些概念或时间反复组合，让人们在脑海中将二者联系起来，这样一来，我们只要看到这样的暗示就会联想到相关的概念或事件。

电影中的名人代言和产品植入就常常是在存在关联性的前提下进行的。公司希望借助名人、热门电影与自家产品的捆绑以及人们对前者的正面反应，让自家产品也沾点光，以至于就算人们不再看到名人和电影，却依然能够在看到这些产品时作出正面评价。但批评家们谴责这种把娱乐当作创造某种关联性的手段的行为。例如，某些摇滚乐影像就因为反复将低俗暴力的歌词与某些女性形象组合在一起而饱受批评。批评者担心这会让观者在脑海中形成一个恒久的联想，这样一来，他们在遇见女性或是在欣赏女性形象时，就会产生某些低俗暴力的想法和行为。

聚焦诠释理论	伊斯兰视角下的理论

过去50年，传播学的理论调查研究一直以西方，尤其是美国的研究方法和研究导向为基础。调查表明，在第三世界国家的大学中，新闻学院的教学内容大多来自美国（见图5.7）。

阿拉伯的大学已经按照西方的标准、借助西方的教材规划了传播学课程。有一种广泛流传的世界本质观认为，就某种文化而言，其交流体验之感源自文化内部的理念，而非外界。规范性传播理论是用于描述媒介系统结构的理想标准，该理论认为，阿拉伯世界的传播模式基于对西方理论的不同阐释。

图5.7

阿拉伯—伊斯兰的世界观源于两个方面：世俗传统以及与外来文化相碰撞所产生的价值理念。这些世俗—宗教的元素维持着共生关系，作为一个相互作用的整体运作着。阿拉伯—伊斯兰的传播观念不同于西方，这可以通过以下四个二元对立的主题来理解。

个体主义—集体主义

阿拉伯—伊斯兰文化中的个人主义包括个体认同和群体认同两个方面，产生了两种传播的模式。世俗传统将传播视作个体解放，不再维护单一准则和屈从于集体的过程。伊斯兰教则认为传播是促使个体协调内在自我和社群中集体自我的过程。

先验主义—存在主义

对阿拉伯人来说，世界是二分的：一是完美的理想世界，二是不完美的世俗世界。先验世界引导着我们面对世俗世界。

直觉—理性过程

对于穆斯林来说，启示是最重要的知识来源。传播的特征之一就是直指内心。

平等主义—等级制度

所有穆斯林在上帝面前都是平等的。但宗教要求男性对女性负责。在阿拉伯世俗传统中，父亲、部族首领、长者、男孩以及富人被赋予权利，这就形成了家长式的交流模式。国家领导人依靠诗人和演说家来捍卫国家的利益，就像今天的西方人依靠媒体一样。

对阿拉伯人来说，要形成独立于西方传统理论的传播学新视角是个不小的挑战。今天，他们虽然仍受世俗的——伊斯兰教的因素影响，但已经在上述四组价值观念的基础上形成了新的传播模式。尽管当地的体制仍以男性为主导，且家庭成员联系十分紧密，但口头交流流行了起来。然而，互联网和卫星电视的出现逐渐挤压了口语传播体系的生存空间。外来媒体进入阿拉伯世界，破坏了它们传统的社会交往议程。半岛电视台、轨道电视和无线广播网等新闻娱乐媒体改变了信息的接收方式。

在阿拉伯世界，大多媒体从业者都是诗人、小说家和文学大家，这就使得他们的大众传播存在一些古典气质。不过，随着私人媒体的不断发展，那种家长式的交流模式日渐式微，而广播因为与口语传播的传统相似而成为受众的首选媒介。此外，媒介道德规范指导着传播工作，包括提及言论自由，呼吁民众对侵犯宗教、道德和安全利益的行为提起刑事诉讼。

因此，尽管阿拉伯媒介借鉴了西方导向的传播生产和传播模式，但它们的话语更倾向于传统的规范和实践。在当今这个西方世界——阿拉伯—伊斯兰世界严重不和谐的时代，从文化沟通的规范化视角去阐释传播管理和交流惯例，或许有助于减少美国与伊斯兰国家之间的误会和误读。

资料来源：http://www.javnost-thepublic.org/media/datoteke/ ayish-2-2003-5.pdf。

生理影响

舞蹈、运动和轮番捉人等游戏会给人带来明显的短期生理影响，如导致心律和呼吸频率加快、肌肉拉伤、骨头断裂等，但也有一些长期影响，如体重下降、血压降低、诱发关节炎和肌腱炎等。正如我们在第四章中所说的那样，研究表明，看电影、听音乐等相对被动的娱乐形式也能够对人们产生一些短期的生理影响。当一部电影或一首音乐让我们心潮澎湃时，我们的心跳可能会加速、我们的呼吸可能会紊乱。一些研究还表明，这些娱乐形式（尤其是喜剧）可能有益于人们的健康——无论是短期影响还是长期影响。

民间有种说法，好的心情能够缓解疼痛、舒缓压力、抵御疾病并有助于伤口愈合。这些推测使得关于幽默和喜剧对健康有益的科学实验性研究越来越多。[15]研究表明，喜剧和愉悦的心情能够帮助人们放松，并减少压力激素。笑声可以促进氧气和营养素在身体组织内的流动，并带动免疫元素在系统内运作，以抵御感染。此外，观看喜剧还能锻炼我们的疼痛忍耐度。例如，一些研究发现，在医院和养老院中，那些常看严肃戏剧的病人、老人所需要的止疼药比那些常看喜剧的人多一些。有趣的是，研究还发现，观看悲剧影片之后，人的疼痛忍耐度也有所增强。

尽管已有几种假设被提出，但究竟为何某种媒介娱乐形式（喜剧）能够提高疼痛忍耐度，我们尚不能得知。其中的一种猜想认为，媒介娱乐所激起的积极情绪能够抵消疼痛所带来的消极情绪。另一种基于分散原则的相似概念则认为，任何吸引人的影片都能分散人们对痛苦的注意力，以至于他们在看完影片后可能仍会继续在脑海中回想，从而继续忽略疼痛。其他人则认为，诸如电影之类的娱乐活动所引起的生理反应——无论是积极的还是消极的——都可以直接或通过释放某种激素间接地增加人们的疼痛忍耐度，尽管尚未有研究证实这种关系。

研究方法和研究结果的不同使我们很难就喜剧和其他娱乐形式对人体健康的影响作出任何确切结论。但即便只有限的证据能够证明喜剧和其他媒介娱乐形式具有一些积极影响也足够令人欣喜，因为当下人们对媒体负面效果的担忧正日渐增加。

累积效应和文化效应

社会科学理论与文化批判理论之间的界限并非泾渭分明。由这两种传统理论发展而来的当代理论都承认媒体在一定的条件下是有可能产生更强大的效果的，同时，二者也都反映了短期有限效果理论向长期累积效果理论的转变。今天，遵循这两种传统理论的研究者大多已认识到意义是主观的，因此，就媒体的影响力而言，并没有绝对的客观真理。不同的受众会对媒体内容进行不同的解读，因而会有不同的反应。对于社会科学家来说，正是这个很重要的限制条件使研究变得困难。不过，大多数社会科学家最终都对以下这一观点比较满意：在了解到受众是如何受到不同影响时，一定程度上的客观性是可以且应该获得的。

媒介的文化批判研究则往往强调媒介效果的主观性。文化研究者认为，媒介和其他活动经历有着更广泛而深刻的影响，它既影响着个体的观念和行为，又作用于我们的社会和文化。他们认为这些影响不应该被简单地抽离或量化，并且质疑"量化"主观性概念（如媒介内容或个人意见）的必要性和可行性。从文化的角度来看，对媒体或娱乐活动采用一种完全独立客观的研究方法是没有必要的（即便有可能做到）。研究角度的差异使得很多学者认为，从文化的角度去研究效果是一种独特的研究范式。随着双方的观点和方法论越来越趋同，科学视角和文化视角也就更多地被看作一个连续统一体，而非独立的研究方法。不同的理论和理论家尽管仍有不同的倾向，却是和而不同的。

（媒介系统）依赖理论

议程设置理论、社会认知理论等许多有限效果理论研究表明，媒介和娱乐活动的影响虽然局限于特定的效果或条件，却能日益累积。梅尔文·德弗勒（Melvin DeFleur）和桑德拉·鲍尔-洛克（Sandra Ball-Rokeach）提出了依赖理论，强调更强有力的媒介积累效应。[16] 该理论于1975年被提出，它认为人们越来越依赖于媒介去认识世界，按照媒介所言去行动，并且把这当作逃避痛苦世界的手段。由此，我们在某些情况或某些问题上会更依赖于媒介。例如，当我们遇到社会危机或国家灾害时，就会求助于媒体。再以"9·11"事件为例，对于世界上的大多数人（甚至包括那些在纽约的人）来说，我们对这一事件的了解和认知在很大程度上局限于我们在媒介上所看到和听到的内容。我们不但依靠媒介获取事件信息，还向媒介寻求安慰和陪伴——以倾吐我们的悲伤。我们甚至借助媒介来逃避现实，沉浸在影像、游戏或音乐当中。

如果我们仅凭媒介来接触某一问题或某一事件，那么由此产生的任何思想、态度和行为都将受到媒介的影响，这是很简单的逻辑。但我们无法弄清楚的是，如果我们从大众媒介之外的渠道（如亲身经历或他人传达）获取信息，那我们的观念和行动是否会有所不同？根据依赖理论所提出的条件效果模型，当媒介只是我们众多"获取信息、增长见闻"的渠道之一时，它的效果是有限的。但当媒介成为主要渠道甚至唯一渠道时，它的效果将会十分强大（尽管效果性质上不一定有区别）。

提出依赖理论的研究者遵循社会科学传统，采用的是系统化的实证研究方法。但由于媒介最爱呈现的"社会危机、国家灾害"等事件本就具有自发性和严重性，因此研究者很难把媒介的影响提炼出来，更难将其与社会性的影响作比较。例如，我们很难对"9·11"事件的媒体报道所产生的影响进行实证分析，因为几乎不可能找到一个没有接触过媒体报道的控制组。但有趣的是，依赖理论的基本原理也反映在某些文化理论之中，这些文化理论的研究方法是背离了严谨的社会科学传统的。

创新扩散理论

创新扩散理论研究考察了媒体和娱乐等其他传播形式是如何向我们介绍技术与文化上的新发现的，包括那些让我们的生活更便捷的产品、发明和其他创新成果。[17] "扩散"这一术语指的是新的观点或其他创新成果借助媒介和人们的口口相传渐渐地在整个社会扩散。该理论认为，媒体在激发人们的思想、兴趣，并让人们最终接纳新观点、新潮流、新发明和其他创新成果这一层面上，能够发挥极其重要的作用。该过程被认为可以分为四步：兴趣、评估、试验、获得。

假设你正考虑购入一部新手机，而翻阅杂志时，你偶然看到一则广告正在宣传一款小巧新颖、时髦独特的手机。你瞥了一眼广告，认出这部手机就是你看的电影中的男演员布拉德·皮特所用的那款。不久后，你在电视上又看到了这部手机的广告。现在，它着实激起你的兴趣了，于是接下来你就开始评估这部手机。你可能会在互联网上查阅相关信息，并和那些买了这款手机的朋友交流。你可能会去经销商那儿看看手机，而刚购入此手机的朋友可能会让你打个电话测试一下通话质量。最后，在发现邮寄折扣十分可观后，你下定决心，通过购买的方式获得了这部手机。因此，扩散不仅体现在技术进步上，还存在于时尚潮流中。例如，雷朋集团声称，在1997年《黑衣人》这部电影播出后，威尔·史密斯（Will Smith）和汤米·李·琼斯（Tommy Lee Jones）在电影中所戴的墨镜"掠夺者二号"的销量增长了近两倍，销售额高达近500万美元。

聚焦《古墓丽影》　　　　　　　　　　　　　　　　　　爱立信的扩张

为了帮助劳拉·克劳馥（Lara Croft）对抗邪恶，拯救世界，派拉蒙影业与世界领先的移动通信公司爱立信联手，让《古墓丽影》（*Tomb Raider*）中的劳拉·克劳馥［安吉丽娜·朱莉（Angelina Jolie）饰］，在她的汽车仪表盘上、头上，乃至臀部的手枪皮套上都安装上爱立信的产品（见图5.8）。实际上，她所用的许多产品都是消费者能够买到的，如挂在她耳朵上的爱立信蓝牙耳机。

图5.8 《古墓丽影》中的劳拉·克劳馥

克劳馥的家中装有一个爱立信无线网络屏幕，该虚拟触屏能够使人快速登录，它提供语音通信、互联网访问、电子邮件查收、语音信箱查收以及地址加密等服务。爱立信在电影上映当年就推出了无线网络屏幕。克劳馥的路虎车仪表盘上的橙黄色R310s手机，在现实生活中是专为职业冒险家和极限运动爱好者设计的。

坚固耐用的R310s手机甚至在整个电影的拍摄过程中为幕后工作人员所使用。从这个例子当中就可以看出创新扩散的过程。因而，当摄制组需要应对柬埔寨吴哥窟的高温、西伯利亚冻原地带的严寒等气候环境时，爱立信很慷慨地向他们提供了此类产品，以期促进产品在电影受众中的扩散。

符号互动（论）

符号互动或者说符号互动论借鉴了心理学知识，认为符号是从互动中习得的。一旦符号被习得，它们就会影响下一步的互动行为。例如，我们用红色指代危险，一旦这样的指代形成，此含义就会影响我们的互动行为，即我们在面对红色（无论是交通指示灯上的红色还是燕尾晚礼服上的红色）时会如何反应、表现。根据传播学学者唐·福乐斯（Don Faules）和丹尼斯·亚历山大（Dennis Alexander）的说法，传播是"一种象征性行为，能够让参与者们在不同程度上共享意义和价值"。[18]

符号互动是一种文化研究理论，因为该理论认为不同的经历和互动行为会产生不同的象征性意义，而这些差异又会创造并反映出文化的差异。这里所用的"文化的"一词不仅可以反映种族或社会经济差异，还可以反映任何创造共享符号的其他因素，如工作场所、体育赛事、饭店、音乐会等。任何为互动行为提供便利的环境都会为雇员、粉丝、顾客或观众创造"形成共享意义、创造亚文化"的机会。因此，研究者探究了诸如媒介等活动是如何影响并反映共享意义和共享文化的。研究者并不采用结构化调查和行为定量分析的方法，而是通过文本分析、自我报告、深度访谈和焦点小组等更松散、定性的数据收集方法来记录符号互动行为。

符号互动理论对娱乐研究来说有着非凡的意义，因为娱乐本身就具有丰富的象征符号。几乎所有的娱乐形式都依靠共享符号来连接受众。在戏剧表演中，观众把穿着紧身连衣裤、戴着面具的演员看作狮子，把挂在天花板上的闪耀白球看作月亮，音乐更是极其依赖于符号体系和共享意义。即便没有文字，一段旋律的音调和节拍也能向受众传递情感——恐惧、愤怒、悲伤、激动或喜悦等。媒介和娱乐的符号互动研究不仅关注这些体验活动（看电影、玩耍、听音乐、打电子游戏）所具备的共享意义，还关注这些活动是如何影响我们日常生活中的互动行为的。

现实社会建构理论

一个与大众媒体影响相关的理论借鉴了社会学家彼得·伯格（Peter Berger）和托马斯·卢克曼（Thomas Luckmann）提出的现实社会建构理论。[19]该理论认为，那些共享同一种文化的人也会共享一种"持续的、一致的"意义。有些事情的意义是直接的、客观的，几乎每个人都会认同，如停车标志的含义。拥有客观含义的事物被称作象征符号。其他事物的含义虽然多少能够得到认同，但更主观一些，而这些含义更为主观的事物被称作标志符号。例如，一辆汽车可以成为交通的象征，但"宝马"或"法拉利"则是财富和成功的标志。象征符号和标志符号的含义都是协商而成的，人们通过活动经历和互动行为习得这些含义。但对于标志符号来说，它的意义发展过程更为复杂。

随着时间的推移，人们把所习得的各种象征符号和标志符号整合起来，形成一个分类系统——把各种含义与一些现象或情况对应起来。分类系统是人们在日常生活中展开互动、理解行为的基础。例如，当你进入一个图书馆时，你会自动想起各种元素的文化含义。通过排列成行的图书、张贴的告示、摆放的家具等，你会把这个设施看作图书馆，而不是什么餐厅、夜总会，你甚至不会把它看作书店。这种认知能够让你调动起你的"图书馆分类系统"。你知道要安静地学习、轻轻地说话，也知道不应该带食物和饮料进来。你知道相较于在书店，自己要等更久才能等来帮助，而且在寻求帮助时要更加礼貌和正式。这当中的很多规则可能不会贴在墙上广而告之。你遵循这些规则是因为它们符合现实环境，或者说，符合你对该现实的"社会建构"。在其他文化（即便是十分相近的其他文化）中，在此环境下的行为表现可能完全不同。实际上，在某些大学校园里，图书馆可能是嘈杂的、随意的社交场所。

像符号互动理论那样，现实社会建构理论也可以运用到媒介和娱乐效果的研究当中。它们都关注娱乐活动是如何形塑我们的日常观念的。恰如符号互动研究一样，对社会现实建构的研究往往依赖于定性数据分析，即对媒介内容和娱乐活动进行主观化的分析，并将其与社会趋势和社会观点进行比较。例如，当政客说他们将要"严打犯罪"时是什么意思？政客们和选民们对这句话的理解会受到他们自身之前经验的影响。即便美国的商业诈骗是暴力犯罪的十倍，但对大多数人来说，犯罪指的是黑帮、毒品和暴力行为，这就是他们建构的社会现实。对很多人来说，与犯罪相关的直接经验是比较有限的，大多数人对犯罪的了解都源自我们在新闻媒体中的所读所看，或我们更常接触的电视节目或电影（见图5.9）。

因此，有人认为我们所"建构的现实"是以这些间接经验为基础的。同时，新闻报道和娱乐媒体都更倾向于强调暴力犯罪，而非金融诈骗、非暴力犯罪等。因此，这样的"现实"影响了我们对犯罪这一概念的理解。我们对"严打"的理解也受社会性建构的影响。也就是说，对于那些常看好莱坞动作电影的人来说，严打犯罪可能意味着全副武装的警队、致命武器的使用和义务警员维持治安的实行。但

图5.9 除美国人外，很多人对美国的现实认知是通过那些展现比弗利山庄（尤其是罗迪欧大道）精致生活情调的照片建构而成的

对于政治家来说，"严打"可能只是指更长时间的监禁。尽管选民们可能知道，在现实生活中，政客们是不会同意组建义务警团和对犯罪进行更严厉打击的。但由于娱乐媒体让这样的画面在人们脑海中挥之不去，因此政客们的话听起来还是挺"严厉"的。

涵化理论

涵化理论和依赖理论、符号互动理论、现实社会建构理论一样，认为电视构建了我们对现实世界的认知，尽管它可能并不准确，但由于我们认定它是真实的，因此它在文化意义上为我们所接受。乔治·格伯纳（George Gerbner）及其同事[20]提出了涵化理论，认为这能够帮助我们解释电视中的暴力行为是如何影响人们对"犯罪"的定义的。自此，该理论常被用于研究电视的涵化影响，即电视是如何影响人们对美、性别、宗教、婚姻、司法程序等各种问题的看法的。每项研究的前提都是相同的：反复长期地接触电视会使我们对现实世界产生认知偏差，使我们认为世界就是电视所呈现的那样。这些研究得出了一个广为人知的结论：冷酷世界症候群（Mean World Syndrome），即由于电视夸大了现实世界的暴力程度，因此长期接触电视的人会认为这个世界是十分残酷的、危险的，但现实世界未必如此。与议程设置研究一样，涵化理论研究也需要对电视内容以及人们对媒介使用和由此产生的感知的自我报告进行定量分析。因此，在"冷酷世界"

研究中，研究者分析了电视内容，并在人群中展开调查。他们发现电视过多地强调了冷酷的暴力行为，而那些更多地观看电视（也因此接触了更多的暴力行为）的人会把世界看作"冷酷世界"。

"涵化"一词反映了格伯纳的观点，即电视并不通过直接提供与社会风向相关的事实和数据来影响人们的观点，而是通过不间断的图像积累间接产生涵化影响。电视从不会直接说："有色人种的犯罪率更高，因此你要多提防这些人。"但电视会更多地把少数群体描绘成暴力罪犯，我们由此所形成的看法也正好反映了这种偏见。涵化理论并不认为电视能够彻底地改变社会观念，但电视能够通过强化现有的权力关系和社会信仰来稳固社会格局。"主流化"一词指的是电视推动人们就某一事物达成共识的过程。

涵化理论通常只用于研究电视的影响力。格伯纳认为电视与其他大众媒介有着本质区别，因为它的普及性更高。但该研究完成以后，情况有了很大变化。过去，电视节目是有限的、同质化的，而今天的电视节目十分多元。因此，电视图像究竟是否具有足够的普遍性和一致性，以至于能够按照预期让人们的观点趋于"主流"？一些学者对此提出了疑问。其他学者则对涵化理论进行了更彻底的批评，认为调查法、相关法等系统方法无法控制媒体接触时间这个变量。同时，由于研究依赖于人们对媒介使用情况的自我报告，因此，一种广为流行的观点站在了冷酷世界症候群和涵化理论的对立面。换句话说，并不是观看电视让人们对这个"冷酷世界"感到害怕，而是那些认为世界是残酷的人选择留在家中看电视，因为他们惧怕外界。尽管如此，在媒介效果研究领域，格伯纳和他的涵化理论仍然是被广为引用的参考文献。涵化理论为娱乐效果研究提供了一个宝贵的、系统的理论方法，不仅适用于电视节目，还适用于其他普及的娱乐形式，如音乐视频和互联网上的传播内容等。

麻醉效果

其他理论家提出了过度接触媒介或娱乐活动所潜藏的一些其他累积性长期影响。一些理论家认为，随着时间的推移，媒介非但不能劝说人们改变观点、动员人们采取行动，还会让人们陷入被动局面。这种麻醉效果观点（有时也被称作麻醉精神功能失调）是有研究支撑的。当人们接触到的信息过载时，他们就开始退避。其中一个观点认为，当人们就某一主题获取了大量信息以后（如通过看了几部电影、读了几本书或上网），就会觉得自己已经就此事采取过行动了。那么接下来他们可能就会用被动观看新闻、娱乐节目的形式来替代主动参与行为。因此，人们可能会继续观看与种族歧视相关的电影，如《猜猜谁来吃晚餐？》（ *Guess Who's Coming to Dinner,* 1967）、《密西西比在燃烧》（ *Mississippi Burning,* 1988）、《美国X档案》和《撞车》（ *Crash,* 2005）等，这让他们觉得自己是参与其中的，尽管他们并没有加入民权组织、书写抗议信、签署请愿书或参加集会。另一个观点认为，人们只是对媒介所呈现的矛盾、灰暗的观点感到力不从心，困惑和无助让人们无力行动（见图5.10）。

文化批评理论

文化批评理论在很大程度上影响了现代媒介和娱乐理论，该理论与格伯纳的某些涵化观点相呼应，认为媒介的主要目的就是为社会现状正名，以忽视普通人或某个特定群体为代价，为另一群人或精英群体提供支持。现代新马克思主义理论家认为，人们被那些控制着文化和上层建筑的人压迫着，即受到大众媒介的压迫。在传统的马克思主义学者看来，这些压迫者是右翼政治精英，他们不但利用新闻和娱乐媒体来传递自己的意识形态，而且借此稳定大众、模糊视线。有人解释道，精英们这样做是为了让人们感到快乐和愉悦，这样人们就不太可能会反抗或挑战现有的权力结构。

图5.10 社会学习、启动、议程设置、兴奋迁移和麻醉效果等理论运用到诸如《猜猜谁来吃晚餐？》这样的电影研究中会产生何种不同的结论？哪一项研究会触及种族问题？

文化批评理论学者从多个角度展开研究，如女性主义批评学者研究的是媒介和娱乐如何巩固父权社会和男性主导社会；同性恋批评学者研究的是媒介如何把男女同性恋者边缘化；研究非裔美国人的学者则关注媒介压制非裔美国人的方式……批评理论家们通过对媒介内容和媒介影响进行主观分析来开展定性研究。现代批评理论家对媒介和文化之间的关系有很多不同的看法，但大都具有以下几点特征：[21]

- 它们往往是宏观的，研究的是广义的媒介文化影响。
- 它们开诚布公地与政治挂钩，以新马克思主义为基石，向着左派阵营靠拢。
- 它们的最低目标是推动政府媒体政策的变革，最高目标是改变整个媒介和文化体系。
- 它们调查并解释精英阶层是如何利用媒介来维持自己的现有权力和特权地位的。媒介所有权、政府与媒介之间的关系以及企业媒介对劳工和被剥夺权利的群体的表现等问题是文化批评理论的经典研究话题，因为它们的核心要点就是权力行使问题。

本节回顾了很多研究娱乐（尤其是媒体娱乐）影响受众的方式的相关理论。尽管存在着一些重合的地方，但大多数的理论都提出了截然不同的影响效果。请看表5.1的归纳总结，以左图为例，试着将研究理论与其预期影响匹配起来。

表5.1 理论效果匹配

将研究理论与预期影响配对	效果
媒体新闻和娱乐影像（如下图所示）可能会对受众产生什么样的影响？ 	1. 固化对罪犯的刻板印象 2. 抑制/减少犯罪行为 3. 夸大犯罪行为的严重程度 4. 使少数群体被边缘化并剥脱他们的权利 5. 短暂地激起人们的暴力想法，引发暴力行为 6. 手铐象征着服从/屈服，警服象征着主导/权力 **理论** A. 议程设置理论 B. 批评理论 C. 涵化理论 D. 启动理论 E. 社会/认知理论 F. 符号互动理论/现实社会构建理论
答案： 1—C：对某个群体的反复刻画诱发并加固了某类刻板印象 2—E：罪犯受到了惩罚，并没有得到奖赏或正面激励 3—A：媒体会告知我们何事是重要的 4—B：影像将精英阶层的权力传递到整个社会 5—D：图像激起了相关的暴力想法和暴力行为 6—F：图像创造并强化了标志符号和象征符号的意义	

本章小结

为研究媒介和娱乐的效果，我们援引了很多理论和方法，它们各有优劣。内容分析和文本分析最适用于分析文化主题或影像可能产生的重大影响。实验研究和有限效果理论最适用于分析媒体和娱乐是否能够产生特定的、独立的影响，还可用于排除其他可能的效果干扰。田野调查则最适用于评估现有环境的影响力及其影响程度。文化研究、定性研究和民族志研究适用于分析这些影响的复杂性，可以让研究者明白媒介的影响是如何融入我们这个更宏大的社会结构的。

很多理论都认为媒介和娱乐可能会影响我们的思想、行为，甚至我们的健康。我们所看的电影、所听的音乐、所玩的游戏都可能以不同的方式（正面或负面）影响刻板印象、消极行为、教育价值观以及其他观点或行为的产生和发展。尽管仍然存在争论，但这些理论和方法已然成为研究者、行业专家以及受众的综合工具，让他们从不同的角度去理解媒介和娱乐效果可能会在何时产生、因何产生、以何种形式产生以及在何种程度上起作用。

近观"9·11"前因后果：媒体与恐怖主义

很多人都对西方媒体、娱乐与2001年9月11日纽约世贸中心恐怖袭击事件之间的关系做过推测。在此我们需要考虑的是媒体和娱乐在袭击事件中可能扮演的角色以及它们是如何影响人们对袭击的反应的。

首先，人们对新闻和娱乐节目所描绘的西方文化图景感到担忧——耸人听闻的犯罪、暴力、性行为以及对名流生活方式的夸大其词。美国人人数众多，然而新闻和娱乐媒体却总把西方人描绘成忘恩负义、毫不虔诚的罪犯，他们以自我为中心，并不关心他人。与此同时，在"9·11"事件发生之前，美国的书籍和电影也总是丑化中东人，把他们视作敌人、恶棍和恐怖分子。基于此，有人认为，难怪其他国家的人会认为西方人（尤其是美国人）暴力无道、寡廉鲜耻、纵欲享乐并且无比憎恶中东人。事实上，这些观点恰好印证了基地组织和其他恐怖主义集团对西方世界的控诉，他们借此控诉来会聚支持者，为自己的袭击正名。

书籍、电影以及其他形式的娱乐媒介也遭到了指控：它们向恐怖分子提供了可资借鉴的袭击策略。例如，人们注意到汤姆·克兰西（Tom Clancy）的著作《美日开战》（*Debt of Honor*）（发行于1993年世贸中心爆炸案发生之后）与"9·11"恐怖袭击事件之间存在着相似之处。在书中，敌人在国会参众两院联席会议期间驾驶一架飞机驶向国会大厦和其他打击目标点，这与2001年世贸中心和五角大楼两塔所遭遇的袭击相似。（当时白宫可能也会遇袭，但当第四架飞机坠毁于宾夕法尼亚州时，这一计划便失败了。）

电子游戏也受到了类似的指责：它们为潜在的恐怖分子带去灵感，甚至有可能为他们提供了练习机会。袭击发生后，微软宣布将会在即将发布的《微软模拟飞行2002》（*Microsoft Flight Simulator 2002*）中删除世贸中心这一建筑，因为这款游戏逼真实用，一些飞行学员会用它来模拟训练。其他电子游戏开发者也在世贸中心恐怖袭击事件之后，宣布删除所有新版本中与纽约相关的残破影像画面。美国动视在上市前一天决定无限期延后发布自家的PS游戏《蜘蛛侠2：走近电光人》（*Spider-Man 2: Enter Electro*），因为游戏中的超级英雄与反派在一座类似于世贸中心的摩天大楼上开战。

袭击发生后不久，好莱坞高管会见了美国总统乔治·W. 布什（George W. Bush）的高级顾问卡尔·罗夫（Karl Rove），并同意了政府所提出的要求，即电影和电视节目要为美国做宣传，传递"美国价值"。实际上，罗夫列举了"宽容""志愿精神"等七个特定的主题，他希望娱乐业能够突出这些话题。因此，"9·11"事件不但向我们展示了媒体和娱乐影响社会的可能方式，还向我们展现了社会事件对媒体和娱乐产品所造成的影响。[22]

当然，恐怖分子并不是唯一一群受到娱乐影像影响的人。即便是最遵纪守法的公民或许也会无意识地接受某种刻板印象，如怀疑所有中东人都是恐怖分子等，因为书籍、游戏、电视节目和电影中都是那样说的。我们所接触的娱乐媒体也有可能会影响我们对诸如"9·11"事件等新闻报道的看法。很多人发现自己无法避开那些与美国恐怖袭击事件相关的报道。虽然在电视上看到的、在报纸或杂志上获取到的有关"9·11"事件的信息很可怕，但是很多人发现要避开这类新闻几乎是不可能的。有些人说，他们观看是为了获取信息，或者说是因为担心未来还有袭击发生，希望提前做好准备。还有些人说，他们观看是为了消化和处理这一重大事件。

一些批评家认为，媒体故意制造这些让人欲罢不能的影像，就像动作电影那样。不管是不是故意的，观众确实把新闻报道当电影在看——这是一个自成一体的故事，有完整的开端和结局。但新闻报道终究与电影有所不同。在电影中，观众常常会希望并最终得到所有理解故事所必需的信息，即了解所有的角色、背景信息和细节内容，但是要从新闻报道中获得如此有深度的信息并不容易。在现实生活中，故事总是要复杂得多。当美国与恐怖分子真的开战以后，一切会有结束的一天吗？实际上，我们很难敲定起点和结局，也很难收集所有必要的信息，以真正地了解所述事件。

只要稍微思考一下，你就会发现这一切似乎是很明显的。但近年来，新闻的娱乐化趋势与娱乐活动（看电影、看电视、打游戏、读书等）相融合，可能会使人们把新闻看作一种娱乐。因而，当观众认为收看几个小时"美国有线新闻网"就能让自己完整而准确地了解世界上正在发生的"故事"时，他们往往不太会进行批判和思考。

"9·11"事件为我们探索媒体、娱乐以及它们所描绘、再现的现实世界之间的关系提供了无限可能。但与所有媒介效果研究一样，我们永远不可能完全了解西方媒体和娱乐对恐怖袭击事件及其后果所产生的影响。

你怎么看？

- 你觉得电影、电视节目、书籍和电子游戏等娱乐媒介是否以某种方式影响了恐怖袭击事件？如果是，是以何种方式呢？
- 哪些理论可以解释这些影响？
- （如果你觉得有影响的话）你认为娱乐是如何影响人们对恐怖袭击事件的态度的？
- 你如何看待娱乐业的巨头们对恐怖袭击事件的回应？他们应该采取什么其他措施吗？未来他们又应该怎么做呢？

讨论与回顾

1. 回顾娱乐对受众可能产生的不同效果，并各举一例。
2. 阐释效果研究的不同范式以及每种范式的代表理论和研究，同时预测这些范式未来的发展趋势。

3. 解释并比较以下几组概念：定量研究和定性研究；自我报告和直接观察；实验室研究和田野调查；内容分析和文本分析。你最喜欢哪种研究方法？为什么？
4. 想想你自己（他人）对不同群体（女士、非裔美国人、亚洲人、拉美裔美国人、中东人、金发者、老年人、律师、计算机从业者）的看法，你是如何看待这些群体的代表性人物的？他们长什么样？行为举止如何？有哪些影像或刻板印象跃然于脑海？运用本章的理论解释这些构想的成因。

练习

1. 想想以下内容：电影中的抽烟镜头、嘻哈音乐、图书《哈利·波特》或《指环王》。这些内容可能会对人们产生怎样的影响？它们会如何影响人们的态度和行为举止？请设计一个研究方案对此展开研究。
2. 观察身边的新趋势：时装、发型、玩具、小玩意、流行用语等，看有多少新趋势是从娱乐活动延伸而来的，如电影、音乐视频、杂志……或演员、音乐家、运动员等。运用本章所介绍的理论解释这些趋势的成因。
3. 在数据库（如EBSCO数据库、Psych数据库等）中的社会科学研究分类下搜寻效果研究成果，试着以"效果"或"影响"以及其他你感兴趣的词（如"媒介暴力""电子游戏""重金属音乐""恐怖电影"等）为关键词，通读一些文章，看是否能够找到本章介绍的一些理论和方法，并谈谈你的发现。
4. 研究者注意到娱乐媒介中存在一些有趣的趋势：其一，一些轻松愉悦的电影仍是十分暴力的，如动作电影《尖峰时刻》、恐怖电影《惊声尖叫》；其二，《幸存者》《老大哥》等真人秀节目盛行。列出你所注意到的其他趋势（包括但不限于电视、电影、音乐、电子游戏和书籍等领域），预测这些趋势会对受众产生什么样的影响。

参考书籍与网页

Bryant, J. and Zillmann, D. (1994). *Media effects: Advances in theory and research*. Hillsdale NJ: Lawrence Erlbaum Associates.

Jeffries, L.W. and Perloff, R.M. (1997). *Mass media effects* (2nd ed.). Prospect Heights IL: Waveland Press.

Fischoff, S. (1999). Psychology's quixotic quest for the media-violence connection. *Journal of Media Psychology,* 4: 4. Available online at www.calstatela.edu/faculty/sfischo/.

Lowery, S.A. and DeFleur, M.L. (1995). *Milestones in mass communication research*. White Plains NY: Longman.

www.mhhe.com/mayfieldpub/westturner/student_resources/theories.htm——定义了传播理论。

www.sociosite.net/topics/texts/berger_luckman.php——讨论了社会建构现实理论。

www.healthyminds.org/mediaviolence.cfm——探讨了媒体暴力对精神健康的影响。

第二部分

效果：社会原因和效应

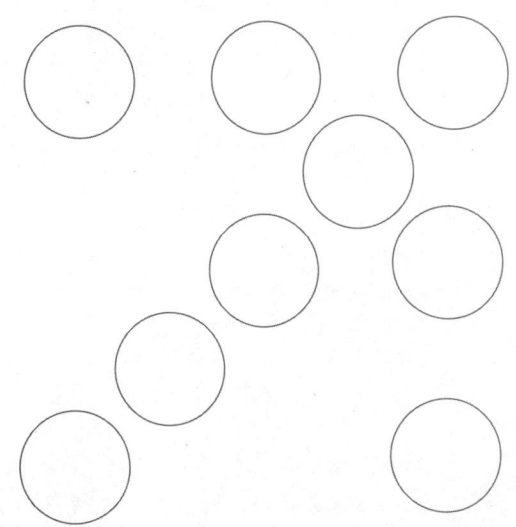

第六章　注意力经济：商业与技术

> 娱乐——不是汽车，不是钢铁，不是金融服务——正在迅速成为新的世界经济的驱动轮……娱乐内容，也就是我所说的电子因素，在我们决定在哪家商店购物，乘坐哪家航空公司的航班，在哪家餐厅吃饭，穿什么衣服，用哪个锅做饭，用哪台电脑等方面正日益发挥着根本作用。在"真正的"商业和娱乐之间有界线吗？不再有了。
>
> ——迈克尔·J.沃尔夫[1]（Michael J. Wolf）

娱乐业是全球经济中增长最快的行业。在美国，娱乐在家庭支出中所占的比例高于服装和医疗保健（娱乐5.4%，服装5.2%，医疗保健5.2%）。美国民众每年在合法娱乐消费上的投入至少达到1200亿小时的时间成本，以及超过1500亿美元的经济支出。因为"娱乐"涵盖了一系列不同的行业，所以很难对娱乐业产生的收入进行衡量。一些数据显示，在美国，娱乐业是一个超过4800亿美元的产业，包括国内业务和国际业务。这一数字不包括旅游业和消费电子产品，如电视机和录像机，许多人认为这些产品主要是为了娱乐而购买的。[2] 如第一章所述，到2010年，全球在娱乐和媒体上的支出预计将超过1.8万亿美元。[3]

那么，为什么娱乐业的增长速度会超过其他行业？最简单的答案：因为它可以。经济增长伴随着供给和需求，我们在娱乐业的这两个方面都看到了快速增长。技术进步增加了娱乐选择（供给）的数量和质量。与此同时，由于其他经济行业表现良好，人们有更多的钱花在"额外"的娱乐（需求）上。但即使世界经济在21世纪初发展开始放缓，娱乐业仍然相对健康。

娱乐产业已突破传统边界，渗透至各行各业——从酒店餐饮、购物中心到新闻节目、网络平台乃至课堂教学，娱乐元素无处不在。我们正迈入一个娱乐浸润生活方方面面的时代。本章将重点探讨：经济力量与技术浪潮如何塑造娱乐产业，同时又如何被娱乐业态的变革所塑造。

经济和技术力量

正如第一章所述，今天的娱乐业是一项大生意，可以划分为几个不同行业的业务。因此，竞争和保持盈利一直是娱乐业发展的驱动力。在寻找提高娱乐产品质量、增加数量和多样性的方法时，娱乐方面的艺术家和企业家往往是社会上许多重大技术进步的最早采用者与推动者。想想通信技术的里程碑式进步，如收音机、胶卷和电视机。尽管这些创新发展最初是为了传达重要的新闻和信息，但它们很快就被用于创造革命性的娱乐形式——书籍、电影以及连续的广播和电视节目。娱乐甚至比新闻和信息更能定义与推动围绕这些技术建立起来的行业。正如我们将在本章中看到的，索尼等大型娱乐企业开发通信硬件，如电视、音乐播放器、游戏机，并在这些设备上播放娱乐内容（节目、歌曲、电子游戏等）（见图6.1）。尽管许多娱乐公司正在蓬勃发展，但又一次的技术变革，如数字技术和互联网，正在改变它们的行业。

图6.1

注意力经济

几十年来，经济学家和未来学家认为我们已经进入了一个与过去以工厂为基础进行大规模物质生产完全不同的时代。在那个时代，谈论货币、价格、投资回报、供求规律等都非常有意义。今天的经济更多地由信息的生产和交换驱动，而不是由物质商品的生产和交换驱动。记录我们社会中的信息扩散而得到的统计数据是令人印象深刻的。例如，一份典型的工作日版《纽约时报》所包含的信息比17世纪普通的英国人一生所能接触到的信息还要多。从1980年到1990年的短短10年间，全世界的书籍产量就增长了45%。据估计，每分钟就会有一个新的网站出现在万维网上。[4] 新时代已经有许多命名：信息时代、第三次浪潮、向网络空间的发展。从电视机和大型电脑主机的出现，到个人电脑、互联网和无线产品的接连出现，电子数据和通信领域的革命性技术进步推动了这个时代的发展。

一些理论家认为，推动经济发展的并不是丰富的信息，而是由丰富的信息所产生的对注意力的竞争。经济学家迈克尔·戈德海伯（Michael Goldhaber）用"注意力经济"一词来描述这个不断发展的时代。他解释了为什么他不认为信息本身是一种经济驱动力。

> 信息……将不可能成为一个经济体的基础，原因很简单：经济是由稀缺的

第六章 注意力经济：商业与技术

东西所支配的，而信息，尤其是网络上的信息，不仅丰富而且泛滥。我们正淹没在这些东西中，然而每天还有越来越多的东西涌向我们……如果信息已经太多了，围绕喷涌而出的更多信息我们还有什么动机去组织我们的生活呢？[5]

正是这种信息过剩导致了对日益稀缺的东西越来越激烈的竞争，当然，这稀缺的东西就是我们的注意力。有人认为，这种对注意力的竞争推动了娱乐信息节目的兴起。无论你是在写剧本、新闻故事还是广告，你的目标都是吸引注意力。与事实和深思熟虑的分析相比，戏剧和阴谋更能吸引到观众。因此，正如第一章所介绍的，这种注意力经济已经转变为一种娱乐经济。

商业和娱乐：一种共生关系

如果没有那些通过广告支持娱乐业的公司，那么当今我们所知道的娱乐业就不会存在。据估计，娱乐产业40%的收入来自广告。如今，广告不仅是报纸、杂志、电视和广播电台的主要收入来源，还是网站和体育赛事的主要收入来源。随着植入广告的出现，电影行业也设法从广告中获得收入（见图6.2）。

图6.2 伦敦皮卡迪利广场的广告关注度

整合营销传播

早期的广播节目通常由一家公司赞助，以换取节目播出前后的简短提及。但广播电台的所有者很快意识到，他们可以通过将整个广播电台的节目中的赞助权小规模分别出售给多个企业来赚取更多的钱，而不是将每个节目中的赞助权出售给单个企业。这种做法在20世纪40年代末至20世纪50年代初被电视所采用，在电视里广告被明确划分为节目休息时间，与娱乐内容完全分开。在这个时代，广告商可以依靠电视为他们的销售宣传提供大量忠实观众。但从20世纪80年代开始，随着有线电视、遥控器和录像机等观看技术的兴起，公司不得不变得越来越有创意，以防止观众随时切断他们的信息接收。正是这种对注意力的竞争，为公司系统协调不同的营销和品牌活动创造了动力与机会，并且公司通过非传统（因此更难以逃避）的手段，如在现场活动中进行产品植入和企业赞助，以接触到理想受众。

> **时事速览**
>
> PQ传媒（PQ Media）称，与2004年相比，2005年市场营销人员将品牌整合到电视节目中的费用增加了71%——9.41亿美元。电子营销者公司（EMarketer）报告称，2008年用于品牌整合的在线视频广告支出为5.05亿美元。[6] 据《孤独女孩15》（lonely girl 15）及其在微软公司旗下的在线服务与网络服务提供商（MSN）、迪士尼、派拉蒙（Paramount）和宝洁（Procter & Gamble）上的衍生节目制片人表示，这些节目的绝大部分收入来自品牌整合。[7]

学界研究表明，整合营销传播（IMC）很可能将成为界定后现代营销范式乃至后现代文化形态的核心概念之一。市场调研显示，近75%的广告公司已实际应用整合营销传播体系，[8] 营销高管们普遍将其描述为一种"具有持续增长动能"的"全局性"战略。尽管定义存在差异，但整合营销传播本质上是对多元化营销功能的协同整合，具体涵盖：广告与公共关系、场景营销［终端陈列（POP）与包装设计］、商品促销（如优惠券），以及品牌赞助与产品植入等线下（BTL）营销形式。

马修·麦卡利斯特（Matthew McAllister）分离出了一些强调整合营销传播理念的发展趋势：[9]

- 传统媒体通过传统广告有效传递给受众信息的能力受到削弱。
- 媒体公司在整合营销传播活动中的共谋，一方面是通过有吸引力的营销和多平台的交易产生广告收入；另一方面是通过与公司合作以营销媒体公司的品牌来进行自身的营销（如时代华纳和迪士尼同时是广告收入的主要接收者和广告费用的主要支出者）。
- 通过不同的媒体选择将受众区分开来，并通过数据库营销，增加对特定受众的消费和媒体使用行为的信息收集。
- 数字媒体的盛行，不仅增加了接触消费者的渠道，而且在形式上鼓励了传统意义上对截然不同的文本类别的融合，如商业形式与编码形式，这既包括新的数字传输系统，如互联网（结合了商业活动，如购买能力），又包括新的数字生产技术，特别是可以在电视上看到的增强的图形和视觉技术。

- 全球广告组织［如宏盟集团（Omnicom）和WPP（广告传播）集团，两个非常大的广告组织］所有权的集中促进了营销活动的收集和"捆绑"。

整合营销传播（IMC）的发展体现了营销的兴起，整合营销传播旨在将商业与非商业（较少商业）相融合。根据麦卡利斯特的说法，"我们现在看到整合营销传播被设计成并且经常表现为整合营销文化，为我们的文化打下营销基础"[10]。换句话说，有人认为营销已经如此深刻地融入娱乐结构和流行文化的其他方面，以至于开始塑造和定义流行文化。为了大肆宣传2006年秋季电视季，哥伦比亚广播公司在邮票上和电梯门内侧张贴了节目明星的照片。用激光在3500多万只鸡蛋上涂了眼睛标志，并在堪萨斯州40英亩的玉米田里刻上了一个新节目的名字"杰里科"。广告正在侵入更多以前不曾触及的生活角落，包括小说、酒店浴帘、校车和孕妇的肚子。高尔夫球手弗雷德·卡普斯（Fred Couples）在球场上被一群女人跟踪，她们穿的衣服上印着他的赞助商普利司通高尔夫（Bridgestone Golf）的名字。[11] 请参阅《聚焦IMC》和第七章，以了解更多关于营销融入娱乐的普遍性讨论。

聚焦IMC　　　　　　　　　　　　**超越产品植入：电影号外中的整合营销**

2008年7月10日，电影号外放映了2003年威尔·法瑞尔（Will Ferrell）（见图6.3）的电影《单身男子俱乐部》（Old School）。这部电影揭示了复杂和普遍的促销活动是如何被整合到娱乐产品中的。

- **电视电影作为广告载体**　电影是吸引观众观看广告的诱饵，广告在商业广告时段或称"豆荚期间"播放。此外，（日）东京广播公司TBS（Tokyo Broadcasting System Inc.）还在商业广告时段推广节目。在这部电影的广告时段，每小时大约有14分钟的广告和节目宣传，这还并不算很多，后面会讲到更多。

图6.3　威尔·法瑞尔

- **电视电影中的产品植入**　在一个商业广告时段前，威尔·法瑞尔饰演的角色弗兰克喝醉了，他问他的妻子："亲爱的，你觉得肯德基还在营业吗？"这里并没有引入肯德基的商业广告，但确实插入了塔可钟（Taco Bell）的商业广告。

- **角标和弹窗广告作为促销手段**　在屏幕上弹出的图形，宣传即将播放的TBS节目。它们通常出现在广告时段前后，而且可能在屏幕上持续将近一分钟。它们通常与在商业广告时段播出的宣传广告相辅相成，比如鹩和TBS播放的电影《新抢钱夫妻》（Fun with Dick and Jane）的广告。

- **电影作为直销商品**　与上述类似，弹窗出现在屏幕上，告诉观众"在DVD@tbs.com上购买《单身男子俱乐部》！"从这个意义上说，每个网络现在都有自己的商店。由于TBS播放的电影通常是经过剪辑的，因此电影的播放可以促进不同版本的《单身男子俱乐部》的销售，包括"未分级"版本。

上述内容代表了商业上的常态：在超级商业环境中，类似的促销活动几乎可能出现在任何节目中，促销活动和商业广告以图文并茂的形式贯穿整个节目。但是电影"外传"在此基础上还增加了其他层次的推广。

这些添加的额外文本层包括以下几个：

- **作为交叉推广项目的插播节目**　电影"外传"是一种文字游戏，它为电影增加了额外的插播内容，但也意味着与联合娱乐新闻电视节目号外合作。在这种情况下，电影"外传"品牌有助于推广号外联合节目。号外也是由华纳兄弟发行的，所以这增加了一种协同激励，因为华纳兄弟和（日）东京广播公司都是时代华纳的资产。

- **作为交叉推广者的插播节目主持人**　号外的两位主持人也是其他有线电视节目［如时尚网络（Style Network）频道的"名人极限躲避球（Celebrity Extreme Dodgeball）"和"美食电话（Foody Call）"，以及美好生活（Fine Living）频道的"这笔钱能换来什么（What You Get for the Money）"］中的名人，因此他们可以交叉推广其他节目。

- **作为综合活动项目的插播节目**　在插播商业广告之前，两位主持人声称给我们带来"最热门的信息"。不过，在这种情况下，这种轰动效应并不是随机的，而是集中在一部电影上："今夏最热门的喜剧"《非亲兄弟》(*Step Brothers*)。《非亲兄弟》于7月25日上映，大约是在该节目播出后两周。当然，《非亲兄弟》和《单身男子俱乐部》是基本相同的电影：这是一部由"兄弟会"（Frat Pack）推动的喜剧，威尔·法瑞尔饰演一个发育受阻的男性。这部电影的"外传"评论主要使用电影剪辑和对明星采访的内容。

- **作为综合活动的广告**　《非亲兄弟》更多的传统广告也会在《单身男子俱乐部》的广告时间播出，从而暗示了捆绑的动机。广告中的片段是在插播节目中播出的内容。

- **综合广告/节目中的产品植入**　最后，被整合在插播式节目和传统的电影广告中的《非亲兄弟》片段中，有产品植入：一个角色明显在床上使用索尼Vaio电脑；约翰·C. 赖利（John C. Reilly）穿着一件川崎T恤；法瑞尔穿着一件激浪的T恤，在同一个场景里，赖利正在喝百事可乐。这也被设计为一个关键场景（"你有一个月的时间找工作"）。没有激浪的广告，但有塔可钟的广告，塔可钟曾经属于百事公司（PepsiCo）。

资料来源：摘自麦卡利斯特（McAllister）和马修（Matthew）的《整合营销文化？》(2008)，这是他们在新闻与大众传播教育协会年会上发表的论文。

融合与整合

没有什么地方比娱乐业内部对注意力的竞争更为激烈的了。这种竞争已经导致了一些有趣的趋势。在20世纪90年代，娱乐业的发展趋势是越大越好。与娱乐相关的机构组织合并，多元化发展并扩大业务范围，创建了庞大的公司，其控股范围横跨行业每个角落——电影制片厂、电视网络、音乐唱片公司、体育特许经营权和互联网服务。但从2002年开始，潮流开始转向，其中一些公司正在缩减规模，重新回到更狭窄的专业领域。尽管如此，各个行业继续以创新的方式融合在一起以扩展品牌，为品牌注入娱乐元素，并为世界各地的受众和消费者量身定做品牌。本节将回顾这些趋势，并探讨影响它们的因素。

合并与收购

与早期电视的电台配置和单一所有者不同，如今的娱乐提供商是巨型企业集团。在20世纪90年代，在有线电视公司和节目制作公司之间，以及有线电视公司、节目制作公司和电话、计算机、电影和电力等行业的大量利益相关方之间，企业合并、收购行为和合资企业激增。融合成为行业的口号。作为国家信息基础设施（National Information Infrastructure）和信息高速公路（Information Superhighway）的一个基础概念，融合准确地描述了当今媒介技术中正在发生的事情。到20世纪90年代末，共有八家跨国公司（TNCs）：通用电气（General Electric，控股NBC环球）、自由传媒（Liberty Media）、迪士尼、时代华纳（Time Warner）、索尼、新闻集团（News Corporation）、维亚康姆（Viacom）和贝塔斯曼（Bertelsmann）。几乎所有主要的好莱坞电影公司都归这些企业集团所有，而这些集团又控制着播放电影的有线电视频道和电视网络。[12] 在表6.1中，你可以看看能否将这些集团与其持有的股份进行匹配。

20世纪90年代，美国在线（AOL）与时代华纳的世纪并购开创了新旧媒体融合的先河，为新闻娱乐产业带来了革命性变革。与此同时，迪士尼集团通过战略性扩张构建起完整的传媒生态系统，其资产版图涵盖：电影制片厂、电视广播网络、有线电视频道、图书出版公司、杂志部门、地面电视台、零售商店网络、主题公园集群、职业运动队及特许商品经营等。在多数情况下，这八大传媒巨头通过复杂的资本联姻形成资产交叉持有格局。行业预见显示，有线电视与电信产业或将深度整合，催生颠覆性的下一代媒体生态系统。

表6.1　将总公司与它的公司控股相匹配

总公司	公司控股（截至2008年8月）
1. 时代华纳 2. 自由传媒 3. 贝塔斯曼 4. 迪士尼 5. 通用电气 6. 新闻集团 7. 索尼 8. 维亚康姆	A. 美国广播公司电视网（ABC Television Network） B. 兰登书屋（Random House Books） C. 我的空间（MySpace） D. 百事通（录像店）（Blockbuster）（video stores） E. 环球影城主题公园（Universal Studios Theme Parks） F. 美国在线 G. 直播电视集团（DirectTV） H.《我们的日子》（Days of Our Lives，电视肥皂剧）
答案：1F, 2G, 3B, 4A, 5E, 6C, 7H, 8D	

注：在某些情况下，总公司可能完全拥有该实体；在其他情况下，它可能只持有主要的股票权益。

更多的选择

尽管有许多因素推动了这些巨型公司的发展，但它们对注意力的争夺无疑发挥了重要作用。30年前，我们的娱乐选择比较有限，电视只包括3个广播电视网和少数几个地方频道，广播电台、杂志、音乐团体、游乐园等更少。因此，只拥有其中一项业务的公司可以占领大部分娱乐市场。但随着有线电视、专业杂志、互联网等的出现，娱乐选择开始成倍增加。因此，公司开始合并和整合来对抗这种发展态势，而不是争夺观众的注意力。

协同作用

尽管有这些合作伙伴关系，但各公司对注意力的争夺依然激烈。这场斗争反映为生产、营销和宣传的成本不断增加。1987年，一部普通故事片制作、发行和营销的成本为2840万美元。1997年，需要花费7560万美元。这些数字说明生产成本在以平均每年10%的速度增长，明显高于通货膨胀率。[13] 如此高的成本使得小的公司难以竞争。持有不同股份的大公司通过协同合作获得了杠杆效应。例如，当迪士尼推出一部新电影时，它会让其出版、商品销售、电视和主题公园等部门参与进来，一起宣传该电影并开发相关产品。

以电影《狮子王》为例。迪士尼旗下的电视网络宣传了这部电影，这部电影激发了人们对狮子王玩具、书籍、衍生视频、电视节目、主题公园景点，甚至《狮子王》剧场演出的兴趣。最终，每个元素都会加强和促进其他元素。这些交叉推广的努力是明显的。事实上，在以家庭为目标消费客群的迪士尼乐园，这种商业策略被展现得淋漓尽致。在园区内，迪士尼合家欢电影中的场景被赋予了新的生命，被以电影主题的过山车和互动多媒体表演等形式生动还原，而每个游乐设施项目的出口处都被精心布局了主题商店——游客必须穿过这些商店才能离开，无形中迪士尼乐园完成了一次消费的闭环设计（见图6.4）。

多样化

媒体巨头还享有另一个优势。如前文所述，为了在当今的市场中维持受众的注意力，你必须不断提供新的东西——比以往提供的东西更大、更好、更令人愉快。要跟上技术的进步是困难的，而要预测受众喜欢什么就更难了。公司必须冒险投资新技术和新想法，不知道哪些会成功，哪些会失败。资源有限的小公司很难进行这样的赌博。可以说，通过"不要把所有鸡蛋放在一个篮子里"，持有多种股份的大公司能够更好地应对娱乐业的不确定性和变化无常。

图6.4　在离开以迪士尼主题电影为基础的迪士尼主题公园景点后，顾客被引导到迪士尼主题礼品店

放松管制

娱乐公司开始合并与整合的另一个原因是很简单的，仅仅是因为它们有这个能力。具有讽刺意味的是，在过去的几年里，在我们有如此多不同的娱乐选择——特别是媒体娱乐选择——之前，许多这样的合并与收购都是非法的。多年来，美国政府制定了严格限制所有权的反垄断法，因为领导人担心垄断——包括横向和纵向的——会威胁到公平竞争。当一家公司控制了一个行业的很大一部分业务时，就会出现垄断（见图6.5）。一个行业通常由多个层面组成。一些公司生产所需的原材料或资源，

图6.5　垄断是"不公平竞争"吗？

其他公司将这些资源建构或开发成产品和服务，还有一些公司将产品和服务分销给观众和客户。例如，在电影行业中，编剧编写剧本，制片公司制作电影，电影院、租赁机构和零售商店以及电视台将电影"分销"给观众。

当少数公司控制一个行业的单一层面时，就会出现横向垄断。例如，一家公司或极少数的公司控制了所有的制片厂、所有的电影院和所有的电视台。当一家公司控制了一个行业所有层面的一部分时，就会存在纵向垄断。例如，一家公司拥有一个代理编剧、电影制片厂、电影院、零售商店、电视台等的人才机构。传统观点认为垄断对任何经济行业都是一种威胁，尤其是在有许多传统娱乐形式的媒体行业中，垄断被认为是特别危险的。

在美国，媒体一直被认为是帮助监督政府和工业活动的"看门狗"。早期的技术限制了主要媒体的渠道数量。宽带只允许少数电视台和广播电台使用，甚至电影院和印刷出版物的数量也是有限的。因此，除了担心垄断问题，如价格垄断和限制消费者的选择，人们还担心如果只有少数公司拥有所有的媒体渠道，缺乏竞争可能会导致它们放弃监督职能，并为了自己的利益控制新闻内容和娱乐内容。

包括娱乐业在内的媒体行业一直想要合并和整合，但政府不允许。但在20世纪80年代，所有行业放松管制，其中一些限制开始取消。况且，由于有线电视、互联网和其他进步技术的引入，有些障碍被进一步破除，新媒体的扩散减少了人们对单一实体可能控制公共信息的担忧。尽管法规没有以前那么严格，但拟议的合并和收购仍会受到严格审查，有时还会因为担心垄断问题而被否决。尽管有这样的审查，人们对如今的巨型企业的看法还是复杂的。支持者认为，消费者可以获得更便宜、更综合的娱乐。与此同时，批评者认为，巨型企业限制了竞争，导致价格垄断并降低了娱乐和新闻产品的质量，缩小了人们的选择空间。尽管如此，即使是大多数批评者也会勉强同意，这些巨型企业在一件事上非常成功——吸引我们的注意力。

剥离和分化

但在新千年伊始，已经有迹象表明，维持如此庞大的帝国所带来的压力，可能正对一些巨型公司造成影响。2002年，尽管一些公司继续合并与发展它们的帝国，但其他公司开始剥离或出售其部分股份。[14] 维旺迪环球公司（Vivendi Universal）开始谈判出售其主要出版部门，感兴趣的买家施加压力，要求其出售美国环球（U.S.Universal）娱乐股份。迪士尼正在为其体育特许经营权——阿纳海姆天使队（Anaheim Angels）和巨鸭队（Mighty Ducks）寻找买家。美国在线时代华纳（AOL Time Warne）也在考虑出售"非核心"资产，包括公司的三个亚特兰大体育特许经营权，以及在喜剧中心（Comedy Central）和法院电视（Court TV）有线电视频道持有的50%的股份。此外，罗伯特·默多克（Robert Murdoch）的新闻集团正在致力于达成一项交易，以甩卖掉其在麦迪逊广场花园（Madison Square Garden）、MSG网络（MSG Network）、纽约尼克斯队（New York Knicks）、纽约自由女子职业篮球队（New York Liberty WNBA team）和纽约游骑兵队（New York Rangers）的股份。

2002年12月，《华盛顿邮报》（*Washington Post*）撰稿人弗兰克·阿伦斯（Frank Ahrens）指出了这个迅速变化的趋势："仅仅在令人兴奋的两年前，媒体行业的流行词还是'合并'和'战略性收购'，它们被认为能带来'合并收入'和'协同效应'。如今，关键词是'销售'和'非核心资产'，公司希望它们能带来'债务减少'和'战略匹配'。"[15] 分析师指出，股价下跌和其中一些协同资产价值的变化是这次缩减规模的主要原因。例如，在拥有体育特许经营权的情况下，同时拥有一个电视网络和体育特许经营权起初被认为是获得分配有线电视系统比赛转播权的一种方式；但是，一旦这种分配权得到保障，双重所有权就不再是一个很大的优势了。因此，许多公司经过分析发现，出售特许经营权比保留特许经营权能赚更多的钱，而且，在经济衰退时期，企业急于利用可能改善股东报告底线的机会。

技术的影响

娱乐集团将其持有的各种股份重新分割成各自拥有所有权的独立公司，技术的融合使得这种情况不太可能发生完全逆转。

此外，2003年美国联邦通信委员会（FCC）法规，进一步放宽了对一家公司可以拥有的媒体机构数量和种类的限制，这些变化得到了迪士尼、维亚康姆、美国在线时代华纳、新闻集团和其他渴望增持股份的公司的强烈支持。[16] 如今，娱乐公司实体之间的关系变化与其所创造名人的速度一样快。2003年，维旺迪与美国全国广播公司合并，后者随后被通用电气收购。同样是在2003年，索尼与贝塔斯曼合作开发索尼BMG音乐，但在2006年，贝塔斯曼宣布拟将其音乐资产出售给维旺迪（由通用电气所有）。[17]

因此，虽然我们可能会继续看到更多的分裂和缩减，但我们可能也会看到更多的战略合并和控股权洗牌，因为大型媒体公司不断地在多样化和精简化之间寻求平衡。据《琼斯母亲》（*Mother Jones*）杂志报道，到2006年底，有8家巨型媒体公司在美国媒体中占据主导地位，大多数人从这些公司获得新闻和信息：[18]

- 迪士尼（市场价值：728亿美元）。
- 美国在线时代华纳公司（市场价值：907亿美元）。
- 维亚康姆（市场价值：539亿美元）。
- 通用电气（美国全国广播公司NBC的所有者，市场价值：3906亿美元）。
- 新闻集团（市场价值：567亿美元）。
- 雅虎（Yahoo!）（市场价值：401亿美元）。
- 微软（Microsoft）（市场价值：3068亿美元）。
- 谷歌（Google）（市场价值：1546亿美元）。

在这份名单中，雅虎、微软和谷歌与其他5家"传统"媒体公司相比，是较新的媒体公司。值得注意的是，这些公司中有许多在10多年前就进入了全球娱乐供应商的名单。因此，尽管企业格局的确在迅速变化，但这些公司仍然相当稳定。鉴于很难定义什么是娱乐，以及不断变化的合并、收购和拆分情况，我们很难创建一个当今全球顶级娱乐集团的最终名单。

酒店业：战略联盟

推动行业重组的注意力竞争并不局限于媒体娱乐领域，它几乎可以在所有形式的休闲和娱乐行业中被看到。20世纪90年代中期，酒店行业的合并与收购开始激增。仅在酒店业，合并活动就翻了一番，从1995年的30亿美元增加到1996年创纪录的88亿美元。在利润增长的推动下，大公司变得更大，小公司通过合并来保持竞争力。尽管美国旅游业在2001年世界贸易中心（World Trade Center）遭恐怖袭击后收入大幅下降，但不久后的2003年税法改革导致该行业出现了更多的整合，形成了与媒体娱乐业类似的企业集团。

> **时事速览** 2005年，哈拉斯娱乐公司（Harrah's Entertainment）与凯撒娱乐公司（Caesar Entertainment）合并，哈拉斯娱乐公司支付了18.7亿美元的现金和32.7亿美元的股票，并承担了凯撒娱乐公司38.6亿美元的债务。哈拉斯目前在12个州拥有40处房产，仅在拉斯维加斯就控制着17,600个房间。[19] 在撰写本文时，达美航空公司（Delta Airline）正准备与西北航空公司（Northwest Airlines）合并。[20]

与媒体娱乐业一样，我们看到酒店业也在纵向和横向扩张，而且融合与整合并不受企业所有权的限制。随着像迪士尼这样的巨型企业展示了控制旅游体验中所有要素（酒店、餐厅、景点和迪士尼邮轮这样的交通工具）的协同和竞争优势，即使是独立的参与者现在也依赖合作伙伴关系和"战略联盟"来生存（见图6.6）。在战略联盟中，酒店将与旅游公司、餐厅和当地景点合作，它们可能会提供互惠的推荐和折扣，集中资源进行促销活动，或创建全包式旅游套餐。通常情况下，即使是竞争对手也会在目的地营销活动等项目上联手，以增加彼此的业务和收入。

图6.6　圣地亚哥会议中心的建立是为了吸引会议业务

涉及酒店行业的公共/私人联盟日益成为城市振兴和经济发展战略的核心。地方政府和酒店公司也经常联合投资基础设施，如道路和景观，为居民创造更好的环境，也为游客提供更理想的目的地。最近出现的另一个趋势是，二线和三线城市的会议中心的增加，如西班牙的瓦伦西亚或美国俄亥俄州的辛辛那提等。这些地区的县和发展办事处在会议中心上投入了大量纳税人的资金，利用行业合作伙伴关系提高目的地的知名度，吸引更多的游客，与更大、更受欢迎的城市竞争，如西班牙的巴塞罗那或美国的芝加哥。正是由于这些努力，这些复兴的地区越来越受欢迎，成为商务会议、体育赛事和家庭度假的低成本、高质量的替代选择地。

现场表演：票务大战

观众可以在各种场所观看音乐会、体育赛事和戏剧表演，从小型酒吧和俱乐部到论坛与可容纳成千上万名粉丝的圆形剧场，这些活动产生了可观的收入。在北美，1999年现场演唱会的门票销售额达到15亿美元，打破了1994年创下的14亿美元的纪录。1994年，票务推广方开始提高票价，以缩小票面价值与黄牛党和票务中间商收取的价格之间的差距。根据加利福尼亚州弗雷斯诺的音乐行业贸易杂志和在线服务机构（Pollstar Inc.）的主编加里·邦乔瓦尼（Gary Bongiovanni）的说法，到1999年，北美前50名巡回演出的平均票价达到43.63美元。与1998年相比，每张票增加了10美元以上——一年内增长了30%。他补充说，票价还与观众的人口结构有关。埃尔顿·约翰（Elton John）的票价比"眨眼182"（Blink-182）乐队的票价高，因为约翰的观众代表了更高的收入水平。[21] 2008年，埃里克·克莱普顿（Eric Clapton）6月2日在康涅狄格州安卡斯维尔（Uncasville）莫西根太阳体育馆（Mohegan Sun Arena）的演出票价为125~195美元，而2006年同一场地的售价为85~150美元；老鹰乐队（Eagles）2008年5月底在麦迪逊广场花园（Madison Square Garden）的三场演出价格为50~190美元，而2005年他们在那里演出时的价格是25~180美元。[22] 顶住经济压力拒不涨价的艺人包括汤姆·佩蒂（Tom Petty）和布鲁斯·斯普林斯汀（Bruce Springsteen），他们通常把票价控制在100美元以下。戴夫·马修斯乐队（Dave Matthews Band）的最高价格为75美元，珍珠果酱（Pearl Jam）的价格在42~77美元，而摇滚音乐节（Warp Tour）巡演的价格在23~37美元。

在过去，批评者认为票务机构正在抬高票价。这种批评集中在票务机构经常与场馆进行的独家安排上。如果一个乐队或其他演出团体想要预订一个场地，它必须通过一个特定的代理商售票。一家名为特玛捷的票务公司（Ticketmaster）控制着美国至少90%的票务市场，每年销售6000万张票。[23] 这家票务公司是由两名亚利桑那大学计算机专业的学生于1978年创立的，他们创建了一个基于条形码的票务系统，这家票务公司在1991年收购了其唯一的竞争对手Ticketron之后，成为美国票务行业的领导者。截至本文撰写之时,特玛捷票务公司号称拥有9000多名客户,在20个国家运营呼叫中心,拥有6500个零售点。[24]

有人担忧,这些排他性的运营,尤其是特玛捷票务公司的运营已经造成了一种垄断,消除了可以使票价更低的竞争。相反,其他人认为集中售票实际上可以使票价更低(见本章后面的《近观票务代理商》)。但最近,新的在线票务转售网站加入了竞争,挑战了这种集中营销模式。门票转售网站允许持票人对他们的票进行拍卖。这些网站按销售价格向买方、卖方或双方收取一定比例的手续费。如今,只要在StubHub.com或其他互联网转售网站上点击一下,就能买到绿湾包装工队(Green Bay Packers)季后赛或雷可福雷斯合唱团(Rascal Flatts)音乐会的门票。

155 时事速览

StubHub是运营演唱会门票销售的二手资源网站,2007年的统计报告如下:

- 在线演唱会门票的总销售额增长了91%以上。
- 汉娜·蒙塔娜(Hannah Montana)的"两全其美"(Best of Both Worlds)巡演是StubHub历史上销售额最高的巡演,以美元计算,超过了像范·海伦乐队(Van Halen)、布鲁斯·斯普林斯汀(Bruce Springsteen)和警察乐队这样的传奇艺人。
- 席琳·迪翁(Celine Dion)的拉斯维加斯巡演以每场高达352美元的天价居于平均票价之首。

资料来源:www.stubhub.com。

特玛捷票务公司起诉了自己的客户之一克利夫兰骑士队(Cleveland Cavaliers),因为它利用球队的大股东丹·吉尔伯特(Dan Gilbert)创办的闪座公司(Flash Seats)转售门票。特玛捷票务公司声称,鉴于与骑士队的主要票务合同,它拥有处理所有骑士队票务销售的专有权,包括二次票务。骑士队以指控特玛捷票务公司的垄断行为作为回应。

闪座公司最近收购了总部位于达拉斯的票务公司纵向联盟(Vertical Alliance),该公司的客户包括NBA的休斯敦火箭队、博伊西州立大学(Boise State University)和得克萨斯农工大学(Texas A&M University)。该公司首席执行官山姆·杰雷斯(Sam Gerace)表示,此次收购让闪座有能力为客户提供主要和次要的票务服务。该公司认为其已准备好与特玛捷票务公司竞争,闪座指控特玛捷票务公司使用欺压策略阻止闪座增加客户。闪座公司表示,特玛捷票务公司迫使球队使用其二手票务网站,因为特玛捷票务公司与这些俱乐部签订了主要票务合同。

"必须将二手票务市场视为对特玛捷票务公司的真正威胁。"阿格斯研究公司(Argus

Research Corp.）证券分析师乔·邦纳（Joe Bonner）指出，他一直在追踪调查特玛捷票务公司的母公司，总部位于纽约的IAC/InterActiveCorp.。"他们错失良机。票务转售平台StubHub已经发展多年。而特玛捷票务公司本应采取更积极的应对策略。"[25]

欧洲票务转售网站Viagogo.com的创始人兼首席执行官埃里克·贝克（Eric Baker）对此评价道："在票务行业，这堪称罗马帝国的衰落。"[26]

特玛捷票务公司否认了这种说法，其执行副总裁埃里克·科曼（Eric Korman）说："从某种意义上说，我们正处于转型之中，我们正在收购一家有30年历史且盈利能力很强的公司，它是票务和娱乐营销领域的领导者，我们希望扩大它的业务。"这些举措包括收购总部位于伊利诺伊州罗林梅多斯市的今日票务公司（TicketsNow），该公司与800多家专业票务经销商合作。特玛捷票务公司还与几家职业体育联盟达成协议，成为其官方转售渠道，并收购了总部位于加利福尼亚欧文的Paciolan Inc.，该公司为体育和娱乐场所提供自动售票所需的软件。科曼承认，该公司在转售门票方面处于劣势。票务转售市场基本上是由互联网新贵们创造的，特玛捷票务公司的转售网站"换票网"（Ticket Exchange）落后于比其更年轻的竞争对手（见图6.7）。

许多专家认为，二次售票的出现意味着有更多的票向公众开放，这将压低票价。特玛捷票务公司以"警察乐队"巡演为例，认为芝加哥和明尼阿波利斯等地的门票过多导致票价暴跌，在某些情况下甚至低于票面价值。其他人，如弗雷斯特研究公司（Forrester Research Inc.）的高级分析师苏查里塔·穆尔普鲁（Sucharita Mulpuru）则持相反看法，认为二手市场将抬高流行活动的价格，如汉娜·蒙塔娜的音乐会。[27]

图6.7　这位俄亥俄州球迷是票贩子的理想目标

虽然事实证明二次售票对特玛捷票务公司来说是具有挑战性的，但更大的问题是特玛捷票务公司的模式未来如何，因为团队和艺人都想在一手与二手市场上掌控自己的命运。2008年12月，特玛捷票务公司最大的客户、演唱会推广商美国莱恩公司（Live Nation）表示，它将于2009年销售自己的门票。在2006年，在特玛捷票务公司大约10亿美元的收入中，莱恩公司约占15%。

特玛捷票务公司之所以成功，是因为它与主要场馆达成了协议，但现在莱恩等公司可以利用这项技术销售自己的门票，目前还不清楚特玛捷票务公司将何去何从。"如果你是一支伟大的球队，并且就你而言——比如（洛杉矶）湖人队——你卖出了很多门票，你为什么要与特玛捷票务公司分享收入？"穆尔普鲁说。[28]

专家说，他们没有看到任何公司因为与特玛捷票务公司签订了长期合同而在一夜之间侵占它的业务。[29] 特玛捷票务公司的高管们认为，由于该公司在向消费者推销现场娱乐节目方面的影响力和经验，在售票方面，他们比团队和艺人更有效率。但不可否认的是，在线交易的便捷性和可访问性正在深刻地改变着传统的票务模式，我们再次看到这个行业正在被数字技术和在线技术所改变。

电影业：倒塌的窗户

融合也在挑战电影业的一种标准做法，即"窗口"法。过去，电影的成功或失败往往由上映的第一个周末决定。如今，票房收入并不一定决定电影的总收入。一系列的放映"窗口"，如DVD、按次付费、光纤视频点播，被用来实现利润最大化。窗口法是一种二级价格歧视模式，作为应用于电影发行的基本经济原则而出现。窗口法将消费者分成明显不同的组群，并向他们收取"预定价格"，以实现收益最大化。[30] 要收取最高的价格，就必须清楚地识别客户的类别，并与各种放映窗口和利润目标相对应。排在电影院之后的放映顺序是DVD、按次付费、付费有线电视、网络电视和企业联合组织。但最近，视频点播已经成为电影的主要放映窗口。

由于消费者的人口结构和心理构成不同，电影在不同发行窗口的受欢迎程度也不同，必须根据特定的模式进行处理。不太受欢迎的电影有较短的窗口期，低成本电影甚至可以直接通过DVD或有线电视放映而完全绕过电影院。窗口也为电视明星和其他媒体的名人提供了出现在电影中的机会。每个附属窗口对于一部电影的整体成功都很重要。下面将更详细地讨论用于国内和国际发行的窗口。

DVD市场

DVD由于具有功能的多样性，以及不受网络和本地频道节目时间的限制，已经成为消费者的首选观看方式，尽管影院仍拥有超过70%的销售份额，但DVD可以作为主要分销商。DVD的发行过程与杂志、图书和唱片非常相似。尽管大多数消费者交易都是以租赁方式进行的，但首次销售版权条款允许分销商仅在第一次销售盒式磁带或DVD时收取款项。零售商的销售价格很高，但由于零售商期待可以获得租金收入，因此他们将高价格转嫁给消费者，以鼓励消费者租用而不是购买。消费者可以通过食品杂货店和药店租赁DVD，这使得租赁业务成为许多零售商的一个利润丰厚的业务。奈飞和其他订阅服务平台将在线订购与邮政递送结合，为像百事通（Blockbuster）这样的零售商提供了一种便捷的替代方案。

国际市场

国际市场作为美国娱乐产业的第二大支柱，已与80多个贸易伙伴建立合作网络。凭借市场规模与产业实力，美国在内容分销领域占据全球主导地位。为应对这种文化竞争，多国采取保护性措施：或通过立法限定本土制作比例，或为国内企业提供税收减免与优惠贷款等政策扶持。而美国制片商则通过在国外建立自己的子公司，来规避东道国的外资限制政策。在此背景下，国际合拍模式已日趋常态化，推动娱乐产品出口市场持续扩张。

多年来，这种电影窗口系统在一个相当稳定的框架内运行：只要一部电影是有利可图的，就会发行并在影院放映。后来——通常是很晚以后——这部电影会在大张旗鼓的宣传下，在电视上剪辑播出。由此在那个时代，喧闹但环境舒适的影院观影体验和极度简化的家庭观影体验之间存在着巨大的鸿沟（见图6.8）。

随着家庭视频系统的到来，家庭观影体验一直在不断改善。出现在家里的电影相对来说未经剪辑。在接下来的20年里，消费者的消费模式越来越人性化，消费者正在使用的电视机也越来越先进。电影制片厂和电子产品制造商开始鼓吹在家中也能够获得高质量的观影体验，DVD的销量开始腾飞。

制片厂很高兴销售在影院表现良好的电影，一部电影从在大银幕上放映到出现在DVD上的时间开始缩短。过去，一部电影需要6个月或更长的时间

图6.8　我们会看到电影院的消亡，取而代之的是在移动设备上和在家里观看电影吗？

才能在家里观看，而现在需要的时间平均不到4个月。[31]

部分制片厂正探索差异化的发行窗口期策略：针对中高龄观众群体的影片，可能延续传统6～7个月的较长窗口期；而面向年轻受众的作品，为满足其即时娱乐需求，窗口期或压缩至仅4个月。

打击盗版

电影发行窗口减少的另一个原因是电影公司对盗版的担忧：通常电影在影院上映前就可以在网上下载了。为了打击非法下载，迪士尼负责人罗伯特·艾格（Robert Iger）建议同时向影院和家庭发行电影——这一想法也引起了其他行业高管的兴趣，如时代华纳董事长理查德·帕森斯（Richard Parsons）。一个相关的想法是，在电影院出售DVD。所以你看了这部电影，就像你去百老汇看戏剧或听音乐会一样，你可以买DVD，那是人们对它感觉最好的时候，你要让影院老板也参与到DVD销售中。

至少有一部电影尝试了同步发行的概念。2006年1月，由史蒂文·索德伯格（Steven Soderbergh）执导、特立独行的富翁马克·库班（Mark Cuban）参与投资的电影《泡沫》（*Bubble*）在影院上映，同时发行了DVD，但并没有取得多大成功。截至本文撰写

之时，还没有对大型制片厂的电影进行同步发行的测试。尽管如此，索德伯格认为窗口是一种过时的系统。

> 说出过去4年里上映的任何一部大片的名字。它被发行当天，所有格式的版本都可以看到，这被称为盗版。彼得·杰克逊（Peter Jackson）的《指环王》《十一罗汉》和《十二罗汉》——开幕那天我在运河街上看到了它们。已经同步发行了。我们只是试图控制它。[32]

时事速览 根据《家庭媒体杂志》（*Home Media Magazine*）的市场调查，2008年上半年，消费者在DVD和蓝光上的购买支出与租赁支出加起来，比2007年上半年增长了1.6%。2008年上半年的数据为107.7亿美元，而2007年为106亿美元。[33]

音乐产业：360协议[34]

数字技术的进步与盗版问题的加剧，正在深刻改变娱乐产业的传统商业模式。以音乐产业为例，唱片公司正在重新思考与艺人的合作方式。在过去，艺人签署的合约通常授予唱片公司独家代理其音乐作品的权利，包括实体唱片销售以及影视作品、广告中的音乐授权。这种合约的标准期限通常涵盖7张专辑的发行周期，导致许多艺人的整个职业生涯都被绑定在某家唱片公司。作为独家代理权的交换条件，艺人可获得额外权益，通常包括：高额签约奖金、音乐录制专项资金和巡演支持经费。这些预付款项将从艺人未来的版税收入中扣除。一旦唱片开始销售，艺人只能获得收入分成中的一小部分，但通常能获得唱片公司专业团队的全方位职业发展支持。[35]

但像最近流行的朋克乐队的帕拉摩尔（Paramore）这样的音乐家正在签署的协议，艺人们不仅可以与他们的唱片公司分享专辑销售收入，还可以分享音乐会、商品销售和其他收入，以换取更全面的职业支持。自从与大西洋唱片公司（Atlantic）签署其中一项新协议以来，帕拉摩尔为热情高涨的观众建立了一个粉丝群，该社群已经抢购了超过35万张乐队的第二张专辑《骚乱》，是首张专辑销量的两倍多。该乐队最近巡演的剧院门票也已售罄。

这些新协议通常被称为"多重权利"或"360协议"，据说最早的一份协议是英国流行歌手罗比·威廉姆斯（Robbie Williams）于2002年与百代唱片公司（EMI）签订的。现在，所有主要的唱片公司甚至是一些独立的唱片公司都在使用这些协议。麦当娜是其中最著名的签约艺人［她最近与演唱会推广公司莱音（Live Nation）签下了1.2亿美元的协议，允许该公司分享她未来的收入］，除此之外，这些新协议大多是与不知名的艺人签订的。

很难列出360协议下的艺人数量,但在世界范围内,唱片公司正与各种各样的艺人分享收益,如拥有自己的软饮料和信用卡的芬兰金属乐队洛迪乐队(Lordi),以及一直吸引大量观众前来观看演唱会的墨西哥流行三重奏组卡蜜拉乐团(Camila)。在美国,新视镜唱片公司(Interscope)从"小野猫"(Pussycat Dolls)的营销衍生品中获得收益,包括在拉斯维加斯建立以它为主题的一家夜总会。最近创作了包括《凶手》和《粉红色》的唱片在内的音乐制作人乔什·亚伯拉罕(Josh Abraham)说,"5~8年前,人们会感到惊讶""现在,它无处不在。在没有看到360协议的情况下,你不可能谈论一份协议是什么样的"。[36]

和许多创新一样,这些新协议是在经济和技术的变革中产生的。在经历了CD销量下滑带来的财政危机后,音乐公司开始将来自艺人的辅助收入视为一种潜在的新的资金来源。有人认为,如果唱片公司在培养人才方面承担了最大风险和在成本方面投入了最多资金,那么他们为什么不从人才的成功中获得更大的份额?

为了获得更大份额的回报,唱片公司可能会提前给艺人更多的钱,并在很多情况下还会提供原本不会提供的巡演补贴,也许更重要的是,艺人们可以有更多的时间去提高自己的才能和吸引粉丝,这些都是建立一个长期的职业生涯所需要的。另外,唱片公司能够跨市场销售CD、铃声、VIP演唱会套餐和商品,这可能会形成一块更大的蛋糕。

该行业对360协议的渴望,可能会巧妙地改变唱片公司发掘和培养人才的看法,这一过程被称为"A&R",或者说艺人与剧目的发展。例如,说唱歌手可能会失败,因为他们的唱片制作成本很高,而且很少能在巡演中获得成功。另外,说唱歌手可以吸引利润丰厚的产品代言,从运动鞋到电脑再到软饮料等产品,许多人已经开始代言服装系列。为了能从这种潜在的收入中分一杯羹,大西洋唱片公司最近与布鲁克林说唱歌手迈诺(Maino)签下了一份360系列协议。

唱片公司可能会更仔细地观察感恩而死乐队(Grateful Dead)的成果:这些进行艰苦巡演的即兴演奏乐队不一定能卖出很多CD或在电台上得到很多点击率,但确实拥有大量忠实粉丝,这些粉丝会大量购买门票和纪念品。卡尔曼先生(Mr. Kallman)说:"我们过去认为即兴乐队是绝对不应该签约的乐队,但现在我突然说:'伙计们,你们一定要找到下一支最热门的即兴演奏乐队。我迫切需要下一支费西乐队(Phish)。'"[37] 尽管这个概念适用于任何人,甚至是昙花一现的流行音乐明星,但360系列协议的真正潜力并不会显现,除非一个艺人长期以来一直足够受欢迎,可以吸引购买门票的忠实粉丝,或者可以吸引帮助推广衍生产品,如香水或运动鞋的商业合作伙伴的注意力。

并不是每个人都认同这个观点。许多经纪人认为360协议是一种几乎不加掩饰的金钱掠夺,并对唱片公司在全行业裁员缩编削减成本的背景下,能否兑现其承诺表示怀疑。"这套说辞很难让人信服,"资深艺人经纪布鲁斯·弗洛尔(Bruce Flohr)坦言,他曾将戴夫·马修斯乐队(Dave Matthews Band)签至RCA唱片旗下,现供职于独立唱片公司ATO。"你可以跟我说准备用18个月打磨一张唱片。但当6个月后唱片销量只有420张时,你们还能坚持18个月?拜托吧——骗谁呢?"[38]

即使是没有经验的表演者也可能拒绝分享他们从票房中获得的收入,尤其是在CD销量暴跌迫使艺人们更加依赖演唱会收入的时候。但唱片公司的高管们认为,这样的协议可以让他们摆脱热门歌曲在市场上的暴力揽金局面,同时可以减少唱片公司即时回收资金的压力。在20世纪90年代,追踪零售情况的尼尔森音乐调查(SoundScan)发布了零售相关的数据,意味着该行业有了一张即时记分卡,诱使公司推动好莱坞大片式的首映周。快速回报的需求依然存在,尽管过去15年歌曲榜单(Billboard)数据显示,那些立即占据歌曲榜单前200名上半部分位置的专辑,其平均销量要低于那些缓慢上升的专辑。

如果说360协议意味着唱片公司在培养人才方面更有耐心,那么今天开放的网络文化给它们带来了重大挑战。早在艺人们有机会练习他们的歌曲或实地测试他们的表演技巧之前,网络粉丝们就能立即对这些新兴艺人作出评判。独立摇滚乐队面临着大量博客的挑战,其中可能包括一轮让人喘不过气来的大肆宣传,把他们推到"大人物"的地位,然后是彻底的反弹,这一切甚至发生在他们发行专辑之前。

虽然大多数唱片公司现在都在监控博客,寻找新的签约艺人,但许多高管坚称,一旦他们承诺发展一个新艺人的职业生涯,他们可以不在乎网络上的大部分玩笑。史蒂夫·拉博夫斯基(Steve Ralbovsky)是一位资深的A&R高管,曾在RCA唱片公司签下包括莱昂国王乐队(Kings of Leon)在内的艺人,现在在哥伦比亚唱片公司(Columbia Records)经营自己的部门。他说:"这不仅仅是说,'天哪,他们在威廉斯堡(Williamsburg)不再时髦了,所以完了',在博客圈之外,你必须意识到有一个截然不同的世界。"就像娱乐业的许多其他新兴变化一样,360协议对唱片公司、艺人和粉丝的最终影响结果仍有待观察。

 聚焦360协议　　　　　　大西洋唱片公司和帕拉摩尔(Paramore)

360协议的细节可能因唱片公司而异,但大西洋唱片公司与帕拉摩尔的协议提供了一个可以如何构建360协议的例子。

2005年,大西洋唱片公司与一家小型合作厂牌——佛罗里达州Fueled by Ramen签约了帕拉摩尔,计划建立一支著名摇滚乐队(见图6.9)。如今,这支乐队不仅演出门票总是售罄,还出售从人字拖到无肩带上衣等各种商品。乐队主唱海莉·威廉姆斯

（Haley Williams）最近在乐队巡演大巴上的一次聊天中说，乐队成员在签约时大多是青少年，他们被这种允许缓慢成长的全面发展模式所吸引。

大西洋唱片公司以一种传统的预付现金方式签下艺人，在收回费用后，艺人将获得销售版税。但随着这位艺人的第一张专辑的发行，唱片公司可以选择额外支付20万美元，以换取巡演、商品、代言和粉丝俱乐部费用净收入的30%。大西洋唱片公司还有权审批艺人的巡演日程，以及艺人雇用的某些巡演和商品销售员工的工资。但是唱片公司也会给艺人30%的唱片专辑利润分成——如果有的话——这比典型的15%的产业版税有所提高。

图6.9　帕拉摩尔巡演

随着帕拉摩尔乐队的发展，大西洋唱片公司和Fueled By Ramen承担了其大部分巡演开支。Fueled By Ramen首席执行官约翰·贾尼克（John Janick）透露，早期公司不仅购置了巡演用车，还支付主唱威廉姆斯母亲的薪酬，以确保乐队成员在巡演途中能继续完成高中学业。帕拉摩尔的团队希望乐队能在行业视线之外打磨技艺，因此并未强推乐队2005年首张专辑《我们只知道坠落》（All We Know Is Falling）中的任何单曲，转而通过在Purevolume.com等平台培养乐迷基础。"当时乐队成员都太年轻，还在摸索自己的定位。"贾尼克解释道。

大西洋唱片公司董事长克雷格·卡尔曼（Craig Kallman）说："如果我们不那么专注于销售录制的音乐，我们实际上可以采取一种真正全面的方法来发展一个艺人品牌。""什么是最明智的决定？仅仅是为了卖掉CD，还是要建立艺人的粉丝基础？"

帕拉摩尔的首张专辑就卖出了14万多张CD：虽不算失败，但远低于唱片公司对这个重点乐队的预期。"我们得到了世界上所有的时间和我们所能要求的所有支持，基本上除了表演什么都不用做。"威廉姆斯说，"如果没有360协议，我不知道我们会不会得到那种宽松的环境。"

但这也需要权衡取舍。由于和观众的接触，乐队脱离主流市场聚光灯而发展的机会现在已经没有了。随着声名鹊起，这支乐队已经面临一些关于如何保持其身份的艰难选择。威廉姆斯说，她拒绝了一家鞋业公司的邀请，该公司想让她单独参与广告活动。

不过，要想发展壮大，这支乐队必须扩大其影响力。帕拉摩尔的吉他手乔什·法罗（Josh Farro）的话听起来很谨慎。他说，到目前为止，"我们不想被整合进音乐电视频道等像机器一样运作的体系中"。"我们觉得这太快了。我们宁愿建立一个坚实的粉丝基础。"他补充道，"我们有很多疯狂的粉丝，他们会永远支持我们，和我们在一起。"

资料来源：杰夫·利兹（Jeff Leeds），《并非多数的大乐队：麦当娜、小野猫与帕拉摩尔》，载于《纽约时报》，2007年11月11日。网址：http://www.nytimes.com/2007/11/11/arts/music/11leed.html?pagewanted=1&_r=1。

你怎么看？
- 对艺人来说，360协议更好吗？那对唱片公司或者粉丝来说呢？

遵循规则：注意力的动力学

对当代成功娱乐节目的回顾，我们发现吸引观众注意力的若干关键要素。本节将从8大维度剖析这些核心机制，包括创新与重塑的重要性、巅峰时刻的华丽退场、明星效应的驱动力、时机把控的艺术、独处与社群的双向需求、爆款与现象级作品、核心受众的影响力以及行业准入门槛的制约。

新奇与重塑

也许要记住的最重要的原则是，今天能够吸引注意力的东西明天可能就会被忽视。观众是善变的，所以演艺人员必须不断地革新他们自己和他们的娱乐作品。新闻记者知道新奇的事物能吸引新闻观众的注意力。事实上，"新闻"这个名字已经反映了对传递新鲜或不同的信息的强调。同样，公司将其产品作为新的和改进过的产品进行营销，以获得和留住客户。艺人们也不例外。他们知道新奇的事物能吸引注意力。当埃尔维斯·普雷斯利（Elvis Presley），将辣身舞引入摇滚乐时，观众既震惊又高兴。像《侏罗纪公园》（Jurassic Park, 1993）《黑客帝国》等电影以"全新的和改进的"特效吸引了人们的注意力。虽然一些观众的注意力持续时间可能比其他人长，但所有观众最终都会厌倦旧事物，开始寻找新的东西。

根据迪士尼前执行官迈克·贝瑞（Mike Berry）的说法，在注意力和娱乐的世界里，"未坏就不修"的规则是不适用的。[39] 如果某件事似乎在起作用，人们很容易变得自我满足。作家、音乐家和其他艺人——甚至酒店和主题公园——可能会抵挡住诱惑坚持过去行之有效的套路和风格，直到它"被打破"，他们开始失去他们的观众。贝瑞警告说，那些遵循这一政策的人可能会发现，即使不是完全不可能，但再赢回那些观众是很难的。贝瑞建议，与其等到它"被打破"，还不如不断地寻找方法改造旧的东西，让它焕然一新。

电子游戏行业的企业已深刻体会到自我革新的重要性。尽管雅达利（Atari）最早将游戏主机推向市场，但任天堂（Nintendo）在20世纪80年代主宰了整个行业。然而到了20世纪90年代，随着世嘉（Sega）推出《刺猬索尼克》（Sonic the Hedgehog）游戏，任天堂的市场份额开始被蚕食，随后更被索尼PlayStation的纯光盘游戏主机所超越。如今的游戏市场竞争已趋白热化。游戏公司赶在玩家精通旧作前就频繁推出新游戏，这些新作往往还要求搭配新一代主机才能运行——这种硬件绑定策略（hardware-lock strategy）正不断抬升玩家的参与成本，却也迫使行业持续突破技术边界。

当任天堂在2001年11月推出GameCube（第4代家用游戏机）时，该公司不仅面临着来自现有系统，如世嘉和索尼的激烈竞争，还面临着来自游戏机行业的新玩家微软（Microsoft）的激烈竞争。微软在2001年11月15日推出了新款游戏机XBOX，比任天堂早3天进入市场。任天堂软件开发部门负责人宫本茂（Shiguru Miyamoto）认识到新奇和再创造在这个竞争激烈的市场中的重要性，他试图将GameCube定位为一款不断发展而非停滞不前的动态游戏机。

> 3年前，当我们第一次想到任天堂GameCube时，我们便设想了一个能够让我们创造出超越电子游戏常规定义的娱乐内容的系统。工程师们给了我们这样的东西——一台不仅在今天表现出色，而且在未来的几年里还将继续打破极限的机器。40

但改变游戏体验并帮助任天堂在家庭游戏机市场中保持领先地位的并不是GameCube，而是Wii（家用游戏机）。2009年10月，电子游戏排行榜（VG Chartz）报告称，Wii占据了全球游戏机市场48.4%的份额，微软的XBOX（家用电视游戏机）占了29.1%和索尼的PS3（电视游戏机）占了22.5%。在便携式设备市场，任天堂也是领头羊，它们的DS（便携式游戏机）占据了68.3%的市场份额，而索尼的PSP（掌上游戏机）仅占了31.7%（见图6.10）。这些公司之间对游戏本身的竞争也很激烈。FIFA Soccer 10（PSP）在2009年的世界排行榜上位居榜首，其次是FIFA Soccer 10（X360）、Halo3：ODST（X360）、Wii Fit Plus（Wii）和Wii Sports（Wii）。任天堂、索尼和微软也面临来自苹果公司（Apple）日益增长的威胁。苹果公司开始开发游戏，并将iPhone和iPod Touch媒体播放器作为游戏设备进行推广。41

产品	全球总计销售额（百万美元）	百分比（%）
Wii	53.97	48.4
XBOX 360	32.42	29.1
PS3	25.03	22.5
NINTENDO DS	111.49	68.3
PSP	51.8	31.7

图6.10　2009年10月电子游戏硬件销售情况
资料来源：VGChartz.com。

仅仅跟上尖端技术是不够的，公司还必须跟上其受众。In-Stat分析师布赖恩·奥罗克（Brian O'Rourke）预测道："微软核心用户在下一代游戏主机市场上，可能会超越任天堂，它在发行方面领先，在北美市场具有优势，以及它对老游戏玩家的吸引力，使这一群体似乎会随着每一代新游戏主机的推出而扩大。"[42]

那些横跨数十年依旧长盛不衰的艺术家——如披头士（The Beatles）、滚石乐队（The Rolling Stones）和空中铁匠（Aerosmith）——常被评价为"不断自我革新"。乐评人指出，细听这些音乐人多变的曲风，甚至可以发现包括说唱（rap）和电子（techno）在内的许多当代音乐潮流的雏形。事实上，说唱巨星大嘴跑火车组合（Run-DMC）和人民公敌组合（Public Enemy）就曾申请改编披头士歌曲的授权。[43]其他重塑的典范包括麦当娜（Madonna）、普林斯（Prince）和斯汀（Sting）等艺人，这些年来他们不断尝试新曲风、新造型甚至新艺名。还有涅槃（Nirvana）和珍珠果酱（Pearl Jam）等乐队，从传统的硬摇滚乐转型，引领垃圾摇滚和另类音乐潮流。尽管观众对某些改变的接受度更高，但这些艺术再造的尝试无不彰显着"求新求变"的价值内核。

图6.11 充满激情的电子游戏

消费者总是被新颖独特的娱乐体验所吸引，但可悲的是，当新鲜感消退，关注度也会随之流失。当消费品企业开始效仿娱乐业的运营模式时，它们也将面临娱乐产业式的残酷竞争。如今，在爆款和潮流的主导下，就连普通消费品和服务也不得不面对越来越短的生命周期。正如吉列（Gillette）等公司所证明的：即便是剃须刀这样寻常的产品，想要在市场中存活，也必须持续自我革新。这种趋势给许多企业带来了严峻挑战。以"雨林咖啡馆"（Rain Forest Café）和"好莱坞星球餐厅"（Planet Hollywood）等娱乐主题餐厅的兴衰为例：它们都曾迅速走红，又很快没落。《巴纳德零售趋势报告》（*Barnard's Retail Trend Report*）的作者库尔特·巴纳德（Kurt Barnard）指出："主题商店和餐厅都面临创新困境，因为'看过一次就够'。总不能让主题餐厅每四周就彻底改造一次吧？"[44]

巅峰谢幕

保持吸引力需要持续创新，更要敢于冒险。每一个成功的新颖概念背后，都有数百个失败的尝试。即便是少数成功者，其辉煌往往也转瞬即逝。因此，娱乐从业者和娱乐公司的运作模式常与股市中的短线交易如出一辙——他们试图"低买高卖"：在发掘下一个娱乐趋势时抢先布局，然后在巅峰时刻急流勇退，恰好在关注度开始下滑前离场。这种策略在许多热门情景剧中得到印证，比如《宋飞正传》《家居改造王》和《老友记》都在收视巅峰时选择完结。在解释终结剧集的决定时，《家居改造王》主演蒂姆·艾伦（Tim Allen）坦言："我不喜欢二次返场，也不喜欢那些在舞台上逗留太久的人。"这一选择背后有着充分的商业考量：演员的市场价值在节目收视高峰时达到顶点，此时他们吸引关注的能力最强。许多演员选择在成功剧集完结后寻求新的表演机会，虽然离开高收视、高片酬的节目存在风险，但若等到收视下滑再转型，可能就再无突破机会。更关键的是，业内人士认为：在剧集仍受欢迎时收手，其重播价值会远高于等到观众已经"审美疲劳"时才结束。

这一逻辑同样适用于音乐行业。当电台过度播放某首歌曲时，听众往往会产生审美疲劳。为防止这种情况，许多电台会开展广泛的市场调研，通过听众调查来预判大众对某首歌开始产生"厌倦感"的临界点。当然，电台倾向于高频播放最热门的歌曲，而那些品质尚可但不算出彩的作品，播放频率则相对较低。这就导致了一个有趣的现象：榜单前十的单曲可能因听众的迅速审美疲劳而快速下架，而许多排名靠后的歌曲反而因播放频率适中，得以在播放列表中停留更长时间。

人气制胜

正如记者深谙人性化叙事更能吸引读者，广告主与营销人员也明白：比起冰冷的数据统计，人们更关注个人故事与真实见证——谁做了什么、他人如何被影响或可能被改变。同样，电影制片人也清楚，观众选片时往往更看重主演阵容而非剧情主题。如第四章所述，娱乐产业的驱动力在于戏剧性，而戏剧性的核心正是人文关怀。无论是书籍、电影还是体育赛事，观众持续关注的关键在于：谁身上发生了什么，以及接下来会发生在谁身上的悬念期待。

在注意力经济时代，人的价值取决于其吸引关注的能力——有些人在这方面尤其出众。你吸引的注意力越多，你的商业价值就越高。以迈克尔·乔丹（Michael Jordan）为例：仅在公牛队的最后一年，他凭借吸引全球体育迷关注的能力就获得数百万美元收入。然而比起薪资，他通过商业代言获得的数千万美元收入更为惊人——这正是因为他能牢牢抓住品牌目标消费者的注意力。

并非只有影星与运动员才能收割注意力。当提及微软公司时，您脑海中浮现的是谁？对多数人而言，答案必然是比尔·盖茨。那句"企业的价值取决于其掌舵人"的古老格言，在当代被赋予了新的内涵。经济理论家迈克尔·戈德海伯（Michael Goldhaber）将比尔·盖茨与已故的约翰·D. 洛克菲勒比较来证明这一点。洛克菲勒在近一个世纪前担任标准石油信托基金（Standard Oil Trust）的领导人和主要所有者。戈德海伯坚持认为，洛克菲勒的财富主要由油田、油井、油罐车、炼油厂和其他物质资产组成，如果有人买下他的资产，这些资产的价值也会一样。另外，微软的价值则不那么有形——它依赖于尚未完全设计的新概念和软件。洛克菲勒本可以卖掉他的股份，仍然保持大致一样的净资产，这就是货币净资产本该有的意义。但像微软这样依赖于概念和想法的公司的股票价值，更多地取决于这些想法背后的智慧。

这一逻辑表明，如果盖茨决定出售并购买XYZ公司的控制权，而不是继续掌管微软，那么微软的股票将会暴跌，而XYZ的股票将会上涨。按照戈德海伯的说法：

> 尽管比尔·盖茨的成就体现在商界，但事实上，他及其同类精英的真正财富，早已不是金钱或股票份额，而是所获得的注意力资本。[46]

因此，戈德海伯认为，商业变成了一项生动的观赏性运动。就像我们关心足球或篮球比赛中的破纪录者一样，我们对谁位于福布斯400强等榜单的榜首也感兴趣。他认为，对于那些榜单上的人来说，试图赚更多钱的主要动机可以归结为想得到关注，想被认可为第一名。

注意力虽无法直接购买，却能够实现转移——它总会"沾染"到与之关联的事物上。名人代言产品［如迈克尔·乔丹为佳得乐（Gatorade）代言，帕丽斯·希尔顿（Paris Hilton）为小卡尔（Carl's Jr）代言］，企业对娱乐场所［加利福尼亚的斯台普斯中心（The Staples Center）］，宾夕法尼亚州的亨氏球场（Heinz Field）和活动［托斯蒂多兹节日杯（Tostitos Fiesta Bowl），硬石餐厅（Hard Rock Cafe）赞助巡回摇滚音乐节］的赞助，其底层逻辑都是企业通过关联获取注意力资源。迈克尔·乔丹是这些联盟力量中最有说服力的例子之一。据《财富》杂志估计，迈克尔·乔丹在1984年至1998年效力于美国国家篮球协会（NBA）期间，对美国经济产生了100亿美元的影响：[47]乔丹的名字成为一个强大的营销工具。到1998年，乔丹冠名的视频已经赚了8000多万美元。他曾撰写的或以他为灵感的70本书，总销售额超过1700万美元。迈克尔·乔丹的古龙香水的销售额为1.55亿美元，他的恒适（Hanes）内衣每年销售额超过1000万美元。他的处女作电影《空中大灌篮》（Space Jaon）在影院获得了2.3亿美元的票房，录像带销售额为2.09亿美元。仅这些项目加起来就有7.01亿美元的总收入。乔丹令人印象深刻的合作企业包括可口可乐（Coke）、通用世界通信公司（General Mills WorldCom）、CBS.SportsLine.com网站、桂格燕麦（Quaker Oats）、佳得乐、欧克利（Oakley）（太阳镜）和雷诺威（Rayovac）（电池和照明）等公司。佳得乐的营销总监比尔·施密特（Bill Schmidt）解释了乔丹的价值："我们去过一些国家，那里的人对运动饮料一无所知，但他们知道迈克尔。我们把他当作一个品牌来经营。"[48]

从乔丹效应中受益最大的企业之一是耐克公司。耐克的飞人乔丹（Air Jordan）品牌第一年的鞋类销售额就超过了1.3亿美元。据估计，在他的职业生涯中，乔丹将为耐克带来约26亿美元的收入。但乔丹对耐克的价值不只是带来销售额。根据鞋类分析师詹妮弗·布莱克（Jennifer Black）的分析，乔丹对耐克整体形象的影响几乎是不可估量的。

我做这行已经18年了,我从未见过任何东西能像他的名字一样,能与消费者产生如此之强的联系,并且由他产生的销售额如此之大。他的销售额值得翻倍吗?也许吧。[49]

因为注意力如此宝贵,所以善于吸引注意力的事件或个人也受到高度重视。事实上,戈德海伯认为,注意力可以充当货币,让金钱过时。他的理由是,来自对的人的恰逢其时的关注可以让你得到金钱能买到的一切,甚至获得有些金钱买不到的东西,如注意力。迈克尔·乔丹显然不是唯一的获得巨额代言费的运动员。紧随其后的是泰格·伍兹(Tiger Woods)(见图6.12),他在2000年与耐克公司签订了一份为期5年,价值1.05亿美元的续约合同。这是那时一个运动员签署的最大一笔代言协议款项。[50] 公司为名人提供免费的服装、食物、汽车和酒店住宿——所有这些都是希望消费者对公司提供给代言人的产品和服务给予同样的崇拜和关注。有了合适的赞助和代言,像迈克尔·乔丹这样的名人即使在没有钱的情况下也可以应付自如。当然,在今天的经济状况下,他也得到了很多。

虽然名人确实从他们的代言中获得了经济利益,但一些名人也会出于更多的个人或政治原因选择与一些品牌合作。最近,纽约尼克斯队(New York Knicks)具有天赋但饱受争议的控球后卫斯蒂芬·马布里(Stephon Marbury),因为将自己的名字印在一系列名为马布里的廉价运动服和运动鞋上而受到高度赞誉。马布里标志性的马布里一代(Starbury One)篮球鞋零售价仅为15美元(见图6.13)。马布里说,他这么做的动机源于他与尼克斯队总经理以赛亚·托马斯(Isaiah Thomas)关于民权运动和马布里最终遗产的讨论。该产品的市场推广活动旨在促进社会公平正义。但批评人士对马布里和史蒂夫·贝里大学运动服(马布里一代的制造商)的动机和做法提出了怀疑。关于这些问题更详细的讨论,请参阅第十三章

图6.12 作为有史以来最成功的名人代言人之一,泰格·伍兹被用来吸引从剃须刀片到汽车的各种注意力

图6.13 马布里一代

"象征社会正义的运动鞋"内容。

时事速览 北京奥运会前夕,迈克尔·菲尔普斯(Michael Phelps)获得了大约 500 万美元的赞助。在北京奥运会上赢得8枚金牌后,菲尔普斯出现在维萨(Visa)广告和家乐氏(Kellogg)的麦片包装盒上。他在比赛期间穿的速比涛(Speedo)泳衣在节目播出时价值360万美元。虽然无法估量,但专家估计他的潜在价值每年高达3000万美元——这使他与泰格·伍兹和迈克尔·乔丹处于同一水平。[51]

167 时不我待

曾几何时,有分析人士预言:随着技术进步,计算机等科技产品将替代人类完成越来越多的工作,我们的闲暇时间必然大幅增加。如今看来,这种预测近乎荒诞——当年竟有评论家担忧人类将如何消磨过剩的闲暇时光。而现实是,多数人反而感觉自由时间比以往更稀缺。拥有自由时间,已成为这个时代最奢侈的渴望。调查显示:若在工作报酬与休假时间之间选择,大多数人会选择后者。这种偏好甚至重塑了我们的礼物经济。虽然巧克力和玫瑰仍是情人节礼物的首选,但研究发现,超过三分之一的受访者会选择"时间型礼物"——如上门烹饪服务、代送干洗,或一日水疗体验券——这些本质上都是时间代偿服务。

尽管我们可能感觉自己的空闲时间更少了,但研究表明,人们现在拥有的空闲时间总数与过去几十年相比,实际上保持在相当稳定的水平。我们觉得时间更少的一个原因是我们需要很多注意力。除了工作、家庭、朋友和学校,还有一些组织也希望我们花时间关注它们,倾听它们的推销,购买它们的产品,使用它们的服务,并签署它们的请愿书。据估计,平均每个消费者每天都会被多达3000条广告狂轰滥炸,这些都在争夺注意力。[52]

和电视节目类似,我们将时间分成不同的时段。但我们只有这么多时间,所以我们试图挤进去的东西越多,每个时间段就变得越短。因为享受休闲时间是一个优先事项,我们大多数人会设法安排相当数量的休闲时间,但我们不是在几个长而不间断的时间段中享受这些时间,而是将空闲时间分成更短但更多的时间段。我们的娱乐偏好反映了这些变化。我们更喜欢短小精悍的书或杂志而非长篇。例如,在一个星期六下午,我们不是去电影院或电子游戏室,把硬币投入机器玩几个小时,而是在笔记本电脑上看电影和电视节目,在掌上电脑PDAs上玩游戏;在我们的午休时间,课间休息时间以及我们在医生办公室等候的时间,我们会到处忙里偷闲几分钟。我们不是每年休两周或三周的假期，而是休一周的假期和几个长周末。根据美国旅游业协会（Travel Industry Association of America）的数据，从20世纪90年代开始，第一次有超过一半的假期旅行是周末旅行。[53]

当你以这种方式分配你的时间时，你想要充分利用它，所以你尽可能地填满时间。旅游机构的应对措施是将机票、客房、餐饮和观光旅游打包，这样旅行者就可以最大限度地利用他们的时间和金钱。同样，许多企业家发现，他们可以把我们不得不做的琐事变得更有趣，并以此来创建成功的企业。比如，喜剧驾校在山区或海滨度假胜地举办的工作研讨会以及"购物中心"等，企业通过将娱乐融入其他平凡工作来吸引用户。这种时间共享策略允许个人在单一的时间段内完成两项任务——工作与娱乐，通常只需要略微增加成本。考虑一下成本——在时间和金钱方面——分别去驾校学习和观看喜剧表演，或分别参加为期两天的工作研讨会和周末爬山旅行，与提供服务的成本作一下对比。诚然，喜剧驾校和工作休养所比不上你最喜欢的单口相声演员与周末度假的纯粹娱乐价值，但有一点娱乐总比没有好。

这种时间效益最大化的思维模式，同样体现在模拟体验与主题场馆的日益流行上。电子游戏模拟各类真实体验：滑雪、打高尔夫、划皮划艇、驾驶飞机乃至建造城市。水上乐园通过人造沙滩与造浪机复刻海滨体验。拉斯维加斯与迪士尼乐园堪称模拟环境的典范——无须出境即可"游览"巴黎、中国、埃及金字塔等（图6.14为拉斯维加斯巴黎酒店赌场，是一个将巴黎的视觉、听觉与味觉体验完整移植至内华达州沙漠的主题赌场）。与其他娱乐项目一样，这些景点为那些没时间或没预算体验真实场景的群体提供了次优选择。但吊诡的是，即便时间与金钱成本相当（甚至更高），这些模拟体验往往更受欢迎。孩子们放弃户外足球，转而玩世嘉足球游戏。海滨居民驱车前往水上乐园游玩。飞抵加州的国际游客，放弃距机场仅数分钟的真实圣莫尼卡码头（Santa Monica Pier），却愿花一小时车程奔赴迪士尼加州冒险乐园（California Adventure）的仿制栈道。

虽然这种行为可能看起来令人费解，但模拟环境确实有一些优势。也许最大的优势是它们更容易受控。模拟景点从它们模仿的事物中提取并最大限度地发挥最佳、最受欢迎的属性。真实的环境可能是不可预测的。例如，你去滑雪，一场暴风雪把你困在旅馆里，或者你第一次跑到斜坡就摔断了腿；你去海滩，却发现一条破裂的污水管道已经污染了海水；你去法国巴黎旅行，正如本文的一位作者所做的那样，所有的博物馆都关闭了，因为政府工作人员决定罢工。但在电子游戏厅，只需按一下按钮，就可以修复断骨；在水上公园，一组经过化学处理的海浪每十分钟就会到达岸上，拉斯维加斯什么都没有关闭。虽然在娱乐中从来没有任何绝对的保证，但因为我们的时间和金钱（更不用说我们的寿命）是有限的，所以我们寻找办法将风险降到最低。模拟的、受控的娱乐体验正是如此。

图6.14　巴黎拉斯维加斯在内华达州最终的模拟环境。图为法国巴黎的埃菲尔铁塔，在巴黎酒店重现

独处与共聚

有时人们认为，在现代社会中，人们已变得更加孤独。如今，很少有家庭定期围坐在餐桌旁共度美好时光。快餐和微波炉餐使家庭成员很容易自食其力，继续他们忙碌的日程安排。在工作中，面对面的会议被电话会议或电子邮件交流所取代。许多人不再去公共工作场所，而是在家庭办公室远程办公。许多过去常常使我们与他人接触的琐事，如购物和银行业务，甚至教育和锻炼，都可以在家里通过电话、互联网、视频或有线电视进行。由于城市和郊区的日益扩张，那些冒险走出家门的人往往发现自己在交通中花费了更多的时间。

虽然我们大多数人都欢迎便利的现代生活，但这种隔离会让我们感到有点孤独。因此，娱乐业出现了两种截然相反的趋势。一方面，因为我们花了更多的时间独处，所以人们独处时可以享受的娱乐需求增加了，如电子游戏、家庭视频、书籍和杂志；另一方面，人们聚集在一起获得共享娱乐体验的需求也在增加。巨型影剧院（Mega-plex）、购物娱乐中心创造了一种全新的社区意识，人们可以聚在一个地方社交、处理业务（买鞋、更换手机服务提供商、吃午餐）和娱乐（听一些现场音乐、玩电子游戏、看电影）。

当物理上与他人隔离时，个人可以通过虚拟娱乐进行与人的互动。事实上，最受欢迎的在线电子游戏是那些玩家可以相互交流的游戏。在线聊天室、联网网站、特殊兴趣和爱好俱乐部网站也提供了互动的途径。

爆款与现象级

每个艺人和娱乐业大亨都有一个共同的愿望，那就是创造下一个大热门事件或现象。在电影中，它是下一部《大白鲨》、《星球大战》或《泰坦尼克号》；在电视节目中，它是下一个《宋飞正传》或《美国偶像》（见下面的《聚焦销售》）；在书中，它是下一个《哈利·波特》或《男人来自火星，女人来自金星》；在玩具中，它是下一个剃刀滑板车。热门作品不仅存在于娱乐业，还存在于其他商品和服务中，如Kinko's和iPhone。根据娱乐业战略家迈克尔·沃尔夫（Michael Wolf）的说法，热门产品是由"高概念"驱动的，即可以用简单的想法来表达令人信服的观点。[54] 比如，《宋飞正传》，一部没有主题和主线的电视剧，它把性别差异表现为不同的星球。因为人们能在手机上实现一切（热门宣传），由此手机改变了一切。

沃尔夫将热门产品和现象与德国哲学家弗里德里希·黑格尔（Friedrich Hegel）的"世界历史人物"概念联系起来。这样的人被认为与时代紧密相连，他可以表达大众的渴望和欲望。亚伯拉罕·林肯（Abraham Lincoln）、马丁·路德·金（Martin Luther King）和阿道夫·希特勒（Adolf Hitler）等都是塑造、反映和几乎体现了他们所处时代的世界历史人物的代表。人们觉得自己和这些人有联系，并跟随他们的领导。同样地，根据沃尔夫的说法，热门产品或现象可能被认为是世界历史的产物，因为它们同样表现了社会的渴望和欲望。他认为，"热门产品将纯粹的商业活动转变为一种消费主义的文化声明"。人们通过他们听的音乐，看的节目，读的书，穿的衣服来定义自己。我们渴望融入群体，渴望成为群体中的一员，这促进了热门产品的产生。如果我们没有看过最新的热门大片，也没有穿着"正确"的衣服，我们会感到被冷落。我们的消费和娱乐选择给了我们一种归属感。他们认为我们是叛逆的哥特青少年（goth teenagers）、雅皮士车手（yuppie bikers）或者足球妈妈（soccer moms）。这样的标签有助于个人定义"我们"和"他们"之间的界限。

根据定义，并非所有东西都能成为热门；事实上，热门是罕见的。与所有其他产品一样，娱乐营销人员也在寻找一种独特的销售理念（USP）——让他们在竞争中脱颖而出的东西。在大多数关于热门产品的案例中，独特的销售理念不仅是一个花哨的噱头，还能实现所做的承诺。在竞争激烈的软饮料市场上，激浪通过与极限运动相结合脱颖而出。鉴于软饮料和极限运动都是面向年轻人的，许多软饮料品牌可能会喜欢建立这种联系；然而，激浪的高咖啡因含量使该品牌独一无二地适合利用"极限"这一概念。

聚焦销售　　　　　　　　　　　　　　　**向广播电视网络出售一个想法**

西蒙·考威尔（Simon Cowell）出于唱片公司利益制作的《美国偶像》成为国际热门节目，但那是在被每个美国电视网拒绝之后。

《美国偶像》紧随英国的《流行歌星》（*Pop Stars*）与《名声学院》（*Fame Academy*）进入美国音乐真人秀领域。在引进英国一个类似节目——有四位评委的《流行偶像》

（*Pop Idol*）——之后，考威尔坚信能将娱乐性、犀利评判与观众投票相结合，以近乎肥皂剧式的戏剧张力决出冠军。当考威尔试图在美国推广该节目时，美国广播公司（ABC）因为已经有一个音乐选秀节目《乐队养成记》（*Making the Band*）的失败案例在先，婉拒了他。美国华纳兄弟电视网（WB）尝试了类似的模式，推出了一档名为《流行明星》的节目，但发现只有一小部分观众，因而拒绝了《美国偶像》。美国全国广播公司NBC的真人秀主管也拒绝了，哥伦比亚广播公司的真人秀部门在最初的电话中就拒绝了这个想法。

最终，这个项目来到了福克斯电视台（FOX）。考威尔的同事以极大热情推介该创意，他提出节目将全程聚焦海选环节，并保留大量糟糕的初赛表演——这一概念打动了福克斯高层。节目核心设定在于：观众拥有绝对决定权。当时正需要夏季新节目的福克斯最终接下了这个项目，但开出唯一条件：必须获得全额赞助才同意播出。

图6.15 《美国偶像》的成功激发了许多类似形式的竞赛节目

就在与福克斯广播公司的谈判中，新闻集团（News Corporation）（福克斯的所有者）的高管们见证了英国《流行偶像》的成功。这家公司的创始人鲁伯特·默多克（Rupert Murdoch）的女儿很喜欢这个节目。默多克打电话给福克斯广播公司的最高决策者，下令收购。尽管广告赞助步履蹒跚，福克斯还是像在英国一样，以15集系列的形式达成协议。作为协议的一部分，福克斯希望考威尔的人格魅力能在评审团中体现出来。

考威尔当时面临双重忧虑：其一，他对美国音乐市场认知有限；其二，美国电视网可能要求他弱化对参赛者的犀利点评。尽管节目更名为《美国偶像》，但英版模式被严格保留。福克斯高层认为，美国观众已准备好反抗考威尔所称的"席卷美英两国的过度政治正确现象"。

其他评委的选拔过程十分顺利。前旅行乐团（Journey band）成员兰迪·杰克逊（Randy Jackson），以及宝拉·阿巴杜（Paula Abdul）——拥有辉煌音乐与舞蹈生涯的艺人，双双加入评审团。节目组将评委人数限定为3位以避免平票局面。随着节目的推进，西蒙·考威尔对所有不入眼的参赛者展开了犀利毒舌的点评。他让一个女孩"去找律师起诉你的声乐老师"，并用"可恶""可怕""可悲"等字眼评价其他选手。结果《美国偶像》首播便一炮而红，首夜收视人数突破千万，成为当晚全美收视冠军节目。次日收视再涨百万观众，在18至35岁核心受众群体中，当周收视排名包揽冠亚军。

考威尔开始了一轮宣传活动，仅在一天之内就接受了美国广播电台的50场采访。几周之内，福克斯就安排让《美国偶像》重返常规赛。这个节目不仅是新鲜的节目，还成为所有广播网络电视的"商业变革者"。

资料来源：比尔·卡特（Bill Carter）为《纽约时报》（*New York Times*）撰写的文章，周日商业版，2006年4月30日。

你怎么看？
- 还有哪些节目遵循《美国偶像》的模式？它们是否同样成功？
- 美国能从这种观众参与的互动概念中学到什么？

核心受众

爆款的流行往往由核心受众推动。这些人群是各类观众与消费群体中的风向标，他们总是率先体验市场新品，并迅速将判断传递给同龄人："爱了，必入""别浪费钱"或是"等上线再看"。在这个爆款主导的社会里，营销人员迫切渴望获得核心受众的青睐。随着营销策略从大众化转向精准化，行业将重心放在吸引关键意见领袖或核心圈层中人上，期待他们能带动大众市场的跟随。

音乐行业尤其如此：乐队通常通过口碑积累粉丝。他们或经纪人会争取在格拉斯哥英国国王图坦卡蒙的哇哇小屋（King Tut's Wah Wah Hut）这类场地演出——绿洲（Oasis）、电台司令乐队（Radiohead）和神韵乐队（Verve）等正是在此被具有影响力的核心乐迷所发掘。深谙核心受众重要性的唱片公司高管们也频繁出没热门现场音乐场所，通过观察这些关键听众的反应来预判乐队的"爆款"潜质。

随着老牌娱乐巨头不断加码制作与营销预算以打造下一个现象级作品，有专家指出：聚焦核心受众的策略配合关键技术革新，实则正在降低娱乐市场的准入门槛。互联网已成为低成本触达核心受众的优选渠道——从无名之辈崛起的《女巫布莱尔》电影，到《南方公园》前身《圣诞精神》，这些爆款正是基于网络口碑与发行量的圈层营销策略诞生的。如今，草根音乐人与电影创作者将作品粗剪版上传至聚友网和优兔网等平台，已非怀揣星梦的孤注一掷。即便最顶流的娱乐艺人亦深谙：保持网络存在感，几乎是维持事业长青的必修课。

当一部电影、一本书或任何其他产品或服务，被一种或多种亚文化接受时，通常都能获得相对的成功，这种现象有时被称为邪教经典。《洛基恐怖秀》《哈罗德与莫德》和《疯狂店员》等电影在自称"反酷"的反主流文化青少年和20多岁的年轻人中很受欢迎，它们都是邪教经典的代表。苏·格拉夫顿（Sue Grafton）的字母神秘书［如《A：不在现场》（*A is for Alibi*）］在女性神秘爱好者中很流行，甚至本（Ben）和杰里（Jerry）的冰激凌，都符合邪教经典的定义，这些经典有极其忠诚的粉丝，他们以非常个人的方式认同彼此并认同这个"品牌"。

然而，要真正成为现象级娱乐产品，仅靠小众粉丝追捧是远远不够的。真正的爆款作品必须突破群体壁垒，赢得跨年龄层、跨背景的广泛受众。迪士尼《狮子王》音乐剧的成功正源于此——它不仅受到常规剧院观众及其子女的喜爱，更征服了所有年龄层和文化背景的观众。同样，当《俄罗斯方块》游戏引发父母甚至祖父母抢购游戏机（只为不和孩子们争夺游戏机会）时，这款游戏才真正实现破圈传播。

这印证了群体影响力的传导机制：正如个体"阿尔法消费者"能影响其所在群体一样，当某个群体整体成为"阿尔法群体"后，其影响力将辐射至其他群体。但值得注意的是，不同爆款作品的初始受众群体可能截然不同——中年母亲们曾是《廊桥遗梦》的先行观众，而《泰坦尼克号》的流行则是由她们的女儿们推动的。

准入门槛

如今，观众的选择比以往任何时候都多——更多的电影、音乐、电视频道、电子游戏、主题乐园等。企业想要产品在激烈的竞争中脱颖而出、成为爆款，似乎要比过去面临更多的挑战。

从某些方面来说，确实如此。虽然新奇的事物确实有它的吸引力，但我们在尝试新事物时会犹豫不决，除非我们有信心喜欢它，这在娱乐方面没有保证，但我们仍在寻找将风险最小化的方法，所以我们更有可能去看那些我们过去喜欢的电影中的演员、导演或制片人参与的电影。因此，票房好的电影总是会有续集。我们在出版业也看到了类似的模式，同样的作者年复一年地出现在畅销书排行榜上。因此，在这些行业中成功往往会孕育成功，而富人确实会变得更富有。但正如前面所述，许多热门作品，如《女巫布莱尔》和《南方公园》，以及 J. K. 罗琳（J.K. Rowling）的"哈利·波特"系列丛书和剃刀滑板车等产品，并非出自知名制片人或作家之手。一些分析师认为，尽管更成熟的生产商确实拥有竞争优势，但技术进步减少了生产、营销和分销壁垒，允许一些不知名的作品有机会进入市场。

本章小结

在当今经济发展中，对注意力的争夺为娱乐业提供了一个新的、被赋予权力的角色。娱乐业的趋势影响经济发展趋势的同时，也反过来受其影响。这些趋势以非常快的速度发展着。这本书最初是在20世纪90年代末构思的，当时经济正在蓬勃发展，投资者纷纷将资金投入新技术、新产品和新的娱乐场所。但在新千年伊始，当这本书的第一版正在撰写时，经济开始显著下滑。

2001年9月11日的恐怖袭击加剧了这种衰退。人们取消了旅行，留在离家更近的地方，旅游业受到了严重打击。电视行业失去了广告收入，因为常规节目被无广告的危机新闻节目所取代。一些电影作品被搁置，如《蜘蛛侠》，因为其中有世界贸易中心双子塔的镜头。尽管如此,当一些行业遭遇挫折时,另一些行业却蓬勃发展。恐怖袭击事件发生后的那个周末,电影票房总销售额增长了44%(5410万美元,去年同一个周末为3780万美元)。⁵⁵ 在"9·11"事件发生后的一周内,视频租赁收入增长了30%,达到1.56亿美元,并在随后的几周内保持高位。⁵⁶ 观众的娱乐偏好可能已经改变,他们的消费能力也可能已经改变,但对娱乐的需求并没有改变。

在本书第二版出版之时,世界经济正面临着新的机遇和挑战。由于担忧盗版和非法文件共享对公司收入的影响,娱乐公司开始尝试新的在线分销模式。为了反映这个时代,好莱坞在两种创作取向之间摇摆不定,是在电影中捕捉渲染国际冲突的恐怖镜头,如拍摄《飞行》《卢旺达饭店》《血钻》等电影,还是在足球电影中对小镇的胜利镜头进行浓墨重彩的强调,如电影《无敌》《马歇尔》《铁血雄心》等的表达。我们很难说每个月娱乐业或经济会是什么样的发展态势,更不用说每年了。但可以预测的是,娱乐行业的发展趋势将继续反映和塑造更大的经济与社会趋势。

 近观票务代理商　　**更多总是更好吗?珍珠果酱与特玛捷票务公司的案例**⁵⁷

控告的内容

1994年春,摇滚乐队珍珠果酱对特玛捷票务公司提起反垄断诉讼。在1994年5月6日提交给美国司法部反垄断部门的一份备忘录中,珍珠果酱乐队认为,特玛捷票务公司"对音乐会门票的分销拥有几乎绝对的垄断权"。《时代》杂志称这场法律诉讼为"摇滚乐的战斗"。根据珍珠果酱乐队和其他特玛捷票务公司批评者的说法,该公司保持着门票销售的组织有序和高收入,但往往是以牺牲

图6.16

粉丝利益为代价的。特玛捷票务公司对门票加收的服务费从3美元到6美元不等,可以使门票的面值增加30%以上。

特玛捷票务公司及其支持者辩称,这些费用是一种成本更低的选择,并表示与人们去售票处所产生的时间和交通费用相比,这些费用是合理的。的确,尽管人们可能会抱怨,但如果他们真的觉得从售票处买票是最好的选择,他们就会这么做。如果是这样的话,特玛捷票务公司就会破产。但批评者坚持认为,如果特玛捷票务公司不单单是与票务公司竞争,还考虑到同时与其他票务代理机构竞争,这些费用会更低。

据称,这些附加费用如此之高的一个原因是,特玛捷票务公司每售出一张门票就向

举办场馆或推广方支付一小笔费用，以维持独家合同，使特玛捷票务公司对这些销售拥有独家控制权。据说特玛捷票务公司甚至给推广商贷款，以保障体育场馆的演出，并为场馆提供用于推广和营销的资金。几起诉讼案件将特玛捷票务公司给场馆的红利称为"回扣"。批评者认为，这些排他性的安排限制了竞争，让音乐艺术家、场地和乐迷完全受制于特玛捷票务公司。他们认为，如果允许更多的票务机构参与业务竞争，粉丝们将得到更好的服务。

特玛捷票务公司是垄断企业吗？

特玛捷票务公司是否保持着"几乎绝对"的垄断地位？这个问题还有待商榷。专利法创造了发明和创新的垄断（单一销售者地位），版权赋予了文学和艺术作品垄断权。珍珠果酱乐队对该乐队创作的任何歌曲和表演拥有合法的垄断权，这意味着没有人可以在未经许可的情况下，合法出售珍珠果酱乐队的作品。那么，问题在于特玛捷票务公司是否垄断了票务。在宏观层面上，其他公司可以尝试与特玛捷票务公司竞争。事实上，其他公司也尝试过，但大多失败了。特玛捷票务公司最大的竞争对手票务服务机构 Ticketron，自1988年以来每年亏损数百万美元后，于1991年被出售给了特玛捷票务公司。

但珍珠果酱乐队和其他公司指控特玛捷票务公司从事反竞争行为，如签订独家场地合同，使其拥有垄断权力。辩护人反驳说，特玛捷票务公司借给或提供给场馆或推广方的钱实际上对场馆和粉丝都有好处，因为它保证了演出的进行。一些人甚至猜测，特玛捷票务公司启动这些贷款和推广补贴，是为了应对演出被取消后的投诉。令人担忧的是，这样的政策是反竞争的，因为小规模的票务服务机构往往无法复制。它们没有资源向场馆提供贷款或资金作为担保，特别是如果他们试图通过降低票价获得竞争优势时。接下来的另一个问题是，观众是愿意花更多的钱还是愿意花更少的钱但要冒着因场地无法保证而演出被取消的风险？特玛捷票务公司的政策是基于人们宁愿付更多的钱的理念。该公司的成功似乎支持了这种偏好。但批评者坚持认为，特玛捷票务公司只是让人们别无选择。

竞争会降低票价吗？

竞争加剧会导致价格下降吗？许多特玛捷票务公司的批评者认为会；而特玛捷票务公司的支持者们声称不会。他们坚持认为，其他的票务代理机构有机会参与竞争，但它们放弃了，因为特玛捷票务公司以更好的价格击败了它们。他们的想法是，特玛捷票务公司可以提供更好的定价，因为销量很高。

有人认为，为了让较小的票务机构参与竞争，特玛捷票务公司将不得不提高其费用，以匹配较小的票务机构更高的成本费，并冒着修订价格并人为地抬高票价而被起诉的风险。但批评者反驳说，如果特玛捷票务公司如此有信心提供最好的价格和价值，那么它应该能够保持高销量，而无须依赖于场馆的独家安排，从而消除即使是小规模竞争的可能性。特玛捷票务公司再次强调,这些协议是它能够提供场地保证的唯一途径……争论以类似的方式持续。

谁将赢得这场战争?

司法部最终做出了对特玛捷票务公司有利的裁决,结束了珍珠果酱乐队和这家票务机构之间长达2年的诉讼纠纷。1998年,从特玛捷票务公司购票的消费者发起的集体诉讼中,特玛捷票务公司赢得了针对该公司的垄断控制权指控的第二场法律战役。该案件一直被上诉到最高法院,1999年1月,最高法院判决消费者没有适当的法律地位来发起诉讼。但一些批评者认为,迄今为止特玛捷票务公司的胜利更多的是法律技术上的结果,而不是法院对当前票务实践的最终裁决,关于特玛捷票务公司是否保持对赛事票务市场垄断控制的争论仍在继续。[58]

你怎么看?

- 特玛捷票务公司是一家垄断企业吗?特玛捷票务公司是否为音乐会观众提供了最好的价值?通过让更多的票务代理机构来竞争业务音乐迷们会得到更好的服务吗?

讨论和回顾

1. 回顾一下宣告我们已经进入娱乐经济的逻辑。你同意这种评价吗?你对未来娱乐和经济之间的关系有什么预测?
2. 由于快速的技术进步和不断变化的经济力量,娱乐行业往往发展变化很快。浏览最近的商业和娱乐新闻,看看你是否可以识别出任何变化或新的发展,这些新变化和新发展是强化本文中提出的趋势或信息,还是与之相矛盾?融合和整合仍然是主导力量,还是有其他因素正在发挥作用?
3. 回顾一下注意力动力学的原则,再想想你最喜欢的一些品牌,或者想想你最喜欢的电影、游戏、乐队等,然后将它们与这些原则进行评估比较。规则往往是要被打破的,所以要寻找一致性以及可能违反这些原则的不一致之处。

练习

1. 在一个星期内,试着去注意不同的个人和机构运用娱乐来吸引你注意力的方式。例子包括朋友或老师讲的笑话,娱乐广告公司赞助的节日活动,体育赛事中场休息期间发放的新车赠品等。尽可能多地列出你能识别的内容。
2. 成功会孕育成功吗?在网上搜索一个100部票房最高的电影列表。确定其中有多少部电影有续集。数一数有多少票房最高的电影本身就是续集。看看电影导演。列表上有多少导演不止有一部作品?去书店看看当前的畅销书。有多少作者之前就写过畅销书？以同样的方式研究最畅销的电子游戏、玩具等。研究一下这些品牌，看看是否哪些公司有制造"热门产品"的趋势。

3. 正如本章所述，娱乐经济可以快速变化。再次浏览这一章，寻找任何你认为可能已经过时的理念。做一些研究，以发现本章提供的统计数据和信息的最新信息（如娱乐对经济的影响的统计数据，八家大型企业集团及其领导人，在不同国家排名第一的电影和"拥有"它们的人）。将它们进行比较，有什么重大的变化吗？

参考书籍和网页

Adler, R.P. (1997). *The future of advertising: New approaches to the attention economy*. Washington DC: The Aspen Institute.

Goldhaber, M.H. (1997). Proceedings from "Economics of Digital Information," conference hosted by the Kennedy School of Government, Harvard University, Cambridge MA, January 23–6.

McChesney, R.W. (1999). The new global media: It's a small world of big conglomerates. *The Nation*, Nov. 29. Retrieved from www.thenation.com/doc.mhtml?i=19991129&s=mcchesney.

Wolf, M.J. (1999). *The entertainment economy: How mega-media forces are transforming our lives*. New York: Random House, Times Books.

娱乐新闻：http://www.eonline.com/, http://www.tmz.com/, http://www.latimes.com/entertainment/news/.

娱乐与科技：http://www.etcenter.org/, http://www.businessweek.com/technology/entertainment/.

第七章　品牌娱乐与主题化

> 迪士尼乐园、美国购物中心和拉斯维加斯构建的替代性体验与仿真环境，已成为美国生活方式的典型代表。真实与虚假之间的界限不再分明，也无须区分。
> ——阿达·路易丝·赫克斯塔布尔（Ada Louise Huxtable）

在这个万物皆可售卖的时代，娱乐产业从业者必须运用精妙的营销策略来吸引体验型观众与消费者。品牌塑造对于建立演出受众与媒体消费者之间的情感连接具有决定性作用，它已成为营销战略中最重要的组成部分。所有娱乐行业参与者都必须明白：产品、服务或体验的成功，都离不开营销的赋能。

本章将带领读者探索基于体验的营销方法论，涵盖品牌建设、广告传播以及品牌娱乐的各个维度。我们将阐释基础营销原理，并通过成功案例展示打动受众的实战策略。

我们还将以主题化体验的视角重新审视日常消费场所——从购物中心与餐厅精心设计的室内场景，到户外主题乐园，乃至整座城市空间。对美国民众而言，这种沉浸式主题环境早已融入生活方式。

品牌塑造、营销与娱乐产业

在21世纪的营销法则中，品牌塑造已成为核心理念。其本质在于为产品、服务或体验赋予独特的身份标识——这种标识既能自成一体，又具备恒久延续的生命力。通过品牌化运作，普通的体验被转化为具有名称与特质的独立存在，能唤起受众的情感共鸣与联想，并使他们形成鲜明的个性特征。在深入探讨品牌价值之前，我们首先解析品牌是21世纪营销原则中的概念。品牌塑造旨在提供具有身份标识功能的一种产品、一项服务或一种体验，这一身份标识可以表明自身属性，并且可以在未来无限的时光里一直存在。品牌塑造可以将一般体验转变成具有名称和属性的实体，此后，该实体便具有了鲜明的个性，可以使人们产生联想，引起人们的共鸣。在探讨品牌的重要性之前，我们先概述一下以品牌为中心的营销原则——营销组合理论。

市场营销的4P[1]组合

传统的营销侧重于4P组合，该组合包含产品、渠道、价格和推广四个要素。如今，人们已重新配置了营销组合模式，以使其更好地应用于基于体验的营销活动。菲利普·科特勒（Philip Kotler）在20世纪60年代确认了4P组合方法，这比人们把娱乐品牌与产品品牌区分开还早了几十年。在4P组合中，产品要素指的是有形的实物，价格要素指的是产品的定价，渠道要素指的是产品的分销点，推广要素则包括品牌宣传（广告）、公关、促销等一系列营销行为。基于科特勒提出的4P组合方法，我们为娱乐营销定制了以下这些组合方式，在此将进行说明。

产品

产品的价值可以理解为基于受众体验的价值。若消费产品的价值在于其一致性和品牌关联度，那么娱乐场所的价值便是体验，即观众在欣赏表演或观看电影时获得的体验。观众价值是观众对体验的评价，该评价是观众把个人体验与票价、时间投入以及其他娱乐选项进行比对后得出的。

产品的体验要素

产品的体验要素包括设计、场地、服务和品牌标志。设计指的是包装方式，如在水疗中心度过3天小长假。场地体验则与娱乐或活动场地的风格、氛围有关。另外，大多数消费者更喜欢安全舒适且交通便利的场所。服务是指提供体验的每个人的态度和行为，如前台接待员、招待员、服务员、检票员等人的态度和行为皆为体验中的服务元素。品牌标志是营销的焦点，通过宣扬特定的价值观、徽标、形象和该娱乐形式想要表达的期望，来对该娱乐体验进行标志。

价格

价格指的是受众愿意为体验性内容支付的价值，即我们为体验某事物所支付的费用。对于旅行而言，价格通常被视作个人投资，而非个人开支。促销定价的方式常在娱乐场所见到，该方式根据时间和受众特征来进行差异化定价。例如，日场演出的票价可能比夜场演出的票价低，娱乐场所可能会提供学生票价以满足这一群体的需求。主题公园提供门票折扣优惠券也是促销定价的一种表现形式。

渠道

渠道指的是娱乐体验的场所。景点、演出和购物常常在特定场所有其各自的物理空

---

[1] 以4P为核心的营销组合方法是由杰罗姆·麦克锡于1960年提出来的，并由菲利普·科特勒于1967年在其畅销书《营销管理：分析、规划与控制》第1版中进一步确认。4P组合的四要素为产品、渠道、价格、推广，因其英文分别对应的product, place, price, promotion，皆为P开头，所以简称为4P组合。

间,受众可到那里一起参观景点,观看表演以及逛街购物。交通便利是选择娱乐场所考虑的主要因素,也是该场所得以发展的决定性因素。场所是否配备高速公路、餐厅和停车场等便利条件,对场所选址至关重要。

推广

推广是指向受众提供产品信息,并试图说服及刺激受众购买产品。营销人员常通过媒体、广告、直邮、促销、商品营销、公关和互联网等,向消费者宣传娱乐和旅游方面的信息。

4P组合中的每个要素都是对收入有直接影响的支出。表7.1显示了如何针对娱乐体验的特定方面调整营销组合。

表7.1 营销组合应用于娱乐场所营销

	组合要素	音乐会	主题公园	博物馆
产品/体验	内容	音乐	游乐设施	展品
	包装与设计	场地照明、音响设备、观众座位、会客室、休息室	主题、打卡景点、食物与饮品	建筑风格、展会布置、咖啡厅、店铺
	服务人员	接待员、服务员、售票窗口服务员	安保人员、职员/演职人员	讲解员、其他职工
	品牌	林肯中心	六旗游乐园	现代艺术博物馆
	形象/定位	艺术级的	友爱的	国际化的、本地的
价格/消费额	标准收费	按座位区域划分	成人票、儿童票	成人票、学生票
	促销定价	团购价、套票价	团购价、企业赞助商价	团购价、会员价
渠道/取票方式		购票处	售票处、网络售票	网络售票	游客咨询处、酒店
推广	广告媒体	广播、平面广告	广播、电视广告	平面广告
	商品营销	广播竞赛、T恤	纪念品、服饰	手提袋、书籍
	公关	活动日程表	活动日程表	事件日历

4Cs营销组合理论

在解析行业结构时,另一种极具当代营销价值的理论框架——4Cs体系值得我们重点关注。娱乐产业资深专家阿尔·利伯曼(Al Lieberman)提出用四大要素定义娱乐行业特征,即:内容(content)、渠道(conduit)、消费(consumption)和融合(convergence)。

- **内容** 交付消费者的娱乐产品。

- **渠道**　演出地点与方式（场所）。
- **消费**　广告投放和促销活动开展的结果，二者直接影响购票情况和观众的出席率。
- **融合**　体现为现场表演转换为数字格式后给受众的体验。

被忽略的关键要素：人

这两种组合方式都缺少了什么呢？科特勒提出的4P组合遗漏了一个要素P——人（people），利伯曼提出的4Cs组合则少了一个要素C——消费者（customer）；而人/消费者这一要素在营销计划中最为重要，决定着娱乐项目营销的成败。人/消费者这一要素必须包含三组关键参与者：受众、员工/工作人员以及社区居民。

- **受众**　受众是购买娱乐产品的消费者，他们是市场营销中不可或缺的一部分。受众开心，则产品畅销；受众厌倦，则产品失败。
- **员工/工作人员**　员工/工作人员包括直面受众、提供服务的工作人员与提供技术支持、无须接触受众的技术人员。
- **社区居民**　娱乐场所（游乐场、户外剧院）所处社区的居民。

既然我们一直都在谈营销，现在就让我们来看看品牌对营销成功的作用。

品牌

我们皆是品牌专家，我们日常生活中所用之物与所见之景皆充斥着品牌。对于一些受众而言，品牌不仅存在于文化中，其本身就是文化。品牌是人们用于塑造个人和社会身份的工具，因此，消费者与品牌之间有一定的联系，如哈雷·戴维森（Harley Davidson）认为，文化就是消费者与品牌建立联系的一个案例。例如，刺上品牌文身可以让骑行者明确自己是哈雷·戴维森品牌的粉丝团中的一员，这和互联网巨头苹果公司的"果粉"一直使用苹果产品如出一辙。品牌作为一种文化注入方式将一直存在。因此，娱乐公司必须想清楚它们的品牌是什么，品牌背后有何含义，是否足够独特，又是否与产品相关联。

因为吸引注意力的竞争极其激烈，所以一旦你招徕了一名顾客，就要竭尽所能地保持客户黏性。活动策划方通常也会利用他们经过品牌塑造所获得的关注度。品牌对几乎所有行业都是至关重要的。可口可乐和微软等公司也一直在努力塑造自己的品牌形象。品牌贯穿于一系列产品、服务或概念中，反映出品牌背后的同一思路。通常情况下，该思路内容至少包含公司的名称和徽标。但品牌除了可以展示共享的公司名称和徽标等符号内容，还会展示产品共通的属性、概念、故事、哲学、个性和目标追求。

斯科特·戴维斯（Davis）曾提出一种可以把品牌塑造过程概念化的方法。他还创建了"品牌图景"（见表7.2）。由此可知，影响娱乐受众购买决定的是两个关键因素：

品牌图景和品牌形象。

表7.2 品牌是如何影响受众决策的

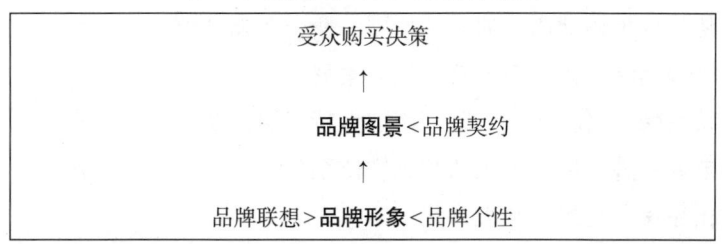

资料来源：斯科特·戴维斯，《品牌资产管理》，加利福尼亚：约瑟西-巴斯出版社，2002年。

品牌形象由品牌契约和品牌联想两部分构成。其中，品牌契约是指品牌向消费者做出的一系列承诺，这些承诺通过多种媒介被传达。例如，海伦·瑞迪（Helen Reddy）音乐会的承办方向观众承诺，他们将在安全的场馆环境中享受她的音乐。品牌联想的第二个组成部分包含两个维度：关联形象和拟人化特质。品牌关联形象是指与品牌相联系的情感、实体或人物——当提及该品牌时，这些关联元素会立即浮现在人们脑海中。而品牌拟人化特质则关乎品牌的"人格"，即：如果该品牌是一个人，它将具备怎样的人格特征？我们将在下一节更深入地探讨品牌形象这一概念。

品牌联想通过三级金字塔模型运作（见图7.1）。

在最底层，品牌依赖于其功能和属性（品牌拥有的有形资产）；中间层，消费者因为品牌带来的利益（消费者从品牌中获得的价值）而记住品牌；而顶层则是品牌塑造的核心价值所在——当消费者想到该品牌时产生的情感共鸣在此显现，此时消费者对品牌产生信仰，品牌不再仅是产品或服务，而升华为一种生活方式的象征。

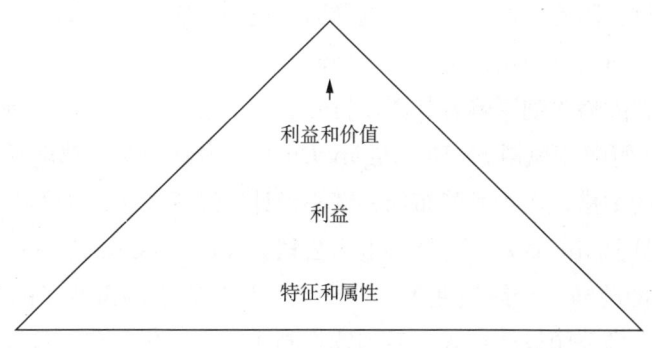

图7.1 品牌联想金字塔

品牌塑造涉及两方面内容，其一，要给娱乐场所或演职人员正确的定位；其二，要帮助受众梳理他们的娱乐体验，以便厘清受众的决策方式，为娱乐产品制造方提供有价值的信息。产品品牌之间的差异不仅与产品自身特有的属性和特征有关，还与产品的利润有关。就娱乐产品来说（尽管每个娱乐场所都有其独特之处），所有体验带来的好处都应该是获得一种愉快的情感联想。品牌符号可以使无形或抽象的体验变得具体。以下是一些娱乐品牌：

- **场所品牌**　希尔顿酒店、迪士尼乐园、斯台普斯球馆
- **人物与机构品牌**　帕丽斯·希尔顿、索尼
- **体育团队品牌**　洛杉矶湖人队、南加大特洛伊人队
- **乐队与电影品牌**　披头士乐队和钢铁侠系列
- **地理文化品牌**　巴黎、蒙大拿州

通过把品牌与由娱乐创造的体验联系在一起，营销人员赋予了品牌个性，而不只视其为与受众群体联系起来的产品。体验式品牌遵循品牌展现的核心价值观，将其引入现实生活；好的品牌是娱乐和营销的融合体，因为这二者的结合可以让消费者对品牌感到开心和满意。

品牌延伸

品牌延伸是指将现有品牌应用到与原产品不同的新产品类别上。例如，苹果公司将其品牌从计算机领域拓展至音乐存储业务，由此进入了娱乐内容分发这一全新领域。迪士尼同样深谙品牌的力量。它将自身品牌扩展到各种相关的产业领域，包括主题公园、酒店、商品和有线电视台。所有由品牌延伸而成的事业都在努力维护迪士尼本身优质健全的家庭娱乐品牌形象。

某些特定情况下，迪士尼公司只是通过将原有业务扩展到其他行业来延伸品牌；而在其他情况下，它则依靠战略合并、公司收购或与其他公司形成伙伴合作关系来进行品牌延伸。由于受众宁愿继续支持自己信任的品牌，也不愿冒险尝试一个自己从未听闻的娱乐场所经营单位，因此他们会更愿意选择迪士尼的电影、商品周边和度假景点。正是基于这样的想法，迪士尼公司进行了品牌延伸。

迪士尼的品牌战略深刻影响着其新项目开发的决策逻辑。以《天赐神威》(*Angels in the Outfield*)和《野鸭变凤凰》(*The Mighty Ducks*)为例，这两部电影的问世与其后收购同名职业球队的举措，实为品牌布局的精心设计。纵观迪士尼的经典影片——《狮子王》《玩具总动员》(*Toy Story*)、《怪兽电力公司》(*Monsters, Inc.*)——每部作品都超越了单一影视产品的范畴，最终演变为"迪士尼"母品牌下的重要子品牌。这些IP通过衍生商品开发、主题公园设施植入、系列续作制作等多元化运营，持续为迪士尼公司进行品牌增值。

从文字印刷到广播电台和电视，再到有线电视，最后到互联网，通信技术的每一次进步都为娱乐行业提供了更多可进行品牌延伸的机会。迪士尼公司便是利用这些通信技术的进步，将自身品牌扩展到家庭影视、电视节目和有线电视频道的内容上的。除了迪士尼公司，花花公子（Playboy）是另一个充分利用了这些机会的品牌。在全球范围

内,花花公子是广受欢迎和广为人知的成人娱乐品牌之一。随着科技进步,花花公子品牌旗下的产品从最初的《花花公子》杂志扩展到了影视传媒作品和新奇有趣的商品物件上。互联网出现以后,花花公子也创建了自己的官方网站。该网站是花花公子旗下所有品牌娱乐的门户,为广大受众提供原创性内容,然而,其他流行的印刷媒体并没有抓住这些机会。因此,市场的空缺被新出现的品牌取而代之。今天,我们看的不是《体育画报》(*Sports Illustrated*)、《时代》(*Time*)或《新闻周刊》(*Newsweek*),而是娱乐与体育电视网和有线电视新闻网。

品牌授权

品牌授权是品牌延伸的一种形式。通过品牌授权,另一品牌可以使用该品牌的形象和商标来改变自身的产品类别。比如,迪士尼公司授权主题公园出售印有卡通人物的T恤和纪念品,这些卡通人物能让游客更加容易记住迪士尼品牌。品牌授权生效有一个前提,就是在创造出一个独特的属性或人物设定的同时,要与服装配饰生产商协商并授权其生产。此后,生产商需要根据销售情况支付授权方版权费用。娱乐媒体也会在数字内容、DVD和电视节目中帮助(新)角色建立其品牌认知度。2008年,海绵宝宝因品牌授权而获得的收入超过40亿美元。

品牌形象

品牌塑造过程中应该关注其形象或个性的塑造,并非只打造某项特定产品或服务。品牌内涵必须宽泛,只有这样才可以多方面扩展;同时必须足够具体,只有这样才可以使品牌自身有别于其他竞争品牌。营销计划通过运用强大的创意信息来建立品牌形象,这些信息可以将由品牌引发的美好联想与人的记忆联系在一起。品牌联想直接通过经验、商业广告、客户评价和口碑来建立,或间接通过对公司、国家或事件的整体感觉来建立。

品牌形象的塑造通常与支持该品牌的使用人群有关,品牌形象通过与这些人群互动联系,得以继续发展。品牌塑造的过程应关注形象塑造而非特定产品与服务,这一点正是企业努力将自身品牌与名人形象联系在一起的原因。名人代言的方式,即将名人形象与品牌形象捆绑在一起可以提升品牌形象。运动员是品牌方的宠儿,因为他们自身可以帮产品打造实力与成功兼备的形象。名人自身独特的个性与形象会吸引品牌方来找他们代言,因为他们的个性与形象可以帮助品牌方提升特定的品牌形象,例如,阿诺德·施瓦辛格(Arnold Schwarzenegger)会使人们联想到健身运动;奥普拉·温弗瑞(Oprah Winfrey)会使人们联想到她真诚与开放的个性;帕丽斯·希尔顿(Paris Hilton)和杰西卡·辛普森(Jessica Simpson)等名人则会向人们传递年轻与性感的气息。

名人品牌代言

名人品牌代言可以产生非常大的影响力,因此我们需要明智地运用该手段。选对代言人，首先要确保名人的个性与所代言品牌的个性一致。名人与品牌之间并不是方方面面都完全契合的，如尽管希尔顿拥有青春靓丽的外形，但希尔顿与迪士尼之间的高调合作可能并不太适合迪士尼以家庭为导向的形象。即使所选的人物已是心目中的最佳人选，名人代言仍然存在一定的风险。玛莎·斯图尔特就是最好的例证。作为久负盛名的高雅风格的偶像，斯图尔特是受人欢迎的形象代言人。但当她被起诉并随后因一些金融交易相关的重罪指控被定罪时，她的声誉以及她所代言的产品的声誉受到了严峻考验。

以前的代言合同是公司支付一笔年费来请名人为它们代言。但新型代言合同的内容变了，它使得代言的艺人与公司间的联系越发紧密，公司给代言人提供的利益也更多。艾伦·德詹尼丝（Ellen DeGeneres）就买下了由自己代言的宠物食品公司 Halo 15% 的股份。2007 年，德詹尼丝把拍摄广告的受众群体锁定在了和她一样的宠物主人上，Halo 在 Petco（宠物零售和服务公司）的销售额也因此翻了一番。代言人与产品之间有真情实感的联系才可以取得最佳的代言效果。若代言人还是该品牌的所有者之一，代言效果会更佳。这样的代言也是成功的代言。

| 聚焦名人品牌 | 泰拉·班克斯 |

图 7.2　模特泰拉·班克斯

凭借高辨识度的面孔和两档成功的电视节目，泰拉·班克斯（Tyra Banks）正逐渐成为一个为人熟知且代表平权的品牌（见图 7.2）。1973 年出生的班克斯 15 岁就开始了她的模特生涯。她认为，模特是一门可以通过设计和管理来改变人们人生轨迹的"科学"。

班克斯希望自己能像她的偶像玛莎·斯图尔特那样，把自己的姓名塑造成一个品牌，并赋予它独特的内涵。与她那标志性的笑容一样，她的品牌与她在节目中的形象是一致的——班克斯就是一个具有同理心的人，她给予别人力量，并一直关注不同种族的女性。她主持并监制的电视节目《全美超模大赛》和脱口秀节目会邀请年轻女性参与（参与者的年龄从十几岁到三十多岁不等），每周都会吸引超过 1300 万名观众观看。班克斯身上散发的魅力和她对待事业的干劲似乎吸引了不少年轻女孩，尤其是那些觉得自己已被主流媒体放弃了并排斥在外的女孩。班克斯认为，她来到世界的使命便是帮助年轻的女孩们找到自信心与自尊心。而且，随着受众对肤色差异越来越包容，年轻一点的观众倾向于以非裔美国人为榜样，并在某些方面对其进行效仿。

据估计，班克斯每年的收入为1800万美元，净资产约为7500万美元。除了要做两档电视节目，其他时间班克斯也总是在工作。她有自己的目标，那就是帮助女孩们成为专业的模特，而不只是通过《全美超模大赛》这档节目让观众朋友记住女孩们的脸。她把"泰拉"（Tyra）品牌定义为"可实现的幻想"，并致力于帮助别人实现梦想。赋权于年轻女性是她所追求的目标。

班克斯在接受《纽约时报》的采访时说："如果迈克尔·乔丹能卖网球鞋，泰格·伍兹能卖汽车，那么我也能卖玉米片。如果真是如此，那我可以做到，我也会这么做。"

资料来源：赫希伯格·林恩（Hirschberg Lynn），《班克斯化：泰拉·班克斯如何将自己打造成一个品牌》，载于《纽约时报》，2008年6月1日。

你怎么看?

- 泰拉这个品牌能让你想起哪些品质？
- 你对她的看法是否与她的品牌形象一致呢？

娱乐类型的宣传常常被当作品牌的宣传。品牌的信息必须覆盖到品牌与受众接触的每个层面——从受众想要买票，找到售票处，发生买票的行为，到最后参加活动或演出等各个层面。在推广的每个阶段，品牌方必须通过宣传物料、媒体、与员工的交流接触以及评论家们的评论，来向目标受众传达一个积极的品牌形象。

品牌粉丝

与第六章所述的"核心受众"相似，品牌粉丝是通过将品牌效应与数字媒体技术相结合，积极为产品或服务发声的忠实拥趸者。品牌粉丝这一概念构建了品牌社交化的思维框架——如何让消费者深度参与品牌构建。其行为的基础表现形态是品牌粉丝在脸谱网创建粉丝主页。品牌社交化最成功的表现形式是粉丝直接参与品牌营销活动（如用户生成内容创作）。

统计数据表明，社交媒体的品牌忠诚度比一般意义上的品牌忠诚度更强。安德森分析公司（Anderson Analytics）2009年5月的调查报告显示，52%的社交网络用户已关注某家公司或品牌，或已成为它的粉丝；46%的用户在社交网站上对某个品牌或公司发表了一些正面的言论，这一用户比例是发表负面言论的用户比例（23%）的两倍。一般情况下，如果一个品牌或公司推出了好的产品与服务，人们会在线上对其展开讨论，因为这对于他们而言具有价值与意义。

为了吸引更多品牌粉丝，营销人员会让消费者帮忙宣传品牌。品牌方通过邀请消费者来分享经验看法和宣传产品，激发受众强烈的兴趣——正如某品牌在脸谱网上成功吸引逾50万粉丝。这种营销方式不再局限于产品功能宣传，还围绕消费者关心的议题展开互动。奥巴马竞选总统时就采取了这样的策略。他明确提出"希望与变革"的核心理念，随后邀请选民共同参与这场运动。他向选民们传达出这样的信息：竞选总统不是为了我自己，而是为了给我的人民带来"希望"和"变革"。

 聚焦品牌   **"品牌杀手"，是人还是时间？**

1. 人

有了合适的品牌经理和员工，就无须再做品牌调整去适应市场波动了。有精明的品牌运营的专业人士来掌舵，无论技术、全球经济或消费者信心怎样变化，品牌都可以灵活应对，并在瞬息万变的商业环境中生存下来。因此，扼杀品牌的是人的管理不善，并非时间。

2. 时间

无论这个品牌是什么，它终会过时。随着时间的推移，品牌与消费者之间的关系会有所变化；而科学技术、人们的价值观和人口统计数据的演变不断影响市场走向，品牌根本无法与消费者保持紧密牢固的关系。尽管极具才华的品牌运营专业人士已尽其最大努力以保持品牌活力，但时间不仅会使所有的品牌形象老化，还会扼杀它们。

资料来源：www.brandchannel.com/forum.asp?bd_id=94。

你怎么看？

- 人和时间，你认为哪一个最有可能是"品牌杀手"？

"脸谱网"这一品牌的推广之所以成功，是因为它有庞大的粉丝群体（脸谱网创立于2004年，截至2009年9月，已有超过3亿用户），并且会与用户进行一定的互动（尼尔森分析公司的数据显示，脸谱网每月都会与每位用户有长达6小时的互动）。一些知名品牌用户，如可口可乐、百思买、星巴克和微软的用户，他们在社交网站上的表现尤为出色。宝洁公司旗下的品牌老香料（Old Spice）也曾通过脸谱网取得成功。2009年10月的第一周，老香料在脸谱网上投放了一则广告，希望借此可以扩大其现有的5.5万的粉丝基数。没想到，在一周的时间内，老香料就暴增了近17.5万的粉丝。[1]

有时候，品牌粉丝会先于公司开展营销工作，例如，宜家的粉丝。宜家没有创建线上交流平台，但它的粉丝帮它完成了这项工作。宜家的粉丝将自己的体验表达出来，并在网上创建了他们的线上站点IKEA pedia（宜家百科）。除了宜家的粉丝，同样帮品牌方开展营销工作的还有耐克的粉丝，他们帮耐克创建了一个线上运动休闲鞋社区。[2] 至于可口可乐在脸谱网上的巨大的品牌页面，是由两名可口可乐的粉丝在2008年8月制作的。

这个品牌页面后来还成为脸谱网上最受欢迎的品牌产品页面。为表示对该页面的支持，可口可乐公司邀请这两位粉丝到公司总部参观并聘请他们继续运营此页面。截至2009年秋季，可口可乐拥有370万名粉丝。其间，公司还推出了"我与可口可乐同框"的视频征集推广活动。[3]

最活跃的品牌粉丝是精通信息技术的青少年。受这些青少年欢迎的品牌方会支付一定的报酬，来邀请他们利用对互联网技术的掌握进行品牌推广。品牌创建在线社区战略内容的一部分是，一代消费者在视频点播、博客和社交网络规划他们所喜爱的品牌的发展方向。如果看到好的产品，青少年可以把它推荐给好友，成功推荐后还可以获得商家返现。这样一来，青少年粉丝对该品牌的发展就起到了促进作用。[4]

在社交媒体上开展推广活动，面临的唯一问题是缺乏衡量标准。尽管几乎所有人都认同品牌粉丝的价值，但还是没有一个标准可以用来衡量其价值大小。

 聚焦品牌交易   **品牌娱乐**

在2008年电视台最火爆的时段中，一个新的备受瞩目的交易过程出现了，那就是"品牌娱乐"。广播网在电视节目投资洽谈会上（广播网为下一季度电视节目单开展洽谈交易的时间），在大批量黄金时段预订开始之前，优先安排了对话沟通环节。为了拿到这160亿美元的有线电视和广播电视的预付款，广播网给营销人员提供了一个好方案，可以将他们品牌的DNA（品牌最本质的特征）融入故事情节，进而引起观众的兴趣。

在收视率持续下降的形势下，广播网和营销人员为在广告时段留住观众所做的努力，往往以失败告终。品牌娱乐成为一种越来越受欢迎的解决方案，它不仅可以让营销人员更多地接触到产品，还允许广播网对独家关系收取更高的费用。

为了预留时间来确保能与广告客户进行长期整合，2008年，美国全国广播公司娱乐部门的联合总裁提前一个月将其广播公司未来65周的节目时间表发送给买家。他称这一策略为"走在前面"，并运用这一策略与通用汽车公司达成了一项协议——将其两款新车整合进正在拍摄的电视剧《我以我为敌》（*My Own Worst Enemy*）中。该电视剧由克里斯蒂安·史莱特（Christian Slater）主演，于2008年秋季上映。

有线电视还有另一项品牌娱乐项目。该项目是道奇（Dodge）和TNT联合推出的品牌微剧。这部电视剧有20集，每集时长2分钟，讲述了一位名叫洛基的缉毒署特工卧底的故事：因为受一个黑帮老大威胁——他以洛基没有犯下的罪状对洛基进行勒索——洛基要用他2009年款的道奇挑战者汽车，在4天的时间内为黑帮老大运送5000万美金。特纳娱乐公司广告销售和市场营销部门的执行董事表示，该项目从一开始就是与导演、编剧、制片人和广告客户一起开发的。因此，美国电话电报公司（AT&T）作为其全球定位系统的综合赞助商也加入了这个项目,并通过直播的方式,帮助道奇对这部剧作进行交叉推广。

资料来源:安德鲁·汉普(Andrew Hampp),为《广告时代》写的文章,2008年5月26日;来源于AdAge.com,文章链接:Uadage.com/madisonandvine/article? article_id=127312。

品牌娱乐

透过各式媒介,品牌方把受众的价值观与节目所传达的价值观(该价值观和品牌自身展现的价值观一致)联系起来,以此来吸引消费者。品牌方会通过娱乐的方式来与消费者对话,让他们参与到品牌活动之中,然后在多个平台上播出该内容。品牌活动、热门预告、电子游戏、音乐会、手机端内容、音乐光盘和线上内容,都是核心电视资产的重要元素。[5]

品牌娱乐业务有3大板块:活动赞助和营销、植入式广告、广告游戏和网络短剧。广告资金不断流向,如品牌娱乐、公共关系和贸易展览等快速增长的营销服务领域,这对广告支出产生了深远影响。

20世纪70年代的时候,广告支出占媒体总预算的40%;到2007年底,广告支出所占比例下降到23%。传统媒体的宣传效力下降,促使营销人员积极寻求其他可以建立品牌形象、有效瞄准受众和增加销售量的渠道。[6]

美国PQ传媒(PQ Media)的一份报告显示,2007年,品牌娱乐的收入比上一年增加了14%以上,达到了223亿美元。到了2008年,品牌娱乐维持了这一增长速度,收入达到了254亿美元(比上一年增加了13%)。新内容给广告注入了活力,其中,具有吸引力、丰富、教育意义、信息性、幽默、娱乐性和动态的内容是关键。

从《纽约时报》到《橘郡纪事报》(Orange County Register),从美国全国广播公司到蒙大拿州博兹曼的KWYB,从美国XM卫星广播公司到本地大学的广播电台,无论何处,内容都是广告平台成败的决定因素。当今的媒体环境给消费者提供了众多选择,也赋予了消费者许多权利,因此,品牌娱乐业务正在经历迅猛地增长,这一点也不足为奇。

从2005年开始,大品牌便开始利用这个不断更新换代的广告世界来进行品牌推广,因此,品牌娱乐的规模几乎扩大了一倍。通过诸如互联网和移动空间进行推广宣传,比传统的广告方式更能有效吸引用户。PQ传媒总裁兼首席执行官帕特里克·奎因(Patrick Quinn)表示:"这一趋势导致品牌方在替代性营销策略上的投资增加了。"

时事速览 品牌娱乐业务在2007年的增长体现在以下几个方面:赛事赞助——增长了12%;植入式广告——增长了33%;广告游戏和网络短片——增长了34%。

麦当劳推出的游戏《丢失的指环》(The Lost Ring)就属于品牌娱乐业

务。这款游戏游离于现实与虚幻之间，需要玩家们一起合作，通过网络上和现实世界中的蛛丝马迹追查线索，共同揭开游戏的秘密。

资料来源：商业咨询平台（Biz Report）。

生活与社交方式型广告

广告商一直在不断地寻求与消费者联系的新途径。在耐克的一个新网站（Nike+.com）上，用户可以自行登录账号，与其他也在分享生活方式的运动爱好者进行互动。用户会发布跑步路线，记录跑步的细节，并与遍布世界各地的其他用户进行互动，分享自己的经验。耐克正在将其广告资金用于为消费者提供服务上面，如为消费者提供健身建议、创建在线社区和跑步俱乐部——这是一种推广生活方式的广告。耐克和其他全球品牌在非传统媒体上的支出增加了三分之一甚至更多，这使得广告的使用和观看方式发生了根本性变化。

还有一些公司也较为青睐非传统媒体的传播方式，如卡夫（Kraft），它在《第二人生》（Second Life）这一网络虚拟世界上安插了广告；美国大陆航空公司把自己的标志印在了筷子包装上；美国第四大汽车保险公司——政府员工保险公司把自己的品牌业务扩展到旋转门业务上；医生用于写诊断结果的纸张上印有迪士尼公司的卡通人物形象。为了在线上线下都能吸引公众注意力，宝洁旗下的品牌"Charmin"在曼哈顿区域开出一辆"出恭卡车"，推出随叫随到的移动厕所服务。还有折扣店运营商塔吉特（Target）在感恩节那周把魔术师大卫·布莱恩（David Blaine）挂在时代广场上方的陀螺仪上两天时间。

数字广告

数字广告凭借其有趣的视频短片和包罗万象的内容将品牌与受众联系起来，成为推动广告业发展的核心力量，也使得许多大公司在数字媒体方面的支出逐年翻倍。通过展现受众所追求的生活方式以及鼓励他们行动起来，数字广告网络可以促进品牌方与消费者之间的对话互动。品牌娱乐摆脱传统和新兴媒体平台以及移动营销的束缚，在其基础上进行创新，延续非传统广告的新浪潮。[7]

用户行为追踪软件（常被当作窃取用户储存在本地终端上的数据个人信息的间谍软件）利用内容来吸引用户，并推销周边广告。例如，尼布阿德网络广告公司（NebuAd）和阿兹拉广告公司（Adzilla）向互联网服务供应商推销一些工具，让它们可以追踪用户喜好，并向这些用户推送相关广告。但是，就像电视广告频道被屏蔽一样，消费者最终会因为被广告轰炸、骚扰而屏蔽这些信息。

社交网络

线上广告内容靠社交网络这一虚拟世界来管理和监督。在社交网络上，用户不仅有管理和保护自己数据的方法，还有设置网络空间权限的权力，即由用户来决定可以进入自己网络空间的人员。例如，有旅行计划的用户可以有意地让自己首选的航空公司联系自己；相应地，该航空公司要支付一笔平台赞助费来成为该用户的"好友"。与通过陌生来电或报纸得到的来路不明的消息相比，用户更倾向于在可信的网站上，并且在特定报价的基础上，回复商家信息。像脸谱网这样的社交网络懂得如何建立与运营在线社区，在线社区里面有很多用户，每个用户都会在搭建起围墙的花园中创造属于自己的价值。

活动赞助

活动赞助是将品牌与受众相连的一种重要营销策略，通常由公共关系部门人员负责。活动赞助是一个发展快速且备受瞩目的行业，它在活动中设置促销、推广环节，以此来吸引品牌的目标人群，并让他们真切地参与到活动之中。每年赞助商都会用数十亿美元的资金赞助举办娱乐和体育赛事、建设场馆和宣传景点。

活动赞助受更多赞助商喜爱的原因有以下两点：其一，通过创建与活动相关的企业品牌形象，在品牌广告宣传的混战中有所突破；其二，通过与非营利组织合作，在财政上承担与之相匹配的社会责任，这将有助于提升公司的品牌形象。

 聚焦品牌合作伙伴　　　　　　　　　　　　　　　　　　**社会营销**

图7.3

　　英国摇滚乐队电台司令（Radiohead）的《我需要的一切》（*All I Need*）以缓慢而忧郁的音乐节拍开篇，其MV（音乐短片）以分屏形式呈现，讲述两组孩子的故事——一组孩子起床，穿衣服上学，吃早餐；另一组孩子则生活在恶劣的环境中，在工厂里辛苦劳作。MV最后的镜头中，从学校回来的男孩脱下了他的鞋子，同时，另一个男孩正在工厂里完成运动鞋组装的最后几道工序。两双运动鞋惊人地相似，两组镜头形成了鲜明对比。旁边的标语写道："事物内涵不只在其表面。"

　　《我需要的一切》是为MTV反人口贩卖与剥削行动（MTV Exit）而作的，于2008年在MTV全球首播，并将MTV的徽标作为其音乐视频的结束画面。MTV反人口贩卖与剥削行动是一场以多媒体形式展现的活动，由维亚康姆集团旗下的MTV欧洲基金会（位于伦敦的独立慈善机构）于2004年发起。为了支持这项行动，电台司令乐队在北美、欧洲和亚洲举行的巡回演唱会上，都传播了反人口贩卖的信息。该行动发起方（近期已经传到了亚洲）还计划上映一部关于人口贩卖的动画电影以及举办其他现场活动。

这些成绩表明，品牌娱乐越来越多地被应用于传播企业落实责任的活动中，旨在与做慈善的消费者建立更深刻的联系。其他使用此策略的品牌还包括预付费移动品牌布斯特移动（Boost Mobile）、微软和美国维珍移动（Virgin Mobile USA）。

麦格纳环球娱乐公司（Magna Global Entertainment）总裁表示，内容通过在品牌和观众之间建立联系，与消费者建立情感纽带，这是30秒广告办不到的事情。此外，微软的消费者营销团队采用社会责任品牌娱乐的营销策略，并将其视为内容与营销投资领域的下一个重要发展趋势。

英国到底发生了什么事公司（What On Earth Is Going On）与微软网络（MSN）之间的合作专注于社会相关的营销计划。它的门户网站（WhatOnEarthIsGoingOn.msn.com）的用户可以根据自身喜好与全球品牌建立联系。

其中一个项目涉及与美国Filmaka网站的合作。Filmaka网站是许多电影制作人的圣地，因为在这里，他们可以努力向好莱坞决策者展示自己的才华。在该合作项目中，到底发生了什么事公司负责与品牌方合作，构思短视频拍摄的主题，在此过程中所面临的挑战是，品牌方要确保其传递的信息都是真实可靠的。

《悦己》（SELF）杂志进行的一项关于公益营销对消费者影响的研究显示，人们所支持的公益事业反映了他们对自己的看法。《悦己》的研究还发现，对于营销人员来说，无论其心怀何种善意，真诚仍然是一个挑战，因为消费者希望企业能实现对某项事业的承诺，而非只举办一次活动。品牌打造的过程中营销人员常常还会面临创意方面的挑战——如何在兼顾创意的同时，把信息传达给受众，并使这个信息听起来不像是付费的赞助。

资料来源：http://www.adweek.com/aw/content_display/news/media/。

问题：
- 你还能说出哪些社会营销品牌联想的案例？

纳斯卡赛车（NASCAR）是赞助方面的开山鼻祖，它坐拥不断飙升的电视收视率，不断流入的公司资金，以及不断激增的观看人群——这就是为什么娱乐公司都排着队想要在赛车上印上自己的商标。4千米长的赛道上设有84台摄像机，因此，在这个有43辆赛车参与的、赛程长达644千米的比赛中，没有一个细节和角落能够逃过观众的双眼。纳斯卡的合作伙伴获得的收益，其来

图7.4　银子弹赞助道奇汽车参加纳斯卡赛车

源有很多，包括电视与媒体、门票（均价88美元）、商品许可费、食品与饮料（每场比赛消耗掉约3万升苏打水）、主要团队赞助（车手和赛车上的天篷品牌）、纳斯卡赞助（前围板上的徽标）以及联合团队赞助（车手和赛车位置上的小徽标）。这些和其他类型的公开赞助都可以增加品牌忠诚度，也可以收获较高的全国认可与知名度。

但是，并非所有品牌都适合为活动提供赞助，因为有些徽标要通过更微妙的植入方式才会获得更多关注。比如，让它们成为电影演员，并让它们在电视节目里面担任主角。如果标识和品牌都是节目的一部分内容，那么我们称这种策略为"嵌入式广告"。

嵌入式广告

广告的功能已经从销售产品转向将娱乐体验与品牌联系起来。通过提供令人愉悦的且具有技术吸引力的广告，广告商现在可以实现娱乐大众的目的，而不仅是产品的宣传。最好的广告应是围绕一个故事展开的，又或者是可以呈现一系列的动作片段。这个故事或片段与产品无关，但一切又关乎观众对品牌的感受。例如，美国第四大汽车保险公司的小壁虎的英式腔调和美国家庭人寿保险公司（Aflac）的鸭子都能把我们逗乐。

但当我们对明目张胆进行品牌构建的行为产生抵制时，广告商开始转向使用一种更加温和、更易于被受众接受的品牌塑造方式——嵌入式广告。下面将讨论嵌入式广告的3种形式：植入式广告、广告游戏和网络短片。

植入式广告

最常见的嵌入式广告形式是植入式广告（植入产品或品牌）。做法是把品牌嵌入实际内容，各种类型的电视节目现在几乎都会采用这一做法。从《幸存者》里的可乐罐，到围绕产品特征设计的情节，所有黄金时段播出的节目都充斥着品牌标志。在《犯罪现场调查：迈阿密》（*CSI: Miami*）中，通用汽车公司的悍马车几乎就是主角，它载着演员大卫·卡鲁索（David Caruso），从一个犯罪现场火速赶往另一个犯罪现场。

情景喜剧中的植入式广告的基础原则是从以下3个基本的文学理论中得来的：[8]

- **类型理论（Genre Theory）** 这是一种分类方法，可以帮助赞助商在特定情况下将情节和人物与产品进行匹配。
- **女性主义理论（Feminist Theory）** 着眼于性别，对特定产品和情景喜剧植入广告，赞助商持基于性别的批判态度。
- **人物角色理论（Persona Theory）** 着眼于人物角色的个性，此处重点关注赞助商。赞助商可以出现在情节之中与角色进行互动，也可以隐身，在节目外只作为赞助商出席活动。

聚焦植入式广告　　　　　　　　　　　　　　　　　　　　《学徒》

作为《学徒》监制的马克·伯奈特（Mark Burnett），在这档由唐纳德·特朗普主持的节目中，向每家在该节目中植入广告的公司收取了高达2500万美元的费用。受这一举动的影响，这档真人秀节目成了一个试验场所，可用于探索众多品牌与节目内容联系起来的不同方法。以下是参与品牌推广的一系列方式：

图7.5　在第五大道上的唐纳德·特朗普

- 品牌主角——主持人唐纳德·特朗普把自己和他的企业帝国塑造成节目的主角。参赛者要参观他的公司，会见他的员工，并了解公司的经营理念。
- 品牌任务负责人——整个第二季的节目都是为特定品牌而设的。在第二季中，参赛者的任务有检测玩具"反斗城"和美泰公司生产的玩具；为你好朋友（意大利冰激凌品牌，Ciao Bella）意大利冰激凌设计一种新口味；重新设计一款百事的产品；卖出一条玛氏公司新出的巧克力棒；还有为宝洁公司的香草味薄荷牙膏新品做一个营销方案。
- 品牌塑造过程的娱乐因素——为了给佳洁士的新品造势，参赛者展示了将品牌与娱乐内容联系起来的方法，如在广告中应用马戏团杂技演员和小丑等人物。
- 品牌帮手——作为在电视上曝光的回报，小公司会充当参赛选手的顾问。
- 品牌奖品——特朗普会奖励选手参与他的"工作"，享受豪华午餐与服务。
- 品牌搭档合作——在冰激凌那集之后，观众可以到店品尝新口味的雪糕。随后，美泰公司也推出了由参赛者设计的变形手盾玩具车。
- 品牌社区——粉丝们透露了自己与特定选手的关系，从而使制片人可以收集有关观众反应的数据。
- 品牌事件——为鼓励创新，雅虎热聘和特朗普联手举办了一场比赛，最终的优胜者可以赢得2.5万美元，落败者则被纽约的出租车载走。
- 参赛者代表品牌——在《马克西姆》（*Maxim*）杂志上，女性内衣模特被称为"《学徒》中的女性"。
- 品牌评委——公司的高管协助特朗普筛选出最终入围的选手。

品牌搭档合作非常适合这档节目，不仅是因为这档节目的流程设计得很好，还因为所选的品牌可以服务节目的核心机制。观众会在意品牌的情况，因为他们是通过品牌的特点来塑造自己的身份的。《学徒》通过其原创的、极为吸引人的内容和节目形式，向观众展示了成功的品牌，并为赞助商带来了形象和经济效益。

资料来源：亨利·詹金斯（Henry Jenkins），《融合文化：新媒体和旧媒体的冲突地带》，纽约：纽约大学出版社，2006年，第69—72页。

你怎么看？
- 还有哪些真人秀节目会在故事主线中采用类似的策略来进行产品推广呢？

你上次到电影院看电影时，很有可能与产品和品牌也进行了一次互动。如果你看过《金钱太保》（*Other People's Money*），你肯定会听出丹尼·德维托（Danny DeVito）的声音，听过他在商店的标志前说的这么一句话："如果我不能指望唐恩都乐（Dunkin' Donuts），我还能指望谁呢？"像这样以语音和视觉的方式植入的品牌，每年都会给电影行业的公司带来6万美元的收益。

植入式广告通过将产品、品牌名称、服务或品牌定位植入影片剧情来为品牌创造和争取正面曝光率。这些剧情片可以是喜剧或是展示生活方式的影片；可以是预先录制好的，也可以是现场直播。自1982年起，植入式广告就已经变得极其重要了。那时，锐滋（Reese）在电影《外星人》（*E. T.*）中植入了自己的巧克力广告，其销售额由此增长了300%。随后，汤姆·克鲁斯（Tom Cruise）又在《壮志凌云》（*Top Gun*）中喝可口可乐，戴雷朋的太阳镜。自此，植入式广告的热潮开始了，各大公司都纷纷排队，争相在大型电影中亮相。

通过了解观众对角色和品牌的态度，公司可以准确地定向投放广告。研究人员发现，在情境喜剧中，与扮演临时角色的嘉宾相比，常驻演员负责产品植入会引起观众更积极、强烈的反应，而且态度因性别而异。例如，如果一个归来的角色被认为在公开推销某款产品，那么男性观众通常会对这个角色产生负面情绪；而由那些即将要离开节目的，或者只是特意出现在某个环节的角色来进行产品宣传，就不会引起任何观众的反感。

广告植入狂潮出现的原因很简单。传统的营销渠道堵住了烟酒这些产品的宣传路径，而电影为这些产品提供了广告宣传的出路。推广可以因势利导，可把内容制作成契合影院和家庭视频的多种形式，包括预告片、先导片、广告牌或视频封面等多种形式。随着电视广告被数字录像取代，品牌经理们需要寻求其他形式的视觉印象，而电影是一种自然而然的选择。事实上，现在这方面的做法是，制片公司的专业人员在制片之前就会与广告商商谈。

聚焦广告　　　　　　　　　　　　　　经济衰退期的奇思妙想

在经济衰退期，营销行业人员列出了一份"十大创意清单"，他们用公司的信息来吸引受众。

1. 绿色环保营销——可持续性不再是奢侈概念，而会成为公司形象的必要组成部分。

2. 广告牌技术——迷你库珀（Mini-Cooper）测试了射频识别技术（RFID）激活的广告牌，这种方法可满足客户的特定需求，并将传统的"旧"（户外）与新潮的"新"（线上）联系起来，将一个集成媒体平台转变为一个时髦的俱乐部。

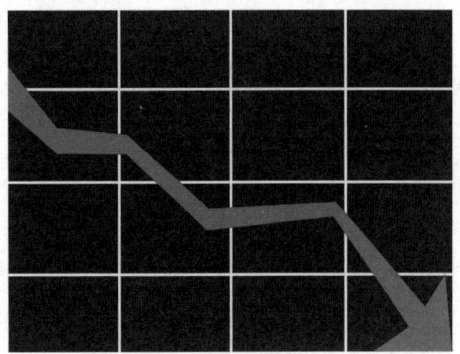

图7.6　经济衰退

3. 游戏广告——无处不在的网络游戏和视频游戏为市场营销人员创造了大量接触受众的机会。现在，设计游戏所得到的经济效益可以与电视和电影等传统媒体业务所得相媲美。

4. 移动营销——它可以随时随地提供高度个性化和有用的信息；移动营销可以弥补个性化通信中缺失的那一环。

5. 社交网络——聪明的营销人员将利用社交网络日益增长的吸引力。除了聚友网和脸谱网这两大巨头，还有适合特定人群的网络社区，如适合青少年群体的皮斯科（Pizco）和标签网（Tagged），以及适合老年人的永恒网（Eons）。

6. 小控件——小控件迅速成为市场营销人员用于信息传递的首选工具，用来争夺在网页、博客、计算机和手机上难以触及的地方。

7. 视频——视频是用户参与其中、获得教育和体验娱乐的好媒介，这3点也是成功营销的新"3E"的内容。

8. 行为目标——将行为目标添加到"搜索"工作中，以更加有效地开展营销。

9. 体验式营销——营销人员意识到，在营销方面，互动品牌体验比单纯的广告宣传更为有效，应该在与客户首次对话接触时，就创造互动的品牌体验。

10. 营销即服务——这就要求将关系管理提升到全新的水平。营销人员在其整个职业生涯中，都应该一直支持消费者，在每次与消费者的沟通中，都要贡献出有价值的建议。

资料来源：http://www.ebrandmarketing.com/2007/12/20/around-the-net-top-ten-marketing-ideas-for-2008-advertising-during-recession/#more-120。

并非所有的植入广告行为都是一帆风顺的。有些公司因为在品牌选择上出了问题而要诉诸法院解决。以下便是一些案例：菲利普·莫里斯国际公司（Philip Morris Companies Inc.）起诉了《铁汉狂奔》（*Harley Davidson and the Marlboro Man*, 1991）的制片公司，要求其从影片中除去公司的名称；奥肯生物科技（Orkin）要求《午夜惊兆》（*Pacific Heights*, 1990）里的一名穿着奥肯公司制服的害虫防治人员改变台词；当《虎胆龙威2》（*Die Hard II*, 1990）的制片公司把一个植入影片的史丹利百得公司广告剪掉后，制片公司花了15万美元才得以庭外和解。

产品植入通常采取以下3种方式：

- **台词植入**　这种植入方式是借助主人公的对话把产品告诉消费者。
- **场景植入**　这种植入方式是在画面所呈现的、容纳人物活动的场景中，融入需要展示的产品或展示品牌信息的实物。
- **情节植入**　若产品在故事情节中扮演主要角色或对塑造人物角色起关键作用，这种植入方式就会被采用。

这些植入方式通常会结合语言和视觉方面的内容使用，从开始仅提及品牌产品并简单展示一些实物，发展到现在让艺人使用该产品。詹姆斯·邦德的系列电影与宝马合作就是高强度广告植入的一个例子。

植入式广告采用有趣的广告形式，使观众产生愉悦的品牌体验。电视和电影中的品牌植入可以从4个维度进行分析：

- **个人相关性**　其是指观众与品牌联系的紧密程度。
- **体验性**　其是指受众对品牌在情感上的共鸣，是最有效的植入点。
- **信息性**　其是指已成为故事一部分的相关品牌会为用户带来象征性意象。例如，看过亨弗莱·鲍嘉（Humphrey Bogart）吸烟后，观众看到香烟就会想起有关男子汉气概、风流潇洒与性感的画面。通过这种情感建立过程，观众可以直接感受到品牌的象征意义。
- **执行性**　品牌和其代言艺人之间必须进行准确匹配。

成功的广告植入，观众对产品或品牌的感受会反映出电影或视频描述的使用体验。这样的广告植入对观众和内容制作会有几点影响。首先，脚本会围绕产品进行定制，而不是通过使用产品来增强真实感。其次，由于赞助商的要求越来越严格，基于场地拍摄的广告可能会限制电影内容的丰富性。最后，控制艺术表达行为引起了一些电影导演的警觉，他们受到广告商的要求不得不做出妥协。为了解决这些问题，好莱坞的高管们成立了一个行业协会（娱乐资源和营销协会，Entertainment Resource and Marketing Association），利用一套处理客户—代理关系的道德准则，来进行广告植入行业的内部整顿。

 **聚焦道德问题**   **博客，写还是不写？**

    马特（Matt）是一名大学生，通过写博客来挣钱，即广告商通过PayPerPost（一个付费软文评论网站平台）联系到马特，付费邀请他为产品撰文。马特上一个任务的写作对象是一家抽脂公司，主人公是一名体重66千克，脂肪含量为14%的铁人三项运动员。但是，这位运动员几乎无法为公司产品提供第一手的真实资料。不过这是马特的任务，所以他还是照办了，靠道听途说来的信息编写了文章。

    博客主都有一个谷歌网页排名，该排名可用于衡量博客的影响力，广告商主要就是根据这个排名来分配写作任务的。马特写过一篇称赞汉美驰台式搅拌机优点的文章，赚了146.88美元。但那之后，他抱怨，有人利用PayPerPost发布提供学期论文撰写或不明抵押贷款服务的信息。垃圾邮件常常会给他带来很多工作机会。例如，他向一个科罗拉多州的房地产网站提供了53个无意义的词，让他们用来当作付费链接；他还假装膝盖受伤，这样他就可以用冷冻凝胶，并为它大力宣传了。

    收到道德方面问题的投诉后，PayPerPost网站为了保持自己在付费链接上的地位，将网站名改为了Izea。马特仍在写产品评论的文章，偶尔也写写学期论文。他认为，在博客圈内，付费信息会被伪造成用户坦率分享体验的博文，博客圈的真实性只是另一种赚钱的方式而已。

资料来源：马修·霍南（Matthew Honan），《小贩媒体：广告商付钱让我为他们写博客这有什么错吗？》，载于《连线》，2008年2月刊。

你怎么看？

- 马特对写博客的想法合乎情理吗？
- 类似Izea这样的网站是否降低了登在博客上的内容的可信度？

广告游戏

    当网络游戏与营销结合时，我们得出了一个概念——广告游戏。它是一种鼓励消费者参与品牌体验的策略。许多游戏网站都有主流广告元素和互动功能，其中包括游戏节目主持人和玩家互动。汽车公司会利用数字游戏来宣传新车，而尿布生产商会利用育儿游戏来推广自己的品牌。

    贝内特（Bennetts）公司是英国专门从事摩托车保险的大公司之一。为了提高品牌知名度，该公司推出了一款热门游戏，吸引了大批摩托车爱好者。这款游戏的名字叫《超级跳跃》(Super Jump)，由营销传播机构掘火传媒（Dig For Fire）设计。游戏自2008年3月22日在《摩托车新闻》(Motorcycle News)和Bennetts网站（www.bennetts.co.uk）上投放以来，已经有40万名玩家，登录次数超2000万次。

193 这款游戏的口号是"跳得好，但你赢不了"。游戏玩家们要移开路上一排排的公共汽车和随时出现的人群，还要赶走修道院大路上的披头士乐队！随着玩家跳动的距离越来越长，路上的行人障碍物还会说些粗言秽语和丢衣服来设置障碍。这款游戏还支持直播，游戏最火爆时每分钟新增玩家100名。

网络短片

如果你错过了一个节目，或者等不及要到秋天才能看到更多原创节目，那么现在你就幸运了。网络和有线电视频道在互联网上上传了它们的热门节目的新旧剧集。这些被统称为网络短片的剧集可以在网络站点上在线播放。是的，你可能会需要网络观看这些短片，否则你要一整天都坐在那里，等它们下载完毕之后才可以观看。

企业也会创作一些网络短片来向消费者们展示它们产品的使用方法，如教消费者们如何使用苹果手机，或者分享一些股票日内交易的策略。网络短片为品牌提供了与世界分享其故事的机会；视觉效果、故事拍摄背后的花絮和细节，与分享的专业知识相呼应，可以增强消费者的体验感。

另一种更精细的品牌形象是通过一个叫作主题化的过程创造出来的，可以用来区分餐厅、景点、公园，甚至城市，使其各具特色，别具一格。下一节我们将揭示品牌娱乐场所主题化的重要性。

主题化与主题空间

主题场所涉及场所的展示，要把其他内容有意识地展现出来。更确切地说，每个主题场所都有其统一的搭配，有一个统一的标准来控制从宏大景象到细小枝节的装饰与风格。每个主题场所都要呈现不同于日常场所呈现的搭配和风格特征，但其搭配和风格特征又是基于在别处已建立起来的具有统一意义的搭配风格。[9]其具体如下：

- 主题不仅是一个独特的建筑特征。主题化比创造独特的建筑特征更容易，因为主题提供了现成的规范性标识。
- 主题不是装饰。装饰和氛围本身并不能创造一个主题，这还涉及场所装饰规范，主题决定装饰。
- 主题不是风格。在爱尔兰酒吧里面，墙上的绿色、啤酒的种类和三叶草的图画，这些都是参考预先设定好的定位而布置的。
- 主题不是骗局。假如你在一家主题餐厅里用餐，你不会被愚弄到以为自己正身处20世纪20年代的纽约。事实上，这只意味着，你正置身于富含20世纪20年代纽约市区设计元素的加州餐馆，享受着它给你带来的身份体验。

如今，主题环境将当代商业化的流行文化与娱乐媒体融为一体，成为大都市和郊区的一大特色。[10] 为了更好地理解这一融合，我们将主题环境定义为人类进行互动的空间。在这一空间内，公众可以相互交流，可以使用主题的各式物料作为沟通符号，并向同是使用这一套符号的人们传递信息。搭建主题环境来传递信息已经成为一门大生意。通过让消费者在主题环境中体验，公司不仅能吸引消费者，还能让消费者真正地参与其中。主题娱乐的要素源于符号现实的概念，下面将对"符号现实"这一概念进行解释说明。

符号现实

在20世纪之前，主题的内容仅局限于少数民族聚居区、宗教机构和商业建筑的象征符号。到了世纪之交，指定阶级地位成为人口的主要社会标志。自20世纪60年代以来，主题通过实物、外观模式和室内空间实现了符号差异化。符号的意义已经远不止种族、宗教和阶级差别的内容，其意义在不断扩大，包罗万象。今日的主题源于我们的流行文化，直接通过小说、电视节目、电影和音乐与我们接触。通过将商业化的大众文化与娱乐融合，主题环境应运而生。

当今社会，没有什么事物能够脱离主题而存在。比赛场馆上随处可见体育运动员与各式标志；国家公园被改造成自然母亲的理想化版本；纳什维尔和其他城市被描述为音乐之都；滚石餐厅（Hard Rock Cafe）使摇滚乐永垂不朽；歌手多莉·帕顿（Dolly Parton）在舞台上表演时的形象，已成为歌坛独特的风景。为了满足我们的幻想，整个拉斯维加斯都设计了各式的微型城市和古老的主题以供我们娱乐消遣。当我们通过主题化的方式来熟悉其他文化、美食和国家时，我们会发觉，自己已和那些原本会让我们觉得陌生的体验联系在一起了。

体验的领域

主题化鼓励展示不同领域的经验，以及积极的和被动的参与形式。[11] 当观众和消费者厌倦了被动式的娱乐体验时，他们会积极主动地寻找与众不同的体验。在特定主题背景下进行体验，可以增强消费活动并促进商业发展。主题环境可以是教育性的、逃避现实的，也可以是审美性的。

教育方面的体验

教育方面的体验需要参与者全神贯注和积极参与。类似的科学博物馆（见图7.7）是寓教于乐的教育娱乐场所[12]，

图7.7　科学博物馆

游客在这里可以一边玩耍，一边学习；可以让人暂时逃避现实的体验，但需要参与者积极参与其中并完全沉浸进去。如果想要获得终极感的体验，消费者可以进入像鬼屋和虚拟空间这样的主题场所。

在进行美学体验的过程中，消费者会被动地沉浸在营造的环境中。对于那些去海滩咖啡厅就餐的消费者而言，尽管他们置身于各种海洋装饰物之中，但他们通常还是会对食物更加感兴趣，而不会探究餐厅营造的真实感。

无论是在市中心还是在郊区，我们的生活都离不开这三种主题体验。我们到充满怀旧情调的红宝石咖啡厅就餐，买迪赛尔的牛仔裤，到拉斯维加斯度假……各式各样的符号环境充斥着我们日常生活的方方面面。由媒体文化主题定义的主题空间，可以是我们的城市、郊区、购物场所、机场和娱乐空间（如体育场馆、博物馆、餐厅和游乐园）。所有供我们娱乐游玩的场所背后都有其商业目的，这些商家就是想让我们心甘情愿地花钱以换取愉悦享受。

营造真实感

主题场所力求看起来"真实"，这种"真实"通常被理解为未被商业侵蚀的本真状态。在此，我们把"真实感"这个词定义为一种精准且具代表性的呈现，但未必是真实存在的——或许是超现实存在的。另外，值得注意的是，一些"创造出来的真实存在"要比其"原本的真实存在"更具吸引力。这是因为科学技术的进步提高了建筑师和设计师复制与模仿的能力，使得仿制品往往能比真实场所给人带来更愉悦的体验。拉斯维加斯"纽约纽约"酒店的游客就表示，相较于真实的纽约市，他们更青睐这个复制品提供的整洁、安全且浓缩版的体验。对于投入其中的参与者而言，这样的人造空间反而能产生强烈的真实体验。开发主题环境（场所）需要遵循的五项原则（见表7.3）。

表7.3 主题环境（场所）开发的五项原则

1. 场所独特性：打造具有鲜明特色、能被游客清晰辨识的场所认同感。
2. 现实重构性：通过对空间规模、时间维度（过去/未来）和感官体验的精心设计，创造超现实的体验维度。
3. 世界完整性：构建一个逻辑自洽、细节丰富的全新现实体系。
4. 空间嵌套性：在单一物理空间内设置多个体验场景，引导游客在其中自由完成体验旅程。
5. 主题一致性：既体现企业的核心特质，又能精准满足游客对该场所的心理预期。

符号学是一门研究记号与符号的科学，能够帮助研究者研究和理解"主题化如何影响我们对现实的感知"这一问题。很多人会通过主题体验来接触与了解流行文化。通过将可识别的符号融入日常生活的环境，主题化为我们提供了一个可以随心所欲地"穿越时空"去生活或去体验异域文化的机会。据研究人员称，符号的存在，增强了我们对几乎所有活动的感受。通过比较主题环境与非主题环境的客流量（前者的客流量远远超过后者），我们可以理解主题化的娱乐价值。主题化环境之所以能够大获成功，是因为人们都喜欢自己熟悉的事物，对各种形式的大众媒体提供的属于他们自身现实中的符号，他们都会积极回应。

 **聚焦道德伦理**   **什么时候不应该运用主题？**   196

建立一个纳粹世界公园怎么样？

人们来到柏林，可能会去寻找和接触过去发生的惨痛历史。在犹太博物馆和大屠杀纪念馆他们能找到那段历史的印记。但是仿真模拟体验怎么样？想象一下，你花钱去参观纳粹时期的科学和工业的复制品，当然还有他们的奴隶工人……你也可以想象一下，公园里党卫军士兵会命令你四处走动，或者因为你头发的颜色而禁止你在餐馆吃饭……你还可以想象一下，你永远也发现不了大屠杀，却在不断地受到大屠杀的暗示。要知道，在主题公园的概念中，没有任何一条内容要求身处公园一定是一种愉快的体验。

资料来源：www.dkolb.org/sprawlingplaces。

你怎么看？

- 如果我们想把《到此为止》（*Never again*，一款第一人称恐怖冒险游戏）带到我们的现实生活中，设置主题环境的办法可行吗？或许它会把恐怖事件浪漫化？还是现在这么做已经过时了？

主题性购物·购物娱乐

作为一种高度规范化的营利性商业空间，现代购物中心与开放式城市购物形态形成鲜明对比。部分被称为"拱廊商场"（Gallerias）的购物中心，其建筑原型可追溯至意大利佛罗伦萨建于中世纪的维奇奥宫（Palazzo Vecchio）——该建筑采用双层无顶设计。而美国的拱廊商场（如休斯顿、纽约、旧金山等地的）则演变为封闭式的多层空间。在美国零售业格局中，现代购物中心贡献了超过半数的零售额。为在激烈的市场竞争中脱颖而出，它们普遍采用主题化的建筑设计与广告策略来吸引客源。

购物中心不仅是解决消费者购物需求的中心，还是一个有高度组织体系的社交空间，可以供消费者娱乐和互动，还可以满足消费者对兴奋和刺激感的需求。[13] 传统购物中心已不能满足消费者的所有需求，这一现状促使设计师们创造出能够将娱乐和审美体验与购物体验融于一体的零售娱乐综合场所。[14] 大多数理论家认为购物中心体现了后现代社会的状态，不断强调其戏剧性和超真实的特性。[15]

第一个被视作购物中心的地方是明尼苏达州的美国购物中心。美国这家大型购物中心占地约31万平方米,拥有400多家专卖店、一家有14个观影室的电影院、多家夜总会和酒吧、9个家庭娱乐区(如史努比营地、高尔夫山)、22家餐厅和23家快餐店。除此之外,它还有一个主题公园,内设23个游乐设施,包括过山车、虚拟现实体验(如交互式虚拟现实激光游戏 Star-Base Omega)和水下世界水族馆等。

加州一南部城市安大略市有一个更易于管理的主题购物中心,叫作"安大略米尔斯购物中心"(Ontario Mills Mall)。它的宣传语是,"在轻松愉快的氛围中为消费者呈现购物的艺术;这里给你提供迷人有趣和动感活力的购物体验"[16]。在这个足足有38个足球场大的购物中心里面,消费者可以在戴宝氏(Dave, Buster)的游戏区的虚拟汽车轨道上开车,或者在虚拟高尔夫球场上开球。购物中心聘请了一名旅游高管,运营高水平高质量的客车服务业务。旅游巴士将远在韩国的购物者带到10个彩色坐标社区(零售区)。每个社区的零售商场都能满足上至成人,下至青少年的各种需求和品位。头顶上方的65个巨型屏幕循环播放着由购物中心工作室米尔斯电视台(Mills TV)制作的一系列广告。米尔斯购物中心的目的是在一个前沿建筑空间提供全方位商品服务,来吸引顾客并给他们提供娱乐体验。

百货公司虽然没有明确的主题,但通常会根据特定的受众来定位自己。巴黎最大的两家百货公司分别是乐蓬马歇百货公司(Le Bon Marche)和老佛爷百货集团(Les Galeries Lafayette),二者都利用三大文化管理领域来彰显自己的特色和与众不同,这三大管理领域包括公共空间(周边区域)、社交空间(商店橱窗)和自身空间(商店本身)。[17] 乐蓬马歇百货公司坐落于左岸附近的一个现代化建筑内,为巴黎的购物者打造了一家高档商店。与此同时,它还迎合消费者的需求,打造有历史文化悠久之感的氛围与环境,而这本身就是凯旋门附近时尚区域的一大特色。这里,一些店铺以本地文化为特色吸引顾客;另一些店铺则使用传统的主题来吸引顾客。

购物中心在发展社交购物方面起到了推动作用,它使得人们从日常生活中暂时解脱出来,进入充满感官刺激、体育运动、娱乐和幻想的空间。基于使用与满足理论,购物行为已经变成了一种消遣的方式,简单的物物交换可以给人们带来商品浏览后的满足感和购买的乐趣。"购买"行为,即对符号标志的挪用,已成为一种自我实现的手段;购物者既是观众,又是表演者。

购物的商业区域[18]已经成为我们后现代社会中占主导地位的社交空间。在商场中进行的社交活动,其主要形式是观察别人或被别人观察。在商场中,每个人都会积极地沉浸在社交之中,享受逃避现实的体验。青少年[常被叫作"购物狂(俚语)"]会把购物中心当作自己的舞台,而年长者会将其当作自己的锻炼中心。这些社交场所兼具休闲场所和公共空间的特点,深受全球消费者和游客的喜爱。

第七章 品牌娱乐与主题化

图7.8 阿联酋迪拜的马卡图（Mercato）购物中心

 聚焦主题化的机场 　　　　　　　　　　　　　　　　　　展翅高飞！　198

在经历了漫长的排查和安检搜身之后，机场游客可能会希望机场航站楼的建筑风格能够改头换面，好让他们恢复良好的心情去旅游。许多航空公司就会利用主题来给繁忙的空间带去美感与娱乐功能。

大都市的机场都会建有主题室内空间，以取悦每年约32亿人次的航班游客，[19]吸引游客选择它们作为出行方式。乘客们不再觉得高空飞行的体验有多么新奇有趣，反而开始转向从机场中寻找旅行的乐趣。仿效大型购物中心的庞大规模与零售氛围的机场，可以使游客的候机时光变得丰富和充实起来。拉斯维加斯的麦卡伦机场（The McCarran Airfield）在机场大厅的每一个空地都放有老虎机。达拉斯—沃思堡国际机场（Dallas-Forth Worth International）则有一个酒庄和品酒室。艺术品展览和广场展览都是游客无须付费体验的娱乐项目，奥黑尔国际机场（O'Hare Airport）和旧金山机场联合航站楼内就设有这两种娱乐项目。这些空间会吸引游客驻足观看，并把他们带到可以购买当前展品的复制品的地方。

机场内关于"保证日常定价"、免税商店、银行服务、健身房、高级餐厅、美食广场和家庭娱乐中心等场所的开设，给零售商

图7.9 马德里巴拉哈斯机场（Barajas Airport, Madrid）T4航站楼

家带来了绝佳的商机。芝加哥、达拉斯、丹佛、匹兹堡和洛杉矶等处的机场都支持在机场内建设购物中心。德国的法兰克福机场要比美国的机场更有优势，因为它拥有自己的地下购物中心。阿姆斯特丹的史基浦机场（Schiphol Airport）更是为游客配备了开着弱光灯的托儿所。如果游客带着孩子一同旅行并要在机场停留，他们就可以把孩子带到托儿所。托儿所内设有婴儿床和栅栏，以确保婴儿安全。然后，父母就可以去参观附近的艺术展览了。

你怎么看？

- 主题的应用是如何提升游客的旅游体验的？对于拥有丰富旅游经验的游客是如何提升的呢？
- 机场还能提供哪些便利设施来提升航空旅行体验？

主题性餐厅·饮食娱乐

到了今时今日，人们的饮食方式已经发生了巨大变化。其中一项是外出就餐已不再需要什么特别理由；外出就餐已成为数百万人经常享受的一项休闲活动。面对无穷无尽的竞争，餐厅老板们选用了最流行的策略来凸显自己的与众不同。这个策略便是主题化。他们的目标是让食客被餐厅的审美体验所吸引。

我们可以总结出主题餐厅的三个共同特征。[20]

- 主题来自各式流行文化，如电影、体育、流行音乐和民族文化。
- 主题叙事通过使用道具、手工艺品、声音、菜单和商品来传达。
- 重点不在于吃。

主题餐厅是受路边小餐馆与装饰小屋的启发而创造出来的。刚开始建起的主题餐厅是像美国公路餐厅（斯图基餐厅，以花生糖果、自制冰激凌和其他旅行零食而闻名）这样的汉堡摊或高速公路服务站点。加州新港滩的罐头厂等特色餐厅，是把工厂转变为用手工艺品装饰的餐厅；张贴有历史遗址的照片、摆上属于原始建筑的手工艺品、陈设那个时代典型的导航设备，这些原本做罐头的工厂便精心打造出了以"鱼肉加工厂"为主题的餐厅。

餐馆会使用自然、冒险和名人等主题来突出自己的特色。在热带雨林餐馆（Rainforest Café）中，食客在人造天空下坐在用动物毛皮制成的椅子上，人造天空阴晴不定，偶尔会有暴风雨，并伴有闪电和雨水；而潜水餐厅的特色是为不会晕船且无幽闭恐惧症的顾客提供在水下潜艇就餐的体验，在如今已不复存在的好莱坞星球里摆满了纪念品，这或许是为了掩盖这家餐厅普通的食物味道。

滚石餐厅在英国率先开业（见图7.10），是最著名的主题餐厅。餐厅的主题来自摇滚乐行业，其中包括了20世纪50年代摇滚乐刚起步时的怀旧元素。餐厅的外部设计是一个巨大的霓虹灯吉他。在餐厅内部，一辆产于20世纪50年代的凯迪拉克敞篷车的前端被嵌入内墙；墙上则装饰着黄金唱片和音乐会海报等摇滚乐行业的纪念品及复制品。事实证明，摇滚乐的主题非常成功，直到现在仍然吸引着食客和观赏者到店用餐与体验。"滚石餐厅"这一餐厅商标所获的利润超过了其餐饮的收入，这一点使得市场营销的重要作用显而易见。

民族主题的餐馆很常见，意大利餐厅（如Olive Garden）、墨西哥餐厅（如El Torito）和日料餐厅（如BeniHana）都是美国最受欢迎的主题餐厅。怀旧式快餐店也有自己的主题。美式餐厅（Ruby's Diner，主打苏打饮品的餐厅）和美国公路餐厅（Mel's Diner，主打熟食的餐厅）在加州各地都有连锁经营店，售卖汉堡、薯条和三明治等食物。"反身主题"[21]一般在特许连锁经营店中可以看到。此时，主题本身是品牌，品牌本身也是主题，品牌成为餐饮体验的象征。像麦当劳、汉堡王、肯德基等品牌餐厅，它们都既是品牌餐厅，又是主题餐厅。

图7.10　滚石餐厅（纽约店）采用20世纪50年代摇滚乐的主题

到主题餐厅消费的顾客都知道，设计出的场景不完全是真实存在于现实社会中的，但这并不妨碍他们享受这个搭建出来的"现实环境"与美食。在你近期去过的餐厅中，有多少家是没有主题的呢？这个数字应该能告诉你当下审美体验有多流行，在外就餐的人有多么期望获得审美体验。

品牌主题·标识娱乐

与主题餐厅一样，品牌场所也依赖品牌来打造主题（如耐克＝体育、索尼＝电子游戏），并进而通过主题来强化自身品牌宣传。品牌场所的典型代表是位于旧金山的米特里恩购物中心（Metreon），一个占地3.25万平方米的综合购物中心。米特里恩购物中心内有中央式自动电扶梯和贯穿中庭空间的宏伟楼梯廊，消费者可以尽情沉浸在各式各样科技产品带来的电子审美氛围中。在米特里恩购物中心内，索尼服务场域（Servicescape）[22]里的每一个设计元素都鼓励着消费者消费，以获得即时满足。米特里恩购物中心是娱乐中心与大型精品店的结合体，就像一个"精神上的游戏天堂"，或者说，像是一个鼓励消费的大教堂。[23]

米特里恩（Metreon）品牌体验空间

米特里恩品牌体验空间的运作机制更偏向潜移默化而非主动推销。在这里，父母带着孩子参观的方式，就像父母在博物馆里向孩子讲解展品一样自然。销售人员不会施加购买压力，事实上他们更像是提供信息者而非推销产品者。理论上，顾客在这个品牌殿堂中获得的教育和美学体验，将转化为对耐克品牌的情感认同。通过与环境互动，访客被鼓励拓展自己的"品牌认知版图"——所谓品牌认知版图，是指"消费者通过市场产品、形象和信息构建的物质与符号环境"[24]。

米特里恩购物中心的封闭式车库（Airtight Garage）位于城市南部的市场区，是一个互动冒险游戏区，里面有专门为索尼制作的电子游戏：《四元数》（*Quaternia*，一款团队争夺旗子的游戏），《迷失之地》（*Badlands*，一款基于开放世界生存的游戏）和《超级碗》（*HyperBowl*，一款结合了迷你高尔夫、保龄球和电视体育赛事的游戏）。这些游戏为所有活跃的游戏玩家提供暂时逃避现实的体验，让他们可以尽情享乐。

米特里恩每个楼层都提供索尼音乐、索尼电子产品和品牌艺术家设计的周边等品牌延伸产品。花旗银行、百事可乐、李维斯、英特尔、水星等赞助商的产品在商店里也随处可见。米特里恩里面有五家主题餐厅，满足了到米特里恩逛街或去影院观影的顾客饮食方面的需求。索尼品牌是这个娱乐中心的主角。它不仅代表着单一的产品，更代表着一种赋予人们愉悦享受的消遣方式。索尼被视为属于我们日常生活中的一个品牌。

其他品牌景观包括可口可乐和玛氏公司零售场所，展示品牌历史和品牌纪念品，供怀旧人士观看和购买。主题场馆主要是在一个品牌的背景下为潜在消费者提供娱乐体验，希望借此将品牌打造成享受、乐趣和奇迹的代名词。创新的品牌商店及零售娱乐综合体将大公司的名称和标志，与展品和景点联系起来，以创造交叉营销的机会，让零售商和赞助商在商场内外相互促进。[25]

旗舰店

开办旗舰店已经成为时尚品牌提升形象和展示商品的一种方式。在旗舰店中，消费者可以得到奢华的沉浸式体验。例如，阿玛尼在香港有一家七层楼高的店铺，里面陈列着阿玛尼品牌的家具、服饰、鲜花、配饰、鞋子和运动装备，所有这些都陈列在规定的建筑空间里面，且商品数量有限；这里的销售人员还掌握着多种语言。

主题性街区·建筑娱乐

"后郊区"区域指的是有活动开展的中心区域，这些中心区域有规定的用途，并且其区域范围按照15~30分钟时间的路程进行划分。[26] "后郊区"由居住区（社区）、购物区（商场）和工作区（工业园区）等独立空间组成。在这里，居民要开车穿越城市边界去工作、社交和购物。

加州的奥兰治县就是这样一个后郊区化的地方，这里有迪士尼乐园、几所大学、大型购物中心和水晶大教堂,还有巨鸭奇兵曲棍球队。奥兰治县遍布社区购物中心、高档购物中心、跳蚤市场和运输公司[如中国远洋运输(集团)总公司,COSCO],每个都在后郊区市场中扮演着不同的角色。主题化风格在办公室、健康水疗中心、大学和宗教建筑设计上非常流行。实际上,有人称奥兰治县是一个2036平方千米的主题公园,其主题是"你可以拥有你想要的一切"。[27]

米逊维耶荷市镇(Mission Viejo)被誉为超级宜居城市和完美高台跳水之乡,这个小镇的人曾在奥运会游泳和跳水项目上赢得9枚金牌、2枚银牌和1枚铜牌,地产开发商将其作为"加州的未来"来建造。这一主题在独具特色且具有高辨识度的一些建筑中(如希腊岛、卡普里别墅酒店、独特美国风住宅等建筑)都有所体现。正因为如此,米逊维耶荷市镇的"翻版"小镇也如雨后春笋般涌现,出现了像艾莉西亚维耶荷市(Alicia Viejo,可以在山上眺望海景)、圣玛格丽塔牧场(Ranch Santa Margarita,"西部牛仔再现之地")、科托德卡整体规划社区(Coto de Caza,打网球与骑马的胜地)以及莫纳克海滩(Monarch Beach,以"世界级"高尔夫球场闻名)等主题小镇。美国最大的退休社区"休闲世界"(Leisure World)还为21,000名退休老人开设了金融服务超市,里面设有证券公司、银行等。

奥兰治县的诺氏果园(Knott's Berry Farm)位于普安那公园(Buena Park),是模仿城市构造设计和规划出来的。即使诺氏果园只是一个游乐主题公园,但当你走在路上的时候,你还是可以体会到一种经过精心研究和设计的现实幻觉。果园被设计成一个真实的城市,就像蜡像馆里摆放的蜡像,看上去就像真人一般——这些都是趋于真实的假象。作为世界上最古老的主题游乐园,诺氏果园展现的是"理想化且更简单的美国全貌"。这个果园与周围超现代的郡县形成了鲜明的对比。它的邻居迪士尼乐园也认为,果园的魔法围墙之内是一个幻想世界,而不是其他地方的复制品。

作为一个重要的经济区域,奥兰治县已经成为一个以信息为导向的后郊区社会,其购物环境是生活的隐喻。由于先进的信用体系支持和推动着消费活动,和全美国其他的地方一样,奥兰治县将继续支持使用主题空间,以满足人们在社会、商业和心理上的需求。

主题性城市·仿制娱乐

宾夕法尼亚东部城市中有一个充满"奥秘和魔力"的巧克力王国——好时小镇(Hersey)。好时小镇内有自己的巧克力河,其路灯的灯罩、游览车等都是好时小镇巧克力的形状,就连零售店铺都用好时小镇的周边产品来进行品牌推广,此外还有用好时小镇标志的巧克力色装饰、售卖或派发巧克力纪念品活动等。这样的品牌景观发展依赖于喜爱甜食的游客。据《纽约时报》的一位作家说,[28]"代体验"和人造的环境与氛围已经成为美国人生活中不可或缺的一部分。

环境已变成了娱乐的载体。拉斯维加斯的小纽约里面还有康尼岛游乐城（Coney Island）。在这里，"游客不仅可以愉悦身心，还不必冒去纽约实地旅游的风险"[29]。如果要用数字1到10来评价仿制的环境，10分代表最高评价，那么拉斯维加斯会得到11分。在拉斯维加斯，模仿已经成为一种艺术形式。拉斯维加斯仿真的艺术品（与假冒伪劣产品比较）已经彻底形成了自己的风格，并走在了城市设计的前沿。（见图7.11）

图7.11　拉斯维加斯，一座终极主题城市，为游客提供了一个缩小规模的纽约市

著名的拉斯维加斯大道本身就是一个线性剧院，且在过去90年的时间里，一直以一种独特的美国方式发展和演变。与具有标志性中心建筑的现代城市相反，能够代表拉斯维加斯形象的是围绕着一条带状地带修建的一系列建筑，在这些建筑中，主题酒店成为激发消费者活力的中转站。如今，拉斯维加斯已有了自己的酒店、游乐园和购物中心，这些地方都有各自的主题且为装配式建筑，可以将其作为旅游套装提供给消费者。因此，拉斯维加斯常常也会被看作理想的家庭度假地。此外，在这里，你还能看到韦恩·牛顿豪宅博物馆以及电子恐龙。如此盛大的展示——凯撒宫殿和英雄人物的泡沫雕像、卢克索的狮身人面像和镜面玻璃金字塔、百乐宫的艺术杰作、威尼斯的运河、巴黎的埃菲尔铁塔——不过是这座城市中的一些模拟古迹。但讽刺的是，灯红酒绿的小纽约建于1997年，是个赌场、酒店大杂烩，而且里面还没有世贸中心的双子塔。拉斯维加斯在这一点上的疏忽与过失在"9·11"事件之后才得以弥补。

拉斯维加斯是当代生活中一个荒诞可笑的讽刺剧场，既没有受到游客的青睐，也没有受到他们的重视。在这里，游客们只是获得脱离现实的暂时性体验，完全沉浸在各种美好幻想之中。拉斯维加斯则利用我们想要回到童年的渴望，让我们玩起了装扮游戏，胡吃海喝且在外通宵玩乐。我们的钱财喂饱了一台台的老虎机，还把赢得终极头彩的幻想越吹越大——我们的钱财让我们有选择地继续假装我们不需要长大。拉斯维加斯是中产阶级和中年人的乐园；它的独特之处在于其狂欢的规模和程度。[30]

主题性公园·幻境娱乐

最早的主题公园诞生于19世纪初,名为康尼岛。这个主题公园吸引了大批游客,其成功的秘诀是让游客体验游戏玩乐、绝地逃生、尽情释放、无限幻想、惊险刺激和家庭郊游之感。这个迪士尼的先驱对其三个公园的户外娱乐作出了三个重要的贡献。

- 早在1895年建成海狮公园(Sea Lion Park,位于美国纽约,现已关闭)时,人们就萌生了围绕海洋动物、水上游乐设施和水族馆构建娱乐活动的想法。时至今日,每个大型游乐园都会有一些像"激流勇进""降落伞""水上滑梯"等水上滑道的项目。
- 越野障碍赛场是一个由技术驱动的娱乐中心,具有地面震荡、通风孔和电动座椅等特色项目。这种机械游乐设施、杂耍表演、娱乐场所、欢乐屋、观众互动参与和旁观的模式性环节已成为行业标准,每个赛场都应该具备。
- 1903年,月神公园(Luna Park)的创建全面考虑了外观造型、幻觉效果、人群控制、现场壮丽演出,以呈现效果和制造氛围。月神公园融合了外国文化、愉悦的氛围、舞台演出活动和幻觉游乐设施,成了一种新的、更成功的商品化休闲场地。

月神公园被大火烧毁后,1958年迪士尼乐园建成。迪士尼乐园的一切看起来都是新面貌,但实际上,它只是在20世纪头10年繁荣发展的月神公园的基础上进行的扩建。迪士尼公司非常擅长展示流行的影像,如《中世纪城堡》(The Medieval Castle)和《明日世界》(World of Tomorrow),都是受1930年的世界博览会启发而创作的。迪士尼公司会让员工打扮成米老鼠或唐老鸭进行巡游,这其实是借鉴了月神公园的做法。在月神公园里面,童话故事《爱丽丝梦游仙境》(Alice in Wonderland)和《疯帽人》(Mad Hatter)中的人物会混杂在游客之中,与游客互动。迪士尼乐园的设计风格与康尼岛游乐城完全不同,康尼岛游乐城的设计风格是出了名的不够雅致,过多地使用了小丑元素而且过于奢华繁复。具有讽刺意味的是,迪士尼公司的前员工正在康尼岛上建造一座与康尼岛历史面貌相符的新乐园。[31] 可如今,迪士尼主题公园仍是世界上最受欢迎的旅游胜地。

图7.12 巴黎迪士尼乐园印第安纳·琼斯景点

建造

与拉斯维加斯的"假"不同，迪士尼乐园是一个建造出来的实体。迪士尼乐园不是别处景点的复制重现，而是一个原创概念，并在全世界开设有几个度假区。迪士尼乐园把所有"假"的东西都藏了起来。用迪士尼乐园的话来说，这都是"幻想工程"，它通过创作，"将魔法变成了现实"，把虚构的小说和幻想都转化成钢筋水泥砌成的主题乐园与景点。[32] 迪士尼乐园非常擅长园区规划、人流管控和路线设计。一位评论家在体验完排长队和交通管制后说道："迪士尼乐园和它那一两万游客所表演的是一场大型、精心设计过的密集队形训练，极具美感，相当引人注目。"[33]

迪士尼乐园通过融合大众文化符号和具有吸引力的实体设计，对美国各地的主题环境建设产生了深远影响。游客离开了他们常用的交通工具，全程步行游玩。主题公园最吸引人的地方就是它能与游客的日常生活形成鲜明对比。其特点就在于可以使人们摆脱日常的束缚。其具体如下：

- 与众多城市不同，主题公园没有犯罪。
- 主题公园营造与日常在家就餐形成对比的节日体验，这里有各式各样的食物。
- 这种体验鼓励在以儿童为中心的环境中增进家庭互动。
- 公园娱乐是现场创造的节日，而不是通过媒介传播的奇观表演。
- 休闲与适合出游的服饰可以让人们抛开工作装扮的约束。
- 主题公园让人们可以暂时忘却个人现实经济需求的烦恼。只要付了门票费用，所有的玩乐项目都是"免费的"。
- 游客会看到许多奇妙的建筑，这些建筑本身就可以为游客提供主题娱乐。

聚焦文化　　学习香港迪士尼乐园的经验

香港迪士尼乐园开业仅6个月，游客量就出现严重下滑。中国旅游业代表指出，迪士尼在中国的品牌影响力不足——人们虽知其名，却缺乏入园游玩的动力。为此，奥美广告公司于2006年6月推出新一轮电视营销活动。此前广告的核心在于家庭概念的呈现：宣传片中总出现父母带两名孩子乘坐游乐设施的典型核心家庭形象——而这在鼓励只生一个孩子的国家显得格格不入。新版广告则调整为母亲、祖母和孙女三代同游的场景。

许多中国游客在游玩时略显困惑不解，而不是兴致勃勃地去买单，他们并未像西方游客那样对迪士尼文化有着天然认同。为提升中国游客的体验理解度，乐园对内部设施进行了调整。

首要调整的是用餐习惯。中国游客平均用餐时间比美国游客多出10分钟，为此园区在餐饮区新增了700个座位。此外，"太空山"项目前增设了警示标识，明确告知游客这是过山车项目——此前曾有毫无心理准备的游客因乘坐该设施而产生不适反应。

因为乐园的"丛林奇航"景点设有语言解说来引导游客游览，所以那里关于排队等候规定的问题也得以解决了。但又因为有三种语音（普通话、粤语和英语）线路，所以，让客户选择正确的（自己能听懂的）语音线路是很重要的。迪士尼乐园总是设置交错排列的队伍路线，因为这样做能体现平等——没有哪个队伍享有可以更快向前移动的优势。正因如此，迪士尼乐园需要给每个队伍做好标记，好让游客不会排错队伍以至于听不懂讲解。除此之外，乐园新增了会说普通话的导游。为了让观众更好地理解到笑点和配合节目演出（有时候需要配合鼓掌），迪士尼还在"狮子王庆典"（Festival for the Lion King）和"米奇金奖音乐剧"（Golden Mickeys）等节目上新增了一些阅读材料和字幕。

图7.13

一些游客会抱怨说，迪士尼乐园比省级主题公园要小，认为迪士尼对中国游客来说没有什么特别之处。对此，迪士尼做了一个扩建计划，目标是到2012年可容纳1000万名游客。扩建的第一阶段将新增三个游乐设施和水上游乐区"凉爽地带"（Cool Zone）。"小小世界"（It's a Small World）游船项目在2007年夏天将增加到"幻想世界"（Fantasyland）中。旅行社在吸引中国游客到迪士尼乐园游玩起着重要作用，他们对这些变化感到高兴；迪士尼乐园高层终于开始倾听中国游客的需求。

资料来源：梅丽莎·马尔和杰弗里·福勒为《华尔街日报》所作，2006年6月12日，B1版。

你怎么看？
- 在开园之前，迪士尼乐园会如何避免文化失礼呢？
- 中国游客还需要解决哪些明显的文化差异问题呢？

坐落于巴黎迪士尼乐园度假区的迪士尼村是一个娱乐、餐饮、购物综合区。结合零售服务与主题乐园，迪士尼村真实地再现了四种美国怀旧主题，让欧洲人在一个地方就可以看到美国的"老西部"、摇滚乐、20世纪50年代的体育运动和美国过去的著名景点。迪士尼村内陈列着许多弓箭、枪支和印第安人的文物，准确地再现了《水牛比尔西行记》（Buffalo Bill's Wild West show）的场景。由于《水牛比尔西行记》这部作品于1883年至1913年在英国和法国热映，迪士尼村也就因此抓住了游客的心。在这里，红色和蓝色是为游客特制的古董汽车与好莱坞纪念品的背景。

迪士尼乐园在美国、法国、日本和中国香港都有乐园度假区,为跨越文化和地理界限的家庭展现自己精心打造的幻想世界,提供新的社会互动方式。因为迪士尼乐园一直贯彻落实以上做法,所以它能够牢牢地抓住消费者的心。在这里,游客会沉浸在一种远离了现实的体验中,他们可以到地球上的任何地方进行参观,甚至还可以到太空上去。

那么除了花78美元一天的门票钱去迪士尼乐园与米老鼠互动,我们还能去哪里游玩娱乐呢?已经厌倦了迪士尼乐园的游客们可能会想到奥兰多的新"圣地之旅"主题公园(Holy Land Experience)——只需要花17美元买门票,他们就可以去古耶路撒冷朝圣。[34] 人造的朝圣环境肯定要比真实朝圣环境更为整洁且空气更为宜人(有骆驼的蹄印,但没有骆驼的粪便)。

本章小结

富有经验的营销人员不断探索出了新的广告方式,消费者也逐渐成为更老练的品牌选择专家。如何传递有说服力的信息?对于这个行业的从业人员来说,这既充满挑战,又是一个赚钱的好时机;专门从事品牌识别的代理机构一直追寻极具创意的视觉效果,为的就是吸引受众的注意力,并培养受众的品牌忠诚度。正如我们所见,品牌化是促销组合中最重要的内容。

广告的内容既明显又隐蔽,但明确的是,所有形式的广告都是用来给品牌带来知名度和提升关注度的。观众更容忍嵌入的品牌,因为它们不会像广告那样打断他们的娱乐体验。

迪士尼和其他主题环境所延伸出来的内容都会向人们售卖体验,而人们会利用自己身上的文化符码,找到适合自己的、会给自己带来愉悦与生活意义的体验活动并参与其中。玩具店、婚礼策划沙龙、发廊、杂货店,甚至荒野景点,这些场所也依靠主题与舞台美学来吸引和留住消费者。

在主题环境中运用消费者熟悉的标志系统,能够满足消费者的需求。在主题购物中心或公园里,我们彼此之间不是"陌生土地上的陌生人",因为我们知道如何在这个空间里导航和协商。在这里,我们会在熟悉的事物中找到安慰,在能够让我们实现消费成功的技能中得到享受。

我们千万不能低估品牌和主题对于营销与娱乐的重要性。它们会给我们提供高度发达的、受形象驱动的且以商品为导向的流行文化方面的经验,这种流行文化是由商业零售、广告和大众媒体融合形成的。主题和品牌环境之所以奏效,是因为它们为消费者提供了兼具娱乐性与幻想性的空间和视觉体验。因为它们能奏效,也因为它们有利可图,所以从现在开始,主题将决定我们所有品牌互动的性质。

近观主题　　　　　　**社会空间或市场：本土酒吧的消亡**

本个案研究表明了主题对当地社会化的影响，这些影响包括摧毁了一些爱尔兰当地最好的酒吧，以及出现了主题化。主题化作为一种营销因素，改变了营销在社区社会化过程中的作用。主题化是如何与社会力量平衡联系起来，并改变我们与历史和记忆的联系的呢？

据一位评论家说："创建主题酒吧只是其中的一步，其最终目的是用虚假的历史取代真实的历史来创造收入。"

传统意义上，酒吧的布局反映了更广泛的对社会阶级和性别的划分。公共酒吧是工人阶级该去的场所，而为绅士和女士们准备的是沙龙酒吧；有时候还会有为妇女或老年人等特定群体设立较小的俱乐部。现在，这些划分基本消失，取而代之的是更加民主大众的消费主义，反映了市场营销和消费的现代趋势。

从传统来说，酒吧的地理位置是决定到酒吧消费的当地人阶层的主要因素，酒吧环境则反映了处于这个空间的人的身份地位——他们是谁，他们使用这个空间的目的。但是，现在越来越多的酒吧，其内部装潢只会告诉你，谁应该去酒吧，你在酒吧里面又应该做什么——环境试图向顾客宣示和维护自己的权威。这些做法都是啤酒厂的营销人员和他们的设计师决定的。

在过去的20年里，酒吧形象迅速变更是很常见的，啤酒厂也强化了酒吧各个方面的资本化形象。酒吧的空间根据消费者的年龄和消费能力进行区域划分，并被安排给特定的社会人群；酒吧的装修和设计都是为了吸引由市场营销人员定义的理想客户群体——所有这些都是简化消费群体定位流程的一部分措施。

主题酒吧的出现限制或磨灭了之前存在于酒吧环境中所有自发形成的社会文化痕迹。主题酒吧所代表的是一种人为制造的真实性（有爱尔兰的特点），而这与现实是完全相反的。主题酒吧剧场式的装潢常常让顾客觉得自己有点像在别人戏剧中表演的小角色。

在大多数公共空间和消费领域实现经济上的标准化之后，爱尔兰酒吧仍保留了其许多历史、个性和社会特征。几个世纪以来，酒吧一直占据着社区的中心位置，去酒吧确实是对"当地人"的拜访。酒吧的名称通常与当地或国家的历史有关，而酒吧本身通常就是地理标志性建筑，有时又是历史标志性建筑。

但是，相同的酒吧连锁店的出现正在改变这个状况。马头酒吧变成了奥尼尔酒吧——一家爱尔兰连锁酒吧。为了回应当地居民不成功的抗议，经营奥尼尔酒吧的一位女性发言人说："酒吧的名字在过去几年的时间里确实发生了变化，酒吧更名通常发生在有投资入账的时候。全国共有约80家奥尼尔酒吧。我们的目标是开酒吧连锁店，使拐角处的酒吧与全国其他任何一家都一样。"

像奥尼尔这样的主题酒吧，它们能吸引顾客的部分原因是，在现代社会中，人们越来越有错位感，身份认同感的丧失和逃避需要激发了一种怀旧之情，而酒吧就是利用顾客的怀旧之情来吸引他们的。例如，爱尔兰风格容易让人产生刻板印象，这在爱尔兰啤酒广告以及大多数其他爱尔兰产品广告中可以看到。

图7.14 墨菲酒吧（Murphy's Pub），一家爱尔兰主题酒吧

如今，对许多人来说，很多地方已经没什么本土特色了，就连酒吧也可以被添置到乐高乐园的娱乐设施中。主题酒吧环境的虚假历史可以叠加在该地方的真实历史之上，更改名称和内部装潢就是其中的一个做法。我们所熟悉的和现实存在的历史时空被即时批量生产的人造历史所取代，它根据快速变化的时尚与营销策略改变了时代和外观。但讽刺的是，正是因为对日常环境进行了"去历史化"，主题场所才唤起了人们的怀旧情怀，从而提高了主题环境对人们的吸引力。

主题场所营造的是一种"伪环境"。从"伪环境"的意义上说，主题场所是对其他地方的模仿或复制，而被模仿或复制的场所都有其真实的历史且都有特定的用途。但主题空间仅仅参照了别处的外观，去除其原始情景，并为了商品销售而赋予其不同的功能。在原始的真实环境中，场所的外观在很大程度上取决于场所的用途，而在主题环境中，场所外观决定了空间的用途。设计者试图预先确定在这样的空间中会发生什么事情；他们已经编写好了脚本，也已经指定了角色——这意味着会有各种形式的消费模式。但是，人们不仅是在这里消费食物、饮料，还会把酒吧作为特殊消费场所的代表，制定一些行为准则。

酒吧在历史上一直是工人阶级最主要、最常去的公共社交场所。酒吧的主题化和绅士化带来一种运动、发展和创新的幻觉，并鼓励我们认同这种趋势，但一直不变的商品关系与阶级社会基础才是推动这些营销趋势发展和社会空间修正变更的必要基础。

主题化的超现实本质被一个迷失的灵魂带到了新的高度，当地的酒吧变成了澳大利亚的主题酒吧——爱尔兰啤酒被换成大洋洲的啤酒，酒吧的经理变成新西兰人，店内厕所被印上"Blokes"（小子）和"Sheilas"（少女）字样，天花板上的装饰变成冲浪板，食物装盘改用马口铁罐，等等——这个迷失的灵魂，为了找到"自己"，决定以"自己"为主题，用明显的澳大利亚口音说话，交一个新西兰女友，并考虑移民到澳大利亚。

资料来源：www.endangeredphoenic.com。

你怎么看？
- 在你对爱尔兰的印象逐渐形成过程中，吉尼斯黑啤这个品牌起什么作用？
- 你希望主题酒吧里面会呈现什么特色？
- 你能说出多少家爱尔兰连锁酒吧的名字？

讨论与回顾

1. 讨论一下旗舰店在产品推广和品牌形象塑造方面的作用。哪个因素更重要？是销售还是品牌价值？为什么？
2. 你可以确定哪些赞助商或品牌联想能够将产品与活动联系起来？产品或品牌是如何成为娱乐体验的一部分的？
3. 应该如何区分主题与类似装饰、气氛、布景等相关概念？又应该如何区分主题与典故和引用参考的内容？
4. 巴黎是一个主题场所吗？
5. 波士顿的昆西市场是否只有装饰，没有主题？
6. 拥有主题的地方到底意味着什么？

练习

1. 去参观一家以"民族"为主题的餐厅，列出餐厅使用的所有图标、工艺品和主题符号。然后询问你身边的10个朋友，问他们会为这个主题选择什么图标、工艺品和主题符号。比较他们的答案与餐厅的实际布置情况，并得出结论。
2. 去参观一个主题购物中心，列出所有在购物中心可以进行消费体验的区域。哪些体验与品牌有关？哪些体验与年龄、人口统计数据有关，如儿童这一群体？商场餐厅在支持主题方面扮演什么角色？你能在现实工程中看到哪些证据？
3. 为购物中心或公园设计一个新主题。你需要对你将要囊括进该场地的空间、零售店铺和工艺品进行描述；说说你的目标群众是哪些人群，并从本章节的内容中列出有助于你做选择的因素。
4. 列出你所知道的主题公园和你在过去一个月里遇到的所有品牌娱乐类型。两个清单上的项目有什么不同？它们是否有相同之处？

参考书籍与网页

Gottdiener, M. (1997). *The theming of America: Dreams, visions and commercial spaces*. Boulder CO: Westview Press.

Halter, M. (2000). *Shopping for identity: The marketing of ethnicity*. New York: Schocken Books.

Pine, B.J. and Gilmore, J.H. (1999). *The experience economy*. Boston MA: Harvard Business School Press.

Ritzer, G. (1998). *The McDonaldization thesis: Explorations and extensions*. London: Sage.

Schmidt, B. and Simonson, A. (1997). *Marketing aesthetics: The strategic management of brands, identity and image*. New York: Free Press.

Sherry, J.F. Jr. (ed.) (1998). *ServiceScapes: The concept of place in contemporary markets*. Chicago: NTC Business Books.

www.brandchannel.com——关于品牌各个方面的实时新闻。

www.veryfunnyads.com——幽默商业广告概要。

http://consumerlab.wordpress.com——营销集团的消费者激活网站。

www.insidebrandedentertainment.com/bep/index.jsp——关注娱乐品牌和品牌娱乐。

第八章　标准问题：法律权利与义务

> 仅靠法律并不能保证言论自由；要做到这一点，全体民众必须拥有一种宽容的精神。
>
> ——阿尔伯特·爱因斯坦（Albert Einstein）

本章节将探讨法律权利与义务与娱乐有所交集的内容。与娱乐业一样，政策与法律也塑造并反映了其赖以生存的社会。政策和法律的形成与实施，涉及整个社会或其代表的集体行动，这需要广泛的公众讨论，以形成关于应该做什么的公众意见。不同的社会有不同的权利与法规。尽管本章节的内容会涉及一些国际性案例的比较，但我们主要将重点放在美国颁布和实施的政策与法律上。

政策反映了政府和公众对如何组织与规范社会或集体活动的考虑（如媒体和娱乐行业的活动），以使其能够为公共利益作出贡献。例如，教会、私营企业、行业贸易组织、少数群体和公共利益团体等众多社会团体，也监督娱乐活动，并游说行业和政府做出改变。例如，在一些团体的游说下，联邦通信委员会（FCC）于2004年取缔电视上的不雅内容。本章节将讨论适用于娱乐业的法律、政策和标准。法律是立法机构通过、由行政部门执行、由法院应用的具有约束力的规则。政府和私人组织制定政策来管理具体的行动。政府的政策通常会被转化为法律，以使其对个人和公司具有法律约束力。如果要广泛采用一种技术或行动，就必须商定标准，或者说在技术特征（如电视屏幕上的线数）上达成一致。

许多娱乐行业没有坐等法律或政府政策的监管，而是开展正式的自我监管。因此，检视行业的自我监管工作，还需要考察行业守则及其进行自我监察和控制的行为，如电影行业就采用了电影分级制度。当涉及有些问题，例如，公众对传媒作品中性和暴力的内容有所担忧，政府就出台了相关的法律和政策来规范其中的内容，如联邦通信委员会对广播中使用的语言进行了限制；1996年颁布的《电信法》（Telecommunications Act）则要求电视上安装"V-chip"这一为保护儿童免受电视上色情、暴力节目污染的筛选系统。除了电影分级制度建立的标准，公众对暴力和性内容的担忧也进一步促使行业进行自我监控。2004年，许多电视台都拒绝播放电影《拯救大兵瑞恩》(*Saving Private Ryan*)，因为他们担心影片中的暴力内容可能会招致观众抗议和政府审查。

娱乐业法律法规太多，而且种类繁多，无法在一个章节里涵盖所有内容。因此，本章将单独探讨几个关键的法律问题，重点关注言论自由、隐私权、知识产权、竞争、薪酬与政府管辖权等方面的法律和娱乐行业是如何相辅相成的。

第一修正案与言论自由

关于娱乐，特别是传媒娱乐，美国最为核心的政策是第一修正案（The First Amendment），旨在保障公民享有言论自由的权利。它反映了一项基本权利——言论自由，可以追溯到1776年美国的独立战争时期，无论是个人还是媒体的言论自由，都是美国宪法制定者希望建立的民主政治制度和自由社会给予保护的。尽管今天可能许多美国人认为他们言论自由是理所当然的，但宪法的制定者，如托马斯·杰斐逊（Thomas Jefferson）、本杰明·富兰克林（Benjamin Franklin）和托马斯·潘恩（Thomas Paine）不这样认为。在欧洲早期开始使用印刷技术的时候，尽管政府和教会当局都向协会或公司颁发了书籍印刷的许可证，但政府和教会还是控制着书籍的内容。这种许可证管制手段受到了作家和哲学家们越发严厉的批评。例如，在1644年，作家兼诗人约翰·弥尔顿（John Milton）就写了一篇题为《论出版自由》（*Aeropagitica*）的文章，在文中批判这种审查制度，并宣称宗教言论自由[1]的必要性。由此，美国宪法的制定者们才意识到，在那个时期世界上几乎没有地方有言论自由，而且言论自由很容易受到限制。他们坚持将这一权利归入第一修正案并编入《美利坚合众国宪法》中，这一做法表明了他们保护这一自由的坚定决心。第一修正案内容如下：

> 国会不得制定关于下列事项的法律：确立国教或禁止信教自由；剥夺言论自由或出版自由；或剥夺人民和平集会和向政府请愿申冤的权利。

政治性言论

约翰·斯图亚特·穆勒（John Stuart Mill）、埃德蒙·伯克（Edmund Burke）以及其他早期的民主倡导者，提出了"积极且有见识的公民"的概念。他们指出，需要一个自由的媒体来帮助思想的广泛传播。[2]如果公民要做明智的投票决定，他们需要不受限制地获取有关问题的信息。随着当时关于商品市场竞争价值的经济思想的传播，意见自由市场的概念也在发展。在意见自由市场中，公众可以自由发声表达不同的观点，吸引他人注意。尽管有这样的言论自由保护措施，但在我们的历史进程中，政府仍然制定并实施了许多限制言论自由的政策。

由于"政治性言论"对民主进程有重要意义，它通常能比那些被认为不那么重要的表达形式（如"商业性言论"——公司为销售自家商品所作的言论）受到更多的保护。因此，每当我们想到有关"政治"的言论时，不大可能会联想到娱乐相关的内容。相反，我们想到的是总统演讲、政治辩论或时事新闻评论。正如第十一章将要呈现的内容那样，政治实际上是娱乐中非常常见的话题：音乐家们把它载入歌曲里，喜剧演员们把它写进独白里，电影电视剧也讲述它的故事。有人认为，所有的言论［如电台脱口秀主持人霍华德·斯特恩（Howard Stern）喜剧中的言论］于某些人而言都有一定的政治价值。[3]

第一修正案的局限性

一般而言，娱乐性言论受到的保护与其他所有形式的言论受到的保护相同。例如，在最近的一个案件中，美国第八巡回上诉法院的三人陪审团一致认为，涉及暴力的视频游戏有权获得与《圣经》一样多的保护。但是，某些言论不会受第一修正案的保护，这些不受保护的言论涉及诽谤、淫秽、剽窃、侵犯隐私和煽动叛乱等内容。因此，与任何其他的表达方式一样，若判定娱乐的内容触及上述任一范畴，娱乐就不再受到保护。

诽谤性言论

诽谤性言论（书面或广播形式的诽谤为"文字诽谤"；口头形式的诽谤为"口头诽谤"）指的是可能会损害公民个人名誉的虚假声明。文字诽谤常被定义为虚假的陈述，它会使被诽谤者受到公开嘲笑、蔑视和仇视，其公司业务或职业也会受到损害。可能会构成诽谤性言论的例子包括错误指控他人在职业上不诚实或不称职（如指控他人造成了医疗事故）；诬告他人犯罪（如诬告他人贩毒）；诬告他人患有精神疾病或做出不可接受的行为（如在公共场合酗酒）；诬告他人与声名狼藉的组织或事业（如黑手党或新纳粹军事组织）有关联。

最高法院已经裁定，遭受诽谤的个人必须自证以下三点才能打赢诽谤性言论的官司：

- 关于他们的公开声明内容虚假。
- 公开声明的内容给个人已带来了损害或实际伤害，如造成个人失业、名誉受损、当众受辱或遭受精神痛苦。
- 发布公开声明的出版商或广播公司有过失。

娱乐圈人士经常会发起诽谤诉讼，控告记者与新闻机构报道了他们宣称为不实的消息。例如，凯特·哈德森（Kate Hudson）与卡梅隆·迪亚茨（Cameron Diaz）等名人就曾起诉八卦杂志《国家调查者》（*The National Enquirer*），指控该杂志诽谤了她们。虽然艺人胜诉案例不少，但败诉亦非罕见——美国司法制度需要在保护名誉权与维护媒体监督权之间保持平衡。如果法院认定原告是政府官员或公众人物，那么原告必须证明控告的内容不实、对个人造成了损害、控告为他人过失以及具有"真实恶意"。"真实恶意"是指，任何制作或允许发布声明的人，明知内容虚假却仍执意刊播，或对事实真伪采取全然不顾的放任态度。尽管法官常常很难确定原告是否为公众人物，但法院最终一致裁定，包括真人秀节目参与者在内的娱乐艺人，他们都是公众人物。因此，是否存在"真实恶意"很难证明，即使传播的故事特别冒犯当事人，名人往往还是很难赢得诽谤案。

娱乐圈人士自身也经常会因诽谤而被起诉。杰瑞·宋飞（Jerry Seinfeld）就曾被儿童文学作家米茜·蔡斯·拉平（Missy Chase Lapine）起诉。在大卫·莱特曼（David Letterman）的节目中，宋飞对拉平开玩笑，在玩笑话中有这样的讽刺："如果你读过历史，就会知道像你这样姓名由三个部分组成的人，最后确实会成为刺客——马克·大卫·查普曼（Mark David Chapman），还有詹姆斯·厄尔·雷（James Earl Ray）。所以这是我所担心的问题。"[4] 拉平的姓名就由三个部分组成，她认为这种隐性比较实属诽谤。宋飞的律师辩称，宋飞只是为了节目效果以及扮演好有趣的喜剧演员角色才说的这些话，因此，他受到第一修正案的保护。他们认为："任何一位理性的观众都不可能会认为，宋飞所作言论真的意指拉平，这位强调要食用蔬菜泥的儿童文学作家，不可能仅因为她的姓名由三个部分组成，就成为一名刺客。"[5] 但截至作者开始撰写本书，该案件仍在审理中。

一般而言，构成文字诽谤罪的仅指对事实信息进行了错误陈述，观点上的错误陈述则不构成文字诽谤罪，但二者的界限往往模糊不清。因此，针对文字诽谤罪常见的辩护是，所作的评论属于意见与公正评论的范畴。也因此，诽谤法保护在书评、剧评、影评和餐评中发表的具有讽刺性意味或喜剧性意味的观点。

对于合理评论辩护著名的案例之一就是1988年的福尔维尔诉弗林特案。在该案件中，牧师兼社会活动家杰瑞·福尔维尔（Jerry Falwell）起诉《好色客》杂志及其创办者拉里·弗林特，事件起因是1983年11月《好色客》的一则金巴利开胃酒广告恶意戏仿福尔维尔。广告将福尔维尔第一次喝坎帕

图8.1　法律的天平

利开胃酒（Campari）的体验描述为他与自己母亲乱伦的体验，并说他必须喝得酩酊大醉才能宣讲布道。广告底端有一则免责声明，写道："戏仿之作，请勿当真。"对此，福尔维尔以诽谤罪提起诉讼，要求4500万美元的损害赔偿。陪审团驳回了诽谤诉讼，但承认弗林特已对福尔维尔造成了精神损害，并判给福尔维尔20万美元的损害赔偿。该项判决是出乎意料且前所未有的，但在上诉的过程中，最高法院一致推翻了该判决，原因是，尽管法官们并不宽恕这种恶作剧，但他们坚定地认为该杂志有权受到宪法保护。该项判决表明，尽管恶搞及侮辱公众人物确实会给当事人带来精神上的痛苦，但剥夺媒体在该内容上的出版权有违第一修正案精神。

公正原则

在某些国家/地区，受到批评指责的人有权对事件做出回应。保障这项权利通常意味着，如果受批评的受害者选择行使该权利，那报道批评内容的媒体必须为他提供同样的报道篇幅。在美国，该原则很少适用于纸媒，因为纸媒的数量众多，便默认了涉事各方都有机会发表意见并被公众听到。但当广播作为一种新的媒体形式出现时，公众对有限的广播频道收听权方面的担忧，促使了《1927年无线电管理法》（Radio Act of 1927）通过。该法案要求人人享有平等的机会。

> 如任何持有无线电广播执照者准许任何具有法律资格的公职候选人使用广播电台，则他应为所有其他候选人提供使用该广播电台的同等机会。（《1927年无线电管理法》第315条）

美国联邦通信委员会（FCC）曾制定一项名为"公平原则"（fairness doctrine）的监管政策。该政策的核心在于：公众的知情权高于广播机构传播"自身特定观点"的权利（1969年"红狮广播公司诉FCC案"判例确立）。这一概念要求电视台为有争议的节目内容安排播放时间，然后要确保持反对意见者可以表达反对意见。实际上，联邦通信委员会并没有强制要求电台播出特定的节目，因此这项规定的侧重点在于，在有争议的观点上，当事人有权回应。20世纪80年代，一些广播公司认为，公正原则产生了"寒蝉效应"，导致电台要完全避免播放有争议的节目。此外，随着频带宽度和广播网点数量的增加，最初的广播网点稀缺意味着每个网点在维持公平和平衡上都负有独特责任的论点变得不那么有说服力了。因此，1985年，联邦通信委员会停止执行该原则，2001年，最高法院最终废止其法律效力。

但有趣的是，近来，针对日益流行的广播脱口秀节目，公众呼吁恢复公正原则。在政治性的脱口秀节目中，主持人通常会引出一个话题，然后邀请一位或多位嘉宾对话题展开讨论。电话连线节目通常会被认为是娱乐节目而非新闻节目，在这种类型的节目中，邀请听众分享他们的意见是特别受欢迎的节目形式。许多政治演说者会在多家播出单位出镜以吸引广大听众。与此同时，地方性节目凭借其更有表现力的内容同样收获了高人气，尤其是那些典型的保守类节目［如由拉什·林博（Rush Limbaugh）和戈登·里迪（Gordon Liddy）等人主持的节目］，相较于带有自由主义倾向的节目，它们往往展现出更强的影响力。而收听这类节目的听众往往是年龄较大且思想较为保守的白人男性，他们都对政治话题非常感兴趣，在政治活动上很活跃，且在政治态度上主张反对华盛顿——这一点不足为奇。（有关脱口秀和娱乐节目中政治演讲的详细讨论，请参阅第十三章。）

南加州大学安纳伯格（Annenberg）传播学院从进行的一项全国民意调查[6]中发现，18%的成年人每周至少收听一档电话连线的政治类访谈节目。近一半（47%）的美国人认为，政府应要求所有的广播电台与电视台播放同等篇幅的保守派和自由派的政治评论内容。

令人担忧的是，更加倾向自由主义的谈话节目的缺失造成了一种不平衡，扼杀了意见自由市场的发展。一些民主党人表示，保守类的谈话电台节目已使共和党人能够在参议院通过的移民改革法案等重要事件上误导公众。而不足为奇的是，关于是否要恢复公正原则来迫使各电台在节目内容设置上保证平衡的问题，往往会因党派分歧而无法达成共识。比如，加州民主党参议员戴安·范斯坦（Dianne Feinstein）说："这些都是公共广播频道，公众应该有权得到公平的内容呈现机会。"[7]共和党人则表示，这项政策的恢复将导致审查制度的产生，并警告说，如果民主党人在国会占多数席位，审查制度可能会卷土重来。"这是过去时代的糟粕。"明尼苏达州共和党参议员诺姆·科尔曼（Norm Coleman）在一个新闻发布会上说道，并与其他五名共和党人宣布通过立法来阻止该政策的重新实施。[8]有关更多公众对该问题的看法，请参阅下方《聚焦广播谈话节目中的公平性》的内容。

聚焦广播谈话节目中的公平性　　　　　调查结果显示……[9]

美国民意调查机构拉斯穆森（Rasmussen）在2008年进行的全国电话民调结果显示，55%的选民认为，媒体偏见是一个比大型竞选捐款更为严重的问题。近一半（47%）的美国人认为，政府应要求所有的广播电台与电视台播放同等篇幅的保守派和自由派的政治评论内容，他们在对互联网提出同样的要求时却有所保留。39%的人表示，广播电台和电视台无须遵从上述要求。与此同时，一项新的调查结果显示，71%的受访者认为，在当今媒体上几乎可以听到任何一方的政治观点。对这一观点，20%的受访者表示不同意，57%的受访者认为，政府不应该强行要求发表政治评论的网站和博客发表相反的观点，但31%的受访者认为，理应强迫网站平衡其页面上的评论内容。

政治派别

民主党人士比共和党人士和无党派人士更加支持政府参与广播电视的管控。其中，54%的民主党人士表示支持，只有26%的人表示反对；而共和党人士和无党派人士在支持和反对上的人数比例持平；然而，即使是民主党人士，在政府强制干预互联网平衡的问题上，也以48%的得票率表示反对；61%的共和党人士和67%的无党派人士则反对政府参与互联网内容的管控。

公正原则

只有45%的美国人表示他们在密切关注最近有关公正原则的新闻报道，15%的美国人则表示他们根本就不关注这个新闻事件。这份新的调查报告显示，42%的受访者认为，之所以有更多保守类的广播脱口秀节目，是因为它们有更高的收视率，但28%的受访者认为这是因为电台的所有者持有偏见，17%的受访者认为原因不明，而剩余13%的受访者不确定其中缘由。大多数共和党人（61%）认为保守类的电台谈话节目的繁荣是因其收听率高，只有11%的人认为这是偏见所致。与共和党派大多数人士的看法相反，在该问题上，民主党人士认为背后原因是偏见与高收听率的比例分别为42%和28%。在无党派人士中，42%的人认为是高收听率造成了保守类电台谈话节目的蓬勃发展，27%的人认为是偏见所致。所有类别的人士中都以相当大的占比同意，在今日的媒体上，公众有可能听到任何一方的政治观点（见图8.2）。

在2008年的美国大选中，有58%的奥巴马选民认为政府应该要求所有广播电台与电视台播放同等篇幅的保守派和自由派的评论内容。与之对照的是，仅有40%的麦凯恩选民抱有这样的看法。但是，63%的麦凯恩选民和53%的奥巴马选民都反对对网站和博客进行类似的监管。

资料来源：2008年拉斯穆森的调查报告。

图8.2

你怎么看？

- 你已看到了他人的观点，那你对这个问题有什么看法呢？

隐私权

虽然大多数美国人都认为他们有隐私权，但这项权利并没有被直接列入美国宪法。一些法律学者认为，前十条修正案的内容都侧重于保护人们的隐私不受政府侵犯。1965

年,最高法院大法官哈伦(Harlan)说,公民的隐私权源自第一、第三、第四、第五、第九和第十四条修正案,尽管隐私权所涉及的内容超出了这些内容的总和。

这种宽泛的隐私观存在着争议,使得电子隐私信息中心与电子自由论坛等组织呼吁制定更为明确和具体的法律来明确规定隐私权。[10] 个人隐私权一般被认为是一种广义的"不受干扰的权利"。其中,他的姓名、形象或日常活动不会成为公共的"财产",被公众所有。如果说诽谤法保护个人的人格和名誉,那么,隐私权保护的则是个人的平静心绪与情感。以下为一些最常见的侵犯隐私的行为:

- 未经授权使用录音机、窃听装置、麦克风或其他监视设备秘密记录个人隐私的侵犯行为。
- 公开私人事务,如未经授权披露有关个人健康、性生活或经济状况的私人声明。
- 未经授权盗用他人的姓名或形象来谋求广告或其他商业利益。

正如我们已指出的,在第一修正案的规定下,法院已给新闻媒体许多回旋余地:通常情况下,未经个人(非公众人物)与公众人物的同意,新闻媒体工作者就可以把他们的姓名和照片用作新闻报道的一部分,而法院常常也允许新闻媒体在未经个人许可的情况下记录他们的言论以及使用他们的照片。该现象背后的观点是,新闻报道对公众利益的价值大于个人的隐私权。

> **时事速览** 据报道,《人物》(People)杂志斥资1400万美元拍摄和刊登布拉德·皮特(Brad Pitt)和安吉丽娜·朱莉(Angelina Jolie)双胞胎宝宝的首张照片,并将这笔钱捐赠给这对夫妇建立的婴儿慈善基金会。[11]

包括名人在内的公众人物经常指责媒体侵犯他们的隐私,指责媒体试图捕捉有看点的照片,或获得新闻故事的内幕做成"独家新闻"。我们越来越频繁地听到这样的消息:好莱坞演员或体育艺人对跟得过近的小报摄影师或电视摄像师拳打脚踢。2000年,演员詹妮弗·安妮斯顿(Jennifer Aniston)向《名人皮肤》(Celebrity Skin)杂志提起了关于侵犯隐私权的诉讼,指控该杂志擅自刊登了她在自家后院袒胸晒日光浴的照片,侵犯了个人的隐私权。据该诉讼的记录内容,涉事摄影师为了拍摄照片,爬上了詹妮弗邻居家的篱笆。

与公众人物诽谤罪一样,关于侵犯公众人物隐私的标准也设定得很高。但戴安娜王妃1997年去世的事件,以及随后发生的其他一些备受关注的案件,都促使欧洲与美国广泛呼吁立法来限制"狗仔队"的行为,保护名人与公众人物免受记者和摄影师的放肆跟踪及偷拍。

1999年,在名人联盟、电影演员协会和受害者权利组织的游说下,加利福尼亚州颁布了美国第一部"反狗仔队"法，该法律规定了一些侵犯隐私的侵权责任，如通过摄影、录像或录音对正在从事"个人或家庭活动"的公民进行"物理性侵入"与"感官侵入"等。此后，许多其他州也通过了类似的法律，其中包括在私人地方或公众场合进行个人或家庭活动时，禁止非法侵入活动领域，以及禁止使用电子设备（如照相机上的变焦镜头）来获取名人或犯罪受害者的音频或视频内容。但关于保护名人隐私不受侵犯的判决仍然没有定论。美国公民自由联盟（ACLU）则对一些新的法律提出了怀疑，他们认为这些法律条文违反了美国宪法第一修正案对新闻自由的保护。

不雅与淫秽

第一修正案的初衷旨在保护公民发表政治性言论和进行政治批评与宗教选择上的权利，但传统上的"言论自由"已逐渐扩展到其他领域，如对"性"的表达。但并非所有这样的"表达"都受到保护。美国历史上的大部分时间里，一直有人认为淫秽的话语不属于合法的表达形式，然而，对于如何定义淫秽话语，人们没有达成共识。这就是问题所在。在19世纪60年代，如果认为书中的一段文章可以使人堕落，那么法院可以判定该书为淫秽书籍。实际上，在整个19世纪，美国邮局、海关以及法院以外的其他职权部门，都有权审查或销毁它们认为内容淫秽的著作。

在詹姆斯·乔伊斯（James Joyce）的小说《尤利西斯》（*Ulysses*，1922）中，因文内重复使用了那个由四个字母拼成的单词，该小说被怀疑是淫秽著作。到了1928年，美国海关定义这本小说为淫秽作品，并对它进行了正式封杀。1933年，一位美国法官裁定，《尤利西斯》是一部重要的文学作品，并取消了其内容不受保护的状态。其他小说，如戴维·赫伯特·劳伦斯（D.H. Lawrence）的《查泰莱夫人的情人》（*Lady Chatterley's Lover*, 1928）早在20世纪50年代就在美国受到审查。从那时起，书籍、杂志、广播、电影和电视在有关性描述和语言应用上，都接连不断地受到内容控制。

社区标准

法院裁定，印刷品及其他媒体内容发布的道德标准无法在全国范围内统一界定，因为不同社区的标准存在差异。各社区有权依据本地价值观，制定关于性内容和淫秽内容的评判标准。美国最高法院对淫秽的定义采用了社区基准："以普通人的视角，结合当代社区标准，判断作品的整体主题是否旨在煽动淫欲"（1957年罗斯诉美国案）。1973年米勒诉加利福尼亚案进一步细化了罗斯案的标准，确立了现行法律对淫秽作品的三重界定：

1. 煽动淫欲：以当代社区标准衡量，作品整体内容对普通人具有明显的性刺激倾向；
2. 明显冒犯性：作品以公然令人反感的方式描绘或描述性行为；

3.缺乏社会价值：作品整体欠缺文学、艺术、政治或科学价值。

若判定某些作品满足以上条件，各州可以选择禁止该作品的印刷与销售。例如，一些社区会将某些书籍、杂志和视频定义为"淫秽"作品，然后将其销售范围限制在成人书店中，若作品需要在公开场合展示，则会要求隐藏其封面。法院还限制了内容被认为"不雅"的作品的面世。不雅内容包括牵涉"性"或"排泄物"的内容，但这些内容不会上升到淫秽的程度。基于这个原因，法院认为，不雅的内容受到第一修正案的保护，不能完全禁止其出版。但是，学校图书馆、广播电台和电视台等可能会限制这些作品的出现，因为儿童有可能会在这些地方接触到这些含有不雅内容的作品。表8.1为儿童图书馆常禁止的图书清单。

表8.1　1990—2000年15本常受质疑的书

1.《恐怖故事》(系列)［Scary Stories (Series)］/艾尔文·史瓦兹
2.《爸爸的室友》(Daddy's Roommate)/迈克尔·威霍特
3.《我知道笼中的鸟儿为何歌唱》(I Know Why the Caged Bird Sings)/玛雅·安吉罗
4.《巧克力战争》(The Chocolate War)/罗伯特·科米尔
5.《哈克贝里·费恩历险记》(The Adventures of Huckleberry Finn)/马克·吐温
6.《人鼠之间》(Of Mice and Men)/约翰·斯坦贝克
7.《哈利·波特》(系列)［Harry Potter (Series)］/J.K.罗琳
8.《永远》(Forever)/朱迪·布鲁姆
9.《通向特雷(拉)比西亚的桥》(Bridge to Terabithia)/凯塞琳·帕特森
10.《爱丽丝》(系列)(Alice，此处为译者自译)/菲琳丝·奈勒
11.《希瑟有两个妈妈》(Heather Has Two Mommies，此处为译者自译)/莱斯利·纽曼
12.《我的兄弟山姆之死》(My Brother Sam Is Dead)/詹姆士·林肯·科利尔，克利斯朵夫·科利尔
13.《麦田里的守望者》(The Catcher in the Rye)/杰罗姆·大卫·塞林格
14.《授者》(The Giver)/洛伊丝·洛利
15.《这很正常》(It's Perfectly Normal，此处为译者自译)/罗比·哈里斯

以上数据来自美国图书馆协会知识自由办公室（Office for Intelligent Freedom），是从知识自由办公室记录在案或收到举报的6364项受质疑书目中选取出来的。

广播上的限制

从法律上看，传播法禁止政府直接审查广播内容。尽管政府可以在事后对播出不雅内容或亵渎话语的广播者进行处罚，但政府仍然不得干涉节目，也不得不预先对节目进行约束。公众对不雅广播节目的担忧可以追溯到1937年。那一年，美国全国广播公司播出了一部喜剧小品《埃德加》(Edgar)，该剧由女演员梅·韦斯特（Mae West）和埃德加·伯根（Edgar Bergen）的著名口技表演小木人查理·麦卡锡（Charlie McCarthy）主演。因为小品的内容，美国全国广播公司遭到了联邦通信委员会的斥责。

在20世纪60年代，一些电台的流行音乐频道主持人会与频道来电听众在午后讨论私密的性话题。尽管与今天那些令人震惊的节目相比，这样的讨论很大可能已显得平淡

无奇，但在1973年，美国联邦通信委员会的主席谴责广播为"一种新的空气污染……其主持人满嘴暗示性和哄骗性话语以及黑话"。一些电台被罚款，另一些电台甚至被吊销执照。同年，美国联邦通信委员会还整治了太平洋（Pacifica）广播电台，原因是该电台播放了喜剧演员乔治·卡林（George Carlin）的独白《永远别在电台上说的七大脏词》（The Seven Dirty Words You Can't say on Radio）。美国联邦通信委员会将"不雅"的内容定义为"那些描述性行为、排泄活动或特定器官的话语，用传播媒介的当代社会标准来衡量，已有明显的冒犯性"。这一定义也得到了最高法院的认同。

相较于其他媒介，广播节目在淫秽及不雅内容方面受到更严格的限制，因为无线电波会直接传入千家万户，儿童接触此类内容的风险显著增加。自1978年"太平洋广播电台案"裁决以来，社会逐渐形成一种监管共识：在儿童可能收听广播的时段（如日间），电台及电视必须限制不雅内容的播放；而在午夜至清晨6点的"安全港"时段，则允许近乎绝对的言论自由。值得注意的是，有线电视频道往往全天候播放可能被视为不雅的内容，但由于其信号不依赖公共无线电波传输，其不受美国联邦通信委员会的审查约束。

到了20世纪90年代，美国联邦通信委员会逐渐变得宽容，允许有线电视上出现裸露镜头和性暗示内容，在广播节目中也允许少量该内容的出现。但到了2004年，情况开始发生戏剧性的重大变化。那年，美国联邦通信委员会收到了大量投诉，因为在《超级碗》（Superbowl）半场表演期间，珍妮·杰克逊（Janet Jackson）的行为不雅。随后，《周一橄榄球之夜》（Monday Night Football）节目刊登了一条广告，在广告中，赤裸的尼科莱特·谢里丹（Nicolette Sheridan）跳进了费城老鹰队接球手特雷尔（Terrell Own）的怀中，他们借此宣传节目《绝望的主妇》（Desperate Housewives）。这一广告也使得美国联邦通信委员会收到大量的投诉。由于珍妮·杰克逊事件已收到50多万起投诉，美国联邦通信委员会不得不在不雅行为和内容上采取更为严厉的态度，并大幅增加对广播公司的罚款。[13]

这种立场转变的一个广为人知的结果是，常作为美国联邦通信委员会监督的人物的霍华德·斯特恩（Howard Stern）转而上了卫星广播的节目。在他的联合广播节目中，斯特恩几乎侮辱了所有社会群体。美国联邦通信委员会已经对播放斯特恩节目的电台开出了超过100万美元的罚款，因此，斯特恩选择上卫星广播，因为卫星广播在不雅内容放送规则上不受同样的规定约束，而是否订购这个频道是用户的个人选择。但一些国会议员建议将广播规则应用于有线电视和卫星电视上。

不雅内容与互联网

互联网对于规范不雅内容者是一个新的挑战，特别是在限制儿童上网访问该内容方面。对此，学校和图书馆内的计算机已经几次被强制安装过滤程序来过滤和屏蔽与性相关的内容。但美国图书馆协会等公民自由组织坚决反对使用过滤程序，他们认为这可能会不合理地限制成年人获取信息的途径。1996年《电信法》中的《通信规范法案》（Communications Decency Act, CDA）试图对"不雅"一词中可能会被视为令人反感的内容创建更具包容性的定义，但其定义存在问题。例如，"乳房"一词是否会被认为是不雅的，这个答案并不确定，因为在某些语境下，如在色情作品中，它是不雅词汇，但在其他语境下，如讨论癌症时，它则不是不雅词汇。

法庭上，美国公民自由联盟（American Civil Liberties Union）、电子前线基金会和美国在线这些担心自身要为传播不雅内容负责的公司对《通信规范法案》提出了疑问。在阐述己方的观点时，它们称，互联网应享有与印刷业同样广泛的第一修正案的保护，而不是像广播业那样得到极为有限的保护。他们认为，为保护儿童所做的努力对成年人的言论自由权利造成了巨大损害。对于这一观点，最高法院表示认同，并推翻了《通信规范法案》中的一些关键条款。为了通过第一修正案的审查，1998年《儿童在线保护法》（Child On-line Protection Act）规定的禁令范围缩小到了仅覆盖商业网站，仅针对对儿童有害的内容，并且仅要求登录成人网站时需要进行年龄验证。接着，国会再次试图用2001年的《儿童互联网保护法》（Children's Internet Protection Act）和过滤软件来加强对不雅内容的管制。《儿童互联网保护法》要求公立学校和图书馆禁止学生阅览被定义为不雅内容的材料，否则它们将面临失去联邦资金资助的风险。2003年，最高法院推翻了之前的立场，认定该法律符合宪法。美国联邦通信委员会的电子规则项目规定，所有接受联邦资助而获得互联网访问权限的学校和图书馆，都需要遵守这一法律。

审查制度与激励措施

人们经常努力限制被认为具有煽动性的言论，避免这些言论引起社会恐慌或暴乱。在世界许多地方，对煽动性言论的担忧已转化为严格限制，甚至是禁止媒体和个人辩护

图8.3

（见图8.3）。虽然这种限制在极权主义国家最为常见，但民主国家也有许多此类限制的案件，尤其是在国家发展初期或在战争与动荡时期。2008年，伊拉克政府对半岛电视台和阿拉伯电视台这两家最受欢迎的阿拉伯电视台实施了严格限制，指责它们煽动针对管理委员会成员的暴力行为，并煽动伊拉克两个主要教派什叶派和逊尼派穆斯林之间的仇恨。

在美国，最高法院裁定，煽动非法行为的言论不受第一修正案保护；但是，不属于煽动非法行为的颠覆性或煽动性言论则可以得到保护。法院曾对一位三K党的领导人定罪，因为这位领导人曾发表演讲，警告"可能不得不采取某种报复措施"以"继续镇压白色人种"。随

后，法院推翻了原先的判决，认为第一修正案只对产生"一触即发的非法行动"进行惩罚，这些非法行动很有可能会导致颠覆性主张的产生。尽管看上去似乎是不大可能发生的事情，但被普遍指责具有煽动性的娱乐形式是音乐。

煽动性的音乐

在早期的音乐中，游走各地的音乐家经常把消息从一个地区传到另一个地区。其中就有一些古老的故事，述说着爱尔兰竖琴手因为讲述未经批准的消息而被砍了手。极权主义政权特别对音乐进行审查，其原因与它们倾向于审查文学、戏剧、电影、绘画和其他艺术形式是一样的。宗教激进主义（激进派、激进组织）政府，如阿亚图拉统治下的伊朗当局和塔利班统治下的阿富汗当局，有时会完全禁止播放音乐，至少是禁止播放世俗性质的音乐。类似的法律在17世纪的英联邦中也存在。尽管布尔什维克革命短暂地激发了一场新的文化复兴，但在其存在的大部分时间里，苏联还是审查了包括音乐在内的所有艺术形式的内容。许多著名的作曲家显然都受到了这种审查制度的限制，因为该制度常常规定所有的作品都以一个大调和会令人振奋的音调作结。

在西方民主国家，由于歌曲的歌词内容敏感，广播电台或政府已禁止歌曲的播放。在20世纪20年代，有些人认为爵士乐在道德上散漫；在50年代，许多白人种族主义者将早期摇滚乐与黑人社区联系在一起，并对摇滚乐有不友好的言辞。另外一些人则对20世纪60年代流行的有关战争抗议和美化毒品的歌曲感到愤怒。尽管政府很少以直接审查音乐的方式对民众意见做出回应，但联邦通信委员会已通过向电台施压，限制播放这种具有冒犯性意味的歌曲，从而间接地阻隔了一些音乐进入市场。

这样的做法经常会有适得其反的效果——禁令激发了公众的好奇心，导致唱片的销售量增加，以下为一些案例。1977年是英国女王伊丽莎白二世的银禧年，那年性手枪（The Sex Pistols，英国有影响的朋克摇滚乐队之一）的单曲《天佑女王》（*God Save the Queen*）在被禁以后，冲到英国音乐前40名榜单的第二名，这主要是出于政治原因；在美国，宗教信仰激发的群众愤怒也曾导致公众焚烧被认为是不圣洁的音乐唱片——1966年，在约翰·列侬（John Lennon）声称披头士乐队比耶稣还要伟大之后，美国保守派基督徒销毁了披头士乐队大量的唱片。

联邦通信委员会的广播条例规定，致力于为公众利益服务的广播电台应了解其放送歌曲的歌词内容。言外之意是什么呢？电台要监督放送的歌曲，否则可能会失去其广播许可证。逻辑是，唱片公司知道自己依赖于歌曲在电台上的播放次数而发展，因此在制作有冒犯内容的音乐时，会陷入犹豫不决的境地。

20世纪80年代，如家长音乐资源中心（Parents' Music Resource Center）这样的组织挺身而出，强烈反对以性、暴力、撒旦教义以及吸毒或酗酒等内容为中心的流行音乐抒情主题，并称露骨的歌词与煽动青少年自杀、少女怀孕、身体虐待、家庭破裂和犯罪活动等存在联系。对此，有些歌曲被挑了出来，被标记为表达反对情绪的歌曲，这些歌曲包括普林斯·罗杰斯·内尔森（Prince Rogers Nelson）的《姐妹》（Sister），因为它美化了乱伦；美国重金属乐团克鲁小丑（Mötley Crüe）的《话电线》（Live Wire），因为它表达了对勒杀的迷恋；还有枪炮玫瑰乐队（Guns N' Roses）的歌曲被控表达了种族主义。

为应对这些团体施加的压力，唱片公司采取如上所述的自愿贴标签的方式，提醒消费者注意含有过于露骨歌词的歌曲。尽管一些组织对这些努力表示赞赏，但许多人认为它们做得还不够。一些评论家主张实施审查制度和年龄限制的销售政策，他们认为唱片公司自主贴上的标签只会增加音乐对那些充满好奇心和叛逆的年轻听众的吸引力。在Ice T［特雷西·马洛（Tracey Marrow）］的歌曲《警察杀手》（Cop Killer）极受欢迎的情况下，时代华纳公司最终还是下架了这首歌。

聚焦音乐审查制度　　　　　**时代华纳面对公众对《警察杀手》的抗议**[14]

1992年，时代华纳的说唱音乐唱片艺术家Ice T和他的新金属乐队Body Count发布了他们的第一张专辑。专辑中收录了一首名为《警察杀手》的歌曲，其中的歌词公开倡导将杀害警察作为一种社会抗议的形式（见图8.4）。

图8.4

全国各地的警察以及其他许多人都对这首歌的发行感到愤怒，指责这首歌是故意煽动针对执法部门的暴力行为。时代华纳公司则为这张专辑进行辩护，认为这是宪法保护的言论自由。

警察协会呼吁市民抵制时代华纳及其所有子公司，包括其出版物、有线电视公司和游乐园。其中一种表达抗议的方式为,从时代华纳的杂志上取下订阅卡,并将其连同书面抗议文件一起邮寄回去。对此,时代华纳公司不仅要支付寄回订阅卡的邮费,还要支付整理寄还这些订阅卡的员工工钱。有数千张这样的卡片从全国各地被邮寄到时代华纳公司,这个数量一点也不夸张。

1992年7月,时代华纳公司的年度股东大会在加州贝弗利山庄举行。得克萨斯州联合执法协会以及来自全国各地的主要警察协会计划在股东大会当天举行抗议活动。数百名警察飞往加州参加这次抗议活动,引起了全国媒体的关注。Ice T出现在现场,并用了一个大家都知道意思的手势表达了他对抗议者的看法。

时代华纳公司最终将这张专辑撤出市场,而Ice T在随后的采访中,将时代华纳公司此举归因于警方在整个争议期间对时代华纳公司的施压。

资料来源:得克萨斯州联合执法协会[Combined Law Enforcement Associations of Texas(CLEAT)]。

你会怎样回答以下问题呢?
- 音乐有可能煽动人们使用暴力吗?如果有可能的话,政府有责任限制它,甚至是禁止它吗?

电影的魔力

当电影在19世纪90年代首次出现时,许多人都对这一生动的新媒体可以创造一个梦幻世界并影响观众十分担忧。这些担忧促使审查组织的形成,它们认为电影会威胁儿童的健康成长、煽动暴力行为以及破坏人的思想道德。1907年,芝加哥市议会制定了一项法令,赋予警察给电影签发放映许可证的权力。1908年,杰克·约翰逊(Jack Johnson)赢得了重量级拳王冠军后,拳击电影就成为第一个联邦法律针对电影产业的监管目标。1910年,作为首位黑人重量级拳击冠军,约翰逊以惊人的优势击败了拳击手吉姆·杰弗里斯(Jim Jeffries)(之前他拒绝与黑人拳击手交战),这一消息引发了全国范围内的种族骚乱。1912年,政府宣布禁止跨州输送拳击电影。但有人认为,这项法律更多的是与约翰逊所属种族有关,而不是担心电影本身的内容可能会煽动人们做出暴力行径。作为首位黑人重量级冠军,约翰逊被视为白人群体的威胁。

1915年,底特律互惠电影公司(Mutual Film Company of Detroit)起诉了俄亥俄州,因为俄亥俄州的审查委员会(在未经同意下)审查了该公司的一些影片。在上诉中,最高法院裁定电影不是一种言论形式,而是一种"纯粹而简单的商业行为",并且就像马戏团一样,仅仅是一种娱乐"奇观",具有"特殊的'邪恶'力量"。到1923年,美国有22个州和90多个城市成立了由警署副队长、政客或公民团体组成的电影审查委员会。

业界自我监管

为了规避越来越多政府的内容管制,娱乐业也进行了许多自我监管的尝试。20世纪30年代,大萧条时期经济状况不断恶化,加之颇具影响力的天主教正派军团发起抗议活动，电影行业面临着新一轮的挑战。对此，电影业加大了自我监管的力度，以缓解公众施加的压力。1927年，海斯办公室（Hays Office）制定了一份注意事项清单，引导制片人和导演远离性、道德和社会主题等这些可能带来问题的内容。20世纪30年代初，海斯办公室制定了一个更为正式的《电影制作法典》（Motion Picture Production Code）。法典的第一条基本原则："不得制作任何会降低观看者道德标准的影片。因此，观众的同情心绝不应落到罪犯、违法者、邪恶或有罪之人的身上。"

自我监管守则规定了制片人和导演应该如何处理"犯罪手段""反感题材""非法毒品交易"和"性卫生"方面的内容。关于"激情场景"的展示，该守则规定"不得展示过激的接吻、唤起情欲的拥抱以及暗示性的姿势和手势"，并且要求"对待激情的方式应该避免刺激较低级和低贱的情感"。该守则还有一个关于亵渎言语的章节，其中规定禁止使用或谈及"厕所笑话"与"旅行推销员和农民女儿的笑话"等一系列不文明用语及话题。

《乱世佳人》（Gone with the Wind）的制片人必须寻求特殊的豁免权才可以让演员克拉克·盖博（Clark Gable）在影片中说"damn（该死的）"。关于宗教的章节则反映了耶稣会牧师丹尼尔·洛德（Daniel Lord）和天主教发起人马丁·奎格利（Martin Quigley）带来的影响。他们二人协助编写了以下守则："任何电影或电视剧情节都不得嘲笑宗教信仰"，以及"宗教牧师……不得被塑造为喜剧人物或恶棍"。这一守则被96%的电影公司采用，几乎影响了20世纪30年代中期到50年代初的所有电影。但随着电视的出现，争夺观众数量的竞争不断加剧，许多制作人开始挑战这些标准的底线。

1952年，一家电影发行商起诉纽约电影许可委员会的负责人，指控该委员会禁止罗伯托·罗西里尼（Roberto Rossellini）1948年的电影《奇迹》（The Miracle）上映。这部意大利电影讲述了一个未婚的农家女孩被一个狡诈的流浪汉弄得怀上孩子的故事。这个流浪汉说服女孩，让女孩相信自己就是圣约瑟夫，而她肚子里的孩子是耶稣。一些纽约市的宗教人士和政治领袖认为这部电影亵渎了宗教，并向电影委员会施压，要求禁止这部电影上映。电影发行商辩称，禁止该电影上映构成了非法的事先限制，对该故事的印刷版本施加限制是非法的，因此也不应该对电影强加限制。最高法院最终同意，宣布电影是"思想交流的重要媒介"（Burstyn v. Wilson, 1952）。它给予电影与印刷媒体和其他形式的言论同等的保护，这使电影审查委员会大多数活动都违宪，因为这些活动通常是通过事先的约束限制展开的。

尽管如此，电影行业仍在进行严格的自我监管。在所付出的努力中，最广为认可的是电影分级制度。美国电影协会（MPAA）于1966年设立了电影分级制度，旨在提醒观众他们在电影中可能会看到什么，以便他们在看电影时做出更明智的选择。经过多次修改，美国电影协会制度的评级分类如下：

G级——大众级，适合所有年龄段人群观看。影片不涉及性和裸体的画面，暴力成分最少。

PG级——辅导级，建议在有家长指导的情况下观看。该级别电影中的一些内容可能不适合儿童观看。影片含轻微不雅的内容、一点点裸体画面以及非"极端"暴力行为。

PG–13级——特别辅导级，家长需要特别谨慎。该级别电影中的一些内容可能不适合13岁以下儿童观看。

R级——限制级。17岁以下青少年、儿童必须有家长或监护人陪同方可观看；可能包含非常粗暴的暴力、裸体或性的内容。

NC–17级——17岁以下（包括17岁）禁止观看；以前为X级，一般只适用于公开的色情电影，尽管一些主流电影也被列入这一级别。

这些评级引发了很多争论。一些人认为，虽然电影分级制度不是政府强制执行的，但作为行业一种自我审查的方式，这种分级制度仍然侵犯了电影制片人的言论自由。公众因为评级中存在偏见和不一致的指控进一步加剧了担忧。例如，分级制度经常被指控，即使是含有轻微的裸体和性内容也会比有强烈的暴力画面受到更高级别的限制（见本章末尾部分的"聚焦"）。

另一些人则认为，与给抒情音乐的劝告一样，更严格的分级只会引起年轻观众的兴趣。也有人抱怨说，影院对观看R级和NC–17级影片的观众限制并不严格，因为他们不愿意将青少年这一主要电影观众拒之门外。此外，电影分级制度执行起来非常困难，因为青少年们会在多厅影院购买公共电影的票，然后溜进R级电影的播放厅。那些希望这样的分级制度能阻止电影制片人制作带有色情和暴力内容影片的人也大失所望。从美国电影协会的数据来看，从1968年到2007年，R级电影的上映占到所有电影的59%（见图8.5），而且在过去五年的时间里，R级电影所占的比例也一直在上升。[15] 但还是有很多人，尤其是有小孩的父母，对电影分级制度表示赞赏，他们认为分级制度至少为他们观赏影片提供了一些引导信息。

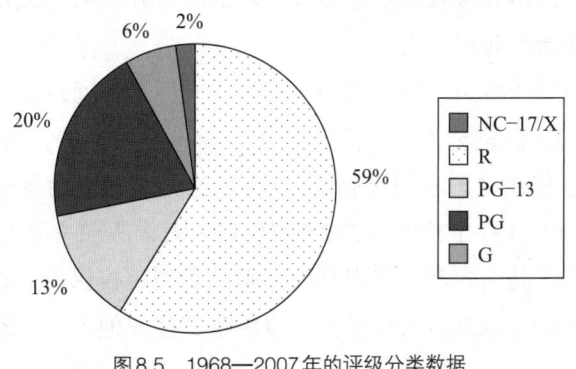

图8.5　1968—2007年的评级分类数据

> **时事速览** 在PG-13级电影中,有史以来票房最高的是《泰坦尼克号》,票房收入为6.78812美元;在R级电影中,票房最高的是《耶稣受难记》(*The Passion of the Christ*, 2004),票房收入为3.707亿美元。这让人不禁要问,为什么会有这么多的R级影片被制作出来。

2003年,电视行业提出了类似的一套自主标注电视暴力内容的标准,但批评者认为简单地贴标签并不足够。对此,国会在1996年颁布的《电信法》中增加了一项条款,要求在电视上安装V-chip系统,让电视观众可以屏蔽被分级制度评为含有色情或暴力成分的节目。政府管理和自我监管的结合备受关注,敦促行业推出分级制度。尽管评论家们希望在这个分级制度中,每个节目都会针对性、暴力和不雅用语等内容进行单独分级,但行业还是基于电影分级制度,建立了一个以年龄为划分标准的分级制度。

因此,该制度成为行业、国会与评论家们想要的折中方案。当前的电视分级制度确实对内容进行了区分(S表示性,V表示暴力,D表示对话)。但最终,对安装了V-chip系统的观众的调查显示,很少有人使用筛选过滤功能。[16] 反过来,人们也在努力建立音乐和音乐录影带中关于语言、暴力和性内容的分级制度。还有许多其他行业进行自我监管的例子,如美国广播业界协会制定了相关标准,对广播时段中包含的商业广告时间进行了规定。在下一章中,我们将探讨,在既定的道德标准和行为守则下,娱乐业为实现自我监管所做的额外努力。

知识产权和版权

未经同意或未经付款而使用作者或制作人的作品,是一种不受法律保护的行为。不管是已出版的著作还是未出版的著作、音乐和歌曲、电视节目和电影、静态图像、艺术作品和制图,都属于知识产权所涉及的内容。知识产权受专利法、版权法和商标法的管辖,以确保作者能从出售、租赁或发表自己的作品中获得经济利益。

专利可赋予发明者们长达17年的发明专有权,在此期间,他们可以向期望使用该发明的人索取专利使用费。通常,新发明才可以申请专利,如美国广播唱片公司的专利池,它主要用来收集广播和接收无线电声音所需的所有新发明。设置专利的目标是通过奖励来鼓励新技术和新产业的发明。

版权,即确定与授予特定表达形式的所有权,同样旨在通过保护创作者从该表达形式中获得的经济利益,促进艺术、科学和其他方面内容表达的发展。《美利坚合众国宪法》第一条第八款授权建立国家版权制度:"为促进科学和实用技艺的进步,对作家和发明家的著作和发明,在一定期限内给予专利权的保障。"许多娱乐形式,如书籍、电影、电子游戏和音乐,其内容都有知识产权,因此受到版权保护。制作人现在甚至对电视真人秀节目的模式设定也进行版权保护,然后将其授权他人。一家英国制片公司制作了《交换妻子》(*Wife Swap*)电视系列真人秀节目,并将其授权给美国广播公司。当福克斯娱乐集团制作了一部名为《交换配偶》(*Trading Spouse*)的真人秀节目时,由于该真人秀节目与《交换妻子》雷同,这家英国公司提起了诉讼,指控福克斯的这部作品是对英国真人秀节目的"公然和大规模的模仿"。

这些年来,版权法经历了修订扩展。现行法律规定,个人无须提交任何书面文件或提出任何声明就可以获得版权。任何创造性的作品在被创作出来后都自动享有版权。版权意味着保留所有权利。未经版权所有者明确许可,任何人不得使用或改编该作品。1998年,美国国会通过了《版权期间延长法案》,将所有媒体创作者的版权保护期延长至终身,再加上70年。在此期间,使用该作品必须获得版权所有者的许可,并且,如果要求支付费用或版税,则必须遵从;作品的原创者可以起诉未经许可便以商业方式模仿或改编其作品的人。

图8.6 法律严惩侵犯版权的行为

聚焦知名艺人所有权　　关于玛丽莲·梦露肖像权的法律纠纷

玛丽莲·梦露去世40多年后,她的照片从T恤到葡萄酒等各种商品,仍然被用于兜售(见图8.7)。2006年,关于谁将拥有她值钱的肖像权的纠纷牵涉两方当事人,引发了超过3000万美元费用的官司。提起诉讼的是安娜·斯特拉斯伯格(Anna Strasberg)(梦露前表演教练的遗孀)和她的商业合作伙伴(专业运营死者照片的销售商),以及4

图8.7

名摄影师的后代。这4名摄影师为梦露拍摄了照片,但他们授权费收入很少。本案的一个关键问题是,梦露去世时,她到底是纽约居民还是加利福尼亚居民。

斯特拉斯伯格女士是梦露知名权的主要持有者,可将梦露的照片用于商业上从而获得经济利益。她坚称梦露是加州人。这些拥有梦露照片版权的摄影师则恳请法院宣布梦露为纽约人。与受联邦法律保护的版权不同，肖像权属于州法律的产物。梦露在加州出生和长大，并在她去世的7年前搬到纽约学习表演。在遗嘱中，这位女星将自己80万美元遗产的大部分留给了斯特拉斯伯格女士，并留有一小部分给她的精神病医生。

1982年，斯特拉斯伯格女士开始推出梦露的肖像权授权业务，并聘请了洛杉矶律师罗杰·里奇曼（Roger Richman）来管理梦露照片的宣传权。在13年的时间里，里奇曼帮助斯特拉斯伯格净赚了750多万美元。

1996年，斯特拉斯伯格解雇了里奇曼，聘请了马克·罗斯勒（Mark Roesler）全权管理梦露照片的宣传权。罗斯勒是总部位于印第安纳波利斯的"CMG国际"公司的所有者。罗斯勒被称为"已故名人商业之王"，他还经营着第二大最有价值的已故明星品牌，即詹姆斯·迪恩（James Dean）。

斯特拉斯伯格在掌控梦露形象上面临的最大威胁是已故摄影师的子女，他们将梦露的照片授权给日历制造商、手袋制造商和一家高端酒庄。斯特拉斯伯格要提起诉讼，指控摄影师后代的一些交易将她排除在授权收入之外，这侵犯了梦露的肖像权。摄影师们反诉，称斯特拉斯伯格无权获得收益，因为梦露来自纽约，而在纽约，肖像权在人去世时即告失效。摄影师的后代们担心，如果制造商必须向两方版权所有者支付费用，他们就不会签订许可协议，那么艺人的形象就会日渐淡出公众视野。

摄影师家庭的律师试图证明，梦露与阿瑟·米勒（Arthur Miller）在曼哈顿的公寓是她去世时的住所，他们在1961年离婚前一直住在那里。但斯特拉斯伯格的律师提供了证据，证明梦露在加州的住所上写着"我的旅程在此结束"。在撰写本文时，法律审讯还未开始。

资料来源：2006年4月10日内森·科佩尔为《华尔街日报》所写的文章。

你怎么看？

- 艺人去世后，其肖像权也应该即告失效吗？
- 在这种情况下，联邦法律的法律效力应该凌驾于州法律之上吗？

在大多数情况下，如果你从别人的创作中获利，除非你事先征得了他的批准，否则这笔钱属于版权所有者。一旦版权到期，如果作者没有更新版权，那么该作品就会流入公共领域，这意味着它可以未经许可被使用。各国/各地区版权保护的内容不尽相同，因此一些在美国未来多年时间内仍受版权保护的作品在世界其他地方可能会不受保护。例如，在美国，玛格丽特·米切尔（Margaret Mitchell）的小说《飘》（Gone with the Wind）要到2031年才会进入公共领域，也就是它最初出版的95年之后；然而，在澳大利亚和其他地方，这本书在1999年，也就是作者去世50年之后，已经不受版权保护了；在一些欧洲国家，猫王（Elvis Presley）和披头士等20世纪50—60年代的艺术家创作的歌曲，其版权保护已接近限期，因此英国唱片业协会国际联盟（一个唱片公司的贸易组织），正敦促欧盟延长对这些歌曲的版权保护期限。

版权法的两项特殊规定同样适用于录播音乐和有线电视领域。虽然多数有线电视公司也会自制部分内容，但其利润主要来自汇集原创内容资源（包括其他制作公司、广播机构和节目分销商的作品）并向订阅用户的转售。由于有线电视公司引进和传输的内容数量极为庞大，要逐一获得所有版权方的许可几乎是不可能的。为了解决内容创作者的报酬问题，美国曾设立版权使用费仲裁委员会，有线电视公司需根据经营规模向其缴纳费用，而后这些资金会被分配给相应的制作方、分销商和广播机构。不过，国会于1993年废除了该委员会，此后有线电视版权问题便交由国会图书馆下属的几个不同仲裁小组负责处理。

词曲作者在向所有使用他们音乐的人收取版税方面面临着更大的挑战——他们不仅要向电影制作人、广播电台和电视台收取版税，还要向保龄球馆、超市和餐馆收取版税。音乐专利授权公司就是为了解决这一难题而创立的。其中最大的两家公司是美国作曲家、作家与出版商协会（ASCAP）和广播音乐公司（BMI）。这些公司根据用户的总收入收取费用，并将其分发给歌曲作者和艺术家。

新媒体的担忧

新媒体是这场激烈的知识产权争夺战的核心。许多新媒体娱乐形式的一些主要优点是，它们允许人们轻松且高质量地复制和发行。不幸的是，这些优点正是许多知识产权所有者所担心的问题。正如我们所见，许多作家、艺术家和其他拥有知识财产的人认为，当今发达的技术使得他人在没有给予知识产权所有者适当报酬的情况下，轻而易举地就可以复制他们的作品。特别是在计算机软件、电视节目和音乐等领域，有时真的很难证明是别人抄袭了你的创意。

从软件的角度来看，软件专利优于版权，因为专利可以防止他人开展逆向工程——即使用不同的基本组件或指令，制作出与发明者发明的物件功能相近，但又不完全一样的产品。相比之下，版权只保护底层计算机指令的复制以及屏幕显示和命令序列，即一般软件的"外观和感觉"的复制，如电子表格程序。直到1990年，计算机软件都被认为不可取得专利权，因为人们认为，计算机仅是执行了思维过程的产物——数学公式，而不是可取得专利权的设备。但如今，软件，甚至是基于互联网的商业实践，都可以申请专利。亚马逊网站在其"一键下单"购物方式上持有一项专利。在使用"一键下单"功能时，消费者无须重新输入信用卡信息即可返回网站添置其他商品并下单。普林斯莱恩（Priceline.com）在其"逆向拍卖"模式上持有一项专利，即买家设定商品价格，卖家出价，静待产品提供方决定是否接受该价格，并为消费者服务。

尽管专利和版权所有者对最近立法增加的保护感到高兴，但一些评论家认为，权益的天平已经过于偏向他们。除了延长版权有效期至所有者的终身并再加70年，1998年，《版权期间延长法案》（CTEA）还规定，如果互联网服务提供商故意运营违反版权规则的网站，则需要承担责任。迪士尼和时代华纳等公司非常积极地对使用它们版权作品的网站采取法律行动，然而，由于许多网站上的大部分内容都是用户生成的，互联网服务提供商质疑它们对用户活动所负的责任，并指出在监管和防止版权侵犯方面存在一定困难。

2000年1月，加利福尼亚高等法院裁定，发布DVD解密软件属于违法行为。被告辩称，他们没有侵犯版权，但法院还是判决他们败诉，因为他们在网上发布的"工具"可以让他人侵犯版权。科技作家吉尔摩（Gillmor）对这一判决讽刺地评论道："接下来让我们禁用汽车吧。你知道银行劫匪是用它们逃跑的吗？"[17] 同年，纽约的一家法院重申发布解密软件的禁令，该禁令补充称，即使是发布提供解密软件的网站链接也是侵犯版权的行为。

聚焦数字版权　　　　　　　　　　　　　　　**出版业要处理版权问题**

尽管出版业尚未出现类似纳普斯特（Napster）这种交换平台（一款可以在网络中下载自己想要的MP3文件的软件。同时它能够让自己的机器也成为一台服务器，为其他用户提供下载服务），但文字和影像的创作者仍需处理许多同样困扰着电影与音乐界的数字版权管理问题。在旧金山的Seybold 2004贸易展上，出版业专家在小组会议中讨论各种数字版权管理面临的挑战，首先就是大量增加防护数字商品的系统。

电子书的业界翘楚EReader（一款电子书阅读器名）使用自制的授权系统保护可下载的书籍，每本书都配有根据购买者信用卡号设计的加密金钥。该系统排除了公开交换授权金钥的可能，同时让购买者享有广泛的权利（见图8.8）。

"权利表达语言"（REL）是由国际标准化组织（ISO）发布的一项标准，它是很好的起点，能够给出版商提供一个传达其版权保护意图的通用框架。

知识共享（Creative Commons）是一个非营利组织，提倡对数字版权管理（DRM）采取"保留部分权利"的做法，支持类似的目标，但使用的技术不同。该非营利组织的做法是在每份文件中植入元数据，告诉消费者作者寻求的知识产权保护级别。这种做法有几个优点，包括能够呈现版权文档的多种视图——有冗长法律措辞的版本、机器可读版以及除去法律措辞的"普通人"版本。

图8.8

虽然文本发布商面临着某些与娱乐工作室相同的数字版权管理问题——消费者的接受度、可破解性与易用性之间的矛盾等，但同时这一行业也带来了一些独特的挑战。

例如，教育出版企业面临整条产品线被少数信息交换平台彻底消灭的困境。教科书出版商美国汤姆森学习出版集团（Thomson Learning）的全球知识产权团队经理卡莱恩·哈加（Carline Haga）表示，该集团最头痛的知识产权问题，是套装教科书内附给老师的测验题样本被非法复制。

哈加指出，一个被盗取的测试金钥可以导致整本书被废弃，造成每本畅销教科书高达2千万美元的损失。在点对点网络、易贝全球购和其他地方上，教师使用手册越来越频繁地出现。一旦发生这种情况，一本教科书的生机可能就被扼杀了。哈加说："现在的情况是，我们最大的顾虑不是要保护我们出售的商品，而是保护我们给予的赠品。"

资料来源：CNET新闻（CNETNews.com）特约撰稿人大卫·贝克（David Becker）于2004年8月18日发表的文章。

作为互联网上最早出现的主要音乐交流网站，纳帕斯达（Napster）违反了美国版权协会（CTFA）和《千禧年数字版权法》（Digital Millennium Copyright Act，简称DMCA）的规定。在辩护中，纳帕斯达引用了法律中豁免互联网服务提供商（ISP）的条款，声称它无法知道哪些音乐文件是盗版的。该公司还引用了1991年的《家用录音法》（Audio Home Recording Act），该法案规定，消费者有相互借用版权作品的非商业性复制权。但唱片业辩称，大多数纳帕斯达用户对他们"分享"的录音并不拥有所有权，而广泛的交换正在破坏受版权保护的录音唱片市场。同时唱片业补充称，《家庭录音法》只保护复制的硬件设备（如磁带录音机），而不保护复制的软件，如互联网交换程序，甚至是个人数字录像机。由于指控其助长盗版气焰的诉讼，纳帕斯达被迫倒闭退出市场，但随即又出现了其他提供类似服务的网站和程序。纳帕斯达在2003年以付费下载音乐的网站的身份重新崛起，2005年摇身一变成为音乐租借网站。

> **时事速览** 截至2005年，唱片业艺术家协会（Recording Industry Artists Association）已经将4000多个音乐交换者告上法庭，使数字音乐复制的刑事定罪变得更加清晰和有效。[18]

我要我的MP3：复制与盗版行为

20世纪70年代，人们不再购买唱片和磁带，而是开始将共享唱片或现场音乐会中的音乐复制到物美价廉的空白磁带上。广播电台甚至经常宣布它们何时会连续播放唱片，这样录制人员就可以把收音机的声音录下来。像纳帕斯达这样的音乐网站和MP3等，都能让听众从网上发布、查找、收听和下载音乐，彻底地改变了音乐复制的方式。

229 当然，如果人们都不购买而只是复制音乐，唱片业和艺术家就会失去潜在收入。有些人认为，互联网上的音乐分享实际上增加了他们合法购买音乐的数量，因为借此机会他们得以更加了解不同的新音乐。但据美国唱片业估算，由于非法录制音乐，唱片业每年都要损失15亿美元，相当于其销售额的五分之一。

该行业已经采取了几项措施，以努力弥补这样的损失。首先，在1992年，美国国会通过了一项"录音税"——对空白磁带的销售收取1%的费用，并将其转交给词曲作者、音乐出版商和其他因私人录音而失去版税收入的人。这项税收政策后来扩大到购买空白CD上。如上所述，唱片业还进行了漫长的法律斗争，以关闭非法录音的业务，其中还包括关闭为在线录音提供便利的互联网网站。四大唱片公司最终与iTunes等在线音乐发行商签订授权许可协议；然而，关于防止非法音乐共享和下载的最佳方式的讨论仍在激烈地进行。

在国际社会上，盗版问题更为严重。信息软件和娱乐产品是美国向世界其他地区出口的主要产品之一。在出口的过程中，尤其难以确保有没有人在不支付使用费用的情况下复制这些产品。一些国家会允许采取在美国认为是非法行为的做法。

由于除美国以外，许多国家保护知识产权海外销售所获得的收入中都有自己的一部分，因此国际谈判近年来取得了较大的进展。世界贸易组织和诸如世界知识产权组织（WIPO）等更专业的组织都在努力争取国际标准和协议的认可。世界知识产权组织的两项新协议将版权保护扩展到数字格式的内容上，特别是扩展到互联网和音乐与电影的数字存储方面。一些美国决策者却担心这两项协议具有限制性，会危及美国法律所规定的合理使用保护条例。

230 合理使用

有些情况被认为是合理使用的。该情况下，可以未经许可或付费就使用素材。合理使用的情况分为以下几种：①仅限于非商业用途，如影印小说中的一段文字供课堂使用；②仅使用作品中的部分内容，如从书中摘录几行，或是一两段内容，用于杂志文章的刊登；③使用该作品但不降低原作的商业价值，如为私人居家夜间观看球赛而录制的白天足球比赛的录像；④用于公共利益，如作者使用影片中重要片段的场景线路图。

直到最近，人们还认为戏仿行为不属于合理使用免责条款中的内容，但最高法院直到1994年才真正对此做出裁决。在一项一致通过的裁决中，最高法院裁定，说唱组合2 Live Crew在1989年发布的歌曲《漂亮女人》（*Pretty Woman*）没有侵犯美国版权，因为尽管歌曲模仿了罗伊·奥比森（Roy Orbison）1964年振奋人心的圣歌《哦，漂亮女人》（*Oh, Pretty Woman*），但《漂亮女人》这首歌本身更具有颠覆性和讽刺意味。这个说唱组合曾请求允许使用这首歌的第一句歌词来进行恶搞，但版权所有者后颈玫瑰音乐公司（Acuff-Rose）拒绝了他们的请求。而当2 Live Crew无论如何也要继续使用这句歌词，并创造了一首极受欢迎和有可观收益的热门歌曲时，后颈玫瑰音乐公司向联邦法院起诉该说唱组合侵犯了版权。最终，最高法院站在了2 Live Crew组合一边，认为他们的戏仿行为属于版权保护中合理使用免责条款中的内容（请参阅《聚焦合理使用》），然而，这一免责条款的使用范围尚不清楚。对于侵犯版权的索赔则视个案具体情况而定。无论模仿者或其他任何人是否受到版权法的保护，他们皆应遵守有关合理使用的一般规则。例如，如果某一戏仿行为可能会损害原创作品的市场，则原作者能够向模仿者索取损害赔偿金。

聚焦合理使用 　　嘻哈音乐团体2 Live Crew《漂亮女人》戏仿案

1989年，当2 Live Crew决定以罗伊·奥比森（Roy Orbison）1964年的经典歌曲《哦，漂亮女人》为蓝本，创作自己的热门歌曲《漂亮女人》时，他们辩称，自己歌曲的版本意在恶搞，而这种语言形式在传统上应被视为合理使用并受到保护。

在致版权方后颈玫瑰音乐公司（Acuff-Rose Music）的公函中，该团体明确表示创作意图是"通过滑稽歌词讽刺原作品"——他们将奥比森笔下优雅的"漂亮

图8.9 《漂亮女人》版权诉讼案2 Live Crew胜诉

女人"解构为"体毛浓密的女人""秃头女人"和"脚踏两条船的女人"，这种充满性暗示与性别争议的改编随即引发法律纠纷。尽管2 Live Crew在专辑《清心寡欲》（*Clean as They Wanna Be*）中标注了原作曲者奥比森与威廉·迪斯（William Dees）的署名，后颈玫瑰音乐公司仍指控其作品本质是"商业剽窃"，认为说唱团体通过消费经典作品牟利。而2 Live Crew的律师团队则坚称，《漂亮女人》符合"戏仿作品"的法律定义，应受合理使用原则保护。

纳什维尔联邦地区法院最初判决2 Live Crew胜诉，但这一裁决随后被美国上诉法院推翻，这个消息引起了创意界的广泛关注。上诉法院认定，说唱团体"攫取原创歌曲的核心内容，并使之成为自己新作的核心"的做法是过度使用原创内容。法院进一步裁定，《漂亮女人》不能受到版权法合理使用原则的保护，因为乐队的翻唱版本具有"赤裸裸的商业目的"。

但最高法院一致否决了上诉法院的裁决。法官戴维·苏特（David Souter）在写给法院的信中表示，该歌曲的说唱版可以理解为"对早期原作的天真进行的评论，是对其

忽视的街头生活及其所象征的堕落情感的拒绝"。法院指出，戏仿的"艺术在于已知的原创歌曲和其仿作之间形成的张力"，并裁定，改编或改造原创歌曲的作品是"合理使用原则在版权限制范围内保证有喘息空间的核心"。苏特表示，2 Live Crew 的戏仿值得称赞，因为其"揭示了早期……并创造了一个新的作品"。

在音乐艺术家的音乐样本与计算机合成图像和视频已司空见惯的时代，《漂亮女人》一案引起了娱乐界的广泛关注，同时引发了许多不同意见。从《疯狂》(*Mad Magazine*)杂志的作者到政治幽默作家马克·罗素（Mark Russell）等讽刺作家，他们都提交了支持上诉法院的辩护状，许多词曲作者和作曲家则提交了支持乐坛的辩护状。对于许多艺术家而言，这则是一个艰难的抉择。一方面，艺术家们不希望其他人能够不合理地从他们艰辛的劳动成果中获利；另一方面，大多数艺术家不希望自己在利用现有作品作为创作灵感方面受到限制。

资料来源：www.bc.edu.bc_org/avp.cas/comm/free_speech/ campbell.html。

你怎么看？
- 在使用或节录现有作品时，应设定何种合理使用的许可和限制？
- 你能想到可用于区分这些差别的具体标准吗？

随着技术和社会的发展变化，决策者必须运用法律和政策手段来保护知识产权。评论家也警告说，版权的存在是为了鼓励艺术、科学和表达的流动，它给予创作者们经济利益，不是为了使那些创作者变得富裕，而是为了确保有足够的激励机制来保持内容的流动性。版权专家希瓦·韦迪雅那桑（Siva Vaidhyanathan）认为："重要的是要一直记住，版权是对言论自由的一种限制。因此，我们在处理版权问题时必须小心谨慎，因为它可能会对公众话语和创造力产生严重影响。"[20]

准作家和艺术家们则认为，知识产权的规则变得过于严格苛刻，限制了艺术和创作自由。此外，正如我们所见，许多新的娱乐形式都包含了之前的娱乐元素。以前的故事被翻新使用，只是更新了人物角色和增设了新的转折点。新歌也可能会引用老歌的一些旋律或歌词。现在的问题是，这种改编作品与原作内容达到何种相似度时，个人必须得到原作者的许可并向其支付使用费用？随着互联网上内容的激增，除了很难确定何时需要获得许可，也很难追踪到作品的出处并向原作者申请使用许可。

令人担心的是，如果许可和费用要求设定得过于严格，可能会扼杀行业的创造力，特别是会扼杀行业新人的创造力，因为这些新人缺乏大型知名娱乐制片公司在版权费用和法律费用支付方面的资金支持。

这些担忧促使一批法律专家和行业管理人员试图开发一种制度，使个人能够保护自己对创意作品的所有权，以及享有允许他人在自己同意的情况下，合法分享和发展这些作品的权利。由此，非营利组织"知识共享"[Creative Commons（CC）]成立，并发布了几个版权协议，这些协议被称为知识共享版权协议（Creative Commons Licenses）。

这些版权协议的内容取决于所选的版权协议，并仅限制作品的某些权利（不限制）。知识共享版权协议使版权所有者能够将其部分或全部权利授予公众，同时通过各种许可协议和合同方案（对公共领域的奉献或开放内容许可条款）保留其他权利。其目的是避免现行版权法对信息共享造成不良影响。知识共享定义了完全版权（c，保留所有权利）、知识共享版权协议（cc，保留部分权利）和公共领域（pd，不保留任何权利）的可能性范围（见图8.10）。

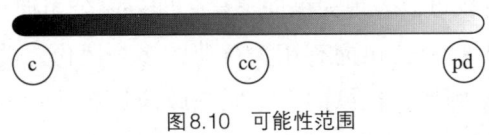

图8.10　可能性范围

当看到"cc"符号时，你可以查找版权协议类型，以了解所有者对作品施予的使用和限制规则。你可以在互联网上找到的越来越多的娱乐内容，如聚友网（MySpace）上的音乐和优兔网上的视频，都受这些版权协议的保护。虽然这样的版权协议并不能完全解决知识产权与创作自由之间的矛盾，但它的出现确实给人们带来了一些慰藉。在未来的几年里，这场辩论可能仍将持续。这场辩论很可能在今后几年的时间里仍然是公众重点关注的内容。

所有权问题和商业纠纷

管理商业行为的法律和政策很多且内容多样，在这里难以逐一说清。这里说的商业行为指的不仅是媒体行业的商业行为，还包括在更广泛的，如体育、游戏和酒店等娱乐行业的商业行为。不过，我们可以回顾一些与所有行业相关的要点，以及一些具体法律问题的协商案例。

所有权集中

在第六章中，我们讨论了经济和技术力量，这些力量鼓励娱乐企业之间相互合并形成寡头垄断，使得所有权集中在少数大公司手中。政府机构会审查所有的并购提议，而企业必须让监管机构相信，通过此类交易获得的利益不会以牺牲股东和消费者利益为代价。我们已回顾促使公司合并的各种因素。当所有业务都是由公司内部运作的而非外派给不同人员负责时，企业就能获得更大的掌控权，而且企业承担的风险也会因为分散在更大范围的企业控股中而降低。企业高管们认为，这种集中化所带来的大体量和高效率，使他们能够将成本保持在较低水平，并将节省下来的成本转交给股东和消费者。

同时，我们也注意到政府的担忧：如果所有权变得过于集中，可能会过度地限制竞争,不利于激励企业制定公平的市场价格。这场争论已超出了娱乐业的范畴,几乎扩展到从农业到汽车行业这些每一个可以想到的行业。由于公众在是合并还是竞争更有利于社会利益的问题上摇摆不定,美国的工业已经面临一波又一波加紧监管和放松管制的浪潮。在媒体行业中,这场争论进行得热火朝天。正如我们所看到的,对自由和多样化媒体的需求最初导致了政府对媒体集中所有权特别严格的限制。但是,随着科技的进步,新媒体几乎无限量地增长,使得其中许多限制即使没有取消,也大大放宽了。

纵向/横向整合的监管

如前所述,集中所有权可以表现为纵向整合,即一家公司拥有单一行业的几乎所有方面;或者横向整合,即一家公司拥有相关行业的多个股份。政府对纵向和横向媒体所有权都有具体的限制。例如,在纵向上,联邦政府颁布《财务收益与辛迪加规则》(Fin-Syn),禁止主要广播电视网络公司制作或拥有其大部分节目。其目的是确保多家制作公司相互竞争,从而增加内容的多样性。然而,这些广播电视网络公司抱怨,特别是在有线电视竞争加剧的情况下,财务收益和联合规则会过度削弱它们。于是,政府颁布的规则在1991年放宽了限制。但其结果是,现在大部分的节目都是由同一集团旗下的网络公司和工作室在内部制作,制作人的多样性减少了,许多独立制片公司也因此被迫关闭或合并。

同样,为了促进多样化,最好是促进本地所有权和内容的多样化,美国之前的政策也限制了横向整合的所有权。例如,首先将一家公司可以拥有的广播电台或电视台的最大数量设定为7个,然后扩大到12个。1996年通过的《电信法》取消了这一限制,将美国电视网络公司自有电视台所能覆盖家庭的比例从25%提高到了35%,并规定有线电视系统所有者所能覆盖的家庭比例上限为30%。对此,媒体所有者甚至质疑这些限制侵犯了他们的言论自由。2001年,联邦通信委员会解除了对一家公司需要拥有广播电视网的数量的限制。国家对电台所有权没有限制,地方对电台所有权的限制则随着市场规模的增大而增加。2002年,联邦通信委员会考虑取消更多限制,但是数以百万计的公众强烈反对所有权集中,这导致国会禁止联邦通信委员会将所有权限制提高到全国电视市场的39%以上。

1996年的法案还解除了对电话所有权的管制,允许有线电视和电话服务这样的新组合的出现。2002年,美国电话电报公司和康卡斯特(Comcast)公司(美国最大的有线系统公司)利用这一放松管制机会,对所有权限制进行了更多的法庭上诉,从而成功合并,并大幅扩大由单一有线电视运营商覆盖的市场。2004年,联邦通信委员会降低了对电话电报公司等现有供应商的要求,以方便竞争对手使用其基础设施。

传统意义上,美国监管机构之所以还禁止一家公司拥有多种媒体,如广播、电视、报纸、有线电视和电话系统,仍然是因为担心对跨平台进行过度管控会限制思想的多样性。但1996年的《电信法》取消了跨平台所有权的诸多障碍，而且2002年联邦法院废除了禁止有线电视台和电视台之间所有权交叉共有的规定。这些行动表明允许整合娱乐平台，由此，如电影制片厂、广播网络、有线电视提供商和有线电视台等得以整合。因此，迪士尼/美国广播公司、福克斯和时代华纳等几家大公司，现在主导着电影和电视制作、电影发行、网络和有线电视发行与联合的业务（见第六章）。

同样，电信业的横向一体化程度也有所提高，如在无线电领域，美国清晰频道通信公司（Clear Channel）拥有超过1200家无线电台，其中包括许多小型和大型本地市场的大部分电台。这种一体化整合的程度已使一些评论家呼吁重新评估政府政策。此外，由于在某种程度上，放松管制和缺乏政府监管都被认为是引发最近房地产业、银行业与其他行业的丑闻及危险滑坡的罪魁祸首，因此，我们可能会看到政府对所有行业，包括媒体业和娱乐业，再次加强监管力度的趋势。

纠纷与谈判

正如我们所见，没有一个娱乐产业是孤立存在的，它们彼此之间相互依存，就像它们依赖政府、消费者和所服务的社区而存在一样。电视和广播等媒体依靠娱乐人才来制作所播放的节目、音乐，包装富有魅力的艺人和名人。专业的体育组织依靠电视和广播向世界各地的观众转播它们的赛事资讯。这些体育赛事现场、主题公园、赌场和其他旅游景点都依赖航空公司、旅馆和餐馆来为它们的客人提供交通、住宿和餐饮等服务。考虑到这些机构通常都存在错综复杂的关系，它们经常发生冲突也就不足为奇了。本节将探讨一些法律纠纷和签订协议的例子，这些纠纷在不同的娱乐行业内部和行业之间发生，而协议的达成就是为了解决这些纠纷。

行业内部：劳资纠纷

出现在各行各业中的许多劳资纠纷都是因管理层与员工或合同工之间的冲突而产生的。在许多行业中，工人们联合起来组成了工会，以实现在工资、工时和工作条件等关键领域的共同目标。这些工会会选出领导人，并让他们代表工会成员与雇主谈判，并与雇主协商劳动合同的内容。这可能包括工资、工作守则、投诉程序、雇佣、解雇和工人晋升的规则、福利、工作场所安全和政策保障等方面的谈判。工会领导人通过谈判达成的协议对普通工会成员和雇主具有约束力，并在某些情况下，对其他非工会成员的工人也具有约束力。工会可以追溯到中世纪欧洲的行会。中世纪行会的出现是为了保护它们成员的生计并提高生活质量，而它们的做法是掌控好工匠技艺的指导和培训，以及成员从学徒晋升到工匠、技工，最终成为师傅和大师的过程。[21] 现代工会在18世纪工业社会快速扩张的过程中首先得到了发展，因为那时候，妇女、儿童、农民工和移民群体都被吸引到劳动力大军中，扮演着新的角色。

在大多数国家，工会多年来都是一个非法的存在，因为公众担心工会会助长雇主和雇员操纵工资或价格相关的计划，从而限制了公平的市场竞争。但如今，大多数民主社会都承认了建立工会的权利，《世界人权宣言》(Universal Declaration of Human Rights, UDHR)第二十三条第四款的内容也倡导这一权利，该宣言第二十条第二款中还规定，"不得强迫任何个人加入协会"。禁止个人加入或组建工会，以及无论是政府还是企业强迫个人加入或组建工会（如"关掉店铺"或"工会商铺"，见下文），通常都被视为侵犯人权的行为。雇主试图阻止员工加入工会的行为属于打击工会的行为。如果雇主基于工会成员身份歧视员工，工会也可以提出指控。全国劳工联盟（National Labor Union, NLU）是美国第一个全国劳工联盟。它成立于1866年，于1872年解散，为劳工骑士团（Knights of Labor）和美国劳工联合会（American Federation of Labor）等组织的成立铺平了道路。尽管不要求美国工人成立或参加工会，但许多娱乐行业的从业者已组建起可以说是美国非常强大的工会之一。

工会通过罢工和停工来获得谈判的力量，这些可以有效关闭行业生产；工会也可以推动有利于工会成员或者全体职工权益的立法。为此，工会可以开展竞选活动，进行游说工作，或者为个人候选人或政党担任公职提供财政支持。最近有许多娱乐行业的劳资纠纷实例，已导致工会罢工或采取其他行动。

在职业体育运动中，运动员罢工的例子也很多。值得注意的是，在棒球历史上已有8次罢工的斗争，最近的一次是在1994年，导致了931场到948场的比赛被取消，其中包括整个1994年的季后赛和世界职业棒球大赛。2004年9月16日，美国国家冰球联盟球员协会（National Hockey League Players Association, NHLPA）未能接受薪资协议，导致全体球员罢工，而原本应该举办的美国国家冰球联盟（National Hockey League, NHL）第88个赛季也被迫取消。这是自1919年以来斯坦利杯首次无法加冕，也是北美大型职业体育联盟第一次因为劳资纠纷而取消整个赛季的比赛。

 聚焦美国国家冰球联盟   **未举办的第88个赛季**

在大多数职业体育劳资纠纷中，首要问题是球员的薪资。在最近一次的冰球停摆事件中，由总裁加里·贝特曼（Gary Bettman）领导的美国国家冰球联盟试图说服球员接受一种将球员工资与联盟收入挂钩的薪资结构，以保证俱乐部拥有联盟所称的成本确定性。美国国家冰球联盟在委托美国证券交易委员会前主席阿瑟·莱维特（Arthur Levitt）编写的一份报告中称，在2004年5月以前，国家冰球联盟的俱乐部会将总收入的76%花在球员的工资上，这一金额远高于其他北美体育项目，而在2002年第三个赛季期间，它损失了共计2.73亿美元。尽管国家冰球联盟的数据有一定的争议性，但不可否认的是，一些特许经营球队正在亏损，因为有几支队伍已经宣布破产。其他特许经营球队也曾对专属球员进行"大甩卖"，如华盛顿首都队。该联盟在美国的电视转播收入不高，因此，在收入方面，国家冰球联盟比其他联盟更依赖观众收入（见图8.11）。[22]

图8.11

为了弥补这些损失，联盟向全国冰球联盟球员协会提出实现成本确定性的6个概念。人们认为，这些概念从严格或僵化的工资上限制度［类似于在国家橄榄球联盟（National Football League）中使用的制度］到集体工资协商制度［类似于在美国职业足球大联盟（Major League）中使用的制度］都有所涉及。大多数体育评论员都认为贝特曼的计划是合理的，但另一些批评人士指出，只有硬性的工资上限而没有任何收入分成，还试图获得大市场球队的支持，如多伦多枫叶队（Toronto）、底特律红翼队（Detroit）、纽约游骑兵队（New York Rangers）、达拉斯星队（Dallas）以及费城飞人队（Philadelphia）。这些球队在1994年第五个赛季的早期停摆中不支持贝特曼。

由执行董事鲍勃·古德诺（Bob Goodenow）领导的全国冰球联盟球员协会对冰球联盟的财务声明提出了疑问。根据协会的说法，"成本确定性"只不过是一个工资上限，而冰球联盟曾发誓绝不接受该上限。全国冰球联盟球员协会倾向于保留现有的"市场"体制，在该体制中，球员可以单独与球队协商合同内容，而球队可以完全掌控在球员身上的花费。但在这场纠纷中，球员们输了，最终不得不接受一份包含工资上限在内的谈判协议。分析人士认为，球员们可能是被迫让步的，因为冰球联盟在公关战上的投入比全国冰球联盟球员协会大得多，导致公众在该纠纷上形成了大量的一边倒情绪。同样损害全国冰球联盟球员协会的另一个事实是，协会的球员有着非常明显的高薪，这消除了许多中低阶层球迷对其球员的同情。其他批评家则想知道，由于纠纷和整个赛季的取消影响到美国本已相对较少的冰球观众的支持，双方最终是否损失了更多的钱，得不偿失。

资料来源：安德鲁·波德尼克斯（Podnieks Andrew），《失落的赛季》，安大略省博尔顿：芬恩出版社，2005年。

你怎么看?
- 体育迷如何看待诸如此类的纠纷?

薪资纠纷在旅游业和酒店业也很常见。由于酒店老板削减工资与福利，本文撰写之时，国会酒店（Congress Hotel）的工会工人自2003年6月以来已经连续罢工五年——

可以说是全国罢工时间最长的一次。工会指控，在罢工期间，芝加哥女管家的平均工资已升至每小时13.90美元，而国会酒店的时薪仅为每小时8.83美元。尽管罢工已导致一些团体和会议转移活动地点或取消活动，但酒店仍坚决拒绝与工会工人谈判。2007年，拉斯维加斯的酒店设法避免了一万多名负责食品、饮料和客房服务的员工的罢工。

娱乐各行业之间是相互交织紧密联系的，因此由一个行业的罢工所带来的影响会波及其他几个行业。例如，职业运动员罢工时，通常转播比赛的电视网络和广播电台会受到影响。它们必定会争先恐后，抢着为节目付费，以弥补因赛事取消而产生的开放时段；同时，它们还可能会失去广告商的收入，因为广告商本来会为赛事广告投放支付更高的溢价。同样，如果某个旅游景点的酒店或交通运营因工人罢工而关闭，那么，主题公园、赌场、餐馆和其他依赖游客光顾的景点也会受到影响。在某些情况下，此类罢工的影响可能不仅限于这些行业。

图8.12　编剧协会摆放在环球影城前的罢工标志

1997年，克林顿总统援引一项有70年历史却罕有人行使的法律授予的紧急状况权力，来阻止美国航空公司飞行员发起的罢工。飞行员和公司就工资与工作条件进行了激烈的谈判，但很明显，双方仍存在很大分歧，而飞行员不得已要罢工。白宫消息人士称，总统起初不愿干预劳资纠纷问题，但在交通运输部官员向他汇报了停工将对美国经济造成的损害后，总统只得介入其中。当总统获悉此次罢工将使美国经济每天损失约2亿美元，并使美国航空公司每天20万名乘客中的五分之一滞留在机场时，他签署了行政命令。[23]

我们已经目睹了新技术是如何成为许多法律纠纷背后的推动力的，而于劳资纠纷而言，新技术也起到了驱动的作用。在许多情况下，工人们开始担心自动化的发展将威胁到他们的工作。但最近美国编剧协会大罢工与电影电视制作人联盟之间的纠纷，更直接地呼应了我们在本章中看到的许多主题。

每隔三年，编剧协会就会为其成员与电影电视制作人联盟协商一份新的基本合同。这份合同被称为《美国编剧协会电影及电视基本协议》（Minimum Basic Agreement，MBA，以下简称《基本协议》）。

2007年，双方的谈判陷入僵局。有几个关键的争议性问题，涉及DVD复播追加酬金、工会对动画和现实节目编剧的管辖权以及"新媒体"（为互联网等新兴数字技术撰写或发行的内容）报酬等内容。

在之前关于复播追加酬金的协议中，协会接受了一个结算方式，即在售出的前100万张磁带中，作者将从每盘售出磁带的上报总收入中获得一小部分（0.3%，之后是0.36%）的收益作为追加酬金。随着录像带制造成本的大幅下降，家庭录像市场又爆炸式增长，编剧们开始觉得他们被这桩交易欺骗了。因此编剧协会要求将DVD销售的追加酬金计算比例翻倍，即需要给作者每盘售出磁带收入的0.6%作为追加酬金。

多年来，美国编剧协会（The Writers Cuild of America）（也被译为美国编剧工会）与电影电视制作人联盟就《基本协议》是否需要以及该如何将其应用于真人秀和动画等电视及电影节目中的问题一直未达成一致意见，且一直存在许多争议。像《真实的人们》(Real People) 和《难以置信》(That's Incredible) 这些在20世纪80年代可被认为是"真人秀"的节目已经涵盖在《基本协议》中，而最近制作的真人秀节目，如《幸存者》(Survivor) 和《全美超模大赛》则没有被纳入。真人秀节目的制作人会争辩说，这些节目大多（如果不是完全）没有剧本，因此没有编剧。编剧协会反驳说，创造有趣的场景，挑选原素材，并将其塑造成一个具有冲突和情节的故事的过程就构成了写作，因此这应该属于该协议规定的范围。2006年的夏天，美国西部编剧协会试图吸纳《全美超模大赛》的员工，这些员工也投票表决加入该组织，但后来他们被解雇了，并且在没有他们这个团队的前提下，节目仍在进行。[24]

动画电影和电视节目也一直是争论激烈的领域。大多数动画电影和电视作品还无须遵循编剧协会的《基本协议》。大多数动画影片都是在另一个工会联盟的管辖下创作的，这个工会联盟就是国际戏剧雇员联盟839分会（International Alliance of Theatrical Stage Employees, Local 839），也被称为"动画协会"。国际戏剧雇员联盟839分会的管辖权源于迪士尼公司的传统，即通过分镜艺术家编写和绘制的故事板来创作动画影片。近年来，大多数电影公司已经开始雇用编剧来撰写剧本，然后将其编成故事板。美国东西部编剧协会的统计数据显示，2005年所有的动画电影的剧本都是由至少一名编剧协会成员编写的。[25] 最近，一些动画电影，如《贝奥武夫》(Beowulf)，是根据编剧协会的协议编写的。唯一受罢工影响而编制的电视动画片就只有福克斯的《辛普森一家》、《恶搞之家》(Family Guy)、《一家之主》(King of the Hill) 和《美国老爹》(American Dad)。编剧协会和国际戏剧雇员联盟839分会对于哪个工会联盟应该代表动画作者的问题一直存在分歧。

严重的合同纠纷内容之一是"新媒体"的追加酬金问题，或对互联网下载、网络电视、流媒体、智能手机程序、直接上网内容和其他在线"点播"内容的分销方式，以及有线电视和卫星电视视频点播等输出信道的报酬问题。在之前的合同中，作者没有与公司就在线内容使用问题达成任何协议，因此，编剧们也不会从网络内容发行中获得任何追加报酬。编剧协会要求对两种互联网分销模式进行赔偿。第一种模式是电子销售（也被称为"网络销售"或"数字销售")模式。

通过电子销售，消费者可以购买节目的副本并下载，有空闲的时候便可以观看。例如，通过iTunes商店和亚马逊Unbox渠道购买电影与电视节目。第二种模式是流媒体视频模式——视频节目被传输到计算机上，消费者可以实时收看节目，但这些节目通常不会被下载保存下来。目前应用该模式的例子包括由广告支持的免费向观众播放的电视节目，如nbc.com、abc.com、fox.com、cbs.com、thedailyshow.com和hulu.com等网站提供的节目。大多数编剧协会的编剧认为，互联网内容发行是导致罢工的核心问题，因为他们相信，新媒体将最终取代家庭视频市场中的DVD和广电市场中的电视，成为主要的分发手段。[26] 但电影电视制作人联盟认为，新媒体仍然是一个未经证实和未经测试的市场，还需要许多时间研究。

> **时事速览** 据美国国家公共电台（NPR）报道，2007年的编剧罢工活动给洛杉矶经济造成了约15亿美元的损失。加州大学洛杉矶分校安德森管理学院的一份报告显示，这一损失为3.8亿美元，而经济学家杰克·凯瑟（Jack Kyser）认为，该损失为20亿美元。[27]

通常所说的"编剧罢工"在整个好莱坞娱乐业掀起了惊涛骇浪。在罢工的第一周，电影电视制作人联盟的成员公司解雇了编剧助理、制作助理和其他负责已停产的节目的低级职员。除了《十月之路》(*October Road*)，2007年12月19日那周，其他所有已撰写完毕的好莱坞影视节目剧本都被取消了。[28] 好莱坞记者妮基·芬克（Nikki Finke）报道说："首席执行官们决定不仅要停播本电视季剩下的节目，包括已撰写好的这一季后9集剧本，而且要取消试播季以及2008/2009的档期。实际上，电视真人秀的网络订单正源源不断地涌向代理商。"[29] 由于黄金时段的收视率大幅下滑，四大网络公司——哥伦比亚广播公司、美国广播公司、美国全国广播公司以及福克斯娱乐集团——面临着严重的广告缺口。编剧协会最终在2008年初与电影电视制作人联盟和各行业公司达成协议。新协议为通过DVD和互联网或免费流媒体出售作品的编剧确定了版税的金额比例。该合同已获批准，但未就真人秀和动画片的管辖权归属作出决议，这仍是一个正在谈判的问题。

产业之间：问题重重

鉴于许多娱乐产业相互依存，产业之间经常出现纠纷，这也就不足为奇了。想想一直以来广播电台与广告商以及唱片业之间的关系吧。广播电台依靠唱片业源源不断地播放新素材，并依靠广告商获得收入，而唱片制造商和广告商依靠广播电台向潜在消费者展示它们的产品。尽管这些行业多年来关系密切，但它们经常在一些问题上发生冲突。

现在，新媒体再一次成为新出现的争端的核心，而这次是在网络广播上出现纠纷。

网络广播有两种基本模式：无线同步广播，即空中广播在互联网上同时播放；网络广播，只能通过互联网访问。据BRS媒体统计，2001年大约有5000家传统广播公司和500家仅靠互联网播放的广播公司播放新闻、体育节目以及一些可以想象到的最折中的音乐节目。但是到了2001年底，传统的无线同步广播公司几乎从网络上消失。许多业内最大的广播公司已勒令其电台停止直播。有几个因素导致了业界放弃此类公司。首先，美国唱片业协会（Recording Industry Association of America, RIAA）提出了一项法案，要求电台就从流媒体中获得的收益向艺术家支付版税。新增的法庭诉讼也预示着还存在其他费用的支出。除了这些费用，全国各地的广播电台已经与欧洲戏剧作者和作曲家协会（Society of European Stage Authors and Composers, SESAC）、广播音乐公司和美国作曲家、作词家及音乐出版商协会（American Society of Composers, Authors, and Publishers, ASCAP）就同一音乐的传统广播签订了支付许可协议。

除了这些费用，美国电视与广播艺术家联合会（The American Federation of Television and Radio Artists, AFTRA）还提请注意2000年10月签订的《录制广告合同》（Recorded Commercials Contract）中一项鲜为人知的条款，该条款要求，如果最初为广播录制的节目后面被应用于互联网上，则广告商必须支付工会艺术家正常出场费用的300%的费用。因此，广告商并没有因为通过互联网流媒体接触观众带来的额外红利而欢欣鼓舞，而是开始抗议，并威胁要把增加的费用转嫁给广播电台。美国清晰频道通信公司，艾米斯传播公司和其他广播公司开始在全国范围内停止电台直播，因为它们担心未来的法院裁决可能会涉及向美国电视与广播艺术家联合会成员支付追溯费。

到了21世纪初，技术的发展已经使电台可以屏蔽互联网上的广告，广告商也可以通过谈判达成新的合同。因此，电台再次开启了直播业务。但很快，电台又面临另一场法律纠纷，同样是关于版税的问题，不过这次是关于音乐本身的版税问题，而非广告。地面电台和互联网或数字广播公司都负责支付版税，而版税由演出权利组织（美国作曲家作词家及音乐出版商协会、广播音乐公司、欧洲戏剧作者和作曲家协会）代表录制作品的作曲家收取。2007年，美国版税委员会（United States Copyright Royalty Board）提议提高支付给互联网上录制作品的表演者的版税。有人担心，这一追溯到2006年的决定可能会破坏许多电台的商业模式。

2007年3月发布的一份报告显示，根据新提议的费率，预计到2008年，互联网电台业主的年费将达到23亿美元。这一数字是地面广播电台的4倍多。1998年出台的《数字千年版权法案》（Digital Millennium Copyright Act）规定，地面广播电台可以免除对互联网广播服务业或者网络电台征收的额外版税。[30] 许多录制作品的表演者都已经表达了他们对版税委员会提高费率的反对，他们担心提高费率会使网络广播公司破产，而正是这些广播公司给予了他们宝贵的曝光机会。

政府之间：规范印第安博彩业

有关政府对不同娱乐业在经营和监管上的管辖权也出现了纠纷。例如，我们已经看到，不同的社区标准可以促使地方政府争取并赢得监管和规范不雅与淫秽内容的权力，从而得以凌驾于州和联邦当局的管辖权之上。但在当今这个相互联系的全球化世界中，很少有娱乐形式只存在于明确限定的边界之内，因此，政府经常在谁有权监管各行业的问题上发生冲突。其中，美洲原住民部落的博彩业务的监管问题一直是争论特别激烈的内容。

赌博一直是美国印第安人文化和传统的重要组成部分。西北的部落中有一种叫作"棍子游戏"的古老游戏，它在大多数部落中都有自己的变体，至今在部落聚会上人们还会玩这种游戏。赛马和赛跑都是传统赌博的重点项目。今天许多受欢迎的赌博场所，如加州的大庄家赌场度假酒店，都是由美国原住民部落所有并经营的。继加州和内华达州博彩业的经营取得成功后，博彩业现在已经为许多州的部落成员提供了基本的政府服务收入。其争议的产生是因为，尽管美国原住民部落是公认的独立的民族州，但他们居住的许多州对大多数类型的赌博都实施了严格限制，并会对违规者处以刑事处罚。

图8.13　加利福尼亚州卡比松附近的莫隆戈赌场

早些时候，各州试图严格限制或禁止部落赌博活动。它们也这样做了，理由是部落的赌博活动违反了禁止特定类型赌博的州法律。但长期以来，没有国会的明确授权，州法律不适用于印第安部落或其保留地内的印第安人。1953年，国会通过了一项法律，其通常被称为第280号公法（Public Law 280），授权一些州将其刑法适用人群扩展到保留地的印第安人，还授权州法院审理和裁决一方或双方皆为印第安人的保留地案件。

在关于加利福尼亚州和卡巴松教会印第安人团体的一个案件中，法院裁定，第280号公法未授予州管辖权管理印第安人在保留地内的活动，但它确实授予州权力，以管理属于其刑法范围的活动，包括管理保留地。³¹ 因此，州刑法完全禁止的任何活动都适用于第280号公法规定的印第安保留地。另外，法院认为任何被允许但受州法律监管的活动都是民事/监管活动，不在第280号公法的范围内——即便违反规定会导致刑事制裁。这意味着在印第安人博彩业的背景下，一个州普遍禁止赌博，但允许州彩票或其他形式的赌博。只有在国家完全禁止所有个人、组织和实体赌博的情况下，州法律才能用来限制印第安人的赌博活动。最终的决定必须基于国家公共政策允许的活动。

这一决定，以及随后印第安人博彩业的扩张，为《印第安人博彩业管制法》（Indian Gaming Regulatory Act, IGRA）的发展奠定了基础。对于在《印第安人博彩业管制法》中达成的平衡，无论是州还是部落都不满意。一方面，部落倾向于在卡巴松教会决定的范围内经营博彩业，他们认为国家以任何形式介入都是极其不可取的。另一方面，各州认为，州政府的参与太有限，不同意根据该法案解决面临的新诉讼。《印第安人博彩业管制法》为印第安人博彩业提供了一个完整的法律框架。³² 按照其条款，其适用于"印第安人的土地"，即任何印第安人保留地范围内的所有土地。内政部设立了印第安人博彩委员会（The National Indian Gaming Commission），赋予其实施《印第安人博彩业管制法》的权力和责任。

该法案将印第安人的博彩游戏分为三类。第一类博彩游戏通常包括社交类和传统的博彩游戏，属于印第安部落的专属管辖范围。第二类博彩游戏包括宾果（Bingo）和类似于宾果的博彩游戏。如果该类游戏出现在允许任何个人或实体出于任何目的进行此类游戏的州，且该类游戏已经获得部落决议或法令授权，则可由部落经营。第三类博彩游戏包括第一类和第二类博彩游戏以外的所有类型的博彩游戏，它们可以说是部落博彩游戏业务里面最重要的游戏类型。第三类博彩游戏也必须出现在允许任何个人或实体为任何目的进行此类型游戏的州，且必须得到部落决议或法令的授权，部落才可以经营。此外，部落和州之间必须达成协议规定进行第三类博彩游戏的方式。

寻求参与第三类博彩游戏的部落被要求必须通知州政府，并与之协商签订一项协议。最初，该法案赋予美国地区法院审判权，可对一个印第安部落因该州拒绝谈判而提起的案件进行审理；然而，美国最高法院后来裁定，美国宪法第十一修正案禁止国会授权印第安部落起诉各州（1996年，佛罗里达州塞米诺尔部落诉佛罗里达州）。因此，该法案被解释为没有规定各州有义务与印第安部落签订协议，只是有义务本着诚意进行谈判。它不要求各州与部落就州法律不允许的游戏活动进行谈判。³³

与非部落实体经营的博彩活动不同，印第安部落博彩业所得收入只能用于特定目的，如资助部落政府的运作或项目，为部落及其成员提供生活福利保障，促进部落经济发展，向慈善机构捐赠，或资助地方政府机构的运作。

《印第安人博彩业管制法》作为一个宽泛且复杂的法规典范，自然而然地引发了诸多关于其解释及适用范围的法律争议。自其颁布以来，随着判例法的不断积累和发展，司法实践逐渐为该法案中几个核心领域的理解和明确提供了重要的澄清与阐释资料。

尽管就《印第安人博彩业管制法》的解释和应用存在争讼，但部落博彩游戏已经得到蓬勃的发展，并为印第安部落提供了一个新的且重要的经济基础。这一成功使印第安人博彩业受到更多关注。1996年，国会成立了国家博彩影响研究委员会（National Gambling Impact Study Commission），研究和报告各种合法赌博对经济与社会的影响。同时，国会还成立了一个独立的小组委员会来研究印第安人的博彩游戏。委员会最终的报告已于1999年6月18日发布。该报告承认，部落在博彩业上享有主权，以及部落博彩对部落的经济发展有积极影响。从那时起，许多州通过法律法规，进一步限制部落博彩业的权利与义务。也有人经常试图让国会修改《印第安人博彩业管制法》或颁布法律，以进一步影响印第安人的博彩业。对此，各种各样的法案已经出台，可能将改变现行的监管制度。此外，其他措施包括根据部落从商业活动（主要是博彩游戏）中获得的收入来减少联邦对部落的资助；对部落博彩游戏的收入征税。虽然撰写本文时，所有拟议的联邦措施均未获得通过，但将来仍有可能对该法案进行修正。[1]

本章小结

本章探讨政府的法律法规对娱乐业的影响。由于许多受欢迎的娱乐形式都是以媒体为基础的，因此，影响娱乐行业发展的许多法律围绕着管理媒体行业的权利和法规来制定，特别是在保护与限制言论自由方面。

在某些情况下，娱乐业抵制政府的监管，认为这些监管对其商业实践活动的限制是不公平的，甚至违反了宪法规定。在其他情况下，这些行业却又要求政府干预，以帮助它们保护自己的资产。我们已经看到，新技术在管理娱乐产业的法律的演变中发挥了特别重要的作用。

我们也已经讨论过政府和工会试图限制娱乐业权力集中，以遏制不公平的市场和劳工行为。此外，我们还回顾了娱乐企业相互依存的本质是如何导致行业之间以及政府之间的法律纠纷的。在所有情况下，唯一可以肯定的是，管理娱乐行业的法律和法规将继续演变，这是因为行业内部也会发生变化。

讨论与回顾

1. 回顾一下对言论自由施加的一些限制，这些限制对娱乐业有什么影响？
2. 在某些情况下，娱乐业对政府规定提出抗议，在另一些情况下则要求这样做。分别讨论这两种情况的例子，看看你是否能确定何时采取这些立场的共同主题；还可以再考

---

[1] 因篇幅问题，此处有删减。

第八章 标准问题：法律权利与义务

虑研究娱乐圈中，一部分人支持施加限制，而另一些人不支持的例子。
3. 回顾一下支持和反对政府限制不同娱乐业集中所有权的论点。

练习

1. 法律法规不断变化，查阅本章所涵盖的一些话题，了解最近的法律发展或案例，讨论它们可能对相关行业产生的影响。
2. 回顾本章讨论的不同类型的争议（行业内部之间以及行业与政府之间的纠纷）。你能针对不同类型的争议举出不同的例子吗？
3. 还有许多影响娱乐行业的法律领域没有在本章谈及，如人才代表、区划条例和国际贸易协定等，请选择一个娱乐行业或事件，研究其影响创意和商业实践的各种法律、法规。

参考书籍与博客

Campbell, R., Martin, Christopher, R., and Fabos, Bettina (2006). *Media & culture 5: An Introduction to mass communication*. New York: Bedford/St. Martin's.

Straubhaar, Joseph and LaRose, Robert (2006). *Media now: Understanding media, culture and technology*. Belmont CA: Thompson.

http://reporter.blogs.com/thresq/free_speech/index.html——娱乐与媒体法博客。

第九章 资讯娱乐时代的道德规范

> 道德的广告与不道德的广告之间的区别在于,不道德的广告利用虚假信息欺骗公众;而道德的广告利用真理欺骗公众。
>
> ——维尔哈尔穆尔·斯蒂芬森(Vilhajalmur Stefanss)

曾几何时,记者报道新闻、公司推广产品、艺人生产戏剧和消遣节目,而如今,新闻、产品推广和娱乐已经融为一体,源源不断地给人提供资讯娱乐产品。人们从热线广播、杂志节目和深夜喜剧中了解时事。公司则通过品牌娱乐节目和纪录片式真人秀节目中的产品植入来推销自己的商品。同时,受众通过社交网络、博客和虚拟世界自发生产并传播新闻、广告与娱乐内容。正如我们在第八章中看到的那样,为应对不断变化的娱乐格局所做出的努力促成了许多法律法规的出台。但试图制定能预见并解决所有问题的立法不仅不现实,更可能违宪,因为许多制约不良娱乐行为的管控手段会侵犯言论自由、隐私权等明示或默示权利。在认识到有必要尝试制定一些标准之后,许多行业都制定了行为守则和道德规范来管控它们的例行做法,尽管这些不是强制性的,却形成了行之有效的自律机制。

传统上,新闻业、广告等商业传播媒介与娱乐媒体在风格、内容和预期效果上泾渭分明。因此,每个领域的专业人员都建立了不同的道德规范和标准。娱乐圈的人在讲故事时,享有更大的创作空间;而记者、市场营销人员和广告商应在事实、虚构和观点之间做出明确区分。新闻业与商业传播媒介的行业标准往往秉持社会责任意识,不仅追求真相,更强调审慎而负责的报道。除了这些道德义务,新闻业与商业传播媒介传统上的区分也能在法律和经济上找到支撑。如果记者或广告商被指控虚假陈述,他们的声誉就会受到损害,并将失去客户。在某些情况下,甚至可能会被起诉或被罚款。当代的资讯娱乐几乎从定义上模糊了事实和虚构之间的界限,造成了价值观、惯例和观众期待值的矛盾混合。这种混合使得要何时确定以及如何最好地应用特定道德标准越发困难。

我们除了对娱乐和"资讯娱乐"内容有担忧,还认为在娱乐内容的制作、推广和发行方面存在着诸多的伦理问题。在本章中，我们将先探讨一些基本的道德原则，然后研究困扰当代娱乐的一些具体道德问题，从而解决所有这些问题。

道德原则和指导方针

您在下列情形中会如何做？[1]

（1）您正在准备一个学生自制视频，您希望借此能让您在好莱坞找到工作。暴力并不是剧情中不可或缺的一部分，但您的几个演员朋友有一些假血，并暗示您上演拳打脚踢会"更加戏剧化"。您会接受他们的提议吗？

（2）您是一个有抱负的年轻DJ（唱片播放师）。如果您愿意试听一些来自唱片公司的新唱片，该公司的独立顾问将为您提供门票，而且不带任何附加条件！您接受吗？

（3）有人在网上给了您一个链接，可以下载尚未在电影院上映的电影。您是会用这个链接还是花钱去看电影？

（4）您正在计划为当地慈善机构举办校园筹款活动。您的一个朋友认识一位当地受欢迎的喜剧演员，他愿意免费演出，可以帮助您多筹集两倍的资金。但是，您听了这位喜剧演员的一些素材，觉得他的许多笑话带有种族主义和性别歧视色彩。您会怎么做？

六个哲学视角

在这些情况下，哪些因素或准则会影响您的决定？道德决策会受到宗教、哲学和文化等多种因素的影响。尽管没有明确的道德公式可以适用每一种道德情况，但哲学家们提出了一些原则和理念，这些原则和理念在评估娱乐等的道德困境时非常有用。

黄金法则

黄金法则起源于犹太—基督流派的宗教。它教导人们"爱人如爱己"以及"己所不欲，勿施于人"（希望别人怎样对待你，你就怎样对待别人）。遵循这一传统，我们应该像自己希望别人对待自己一样对待他人。我们应该尽可能做到人文关怀，并尽量保护他人免受我们的行为的伤害。根据克里斯琴斯（Christians）、罗特佐尔（Rotzoll）和法克勒（Fackler）的说法，"爱是个人的、顺从的，但绝不是纯粹的墨守成规"[2]。1979年普利策奖得主杰·马瑟（Jay Mather）简单地写道，"人类的善良一直是有效且公正的编辑"[3]。黄金法则不应解释为仅仅是给予他人我们想要的特定东西，我们自己有可能喜欢在半夜一点欣赏响亮的摇滚乐，并不意味着我们的邻居也喜欢。但这也不是说黄金法则会强迫自己总给他人想要的一切。例如，一个小孩可能想熬夜看恐怖电影，但这并不意味着允许他这么做是道德的。"爱人如爱己"意味着，考量他人的最大利益时，要和考量自身利益那样给予等量的尊重与考虑。

罗尔斯和无知之幕

同样，当代哲学家约翰·罗尔斯（John Rawls）在他的著作《正义论》（*A Theory of Justice*）中敦促决策者认识并考虑所有会受到影响的个体的价值观，而不仅是那些有能力影响决策的人的价值观。[4] 罗尔斯为道德决策提供了以下两种特殊方法：[5]

- 罗尔斯建议，在作出决定之前，决策者要象征性地蒙上无知之幕，从而剥离他们的职级、权力和地位。"无知之幕"这一策略要求决策者能够从所有角度客观地研究形势，尤其是要求他们去想象当揭开无知之幕时，他们会发现如今的自己只是受到影响的个体之一，而不是决策者。
- 罗尔斯建议，为匡扶社会正义，形势中处境最不利的人应获得最大的好处——自由除外。他说，自由这一好处必须平等分享。所有其他资源都应流向拥有最少资源的人。权力应该流向无权之人，财富应该流向穷人。

自2001年恐怖分子袭击世界贸易中心以来，好莱坞被控诉在电视节目和电影中越来越多地将阿拉伯人刻画成恐怖分子。如果将此作为应用罗尔斯无知之幕的一个例子，思考下假设您是一位好莱坞制片人、一名有阿拉伯血统的演员或是一个阿拉伯裔美国观众，您会对这样的刻画作何感想？然后思考在这种情况下，这三个人分别拥有什么样的资源？可以说这三者都拥有一定的权力和自由。

制片人有权控制其电影和节目中所描绘的内容，演员有权选择是否要接下提供给他们的角色，观众有权购买和忽略，甚至积极抵制此类描绘。制片人有表达自己观点的自由，不仅在他们创作的节目中，而且在采访等其他场合。演员和观众也可以自由地向朋友、家人表达自己的观点，并越来越多地通过互联网、博客和其他渠道向更多观众表达自己的观点。您是怎么看的？在这种情形下，权力和自由是被平均分配的还是失衡的？想想其他任何您认为重要的资源分配情况。作为决策者，如果制片人遵循罗尔斯的建议，他会怎么做？

康德和绝对命令

18世纪德国哲学家伊曼努尔·康德（Immanuel Kant）为伦理学研究贡献了"绝对命令"这一概念。当您考虑行动方案时，康德主张将其转变为普世准则——所有人在任何情境下都必须遵循的明确原则。例如，当你面临是否要信守承诺的抉择时，"永远信守承诺"便可作为一条普遍法则被确立。道德危机通常有许多可能的解决方案。因此，你需要设想每个可能的行为选项都形成一条全世界人类共同遵守的准则，继而排除那些可能导致不可取行为的绝对化准则。康德在《道德形而上学基础》（*Fundamental Principles of The Metaphysics of Morals*）中写道："不论做什么，总应该做到使您的意志所遵守的准则成为一条普遍法则。"[6] 当您发现可能而且应该成为普遍法则的行动方案，那么这就是康德所说的绝对命令（categorical imperative），这就是您必须遵循的行动方针。

亚里士多德、孔子与中庸之道

古希腊哲学家亚里士多德认为,"道德德行"是两个极端之间的平衡点,他将这种调和称为"中庸之道(golden mean)"(见图9.1)。例如,亚里士多德认为永远不撒谎(一个极端)是不道德的,就像永远撒谎(另一个极端)也是不道德的。在亚里士多德出生的一个世纪之前,中国哲学家孔子确立了一个类似的原则,即中庸思想(doctrine of the mean):"至高无上的人……直立于中间,不偏向任何一方(君子中立而不倚)。"[7] 中间之道不牵涉一个精确的算术平均值,实际上是一种大致上符合当时情形的行动。[8]

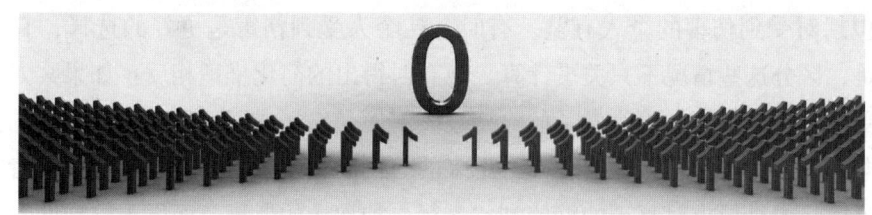

图9.1 中庸之道

近期影视娱乐行业接连爆发编剧、演员及酒店度假村员工的罢工潮,劳资双方在薪酬、福利和工作条件等方面始终存在分歧。表面看来,将双方诉求取折中值(例如把薪资定为资方报价与劳方要求的平均值)似乎是合乎伦理的解决方案,但实践中落实"中庸之道"远非如此简单。正如克里斯蒂安斯(Christians)等学者所言:"中庸不仅是数量的平衡,更需符合恰当的时间、对象、理由与方式。"[9] 若从客观视角审视双方诉求的极端程度,机械取中点仍可能造成对某一方的不公。某些情况下,真正的"中庸"甚至难以实现——以死刑、堕胎或安乐死等敏感政治议题为例,在生与死之间根本不存在切实可行的折中点。中庸之道不是通过将问题平均分割来实现,而是在给予双方平等、公正的考虑之后寻求最公平的平衡。

米勒和功利主义

功利主义在很大程度上归功于19世纪的英国哲学家约翰·斯图亚特·米勒(John Stuart Mill)。其作为适用于解释媒介(如电视、电影和其他流行娱乐媒介)影响力的较为流行的哲学之一,值得特别注意。人们通常将米勒关于道德决策的建议诠释成"为最大多数人谋取最大利益",然而,根据伦理学学者丹尼·埃利奥特*(Deni Elliott)的说法,"他们往往是错的"[10]。民主经常被誉为坚持功利主义原则的典型例子。公民投票表达他们的偏好,然后计算选票,从而做出基于多数人的决定。然而,埃利奥特认为,功利主义,至少是米勒及其合作者哈丽雅特·泰勒·米勒(Harriet Taylor Mill)所信奉的功利主义,并没有教导我们把某项行动可能帮助的人加起来,再从这个数字中减去可能受到伤害的人，从而做出"合乎道德"的选择，即让多数人获胜。实际上，大多数民主社会不是"纯粹"民主的，人们认识到道德治理需要在不同利益之间建立更为复杂的制衡机制。

埃利奥特认为，米勒的功利主义要求确定哪种行动最有可能产生整体利益：是整个社会的整体利益，还是所有被确定为受某一行动影响的人的利益。简单地让最多数量的人从一项行动中受益，就意味着多数人的幸福比因为该行动受到伤害的人的幸福重要。这可能会得出一个错误的结论：即一些人幸福而另一些人不幸福对社会有益。米勒的总体善概念强调了重视所有相关人员的重要性。

如果说造成伤害是合理的，那么合理的依据是，在这些特定情况下造成伤害对社会有益，包括对受到伤害的个人有益。有时，让个人受到伤害是更好的选择，有时则不然。但是，区分这些情况不只关乎计算。与有时得出的简化推理相反：如果某人因某种行为而受到伤害，如有人因为做了危险特技表演而受伤，或因盲目模仿电视上的犯罪情节而获罪，那么只要制作人能够辩称有更多的公民因观看节目而获得了知识或者有所裨益，就可以。米勒要求对真正的整体利益进行更加深入的考量，而做出这样的考量并不容易。决策者必须在分配自己的利益和所有其他参与方的利益上保持公正。为了做到这一点，决策者必须努力了解有关各方的观点和所涉问题的影响。米勒认为，每个公民都有责任对治理问题进行认真思考，并不断检验一个人的信仰是否正当。他声称公民有责任"尽其所能形成最真实的意见"[11]。

享乐主义

享乐主义对娱乐伦理的研究具有特别重要的意义。享乐主义源于希腊语，意为快乐，与虚无主义和自恋主义哲学密切相关。苏格拉底的学生阿里斯提卜（Aristippus）是快乐伦理学的奠基人。[12] 阿里斯提波认为，人们应该"行动起来，于当下最大限度地享受快乐，而不用担心未来"[13]。这里阿里斯提波指的是精神上的快乐。他认为人们应该将生活奉献给享乐，但他也认为人们应该运用良好的判断力并实施自我控制，他的名言："我拥有，但没有被占有。"但当代对享乐主义和快乐原则的使用忽略了他的初衷。像"尽情吃喝玩乐，因为明天我们就要走向死亡""活在当下"和"别担心，要快乐"等语句正是当下享乐主义哲学的范例。

我们提到这种哲学并不是要吹捧将现代享乐主义作为道德决策框架的优势，而是因为它是娱乐本质的一部分。从定义上来讲，娱乐就是享乐主义。正如前几章所讨论的，娱乐的主要功能是带来快乐，转移人们对烦恼和问题的注意力。娱乐的生产、消费和评论都是基于它将愉悦最大化的享乐能力。正是娱乐界的关注引发了本章所讨论的许多伦理问题。利用暴力或有争议的幽默方式吸引观众，用贿赂换来音乐的播放和音乐的非法下载，等等，在这些以及其他问题中，我们可以看到试图最大化娱乐带来的快乐所可能带来的困境。因此，如果我们接受享乐主义作为娱乐生产和消费的驱动力，那么我们最好也听从亚里斯提卜的告诫，进行自我控制和良好判断，不要让我们对快乐的追求占有或消耗我们。在探讨娱乐中的道德问题时，请考虑如何运用我们已经讨论的六个道德方面的观点。在做出道德决策方面有一个著名框架，叫作"波特决策盒"（Potter's Box），在下面《聚焦决策》部分会着重介绍。

聚焦决策

波特决策盒

有一种道德决策框架叫作"波特决策盒"。它通常为传媒和新闻从业者所使用，但也可以应用于娱乐相关的情况。波特确定了道德分析的四个普遍维度，在对事实、价值、原则和忠诚存疑的困境当中，可以帮助人们做出决定性回答。以下为运用波特决策盒的四个步骤（见图9.2）。

1. 对情形或困境进行定义

在做出任何判断之前，要对问题的事实进行考量，这是分析的开端。查看细节、不同的观点以及可能导致决策偏差的任何见解。为什么这些信息很重要？我为什么要做这个决定？

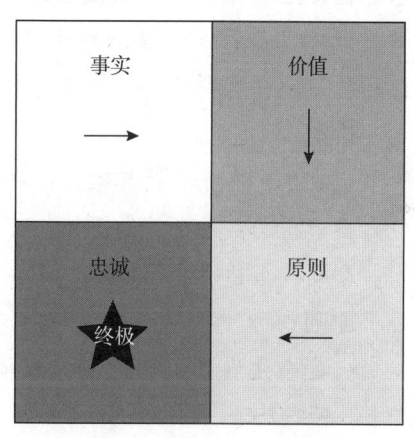

图9.2 符合伦理的决策程序

2. 明确价值

通过价值，我们能够比较不同观点的优点，以便了解它们对决策的影响。我们承认不同的观点，并根据美学、专业相关性、逻辑、社会文化重要性和道德对其进行评判。承认确定你的立场的信念。这些信念是我们寻求一致性的选择标准。我们既要考虑工具价值（行为准则），也要考虑最终价值（最终结果）。

3. 明确原则

原则是在特定情况下为决策者添砖加瓦的道德哲学或推理模式，如亚里士多德、孔子、康德、米勒等人所拥护的原则，利用的是道德哲学而非教条式建议。我应该考虑哪些专业准则或组织政策呢？

4. 选择您所忠诚的对象

忠诚与决策者对谁忠诚有关。例如，在新闻界，记者排在首位的是忠诚于公众；其次为雇主、行业和同事。哪些利益相关者或个人要求您表示忠诚？分析一下谁获益，谁受损失。您的忠诚可能会相互矛盾，找出它们。如果角色对调会怎么样？您的行动会有什么后果？

5. 做出决定

确信您能够捍卫自己的决定。您能为自己的立场辩解并坚守吗？

思考以下例子是如何应用波特图式的。[14]

迈克尔·杰克逊的最后特写

场景还原（事实）

2009年6月25日，联合创办了国家摄影集团公司（National Photo Group）的本·埃文斯塔德（Ben Evenstad）和摄影师克里斯·里斯（Chris Weiss）回忆，在抓拍传奇人物迈克尔·杰克逊临终前在救护车上的"精彩镜头"的时候，杰克逊的保镖几乎是在哀求他们停止拍摄。保镖们试图遮挡镜头并劝阻："'兄弟，别这样，这太不厚道了'，但埃文斯塔德表示：'面对这种世纪级新闻，我们别无选择。'我随即绕到救护车另一侧继续拍摄——在这种时刻，所谓的体面已不重要。我们只是在履行职业使命。"

价值

迈克尔·杰克逊及其家人：隐私、尊严、尊重。

摄影机构：公众的知情权、言论自由、不压制信息的义务，职业和个人利益……

公众：上述所有价值。

原则

- 黄金法则：记者们应该以他们想要得到的尊重/关心对等地对待迈克尔·杰克逊……
- 无知之幕：迈克尔·杰克逊拥有名声所带来的权力，却享有更少的隐私权和媒体保护。摄影机构拥有"新闻出版权"，但其所出售的照片还得仰仗杰克逊或者其他艺人……
- 绝对命令：永远保护隐私，讲述真相，等等。
- 中庸之道：寻求妥协。拍摄有限度的照片，如仅在救护车的外面……
- 实用主义：当媒体尽可能提供所有信息时……当媒体尊重隐私、克制地收集信息时……整体将得到最好的服务……
- 享乐主义：各方应自由追求自己的幸福……

忠诚

保镖忠于杰克逊，而杰克逊忠于家人或粉丝。摄影机构（作为媒体观察员）遵守新闻法规和忠于公共利益……哪些应得到支持？

判断

哪些价值应得到最大保护？哪个原则最适用？应该支持哪些忠诚关系？在这种情况下，符合伦理的做法是什么？

用以上这些判断支持您的决定。

事实与虚构：讲故事的道德标准

她的名字叫布里（Bree），是一个害羞的、接受居家教育（父母不将孩子送到学校，在家自己进行教育）的青少年，拥有一个网络摄像头。2006年的夏天，她开始在优兔网上以"孤独女孩15"（lonely girl 15）为用户名发布视频博客（V-Blog）。她的视频大受欢迎，吸引了成千上万的观众。但问题是这些视频没有一个是真实的。当年9月初，据透露，"孤独女孩15"其实是一名19岁的女演员，被雇用扮演一名16岁女孩的角色。[15]

2007年，玛格丽特·B. 琼斯（Margaret B. Jones）撰写了《爱及后果》（*Love and Consequences*）。这是一部备受好评的回忆录，讲述了她作为一个在洛杉矶中南部长大的半白人半美国原住民女孩的生活。回忆录中她是一名寄养儿童，与一帮以贩毒为生的黑帮地痞为伍。在回忆录出版的一周内，她的亲姐姐便站出来揭露玛格丽特·塞特泽（Margaret Seltzer）（又名琼斯女士）其实是在加利福尼亚州谢尔曼·奥克斯（Sherman Oaks）郊区度过了中产阶级的童年生活。[16] 就在塞特泽回忆录被揭发讲的是虚假故事的前一周，作家米莎·德丰塞卡（Misha Defonseca）[真名是莫妮克·德·威尔（Monique De Wael）] 发表声明，承认她11年前出版的大屠杀回忆录的内容是虚构的。[17] 德·威尔撰写的书《与狼共存》（*Surviving with Wolves*）最近被改编成电影。同年，詹姆斯·弗雷（James Frey）被曝光欺骗了读者，还包括他的赞助人奥普拉·温弗瑞（Oprah Winfrey），他的回忆录《百万碎片》（*A Million Little Pieces*）内容是虚构的。[18]

2008年，一些视频在互联网上流传，似乎证明手机辐射强到能让爆米花爆开。在不到三周的时间里，这些视频被观看了超过400万次。连线网站（Wired.com）在物理学家路易斯·布卢姆菲尔德（Louis Bloomfield）的帮助下证明了这段视频是假的，并推测视频被编辑过，隐藏了致使玉米花爆裂的加热垫。蓝牙耳机零售商卡多系统（Cardo Systems）承认，它委托巴黎一家名为"最后的傻瓜"（LastFools）的营销机构制作了这些视频。[19]

虚假和捏造在故事讲述中并不是什么新鲜事。18世纪末，英国诗人托马斯·查特顿（Thomas Chatterton）就将自己的作品说成是中世纪"世俗牧师"托马斯·罗利（Thomas Rowley）的诗歌。1971年，克利福德·欧文（Clifford Irving）因伪造隐居的百万富翁霍华德·休斯（Howard Hughes）的传记而被定罪。然而，最近的骗局以其微妙的手法以及迅速增加的频率、复杂性和扩散性而与众不同。更值得注意的地方是，讲故事的人和他们的听众对这些违反道德的行为都没有表现出足够的关注。下一部分将回顾在美国和其他西方民主国家制约故事讲述和伦理表达的更为具体的理念，并探讨这些理念可能正在发生的变化。

道德考量

道德考量的两个方面——自由主义和社会责任,奠定了我们许多决策的基础。

自由主义

自由主义基于自我修正(self-righting)的原则,是一种捍卫自由表达的哲学。1644年,作家兼诗人约翰·弥尔顿(John Milton)在他的著作《论出版自由》(*Areopagitica*)中表达了这一思想。他从两方面阐述了这一原则。

> 思想的自由交流与碰撞,能确保公共讨论最终使真理浮现。
> 因为人性本善且富有理性,真理终将在公共辩论中显现。

传统上,人们会援引这一论点来捍卫政治言论。他们相信,除非人们可以不受限制地接触和自由传播信息,否则他们无法在民主国家中进行自治。但是,这一原则经常会被用来保护包括艺术和娱乐在内的所有表达形式。随着20世纪30年代末第二次世界大战席卷欧洲,公众的理性和善良以及对真理必胜的假设受到了质疑。在美国,自由主义者很难解释在这种情况下纳粹宣传是如何成功的。这些关注推动了另一种自由表达方法的发展,即社会责任理论,它处于自由主义者哲学与承认媒体需要某种形式的控制的实际观点之间的交集位置。

社会责任理论

社会责任理论是一种规范性理论——提出了媒体在理想状态下的运作方式——并已成为美国媒体道德标准的基准。社会责任理论的观点主张,媒体必须不受政府控制,但作为交换,媒体必须为公众服务。该理论的核心假设如下:[20]

- 媒体应接受并履行对社会的某些义务。
- 媒体可以通过在专业性、真实性、准确性和客观性方面设定较高标准来履行义务。
- 媒体应在法律框架内进行自我约束。
- 媒体应避免散布可能导致犯罪、暴力、内乱或冒犯少数群体的信息。
- 媒体就整体而言应是多元化的,反映其所处文化的多样性,并允许不同观点的表达。
- 公众有权要求高标准的表现,并且有理由通过官方干预来确保自身利益。
- 媒体工作者不仅应对雇主和市场负责,更应对社会负责。

职业道德准则

为帮助成员进行符合伦理的决策,各种媒体组织都采用了更具体的道德准则来反映社会责任理论。此类道德准则适用于所有媒体领域的专业工作者,包括从新闻、企业传播到娱乐的各个领域。每项道德准则都是经过量身定制的，可以预测既定行业中专业工作者可能会遇到的特定情况，并提供如何应对这些情况的指导。例如，美国职业记者协会（The Society of Professional Journalists）在其《伦理准则》（Code of Ethics）中规定，"根据所有的消息来源来检验信息的准确性，谨慎行事以避免疏忽导致的差错"，以及"绝对不允许蓄意歪曲"[21]。相似的还有在《美国广告联合会准则》（American Advertising Federation Code）中规定，"广告应反映事实真相，应揭示重要事实，如有遗漏，将误导公众"[22]。甚至娱乐界一些颇具争议的行业也制定了道德准则。成人娱乐行业协会"自由言论联盟"通过了一项道德准则，其中特别倡导"会员应以诚信和专业精神开展业务"，并"采取适当措施协助家长管控未成年人接触成人内容"[23]。

如果通读过这些准则，您会发现其中有明显的差异。尽管记者的道德准则提倡多元化观点并且不施加价值观，但广告和娱乐业的准则并不强调这一点。记者的道德准则和广告业的道德准则都强调了诚实和不欺骗观众的重要性，而在大多数娱乐业道德准则中没有这项规定。这并不是说广告商和娱乐业者不太关心维护诚信与公平原则，只是要求有所不同。虽然对于一名初出茅庐的记者来说，歪曲或编造故事可能会被认为是不道德的，但观众应该明白，广告是有偏见的——是促销信息，而书籍、电影和电视中的内容都是虚构的，是不真实的，甚至常常是故意带有欺骗性的。当新闻、商业信息和娱乐存在明显区别时，讲故事的人和听众对每种故事的期望也是相对明确的。但随着这些媒体形式之间的界限开始变得模糊，指导它们的道德准则也已经含混不清。

后果论：爱情与战争故事中是否可以不择手段？

正如上文详述的孤独女孩骗局和其他欺骗手段所表明的，许多当代故事的"编造者"似乎并没有觉得自己做错了什么，也很少为自己的所作所为感到悔恨。莫妮克·德·威尔继续捍卫自己编造的大屠杀回忆录。她在其律师发表的声明中说："自从我记事起，我就以犹太人的方式去感受了""有时候我很难区分现实和内心世界。书中的故事是我的故事。这不是真实的现实，那曾是我的现实，我的生存方式。"[24]

这些编造都是经过精心策划和预谋的，故事的讲述者似乎不费吹灰之力就能获得他人默许和积极支持。"孤独女孩15"视频的制作者是来自加利福尼亚马林县的编剧兼电影制片人拉美什·弗林德斯（Ramesh Flinders），以及从医生摇身一变成为电影制片人的迈尔斯·贝克特（Miles Beckett）。该项目的开发方式与更传统的商业电影或电视节目的制作方式几无区别，其中包括演员、合同和拍摄团队。剧组还招募了旧金山的软件工程师格兰特·斯坦菲尔德（Grant Steinfeld）。斯坦菲尔德说："我们全都受到N.D.A监管。"所谓"N.D.A."，是演员和他们的朋友都被要求签署的保密协议，以保守"孤独女孩15"的秘密。他说："他们有律师参与其中。"[25]

阿曼达·所罗门·古德弗里德（Amanda Solomon Goodfried）是"创意艺术家机

图9.3 杰西卡·李·罗斯（Jessica Lee Rose）饰演的布里，又名"孤独女孩15"

构"（Creative Artists Agency）的一名助手，这所人才代理机构受聘代表孤独女孩团队。人们认为古德弗里德帮助了弗林德斯先生和贝克特先生隐瞒他们的身份。而且，古德弗里德女士的岳父，也就是恩西诺的律师肯尼思·古德弗里德（Kenneth Goodfried）申请了"孤独女孩15"商标。

与传统虚构故事中的艺术思路一致，这些内容创作者似乎觉得这些骗局和谎言属于公平创作的许可范围。这可能被解释为对自由主义哲学观点的回归，即认为真理最终会从思想的自由流动中浮现。但是，尚不清楚真理与故事的宣传价值是否得到了同样的关注。如果这些编造者受到了任何道德或伦理观念的指导，那似乎是一种结果论的、为达目的不择手段的哲学。在某些情况下，他们纯粹是被利润驱动而销售广告商产品或娱乐内容本身。在其他时候，此意图可能会被更加利他性的说法——出于提高人们对社会问题认知或关注——所掩盖。玛格丽特·塞特泽在一组回忆录中为其撒谎的决定辩护，称这个以真实经历为依据的故事需要被讲述。她说："我只是觉得这样做是行善，而只有通过这种办法别人才会去倾听。"[26]

在荷兰，帕特里克·洛迪耶斯（Patrick Lodiers）为他主持的真人秀节目《大捐赠者秀》（The Big Donor Show）做出了类似的辩护。该节目被设计为一个骗局，一名癌症晚期患者假装从三名患者中选择一名患者为其捐赠肾脏。观看者观看完三名年龄在18岁至40岁的荷兰选手的感言后，可以向捐赠者发送短信建议，以帮助她决定谁应该接受这项延续生命的手术。一个博客账号中提到，洛迪耶斯在为这个真人秀辩护时说，该计划的目的之一就是要改变荷兰有关器官移植方面的法律。目前，只有患者的亲属或朋友可以捐献器官——这一规定极大地限制了荷兰的器官供应量。"现实情况令人震惊。"他说道，"因为荷兰每年都有大量患者在等待肾脏移植期间死亡，平均等待时间长达四年。但我们（在节目中）并不会直接捐出肾脏。即便对我们来说，这样做也太过火了。"[27]

更耐人寻味的是，一些业内人士不仅为这类骗局辩护，甚至公开对其大加赞赏。软件工程师格兰特·斯坦菲尔德被委派来研究"孤独女孩15"时说："我的第一印象是，哇，这是合法的吗？这符合道德吗？一开始我对此非常担心。"但最终，斯坦菲尔德说，他开始相信真正新颖和进步的事物即将出现了。他说："它们就像新的马歇尔·麦克卢汉（Marshall McLuhan）。"他指的是一位备受尊敬的具有划时代意义的传播学理论家。[28] 新闻网站米格兰人（Scotsman.com）指出，当《大捐赠者秀》的制作方披露（这个节目）造假是旨在增加人们对患者等待器官的困境的认识时，他们"受到了广泛的赞扬"。[29] 在博客中评论这种骗局时，营销传播顾问山姆·史密斯（Sam Smith）称赞了这种用目的证明的方法。

> 关于这个噱头有两点高明之处。第一点是观众几乎完全相信了。我的意思是，考虑到这类节目确实要追求收益，您可以想象这种表演当然会发生。第二个原因是，它会被认为是吸引人们关注有价值的事业的一种方式……我喜欢这个点子。这个真人秀的确过分，但是如果你是想引起人们对生死攸关情况的关注，比较一下哪种方法更糟糕：是这种粗俗的、令人反感的展示（顺便说一句，这个方法成功地让整个世界关注你的事业），还是一种高雅、常规的传统运动——在请愿书上获得数百个签名，而数百条人命依然要面对死亡？[30]

然而，许多骗局仅因其巧思与营销手段就备受追捧。互联网时代最早且最著名的骗局之一，当属恐怖片《女巫布莱尔》（*The Blair Witch Project*）的病毒式营销。该片制作成本仅2.2万美元，却通过在上映前长期投放网络视频片段制造话题——当时公众甚至不知这些热议内容源自电影——最终斩获2.48亿美元票房。[31] 制作公司散布谣言称，有人发现了一台摄像机，里面存有三名大学生调查女巫传说时在森林迷路的真实影像。

根据网络营销作家查尔斯·布朗（Charles Brown）的说法，"恶作剧发展到了近乎失控的程度……到影片上映时，人们对它的期待已经达到狂热的程度"[32]。在评论中，布朗称这个骗局是"卓越的""传奇之作"。尽管他确实质疑这样的宣传造势是否必须被设计为骗局而非虚构故事才能取得成功，但他并未对这一策略表达任何道德上的担忧。相反，他似乎更在意这样的故事是否也可以运用于推广其他不同的产品或服务上。制作《女巫布莱尔》的三个人认为他们可以做到，显然，他们的客户也如此相信。这部电影的创作者组建了一家名为"营火"（Campfire）的营销公司。他们被广告代理商聘请来开展病毒式营销活动，正如他们曾经用过的使电影取得巨大成功的手段一样。对其他骗局（如"孤独女孩15"和手机爆米花视频）的反应也是相似，尽管有些听众起初对被骗感到愤怒，但对于这些骗局更多人表现出的是钦佩而不是批评。在他们的评论中，行业分析师、评论家和新闻记者倾向于迅速消除道德上的顾虑，而将重点更多地放在分析故事的娱乐性和营销价值上。

真相无聊？

本文在较早前已经对争夺注意力如何加剧了媒体向资讯娱乐的模糊转化进行了论证。您无论是在编写脚本、新闻还是在编写广告，您的目标都是吸引眼球。在任何情况

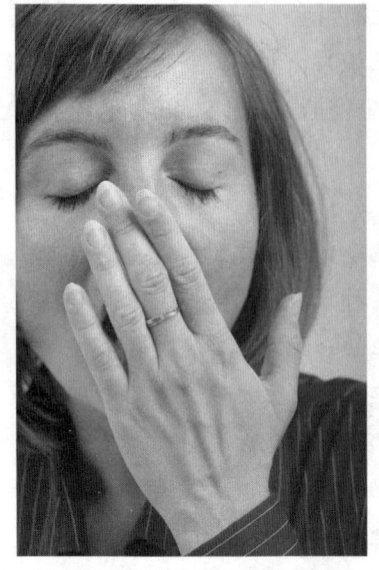

图9.4 我们是否对真相感到无聊?

下,戏剧性事件和引人入胜的情节都要比呈现事实与深入的分析更能激发读者的兴趣。因此,今天的媒体面临的娱乐大众的压力要远大于其保持诚实和准确的压力。传统的经济学理论认为,品牌是建立在长远基础之上的,消费者的信任对于品牌忠诚度至关重要。准确性和可信性被视为消费者对新闻与商业媒体信任的关键要素。如今,许多公司都推行预期寿命有限的品牌,从而降低市场对遵守传统标准的积极性。

受众可能已经对可预测的产品和故事感到厌倦,如果能带来更有趣或更有娱乐性的体验,他们可能愿意容忍一些虚假或欺骗。除了不断变化的市场力量,资讯娱乐的趋势还因为用户生成的内容而加速发展,这些内容是由个人贡献的,他们没有任何传统媒体学科的道德规范基础,也不忠于任何传统媒体学科的道德规范。此外,新媒体的混合性质也让该用什么标准判断变得困难了起来。互联网和其他新媒体无疑使这些虚假故事的制作与传播变得更加容易,并且这些的发展也可能有助于解释为什么这么多行业的专业人士甚至观众都开始接受这种趋势。

广告植入

随着观众越来越擅长过滤传统广告,将公司信息更直接地注入娱乐和新闻媒体内容变得越发重要。2005年,全球在电视、电影和其他媒体上的付费植入广告支出激增至22.1亿美元。如前文所述,公司还试图让新闻发布会的评论报道和故事推广成为传统广告的一种低成本、高可信度的替代品,或成为能够与之互补的营销策略。

将相关机构信息更直接地注入新闻编辑和娱乐节目内容,不仅能借助第三方平台提升可信度,更能确保品牌信息不被过滤掉。战略媒体营销公司"第一通路"(1st Approach)的副总裁杰夫·格林菲尔德(Jeff Greenfield)表示:"由于互联网和电视节目录影技术等新技术的爆炸式增长,观众要求在节目中出现更少的广告干扰。"[33] 目前,在有超过50万户家庭使用"个人录像机"的背景下,一项研究表明,有72.3%的用户会跳过商业广告,这个比例比用户在观看直播电视或使用录像机时要高得多。[34] 于是,今天,我们会看到诸如大嘴猴(Paul Frank)之类的潮牌公司完全避开使用传统广告,转而采用媒体公关和其他融合娱乐元素的非传统策略,如名人代言以及在电影、电视节目以及名人活动和照片拍摄中植入广告。通过与电影和名人这样的娱乐元素相关联,即使是销售T恤衫(大嘴猴旗下的)和提供快递服务[可以参考汤姆·汉克斯(Tom Hanks)主演的电影《荒岛余生》(Castaway)]那样平凡的产品与服务的公司,也可以变得更具吸引力。本章末尾的《近观电子广告宣传：当交换原则不存在时》将介绍洛杉矶一家精品店如何不遗余力地尝试使其生意"电子化"的案例。

尽管广告植入已不是什么新鲜事，但是娱乐业和其他媒体专业人士仍然需要考虑这种做法是否符合道德规范。正如在不同章节中所讨论的，广告植入已经远远不再是背景场景中的简单"道具放置"，而更多的是完全融入故事情节。在某些情况下，广告植入实际上会推动故事的发展。例如，在情景喜剧《威尔和格蕾丝》(*Will & Grace*)中有一整集讲述了杰克（Jack）对最喜欢的歌手切尔（Cher）的玩偶模型的迷恋——这集的灵感来源于一家代表玩具生产商美泰公司（Mattel）的公关公司所提出的广告植入要求。同样，情景喜剧《老友记》的制作者也专门为家具店"瓷器仓"(Pottery Barn) 的广告植入设计了故事情节。

图9.5 一部电视情景喜剧中作为道具放置的品牌洗衣机

尽管内容中的广告植入已经被呈现为虚构娱乐，看起来似乎无伤大雅，但仍有人顾虑这会误导观众，以为虚构节目中的任何产品宣传都是真实的。另一些人则认为，广告植入可以被视为节目制作人甚至相关演员所默许的代言。因为真人秀致力于将节目中的事件呈现得自然和真实，已经在道德上引起了质疑，所以，此类节目中植入的广告引起了更为广泛的关注（见《聚焦广告植入》）。

 **聚焦广告植入**   **真人秀电视让营销人员写起了剧本**

评论家们认为，广告行业正在以可能威胁电视节目视觉和编辑完整性的方式改变现有内容，从而对电视节目录影技术和其他跳过广告的技术进行反击。[35] 他们声称现行的真人秀节目类型在很大程度上是品牌整合的产物。

这种趋势的首创者是《幸存者》(Survivor)，并得到了哥伦比亚广播公司的许可。该公司之所以肯开绿灯，是因为该节目的执行制片人解释说，不是电视台付钱给演员，而是广告商付钱给电视台让其担任主演。《幸存者》既是一部电视剧，也是一种商业载体，它是参赛者与品牌互动的借口。根据《广告时代》(Advertising Age)的报道，哥伦比亚广播公司认为这是电视节目历史上较划算的交易之一。该节目的长远影响背后是哥伦比亚广播公司的母公司维亚康姆集团对该节目无休止的宣传。为了引起轰动效应，有100多个附属广播电台播放了片段，包括在上下班高峰时段数十次对布奈特（Burnett）采访的片段，哥伦比亚广播公司下属的16家电视台以及维亚康姆的MTV和VH1频道则对《幸存者》进行了报道，节目的来龙去脉被报道得像新闻一样。

图9.6 《大饭店》(The Restaurant)中的真正明星：各种电器和厨具

其他系列节目，如美国全国广播公司的《大饭店》(The Restaurant)以及美国广播公司的《谁想成为百万富翁》都是由麦格纳环球娱乐公司制作的（见图9.6），麦格纳环球娱乐公司是媒体巨头国际公众集团（Interpublic）的品牌娱乐发展部门："致力于创作由国际公众集团的客户资助的原创电视节目并服务于这些客户的需求。"36

到《美国偶像》(American Idol)出现的时代，植入品牌产品已让位于植入品牌冠名的流行模仿艺人。通过让节目选手在伪装成音乐视频的迷你广告中表演后空翻翻过公司徽标，福克斯收获了数百万美元的收入。成功的参赛者就像他们所兜售的产品一样具有商品属性。

在节目内容中植入广告的反对方认为，无论是通过广告购买还是广告植入，立足点越牢固，广告商就越有权力定义人们的集体价值。福克斯的真人秀专家迈克·达内尔（Mike Darnell）告诉《娱乐周刊》，他梦想的项目是办一场以女囚为主题的选美大赛："给她们一个改头换面的机会，这是一个40分的特别节目。"那么，监狱里的"圣奎丁小姐"会自信地迈步进入黄金时段吗？恐怕只有观众才有发言权了。

您怎么看？
- 真人秀平台是品牌广告的自然背景，还是公司围绕其品牌所设计的现实内容？
- 应该由谁最终确定适合电视观众的广告植入的数量和类型？

"电子化"新闻

面临信息触达困境的并非只有企业。由于新闻节目和出版物的受众持续流失，许多新闻机构转而采用"资讯娱乐化"的软新闻策略。当今的编辑决策往往既要考量故事的新闻价值，也追求其娱乐效应。托马斯·帕特森（Thomas Patterson）所撰写的一份报告表明，软新闻在21世纪会急剧增加。缺乏公共政策内容的新闻报道，在全部新闻报道中的占比，从1980年的不到35%上升到了2001年的约50%。具有中度到高度轰动效应的新闻报道从20世纪80年代初期的约25%上升到最近统计的40%。包含人们感兴趣话题的新闻报道在当今报道中也占有重要地位，在20世纪80年代初期，此类新闻报道占各类新闻报道的比例不到11%，如今则占26%以上。以犯罪或灾难为主要题材的报道也是如此，占比从1980年的8%上升到今天的近15%。

其中包括像《硬拷贝》（Hard Copy）这样的小报联合节目，以及有关个人理财、消费者事务和健康的夜间网络新闻广播专题节目。网络新闻杂志的《国际日期变更线》（Dateline）、美国广播公司的《黄金时间实况》（Primetime Live）、哥伦比亚广播公司的《48小时》（48 Hours）和美国广播公司的衍生电视节目《市区20/20》（20/20 Downtown）等常规专题节目因其软新闻编排形式而臭名昭著。[37]

或许更令人困扰的是，在新闻出版物和广播中出现的付费广告植入。2008年7月，位于拉斯维加斯的福克斯分支机构KVVU（福克斯附属台）同意为麦当劳进行为期六个月的宣传活动，在早间播报的新闻节目《新闻与生活方式》（News and Lifestyle）中，新闻主播会被安排坐在摆放了几杯麦当劳冰咖啡的办公桌旁。该电视台的高管表示，为期六个月的宣传活动旨在增加广告收入，而且正如他们告知新闻工作人员的，这不会影响内容。但《纽约时报》披露，安排此次合作的广告公司明确表示，如果KVVU选择报道有关麦当劳的负面新闻，那么咖啡杯很可能会被收走。[38] 布伦特·威廉姆斯（Brent Williams）是广告代理企业卡尔斯/哈根（Karsh/Hagan）的一名客户主管，负责安排麦当劳与KVVU之间达成交易。他说："如果有一则报道——但愿不会发生——关于麦当劳出现食物中毒或其他相关负面报道，我可以预料到电视台绝对会找机会撤掉我们的植入产品。"[39] 他还说，如果电视台没有采取这种行动，节目中会出现"这可能会导致广告协议终止"的提示。就其立场而言，KVVU表示将继续如实报道麦当劳。布拉德肖（Bradshaw）先生表示，电视台会撤掉杯子，就像它可以从新闻报道中去掉所有受到负面报道的广告客户的广告一样。

公司资金也可能影响诸多保障新闻报道的传统公关工作。传统上，媒体公关的惯常做法一般会被认为是合乎道德的，因为大家都将记者当作把关人，他们对公司信息进行事实核查，并在确定哪些公司信息具有新闻价值时坚持"严格中立"。令人忧虑的是，这一过程的完整性正在受到破坏。尽管很难记录下来，但许多公共关系从业人员和新闻工作者私底下都承认，他们承受越来越大的压力，被迫要为一些购买其媒体广告的公司提供更多正面新闻报道。

总而言之，我们看到了各种力量的交汇，这使得内容创作者及其受众越来越难以分辨新闻、娱乐和商业话语。

> **时事速览**
>
> 2004年，一项在线调查询问了100,000名受访者对流行娱乐的看法。结果显示，有83%的人认为不少娱乐是道德沦丧；13%的人认为某些娱乐存在道德缺陷；4%的人认为大多数娱乐"足够体面"。
>
> 资料来源：entertainmentethics.com。

真人秀节目到底多真

也许没有哪个领域比逐渐兴起的真人秀节目更明显地模糊事实与幻想了。电视真人秀的吸引力之一就在于它的所谓"真实性"，即没有剧本的、随机发生的情况和做出的反应。然而伦理上来说，真人秀节目并不像它佯装的那样"真实"。我们已经讨论了对真人秀节目中广告植入的担忧。真人秀节目还被进一步指控，在某些情况下还被认定有以下行为：被指乱造语录；挑拨离间，并且在录制前已经为整个节目规划多种"剧情梗概图"；将相隔几天录制的镜头拼接在一起。当然，大多数电视节目都是虚构的。也确实，在娱乐中编造事件和角色在本质上并非不道德的。

不同之处在于，在戏剧表演中，人们可以预期观众自己可以理解他们在屏幕上看到的内容并不一定反映演员的真实生活。而在真人秀节目中看到的经过大量剪辑和精心设计的场景，则不一定是真实的。

真人秀节目可能没有逐行脚本［尽管纪实作家指责帕丽斯·希尔顿（Paris Hilton）在《简单生活》（*The Simple Life*）节目中被提供了台词］。但是，根据一位自由职业者兼真人秀节目编辑杰夫·巴特奇（Jeff Bartsch）的说法，有很多使用片段镜头塑造故事的方法。[40] 巴特奇参与了《相亲》（*Blind Date*）的制作（见图9.7），这是一个联合式的相亲节目，特点是约会顺利进行时，却发生了可怕的戏剧性错误。如果约会表现得无趣或不冷不热，编辑人员会通过打乱场景顺序或脱离上下文来为镜头增添趣味。为了使男方看起来百无聊赖，他们会将他谈话的那一镜头裁掉，剪切成他面无表情地四处张望的镜头，尽管这些镜头可能是女方在洗手间里而他在一个人等待时拍摄的。巴特奇说："你拍到的是黑色，但是你可以把它变成白色。"[41]

在美国广播公司真人秀节目《约会实验》（*The Dating Experiment*）中，一

图9.7 《相亲》(*Blind Date*)

位女性参与者不喜欢她的一名追求者,但制片人认为,如果她喜欢他,那将会是一个更好的故事,所以他们让她坐下来接受采访。"谁是您最喜欢的名人?"他们问道。她回答说她是真的喜欢亚当·桑德勒(Adam Sandler)。后来,在剪辑室中,他们剪掉了桑德勒的名字,并插入了她叫那名男性选手名字的音频。该节目的顾问托德·夏普(Todd Sharp)说,这个技巧被称为"剪辑拼接",即通过将不同的部分(就像科学怪人弗兰肯斯坦)拼凑在一起,创造故事的"生命"。[42] 因此,对于真人秀节目,所要提出的最明显的伦理学问题是,如果真人秀节目存在如此明目张胆的伪造,它是否还应该被打上"真实"的标签?

相反,制片人会立刻强调编辑工具不仅可以用来欺骗,而且可以更清楚、有趣、快速地讲述一个故事。制片人、纪录片创作者和新闻工作者都会选择性地编辑原材料,并被指控筛选事实和话语。但是在一个娱乐节目中,制造戏剧性场面的压力很大,可接受的伪造标准也模棱两可。真人秀制片人表示,他们经常要随机变换镜头以便更简洁地讲述故事,或使一个唠唠叨叨的受访者变得话语连贯。《钻石单身汉》(*The Bachelorette*)故事的编辑J. 瑞安·斯特拉德(J. Ryan Stradal)说:"我们把人物在不同时间所说过的话拼接到一起,去暗示可能没有被言简意赅地表达出来的表述或评论""这就是剪辑拼接技术的用武之地"。[43] 制片人也可能会隐瞒信息——淡化正在萌芽的恋情——以此来产生悬念。这就引出了第二个伦理问题:如果剪辑抓住了事件本质,这种戏剧化处理是否仍算越界?

真人秀节目的第三个伦理问题关乎这些节目可能对参与者产生的潜在影响。许多真人秀播出的主要前提是使参与者处于痛苦、尴尬和羞耻的境地,以供他人观看,并且参与者极有可能被嘲笑。在第四章中,您了解到这种贬低是幽默的一种常见形式。毫无疑问,贬低常被用作实现喜剧效果的一种手段。问题是,我们是否需要借一个真实的人经受这种贬低实现娱乐目标,还是说让真人秀节目停留在虚构的娱乐层面,或停留在脱口秀那虽然尖锐但不会产生肉身痛苦的口头抨击层面会更好?

业余演员之夜

鉴于参加真人秀节目的个人都是自愿的,而且必须征得他们的同意,有些人可能会对他们的痛苦不甚同情。其实,如果参与者觉得自己受了委屈,他们也可能会认为自己几乎没有求助的途径,因为他们通常会签署厚厚一叠免责声明书。尽管如此,还是有一些人因为这些节目上演的特技表演而受伤和/或受到精神创伤而提起诉讼。评论家安妮特·希尔(Annette Hill)认为,需要记住的是,真人秀节目的大多数参与者都不是演员,而只是业余爱好者,当他们同意参加该节目时,他们可能并不总是确切地了解自己会被卷入何种状况。希尔主张在对待真人秀节目中的非专业演员时,可以采用道德标准:"首先,应以公正和负责任的态度对待非专业演员;其次,节目制作者应以合乎道德规范的方式呈现普通人及其经历。"[44]

未能谨慎地公平对待非专业演员可能会造成严重后果，尤其是对于心理脆弱的参与者来说。1997年，第一名被《鲁滨逊探险》（*Expedition Robinson*）淘汰的选手（《幸存者》的瑞典版）卧轨自杀。为《幸存者》提供咨询的心理学家理查德·里瓦克（Richard Levak）将一些真人秀节目的制作者比作20世纪70年代初期进行斯坦福监狱实验的心理学家。他认为，如果由维护志愿者权利的"人类实验对象委员会"来监督，许多电视真人秀恐怕不会被允许拍摄。45

有些制作者确实声称会认真对待并保护参与者。一位接受采访的执行制片人表示，他工作的一个重要部分就是让参赛者做好准备，让他们知道会发生什么，以及在他们被淘汰时帮助他们减压。此外，他还声称，他非常清楚地告诉员工，无论是在录制还是剪辑过程中，都应该准确地描述演员的形象。46

广告行动

作为这些顾虑的延伸，一些批评家还质疑那些宣传真人秀节目的广告商和在此类节目中做广告的公司在道德方面的责任。有人认为，如果它们资助了此类节目，那么它们也应该承担部分责任。博主奥斯汀·克莱恩（Austin Cline）建议，无论节目多么受欢迎，其流行程度如何，只要其目的是故意使他人感到羞耻、尴尬或痛苦，公司都应该拒绝资助这个节目。在他看来，"以娱乐为目的（尤其是定期）做这种事情都是不道德的，因此，以赚取金钱为目的或用金钱来促成这项工作当然也是不道德的"。47 但一些广告商认为，要求他们对节目内容负责将是一个危险的先例。他们断言，因为不受他们控制的内容而责怪他们不仅是不公平的，而且这种政策只会鼓励广告商尝试对节目内容进行干预，而这种做法也被广泛认为是不道德的。真人秀节目为道德审查提供了许多目标，但都没有简单的答案。在后面的《聚焦：真人秀节目中的刻板印象——真人秀并不"真"》中将讨论关于这种节目的另一类例子。

聚焦最佳电视智力竞赛节目

图9.8 电视智力竞赛节目

流行于20世纪50年代的智力竞赛节目最初要求参赛者回答涵盖广泛领域的各种问题。1954年，最高法院裁定智力竞赛节目不是一种赌博形式，为其在电视上的普及铺平了道路。《价值64,000美元的问题》（*The $64,000 Question*）于1955年6月首次亮相，其最高奖金相当于今天的50万美元。

一次，制作人发现影响游戏结果将增加节目的戏剧性价值，于是广告商便鼓励这种做法以吸引观众。"教导"参赛选手和操纵道具很是普遍。例如,为了防止被观众影响而被置于"隔离间"的参赛者,在听题后就被隔绝了通风装置,以增加节目的戏剧效果;舞台灯光的热度和令人窒息的高温会令参赛选手出现流汗、擦眉头等表现,明显看起来慌乱不安。

受欢迎的选手会被指导或被分配简单的问题,不受欢迎的选手则会面对较难的问题,以便让他们快速出局。这种操作在查尔斯·范·多伦(Charles Van Doren)故意答错题目并揭发节目组黑幕时被展现得淋漓尽致。在节目《博士》《二十一点》的另外两名参赛选手透露了类似的剧本操纵内幕之后,广播电视网的观众人数出现了大幅下滑。在一次大型陪审团调查中,因真人秀出位而成为名人的参赛者为避免失去他们的奖项而做了伪证。最终,范·多伦揭发了同谋,声称他是受害者,因为他是该节目的"主要代表人物"。

国会通过了一项法律禁止智力竞赛节目中的操纵行为,尽管没有人被起诉入狱,但所有人都是此次揭露性事件的受害者。范·多伦丢掉了在美国全国广播公司《今日》(Today)节目中的工作,被迫辞去哥伦比亚大学教授的职位。未经他的许可,罗伯特·雷德福(Robert Redford)在1994年导演了电影《机智问答》(Quiz Show),该电影描述了这一丑闻。直到2008年,范·多伦才在《纽约客》(New Yorker)回忆录中叙述了他的这段经历。

其结果是智力竞赛节目从黄金时段消失了几十年,直到1973年《金字塔》设置了10,000美元的奖金,智力竞赛节目才以谜题类游戏节目的形式重新出现。哥伦比亚广播公司迫于压力规定了最高奖金限额以符合标准,从1972年的25,000美元提高到20世纪90年代的12.5万美元。到2006年,上限被全部取消,但是电视台要求对节目进行监控,并且参赛者必须与观众分开。

资料来源:en.wikipedai.org/wiki/Quiz_show_scandals。

媒体的影响

媒体对观众的两个最大的有害影响涉及性与暴力以及社会刻板印象,两者都将在这里被讨论。

性与暴力

在电影《大峡谷》(Grand Canyon, 1991)中,主要角色之一是制作暴力电影的制片人。有一天,他遇到抢劫并且不幸中枪,于是他心生悔意,怀疑自己的电影是否助长了这种伤及自身的暴力。他康复后,认识到暴力电影是他的谋生手段,最终他站在了艺术和娱乐自由表达的需要一边,其中包括我们文化中的暴力表达。这部充满讽刺意味的电影(见第十三章)探讨了一个困扰娱乐业的重要问题,即制作人要为作品产生的潜在社会影响负责吗?

很多业内人士认为,他们没有义务对自己制作的电影、电视节目、音乐等作品所产生的负面影响负责,然而,诸多流传坊间的例子都显示观众会模仿娱乐媒体传播的暴力行为或鲁莽行为。就算这类模仿不常见,制作人就可以免责了吗?很多娱乐节目制作人坚持认为要是《蠢蛋搞怪秀》(*JackAss*)的粉丝因为模仿演员的危险特技受伤,那么这完全是粉丝的问题,和制作人一点关系也没有。

他们常常用两个论点来支撑这种免责权。第一个论点是,观众没有那么脆弱。的确,正如我们在第五章和第十二章讨论的那样,关于性和暴力等消极内容会对观众与社会产生何等影响,研究人员的意见也不总是一致。但是,娱乐媒体能引起积极的社会变革也是事实,如提倡安全性行为,以及酒后找代驾。这一点第十三章会讲到。如果制作人认为媒体可以实现积极的社会变革,那么他们就很难否认它也会产生不良的社会影响,可这不一定意味着他们有义务去防范这些有害影响。

第二个常常被提到的论点是,个人和家庭有责任自主决定观看的内容,以及如何理解看到的内容。可是一些评论家觉得这种论调很虚伪,因为很多业内人士反对家长监管模式,尽管这种模式很有效。[48]有些公司的软件可以跳过 DVD 里的不雅场景和文字,而且实时编辑电视节目和音乐 CD 在技术上可能很快就能实现了。一般来说,"观众没有义务为自己的选择负责"这一说法站不住脚。他们经常自己决定要看什么,可有一个令人担忧的问题是,有些观众,特别是儿童是否有足够的能力做出合理选择?有些学校的应对方法是通过课程(如本篇文章)培养学生的媒介素养,讲授娱乐媒体以及其他媒体的影响和细微差别。一些机构也提供类似课程,这样人们就能学到如何明智地选择媒体。

社会刻板印象

即便你不同意媒体要为观众的行为负责,你也不能否认它们应该关注观众的想法。正如本章已讨论过的,因为报道会影响公众对重要问题的看法和感受,所以记者必须对新闻内容持谨慎态度。娱乐媒体是否也要承担相同的义务?要是正如依附理论和涵化理论所表明的那样,虽然大多数人可能不会直接模仿娱乐节目中的反社会行为,但他们仍然会将这种行为视为正常或可接受的,这时候怎么办?近来,大众开始担心刻板印象对受众观念的影响(见第十一章)。第四章探讨了多见于戏剧和小说中的"固定角色",由于

图9.9 社会对非裔美国人的刻板印象:罪犯

这类角色的共同特点,受众轻而易举地就能识别出来。这类角色推动了故事情节的发展,节省了不少刻画人物角色的时间。

这些程式化角色常被指责在强化社会刻板印象——比如非裔美国人不是罪犯就是运动员,老年人总是暴躁糊涂,金发女郎总是头脑简单,等等。甚至真人秀节目里也出现了固定角色(见《聚焦:真人秀节目中的刻板印象——真人秀并不"真"》)。当然,部分制片人辩称他们并非创造这些偏见,只是反映既存的社会认知。然而,现实数据往往推翻这些以偏概全的标签,研究表明,长期观看包含此类刻板印象的电视节目及其他媒体的观众,更容易接受这些偏见。这再次引发争议——娱乐节目制作人是否应当考量其作品的社会影响?有批评者更进一步指出:制片方不仅要避免强化既有偏见,更应主动塑造打破类型化桎梏的角色,以此消解并修正这些刻板印象。

 聚焦:真人秀节目中的刻板印象——真人秀并不"真"

有评论家担心真人秀节目强化了社会刻板印象,《华盛顿邮报》(*Washingtory Post*)的记者特蕾莎·威尔茨(Teresa Wiltz)挑选了节目里的一些类型化形象,并特别指出了不同节目里黑人女性角色的相似之处。[49]她写道:"你很有可能在真人秀里看到这么一位我行我素的蛮横黑人女性,她老是一副忧心忡忡的样子,喜欢翻着白眼指手画脚,还常常引发争吵,稍微惹一下她就觉得遭受了种族歧视……"[50]

除此之外,她还举了些其他例子,如《幸存者:全明星》里说话刻薄的艾丽西亚·卡拉薇(Alicia Calaway),参加《全美超模大赛》的霍华德大学学生卡米勒·麦当劳(Camille McDonald),她那"令人讨厌的态度"在网上引起了热议。此外,还有唐纳德·特朗普策划的《学徒》里的欧玛罗莎·马尼戈·斯托沃斯(Omarosa Manigault-Stallworth),她声称:"我来这个节目不是为了交朋友。"因为她塑造的角色太深入人心,非洲文物网站(Africana.com)给她贴上了"恶毒的女黑人"的标签,把她描述为恬不知耻、咄咄逼人,还总爱指责别人的一言一行的人。

威尔茨认为,有一种典型角色开始在真人秀节目中出现,这类角色和电影、电视剧等虚构节目里的固定角色没有多少不同。除了我行我素的黑人,还有来自小镇的人,他们可爱天真,想做出一番事业,却还保有小镇的价值观。有像阿尔奇·邦克(Archie Bunker)那样"笨拙偏执"的角色,也有疯狂的派对爱好者,他们喜欢追求刺激,寻找艳遇。类似的例子不胜枚举。不是只有威尔茨一个人留意到了真人秀节目对固定角色的依赖。她援引了南加利福尼亚大学电影电视学院的托德·博伊德(Todd Boyd)教授的评论:"众所周知,为了塑造接地气的人物形象,真人秀节目都是要经过剪辑和操纵的。其实观众真正看到的是建构出来的角色……这些节目能做下去靠的是老一套的类型化刻画和常见的固定角色。"[51]

那么，为什么这些固定角色会出现在无台本、需要本色出演的真人秀节目里呢？"很简单，一切都是为了娱乐。"顶级真人秀汇总网站（realityblurred.com）的创始人安迪·德纳特（Andy Dehnart）评论道，"想想如果一个镜头是艾丽西亚闲聊爱吃的食物，而另一个是她愤怒地指着别人大声斥责，节目组肯定会选第二个有趣得多的镜头"。[52]

网站About.com的评论员奥斯丁·克莱恩（Austin Cline）补充说："固定角色更容易促使戏剧效果的形成，因为观众越少思考人物的真实性格，节目组就能越快地构思剧情。性别和种族对于典型人物的塑造尤其有用，因为它们可以从悠久而丰富的社会定型观念中汲取营养。"[53]

然而克莱恩进一步指出，当少数族裔在真人秀或剧情类节目中普遍缺位时，这一问题会尤其严重——因为仅有的几个角色最终会成为整个族群的代言人。"一个愤怒的白人男性仅仅代表他自己，而一个愤怒的黑人男性却会被视为'所有'黑人男性的真实写照。"

同时，威尔茨注意到我行我素的黑人女性这一角色实际上源于人们对非裔美国女性的成见。毕竟，大卫·格里菲斯（D.W. Griffith）的老电影早就刻画了这类角色，这些黑人女奴脾气暴躁、牢骚不断、傲慢自负，总记不住自己的身份地位。例如，电影《乱世佳人》中的女奴哈蒂·麦克丹尼尔（Hattie McDaniel）给斯嘉丽系紧身胸衣带子的时候如何指手画脚地唠叨个不停；再如，在饱受批评的《阿莫斯和安迪》（*Amos N'Andy*）里，萨菲尔·史蒂文斯（Sapphire Stevens）讲话粗鲁，有事没事就找碴儿吵架；又如在《杰斐逊一家》（*The Jeffersons*）里喋喋不休的女仆弗洛伦斯（Florence）。[54]

那么，这些角色是怎么在"无台本"的真人秀里出现的？克莱恩认为有两个理由，一是出演者自己导致了此类人物被创造出来，尽管是无意识的，因为他们觉得某些行为可以为自己赢得更多出镜机会；二是剪辑师通过突出有争议的镜头塑造了人物角色。

这种歪解参演人的突出例子是《学徒》中的欧玛罗莎。节目开播后，因为观众的偏见，她成了"电视上最让人讨厌的女人"。但是，从威尔茨援引她的一封邮件来看，这位荧幕人物的形象很大部分是由剪辑师塑造的。邮件内容如下：

"节目组严重歪曲了我的形象。比如，他们想要连贯地呈现出我不好的一面，所以从不放送我笑的镜头。上周的节目里，他们把我刻画成了一个为了逃避工作而假装受伤的懒人。可事实是，录影时我的确受了很严重的伤，还查出了脑震荡，在急诊室待了差不多十个小时。但是这些都被剪了！"[55]

克莱恩提醒我们，真人秀并不是纪录片。"制作人为演员设置场景，不仅是为了看他们的反应。场景经过了精心安排，为了增加节目的趣味性会做一些改动。大量的镜头会被剪辑成节目制作者认为能给观众带来最佳娱乐价值的画面。当然，娱乐性往往来自冲突，因此节目组会在不存在冲突的地方制造冲突。如果节目无法在拍摄过程中煽动冲突，也可以通过拼接片段来制造冲突。一切取决于节目组想让观众看什么。[56]

资料来源：《华盛顿邮报》，特蕾莎·威尔茨；About.com，奥斯丁·克莱恩。

行业道德：宣传和消费

娱乐业面临的伦理问题不仅表现在内容上，还表现在制作、推广、发行和消费上，这些问题引起了人们在诚信、公平和消费者保护等社会责任方面的担忧。

商业交易

公众常常认为娱乐业是一个相当自由的行业，相关从业人士也很放纵不羁。但事实上，众多娱乐行业协会、专业组织及娱乐公司都已制定伦理与行为准则，用以规范商业行为。这些准则的具体条款，通常都是针对某些公司或行业所面临的问题与丑闻而制定的。例如，某些公司准则中关于商业交易公平竞争的条款，正是针对人才与制作谈判中任人唯亲、内幕交易等投诉而出台的。同样，许多行业准则中的关键条款，其背后动因也不言自明——比如成人娱乐行业"最佳实践"准则中，关于采取适当措施预防性传播疾病的告诫。

一些伦理问题普遍存在于各个行业。以儿童为例——他们既是娱乐产品最活跃的消费群体，也正以演员、音乐人甚至制作人等身份深度参与娱乐内容生产。鉴于儿童可能无法始终做出理性选择，许多行业准则都专门制定了针对未成年人的条款。（详见《聚焦童星》栏目中关于儿童的特殊伦理案例。）娱乐业产生的伦理困境大多非比寻常。每个细分领域面临的道德挑战都与其行业特性密切相关。我们虽无法在此穷尽所有问题，但可以探讨几个最具代表性的争议焦点。

聚焦童星   **童星成名背后的代价**

打造童星已成为一项庞大的产业。在加州伯班克（Burbank）附近的奥克伍德-托卢卡山庄（Oakwood Toluca Hills Complex），想出演电影的9岁孩子可以在"即兴哭戏"（Crying on Cue）工作室等接受演技指导，这些工作室是童星培养项目（Child Actor Program）的一部分。项目为希望成为童星的孩子提供住宿，每月收取2000美元，为每年1月中旬至5月间百余部试播剧的选角打磨明日之星。家长觉得多报班多上培训课能让孩子的星途顺利，有些人甚至愿意出钱拿角色。根据为童星家庭提供信息的非营利组织"商业父母基金会"（BizParents Foundation）的数据，越来越多家庭举家迁往洛杉

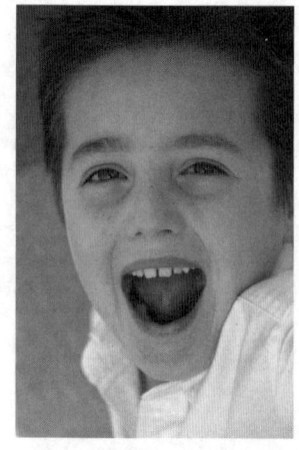

图9.10 渴望成为童星的孩子

矶——这折射出当今社会的巨大压力。世界各地的小孩儿踊跃参加国际模特与演艺协会（International Models and Talent Association）举办的赛事，经纪人会在现场观看他们的表演，他们喜欢选那些没有经济压力、有一位家长能全职投入协助孩子演艺事业的家庭。

如果孩子开始出名了，那么一家人最好搬到洛杉矶或者在家乡和洛杉矶各有一套房。最好是独生子女，这样小演员就不会想念在家的兄弟姊妹，妈妈也不会因为要照顾太多的孩子而劳累。

除了让孩子参加培训，家长还应致力于提高孩子的受关注度。有一位经纪人提出了这么一个自我推销策略，孩子亲自把装有松饼、咖啡、大头照和简历的礼物篮送给选角导演，他们赌导演不可能拒绝一个金发碧眼的可爱孩子。

父母有很大的动力来支持孩子的演艺事业。出演一则全国播放的电视广告的收入就超过10万美元，参演试播剧的片酬是5000美元到50,000美元不等，这取决于是网络还是有线电视，也取决于孩子过去的作品。在试镜过程中，家长会依靠孩子的种族或体型等特殊属性来帮助孩子获得关注。遗憾的是，只有约4%报名的孩子能真正成为明星。

资料来源：艾德里安·妮可·勒布朗（Adrian Nicole LeBlanc），2006年6月4日，《纽约时报》，第44页。

思考：
- 父母应该为孩子的梦想提供机会吗，甚至不惜牺牲自己的事业？
- 经纪人能用品牌策略为童星做宣传吗？理由是什么？
- 为什么星途对如今的儿童这么重要？

隐私权保护

和其他所有公司一样，为了赢得更多关注，娱乐公司识别以及细分消费者的手段越来越复杂。技术的进步使这些公司能收集到大量的用户资料及其媒介/媒介使用痕迹，并据此进行"数据挖掘"。公司通过筛选这些数据从而发展出独特的细分市场，如针对喜欢与朋友讨论游戏经验的运动类游戏玩家市场。这引起了公众的担忧，他们担心公司会滥用其收集的个人数据。很多网站都要求访客提供姓名、住址、电话、信用卡号等个人信息，它们还会跟踪用户的访问行为，并把这些信息和从其他网站取得的数据整合在一起，连同信用卡信息一起卖给第三方机构。

人们对娱乐公司还有其他方面的担忧。比如，你进入某个企业的网站，想要注册账号以便接收新闻提醒，或者想在上面买点儿东西，这说明你对这家公司或商品很感兴趣，并且同意提供自己的信息。为了提升人们对公司的关注度，娱乐通常被当作"诱饵"用来宣传公司，但现在还可以用它来收集用户信息。在电视节目进广告的时候，公司会推销自家产品。虽然它们可以通过收视率了解目标客户群的大致信息，却不能确定电视前的你就是客户中的一员。现在，你可以在社交网络的个人简介里加上一个冒着热气的咖啡杯图标，在电子布告栏发帖，说喜欢喝脱因摩卡（去咖啡因的摩卡咖啡），结果就是下一秒你就会成为MOJOJO咖啡馆的邮件联系人。虽然这么说有点儿夸张，但毫无疑问的是，公司用这项技术锁定了目标客户，正如传统娱乐业一样，现在社交网络、游戏和视频分享网站等在线娱乐平台存在的唯一目的是替广告商吸引客户。

联邦贸易委员会（The Federal Trade Commission）颁布了准则，要求网站披露隐私保护政策，还成立了隐私认证机构监督执行情况。但评论家发现，这些政策只是看起来可信而已，仔细阅读你会发现，隐私非但不能得到保护，这些政策反而确保了网站侵犯和共享个人信息的权利。毕竟网站运营者投入了大量时间和资源制作出来的丰富娱乐内容，用户只需要简单地登录一下就可以免费享受，因此，他们想要得到些补偿（当然不是什么不道德的事）。这里的伦理问题是，他们在收集和披露个人数据时的坦诚程度。

消费者伦理

新媒体的出现带来了一个很重要的变化，那就是观众或者"网民"在制作、分享和消费娱乐内容上起到了更积极的作用。因为消费者参与到了娱乐活动的制作环节，他们也面临着类似的伦理问题。

网络礼仪

有时万维网更像狂野的没有规则约束的西部世界，但事实并非如此。很多网络服务提供商的主页都有"可接受使用政策"或者"用户政策"。与上文讨论的企业隐私保护政策不同，网站提供的只是准则，而不是法律法规，这些准则是针对消费者或"网民"的行为制定的，并非针对企业行为。比起"能做什么"，规则的重点在"不能做什么"，提醒用户注意在该网站上哪些行为是被禁止的。虽说不会受到法律惩罚，但对喜欢上网的人来说，破坏规则造成的注销账号的处罚结果无异于死亡。不论网站是否明确说明，都推荐用户遵守下面列出的常见道德规则：[57]

- **禁止骚扰** 严禁骚扰其他用户，如不要发送辱骂邮件、垃圾邮件和包含重复、不必要消息的"电子邮件炸弹"，禁止"钓鱼帖"（在讨论组发带有煽动性的帖子从而增加点击率）。如果你的账户在大学里，因为校方特别反感性骚扰和种族骚扰，不仅你的邮箱账户会被注销，你还可能受到纪律处分甚至承担法律后果。
- **禁止冒用** 中年男性为了勾引年轻女性伴侣假装成十几岁的青少年显然违反了这

条规则。假借他人名义注册服务或者论坛也是不行的。当然，在联网游戏里或者其他网络平台上，每个人都有一个虚拟身份，其他人也明白并且赞成这种用户规则，这时候的"冒用"是可接受的。但是，"盗用"他人身份是一个很严重的问题，因为你给当事人造成了很大麻烦。

- **禁止侵入**　请勿未经授权就登录他人账号或访问组织机构的计算机，不要窃取密码和信用卡卡号，入侵他人计算机，破坏网页也是不被允许的。
- **禁止违法**　如果在网上做的事违背了"现实世界"的法律，你将受到起诉。因此，禁止利用互联网贩毒、传播儿童色情内容、诈骗钱财、违反著作权保护法以及散布谣言。

除了网站的准则，网络提供商可能还有其他规定。比如，通常大学就禁止其网络的商用，所以在网页宣传自己的摇滚乐队，或者贩卖盗版的专利音乐会给你带来麻烦。

提供商检查违规情况的方法各有不同。有些公司只处理投诉，有的则通过监测网络找出违规人。机构邮箱用户（公司或者学生账户）是没有隐私权的，因为这些机构有权检查邮件是否违反了规则。近来，FBI（美国联邦调查局）联合一个叫"美国信息技术协会"（Information Technology Association of America）的贸易组织，为年轻网民、学校和家长制定了道德准则。这些准则用康德哲学中的"绝对命令"或者用《圣经》十诫的风格可以表述为"不可破坏网页，不可攻击网站。"

盗版问题

如上一章所述，网络的开放文化给知识产权保护带来了巨大挑战。法律规定得很清楚，在未取得版权所有者许可或者未给付使用报酬的情况下，不得通过网络或其他设备分享受版权保护的音乐和视频。虽然称作"分享"和"下载"，实际上这是在窃取。要是美国唱片业协会或者美国电影协会起诉你，你将会受到处罚。但是由于此类侵权行为太多，不可能起诉所有人。只要违法成本小，是否分享文件就取决于个人的道德约束力。

人们为非法共享文件辩护的理由有很多。如"其他人都这么做""只是下载几个文件而已，也不是什么大不了的事儿""版权方收费太高，共享文件和我支付的其他费用扯平了"。可是不管给出什么样的理由，也改变不了分享文件就是窃取的本质。很多人都同意不应该不付钱就拿走店里的CD或DVD，点一下按钮就可以获得盗版文件的行为看似不同，但其实本质上并无差别。

有些拷贝形式合法且符合道德规范。消费者可以录制一部电影自用，但不能将录像出售或出租给他人。此外，不得为他人刻录磁带或者DVD，即使用作私人"备份"文件也不行。这就是为什么FBI在所有录像带、CD和DVD里都发出了"禁止非法复刻"的警告。但话又说回来，因为执法难度大，是否拷贝的决定很大程度上是一个道德约束力问题。

新技术持续造成新的道德问题，其中很多问题消费者都不会仔细去想。比如，你用硬盘录像机（DVR）跳过烦人的广告吗？很多人的逻辑是，如果一件事在技术上可行，那么这件事肯定是合理的；然而，正如我们所分析的，事实往往并非如此。虽然技术支持文件下载，这并不意味着下载就是合法的。没有法律规定观众不能跳过广告，可是提供节目放送服务的电视网认为这就是窃取。回想一下，在广播电视中，节目是免费提供的，但有一个默契，即观众通过观看广告来"支付"节目费用。现在，广告商认识到人们可以跳过他们的广告，因此他们不想为广告支付那么多钱，这意味着电视台的收入减少了。由于没有法律规定，因此要不要跳过广告取决于你自己的道德品质。但要记住这一点，一个人总要为做过的事付出代价。我们已经尝到了苦果，因为喜欢的节目要么植入了很多讨人厌的广告，要么改到付费频道播放。

第八章已经谈到不是只有消费者未经允许使用和拷贝资料，或者滥用新技术，有些艺人常常因侵权、诽谤或诋毁被起诉，因为他们会节录、借用他人作品，然后将其整合到自己的作品里。问题是创作者有没有直接从他人的作品中盈利，也就是说他们是否牺牲、侵害或剥夺了本属于原作者的盈利权。但很多情况下，很难界定是合理使用还是侵权，所以同样地，是否使用、如何使用他人作品不仅关乎法律问题，也关乎道德选择。下文的《聚焦歌词出版：起诉还是不起诉？这是个问题》说明了这个问题。

 **聚焦歌词出版：起诉还是不起诉？这是个问题**

在音乐出版商考虑对未经授权就提供歌词的网站进行起诉时，美国数字娱乐公司"优雅音符"（Gracenote）获得了歌词发行权。这项首次由业界支持的合法提供歌词的服务将在北美首先上线。在此之前，用户大都在未授权网站查找歌词，而且查到的歌词往往不准确。

优雅音符公司取得了多达100万首歌的歌词版权，版权提供商包括贝塔斯曼集团旗下的BMG音乐出版公司、维旺迪集团的环球音乐出版集团以及索尼/联合电视音乐出版有限责任公司［由索尼、迈克尔·杰克逊、独立音乐出版公司皮尔音乐和其他音乐出品人共同持有］。同时，优雅音符公司正在和雅虎、苹果公司的iTunes等合作伙伴商讨推出一项服务，即为所有数字媒体提供合法、准确的歌词。"因为此次授权，歌曲作者可以得到一笔新收入。"BMG的主席兼CEO尼古拉斯·弗斯（Nicholas Firth）说道。皮尔音乐的小拉尔夫·皮尔（Ralph Peer）称，由于歌词授权，全球音乐出版行业的收入增加了，估计每年可达40亿美元。他希望未经许可发布歌词的网站赶紧取得授权。

出版业权威人士提到了歌词（www.lyrics.com）和AZ歌词（www.azlyrics.com）等网站未经授权就提供版权方曲库里的歌词。这些未经授权的网站存在版权问题，它们通过广告和其他渠道获得了丰厚的收入，而作曲家却没有得到应有的回报。

资料来源：路透社，2006年7月14日。

思考：

- 对音乐产业而言，非法下载是很严峻的问题吗？
- 版权方应该起诉未经授权的歌词提供商吗？还是处以罚款或者置之不理？

贿赂

"贿赂播放"（Payola，由"Pay"和"Victrola"留声机品牌组合而成），是指唱片公司通过现金或礼品换取电台播放的行为。尽管唱片业开始之初就存在这种行贿行为，但直到20世纪50年代末这种做法才受到审查和制裁。当时，有几家独立唱片公司在热门唱片的销量和播放次数上开始超过哥伦比亚唱片（Columbia）、美国广播唱片（RCA）和迪卡唱片（Decca）等大牌唱片公司。这不仅威胁了传统唱片公司的地位，更触动了美国作曲家、作家与出版商协会（ASCAP）的利益。该组织在20世纪30—40年代通过销售活页乐谱、钢琴打孔纸卷和唱片获利颇丰，但随着20世纪40年代初录播音乐的兴起，电台模式发生变革。围绕版税支付发生争端后，电台联合抵制协会注册作品，转而成立自己的版权组织：广播音乐有限公司（BMI）。由于ASCAP长期忽视黑人及乡村音乐人的创作，BMI几乎垄断了这些领域的歌曲版权。当摇滚乐——这种最初源自黑人与乡村的音乐——崛起时，BMI也随之壮大。

所以1959年，美国作曲家、作词家和音乐出版商协会敦促奥伦·哈里斯（Oren Harris）主持的众议院立法监督附属委员会扩大调查范围，调查电台的腐败情况，公众对此并不吃惊。在此之前，该委员会主要调查电视知识竞赛里的不正当操纵。哈里斯宣布这一举措之后，杂志《综艺》（Variety）报道称，作曲家、作词家和音乐出版商协会成功地把焦点从知识竞赛操纵转移到了DJ受贿上。当时的假定是，在BMI拥有版权的歌曲将被揭露为通过欺诈手段成为热门歌曲，而这一切都要归功于贿赂行为。

批评家们认为，摇滚乐是青少年道德沦丧的罪魁祸首，它助长了厌女症。这些指责更是火上浇油。人们普遍认为，青少年是被贪婪的DJ骗去听这种糟糕的音乐，DJ将酬金装进口袋，然后频繁播放唱片，在听众易受影响的幼小心灵中留下深刻印象。

1960年，国会、联邦通信委员会和联邦贸易委员会开始对整个音乐行业进行详细调查，从小型出版社到大型广播网络，调查

图9.11　资讯娱乐年代的伦理观

范围覆盖27个城市，挖掘收受贿赂的证据，包括滥用"赠品"（礼物）、操纵排行榜和回扣。早期最著名的案例是艾伦·弗里德[1]（Alan Freed）受贿丑闻，这位纽约WINS电台的音乐节目主持人被指控收钱播放唱片，犯了商业贿赂罪，这让他的名声和事业遭到了毁灭性的打击。虽然如今人们对摇滚乐的限制放宽了很多，但美国政府为了保证行业的公平秩序，仍然继续监管和进行贿赂调查。

尽管知道是违法的，还是有很多唱片公司的销售代表和独立推广商，为了让唱片能够被播放或者加入轮播列表，他们向DJ和音乐总监施压和行贿，具体包括提供免费旅游、艺人合约、音乐会和演唱会门票、礼品、免费音乐，有时甚至还提供毒品、性服务和钱财。插播广告（在电台或电视里提及或者推广某种产品）也是贿赂的结果。因为这太普遍，DJ和音乐总监面临着同样的道德抉择。而且很多情况下，行贿人不会直接提出播放唱片、宣传产品的要求，他们声称送的礼品"没有附带任何条件"，而只需要收礼人试听某首歌或试用某件产品就行了。

送这些礼品还没有达到贿赂的程度，但仍然在道德上有问题，其模糊性让人很难断定有没有超过道德界限。不只是唱片公司销售代表和独立推广商跨越了这条界线来保证唱片的播放，本章末尾的《近观电子广告宣传：当交换原则不存在时》将会探讨一个案例，即洛杉矶的一家奢华精品店为登上名人杂志而采用了有争议的策略。接下来我们要讨论的是旅游景点和运动员为提高业绩而触及的伦理问题。

媒体之外：开发、欺骗及兴奋剂

娱乐产业的伦理问题绝非仅限于媒体领域，几乎所有的休闲娱乐活动及相关产业都可能面临道德困境。在此，我们选取两大由庞大产业支撑的典型领域进行剖析：旅游业与体育产业。

旅行和旅游业的剥削乱象

通过鼓励来自世界各地的人们相互尊重和公正地对待他人，旅行和旅游业被认为是增进文化理解，从而提高道德操守的一种方式。然而，旅游活动和旅游业也被广泛指责为带有享乐主义色彩，剥削旅游目的地的当地人和环境，以满足自己的快乐。

"旅游关注"（Tourism Concern）是一家英国的独立慈善组织，它概述了八种旅游业剥削类型：环境破坏、水资源滥用、流离失所、文化冲突、工作条件、对妇女的剥削、

---

[1] 20世纪50年代初，同时期电台的主流放送风格还是传统流行音乐的时候，艾伦·弗里德就开始在主流电台播放布鲁斯、节奏布鲁斯和乡村音乐，并称之为"摇滚"。1952年，他在克利夫兰举办了摇滚史上的第一场音乐会，即"月狗加冕礼舞会"（The Moondog Coronation Ball）。在他的推广下，摇滚乐逐渐走入大众视野，为之后的流行奠定了基础。后来，因受贿丑闻，他丢掉了电台的工作，事业一蹶不振。1965年，他因酗酒而患尿毒症和肝硬化，在加利福尼亚棕榈泉的一家医院病逝，年仅43岁。

儿童色情旅游以及国外公派旅游咨询。[58]

环境破坏和水资源滥用

旅游业的快速和无节制发展往往会对环境造成破坏。在收入的诱惑下，政府和私营企业往往倾向于维护其旅游经济而非生态系统。结果，旅游业的发展（旅游景点通常被建在世界上最美丽的地方）威胁和破坏了环境，耗尽了有限的自然资源，破坏了这些当地居民和未来游客需要的地方。由旅游业产生的废物很难从生态脆弱地区清除，这意味着堆积如山的垃圾正出现在地球上最美丽的风景中。潜水、水上运动和沿海旅游等不负责任、毫无节制的旅游行为破坏了海洋生物。北欧的滑雪带来旅游业的发展，但这已导致森林砍伐以及大量游客涌入生态脆弱地区和偏远地区。由于使用了大量的水和农药，高尔夫旅游也给当地人民带来了很多问题。

图9.12 鸟类在游客废物上觅食

游客的出现意味着自然对水的需求大大增加，这给面临缺水的干旱地区带来了额外负担。洗浴、游泳池和草坪浇水会破坏水的储备，而游客常常不知道当地居民缺乏生活和灌溉用水。当地社区通常不会从中受益，而且在大多数情况下，当地社区的人也被允许使用为保证有足够多的安全饮用水而建造的基础设施。高尔夫球场与酒店游泳池的开发要为消耗和污染周围社区水资源负责，在东南亚和中东地区尤其如此。

尽管谴责当地政府将利润置于环境之上很容易，但问题并不那么简单。许多最受欢迎的旅游区也是一些经济最困难的地区。通常，旅游业中产生的就业机会和税收收入似乎是当地人赚取基本生活费的唯一途径。很难说，为了拯救珊瑚和树木，政府冒着进一步使本国人民陷入贫困的风险是更符合道德的。这就是为什么许多批评家认为，从这些旅游胜地的发展中受益的外国投资者和游客同样应承担生态保护的道德义务。正如我们将看到的，这些论点可以应用于几乎所有的旅游开发问题上。

流离失所和文化冲突

旅游业的发展已导致众多社区被迫迁离故土——原住民群体尤其首当其冲。政府与企业常以生态保护为名，行驱逐之实，为生态旅游区、度假村和国家公园腾挪空间。这些家庭与社区往往在毫无预警、补偿或安置方案的情况下遭强制驱逐。大众旅游的涌入会严重破坏原本繁荣的本地社区：小型企业被迫与跨国巨头竞争，而当地居民则因游客推高的物价（从食品到房地产）承受沉重负担。

作为游客，我们很幸运地观察到了不同的文化、宗教、服饰和思想。但是，在幕后，那些使我们的假期如此特别的文化常常会被破坏。原住民的文化、海滩、神圣的宗教场所、遗产、房屋和生计，在许多情况下被旅游业破坏。旅游区政府和公民再次面临抉择，决定是否与这种流离失所的状况做斗争并努力保存原地文化。在遵循功利主义哲学的基础上，人们认为多数人的利益超过少数原住民的损失。但是，其他人可能会同意埃利奥特（Elliott）博士的观点，即对大多数人有益并不一定对整个社区有益。

工作条件和对妇女儿童的剥削

几乎每个国家都有剥削工人的案例记录在案，这已成为全球关注的问题。没有地理界线的游轮被指控造成了这一问题。关于旅游业恶劣的工作条件，报道最为广泛的新闻是徒步搬运工。搬运工在恶劣条件下（如沉重的载荷，长时间的工作）为徒步旅行（如尼泊尔、坦桑尼亚和秘鲁）的游客运送物资。

在贫困社区中，弱势群体——尤其是妇女与儿童——遭受剥削的风险更大。根据国际劳工组织（ILO）的数据，旅游业中女性占劳动力的70%，其中一半是25岁以下的女性。在旅游业中，妇女往往是价值最被低估、工资最被拖欠、受剥削最严重的劳动者。她们常常被排除在旅游业的决策、规划和收益权之外。塞内加尔的女性渔民生活在流离失所的威胁之下，因为政府当局更愿意维护旅游业的利益，全世界许多妇女都有这样的经历。在全球范

图9.13　小男孩在印度德里纺织工厂里制作旅游商品

围内，有1300万至1900万年轻人从事与旅游业相关的职业。儿童当男服务员、"快餐"员工、家庭佣工、厨师助手、园丁、洗衣店工人、非正式导游、贝壳捕捞员、巡游海滩的摊贩和纪念品手工业者。

女性和儿童也经常是性剥削的受害者。在全球儿童性旅游业中，每年有超过100万名儿童受到游客的性虐待。尽管有许多组织致力于解决这一问题，但儿童性旅游业的人数日益增加。在越南，贩卖儿童性工作者的现象越来越普遍，儿童服务的售价仅为10美元。另外，虽然确保人道的工作条件和防止虐待应成为政府的头等大事，但也有人认为游客有一定的道德义务。只要游客继续光顾有问题的场所，并对他们看到的虐待儿童的行为佯装不知，甚至经常积极参与此类虐待行为，那么再多的政府干预措施都无法完全消除这些问题。

旅游咨询

旅游关注组织（Tourism Concern）对旅游咨询提出的最后一项批评也许出人意料。旅游咨询是外国政府发布的通知，向公民提供有关旅行目的地的安全性和适用性的建

议。该组织并不是指责政府没有权力，甚至没有责任试图确保本国公民出国旅游时的安全，而是为了提醒游客"注重安全，避免后悔"，旅游咨询中的警告可能被夸大了，而且在某些情况下没有根据。有人认为，旅游警告可能会对诸多全球旅游目的地造成破坏性影响。旅游关注组织制作了一份报告，着重强调了针对同一旅游目的地的各旅游咨询中的矛盾之处，以及它们所带来的负面影响，如大量失业、辍学率升高和政府服务缩减。该组织认为，社区中最贫穷的人受到的影响最大。与往常一样，在这些情况下确定正确的道德路线并不容易。从伦理上讲，外国政府应设法确保其旅游咨询是基于它们能够收集到的关于旅游目的地及其公民的最准确的信息。但是，安全问题最终是一种判断，并且人们可能会认为，当你有疑问时，"注重安全，避免后悔"似乎是更符合道德的选择。

旅游业行动

为了解决以上描述的许多问题，旅游业组织已经制定了详细的行为准则和道德规范。这些准则大多数都远远超出了简单罗列的总体原则。例如，世界旅游组织发布的《全球旅游业道德守则》（Global Code of Ethics for Tourism），分为十个条款，每个条款均由几个特定的规定支持，规定得很具体。例如，第1.4条内容如下。[59]

> 公共当局有责任为游客和来访者及其财物提供保护；它们必须特别注意外国游客的安全，因为他们可能更加脆弱；当局应根据游客的需求，在信息、预警、安全、保险和援助等方面采取特定手段协助他们；针对游客及旅游从业人员的任何攻击、殴打、绑架或威胁以及故意破坏旅游设施或文化或自然遗产等行为，均应根据其各自国家的法律予以严厉谴责和惩罚。

除了制定这些守则，环境保护、可持续旅游业与劳工剥削等问题也成为在旅游贸易和专业会议上讨论最广泛的议题。越来越多的旅游公司致力于解决这些问题，这不仅是出于道德考虑，更多的是为了营利上的便利。它们不仅了解保护环境和防止对当地人的剥削对于维护旅游目的地的吸引力是必要的，而且它们认识到游客越来越期待这种努力。生态旅游（见第十六章）和慈善旅游的受欢迎程度上升，借此，游客实际为协助环境保护和清理，以及人道主义援助项目支付了费用，这被视为消费者日益关注和支持可持续旅游的明确指标。

体育议题

运动员和体育行业面临着许多道德挑战，从大学里的贿赂和欺骗，以及向学生运动员提供礼物和伪造成绩，到球员和官员试图"固定"比赛结果以获得赌注的赌博丑闻，再到通过使用不合格的球员和非法设备作弊。这些违反道德规范的行为通常涉及欺骗和剥削，导致某些竞争者获得不公平的对待。公平竞赛是体育活动的核心，因此，对于任何被认为是"不公平的行为"，人们往往要特别谴责。许多体育联盟和部门已制定规则以防范不公平的行为，违规者可能面临罚款、禁令或开除。团队和运动员因违反招募政策、资格要求和比赛规则而被罚款和禁赛。但是，无论您参加哪个水平的比赛，不论是有组织的联赛还是社区选拔赛，您作弊或按规则参加比赛本质上都是道德问题。

图9.14　有多少自行车赛手通过药物提高比赛成绩？

兴奋剂和博弈论

各级运动员日益面临的抉择在于决定是否使用能提高成绩的药物。考虑到兴奋剂在大多数有组织的运动中都是违法的，运动员往往会秘密服用兴奋剂。因此，从道德上讲，这是一种欺骗行为，或更简单地说，就是作弊。越来越多的体育运动，包括棒球、足球、田径和自行车，都面临着"兴奋剂"丑闻。在这些丑闻中，常有顶级运动员被控使用违禁药物以提高成绩，并经常被判有罪。世界反兴奋剂机构的资料显示，[60] "兴奋剂"一词被认为是源自南非荷兰语单词"dop"，这是一种由葡萄叶制成的混合物，祖鲁族战士在战斗前将其服下。在体育运动中，该词最初用于描述20世纪初赛马中所用的非法药物。

现在在体育运动中使用兴奋剂有一系列方法，包括使用"血液兴奋剂"（自体或同源血红蛋白输注），使用合成促红细胞生成素（EPO）来增加红细胞数量；利用合成代谢类固醇和人类生长激素来生长骨骼肌；使用改善认知功能和减轻疲劳的兴奋剂；以及氮帐篷和"房屋"可以模拟高海拔对睡眠产生的影响。未来肯定会有更强大、更奇特的干预措施。[61]

作家迈克尔·舍默（Michael Shermer）运用博弈论来解释运动员为何选择使用兴奋剂。[62] 博弈论是一门研究博弈者如何在预测其他博弈者所选策略的情况下，选择能使自己收益最大化的策略的学问。博弈论最初是由约翰·冯·诺伊曼（John von Neumann）和奥斯卡·摩根斯坦（Oskar Morgenstern）设计的，旨在解决经济学中的问题，通过把经济学与游戏联系在一起，来预期对手的后续动作。该理论超越了经典的概率论，因为它强调博弈的战略方面。博弈论最初应用的"博弈"不仅仅是扑克等赌博游戏，也不仅仅是战术决策起着重要作用的体育比赛，还包括人们做出经济选择、军事决策，甚至是国家外交战略等严肃事务。所有这些"游戏"的共同点是，每个玩家的"棋步"都要根据其他玩家的选择范围进行分析。

囚徒困境模型是博弈论的经典案例。您和您的伙伴因犯罪而被捕，您被关押在单独的牢房中。当然，你们两个都不愿意坦白或告发对方，但是地方检察官为您提供了以下选项：

- 如果您认罪，但另一名囚犯没有认罪，您将获得自由，他将被判入狱20年。
- 如果另一个囚犯认罪而您不认罪，您将被判20年的刑期，他可以被释放。
- 如果你们都承认，你们每个人都会获刑5年。
- 如果你们都保持沉默，你们每个人获刑1年。

图9.15 囚徒困境

在分析囚徒困境时，我们运用"必然原则"：虽然囚徒A无法确定B的选择，但他明白无论B认罪（自己认罪判5年比20年更有利）还是沉默（认罪最多判1年），认罪都是最优选择；B同样会得出此结论。表面上看，双方选择认罪各判5年似乎是最佳策略，但悖论在于，若两人都采取"非理性"的沉默策略，每人只需服刑1年。囚徒困境的讽刺性在于，当双方都自私地选择不合作（认罪）时，结果反而不如无私合作（保持沉默）有利。

运动员在决定是否使用兴奋剂时可能会面临类似的困境。在体育运动中，参赛者按照一系列规则进行比赛。许多体育运动的规则明确禁止使用兴奋剂。但是由于这些药物非常有效，而且其中许多药物很难（即使不是不可能）被检测出来，成功的回报又如此巨大，因此运动员使用违禁药物的动机非常强大。如果某些运动员选择使用兴奋剂而其他人不使用兴奋剂，那么这将给"兴奋剂服用者"带来好处。理想状态下所有运动员都应拒绝兴奋剂，但在无法确保他人守规的情况下，最理性的选择是服药。因此，一旦顶尖运动员为获取优势开始违规服药，守规者将被迫效仿，最终整个行业陷入违规的恶性循环。然而，由于违规将面临严厉处罚，运动员们形成了一种缄默法则，使得任何关于扭转趋势、回归守规的公开讨论都成为不可能。

但是，使用兴奋剂似乎是最合理的选择，然而，这一事实并不会使该行为成为最道德的选择。"服用兴奋剂是否违反道德原则"这一问题已成为人们争论的热点。

体育道德原则

在国际奥林匹克运动的带领下，大多数有组织的体育运动都认为使用兴奋剂是不道德的。它们已采取措施，通过禁止、制定测试程序并处罚使用违禁药物的运动员来阻止其使用。国际奥委会于1967年制定的体育运动中反兴奋剂使用的基本原则：

- 保护运动员的健康。
- 尊重医疗和体育道德。
- 确保比赛中所有人的平等机会。

很多论据都指向服用兴奋剂是不道德的，因为它违反了这些原则。不过，批评家在多个方面都对这一立场提出了怀疑。他们讨论了使用兴奋剂是否违反了这些原则，也对这些原则本身提出了怀疑。法学教授麦克斯韦·梅尔曼（Maxwell Mehlman）对这一论点的各个方面进行了全面梳理。[63]

健康

首先，他承认，似乎很难不同意第一个原则，即"保护运动员的健康"。显然，某些增强性能的药物是危险的。例如，类固醇与一系列副作用有关，包括心脏病和肝癌。但他还指出，一般而言，尤其是某些体育活动是具有固有危险性的。运动员经常在训练和比赛中受伤。对于许多人来说，受伤甚至死亡的可能性使体育赛事变得更具观赏性。想想看赛车或速降滑雪比赛，甚至是足球和曲棍球比赛，更不用说拳击比赛了。因此，争论的焦点是，如果运动员可以自主接受危险运动带来的一定程度的风险，为什么不允许他们接受增强手段带来的与之相同甚至更高的风险呢？一个明显的答案是，某些运动已经很危险的事实并不能合理化危险加强手段的使用。但是，多高的风险是合理的，以及某些药物的使用是否可能超过该风险，这不是一个容易回答的问题。

反对使用增强手段的另一个论点是，它在运动上等同于核军备竞赛。如果每个人都使用增强功能，那么所有优势都将被消除。因此，更好的选择是禁止增强功能，而不是使所有人都遭受不必要的健康风险。其他人则反对称增强效果不同，并且像训练中的其他调整一样（如饮食），应由运动员自行决定。但是，反对者坚持他们的论点，即运动员别无选择，只能使用所有可用的增强手段。

假设保护运动员的健康是一个合理问题，那么还有一个问题是，强化剂到底会造成多大的威胁。有些强化剂，如氮气帐篷，似乎不会产生任何持久的负面影响，有些运动员甚至使用类固醇和红细胞生成素合成药等存在潜在危险的增强功能药物，而似乎没有遭受任何重大或不可逆转的伤害。这促使一些支持者建议，如果我们对防止伤害感兴趣，我们应该投入大部分反兴奋剂的资金用于研究，以开发更安全的增强剂，而不是防止其使用。其他人则援引研究案例和逸事来指出其中严重的健康问题与增强功能药物有关。其他人则认为真相尚未可知。在辩论专业自行车赛中的药品使用时，哥伦比亚大学的莱恩·奎恩（Ryan Quinn）指出：[64]

> 8位——这是最近因莫名其妙的心力衰竭而突然死亡的精英自行车手的数量。官方称，这些都是反常的悲剧。那显然是一个巧合。尤其是大多数受耐力

运动员欢迎的药物所具有的效果不仅是提高耐力，这些药物还会危险地稠化运动员的血液。血液增强剂和类固醇引起的再小的副作用也会给人造成很多麻烦，甚至会导致可怕的后果，但当你愿意不惜一切代价获胜时，死亡便是要付出的最高代价。可悲的是，由于兴奋剂服用的可耻、秘密的性质，许多最严重的风险是未知的。

最终，大多数人会同意体育运动禁止危险行为的观点。如果增强是不安全的，或者其不确定的安全性令人怀疑，则应禁止使用以保护运动员。允许运动员做出其他危险行为也与之并不矛盾，这一点大多数人也会认同。正如体育规则所定义的，虽然一项运动的本质可能会造成固有的危险，但它仍应尽量保证最大可能的安全性，这也为禁止运动员因一系列新的危险（具有潜在危险的）行为增加自己的风险提供了依据。但是，问题仍然存在：某些增强功能药物是否符合该标准，或即使符合标准但不能被强制执行，这时禁令还是一个好主意吗？

医学和体育道德

也有人认为，使用兴奋剂违反了医学和体育道德。兴奋剂的使用给运动员医生带来了道德问题。一般而言，体育运动的反兴奋剂规则是针对运动员和团体，以及在较小程度上针对教练和训练员的，而不是针对可能是违禁药物来源的主治医生。世界反兴奋剂机构发布的《反兴奋剂条例》（Anti-Doping Code of the World Anti-Doping Agency）禁止任何人管理或试图管理违禁药物，或者协助、鼓励、帮助、教唆、掩盖、参与任何违反或试图违反反兴奋剂规则的行为，体育组织很少对主治医生实施处罚，仅对队医实施处罚。例如，在2000年悉尼奥运会上，罗马尼亚队主治医生在给体操运动员开具违禁的非处方感冒药后，被要求离开奥运村。[65] 虽然很少受处罚，但主治医生仍然必须自己判定他们开增强功能药处方是否会违反道德规范。由于没有任何一种药物被食品及药物管理局批准来增强运动表现，因此向运动员患者开药的医生属于违规开处方药。这种违规处方药的使用引发了医学伦理学问题，远远超出了人们对违反任何特定体育组织规则的担忧。

关于体育道德，有人认为必须禁止兴奋剂的使用，因为据体育规则的制定者说，使用它们是在作弊。显然，如果一项运动不允许使用提高成绩的药物，那么使用兴奋剂顾名思义就是作弊。但是，规则始终在变化。例如，网球拍头尺寸的变化；在棒球比赛中，投球区降低了，以使曲线投球更加有效。直到20世纪60年代，用于撑竿跳的杆都是用木头制成的。之后有人开始用玻璃纤维制作撑杆，这使运动员能达到的高度增加了几英尺。规则上本来可以标明禁止使用玻璃纤维杆，但事实并非如此，每个人都开始使用它们。您必须如此才能保持竞争力。

在大多数情况下，修改规则的理由是，新规则能增强运动员和观众的竞技体验。因此，有些人可能会说，提高成绩的药物能让运动员跑得更快、更猛、更久，确实"增强"了竞技体验。但也有人不同意这种观点，认为兴奋剂会降低竞技的"真实性"，从而减损竞技效果。试想一下，运动员是否可以通过注射一组增强机能的基因，不费力气地获得奥运奖牌，而无须经历磨炼和训练的考验？奖牌似乎不劳而获，成就显得不值一提。从这个意义上讲，增强功能药物的使用可能与天赋有所不同，因为运动员必须通过训练来利用其天赋，而且奖励或许会被说成是在回报他们付出的努力而不仅是天赋本身。但是，我们并不仅仅奖励艰苦奋斗，我们还奖励隐形优势，如才华和机遇。

平等竞争

下面我们进入国际奥委会反兴奋剂原则的第三条："确保比赛中所有人的机会均等。"如上所述，可能为了保持竞争力，所有运动员都必须使用增强功能药物（如果有的话），但是，如果不是所有人都可以使用增强功能药物，该怎么办？如果增强功能药物成本过高，或者无论运动员愿意支付多少费用，供应量都非常有限，从而只有部分运动员有幸获得成绩优势，那么使用增强功能药物似乎就不公平了。

但运动员在比赛之时从不是平等的。他们享有许多不公平的优势。有些人具有较强的天赋，有些人来自富有的家庭，或运气好没遭遇伤残。并非所有的奥林匹克体操运动员都能受训于贝拉·卡罗尔（Bela Karoly）；并非每个花样滑冰运动员都能像萨拉·休斯（Sara Hughes）一样在自己的后院溜冰场上训练。因此，有些人很难理解为什么体育能容忍这些优势，但不允许人使用增强功能药物获得这些优势。一个答案是，允许人们从自然能力和好运的分配中受益是公平的，因为这些因素是我们无法控制的。但是，通过服用兴奋剂获得不应有的优势，这一点是我们可以控制的。但是支持者反对称，这种控制正是允许使用增强功能药物的原因。他们建议应该使用增强功能药物来提高公平性，仅允许那些受自然不利因素影响的人使用增强功能药物。例如，增强功能药物可能使残障运动员能够参加真正的奥运会而不是"特殊"奥运会。

图9.16　2008年加拿大渥太华马拉松比赛中的残疾运动员

捍卫规则

梅尔曼最终认为，摒除规则的重要性是错误的。对一场运动比赛来说，制定规则并要求竞争对手遵守规则是完全合适的，如您可以使用玻璃纤维杆或氮气帐篷，但不能使用类固醇或红细胞生成素合成药。另外，规则可以是完全任意的。事实上，它们往往就是这样，制定规则的理由早已被遗忘。一项运动被规定必须以某种任意的方式进行，如倒立，或者不使用增强功能药物，这在本质上并没有错。

体育比赛代表的规则和传统很重要，因为它们在运动员、教练、法官和观众之间创造了一系列期待。比赛场地可能并不平坦，但每个人都知道，仅仅某些不平和倾斜是被允许的。您不会期望看到有人用板球拍猛击他人的脸（尽管您可能会拿着曲棍球棒）。此外，运动员被期待成为年轻人的榜样。专业运动员使用增强功能药物，尤其是违禁药物，可被视为对使用这些药物及其他非法药物的普遍认可。

令这些公众期望落空的后果不可低估。考虑一下棒球迷对全垒打运动员使用类固醇激素的报道会有多不满。为了维护观众的忠诚度，且不用说增加收入，像国际奥委会这样的体育组织完全有权制定自己的规则并执行这些规则，即使规则可能并不总是公平合理的。但是，运动员是否选择违反这些规则仍然是个人道德问题。

本章小结

在本章，我们探讨了一系列的道德问题。我们从回顾主要的道德哲学开始，讨论了应用于媒体道德的具体理论。故事是娱乐的生命，因此，我们接下来集中考察了故事讲述的伦理准则，揭示了伴随资讯娱乐——一种集娱乐、新闻以及商业媒介于一体的模糊概念——出现的道德挑战。我们就传记、纪实作品、产品植入以及真人秀中事实与虚构之间的区别发出了疑问，还就娱乐制造商是否应该对其产品的一切负面影响负责提出了疑问，这些影响包括暴力、性和刻板印象。

接着我们从故事讲述的伦理准则过渡到仔细检查其他行业的现实问题。我们详细阐述了保护消费者隐私和对抗唱片企业行贿方面的伦理挑战。此外，我们探讨了新媒体技术对消费者道德行为的若干影响。最后，我们讨论了媒体娱乐之外的道德问题，即旅游业和体育产业中的过度开发和欺骗带来的道德问题。总之，法律法规以及道德准则是无论如何也不能保证道德行为或者取代个人责任感做出道德决策，在本章中我们一再见证了这一事实。

 近观电子广告宣传：当交换原则不存在时

基特森（Kitson）是一家在洛杉矶销售名流物件、时尚新品和贩卖八卦的精品店。这家店抵制使用广告，相反，选择抓住机遇，努力让自己的品牌登上杂志。例如，狗仔队拍到的哈利·贝瑞（Halle Berry）挎着一款签名手袋离开商店的照片，引起了人们对挎包的跟风。

妮可·里奇（Nicole Richie）的签书会的报道，或某些名人的珠宝或香水的宣传活动。基特森的促销体系已发展得很完善，以至于一些零售商聘请推广人员来协助建立其产品发布与名人的联系。反过来，杂志也会满足读者了解艺人如何购物、饮食和生活的欲望；狗仔队则负责卖照片，曝光名人，于是基特森吸引了很多顾客。

图9.17　身背潮品的名人

这种"互相方便"的技巧受到审查是在2006年9月，当年基特森的持有者，弗莱泽·罗斯（Frasier Ross）出于愤怒起诉了《美国周刊》（Us Weekly）的出版商，要求该杂志报道其店品牌涉及的艺人。一家零售商要求杂志对其进行报道，这似乎是一种炒作。但罗斯声称这一诉讼是关于合同义务的。在基特森主持并承办该杂志的派对以便换取两页封面之后，《美国周刊》却从未报道（《美国周刊》后来为派对支付了费用）。

处于争议中心的是名人推动的经济，这一经济利用了公众对窥探艺人生活琐事的无尽的欲望。零售商竭力想成为名人的供货渠道，通过示意狗仔队或免费向艺人赠送产品，希望狗仔队拍到艺人使用其产品的照片，以此做宣传。洛杉矶诺曼李尔中心（Norman Lear Center）研究社会娱乐影响的马丁·卡普拉恩（Martin Kaplaln）主任表示，当娱乐产业和娱乐新闻相互作用时，存在一定道德标准的想法就成了"一种幻想"。道德标准因出版物而异，存在着明显的"禁忌"，如要求免费产品等。大多数时装编辑将设计师和设计师商店的名称置于版式的底部，但是一些杂志和零售商发展了更乱的关系，如罗斯投资了一家狗仔队经纪公司落日照（Sunset Photo），其幕后老板是一位美国前报刊编辑。

尽管罗斯声称自己不是时尚圈中人，但他的零售店（年销售额为2400万美元）利用了詹姆斯·邦德（James Bond）的新电影《皇家赌场》（Casino Royale），出售了与电影相关的95美元的T恤和服装。"这就像在《皇家赌场》上做了宣传。"他自吹自擂道。这证明名人在出售物品。

资料来源：玛利亚·纳瓦罗，《纽约时报》，2006年9月21日。

你怎么看？

- 名人杂志和零售商之间的私下交易有何问题？
- 行业制裁和诉讼程序可以监视和惩罚违规者吗？为什么？

讨论与回顾

1. 不是所有娱乐行业中的道德问题都可以用同样的方式解决。回顾本章介绍的六大道德哲学理论，并就哪些理论对讨论过的道德问题更有效或更无效给出你的建议。
2. 解释在当代娱乐行业中事实与虚构被混淆的不同情况。
3. 有些批评家认为娱乐制造商应该对其产品的一切负面影响负责。你同意这一观点吗？为什么同意？或为什么反对？
4. 比较娱乐公司、娱乐专业人士和娱乐消费者或娱乐"用户"面临的道德挑战，你能发现其共同的主题和唯一的关注点吗？
5. 本章所讨论的与产业而非娱乐媒体相关的两大道德关注点是什么？

练习

1. 利用波特图式，运用本章讨论的六个道德理论中的一个理论解决本章开头概述的四个道德困境中的任意一个。
2. 观看视频网站上发布的一些较受欢迎的视频，你能找出与本章描述的道德批评相关的例子吗？
3. 在本章，博弈论被用来解释服用兴奋剂的行为。试试看您能否将此理论运用到解释娱乐行业中其他有问题的道德行为上？

书籍和博客

Boxhill, Jan (2003). *Sports ethics: An anthology*. Malden MA: Blackwell.

Fennell, David (2006). *Tourism ethics*. Clevedon, U.K.: Channel View Publications.

Valenti, Miguel (2000). *More than a movie: Ethical decision making in the entertainment industry*. Boulder CO: Westview Press.

www.mediaethicsmagazine.com——上面有关媒体理论的故事。

www.networkworld.com/weblogs/gearblog/2005/009699.html——包含一篇关于伦理与娱乐的文章。

www.twec.com/corpsite/corporate/code.cfm——跨世界娱乐公司（Trans World Entertainment）的道德规范。

第十章　宗教与社会化

> 因为我们争战的对象不是这世上的血肉之躯，而是在这黑暗世界执政的、掌权的、管辖的和天空中的邪恶势力。
>
> ——《圣经·以弗所书》第六章　第十二节

自创世纪以来，人类行为就与宗教共生共存。也就是说，人类音乐和舞蹈总是伴随宗教仪式与礼拜活动，与神秘主义及教义体系密不可分。古埃及文化是第一个将整个社会与音乐、舞蹈的魔力相融合的伟大文化。宗教活动的每个环节都镌刻着音律与舞姿的印记，仪式性调色板与石制器皿的考古遗存昭示着音乐在远古时期的重要地位。自此，人类所有文化和宗教都崇尚音乐、舞蹈。这便是人类最早的娱乐方式。

因与宗教行为息息相关，本章将探讨宗教传播中娱乐活动的多维面向：首先是真人表演类，如舞蹈、戏剧、音乐和主题公园；其次是宗教媒介，如电影、电视、无线广播、喜剧和互联网；最后介绍体育运动与宗教的联系。鉴于宗教与传播皆为社会化表征形式，我们将倾注同等时间和精力探寻人类互动与社会化对娱乐行为的影响。

表演艺术的宗教起源

印度教可能是现存最古老的宗教。事实上，印度教的起源至少可追溯到公元前2500年，并且直到今天仍有近10亿名信众。信仰被转化为物质实体后，其表现形式无穷无尽，如建筑、音乐、舞蹈、膳食标准、着装规范，甚至信仰体系。宗教建筑，如教堂、清真寺、犹太教会堂及寺庙可以被看作信仰被转变为物质实体的体现。这些建筑有各自的风格，并且它们都源于崇拜者的集体信仰。同样，宗教艺术领域也没有限定信仰表现形式，无论是出自法国早期穴居人之手的岩壁画，还是被发现于沙特阿拉伯清真寺的杰出的伊斯兰设计，抑或出土于雅典和罗马废墟的古希腊、古罗马雕塑，都足以说明这一点。音乐和舞蹈也是宗教信仰的表现形式。综合起来，每种宗教表现形式，如建筑、音乐、舞蹈及服饰等都共同强化着世界宗教传统的累积效应，形成了印度教、犹太教、佛教、基督教、伊斯兰教等体系。本章将讨论四种现存的宗教表现形式：宗教舞蹈、宗教戏剧、宗教音乐和宗教主题公园。

宗教舞蹈

古希腊人认为舞蹈是上帝发明的，因此，他们将其与宗教和祭祀仪式联系在一起。他们坚信上帝只将跳舞这一天赋赐给他的选民，从而他们能教会其他世人。古代东方舞蹈以我们所谓的"肚皮舞"为核心，与宗教有着传统的联系。

如果追溯舞蹈的起源，我们会发现起源于希腊神秘仪式的性感舞和喜剧舞在传入西班牙后演变成了如今的弗拉明戈舞。这种舞蹈以另一种形式在整个中东和近东地区发展，最终以肚皮舞闻名于世。此外，两种类型的舞蹈都与吉卜赛人相关。吉卜赛人从印度，经过波斯，到中世纪将舞蹈传到整个欧洲。

舞蹈起源于寺庙，最终传播到俗世，并出现了一个专业的舞者阶层。在前基督教时代，肚皮舞是带有宗教性质的。后来舞蹈从宗教领域发展到观赏和娱乐领域，在传入西班牙后演变成了如今的弗拉明戈舞。

在佛教、笈多王朝及中世纪，舞蹈在实现精神启迪与身份认同方面发挥了重要作用。现存的寺庙雕塑、绘画和圣像就是令人信服的证据。后来，穆斯林大举入侵，他们视使用音乐和舞蹈进行朝拜占卜为丑行，于是舞蹈便进入宫廷成为一种娱乐形式。重点是文化通过其在艺术、艺术形式、文学和语言中的表达，塑造了我们对基督及其福音的理解。

聚焦上帝摇滚乐：狂热的耶稣运动

图10.1 基督教的装饰性鱼状图标

基督教对嘻哈风格的接纳可以追溯到20世纪60年代的文化动乱时期。神秘的嬉皮士一代激发了耶稣子民运动。这一运动被注入了一股明确的基督教徒对爱的狂热和一种对反主流文化启示的感觉。直到20世纪70年代早期，一股新的耶稣思潮席卷了美国人的思想。它们是公共性、朴实性、自发性和反建制的。这一新耶稣思潮和其"不同凡响"的思想在其势头消失殆尽之后的很长一段时间仍继续改变着美国人的信仰；激发了一种更为非正式的与现代的交流和庆祝方式，这种方式在坚持核心原则的同时，将美国基督徒的生活从圣经的束缚中解放了出来。[1]

在宽松的连帽衫上，或在四轮滑板上都可见夸张的赞美耶稣的装饰性鱼状图标，上面写着："耶稣，暖心的救世主！"当代基督徒认为反抗是无用的；福音传道部门和年轻的追随者都选择享受流行文化的狂热与躁动的风格，同时将富有启示的信息和严格的道德行为准则融入流行文化。

最早和最具影响力的耶稣狂热者是一个名字奇特的年轻小伙，叫朗尼·弗里斯比（Lonnie Frisbee）。正如大卫·迪·萨巴提诺（David Di Sabatino）在其2006年杰出的纪录片《弗里斯比：一位嬉皮士牧师的生与死》（*Frisbee: The Life and Death of a Hippie Preacher*）中所描述的，弗里斯比是一名在加利福尼亚州奥兰治县长大的潦倒的年轻人。他在幻觉中看到上帝，然后在海特成为一名基督教徒。他保留了嬉皮士的装扮与长发，还有他极富魅力的天真神情和炽热的宗教热忱，弗里斯比后来与作风严谨的查克·史密斯（Chuck Smith）联手，在史密斯领导的加尔文教堂开创了极受欢迎的青年牧师协会，领导了一场嬉皮耶稣复兴运动，盛况空前。运动中耶稣被塑造成一位长发飘飘的仁爱的革命者，一位真正的万世巨星，他的追随者用地下报纸和海边受洗来引领其他人感受圣灵突然降临的力量。

纪录片《弗里斯比：一位嬉皮士牧师的生与死》的电影配乐有一些令人毛骨悚然的狂热音乐，这些音乐是在20世纪70年代末被录制的，当时，蓬勃发展的基督教音乐产业（CCM）与当红的流行歌手联手推出一整套甜得发腻的歌曲。这些疯狂的音乐充满末世启示的力量。虽然很难将"获救的怪胎"乐队（All Saved Freak Band）与华而不实的基督教音乐联系到一起，但该乐队成员仍然成为基督教音乐的重要人物，因为他们那种救世主式的张力和强度，为专业摇滚乐提供了一种冒险元素。

资料来源：戴维斯·埃里克（Davis Erik），2007年，slate.com。

宗教戏剧

在近1800年后，剧院成为教堂建筑的延伸。此时，长方形基督教会堂被彻底改造成新型的礼拜建筑：礼堂式教堂。新教建筑风格的剧烈转变与其礼拜风格和宗教使命密不可分。礼堂式教堂的特点为一个相当引人注目的舞台对面是一排排由内向外发散开来的梯式弧形听众席。这一设计直接来源于剧院建筑风格。这种风格在宗教建筑中并不常见，但这样设计的目的是，在发言人的声音范围内，凝聚大部分观众。戏剧元素在此尤为显著：许多教堂设有镜框式舞台拱门、遮檐式照明、剧院座椅，甚至歌剧院式包厢。

这些礼拜场所凸显了宗教仪式中的表演性与娱乐元素，从而重塑了神职人员与信众之间的关系。在会堂式教堂中，信徒的个人影响力与社会地位既源自虔诚信仰，也来自消费主义行为；而神职人员的权威则取决于其戏剧化的专业表现，而非与社会机构的传统联系。通过建造这类建筑，中产阶级宗教群体展现出一种以消费为导向的宗教参与模式——这种模式赋予他们对礼拜体验与教会使命拥有前所未有的主导权。[2]

以弘扬基督教正面价值观为主题的戏剧最早可追溯至10世纪，并于15世纪末在中世纪欧洲蓬勃发展。主要有两类基督教戏剧：神秘主义戏剧（神迹剧）和道德剧。尽管这两种戏剧在本质上不同，但它们的目的都是强化教义与道德价值观。

神迹剧

神迹剧最初只是对圣经故事的简单呈现，主要呈现《圣经·旧约》中的故事、基督的事迹或圣人的生平，由神职人员用拉丁语在教堂内表演，主题涵盖创世纪、该隐杀兄、亚当夏娃被逐出伊甸园与末日审判等。随着神迹剧日益流行，非神职人员也逐渐加入创作和表演。到14世纪，这些戏剧脱离教会背景，进入市场，表演者用本民族语言进行表演。

道德剧

道德剧起源于15世纪，其本质是讽喻：故事围绕一个主人公展开，他会遇到道德品质的化身，这个化身会鼓励主人公过一种有美德的生活。道德剧中的主角通常是整个社会阶层或整个人类的代表。反面人物通常不是人，而是道德或邪恶的化身。虽然基督教戏剧在16世纪和17世纪被冠以邪恶的罪名而受到压制，但是基督教戏剧在福音派教会中蓬勃发展，而且被视为一种艺术形式而非对上帝的亵渎。

《万世巨星》作为现代道德剧，经蒂姆·赖斯（Tim Rice）和安德鲁·劳埃德·韦伯（Andrew Lloyd Webber）之手以摇滚歌剧的形式发展了起来。该剧突出斯加略人犹大和耶稣的政治斗争及人际斗争，戏剧发展遵循经典福音书关于耶稣生命最后几周的记载，从耶稣和他的追随者来到耶路撒冷到耶稣被钉死在十字架上。剧中歌词融入了20世纪的价值观念与市井俚语，将对现代生活的讽喻暗藏于政治叙事之中，舞台剧与电影版本均刻意运用了时代错置的表现手法。

摇滚歌剧

摇滚歌剧先是以专辑形式面世，而后才登上百老汇及伦敦西区舞台。两首主题曲《超级巨星》（*Superstar*）和《我不知如何爱他》（*I Don't Know How to Love Him*）风靡一时。后一首歌被美国歌手海伦·雷迪翻唱，并于1971年初登上了美国流行单曲排行榜前15名。

由于制片人不敢冒险制作如此大胆的作品，《万世巨星》（*Jesus Christ Superstar*）最初以录音的方式问世，最终于1971年10月12日在纽约的马克·海林格剧院首演。尽管某些宗教团体反对，但这部作品仍获得了巨额票房收入，总共演出720场。1973年，《万世巨星》推出电影版本，由泰德·尼利（Ted Neeley）和卡尔·安德森（Carl Anderson）主演。

《万世巨星》首播一年后，音乐剧《摇滚福音》（*Godspell*）在百老汇开演，此后通过巡演及复排版多次重现于舞台。历年来的多版原声专辑陆续发行，首张专辑中的一首歌《日复一日》（*Day by Day*）在美国公告牌流行单曲排行榜上名列第13名。音乐剧由一系列寓言组成，主要取自马太福音（Gospel of Matthew）。该剧穿插大量风格多样的现代音乐，配以传统的赞美诗的歌词，并在结尾时简短地突出基督的激情。

图10.2　1972年耶稣基督《万世巨星》在伦敦登台

《摇滚福音》因其多样性一直是现代音乐剧的重要组成部分。首演中是一个小丑戏班跟随耶稣进入一处废弃的游乐场所，之后的演出背景包括博物馆、教室、楼顶、世界末日或一个废弃的剧场。其舞台美术设计既可奢华如百老汇大制作，亦可简约至高中戏剧社水准——曾有版本仅用三座绞刑架，另一版仅用一堵墙、一些阶梯与一个宝箱，甚至还有以麦当劳餐厅为背景的。在2007年9月，《摇滚福音》开始了在英国的复兴之旅，启用了全新的演员阵容，其开幕场地为彼得伯勒主剧院。《摇滚福音》在2008年夏天重返百老汇，这部作品重新集合2006年在新泽西州的造纸厂剧院演出的成员。

全球宗教戏剧

如今，在全球范围内，众多形式的宗教戏剧在伊斯兰教国家、智利、俄罗斯、英国、美国等国家备受欢迎。最近，伊斯兰教戏剧将哑剧转变为宗教仪式，以旋转托钵僧舞的形式呈现。这种舞蹈最初是一种无意识的生活艺术形式，现在变成了一种有意识地将生活幻想戏剧化的艺术形式，以庆祝各种各样的仪式，这些仪式象征着神性的割让，是赋予繁荣、健康、和平等神圣本质的象征性代祷。

智利安第斯原住民通过融合本土信仰与天主教的盛大节庆彰显其灵性认同，从而在尊重他们每个城镇的守护神的同时，确立他们二元文化的身份。"大场面"（Spectacles）节日的崭新呈现经历了信仰的融合以及对天主教的适应和抵抗。

名为"神秘主义"的国际基督戏剧节于2008年在莫斯科举行。该戏剧节的目的是复兴教会戏剧。在莫斯科政府、俄罗斯戏剧工作者协会及基督教戏剧工作者协会的赞助下，来自俄罗斯各地及海外的20多个剧团携舞台作品齐聚莫斯科，上演了主题为"相互忏悔"的各流派戏剧，包括东正教、天主教、路德教、新教及其他教会的戏剧作品。

美国天主教戏剧

明尼阿波利斯的主显节工作室天主教剧院为教区、会议和全国性集会制作了福音教派的娱乐节目，开展了鼓舞人心的静修和集会活动，用天主教的戏剧体验挑战了当代文化。这些戏剧被称为"新福音"，旨在以狂想派戏剧的表演风格来激发和感化观众。这种风格是于1941年在被纳粹占领的波兰形成的，其引入一种名为"世界剧院"的新的戏剧表达方式，该方式把戏剧理论与渗透着天主教信仰的艺术、美学、戏剧、诗歌、哲学和神学的原则结合在了一起。在教皇重振宗教戏剧的背景下，戏剧表演与戏剧写作成为狂想风格的永恒见证。

同样是在明尼阿波利斯，观众于2008年欢聚于斯亨内平大道的联合卫理公会教堂，参加了一个包含36部探索灵性与宗教的戏剧和电影的戏剧节。剧目涵盖多样的戏剧风格与各种不同的宗教信仰，如圣经故事、传统的印度教舞蹈表演和表现个人走出黑暗经历的作品。起初这个活动是明尼苏达州艺穗节的一部分，现在已经独立出来作为一个节日。节目包括大量的舞蹈表演，从基督教的庆典舞蹈，到呼啦圈和美国民族舞蹈，再到一种可以追溯到2000多年前的名为拉迦玛拉（Ragamala）音乐舞剧的印度舞蹈。由此可见，宗教主题戏剧作为艺术表达形式在全球广受欢迎，其发展态势预示这一传统将持续繁荣。

宗教音乐

音乐对社会构建至关重要。音乐在埃及文明和其他早期文明中发挥的主要作用似乎都与宗教相关，如增强巫术效果、推崇神明等。在西方世界，音乐诞生于公元前500年左右。当时罗马帝国被匈奴人、汪达尔人和西哥特人蹂躏，新兴的基督教会主宰着欧洲，决定着音乐、艺术和文学的兴衰存亡。教皇格里高利一世（Pope Gregory I）收集、编撰了基督教会音乐，形成了格里高利圣歌。中世纪，西方音乐开始融入犹太神秘主义元素。东欧哈西德运动时期的音乐为旋律独特、强劲的纯音乐。哈西德音乐风格对东欧犹太教音乐产生了深远影响。现代犹太教、基督教教徒仍将音乐作为其祭祀神明、举行宗教活动的一部分。

日本第一首宗教音乐是随佛教传入，主要吟诵佛教教规。释迦如来本人似乎不推崇音乐。但有佛经记载，释迦如来为祷告和吟诵佛经制定了严格的规矩。

我们从基督教音乐的发展史可以得知圣歌最开始是指一种名为"卡洛娜"（Carol）的圆圈舞，而不是为人们所吟唱的作品。后来圣歌中被添加进了歌词，用来为舞蹈伴奏。人们在圣诞节播放的第一首歌通常是基督教教会播放的犹太圣殿赞美诗和圣歌。早期教会的圣歌都是关于圣诞节的，在教徒祷告时使用。后来，基督教教会为打击异教习俗，取缔了圣歌。但在教会之外，圣诞圣歌仍然兴起了。

基督教音乐

基督教音乐常以励志、赞扬、歌颂或代表当代基督教著称，是表达个人或公众对于基督教生活看法的灵魂歌曲，不同于主流世俗音乐。基督教音乐受文化和社会背景影响不尽相同，主要用于审美享受，或满足宗教、节日需要，或仅仅是娱乐产品，一般主题为赞美、歌颂、感谢上帝。音乐类型涵盖赞美诗、南方福音、融合南方福音的城市现代福音、基督教城镇音乐、基督教流行乐、基督教摇滚乐、基督金属、基督朋克、基督教非主流摇滚、基督教说唱（包含基督教饶舌）、天主四重奏和合唱乐。

一家流行杂志对青少年基督徒的音乐喜好展开调查，数据显示新一代年轻人更青睐硬核风格。在过去几年中，传统流行音乐或摇滚领域最受欢迎的歌手在《点燃你的信仰》（*Ignite Your Faith*）杂志的年度读者选择奖上占据榜首，荣获"金耳朵奖"。但是在2008年，5000名杂志读者中的大多数（年龄13岁至18岁）转而投票给硬摇滚乐队，将流行音乐和软摇滚乐队挤下了宝座。

 聚焦流行文化：基督教复兴音乐会之十大集会

基督教团体"取火"（Acquire the Fire）在全国各地举行地区集会，"战嚎"（Battle Cry）是在一些特定城市举行一系列大型集会，两者都是福音派基督教组织"少年狂"（Teen Mania）的产物。这类集会融合音乐演出与基督教复兴，旨在发起一场"逆向革命"对抗世俗流行文化。他们举办海量的系列摇滚音乐会，以吸引成千上万的年轻观众（见图10.3）。

根据"少年狂"的说法，从2006年到2007年，共有12.78万人参加34次"取火"集会，71,414人参加在加利福尼亚州旧金山、密歇根州底特律和弗吉尼亚州布里斯托举行的三场"战嚎"活动。"我们不需要被文化打上烙印，我们需要被上帝打上烙印。"一位参与者如是说，"成为上帝创造的你。"但是流行文化的光鲜魅力常常掩盖通往上帝的道路，"少年狂"的追随者表示。

图10.3 基督教音乐会

该组织的创始人，46岁的罗恩·卢斯（Ron Luce）发起现代版圣战，对抗他口中的"流行文化贩子"——被他斥为"敌人"的存在。成立20年以来，"少年狂"估计已经向200万青少年传播了"彻底为基督而活"的要旨。该组织仍在壮大，除了进行现场体育场集会，该组织还通过"战嚎"的衬衫、帽子、移动屏幕保护程序、书籍和电视节目等扩大影响,开展了国际宣教之旅和为期一年的名为荣誉学院的"少年狂"实习项目,总部设在得克萨斯州的林代尔。

资料来源:http://www.cnn.com/2007/us/08/22/qw.teen.christian/index html。

全球各地的年轻人,尤其是西方社会的年轻人,将听音乐视为他们最喜欢的休闲活动。音乐的受欢迎程度归功于几个因素。研究表明,音乐会产生令人愉悦的情绪状态;音乐可以唤起我们各种各样的情绪,使我们感到快乐、悲伤、激动,甚至愤怒。研究发现,聆听喜欢的音乐可缓解焦虑、提振精神、激发活力。

宗教主题公园

宗教主题公园集舞蹈、戏剧和音乐表演于一体,并将宗教主题元素融到了其中。"圣地体验"宗教主题公园(The Holy Land Experience)位于佛罗里达州奥兰多,公园通过现场表演、创作历史剧、戏剧和音乐演出的方式,使人们再次熟知《圣经》。公园举行室内活动和室外活动,借助对话、音乐和歌词来宣扬上帝福音。这里还有独具特色的展览会,如圣经中心展览会。该展览会中有圣经古物、荒野礼拜堂、公元66年的耶路撒冷模型、与王一夜等活动,通过视觉、声音和触觉手段提供一手的、体验式的学习环境。

然而,另一个宗教主题公园"美国圣经公园"却因建设方案受阻。美国圣经公园计划在2010年复活节前开放,但其开发商对公园的理念遭到人们质疑。这个耗资1.75亿至2亿美元的项目,可带给人"教育与娱乐的双重体验",参观者既可以了解圣经故事又可以体验古圣经时代的生活。反对者强烈要求终止该项目,他们认为该宗教公园将会给社区带来许多问题,如交通堵塞、噪声和不必要的商业化。

历史宗教场景的主题化再造引发了诸多争议。这些公园要想取得商业成功就需要超越单纯的历史重现:游乐设施与互动项目也不可或缺。但宗教倡导者们公开谴责使用娱乐因素,认为它们会转移他们所信奉的宗教运动的焦点或削弱它们的重要性。虽然宗教利用音乐、舞蹈和娱乐媒体的方式来吸引教区居民,但娱乐场所想要引入宗教主题还是很难。

宗教表演:山达基教

基督教对娱乐业的一个近期贡献是以劝导式文化生产与传播的形式出现的。山达基教,常被称为艺人的宗教,来源于作者罗恩·哈伯德(L. Ron Hubbard)的自我帮助体系(戴尼提)。山达基教对非传统宗教信徒具有一定吸引力。

山达基教符合艺术家、政治家、行业领袖和体育人士的口味,受娱乐界人士青睐。山达基教拥有八大名人中心,并借助约翰·特拉沃尔塔(John Travolta)、柯尔斯蒂·耶利（Kirstie Alley）、丽莎·玛丽普雷斯利（Lisa Marie Presley）、杰森·李（Jason Lee）、艾萨克·海斯（Isaac Hayes）、汤姆·克鲁斯（Tom Cruise）和凯蒂·赫尔姆斯（Katie Holmes）等艺人获得超凡声望。山达基教及其关联组织内部制作的电影、视频及影音资料，均致力于传播其宗教哲学。哈伯德在好莱坞学习一段时间的表演之后，继续研究其感兴趣的演员表演方式和"合成"人格。

哈伯德学习欧洲电影导演，并利用早期戴尼提技术（Dianetics）与许多好莱坞名人合作。20世纪50年代初，他不仅为电影公司提供剧本创意与观众偏好分析，讲述其个人故事的短篇《驯马师》（Hoss Tamer）更在美国全国广播公司播放的《富国银行》（Tales of Wells Fargo）剧集中播出。1978年，哈伯德开始研发摄影相关技术，用于创作新类型电影——具有故事情节的戏剧影片。哈伯德团队制作了24部基础教材影片，涵盖基础灯光、布景设计、编辑、服装等。哈伯德创办的黄金时代公司每年要制作数百部电影和音像作品。该公司有自己的电影工厂、录音室和电影工作室，工作室中部门齐全，可完成全部制作程序。

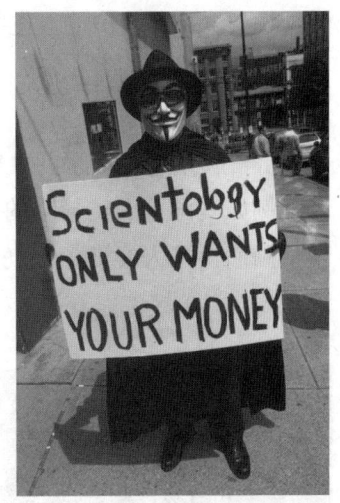

图10.4　2008年6月，加拿大温哥华山达基教会的抗议者

人们对山达基教和推广山达基教的组织一直充满争议。多年以来，山达基教与包括美国、英国、加拿大及德国在内的多个国家政府和警察部队发生过冲突。一些国家的前政府人员、记者、法院和管理机构将山达基教视为邪教和不讲道德的商业企业，指责其骚扰批评者，滥用教会成员的信任。

2008年2月，一个名为"匿名者"的组织向山达基教发起强烈抗议，其组织成员挑衅山达基教，指责山达基教试图审查互联网，开展"虚假信息误导运动"。促使"匿名者"组织发动此次攻击的催化剂是优兔网同意山达基教会的要求，决定删除一段汤姆·克鲁斯（Tom Cruise）支持宗教美德的视频。[3] 山达基教的高级职员辩称，大部分的负面报道是利益团体策动的，而且大多数的争议都已经成为过去式。尽管受到非议，山达基教仍因可以激发表演者表演潜能而使艺术家和演员对其宠爱有加。

宗教媒体娱乐

在过去100年里，表演和艺术通过各种媒介——漫画、小说、广播、电视和互联网等来呈现。宗教利用这些媒介传播教义，通过娱乐的方式传递信仰，营造归属感。本节将介绍现代媒体改变宗教教义传播方式的途径。例如，曾经为小型集会提供布道的神职人员现在使用数字技术向数百万信仰者传递信息。宗教利用印刷品、广播和互联网来向信徒说教，招募新信徒，这些工具深受当前宗教信徒欢迎。

基督教漫画与小说

自古腾堡印刷术问世以来，各种各样的印刷材料被人们用来传播宗教教义，娱乐读者。例如漫画《人类黎明的开端》(The Beginning tell of the dawn of hunmankind) 通过精细画面讲述人类诞生之初的故事。在文盲率较高的地区，传教士利用漫画有效传递信息。

图10.5 喜剧《狮穴里的丹尼尔》插图 (Daniel in the Lion's Den)

作为另一种能够接触到大众的有效载体，漫画可以帮助宗教机构传播价值观和道德规范。在作品《2048》中，当科学家培育出人猿杂交体"类猿人"（bumans）时，一位美国参议员面临着一场艰难的连任竞选，对手是一名色情片制作者。他是否应该支持"类猿人权利"而得罪支持者？这位参议员并不是唯一需要做出艰难抉择的人：牧师该为类猿人施洗吗？教育界会推动类猿人进入主流学校吗？故事的悲剧性结局深刻传递出"基督教兄弟友爱"的核心教义。

"美妙曲调"（Worthy Tunes）是一个以宗教卡通和漫画为特色的网站，提供《卡通掘金》(Kartoon Nuggets) 和连环画人物的电子版插图，包括比格罗主教、福纳圣坛、圣坛之园和教堂老鼠，网站网址为www.worthytoons.com。

国际漫画项目

漫画向全球各地的人传递着精神食粮。以下是当前有关漫画的一些项目：

- COMIX35是一个国际非营利组织，致力于教授视觉化文学作品的制作以及有效使用。该组织启动了一个非洲基督教漫画项目，由来自非洲各地的基督教漫画创作者为非洲的非信徒读者绘制漫画。该项目给予非洲现有的和未来的漫画创作者极大的鼓励，也为他们带来了经济收入。这本黑白漫画杂志有24页，其"试验版"已经在2008年底面世，目前正计划再发行三个版本。

- 巴西基督教小丑教会推出一部名为《奥塔维奥的世界》(O Mundo de Otávio) 的新漫画，此为儿童的拓展教育而制作。该漫画将通过订阅的方式出售，并且免费提供给贫困儿童和住院儿童。此外，漫画也将被送到美国巴西大社区，该社区还没有类似的葡萄牙语文献。

- NEXT公司开发的圣经系列漫画，其中《弥赛亚》(Manga Messiah) 已出版59万本英文版，25,000本日文版和5000本印尼版。第一批40,000册已印制分发给乌干达的学童。这本漫画书虽然最初是由日本漫画专业的基督徒创作，但印刷出来的第一本是英文版。中文版、俄语版、菲律宾语版、西班牙语版和葡萄牙语版的《弥赛亚》目前正在编制。

漫画和小说在向全球儿童、成年人（其中很多为文盲）传播宗教与道德教育方面发挥着重要作用。

宗教电影

梅尔·吉布森（Mel Gibson）的电影《耶稣的激情》（*The Passion of the Christ*）向人们证明，可以运用具有宗教热情的视觉叙事力量创作出具有启发性的赋权电影。这部电影于2004年拍摄完成，主要讲述耶稣基督被捕、遭受审判、十字架受刑和复活的故事，其中包括具有视觉冲击力的暴力、鞭笞和受难的激烈场景。吉布森打破传统营销模式，通过教会组织大规模推广，甚至免费赠票。

数月的争议使得这部电影预售票房创下历史新高。这部电影于2004年在美国上映。在发行的前5天日票房额高达2500万美元，创下北美R级电影票房最高纪录。

电影《耶稣的激情》在伊斯兰世界也大获全胜；在埃及、黎巴嫩和土耳其，该电影成为票房最高的电影，并在阿拉伯联合酋长国蝉联票房冠军两周。

"视觉翻译暨耶稣电影"项目制作了一部关于耶稣基督的日本动漫风格短片。漫画人物经常出现在视频、游戏和电影之中。例如，大智慧有限公司曾发行了一张纪念《约拿：蔬菜宝贝历险记》（*Jonah: A VeggieTale Movie*）15周年的数字影碟，其动画视频的第一个标题名为《当我超级恐惧时上帝在哪儿？》（*Where's God When I'm S-Scared?*）。为了通过新媒体向社会传播思想和道德信念，《约拿：蔬菜宝贝历险记》以故事和经典歌曲为特色，被制作成为一个连环动画视频。环球影业最新的《约拿：蔬菜宝贝历险记》动画系列电影《无所事事的海盗》（*The Pirates Who Don't Do Anything*）于2008年1月上映（见图10.6）。《约拿：蔬菜宝贝历险记》的创作者们借助滑稽的蔬菜人物，讲述了一场关于蔬菜变身超级英雄的伟大冒险之旅。为配合电影上映，全新推出的《蔬菜宝贝历险记：上帝使你与众不同》巡回舞台剧，兰登书屋的新书系列《无所事事的海盗》（*The Pirates Who Don't Do Anything*）、Crossroads服饰公司出品的《懒惰海盗》主题服装，以及其他授权商推出的各类玩具、拼图和装饰品也同步面市。[4]

图10.6 《约拿：蔬菜宝贝历险记》电影首映

宗教电子游戏

基督教电子游戏最早出现于20世纪80年代末，如任天堂开发的《智慧树的圣经历险》（*Wisdom Tree's Bible Adventures*）。如今，许多开发者还会创作宗教游戏，他们每年都会参加基督教游戏开发者大会。格雷夫娱乐公司发行了第一款适用于索尼Playstation2、XBox游戏机和任天堂4位掌上游戏机高级版的《圣经故事游戏》（*The Bible Game*）。他们还为索尼Playstation2和任天堂游戏机发布第一款《蔬菜宝贝》电子游戏。"突破"游戏公司（Breakthrough Gaming）作为少数持续推出原创角色游戏的基督教公司，发行多款游戏，如《ZJ球》（*ZJ the Ball*）、《活泼的圆》（*Zippy the Circle*）、《原谅：第一章》（*Forgiveness: The First Chapter*）和《尼克和凯特》（*Nik & Kit*）。

从讲述残忍暴力的《毁灭战士》（*Doom*）到邪恶的《恶灵古堡》（*Resident Evil*）系列，今天很多成功的游戏标题都取材于黑暗世界。但是日益壮大的基督教游戏开发商正在表明立场。其中一位是41岁的拉尔夫·巴格利神父（Ralph Bagley），他用更平和的宗教游戏填补了市场缺口。拉尔夫·巴格利创建了基督教游戏开发者基金会，之后基督教游戏从鲜有人知发展到了为大众熟知。拉尔夫·巴格利的闪电N软件公司在美国、英国、澳大利亚、荷兰、德国、瑞典和丹麦共售出80,000份名为《新信徒》（*Catechumen*）的单机游戏。但对巴格利等开发者而言，成功的关键在于进军主机市场——相较于低成本PC游戏，主机游戏开发需数百万美元资金，还需获得主机厂商的运营许可。

"不流血、不杀戮、不血腥。"巴格利强调，"我们要做情感饱满而非仅靠肾上腺素刺激的游戏。"但是像《末日迷踪》（*Left Behind*）这样的游戏怎么算呢？在这部游戏中玩家用福音教化了所有纽约人，并用坦克、直升机和步枪杀死敌人。至少好人需要全程祈祷才能玩完这部游戏！一位12岁的小玩家坦言："我就是到处跑着转化路人，剧情本身没啥细节。"这类基督教游戏能否畅销尚存疑问；在旨在刺激玩家的游戏中，用健康娱乐替代复仇主题，似乎有些偏离核心诉求。[5]

图10.7　基督教启示录电子游戏《末日迷踪》

全球宗教电子游戏

印度宗教娱乐得以发展的部分原因是当地父母想要看更健康的节目。6岁的孩子可以在索尼便携式游戏机中扮演超级英雄哈努曼，在游戏中玩家可以在善恶之间做出选择。这个游戏向儿童和青少年传授宗教价值观。同名动画电影与好莱坞电影《海底总动员》（*Finding Nemo*）和《怪物史莱克》（*Shrek*）的品质相当。可爱的哈努曼婴儿形象还被印在了儿童T恤衫上。

相比之下，日本的宗教游戏比基督教游戏更富于艺术性与启发性。[6] 于2006年底发行的《大神》(*Okami*)是一部动作冒险宗教游戏，供Playstation2操作平台使用。这部游戏采用了独特的图像引擎，这使该游戏看起来有3D日本水彩画的效果，其配乐融合日本传统音乐与西方管弦乐。并且据玩家反映，这个游戏非常有趣。与低调的基督教游戏不同，日本这款游戏宣扬本国神道教，并且制作精良。在日本，这种媒介与宗教融合的游戏类型要么创新宗教仪式，要么影响现有的宗教习俗。新宗教习俗借助媒介渗透到了游戏中，这在创新、重塑人们对新宗教运动的认知中发挥着重要作用。游戏开发商说，日本的游戏和卡通媒体不仅仅宣传宗教，还创造宗教。[7]

信仰之盒：[8]宗教电视

许多美国人宣称信仰上帝，其中大多数人要求制作体现信仰上帝的电视节目，人们预期电视台会积极正面宣扬宗教。真人秀节目虽能展现美国人在真实场景中的信仰实践，但电视剧和情景喜剧常对宗教负面刻画。家长电视委员会（PTC）的批评人士认为，电视剧和喜剧把信徒描绘成虚伪的人，把神职人员描绘成堕落的人，宗教机构更是被描绘成无可救药的腐败的温床。

> **时事速览**
>
> 在2006年，家长电视委员会对全年在黄金时段播放的节目中涉及的宗教信息进行研究。该委员会对时长为2271小时、出现1425次宗教信息的节目进行审查。研究发现，网络电视基本上是反宗教的，福克斯是反宗教最严重的网络电台，平均每两个宗教形象中就有一个是负面的；美国全国广播电视台排第2位，超过三分之一的宗教信息是负面的；美国广播公司和哥伦比亚广播公司播放的反面宗教信息占比分别为30%和29%；华纳网络对宗教的负面描绘最少（21%）。

宗教网络

为了中和广播网络表面上反宗教的基调，两家宗教网络向信徒提供精神和信仰类电视节目。这两家不受美国管理的基督教电视网——基督教广播网和三一广播网（TBN）面向全球观众播放宗教节目。

帕特·罗伯逊（Pat Robertson）的基督教广播网成立于1960年，是第一个宗教广播网络；40年后，它已成为全球最大的电视布道机构之一。三一广播网通过有线、广播和卫星的方式向大约200个国家提供电视节目，还提供24小时电话祈祷热线。一个名为《700俱乐部》(*The 700 Club*)的节目从1966年起就持续播出，它采用新闻/杂志的制式，结合新闻、访谈和鼓舞人心的事迹，平均每日向100万名观众播出。基督教广播网的电视节目已有71种语言版本，涵盖从普通话到西班牙语、从土耳其语到威尔士语等多语言版本。基督教广播网和瑞金大学联合制作电影《首次着陆》(First Landing)，在美国广播公司和美国各地的多个联合电台播出。

由保罗(Paul)、扬·克罗齐(Jan Crouch)夫妇和吉姆(Jim)、塔·巴克(Tammy Bakker)夫妇于1973年创立的三一广播网，是美国第九大广播公司。三一广播网在美国的收视率比其主要竞争对手的网络收视率总和还要高（日星电视网、三天使广播电视网、世界收获电视台、希望频道、上帝电视台、灵感电视台）。

三一广播网在美国拥有超过275家电视台，每周观众达500万人。节目被翻译成11种语言，通过电缆系统传播到全球75个国家，是全球最大的基督教电视网。三一广播网制作了许多著名的基督教电影，包括关于耶稣生平的《革命者》(The Revolutionary)和《革命者II》(The Revolutionary II)，关于使徒保罗生平的《使者》(The Emissary)，以及《最后密码》(The Omega Code)、《冠军卡门》(Carman: The Champion)、《默基多》(Megiddo)、《时间转换者》(Time Changer)、《六：被释放的马克》(Six: The Mark Unleashed)和《与王一夜》(One Night with the King)。

图10.8

这则印刷广告鼓励基督徒不要开越野车（见图10.8）。该广告活动包含电视广告，使用流行的基督教首字母缩略词"WWJD"，意思为"耶稣会何去何从？"

三一广播网还在纳什维尔举办福音音乐会，播出脱口秀，请基督教家庭医生参与健康养生节目、健身节目、儿童节目等。在三一广播网的招牌节目《赞美主》(Praise the Lord)中，表演者分享他们对上帝的信仰。三一广播网的场馆包括一个50座的虚拟现实剧院，可以给观众提供融合高清晰度数字视频技术和48声道的数字音频系统的体验。这个剧院上映三一广播网制作的4部原创电影作品。三一广播网制作的电视节目在欧洲、中东、中非、大洋洲、南太平洋群岛、东南亚、亚洲、拉丁美洲的33家国际卫星电视网播出，并向巴西和西班牙播出葡萄牙语节目。

在印度，宗教娱乐已经演变成一个独立的产业，史诗《罗摩衍那》（*Ramayan*）把印度新德里电视台的《想象》（*Imagine*）推升到了黄金时间排名第三的节目。在此过程中，传统故事被从不同的视角重新演绎，或者被进行现代化的诠释。

全球电视台一直以来都以播放戏剧、喜剧、动作片、新闻、体育和纪录片为主。商业电视网和有线电视台通过广告赞助播放受欢迎的主流节目，而宗教网络与公共广播借助捐款和忠诚的支持者为观众提供小众节目。

宗教电视观众

观看宗教节目的人往往是教育水平较低的妇女。近期开展的一项面对三一广播网观众[9]的研究的结果显示，观看宗教电视节目可以满足观众五个方面的需求：精神、心理、社交、功利和媒体。观众最需要的是媒体。三一广播网节目的娱乐价值最受观众认可，观众可以伴随着节目音乐唱歌，可以欣赏具有强烈视觉效果的图像。接下来是社交需求，三一广播网通过各种方式满足观众这一需求。家庭成员通常一起收看电视节目。观众认为电视人物克劳奇（Crouches）是最具魅力和最鼓舞人心的领袖，有些人甚至与电视节目中的人物形成准社会关系。通过与电视中的演员建立紧密联系，观众可以"交友"，并通过媒体互动获得社交满足感。

尽管三一广播网以启迪灵性为宗旨，但该网络更重要的作用，是成为观众感知自我在上帝、宗教、世界等宏大概念中定位的风向标。与其他媒介娱乐形式一样，电视宗教节目的外观、议程和内容，很少能真正揭示观众的观看动机。事实是，收视群体规模庞大且观看频繁。宗教节目通过提供具有吸引力和黏性的娱乐内容，成功应对了与其他类型节目的竞争挑战。

互联网与宗教

大量的美国人对宗教信仰和相关事务具有热忱，而且这个人数仍在持续增长。皮尤互联网项目调查显示，超过8200万的美国人和64%的互联网用户在网络上处理与宗教信仰有关的事务。此外，市场研究网（Marketresearch.com）的一个分公司指出，人们对与宗教信仰相关的书籍、数字影碟、软件等产品的需求量巨大，估值超过80亿美元。

为紧跟这一趋势，福克斯娱乐集团（FEG）收购了信仰网（Beliefnet）。该网站可以让消费者更好地理解自身的信仰，并通过各种宗教方式建立多样化的精神社区。信仰网站是最大的线上有宗教信仰者的聚集地，2008年，该网站成为福克斯数字媒体公司旗下网站，协助福克斯数字媒体公司发展其庞大的线上有线电视节目、电视剧和电影，推动该公司线上市场扩大。

此次收购使信仰网拥有足够资源进一步打造和提升其备受欢迎的品牌，同时为福克斯娱乐集团分发了泛媒体库内容，为新闻集团拓展了基于信仰的业务，以及为20世纪福克斯家庭娱乐的宗教节目提供了一个线上平台。

信仰网站为福克斯数字媒体公司提供了宗教信仰节目制作服务，加强了与福克斯互动媒体的合作，提升了集团技术和定向广告投放平台的业务服务水平。

信仰网为集团旗下多家企业提供灵性节目内容，并与福克斯互动媒体（FIM）紧密合作，充分利用该集团的"FIM Serve"技术打造精准广告投放平台。信仰网提供 devotional 工具（灵修工具）及一系列基于网络的社交工具。关于社交网络及其对社会化的重要性，将在后续章节探讨。

面向宗教信徒群体的营销[10]

对于宗教题材电影而言，口碑营销的效果可能不逊于传统广告。但诸如《纳尼亚传奇》（*Narnia*）等迪士尼影片已从宗教信仰导向型营销策略中获益匪浅，基督教电影制片公司也持续创新针对信众观影群体的营销方式。

数字影碟发行前，云十影业（Cloud Ten Pictures）和弗利克斯公司（Pure Flix）会在教堂里试映电影，引起社区市民热议，建立良好的网络口碑。弗利克斯公司和狮门影业（Lionsgate）、福克斯信仰公司（Fox Faith）、迪士尼都是通过教会发行系统发行其戏剧或数字影碟的。教会发行系统在全美共计有10,000块教堂屏幕。只需支付99美元到959美元的版权费，教会就可在周末开放日无限次地播放影片。在2005年，云十影业在北美3200座教堂播放电影《末日大战》（*Left Behind: World at War*），每个教堂平均支付版权费100美元。其他公司和教堂集会合作预售电影票，精心策划周末开放日播放的电影，并为牧师提供特殊待遇以期他们能在布道中宣传电影。美国黑人演员丹泽尔·华盛顿（Denzel Washington）为电影《伟大辩手》（*The Great Debaters*）录制的个人问候视频，在25个主要的非裔美国人教堂里播放。牧师罗伯特·舒勒（Robert Schuller）采访华盛顿对于《权能时间》（*Hour of Power*）的看法，电影公司提供该电影的片段剪辑，供牧师们布道使用。

新媒体营销公司达斯布朗（Buzzplant）通过使用电子贺卡、其他在线病毒营销方式以及在信仰网站上插播广告向基督教社区线上推销电影。另一个最近推出的网站是温奇普网站，该网站允许神职人员下载电影片段用于布道。福克斯信仰公司通过其网站提供与教会有关的电影资源，同时通过基督教组织进行特别放映和基层宣传。

尽管基督徒仍是规模最大、最具潜力的信仰消费群体，但其他宗教市场也偶获关注。《追风筝的人》（*The Kite Runner*）天然契合穆斯林社群的需求，而格雷斯·希尔传媒曾在犹太会堂专场放映《冒牌天神2》（*Evan Almighty 2*）。

> 聚焦好书：名人助力冠名《圣经》

一群深谙自我品牌打造与产品代言的知名人士，正携手为《圣经》注入新活力。英国坎农格特出版社（Canongate）再版的《圣经》单行本的袖珍经典版上有文化名人对此书的介绍，发行量超过90万册。《启示录：对圣经的个体体验》（Revelations: Personal Responses to the Books of the Bible）汇集了众多明星给袖珍经典版《圣经》写的介绍。

据出版商说，作家们运用自身的激情和洞察力来解读《圣经》是理解圣经深层含义的最好方法。因此，该出版商精心挑选的《启示录：对圣经的个体体验》撰稿人对《圣经》有深刻见解，并使该书大卖。摇滚知名艺人波诺（Bono）对诗篇的精神层面的思考就是一个例证，他认为从精神层面来说，大卫为索尔国王（King Saul）演奏与英国辣妹组合（the Spice Girls）为查尔斯王子（Prince Charles）演奏性质是一样的。波诺说："大卫是圣经中的猫王。"

图10.9 2007年，简·方达为亚特兰大带来灵性诗篇

安东尼奥·蒙德（Antonio Monda）撰写的书籍有《你相信吗？关于上帝与宗教的对话》（Do you believe? Conversations on God and religion, 2007）。该书被认为向大众传播了圣经的知识并直接明确了信仰的概念。18位文艺名人谈论自身信仰，简·方达（Jane Fonda）告诉蒙德，她决定皈依基督教主要是因为耶稣是第一位女权主义者。简·方达说她的信仰不是教条而是一种精神体验；作家索尔·贝娄（Saul Bellow）则认为祷告是"与宇宙中心的亲密接触"。

该书的其他撰稿人，如斯派克·李（Spike Lee）和马丁·斯科塞斯（Martin Scorsese），以温柔而热情的态度表达自身的看法，这和公共广播电台的节目《在演员工作室里》（Inside the Actor's Studio）并无多大不同。这些书汇集了文化名人对于《圣经》的看法，并将这些个人感受传达给读者，以帮助他们更好地了解圣经。

资料来源：罗森（Rosen），克里斯汀（Christine），《上天保佑我们：艺人诠释经文》（Heaven help us: Stars expound on scripture），《华尔街日报》，2008年5月13日。

你怎么看？

知名艺人是否垄断了灵性洞察的市场？

宗教与体育

宗教与体育的关联常被论及。古代奥运会本为祭祀仪式,运动员即诸神化身,这种渊源使二者的比较显得顺理成章。尽管现代体育赛事的观众生活在一个相对世俗的时代,但今天的球迷对于运动和球队的狂热程度与宗教信徒对其宗教精神领袖、信仰的狂热程度不相上下。事实上,有人认为当代体育填补了宗教衰落留下的真空地带。

在美国,橄榄球经常被独立出来进行比较。媒体分析学者亚瑟·亚撒·伯杰(Arthur Asa Berger)认为,"人们对橄榄球(和他们的球队)的激情和对比赛感兴趣的程度,使我认为橄榄球有着超越体育运动的意义"[11]。他认为,在今天的世俗社会中,许多宗教变得越来越理性,并持续褪去神话色彩,变得越来越具有科学性,仪式感越来越差。橄榄球运动则变得有些迷信,有许多民间风俗和复杂仪式,这类似于传统宗教神学。伯杰说:"人们似乎需要神话、仪式、神秘和英雄主义。相对于宗教,在现代社会橄榄球好像更有助于满足人们这方面的需求。"[12]由此推论,对许多人而言,体育竞技正发挥着宗教替代品的功能。表10.1生动展现了橄榄球与宗教之间的诸多奇妙对应。

表10.1 足球运动与宗教

职业橄榄球	宗教
超级知名球星	圣人
周日比赛	周日做礼拜
比赛门票	布施
大合并(1920年合并成一个联盟)	普世运动
复杂的比赛	神学学说
球员为参加美国橄榄球超级杯大赛努力	骑士寻找圣杯
教练	牧师
体育场	教堂
粉丝	会众

资料来源:选自伯杰·A(Berger A.)1982年于美国加利福尼亚州贝弗利山Sage出版社出版的《媒体分析技巧》(Media analysis techniques)一书。

宗教与体育、媒体的交融使信仰以更具吸引力的娱乐化方式传播。教堂本身已成为媒介化的场所。例如,在加州门洛帕克的一所基督教长老会教堂,做礼拜的人们置身于四块巨型平板显示屏之间,宗教表演以超现实尺度展开。这些屏幕内容通常呼应布道主题,珊瑚礁合唱团、舞者、短剧和自然奇观或被同步或被单独呈现,与牧师的讲坛教导相互呼应。归根结底:借助娱乐化工具,共同祈祷的人们更可能实现共同娱乐。

群体聚集：社会结构

人类不是独居动物。从创世之初，拥有共性的人就聚集在一起寻求保护、膜拜神灵、狩猎和开会，最重要的一点是获得陪伴。与宗教活动一样——做礼拜、举行庆祝会、静修、朝圣和使用媒体——大多数人选择和朋友在一起度过休闲时光，因此人类是群居动物。本部分将探讨社会化过程及其影响如何作用于娱乐产业，并审视其贡献与冲击。我们将从社交网络入手，继而分析榜样、超级英雄、名人及体育偶像在我们群居文化中扮演的社会角色。

社交网络理论

在当今世界，"网络"已成为一个广为人知的概念。这一概念可涵盖从电视台联播网、电话用户系统、布满蓝色网线的办公服务器，到商务人士的午餐社交等广泛领域。人们借助网络来隐喻社会系统中错综复杂的关联——从人际互动到国际交往，无所不包。

21世纪的技术革新，使得基于社交网络的社会化分析成为可能，这些网络构成了现实与虚拟社群的基础架构。社交网络分析（SNA）旨在测绘和量化各类实体之间的关系与流动，这些实体包括个人、群体、组织、计算机、网站及其他信息处理单元。网络中的节点代表个人或群体，节点间的连接则体现节点间的关系或资源流动。这些连接可能基于共同价值观、友谊纽带、资源交换或其他共性特征，通常通过社会网络图谱呈现——即以点代节点，以线表关联（见图10.10）。跨学科研究表明，社交网络在家庭乃至国家等多层级社会结构中发挥着关键作用，深刻影响着问题解决路径、组织运营模式及个人目标达成的可能性。

观察社交网络图谱（见图10.10）可以发现，实体间若存在定期对话或某种形式的互动，即形成连接。例如安德烈与卡罗尔经常互动，但与艾克并无交集，因此前两者之间存在连线，而后者则无。多数网络社群呈现三环结构——中心是由强连接构成的核心圈，第二环是弱连接的碎片化节点，最外层则由无互动的孤立节点（通常称为"潜水者"）组成，这种结构反映了不同层级的归属关系。特定组织与网站通过构建此类在线社交网络，为分析者提供了研究网络参与者定位的框架。通过评估行动者在网络中的位置，研究者能深入解析网络中的角色分工与群体划分。这种分析方法可解答以下核心问题：

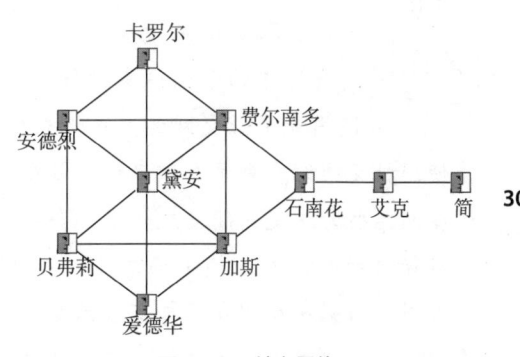

图10.10 社交网络

资料来源：orgnet.com。

- 谁是连接者、专家、领导者、桥梁、分离者？
- 集群分布于何处？包含哪些成员？
- 谁是网络的核心？
- 谁身处边缘？

互联网上的社交网络

随着脸谱网和聚友网等互联网网站的产生，人们开始通过自我推销式的博客和八卦新闻与他人建立联系。连接是线上社交网络的关键——人们忠于与他们连接的事物，忠于能给他们带来利益的事物。人们会坚持维护他们信任的既定关系。通过电脑屏幕与相识和值得信任的人互动，我们会产生一种温暖感，对于访问的虚拟社区会有归属感。一个能为成员提供利益的、充满活力的团体，会令每个人都渴望与之建立联系甚至融入其中。

社交网络明确人与人之间的联系，因此一个蓬勃发展的小程序生态系统就能利用"社交图谱"使朋友通过游戏、聊天、视频剪辑等方式进行互动。但福雷斯特研究公司（Forrester Research）的李夏琳（Charlene Li）认为，未来的社交网络会"像空气一样"。他们将根据人类的需求和喜好出现在任何一个地方。"人们不再需要登录脸谱网查看朋友更新的"新闻提要"；这些信息将直接进入用户的电子信箱、博客阅读器或实时通信器。用户也不需要把照片上传到脸谱网供朋友观看，因为那些获得电子通讯录隐私权限的用户可以自动看到照片。[13]

> **时事速览**
>
> 自2004年以来，登录社交网站从一个小众活动迅速发展成为成功吸引数千万互联网用户的普遍现象。皮尤互联网和美国生活项目联合发起的一项针对青少年的全国调查结果显示，超过半数（55%）的12—17岁的美国青少年使用线上社交网站。该调查发现，年龄较大的青少年，特别是女孩，更有可能使用社交网站。对于女孩来说，社交网站可用于增进朋友间的友谊；对于男孩来说，这些网站也为结交新朋友提供了机会。最近的研究还表明，社交网络可以帮助老年妇女保持精神警觉，并可预防痴呆症。一项为期5年针对2249名78岁及以上女性开展的研究发现，与家人和朋友保持交往的女性不易得痴呆症。在较少使用社交网络的女性中，有18%的女性患有痴呆症，而拥有活跃的社交网络的女性发病率仅有10%。女性更容易陷入社会孤立，因此研究主要针对女性。
>
> 资料来源：in.reuters.corn/article/lifestyleMolt/idiNNO547197820080606?pageNumber=2&virtualBrandChannel=Oandwww.pewinternet.org/ppf/r/198/report.display.asp。

社交资本带来的利益与经济资本带来的利益相似，因此社交资本被认为对任何一个民主社会都至关重要。扩大社交网络规模会增加社交资本。网络邮件加快了社交网络的发展。电子邮件作为一项传统技术，已经过时。但谷歌、雅虎、微软和其他公司发现电子邮件可能拥有理想的社交网络基本结构，如通讯簿、收件箱、用户日历。大卫·阿斯切尔（David Ascher）是雷鸟电子邮件应用程序（Thunderbird）的运营商，他认为，"广义上的电子邮件是最重要的社交网络"。

为什么呢？因为扩展后的电子邮箱收件箱内含有人际关系的珍贵动态信息。如果一个人最开始想借助脸谱网找到自己学生时期的朋友，但后来放弃，那这个社交图表也就慢慢消失了。相反，通过电子邮箱账户人们可以查看通讯簿，根据联系的频率和强度获取信息。例如，乔收到杰克和简发来的电子邮件，但他只查看了简的邮件；乔和简现在正实时通信，第二天简会出现在乔的日历上。乔在其通讯录中给杰克贴上了"仅限工作"的标签。乔的派对照片简可能会看到但杰克则不能。阿斯切尔认为，脸谱网具有公开用户数据的商业动机，而开源项目雷鸟则能让用户实现最小化信息共享。社交网络或将无所不在，却又不着痕迹。

封闭型社交网站：会员专属领地

美国社交网站聚友网［领英（LinkedIn）］和脸谱网已面向所有人开放，不分年龄、阶级和组织。然而社交网络的开放文化正遭遇逆流，以严格会员审核机制著称的三大封闭式平台应运而生，其准入门槛造就了更精英化的社交圈层。2008年10月，英国传媒巨头路透社为对冲基金经理、交易员与分析师打造了私密线上社区"Reuters Space"（space.reuters.com）。该垂直行业平台通过独有的企业数据库验证申请者任职信息，会员享有定制化信息流（聚合路透社及行业信源的专业资讯）与个人主页（作为向同业密友发布观点的私密博客，可自主设置联系人获取信息权限）。

另一个独家网站（INmobile.org）是一家由900多名高管组成的网站，这些高管都在无线电行业或与无线电行业相关的行业工作。想成为该网站会员，你至少要是一家大公司的董事，或是一家中型公司的副总裁，或是一家初创公司的首席执行官。另一个网站是一个只能通过邀请加入的社交和商业网站（diamondlounge.com），该网站依托于由会员选举产生的遴选委员会。该网站上线前，从7000名申请入会成员中选出100名成员组成委员会。网站会员可来自任何行业，每月需支付会费60美元。每个会员有两个档案："休息室"中的社交档案和在"董事会会议室"中的商业档案。对于社交档案，会员可根据年龄、体格和性别等因素设置访问权限；在商业档案中，可以根据会员提供的收入、工作行业和职称信息等设置访问权限。会员之间可以交换礼物，像脸谱网一样，可在网站购买印有蛋糕和泰迪熊的图标，但diamondlounge.com网站会员之间交换的礼物包括货真价实的古驰品牌包，或是商业活动门票。[14]

社交网络广告

无论用户阶层如何，社交网络用户普遍面临广告侵扰的难题。尽管尚未有企业真正掌握社交网络内的成功广告策略，各类广告商却早已通过强行推送渗透其中。2008年数据显示，超过五分之四（83%）的社交网站用户曾收到垃圾信息、邀请或帖文。信息安全公司Cloudmark同年6月的研究报告指出，推销产品的未经许可信息、钓鱼链接及跳转诱导到其他网站正呈上升趋势——用户日均接收此类垃圾信息高达64条。随着近半数成年网民拥有至少一个社交账号，垃圾信息正呈泛滥之势。[15]

脸谱网的会员数每6个月就增加一倍，聚友网每月活跃的全球用户数可达1.1亿。为扩大会员数量，许多社交网络采用病毒式方法招募新会员，并提供多种方式用于会员互动，如电子邮件、手机短信、聊天、博客、帖子和信息广播。然而不幸的是，促成其成功的要素——多样沟通方式、开放环境与庞大用户基数——恰恰成为吸引垃圾邮件发送者与黑客的绝佳诱饵。

社交网络甚至为真人秀节目宣传提供平台。例如，真理频道（TruTV）（前法庭电视）正试图借助三大社交网站上的一个石油钻探的游戏，来吸引人们对一个新的真人秀节目的关注。在脸谱网、聚友网、贝博上，玩家们可开采虚拟石油。参与玩家游戏的朋友越多，玩家开采石油的速度就越快。石油开采游戏一开始，玩家们就可参与抽奖，即有机会获得5万美元现金奖励。

电话社交

手机作为日益重要的沟通工具，在促进社交联结中扮演着关键角色。美国拥有2.5亿手机用户，其普及率已超越互联网接入。手机在当今世界的许多地方随处可见，全球约有20亿手机用户。移动电话的新功能可使人们建立、发展、增强社会联系。就像互联网上的许多社交网站，手机服务可帮助用户建立有价值的网络，人们通过这些网络共享信息和资源。

脸谱网和聚友网均与无线运营商合作拓展其在移动电话方面的有限服务。此外，专为手机设计的软件助力用户通过地理定位进行社交。随着社交网站从计算机转移到手机，隐私成为网站用户关心的问题。

音乐与社会化

如前所述，音乐是文化的重要组成部分，特别是对于青少年而言。流行音乐可作为社会化的媒介，为年轻人提供有关社会、社会角色、两性角色、行为规范方面的信息。此外，青少年学会用音乐来定义自己，模仿自己喜爱

图10.11 用手机摄像头抢拍朋友

的艺术家的讲话、衣着甚至动作，这对社会角色、消费观念和文化产生深远影响。

听音乐有助于青少年建立自我认同和群体认同。流行音乐创造了共同的认知，这可以减少同辈群体之间的隔阂，促进彼此之间的社会交流。音乐偏好既影响也反映青少年交友选择、服饰风格及生活方式。共享的音乐品位能跨越社会阶层构建文化亚群体，这种亚文化归属有助于青少年完成从家庭依赖到同伴认同的过渡。

人在青少年时期的音乐偏好会对其一生产生重要影响。音乐与人的社会身份有密切联系，选择分享自身音乐喜好的人也乐于分享自身其他特质。例如，将20世纪80年代末朋克摇滚音乐的粉丝与非粉丝进行比较时，人们会发现几处有趣的差异。朋克粉丝更有可能有破坏性和反权威行为，如持有武器、犯罪、坐牢等。研究发现，重摇滚和重金属音乐的歌迷身上通常有大男子主义、坚韧不拔、追求刺激、吸毒等特性。虽然针对说唱和流行音乐歌迷的研究较少，但调查结果显示这些流派的粉丝特征也是相同的。

唱片业

唱片业一直是被一些大型公司严格垄断的，仅在20世纪50年代其垄断被短暂限制过。2007年，四家大型国际企业集团操控着81.87%的美国音乐市场[16]和71.7%的全球零售额。[17]图10.12表明了四大国际企业集团和独立音乐公司之间详细的音乐产业世界市场份额。

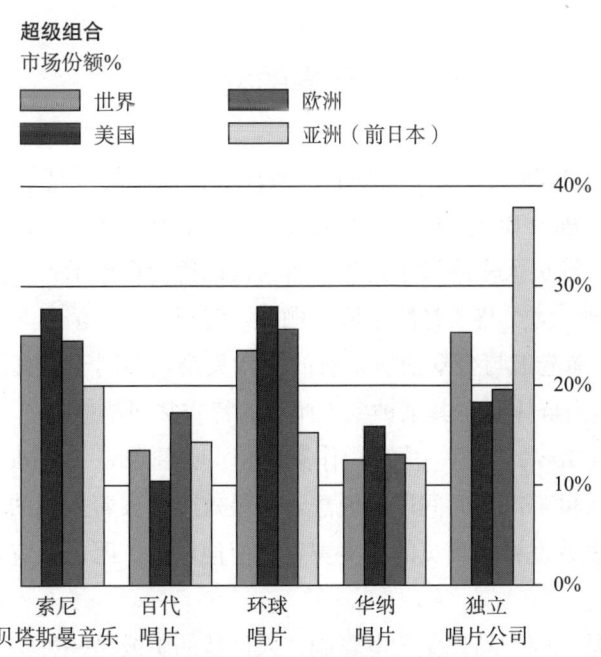

图10.12 音乐产业世界市场份额

资料来源：国际唱片业联合会。

评论家认为，音乐所有权集中导致商业化，降低了艺术家的音乐自由度和创造力。受利益驱动的唱片公司更青睐老艺术家刻板的音乐形式，而不敢冒险接受未经市场考验的新音乐人的音乐。早在20世纪50年代就有证据表明，大型唱片公司拒绝录制不符合现有规范的音乐，会要求艺术家修改歌曲以顺应主流文化。鉴于音乐在文化发展中发挥着不可或缺的作用，社会学家和文化史学家担心这种主流音乐创作模式会造成文化同质化，导致文化形式单一乏味而非多样化。对他们而言，扼杀艺术家的自主性和真实性就等于扼杀他们创造的文化。

工业主导的商业化和同质化可能仍令人担忧，但与几十年前相比，今天的问题可能没有那么严重。唱片公司主管仍试图控制艺术家的一切，从音乐到发型和着装，但如今的许多艺术家不会温顺地接受这样的控制。随着技术的发展，许多白手起家的公司或车库乐队可以制作高质量、低成本的录音，可以购买混音设备。在不到20年的时间里，家庭录音室数量已增加到10,000多个，而商业制片厂从10,000家减少到1000家。这得益于互联网和播客网等网站的发展，初创乐队找到了低成本的发行渠道。其中一些白手起家的音乐人对文化产生了重大影响。说唱或嘻哈音乐和早期西雅图摇滚乐是土生土长的美国音乐，对美国不同的亚文化产生了深远影响。但由于市场营销和宣传成本高昂，传统营销手段和音乐会场地的选择受唱片行业控制，独立乐队仍然难以获得大规模听众和赚取丰厚利润。

众星云集的社会

观众对电影明星的痴迷，成为电影能重塑社会价值观的最佳佐证。当民间传奇人物［如保罗·班扬（Paul Bunyon）］与杰出人士（科学家、艺术家、政治家等）是社会英雄与行为楷模时，演员大多隐没于角色背后，仅以舞台形象示人。然而自1912年起，随着影迷杂志的出现，演员终于挣脱了匿名枷锁。时至今日，演员与其塑造的虚构角色已融合为"明星"，缔造出与公众前所未有的独特关系。不同于以真面目示人的名人，明星精神典范，[18]是由群体基于其某种令人倾慕的特质共同塑造的。

《纽约客》（New Yorker）的一位专栏作家说，[19]明星效应（stardom）是对演员生涯中一个单独存在的、可辨识的时间段的说法。明星效应代表着人们的追求；代表着个性与历史的交汇，代表着世界和演员的完美契合。但他认为，明星效应具有自我否定的因素，只能持续三年。

明星效应可能是一种产品现象（电影制片人创造的）或是一种消费现象（符合观众的口味）。时尚可以创造知名艺人——知名艺人可以定义一种美，建立美的标准。知名艺人可以带来经济效益，因此电影制作会注重人物形象和性格塑造。但观众和其他消费因素也在知名艺人的形象塑造中发挥着重要作用。知名艺人和观众之间的关系可分为

四类：[20]

- **情感亲密** 观众对知名艺人有一种淡淡的依恋感，这种依恋源自观众自身的个性。
- **自我认同** 观众对知名艺人十分着迷，以至于演员的表演让观众感同身受。
- **模仿** 知名艺人扮演的角色在观众看来是一个榜样，这时候，观众就会模仿。
- **投射** 投射是模仿的一种极致形式，会发展成"追星"。

明星效应是知名艺人生活方式的投射，是非凡场景和日常生活的结合，是特殊和普通的统一，体现了美国或西方的基本价值观。在消费主义对媒体的影响下，电影知名艺人和电视知名艺人都是"个性化的"人设。也就是说，观众可以通过知名艺人的外貌及其生活方式对他们加以判断。[21] 知名艺人的生活方式是好莱坞"闪闪发光"的组成部分。大房子、豪华轿车、聚会、昂贵的衣服、苗条的身材、消费圈、奢华的休闲活动都是知名艺人的时尚标签。

狗仔队、娱乐电视、时尚杂志和广告持续激发着观众对于电影明星的兴趣。电影衍生品和预告片都在宣传知名艺人；知名艺人也参与商品销售、政治和慈善事业。迈克尔·乔丹成为耐克公司的一种款式的鞋的名字。事实上，知名艺人将自身风格与电影风格结合，创造了一种超强的身份认同感，摇身变成一种品牌。伍迪·艾伦（Woody Allen）出演的电影是其自身形象的延伸——成为伍迪·艾伦牌电影（见图10.13）。

明星品牌化力量的典型案例——"超人格化"现象，可见于文斯·沃恩（Vince Vaughn）在《终极赌局》（*Prime Gig*）中的颠覆性表演。该角色彻底背离了观众熟悉的"沃恩式"喜剧癫狂特质。当《分手男女》(*Break Up*)、《婚礼傲客》(*Wedding Crashers*) 等影片已将其喜剧品牌固化，任何违背这种预期的形象都会引发观众失望——这正揭示了明星作为文化商品的本质矛盾。

图10.13

在全世界，知名艺人还通过为慈善事业筹集资金来发挥自身的作用，这始于20世纪70年代。当时农民因丧失抵押品赎回权而失去了土地，威利·纳尔逊（Willy Nelson）开始举办演唱会为农业援助协会捐款。知名艺人还关注疾病，如杰里·刘易斯（Jerry Lewis）每年都会举行年度马拉松慈善活动；博诺（Bono）发起艾滋病宣传运动，布拉德·皮特（Brad Pitt）、米娅·法罗（Mia Farrow）、乔治·克鲁尼（George Clooney）和其他名人在全球范围内宣传艾滋病的病因，以增强公众的防范意识以及宣传其他问题。没有这些知名艺人力量，许多社会方面和经济方面的问题可能仍不为人知并得不到资金支持，表10.2的内容为2007年度十大演员名单。

表10.2　2007年度十大演员

调查42亿用户得出的结果		
1. 约翰尼·德普（Johnny Depp）	6. 杰西卡·阿尔芭（Jessica Alba）	
2. 布拉德·皮特（Brad Pitt）	7. 扎克·埃夫隆（Zac Efron）	
3. 帕特里克·潘提尔（Hayden Panettiere）	8. 林赛·罗翰（Lindsay Lohan）	
4. 克里斯蒂安·贝尔（Christian Bale）	9. 马特·达蒙（Matt Damon）	
5. 安吉丽娜·朱莉（Angelina Jolie）	10. 汤姆·克鲁斯（Tom Cruise）	

资料来源：明星人气指数报告（STARMET）。

榜样

娱乐业也可为人们提供榜样。观众会密切关注演员、音乐家和运动员在电影、音乐录影带、体育比赛中的表现，同时会关注他们在日常生活中的行为。第三章讨论了艺人与观众之间建立的准社会关系。观众会对其欣赏的演员、音乐人和运动员着迷，感受到彼此之间的特殊联系。他们会经常通过新闻和八卦媒体来了解自己喜欢的艺人的职业生活及个人私生活。

社会学习理论认为，人们会因为崇拜的艺人的行为受到奖赏或者惩罚，而选择采纳或放弃该种行为。艺人通常拥有许多令人向往的特质——才华横溢、成功、漂亮、受人喜欢。这些品质或想要拥有这些品质的愿望会激励观众把艺人视为自己价值观方面和行为方面的榜样。当然，艺人们在电影、音乐视频，甚至是体育赛事中扮演的角色若与性丑闻、吸毒、欺骗、暴力冲突相关，会影响观众对其印象，更不要说这些事发生在艺人私人生活中。

体育英雄

电影英雄向体育英雄的转变是很自然的一个过程，运动员身体健康、才华横溢、光彩照人。至少公众是这样认为的。实际上，体育英雄经常使用毒品、类固醇和增强剂。他们在体育赛事淡季也会有丑闻缠身。

人们通常不仅批评当代运动员的暴力行为，还批评运动员本人。这些批评者认为，如今的体育运动无法造就乔·迪马乔（Joe DiMaggio）这样的英雄，乔·迪马乔曾在1941年取得56场连胜，无人超越。"如今，无论是在体育界还是在其他行业，很难找到一个人能与乔·迪马乔相媲美（迈克尔·乔丹似乎有这方面的特质，但需要时间来验证）。在公共事务领域，几乎没有一个名字不带星号污点。"[22] 心理学家弗兰克·法利（Frank Farley）给出界定英雄主义本质的六个性格特征（见表10.3）。

表10.3 成为英雄需要什么特质？

六个重要性格特征 思考当今最著名体育明星是否具有以下特点	
勇气和力量	英雄之所以为英雄，在于其绝非懦夫或逃兵。无论是战争英雄面对生命威胁，还是政商领袖承受心理重压，真正的英雄总能在逆境中保持从容——甚至愈战愈勇。
诚实	"诚实的亚伯·林肯"与"从不说谎"的华盛顿能成为美国最受爱戴的领袖绝非偶然。欺骗与诡诈，从来都与英雄主义的文化内核背道而驰。
善良、仁爱、慷慨	真正的伟人会为他们所信仰的事业奋战到底，却在胜负已分时对敌友皆怀悲悯。
技巧、才智与胆识	英雄的成就应源于其天赋与智慧，而非侥幸——尽管出于谦逊，他们或许会将来之不易的胜利归功于运气。
风险担当	无论身处何种领域，英雄都敢于将自己置于险境。
情感共鸣	我们或许会因某人的事迹在理性层面感到震撼，但仅有钦佩远远不够——英雄必须同时征服我们的心灵与头脑。

资料来源：选自《如何成就伟大！成为英雄需要什么？从六个基本特征开始》，《当代心理学》第28卷第6页（1995年11月至12月）；第46卷第6期。

大多数评论家质疑的不是当今运动员的运动能力，因为显然我们拥有许多杰出的体育人士——拥有勇气、技术和专业知识的超凡冒险者。评论家质疑的是运动员的道德素养，即他们的诚实、仁慈和慷慨，这些特质值得怀疑。一位评论家认为，当代运动员"只是表面上展现了自身的身体活力和不屈精神等英雄品质；然而，在这些表面特征之外，现代运动员缺乏将自己塑造成真正英雄所必需的美好道德"[23]。

政治家是人们最常提到的英雄，这可能会令有些人感到惊讶。位居第二的是娱乐界人士［女性中，芭芭拉·史翠珊（Barbra Streisand）最常被人提及；男性中则是克林特·伊斯特伍德（Clint Eastwood）最常被人提及］。宗教人士排名第四，而其余大部分来自军事、科学、体育和艺术领域。[24] 运动员社会评价低迷的原因可能有以下几点：首先，当今体育明星数量过于庞大——在只有棒球和橄榄球称霸体坛的年代，乔·迪马乔这样的英雄人物更容易脱颖而出。其次，现代体育已发展成产业，追逐商业利益的倾向愈加明显，运动员追逐金钱与竞技成就的动机不相上下——例如签名照收费已成常态。另有观点认为，体育记者和小报媒体难辞其咎，这种解读指出，当代体育明星与其他公众人物在品德方面与前辈并无差异，只是当今媒体更热衷于挖掘人性弱点而非颂扬高尚品格。

人们认为英雄是具有"深度"的。这种"深度"被描述为"一种跨越时空、充满神话色彩且近乎超脱尘世的特质，正是它定义了英雄。虽然难以精确言说……但当其显现时，我们都能感知到——它甚至能让身形矮小的英雄显得伟岸超凡"[25]。由此观之，过度强调运动天赋而忽视教育及其他修养，或许造就了一批单维度的体育明星。心理学家弗兰克·法利由此发问：当公众对职业运动员日益失望，未来的体育英雄是否会尽数沦为洛奇（Rocky）这样的虚构人物？

英雄被视为文化的灵魂之窗。纵观一国推崇的英雄典范，便能洞见其国民珍视的价值与理想。美国英雄多为特立独行的冒险者，而中国英雄则更倾向于传统的守护者——这种差异对国际商务往来乃至政治军事谈判皆具深意。

近期调查显示，近半数美国儿童心中已无英雄楷模，这一现象令人忧思。[26]若无先贤榜样指引，这些孩子该如何跨越贫困与种族主义等逆境？法利指出："美国精神的精髓，正在于白手起家成就非凡的传奇。我们亟须更多这样的精神榜样。"

法利认为，"从有所成就的人那里获得力量是最古老最值得信赖的激励方式"[27]。一位作者在评价法利的著作时指出："我们亟须英雄——以教导、以言行吸引、以激励我们追求卓越……最重要的是，他们推动我们超越平庸，尝试那些凡人望洋兴叹的艰巨挑战。"[28]

当代体育偶像

有些人可能会哀叹现代体育英雄的匮乏，但也有人认为，今天的体育英雄比以往任何时候的体育英雄都更伟大更优秀。当然，迈克尔·乔丹是当今著名的体育偶像之一。如果用美元来衡量一个人的英雄事迹，那乔丹的价值是毋庸置疑的。据估计，迈克尔·乔丹从1984年至1998年在美国国家篮球协会打球期间，为美国带来了100亿美元的经济效益。佳得乐公司（Gatorade）的"成为迈克"广告活动的成功更加巩固了乔丹的英雄地位。

虽然20世纪末美国英雄人才短缺，但有些人认为，如今潜在的英雄人才比以往任何时候都多。紧随乔丹之后，棒球选手萨米·索萨（Sammy Sosa）和马克·麦奎尔（Mark McGuire）创下连胜本垒打纪录，老虎·伍兹（Tiger Woods）在高尔夫球场占据统治地位。女子体育项目也拥有优秀运动员，如足球运动员米娅·哈姆（Mia Hamm）、篮球运动员谢丽尔·斯考夫（Sheryl Swoops）、网球运动员维纳斯（Venus）和瑟琳娜·威廉姆斯（Serena Williams）。除运动天赋外，这些运动员以真正的英雄风范闻名，展现自身的优雅与体育精神。

然而，许多批评者与粉丝仍质疑当代运动员是否适合担任英雄或榜样。最近，职业运动员使用类固醇和其他兴奋剂引起了人们的关注。在2006年环法自行车赛结束后不到一周，荣获17胜的冠军菲奥德·兰迪斯（Floyd Landis），睾丸激素/表睾酮比率结果呈阳性（睾丸激素水平正常和表睾酮不足）。2006年，《阴影下的比赛》（*Game of Shadows*）一书中指控棒球巨星巴里·邦德（Barry Bonds）使用大量多种类固醇和生长激素，并认为其他几名运动员也涉嫌吸毒。[29] 同年，美国奥运会和世界百米冠军贾斯汀·加特林（Justin Gatlin）药检失败。马里昂·琼斯（Marion Jones）被称为世界上跑得最快的女性，在2000年澳大利亚悉尼奥运会上获得5枚奥运奖牌后，有谣言称其曾使用兴奋剂，虽然她本人曾通过药品检查。

图10.14 体育偶像萨米·索萨、威廉姆斯姐妹和老虎·伍兹

业余运动员，特别是崇拜体育英雄的年轻运动员，可能会受偶像影响而使用药物，人们对此感到担忧。另外，面对兴奋剂丑闻，运动员们常常否认和撒谎，为他人树立了坏榜样。一些研究的确表明，高中运动员普遍使用类固醇和其他兴奋剂。在美国有统计显示，4%到11%的高中足球运动员使用过兴奋剂，[30] 人们很难判断这一现象的出现是否受到职业运动员使用兴奋剂的影响。从传统意义上讲，职业体育协会实行自我管理，对吸毒和其他违规行为制定相应的处罚措施。但公众对于兴奋剂使用情况越来越担忧，包括美国在内的一些国家政府开始起草反兴奋剂法。

社交媒体的影响

由于社交媒体用户中年轻人占较大比重，人们普遍担心新媒体是否会对儿童产生不良影响。互联网无疑带来诸多积极影响：提供海量信息与娱乐，促进新内容生产。浏览网络或卫星电视频道时，儿童与成人皆可能接触新思想，增进知识并激发创造力。儿童使用互联网或娱乐软件还可以增加自身技能和计算机素养。新媒体技术已用于辅助人们学习大多数学科——数学、语言、科学、艺术。几乎所有人都认为新媒体的互动性有助于提高人们学习的兴趣。

但是，新媒体除了会产生这些潜在的积极影响，也引起了人们的担忧。许多担忧与传统媒体（如电视、电影、音乐）曾带来的影响类似——即新媒体娱乐可能损害儿童身心健康。人们担心孩子们会花费大量时间上网或玩游戏，而不再去户外运动或与其他玩伴交往。有报道称，儿童因使用计算机键盘和电子游戏控制器而反复出现肌肉损伤，对肌肉、神经、肌腱、关节、韧带、软骨或脊椎盘产生了不良影响（如腱鞘炎和腕管综合征）。

本章小结

我们已见证宗教机构如何运用现场表演及互联网、游戏、影视漫画等媒介传递信仰信息。每种媒介都凭借其独特的受众连接方式，承载宗教教义的核心思想与意象。可以预见，娱乐化元素将持续渗透各类信仰活动的仪式、庆典与实践。

归属感始终是全球社群成员的根本需求。作为社会性存在，人类本能地仰望杰出者，以其为行为范式。这种需求催生了庞大的名人产业：从影视到体坛，被精心塑造的明星成为可供消费的文化符号。我们与媒介人物建立情感联结，让其形象渗透生活各个维度。那些令人景仰的楷模，乃至深陷伦理或法律泥潭的反面典型，共同塑造着我们的价值认知。从超级英雄到体育巨星，从摇滚偶像到新闻评论员，这些构成社会文化的人物，持续定义着我们集体的生存样态。

近观社交网络：全球社交

美国社交网络主体是聚友网和脸谱网。其他服务网站如hi5.com、贝博网、谷歌旗下的奥库网（Orkut）、朋友网（Friendster）也逐渐建立了起来，并在美国以外的其他国家站稳了脚跟。人们通过社交网络和朋友分享新闻、照片及其他内容，这无疑受益于网络效应。主流的地方网站，如巴西奥库网，因为是当地人默认的社交网络，所以几乎不受竞争影响。即使其他网站再先进，只要用户的朋友不换网站，几乎没有用户会流动到其他网站。

在全球范围内，2008年的主要社交网络如下：

- 奥库网在印度次大陆以及巴西处于主导地位。
- 在全球范围内，脸谱网比聚友网影响力更大，中东使用人数超高。
- Hi5.com是最国际化的社交网络，在秘鲁、哥伦比亚及蒙古国、罗马尼亚和突尼斯等分散的国家占主导地位。
- 贝博和天空博客（Skyblog）采用殖民模式，在爱尔兰和新西兰等英语小国的发展强劲，后者在说法语的国家发展得很好。
- 朋友网是原创社交网络，在整个东南亚地区都很盛行。

- 图片博客（Fotolog）是一家摄影服务公司，在美国被朋友网击败，后成为阿根廷和智利的主要社交网络。

2008年，《互联网海啸》（*Groundswell: Winning in a World Transformed by Social Technologies*）的一项调查报告显示，韩国的社交网站用户百分比比世界上任何其他国家都高出10%（见表10.4）。

表10.4 访问社交网络的线上用户百分比（数字包括至少每月访问一次网站的用户）（单位：%）

美国	英国	法国	德国	日本	韩国
25	21	3	10	20	35

资料来源：2007年技术制图调查。来自查伦·李（Li Charlene）和贝诺夫·乔希（Bernoff Josh）（2008）的《互联网海啸：在一个社会技术变革的世界中获胜》，版权所有：佛瑞斯特研究公司（Forrestoy Research）。

你怎么看？
- 韩国社交网络用户比例为何如此之高？因为赛我网（Cyworld），还是因为韩国人喜欢社交？
- 为什么德国、法国的社交网络用户比例如此之低？

讨论与回顾

1. 宗教组织如何通过互联网与教区居民和信徒联系？
2. 讨论体育和宗教的相似与不同之处。
3. 为什么社交网络如此受年轻人和青少年观众欢迎？年轻人和青少年会一直这样喜欢社交网络吗？他们会止步于此，还是社交活动将迎来"新的突破性工具"？
4. 人们为什么对知名艺人如此着迷？能否举出一些你关注到的知名艺人从事非营利活动的例子？

练习

1. 去鲍德斯（Borders）之类的书店，把名人或知名艺人八卦杂志记录下来。通过信息数量的剧增，你发现我们的社会文化对这些名人、知名艺人的兴趣点有哪些？
2. 为一款基于宗教信仰的视频游戏设计一个情节或场景。如何使你的游戏在不涉及暴力的情况下让人产生兴趣？
3. 借助社交网络写一个自身经历的或虚构的短篇故事。故事包括哪些关键要素？为什么？

4. 参加任一教派的宗教仪式，并观察媒体用于增强仪式体验的所有方式。对于能够提升体验的其他功能或者活动，你有什么建议？

书籍和博客

Grewal, D.S. (2008). Network power: The social dynamics of globalization. New Haven CT: Yale University Press.

Nelson, M.Z. (2005). The gospel according to Oprah. Philadelphia PA: Westminster Press.

Redmond, S. (2007). Stardom and celebrity: A reader. Thousand Oaks CA: Sage Publications.

Robertson, C.K. (2002). Religion as entertainment. New York: Peter Lang Publishing.

www.godtube.com——在这个社交网络上观看视频并发布您自己的视频。

www.rapzilla.com——在线基督教嘻哈杂志。

www.skyangel.com——提供基督教视频和各种音乐。

www.filmbug.com——电影明星指南，包含数千页关于演员、导演、编剧以及其他名人的传记、论坛、图片等信息。

www.celebrities.com——关于所有名人的八卦和信息。

第十一章　种族、文化与全球化

> 所有真实的痕迹——以及随之而来的跨文化理解——都将在电影界的虚构作品的洪流面前消逝殆尽。
>
> ——沃德·丘吉尔（Ward Churchill）

娱乐是一种全球性现象。我们对于他人的认知，大多通过某种娱乐形式获得。电影、电视和报纸等媒介让我们接触到其他族裔与文化。我们对别人的理解往往来自经过加工的传播内容——这些内容可能掺杂着编剧、制片人或导演的主观视角。真实与虚构的界限可能因此被打破，导致观众产生错误印象。在本章中，我们将审视各类媒介娱乐所塑造的族裔及全球文化形象。

种族与文化

我们每个人都属于某个族群——这些群体由具有共同血缘传承的人们组成。遗憾的是，媒体对不同族群的呈现往往厚此薄彼。族群认同是通过社会化过程与经验（包括亲身经历和媒介体验）形成和发展的群体性认同。媒体不仅展现社会对各成员的期待与认知，揭示各群体在社会结构中的位置，更传递着针对少数群体的"社会态度"。

置身于铺天盖地的媒体图像中，许多人却难以从中辨认出自己的身影，或是发现媒体塑造的形象与自我认知相去甚远。由于媒体反映其所在社会的发展趋势，各国媒体对各族群的报道方式也各不相同，娱乐媒体向观众传递着"谁才是社会重要角色"的潜台词。本节考察媒体塑造刻板印象的具体手段，以及媒体如何运用娱乐来表征特定民族文化中的个体和群体，同时我们还考察美国媒体对少数民族和文化的影响。

媒体刻画

视觉信息是我们视觉感官的产物，它们极具感染力且能产生持久的影响——试想电视的威力！我们通过媒体呈现的关联频率、曝光频次与刻意缺位来认知世界。你在媒体（尤其是报刊、电视、电影和电脑）中看到的文化形象，往往是基于文化优越论的简化图景——这种观念认为某些文化群体天然优于其他群体。

1993年，美国电影演员协会（SAG）开始收集在美国电视和电影中出现的少数族裔演员的统计数据。严峻的结果导致少数族裔权益保护团体向该行业施加压力，要求制作能够准确反映美国国家种族和民族多样性的节目与电影。截至2000年，美国电影演员协会的报告显示，有色人种演员的岗位和角色数量增加了7%。到2008年，这一数据又增长了8%，显示出持续进步。

然而在电子游戏中，亚裔和深肤色反派角色仍大行其道。2006年，一位加拿大研究人员研究四款用于刻画邪恶的黑帮种族的视频游戏，即《功夫》（Kung Fu）、《魔兽争霸3》（Warcraft）、《暗影勇士》（Shadow Warrior）和《侠盗猎车手3》（Grand Theft Auto 3）。研究表明，非白人帮派分子最终都会被白人英雄消灭殆尽。这种"隐形"种族主义在影视等媒体中难以容身，却在电子游戏领域极为盛行。而面对全球400亿美元规模的游戏产业，负面形象塑造对用户影响深远。尽管学术界尚未就"媒体中的种族主义会否影响现实观念"达成共识，但种族主义图像带来的负面影响确实难以消除。[1]

加拿大有15%的人口为移民和少数族裔，在大城市这一占比更高达51%。加拿大已成为全球文化和人口种族最多元的国度。然而媒体的表现远远落后于现实。原住民、因纽特人和印第安人在影视及新闻中仍频频遭遇刻板形象塑造。对原住民角色的刻画往往陷入两个极端：要么是原始、暴力、狡诈的形象，要么被表现为温顺幼稚的"高贵的野蛮人"。由于多数城市居民鲜少接触原住民群体，这些媒体形象的影响力反而被无限放大。

当前政治正确的风潮虽然遏制了影视作品中某些露骨的种族主义表现，但微妙的刻板印象仍以浪漫化想象、史实谬误、选择性忽略和简化角色塑造等形式存在。"印第安公主"、"土著勇士"和"高贵的野蛮人"等浪漫形象长期占据着全球观众的想象空间。出现失实呈现的根源在于，制片方从来不会让史实细节妨碍精彩故事的讲述。在描绘原住民的服饰、习俗、生计方式以及精神信仰和仪式时，创作自由往往被滥用。[2]

在影视作品中，印第安人是唯一一个历史形象远多于现代形象的族群。无论是《犯罪现场调查》等热播剧中的事故受害者，还是执法人员角色，都极少出现美洲原住民的身影——电视制片人似乎患上了文化健忘症。但最具有破坏性的是，媒体赋予印第安人的形象往往缺乏个性与人格深度，他们就像戏剧中的纸板道具，单薄而刻板。

图11.1 克利夫兰印第安人酋长瓦胡

另一个颇具争议的现象是非原住民体育队伍、企业及组织将美洲原住民形象用作吉祥物、标志、漫画造型及命名来源。尽管严重损害原住民的自我认同、自我认知与自尊，美国职棒大联盟等主流体育赛事仍在使用这类引发全国争议的符号。亚特兰大勇士队、克利夫兰印第安人队与埃德蒙顿因纽特人队都表现出将印第安文化物化和客体化的倾向。这些符号本质上是由主流文化无意识的优越感所支撑的社会建构产物。

就其他族裔而言，最新研究表明美国少数族裔的媒介使用习惯和信息接收模式与白人群体存在显著差异。[3] 少数族群成员使用媒体更频繁，同时他们更有可能认为媒体内容是真实的，最重要的是，在评估媒体如何呈现本族裔成员时，他们会表现出更为犀利的批判意识。

戴维斯与甘迪的研究[4]指出，非裔美国人已形成一套抵御性策略来应对媒体中的负面形象。这些负面形象会激活黑人受众的身份认同机制，使其进入"自我参照"状态。正如社会认同理论所示，当黑人群体认为这些形象威胁到其身份认同时，他们维护群体正面形象的意愿就会促使其采取应对措施。这些应对策略可能包括强化群体认同，采取竞争性行为，表现出防御性反应。例如，相较于拉美裔和亚裔群体，非裔美国人对相关新闻报道的批判意识更为强烈——尤其是针对电视犯罪新闻中的不公正报道。当新闻和电视剧持续将非裔美国人刻画为窃贼和凶手时，实际上是在助长针对该文化群体的有害刻板印象。那为什么会有刻板印象？请继续阅读。

 聚焦媒体图像电影中的印第安人：《月满荒原》

在1997年播出的三集电视连续剧《月满荒原》（*Comanche Moon*, 1997）中，所有印第安人都被塑造成反派形象。他们侵略城镇，袭击士兵，而且并非出于自卫。似乎印第安人热衷于杀戮，仅仅是因为白人阻止他们盗马。白人被刻画成无辜者，印第安人则是罪魁祸首，冲突被简化为"文明对决野蛮"。

剧中印第安人全是恶人：

- 蓝鸭（Blue Duck）是心怀不轨的刺客；
- 踢狼（Kicking Wolf）和三鸟（Three Birds）是盗马贼；
- 阿胡曼多（Ahumando）是酷刑施行者；
- 一个不知名的科曼奇人是强奸犯；
- 野牛驼峰（Buffalo Hump）是一个犯下种族灭绝罪的复仇者。

图 11.2 《月满荒原》剧照

除了使用本民族语言，这些角色毫无文化表征，存在的意义似乎就是盗马、掳掠妇女和屠杀白人。唯一获得正面描写的印第安人是著名鞋子（Famous Shoes），这位为游骑兵担任侦察员的基卡普人（Kickapoo）口齿伶俐、足智多谋，还会提及探望祖母的温情细节——这些特质明确标示其"好人"身份。

该剧严格遵循拉里·麦克默特里（Larry McMurtry）的原著，延续西部片典型套路：将印第安人塑造为说话节奏缓慢、爱抚法器、满口神秘主义辞藻的形象，或者将其塑造为一心想要为种族复仇的狂热者。在进入21世纪的8年里，美洲印第安人依然以一系列狭隘的刻板形象被呈现在银幕上。

你怎么看？

你有什么证据能表明媒体对印第安人的描绘正在发生变化？有相反的证据吗？

刻板印象

媒体常被指责助长刻板印象，即对某一群体成员施加标准化形象或概念。这类刻画通常基于有限信息。媒体（尤其是娱乐媒体）呈现的只是生活片段，但这些片段未必能反映真实生活。日常的人物与事件往往缺乏趣味性和娱乐性，因此娱乐作品更倾向于聚焦特殊个体和极端情境。过去40年的内容研究表明：有色人种被描绘为犯罪和暴力实施者的频率远高于现实情况；女性与少数族裔作为暴力受害者的出场率也超出实际比例。其他强化刻板印象的典型形象还包括：愚蠢的金发女郎、乐天派胖子和昏聩衰弱的老人。

许多理论，如依附理论、涵化理论、符号互动论和现实社会建构理论等纷纷断言，反复和定期接触被扭曲的媒介形象可能会使人对现实世界中的人产生刻板印象。令人担心的是，媒体会影响我们的感知，而这些感知会影响我们对刻板印象群体的行为。

单身女性在俄克拉何马城或纽约市独自行走时，是否会感到安全些？或者在拉皮德城、北达科他州或华盛顿特区呢？想一想你是如何形成对这些地方居民的刻板印象的？你是在哪里获得的印象和想法？这些将构成你对这些地方以及居民的理解基础。哪些理论可以解释这些刻板印象是如何形成的？然后你将实际的统计数据纳入思考范围。据联邦调查局报告，在俄克拉何马城，每10万名女性中有73.9人遭到强奸，是纽约市和华盛顿特区的三倍，而美国强奸率最高的城市是拉皮德城。

作者克里斯蒂安·兰德（Christian Lander）在他的博客中对民族刻板印象进行自嘲，并创作系列博客《白人喜欢的事物：数百万人独特品位的权威指南》。根据兰德的说法，他的书"探讨、解释并教你如何在与白人社交中取得成功。"书中所列105件事的清单从第一件"咖啡"和第二件"皈依父母不信仰的宗教"开始，延伸到第104条"刘海女孩"和第105条"无薪实习"。兰德在接受美国国家公共电台采访时表示，他的书在对他的种族进行思考时，表现的是一种诙谐的态度。每个条目都有一个解释，如下面这则对白人最喜欢的咖啡的评论。

> 我保证，你们学校第一个喝咖啡的人是个白人，白人都离不开星巴克。他们也喜欢说："你肯定不想见到我早上还没喝咖啡的样子。"他们也不把咖啡直接称作咖啡，而是称为火箭燃料、爪哇、乔、黑磨等。白人真的很喜欢关于咖啡的公平交易，因为额外支付的2美元意味着他们会大不一样。

其博客（www.stuffwhitepeoplelike.com）在其运营的前6个月内获得了38,000次点击量。该出版物与博客是否会促进刻板印象产生和使人们成为种族主义者？或者只是一个白人在嘲笑其他白种男子（和女人）？请登录网站阅读并自行判断。

记录种族

媒体全球化、种族与宗教的碰撞，促使探索频道（Discovery）等国际电视网制作纪录片，重新审视耶稣等标志性人物的欧洲中心主义形象。为吸引全球观众，传统的宗教意象正逐渐被科学与技术的话语所取代。

例如，探索频道和英国广播公司（BBC）曾公布一项科学发现，宣称从历史真实角度还原的耶稣形象应为"肤色黝黑、面容粗犷、眼神空洞的短发男子"。这部纪录片抛出了一个深刻问题：耶稣的种族身份为何具有文化意义？这类节目确实具备重塑我们意识形态认知的潜力——当科学报告表明基督作为中东人却被塑造成白人形象时，这种认知冲突已成为全球性现象。然而，该纪录片仍引发了广泛争议，许多人认为这种呈现方式冒犯了他们的信仰。

同样，预计拍摄的关于美洲原住民保留区的电影纪录片也很难开展，因为影片将反映印第安人被困于保留地，被剥夺工作和资源且被政府忽视。这些纪录片呈现了我们是如何对待美国最早的原住民的残酷真相。众所周知，这些报道必然带着导演或制片人的主观视角。同一组录像素材经过剪辑，完全可以呈现截然相反的立场。你是否能举出某部纪录片曾深刻改变你对某个种族认知的例子？

少数族裔媒体生态

美国作为种族构成极其多元的国家，其特殊的人口结构丰富了非英语新闻媒体生态。由于境内聚居着众多不同文化背景的族群，美国孕育出包括外语电视频道在内的多语种新闻媒体网络。

时事速览 2010年，美国人口普查局预测的美国人口构成：白人占68%，西班牙裔为13.8%，黑人为12.6%，亚洲人占4.8%，美洲原住民占0.08%。

最大的外语电台哈布勒诺斯·德萨卢德在2008年赞助了其电视节目的电话热线栏目。翡翠全球电视是一家总部在香港，同时在纽约、洛杉矶和旧金山运营的面向亚洲观众的香港电视台。MH2是一个独立的非商业性电视频道，它位于弗吉尼亚州和华盛顿特区，为具有全球意识的美国观众提供不同文化视角的全球性新闻广播和节目。

图11.3 为西班牙裔读者出版的美国杂志

2008年的一项研究，在对比英语和西班牙语报纸关于移民新闻后，[6]揭示出了对种族新闻报道的不同看法。该研究发现，与美国新闻媒体相比，西班牙语新闻媒体的移民报道数量更多。虽然这并不奇怪，但问题是，其结果对于形成关于该主题的公众舆论有何意义？

我们可以运用皮埃尔·布尔迪厄（Pierre Bourdieu）的场域理论[7]——文化资本与媒体资本可相互转化的概念——来审视拉丁美洲、阿拉伯地区和卡塔尔等地涌现的区域性与全球性广播中心的崛起，这些中心正试图与美国有线电视新闻网（CNN）和英国广播公司展开竞争。如今，这些新兴媒体中心对盎格鲁-撒克逊模式所倡导的新闻商业化、去政治化和琐碎化的必要性提出了怀疑。通过与国际新闻来源脱钩，这些国家试图避免种族偏见和文化刻板印象的传播。

如今，美国、英国与法国政府正试着抵挡来自拉丁美洲和阿拉伯媒体的竞争。但原因何在？新闻的多样性和延伸发展是否健康？我们相信竞争有助于全球新闻采访和报道，防止娱乐资讯的上升趋势，因为这种趋势正严重玷污美国的新闻传播。

瞄准儿童市场的电视节目

儿童动画电视及节目会传达有关种族、性别、年龄、阶级和其他社会群体与身份的观念。[8] 当前动漫产业所传播的"童年"定义，既源自特定的制度实践与经济安排，又反过来强化着这些体系。在频道跨国化浪潮中，尼克儿童频道（Nickelodeon）、探索儿童频道（Discovery Kids）、卡通网络（Cartoon Network）和迪士尼（Disney）处于领先地位。虽然动画制作因新兴发行技术实现全球化，但节目内容仍以美国视角为主导。制片方采用具有人类共通性的主题作为商业策略进行影片营销，而正在崛起的韩国动画也正通过类似叙事策略进入全球市场。

由于儿童对动画的喜爱，如今许多国家都开始制作儿童动画节目。随着网络Flash动画技术的发展，动画制作成本大幅降低，基于网络的动画平台正与传统电视争夺观众。例如，面向少女群体的《娜塔莎公主》系列动画，以每集5分钟的时长在美国在线（AOL）平台播出。该系列后被卡通频道（Cartoon Network）收购，并衍生出书籍、DVD套装及各类周边商品，包括服装、游戏、文具和沙滩巾等。许多国家数字订阅广播服务的发展趋势表明，这些新兴传播平台的主要受众群体是发达国家的儿童。

广告商同样对儿童观众群体进行细分定位。匈牙利儿童频道Minimax会根据不同年龄段儿童的偏好精心打造节目内容：2岁以下幼儿更喜欢配有声音的无固定形态动画角色；2~5岁儿童偏爱有简单情节的故事、易于辨认的角色形象以及非暴力教育类节目；而5~12岁的孩子则希望看到更复杂的故事，同时减少教育性内容。匈牙利电视台制作和播出的节目都严格遵循儿童年龄分层的需求和观看习惯。不过，像英国卡通频道等节目坚持在教育类节目中避免使用逃避现实的表现手法。但问题在于，如果节目不够有趣，孩子们根本不会观看。这或许正是《芝麻街》能够成功地将趣味性和教育性完美结合的原因所在。

儿童心理学的发展模式与广告业的运作机制相结合，引发了关于超越文化差异的儿童共性的讨论。目前基于年龄特征的儿童行为分析主要源自西方国家。广告业高管凯特·伊顿（Kate Eden）提出了在欧洲儿童中跨越文化和语言差异的五大永恒主题：掌控力、年龄提升（假装更年长）、归属感、勇气和道德观。这些主题虽然适用于西方节目制作，却未必契合非西方文化——在后者中，年龄差异往往通过正式仪式而非西方惯用的衣着行为来体现。在加拿大，女孩的年龄可以通过其着装风格和直言不讳的程度来判断；而在伊朗，女孩只有随着她对宗教的理解逐渐加深，其年龄特征才会变得比较明显。这种根本差异揭示了儿童认知发展的文化特异性。

媒体的影响

随着美国节目席卷全球，观众不断受到其节目和明星所输出的价值观与思想观念的冲击。大多数美国人仅通过本国新闻来认知国际事件——我们看到非洲饥荒中的儿童，目睹黎巴嫩恐怖分子袭击平民，听着美国新闻媒体从冲突前线发回的现场解说，最终透过电视网的视角来理解这个世界。不妨做个实验：当下次需要获取新闻时，请切换至英国广播公司的广播或电视频道，将其对新闻事件的解读与你所在地区的美国电视网报道进行对比。留意哪些新闻被重点强调，而哪些事件又被完全忽略——这种差异本身就能说明问题。

图 11.4　以上新闻媒体形象塑造了我们对世界的看法，以及刻板呈现了世界各国人民形象

想想电视在你的生活中，还有你对世界的看法中所扮演的角色。在影响我们如何看待自己和世界这方面，还有其他媒体能比得上电视影像的力量吗？尽管评测可能很困难，但电视的社会影响最能反映在我们对自己、文化和社会的态度上。

在2008年北京奥运会前夕，各国电视台摄制组纷纷涌入中国拍摄纪录片。对中国充满好奇的美国观众，渴望通过节目了解中国的方方面面。探索频道播出的《美丽中国》(*Wild China*) 就是其中一例，该片向西方观众展现了中国民众及其发展成就。

娱乐内容的族裔溯源

在美国，娱乐占家庭支出的比例高于服装和医疗保健（娱乐占5.4%、服装占5.2%、医疗保健占5.2%）。美国人每年在合法的娱乐形式上至少花费1200亿小时，超过1500亿美元。因为"娱乐"跨越不同的行业，很难用美元精确地计算娱乐产生的总收入。数据显示，在美国，娱乐业是一个超过4800亿美元的产业，包括国内业务和国际业务。这个数字不包括旅游或家用电子产品，如电视机和录像机，尽管许多人会争辩这些电子产品主要是为了娱乐而购买的。[10]

那么问题来了：为何娱乐产业的增速能持续领跑其他行业？最直白的答案便是，它可以。经济增长遵循供需法则，而娱乐产业恰恰在供需两端都实现了迅猛发展：技术进步既提升了娱乐产品的质量，也丰富了其品类（供给端）；与此同时，经济其他领域的繁荣使人们拥有更多可支配收入用于娱乐消费（需求端）。值得注意的是，即便21世纪初全球经济增速开始放缓，娱乐产业仍保持着相对稳健的发展态势。

音乐产业堪称最为蓬勃发展的行业之一，作为地域文化不可分割的组成部分，音乐与语言、服饰、饮食等一样，具有凝聚和标识文化及亚文化的独特作用。乐器类型、音调、节奏、旋律与歌词等元素，无不传递着一个文化的本质与价值观。普遍认为，流行音乐与广播既塑造也反映着流行文化的变迁。我们可以通过对比两种截然不同的美国本土音乐流派——乡村音乐与说唱/嘻哈音乐——来理解这一概念。同样，电视与电影也植根于特定族裔的娱乐形式。本节将概述这些源自族裔文化的媒体形式。

弹拨：乡村音乐

据说乡村音乐源于南阿巴拉契亚山脉，它是一种舒缓的、时而沉郁的音调，这或许反映了在美国南方诸州早期乡村生活的缓慢节奏。

它在很大程度上依赖于弦乐器，如小提琴、班卓琴和吉他——这些乐器相对便宜，便于歌手在南部地区穿州过县兜售他们的音乐。顾名思义，乡村歌曲讲述了乡村生活的艰苦、不幸、痛苦和返乡等主题。

一些历史记载表明，[11]美国乡村音乐的灵感来自不列颠群岛的歌谣，是由早期的英国移民传过来的。英国歌曲常常聚焦于超自然、复仇精神、爱情故事和暴力故事。然而他们非常客观，经常以不动声色的方式讲述可怕的故事。而在美国，歌曲则变得主观和个性化。它们淡化了超自然现象，有关犯罪的歌曲则在强调恶行的同时尽量减少血腥的感觉。当演绎因爱生恨的歌曲时，美国化的民谣通常会彻底消除暴力和粗俗。这些变化可能是由于维多利亚时代的兴起，但它们似乎也更适合南方的生活理念。

美国乡村民谣也倾向于在歌曲的结尾加上道德声明，反映了清教徒认为艺术必须是功能性的，否则它便是轻浮的。几个世纪以来，民谣经常被用来分享来自世界各地的新闻和事件，但随着印刷机的发明，这一趋势在欧洲许多地方有所下降，然而，这些民谣继续以一种相当准确的方式，让孤立的城镇居民获得反映当今事件的新闻。直到今天，乡村音乐的乐器、声音、节奏和歌词仍然反映乡村生活中的故事、人物和文化。

乡村音乐的全球化之旅

乡村音乐始终在与其他音乐流派交融演进，正如孕育它的文化不断演变、融合并传播。虽以"乡村"为名，其内涵早已超越美国疆界。2007年乡村音乐协会（CMA）音乐节吸引了来自智利、日本和斯堪的纳维亚等五大洲21个国家的乐迷。[12]这些音乐朝圣者前来聆听的,是承载着乡村传统价值与民族自豪感的旋律。德国研究显示,该国乡村音乐乐迷主要分为三类:痴迷美国牛仔形象的怀旧群体,寻求摇滚替代品的中年听众,以及钟情于流行的乡村热门歌曲的年轻人。

很多人对"乡村"这个词有模式化概念,所以一位巴伐利亚广播界人士提出了一个新词——"公路摇滚"。他认为,由于欧洲没有足够多的纯乡村音乐爱好者,国际乡村音乐应该以主流观众为重点。通过访问德国和法国的10个广播电台,我们发现美国以外的乡村艺术家多达8000万人,在澳大利亚可能还有另外100万粉丝,乡村音乐在那里很受欢迎。

嘻哈音乐

作为全球新生代的共同语言,嘻哈文化正从南非小镇、坦桑尼亚马赛村落、意大利街区、阿姆斯特丹音乐厅一路风靡至纽约俱乐部。年轻人用押韵歌词诉说腐败、艾滋病与内战,创造出兼具抗议力量与全球共鸣的艺术表达。通过将嘻哈节奏本土化,融入法语、沃洛夫语、阿拉伯语、希伯来语、契维语、斯瓦希里语和西班牙语等多元语言,这种艺术形式展现出惊人的文化穿透力——它既激发创作灵感,又为青年群体提供发声平台,让他们在相互启迪中获得力量。

说唱歌手克捷斯·布洛(Kurtis Blow)说,说唱和嘻哈音乐诞生于犯罪猖獗的城市街头。

> 一群富有想象力却囊中羞涩的天才少年,用废旧零件锻造出了全新的艺术形式。当时被称为"嘻哈"的这种文化,纯粹是街头智慧的结晶——他们从现有唱片中提取节奏与旋律,混入记录贫民区生活的尖锐诗篇,最终让嘻哈文化冲破贫民窟的藩篱,席卷世界。[13]

与其他类型的音乐相比,嘻哈音乐更快,表现得更愤怒,能反映出创作者——城市青少年——的文化。早期的说唱通常被视为嘻哈音乐的亚种,是用押韵的方式和有节奏的节拍说话,是不需要昂贵的乐器就能演奏的音乐。"嘻哈"一词通常指的是更广泛的音乐类型和文化。据音乐艺术家和社会活动家阿非利卡·班巴塔阿(Afrika Bambaataa)说:

> 嘻哈文化代表着这一运动的完整生态体系……说唱不过是其中的一个组成部分。MC主持、DJ打碟、街头穿搭、特色俚语、霹雳舞、B-boy/B-girl的独特姿态——从行为举止到外在形象,皆属嘻哈文化的有机组成部分。这种音乐没有肤色界限,无论创作者是黑人、棕种人、黄种人、红种人还是白人,只要

音乐能带给你那种原始躁动、那种放克律动、那种摇摆节奏……便都是嘻哈文化的血脉传承。[14]

嘻哈的演变不仅反映了不同的声音，还反映了不同的视角，甚至是个别艺术家的作品也随着时间发生了变化。例如，早期的嘻哈艺人德瑞博士（Dr. Dre）在20世纪80年代初的作品讲述的是硬核而充满警示意味的犯罪故事。但在20世纪80年代末和90年代初期，他在NWA（Niggaz With Attitude）乐队与艾斯·库伯（Ice Cube）合作的唱片中称颂了帮派生活中的享乐主义和不道德的一面。1992年离开NWA乐队后，他又开始为自己和他人进行独立创作，他的音乐进一步发展成G-funk，这是一种慢摇的变体，更多地依靠声音而非内容来展现。[15] 为了表彰他们在嘻哈音乐发展中的作用，德瑞博士和艾斯·库伯在2000年荣获"源头嘻哈奖"终身成就奖。

图11.5 丰田赛恩通过推广像史立克·瑞克这样的嘻哈音乐家来提升知名度

嘻哈，既是一种混合流派，又是一种纯粹的音乐形式，最近被企业品牌认定为非常赚钱的音乐类型之一。丰田为旗下品牌赛恩汽车开展的青年营销计划将音乐艺术家与市场营销结合起来，展示他们的才华并为其推广音乐。赛恩汽车负责所有的制作成本、许可费用以及工作室时间，所有的收益都归属艺术家自己。来自滑板和街头服饰世界的史立克·瑞克（Slick Rick）拥有自己的赛恩生活方式秀，并且歌手鬼脸凯拉（Ghostface Killah）也为塞恩品牌引入了法国电音。

嘻哈商业

2008年，商业与嘻哈融合有了进一步证据。为鼓励企业家精神，8月举行了一场嘻哈商业峰会，会集了音乐行业的高管、商界领袖和音乐名人。峰会是为运动员和演艺人员铺路，以便在全球范围内的社区举办慈善活动。可口可乐在夏季赞助了"唤起你的流动"之旅，为嘻哈艺术家鲁佩·菲亚斯科（Lupe Fiasco）在6个城市的免费音乐巡演助力，旨在将非洲裔美国青少年与他们所喜爱的事物联系起来——可乐和嘻哈音乐。还有许多超级明星会在纽约的时尚摇滚活动中演出，如碧昂丝（Beyonce）的Dereon等嘻哈服装品牌，在哥伦比亚广播公司电视台转播该场音乐活动期间首发新品。

 聚焦说唱：白人说唱歌手的突围之路

对嘻哈文化的"挪用"与改造催生诸多有趣的混血产物，白人说唱歌手的崛起便是

图11.6 白人说唱歌手埃米纳姆

典型例证。天才音乐人埃米纳姆（Eminem）14岁时就以"M&M"的化名在朋友家地下室进行说唱表演。作为白人，他必须突破这一由非裔美国人主导的音乐类型的种族壁垒。1995年发行首支单曲后，他创造出"痞子阿姆"（Slim Shady）的第二人格来宣泄隐秘情感——其标志性的夸张鼻音说唱风格与白人身份，为他赢得了乐坛"伟大白人希望"的称号。

1999年白金专辑的问世将其歌词争议推向顶峰。2000年，他创下说唱专辑首周销量近200万张的历史纪录。与流行歌手克里斯蒂娜·阿奎莱拉（Christina Aguilera）的歌词骂战、以及母亲提起的名誉诉讼引发的舆论风暴，反而助长了其人气。但主流媒体对其出格行径并不买账——歌曲《杀死你》《金》中鼓吹杀害同名妻子的暴力歌词，最终导致他婚姻破裂与事业发生转折。

在拍摄半自传电影《8英里》后，埃米纳姆凭借热门单曲、专辑及巡演重回巅峰，却因安眠药成瘾进入康复中心。这位歌手的魅力跨越种族界限，不仅赢得美国非裔、拉丁裔和亚裔群体的喜爱，更风靡欧洲、南美及亚洲市场。其创立的Shady服装品牌、Shady唱片公司（拥有7张金唱片与4张白金唱片）以及官方网站，持续在青少年文化中保持影响力。

视觉化的族群表征：你所见的即你所信的

影视媒介成为族群特征最显著的传播载体。以电视为例，荧幕上主导的白人审美标准对非裔美国女性自我认知产生消极影响——这种视觉暴力却鲜少作用于男性群体。[16]许多族裔群体对电影中使用的刻板印象和种族污蔑镜头感到不满。这种反应与社会认同理论[17]一致，即人们通过将自己所属的群体与其他群体进行比较来寻求积极的社会认同；而其他群体的反馈会影响自己群体的社会认同感、自我认知和文化地位。

一项研究组织1226名电影观众[18]对影视内容中的种族冒犯情节进行评估。这些观众年龄从13岁至74岁，主要包括欧洲人、非洲人、亚洲人和西班牙裔美国人。研究共记录36类冒犯行为，其中10大主题尤为突出。表11.1清晰呈现了族群身份、冒犯主题与被冒犯者比例之间的关联。

研究显示：亚裔群体对"跨亚族选角"现象最为不满——例如周润发在《安娜与国王》（Anna and the King）中饰演泰国皇室成员。拉丁裔群体则对暴力分子/罪犯的形象塑造抗议最强烈，如电影《飞越疯人院》（Up in Smoke）和《美国往事》（American Me）

中的刻画，其反感频率是其他族群的两倍多。而非裔美国人最无法接受的，是类似《街区男孩》(Boyz n' the Hood)中将他们塑造成智力低下者的影视呈现。

表11.1 族裔身份与冒犯性电影主题

群体	主题	整体比例/%
所有种族	反社会，犯罪，暴力	26
所有种族	动机、语言及智力上的缺陷	8
欧洲人	民族优越感，固执，剥削	5
欧洲人	嘲讽文化或行为	7
非裔美国人、西班牙裔	消极，无助，易受剥削	4
非裔美国人、亚洲人、本土美国人	历史上或当代的错误分类	8
亚洲人、本土美国人	涣散的或未加区分的种族	4.5
亚洲人、本土美国人	语言或行为粗俗	5
欧洲人、西班牙裔、亚洲人	行为或职业的刻板印象	13
非裔美国人、欧洲人、西班牙裔	滥交	9

要点：NA＝美洲原住民；A＝亚洲；E＝欧洲；AA＝非裔美国人；H＝西班牙裔；All包括穆斯林。

在欧洲人和美国人当中，无论是意大利人还是爱尔兰人，都对那些把他们刻画成黑手党成员的电影感到反感。当然，像《教父》(The Godfather)、《好家伙》(Goodfellas)、《赌场》(Casino)和《黑道家族》(Sopranos)这样的电影都宣扬了这些黑社会的典型形象。爱尔兰电影《爱国者游戏》(Patriot Games)、《以父之名》(In the Name of the Father)和《赤子雄心》(Some Mother's Son)，助长了北爱尔兰武装分子中的宗教暴力观念。

研究结果清楚地表明，电影长期以来都倾向于对文化和个性进行类型化刻画或过度概括。同时，对少数族裔的普遍偏见与本研究中受访者的反应和看法相一致。在电影发展的历史中，不同的种族群体都会受到各种不公正的描述，各种群体都会相继成为攻击性的对象。那么你在电影中看到你的族裔成员有哪些特点？

 聚焦族裔：美国原住民的自我叙事权

《风帆》(Four Sheets to the Wind)是在塔尔萨市拍摄的首部由印第安人编写、导演和演出的电影作品。制片人查德·伯里斯(Chad Burris)和泰德·克罗伯(Ted Kroeber)对于新手导演斯特林·哈乔(Sterlin Harjo)的电影处女作给予了支持，因为这是典型的旧西部印第安电影并未展现的东西。他们认为应该有一部真实地讲述印第安故事的电影。

以族裔文化为核心的电影创作必须巧妙规避刻板印象，同时避免过度聚焦负面叙事。哈乔的剧本经过圣丹斯研究所筛选实验室的打磨后，既没有消极情绪，也不刻意强调"印第安特质"，其初衷只是讲述一群恰巧身为原住民的普通人的故事。

然而，原住民群体内部对文化影视化呈现方式存在深刻分歧：关于所谓"印第安电影"的争论，首先围绕"电影是否适合呈现以口述传统而非具象图像为本的故事"展开。部分族群成员对任何文化记录者都抱有戒心，另一些人则认同电影作为最具影响力的媒介，或许是传递原住民声音的最佳载体。

原住民电影运动始于1988年的《烟火讯号》（*Smoke Signals*），该片在圣丹斯电影节（Sundance Film Festival）上大放异彩。为扩大影响力，该电影节后来取消独立单元，将原住民电影纳入主竞赛体系。

《风帆》作为展现原住民多样性的代表作，却面临没有明星撑宣传海报的市场困境。但这些初出茅庐的创作者，正以有限的预算和无限的文化自豪，坚持向观众传递必须诉说的真相。

种族误解

好莱坞近年来频频因"洗白"（white-washing）行为遭受批评，即在改编真实事件时，让白人演员饰演原本属于其他族裔的角色。例如在2008年电影《车祸惊魂》（*Stuck*）中，白人女演员米娜·苏瓦丽（Mena Suvarti）扮演了一个名叫布兰迪（Brandi）的黑人女性，这个角色撞伤无家可归者后逃逸致其死亡。而在电影《决胜21点》中，真实故事里的天才少年及其同伙本是亚裔美国人，但制片方将除一人外的所有角色都改为白人，并由英国演员吉姆·斯特吉斯（Jim Sturgess）担任主角。制片人对此的解释是，电影并非纪录片，而是一种艺术创作，因此可以对原始素材进行自由改编。类似情况还有2007年安吉丽娜·朱莉饰演在法国长大的非裔古巴—荷兰混血女性玛丽安·珀尔。制片方认为，具有票房号召力的明星对电影的商业成功至关重要，而目前他们认为族裔演员尚未达到这个级别。这归根结底是个商业考量问题——像哈莉·贝瑞（Halle Berry）、威尔·史密斯（Will Smith）这样能够随心所欲挑选角色的顶级族裔演员，实在是凤毛麟角。[19]

另外，独立电影可以选择非白人的无名演员，这也是观众愿意花钱在独立电影中看到的内容。由于期待看到真实的故事，独立电影的观众更愿意尝试观看一部没有白人演员的电影。独立电影注重种族多样性，努力追求现实主义而不是票房收入。至少他们是这么宣称的。人们希望在未来的好莱坞，表演天赋将取代种族偏见而成为演员选择的重要标准，并且电影公司、电影制作人、演员和观众都致力于改变长期以来传统的白人为主的演员阵容。

聚焦漫画：新时代的民族英雄

漫画英雄的面具之下，曾经只有发色的差异，绿色皮肤的出现频率远高于任何棕色人种。然而在2006年，这个价值5亿美元的漫画产业迎来了多元化变革——DC漫画公司和漫威漫画公司相继推出了非裔、亚裔和拉丁裔超级英雄。

DC漫画的新英雄包括：被神秘圣甲虫赋予力量的墨西哥少年"蓝甲虫"（blue beetle）；白天是社交名媛、深夜化身犯罪打击者的"蝙蝠女侠"（bat woman）；以及中国支持的超级战队"十豪侠"（great ten）。DC漫画的《局外人》（Outsiders）系列更汇集了华裔大力士"格雷斯"和非裔英雄"黑霹雳"之女"雷霆"等多元角色。

图11.7　DC漫画的新英雄

漫威漫画则让虚构非洲国家瓦坎达的国王"黑豹"，娶了能操控天气的X战警"暴风女"，这段国王与警探的组合被戏称为"兄弟动作片"。而力大无穷的非裔街头英雄"卢克·凯奇"（Luke Cage）与其白人女友，更在漫威的销量冠军《新复仇者联盟》（New Avengers）中担纲要角。

这些新的英雄种族投射了美国社会和漫画读者，就像美国广播公司的《迷失》和《实习医生格蕾》（Grey's Anatomy）等电视节目中的演员反映了他们的观众一样。许多DC漫画英雄都与周播剧《52》紧密联系在一起，它以牺牲蝙蝠侠、超人和神奇女侠为代价，将新的英雄塑造成更强大的角色。考虑到读者可能对新面孔尤其抵制，创作者们精心安排了角色的出场，并将观众不熟悉的角色与传统英雄联系起来。两家漫画的编剧坦言：曾经的"社会议题"，如今已成为我们生活的现实。尽管这些英雄主要针对美国市场，但如本章后续所述，全球化超级英雄的时代正在来临。

资料来源：乔治·吉恩·古斯塔斯，《纽约时报》，2006年5月28日，第25页。

偏爱成年读者的另类漫画几乎完全是由男性作者为男性读者创作的。这一流派可以追溯到罗伯特·克鲁伯（Robert Crumb）的漫画作品，他的《疯狂漫画》（Zap Comix）在20世纪60年代定义了地下漫画。最近，另类艺术家丹尼尔·克洛维斯（Daniel Clowes）成功创作并绘制了面向成年读者的系列漫画《八号球》（Eightball）。因为深受漫画《花生》（Peanuts）、朋克摇滚、魔幻现实主义的影响，克洛维斯发展出了一种回忆录式的叙事方式，将漫画这种媒介变成了一种新的艺术形式。[20] 他得到了最大的另类漫画出版商"幻图公司"（Fantagraphic Books）的赞助，该公司出版了美国许多最好的艺术家的作品。

全球娱乐产业新格局

娱乐业已成为全球经济增长最快的领域。普华永道数据显示，至2012年娱乐与媒体产业规模将达2.2万亿美元。如表11.2所示，以亚洲数字与移动领域为主导的增长动力，正重构各细分市场的营收占比分布。关键技术的应用——宽带网络、移动终端、数字影院与高清电视——将深度影响2007年后5年间的行业发展速度与周期。值得注意的是，当美国消费者仍执着于免费或低价内容时，亚洲市场正以更强劲的态势主导着数字新生态的构建。

表11.2 2012年的娱乐和媒体行业

娱乐类型	所占全球收入的百分比（%）
互联网接入	12.1
电子游戏	10.3
电视订阅	10.1
博彩	6.5
运动	6.5
电影	5.3
主题公园	5.0

娱乐即一切吗？

娱乐已经超越了传统的界限，进入了其他领域。你可以在世界各地的酒店、餐馆和购物中心、新闻节目、网站和教室里找到娱乐节目。人们正步入一个娱乐触及我们生活各个方面的时代。那么问题来了：为何会如此？本章将探讨经济、技术和社会力量是如何联手打造了全球娱乐业，反之又是如何被全球娱乐的演变所塑造的。

科技的融合，使得娱乐集团不太可能将其持有的各种资产全部拆分为独立的公司，并各自拥有独立产权。此外，2003年美国联邦通信委员会监管法规的变化进一步放宽了对一家公司拥有的媒体渠道的数量和种类的限制，这些变化得到了迪士尼、维亚康姆、美国在线、新闻集团和其他渴望增持股份的企业的大力支持。[21]

如今，娱乐公司之间的关系正在发生变化，变化的速度和它们"造星"的速度一样快。2003年，维旺迪与美国国家广播公司合并，后者随后被通用电气收购。同样在2003年，索尼与贝塔斯曼合建了索尼BMG音乐公司，但在2006年，贝塔斯曼宣布计划将旗下的音乐资产出售给维旺迪（通用电气集团旗下）。[22]因此，尽管我们可能会继续看到更多的拆分和精简，但随着大型媒体公司不断寻求多元化和精简之间的平衡，我们可能还会看到更多的战略合并和控股重组。

聚焦全球表达形式：涂鸦艺术

涂鸦作为一种全球性的交流方式已经有几个世纪的历史了，但是最近才被作为一种艺术形式来研究。美国现代化开始于20世纪60年代末，涂鸦艺术源于一种最基本的方式——涂写标记。这些包含大量涂鸦的极度程式化的签名和符号，是一种破坏和抗议的形式，是个人和文化身份的一种宣言，也是一种赢回被忽视空间的方式。[23]

图11.8 涂鸦艺术

涂鸦艺术是一种表达、抗议和美化的形式，全世界的人都对它爱恨交加。国际城市中充斥着版模涂鸦、贴纸艺术和海报粘贴，它们可以抵消商业化广告及其对消费者的攻击。在全球范围内，涂鸦已经引起了监管方面的问题，也引起了一些人的反对，他们认为涂鸦是城市帮派的表达方式。但涂鸦背后活跃的亚文化来自对艺术形式的极度创造性和奉献。

乔恩·瑞斯（Jon Reiss）2007年的纪录片《轰炸它》（*Bomb It*）以公共空间、言论自由、商业广告及社会政治议题为切入点，深入探讨了这一备受争议的亚文化。影片横跨伦敦、巴黎、阿姆斯特丹、巴塞罗那、开普敦、圣保罗、东京以及洛杉矶和纽约等城市，实地探寻涂鸦创作者如何将这种艺术形式植根于各自的文化土壤之中。

这部影片汇集了来自全球的正反观点，深刻揭示了涂鸦文化的内涵。当探讨"谁掌控公共视觉空间"这类议题时，影片将这种艺术形式提升至社会与历史的哲学层面。影片更提出了发人深省的问题：公共空间究竟归谁所有？为何广告商有权用低俗或令人不适的图像占据我们的视觉环境？影片尖锐指出，金钱购买公共空间控制权的关系既不自然，也非中立，更不正常。针对将涂鸦污名化为丑陋且与帮派有关的偏见，影片为涂鸦正名，还原其作为非主流艺术运动中的历史地位，重新赋予其哲学思辨与社会批判的精神内核。

这部电影从国际的视角揭示了涂鸦文化是人类与生俱来的东西，可以追溯到早期的洞穴时代。今天，涂鸦艺术作为一种武器来对抗和表达现代城市的异化与丑陋。[24] 大多数人都不知道，我们穿的许多服装系列、使用的技术以及看到的广告都植根于涂鸦艺术。随着涂鸦成为一种稳定的流行文化形式，城市的墙壁变得丰富了起来，这出社交大戏将会让我们更了解我们自己的文化以及向我们分享文化的人。

你怎么看？
- 如何捍卫艺术家使用公共空间涂鸦的权利？

- 怎样反驳"涂鸦会丑化公共财产"的观点？
- 这两种观点哪一种更有说服力？

全球电影产业

今天的娱乐业是国际性的。好莱坞的大公司——几乎都是由八大巨头集团所有——一半以上的收入都来自美国以外。表11.3列出了有史以来票房收入最高的美国电影和全球电影总收入的百分比。正如我们所看到的，海外票房收入占总利润的一半以上（2008年发布的收入除外，在撰写本文时，它们还没有实现全球分布的最大化）。

表11.3 美国电影和全球总收入的百分比

排名	片名	制片公司	全球收入/百万美元	海外比例/%	年份/年
1	《泰坦尼克号》	派拉蒙	1842.9	64.7	1997
2	《指环王：王者归来》	新线影业	1119.3	66.3	2003
3	《加勒比海盗：亡灵宝藏》	博伟影片	1066.2	60.3	2006
4	《哈利·波特与魔法石》	华纳兄弟	976.5	67.5	2001
5	《加勒比海盗：世界的尽头》	博伟影片	961	67.7	2007
6	《哈利·波特与凤凰社》	华纳兄弟	938.5	68.9	2007
7	《指环王：双塔骑兵》	新线影业	926.3	63.1	2002
8	《星球大战1：幽灵危机》	福克斯	924.3	53.4	1999
9	《怪物史莱克2》	梦工厂	919.8	52.0	2004
10	《侏罗纪公园》	环球影业	914.7	61.0	1993
最新电影					
27	《印第安纳·琼斯》	派拉蒙	744.4	57.8	2008
53	《黑暗骑士》	华纳兄弟	597.4	33.9	2008
44	《钢铁侠》	派拉蒙	567.4	44.4	2008
99	《汉考克》	索尼	395.8	45.4	2008

资料来源：www.drquedusoieil.com。

世界各地的娱乐企业都在不断发展，而且许多企业还在把业务扩展到远远超出本国国界的地方。在英国，电影《猜火车》（Trainspotting）、音乐艺术家杰米罗奎（Jamiroquai）和辣妹组合、电子游戏《古墓丽影》（Tomb Raider）、电视连续剧《天线宝宝》（Teletubbies）、《憨豆先生》（Mr. Bean）以及音乐剧《西贡小姐》（Miss Saigon）的营收创造了超过英国钢铁行业的贸易顺差。[25]在全球四大音乐集团中，除了一家英国公司和一家日德合资企业，还有一家美国公司和一家法国公司共同主导着行业格局。

变更和整合

当前,全球传媒市场正经历结构性变革,主要表现为以下三大趋势:

- 出现新媒体技术的潜在威胁;
- 媒体垄断管制逐渐放宽;
- 传媒产业加速推进纵向与横向整合。

一个拥有500个频道的传媒新时代即将来临。随着互联网的蓬勃发展,好莱坞制片厂对电影观众的铁腕控制正逐渐松动,传统的媒体垄断模式或将走向终结。值得注意的是,影视内容制作与发行的纵向整合正在产生三重深远影响,[26] 即它可以:

- 让好莱坞电影公司在卫星和有线电视频道获得更多的发行渠道,电视网络可以获得稳定的电影节目来源,80%的新系列都是内部收购的;
- 锁定对资源、内容和分销的访问,并帮助媒体公司管理媒体业务的风险性质;
- 控制节目内容和分销,为独立开发者和竞争对手制造障碍,限制文化商品市场的创造力和多样性。

表11.4 2007年全球媒体所有权

公司	收益/10亿美元	所有者	国家
时代华纳	43.7	多个	美国
迪士尼	39.1	多个	美国
*贝塔斯曼	28.9	贝塔斯曼、莫恩	德国
*新闻集团	25.3	默克多	美国
*维亚康姆	24.1	雷德斯通家族	美国
*康卡斯特	22.7	罗伯特家族	美国
NBC/环球	14.0	多个	美国
培生集团	7.5	多个	英国
富士电视	5.0	多个	日本
独立电视台	3.9	多个	英国

注:带"*"为所有者控股公司。

日益增长的整合趋势带来的一个后果是,少数所有者能够对媒体内容和人们的世界观施加影响。资源正从新闻和生产中转移,以满足并购融资的高成本。媒体正在削减新闻机构的开支,转而选择成本低廉的电视真人秀和游戏节目。目前的一种趋势是,综合新闻运营服务于多个频道,允许削减预算,需要更少的新闻工作人员,减少国外的分支机构,并以低成本节目取代电视剧。

但这些趋势受制于受众品位和媒体业务的复杂性。尽管观众拥有比以往更多的频道，但节目来源的多样性正在缩减，因为每个频道都有相同的节目！媒体专业人员也经历了工作数量和质量的变化，因此，来自行业底线的压力已经对节目质量产生了巨大的影响。随着媒体机构力求最大限度地控制节目内容，媒体的结构和影响正在发生变化。通过诉讼进行控制，扩大版权法实施范围并实施数字版权管理技术，这些新举措将加强对观众的监督，并对人们在新媒体上能做什么和不能做什么设置障碍。你对此感受如何？

 聚焦亚洲：媒体革命

根据迈克·沃尔什（Mike Walsh）关于亚洲年轻人如何消费媒体的报道，全球观点占主导地位。从移动设备上消费媒体是一种标准做法。2008年3月的e科技会议强调了亚洲人使用媒体的其他方式。

移动
与固定计算机相比，更多人使用移动设备。所有设备，甚至车载GPS（全球定位系统）都有数字调谐器。

身份
在网上创建个人身份。为了特殊目的使用多个账户，孩子们会假设一系列不同的身份。

信息
亚洲消费者比西方消费者获得更多的信息。亚洲人会全面浏览复杂的数据页面来获取信息，就像时代广场上的标志一样；而在美国，读者平均只需要查看前两名的搜索结果。

追逐名气
虚拟偶像与数字角色正与真人明星同台竞技，斩获各类品牌代言合约。

即时满足
当前媒介消费呈现"量贩式"特征——海量版权内容突破地域限制，满足用户的即时获取需求。

多任务处理
据思纬亚太区《年轻世代年度调研》（覆盖11个市场）显示，亚洲已形成以互联网、手机和电视为核心的"数字敏捷"一代。

以下是调查显示的一些有趣的数据。

韩国人和泰国人把最多的活动安排在一天内——总共超过44小时的连续媒体时间。

马来西亚人在该地区的媒体活动水平最高，上网12.9小时，包括看电视、DVD、报纸、杂志和听广播。

互联网和手机是15~24岁的年轻人离不开的媒体，互联网是他们的主要信息、娱乐和享受的来源：它在中国香港的主要用途是人们通信（比例最大占66%）和看视频（50%），而内地是听音乐（63%）和免费下载（64%）。新加坡青少年玩网络游戏的时间最多（62%）。

资料来源：www.oreillynet.com/conferences/blog/2008/03/futuretainment_the_asian_media.html and www.warc.com/Landing Pages/Featuredcontent/youngasians/youngasians.pdf。

超级英雄偶像与数字互联网的全球传播

传递正能量的角色始终拥有跨越文化疆界的魅力。随着新技术的发展，各国英雄形象得以登上世界舞台——我们钟爱的动画角色正从漫画书页跃入大银幕。本节将通过日本少年漫画、区域性超级英雄电影明星、宗教题材超级英雄以及美国钢铁侠等案例，探讨不同民族如何借助英雄形象传递其价值观与文化特质。最后，我们也将简要审视互联网作为全球传播媒介的特殊角色。

漫画英雄与全球动画

日本少年漫画《传奇》(Manga)以其350页的宏大叙事牢牢锁定青少年男性读者群体。这些漫画通过图像叙事，描绘了男性从婴儿期的乐园被迫进入成人世界的冲突与要求的成长历程。从弗洛伊德视角来看，[27]这些作品鲜明展现了男性成熟过程中的口欲期、肛欲期和俄狄浦斯期主题：口欲主题表现为贯穿剧情的大啖美食、口腹之欲的怪物、口腔攻击与口唇色情；肛欲攻击则通过露臀、放屁和排便等直白描绘跃然纸上，其中如厕训练相关情节更能引发年轻读者的强烈共鸣；俄狄浦斯期则体现为更衣室笑话。漫画通过刻画擅长拳击、摔跤等个人竞技项目的少年英雄，与屈从群体意志的成年人形成鲜明对比，展现男性成年礼的挣扎。正因为日本男性从幼年到成年的转变过程充满日益加剧的社会压力与冲突，年轻读者才会如此痴迷那些反抗这种转变的漫画英雄形象。

日本开创了最具影响力的故事动画形式——动漫（anime）。这种艺术形式凭借独特的人物造型与背景美学，在视觉表现上自成一派。值得注意的是，日语中的

图11.9 漫画男孩

"anime"一词实际泛指全球各类动画电影。虽然部分动漫作品仍坚持全手绘制作，但近年来电脑辅助动画技术已相当普及。动漫剧情多以虚构故事为主，几乎涵盖所有主流虚构题材类型。其创作常受日本漫画影响，部分经典故事更被改编为真人电影。动漫艺术风格千变万化，每位创作者都有独特表现手法，其共性在于细腻的背景描绘与风格化角色设计，并通过多元场景与故事线满足不同受众需求。

动漫和传统的真人电影一样，具有很多体裁，包括动作、冒险、儿童故事、喜剧、戏剧、中世纪幻想、神秘、恐怖、浪漫和科幻小说。大多数动漫内容都包含几种不同的体裁以及各种主题元素。虽然不同的标题和不同的艺术家都有自己独特的艺术风格，但许多风格元素已经变得很普遍，以至于它们被描述为一般动漫的必需元素，并被赋予了自己的名字。一种常见的风格是在许多动漫角色上绘制大眼睛，以清楚地表达角色的情感和神态。

国外的超级英雄

印度尼西亚本土怀旧超级英雄形象经过重塑，正走向全球市场。创作者通过研究其他超级英雄的特质，成功塑造出具有吸引力的角色。在伊斯兰文化漫画系列《99英雄》中，以青少年为变身原型的"力量者贾巴尔（Jabbar）"率先登场，该系列共包含99位英雄。这部漫画试图成为伊斯兰世界现状的隐喻——每位超级英雄都化身伊斯兰教中安拉的99个尊名之一。例如"开启者法塔赫"能创造穿越地球任意角落的次元门，而正邪对决则在代表善恶二元对立的角色间展开。

这些英雄以三人小组行动且不携带武器，其出身设定体现伊斯兰文化的全球传播：每位角色都关联两个国家，如苏丹出生法国长大的"创造者巴里"，或巴基斯坦出生英国成长的"指引者哈迪亚"。据漫画经销商透露，该系列在科威特和阿联酋的销量已与《蜘蛛侠》比肩。2007年，该系列正式登陆美国伊斯兰文化市场。[28]

为拯救地球，公益组织"超级英雄联盟"（superheroesneeded.org）在2008年发起了一项特别企划，邀请全球8至14岁的儿童创作能够保护环境、阻止全球变暖的超级英雄角色。该项目旨在通过互动参与的手段，培养青少年的社会与环境意识，帮助他们成长为具有行动力的未来环保倡导者。该组织致力于向孩子们证明，微小的改变也能在全球范围产生涟漪效应。为此，他们开发了成员动态追踪系统来更新参与数据并筹集资金，同时提供组织架构支持、实用工具包以及致立法机构与媒体的信函模板，全方位赋能年轻人的环保行动。

基于信仰的超级英雄

中东的超级英雄主要是宗教性的。以色列的超级英雄塞拉弗（Seraph）是一名犹太学校的教师，他获得了不受自然力量影响的圣经力量。他刀枪不入，超级睿智，能够瞬间移动，并且能从一根手杖里获得把物体一分为二的力量。还有两个宗教性的女性超级英雄：伊曼（Iman）和雅妮萨里（Janissary）。伊曼是一个穆斯林少女英雄，她以信仰为力量源泉。她总是用《古兰经》来解释伊斯兰教是一种伟大的宗教，希望穆斯林能够宽容、善良、正直并且没有偏见；雅妮萨里是土耳其女巫、女英雄，也是该国漫画中伊斯兰女性的榜样。以下为其他全球性的超级英雄：

- 阿拉伯弓箭手（沙特阿拉伯）；
- 无敌的伊比斯（Ibis，埃及）；
- 战争英雄穆罕默德·伊本·博努（Mohammed Ibn Bornu，北非）；
- 沙暴（Sandstorm，叙利亚）；
- 超人盟友西洛克（Sirocco）和超人谢克（Super-Shayk，伊朗）。

神话中的超级英雄

通常说印地语的动画猴神哈努曼（Hanuman），现在也说德语、意大利语和西班牙语。[29] 哈努曼的形象采用了印度宝莱坞的马萨拉风格，全球观众都喜爱这位感性的神话英雄。这个故事将他塑造成一个全球偶像品牌，它是为了满足全世界观众而被创作出来的，包括美国和欧洲观众。哈奴曼的制片商完美影像影视公司预计消费者对新一代奇人的普遍需求将会增加，该公司还会把其他印度英雄的动画版本带给全球儿童观众。《哈努曼》已经是DVD销量最高的电影，而它的第三部续集销量也一路飙升。[30]

图11.10　猴神哈努曼

国际英雄网站Internationalhero.co.uk专注于挖掘具有全球多样性的非主流英雄形象，涵盖欧洲、亚洲、中美洲、太平洋地区及南美洲的独特角色。这些英雄的国籍往往难以被简单界定，其中不少角色更是专为青少年群体打造，兼具娱乐性与教育意义。

《少年泰坦》第五季于2008年7月发行DVD版。在这一季中，罗宾、星火、快手、海少侠、神奇女孩、野兽小子、钢骨与渡鸦等超级英雄，将与大脑先生和马拉爵士率领的邪恶兄弟会展开正邪对决。泰坦战队在全球展开成员招募行动，中间结识了多位新盟友，同时还需应对控制狂、梅眼妈妈和多重比利等经典反派的挑战。这部最初于2006年播出的青少年动画系列，还衍生出"东泰坦"支线剧情——其中西班牙语双胞胎英雄马思与梅诺斯更从动画角色晋升为独立漫画主角。

全球超级英雄钢铁侠

一位美国超级英雄被塑造成世界道德的化身。钢铁侠与生来伟大的超人不同，他选择成为英雄，这与古代全球性道德楷模——摩西、耶稣、罗摩、穆罕默德、罗宾汉和甘地——如出一辙，他们都是应对周遭不公的道德回应。这些并非传统意义上的超级英雄，而是让凡人成为英雄的选择。当钢铁侠在阿富汗解救被囚禁的美国人时，他超越了地域局限，成为应对全球性不公的产物。他响应了诞生新的全球超级英雄的呼唤，这个超级英雄在他所居住的虚构世界中扮演更重要的角色。[31] 这是否意味着我们正在通过打击更强大的资本主义，进而让虚构世界变得更美好？钢铁侠有潜力去拯救一个越来越不宽容，并且冲突不断的世界吗？我们可能要等续集来回答这些问题。

据《沙发上的超人》（*Superman on the Couch*）一书的作者丹尼·芬格罗丝（Danny Fingeroth）说，"有一种超越宗教和国界的超级英雄意识感染了我们，让我们有了去行善的倾向"。他的书讲述了一段穿越漫画历史的心灵旅程，意图解释超级英雄想要告诉我们的事情，这些事情和我们以及这个社会息息相关。

数字时代的超级语言

超级英雄或许能折射社会现实，但真正传递信息的仍是语言本身。作为互联网为数不多的边界之一，语言障碍常使图标取代文字。为突破这一局限，一群聚焦中国市场的数字精英正架设中英互联网的桥梁。这些"网络意见领袖"作为实践者、思考者与写作者，对新兴传播革命具有巨大影响力。他们具备三大特质：传播信息、人际联结力与快速适应能力。其独特之处在于彼此探讨那些直指内心的追问——比如知名博主凯索（Keso）通过订阅600余人的FriendFeed（社区在线交友网络社区），精准捕捉中外数字精英的思想交汇轨迹。[32]

新兴的网络图标语言让人们即使语言不通也能实现"跨语际阅读"。以FriendFeed为例，该平台仅用三种图标分别代表博客、推特推送和Gmail/GTalk服务。实际上，其整合的43项服务——从掘客网（Digg）、优兔网（YouTube）和普通博客，到Kisqus、Mister Wong和identi.ca等小众平台——每项都有专属图标。这种视觉体系消除了对中文、法语或英语的语言依赖，用户只需识别图标就能追踪Keso订阅源中的"图标超级英雄"，比如Jacky Zhao在virtual-china.org开发的全球图标系统（详见2008年7月26日相关专题）。

美国对世界的影响

虽然非洲、亚洲和中东的多数人可能永远不会去美国，也不会亲眼见到美国人，但他们总会从出口到世界各地的电影、电视节目和流行歌曲中了解到洛杉矶与纽约的形象。这些形象对国外消费者的影响比对美国观众的影响更大。

美国娱乐产业对暴力、性冒险以及各类反社会行为的大肆渲染，向全球观众展现了一幅极其片面的美国图景。正因如此，许多伊斯兰民众将美国视为一个残酷且粗俗的社会。例如在巴基斯坦，曾有5家放映美国电影的影院被抗议者焚毁。

因此，我们审视着从米老鼠到麦当娜这些国家文化符号——它们究竟代表着美国自由表达与自由市场理念的力量，还是被扭曲为反美情绪的武器？亦或因其创造力与胆识而获得全球接纳？以下讨论将呈现各国如何吸收或抵制美国娱乐媒体的具体案例。

娱乐提供者

出于各种原因，西方娱乐业在世界各地蓬勃发展，也具备创作节目并在国外播出的能力。

在新加坡，大多数俱乐部和酒吧都是按照美国的风格来设计的。新加坡有一家硬摇滚咖啡馆和爵士乐俱乐部，其票价也与美国的相近。

德国是一个在文化景观中明显带有美国特色的国家。美国的电视和艺人的声音影响了德国的休闲活动。他们喜欢来美国看老西部，尤其是印第安村庄。从爵士乐到牛仔裤，从可口可乐到有限电视新闻网，德国人每天都在体验着美国生活的各个方面。

> **时事速览**
>
> 在德国影院播出的电影中，好莱坞电影超过85%。继日本之后，德国是美国电影在国外的最大市场。美国的电视节目也在德国频道播出，它们要么被配音成德语，要么就是美国原创的德语翻拍版。在德国广播电台和欧洲MTV播放的音乐中，大约四分之三来自美国或英国。[33]

在澳大利亚，主流新闻频道全数来自美国，真人秀节目大多是对美式真人秀的模仿，电台播放的歌曲也多为美国艺人作品。美国文化产品的大规模输入已成为不争的事实。尽管全球多数国家接纳西方风格的电影与音乐，"文化帝国主义"的指控仍在中东社会占据主流话语。即便移民美国后，穆斯林群体仍持续抗议娱乐产业公然使用污言秽语。耐人寻味的是，尽管存在这些媒体批判，中东民众赴美旅游与移民的浪潮却持续高涨。

产业专家迈克尔·沃尔夫（Michael Wolf）指出，欧美国家娱乐产业的发展路径与当今发展中国家存在本质差异。在西方世界，娱乐最初被视为奢侈品——电视机、录像机与计算机曾是拥有可支配收入阶层的专属品。新型娱乐形式与技术的普及相对缓慢，往往需要经历从上层阶级向中下层逐渐渗透的过程。

而当今社会（包括许多发展中国家在内），娱乐已不再属于奢侈享受品，而是生活必需品。随着娱乐内容与新闻、政治及日常生活的深度交织，要积极参与现代社会，接触这些内容已成为基本要求。正因如此，全球经济的"娱乐化"进程正在加速，那些迫切希望追赶世界步伐的发展中国家尤其如此。

全球扩散

洞悉这一潜力后，娱乐产业巨头正大举投资发展中国家市场，尤其是印度等亚洲国家。然而精明的行业领袖已意识到，单纯输出西方娱乐产品往往行不通——必须针对受众进行本土化改造。《时代》杂志试图输出其美式通用版本却反响平平，而赫斯特集团旗下的《时尚COSMO》通过启用本土编辑团队实现了成功转型：既编审国际内容，又增补本土故事。这种改造可以非常微妙。"在百余国家发行36个版本的过程中，"沃尔夫指出，"赫斯特发现全球女性关注的话题惊人的一致：性、性，还是性——只不过要用各自的语言表达。"[34]

娱乐行业偶尔会利用权力和名气来发表政治声明。美国歌手艾丽西亚·凯斯（Alicia Keys）利用她的全球巡演达到了这一目的。在印度尼西亚巡回演出期间，她要求菲利普莫里斯印尼子公司桑波马撤销对她2008年7月雅加达演唱会的烟草赞助。因为维尔德香烟公司是美国"公告牌"音乐排行榜的广告赞助商，所以她拒绝上榜。凯斯说："我不想鼓励任何国家的青少年吸烟。"音乐产业也利用歌星来支持国际事业，如艾滋病和贫穷。

时尚和中东

美国时尚杂志已经将触角延伸到中东地区，以平衡时尚与传统。在黎巴嫩、约旦和摩洛哥的报摊上，《世界时装之苑》杂志（*Elle*）中东版既展示印有潮流服饰的光鲜画报，又为读者提供穿搭建议——这些女性既希望在公共场所穿着宽松的奥拜亚长袍（obayas）或罩袍（chandors），又渴望在私人场合展现精致品位。大多数伊斯兰国家的妇女会遵循宗教传统，在公共场合遮住头部和身体。但越来越多的人正在罩袍下穿着优雅时髦，甚至颇为暴露的内搭。各种时尚配饰，几乎在任何地方都被允许佩戴。

在沙特阿拉伯与科威特，女性专属社交派对充斥着对全球化审美标准的追捧。但在一个并不总是欢迎西方文化的地区创办杂志是否过于冒险？《世界时装之苑》的策略在于萃取国际品牌精华并进行本土化改造——其编辑内容既包含防晒护肤指南，又有穆斯林女性争取子女监护权的故事；既专访为明星设计服装的黎巴嫩设计师，又呈现多元文化视角。

《世界时装之苑》的广告商，包括克里斯汀·迪奥、卡地亚与乔治·阿玛尼在内的广告商同样在调整营销策略。科蒂化妆品为其中东市场特别重制了詹妮弗·洛佩兹香水广告，仅展示歌手面部特写，而非原版广告中的曼妙曲线。杂志必须谨慎把握尺度以应对各国不同的政府审查制度。[35]

转向小报

《共青团真理报》（*Komsomolskaya Pravda*）等俄罗斯小报效仿美国小报，随即席卷了俄罗斯。莫斯科的记者们跟踪并发布名人逸事和耸人听闻的戏剧化事件。最近的一件事是关于一位来自哈萨克斯坦的超级名模的，她从曼哈顿的阳台上跳下来，并离奇死亡。另一个是一个催人泪下的故事，即一个二战老兵被人夺走了勋章。还有一些是曲棍球运动员拿着蛋糕打比赛，以及克拉斯诺亚尔斯克市关闭了50家街头咖啡馆。[36]

在普京执政下的俄罗斯，小报文化呈现出独特的活力：只要不触及克里姆林宫及其盟友的利益，各类八卦报刊尽可肆意喧闹。这些媒体的调查报道多聚焦于警方渎职、基层官员腐败和肮脏的火车站等话题。曾经因贫困而与消费文化绝缘的俄罗斯，如今它的新兴消费社会对购物的热情已远超政治。

尽管如此，《真理报》仍坚持其独特的调查报道风格，聚焦中亚及高加索地区移民遭受暴力侵害的问题，同时揭露火车站犯罪与针对流浪者的罪行。不过这些报道虽具揭露性，却未对普京或梅德韦杰夫构成威胁。部分俄罗斯知识分子读者批评该报过度爱国，且沉溺于丑闻报道。但发行数据佐证了其策略的成功——日报拥有75万读者，周报更有310万受众。由此可见，尽管俄罗斯新闻自由空间收窄，各类小报仍凭借大胆标题、暴露照片和娱乐性报道蓬勃发展。

图11.11　俄罗斯人正在阅读最新一期的莫斯科小报

美国音乐走向全球

美国族裔音乐在海外传播过程中，往往会蜕变为适合输入国文化的新形态。以尼日利亚为例，嘻哈音乐正重塑当地乐坛——名不见经传的艺术家们将传统福音音乐融入主流嘻哈音乐。拉各斯大学成立了一个名为"屋顶MC's"的团体。它的热门曲目《拉格莫》（*Lagimo*）讲了"不要让骄傲占据主导地位，当你要脱轨的时候便会回归到上帝那里"这样的话。据该团体介绍，"我们像Jay-z一样唱嘻哈，但没有像'扭臀'这样的歌词"。[37] 无暴力和俚语自由的歌词取代了美式唱腔，但节奏仍然源自嘻哈音乐。

嘻哈风潮同样席卷印度。2008年，说唱巨星史努比·狗狗（Snoop Dogg）在宝莱坞电影《辛格为王》（*Singh is King*）主题曲中惊喜亮相，向孟买街头闲逛的姑娘们问好。[38] 这种融合嘻哈与旁遮普邦格拉舞曲的音乐风格，吸引了印度十多亿人口中一批热情的歌迷。在由Geffen唱片公司发行的主题曲MV中，史努比·狗狗头戴锡克教头巾，身披刺绣长袍，完美演绎了东西方文化的碰撞。

为了庆祝嘻哈对世界的影响，2008年4月，纽约市举办了全球地下电影和音乐节庆祝活动。从全球嘻哈音乐品牌"游牧蜡"到赞助商"世界嘻哈市场"，全球地下电影和音乐节庆祝活动通过放映全球各地的电影的方式，庆祝世界文化和积极的嘻哈音乐。他们提供的电影包括《粗糙的钻石》(Diamonds in the Rough)，这是一部讲述一群来自乌干达的年轻人如何用嘻哈来传播革命信息和变革希望的电影；《埃斯特罗嘻哈》(Estilo Hip Hop)描绘了嘻哈在拉丁美洲作为一种声音和社会变化的中介的用处；《非洲地下：巴黎的民主》(Frican Underground: Democracy in Paris)表达了在2007年选举期间对法国移民和嘻哈社区的态度与关注。

2008年1月，在犹他州帕克城，巴勒斯坦嘻哈乐队DAM在圣丹斯电影节上亮相，该电影节聚焦中东新兴音乐领域。乐队的纪录片讲述了说唱歌手穆罕默德·夏拉贝（Mahmoud Shalabi）对巴勒斯坦的"以色列占领者"的另一种反抗方式。DAM创立了一个唱片公司，在美国发行阿拉伯和巴勒斯坦音乐。据巴勒斯坦R&B音乐第一夫人阿比尔所言，说唱与嘻哈作为全球最受欢迎的音乐形式，本质上是"被压迫者与边缘群体的诗学"，最能向新生代传递巴勒斯坦人的心声。[39]

美国娱乐的效应

尽管全球观众仍热衷美国流行文化，好莱坞或需调整其对穆斯林国家的文化输出策略。皮尤研究中心2007年针对47国的全球态度调查显示，约60%的受访者对美国电影、音乐和电视持正面看法，但其中33个国家里有26个的好评率呈现下滑趋势。该调查警示：对美国娱乐产品持负面态度国家的比例正在持续攀升。

西欧国家自然对美国文化认可度最高，而非洲与东欧国家则褒贬不一。穆斯林主导的国家给美国流行文化打出最低分，但印度与俄罗斯民众同样对美国文化兴趣缺乏。数据触底的是巴基斯坦——仅4%的受访者认可美国娱乐产品，孟加拉国（14%）、土耳其（22%）、印度（23%）及巴勒斯坦地区（23%）紧随其后。俄罗斯对美国文化的认可度稍高，达到38%。

美国文化在科特迪瓦以86%的支持率位居榜首。瑞典（77%）、加拿大（73%）、以色列（72%）与西班牙（72%）均给出积极评价，黎巴嫩和委内瑞拉则以72%的支持率并列，略高于日本（70%）。值得玩味的是，尽管日本、英国和德国长期占据美国娱乐产品的海外票房前三甲，但穆斯林观众对美国文化的抵触情绪尤为显著——超过三分之二的孟加拉国、巴基斯坦、土耳其、巴勒斯坦及印度受访者明确表示反感美国的电影、电视和音乐产品。

这项调查最终揭示出一个日益凸显的忧虑：通过盗版与正规渠道双轨并行的"美国化"浪潮，正将不受欢迎的文化习俗强加于其他社会。[40]这促使我们不得不思考：在当代文化传播中，究竟是"美国化"还是"全球化"更具渗透力？以下将提供一种解析视角。

美国化还是全球化？

尽管对美国帝国主义的抱怨大多来自中东、欧洲和拉丁美洲，美国的娱乐——电影、电视和主题公园——与其说是帝国主义的，不如说是世界性的，认识到这一点很重要。根据作者理查德·佩尔斯的观点，人们之所以对美国文化的全球影响感到不安，是因为害怕失去文化认同和恐惧文化统一的潮流。

事实上，美国既是全球娱乐形态的塑造者，更是外来文化的消费者。作为一个移民国家，美国对全球文化的吸纳远多于输出。迪士尼乐园并非美国原创——其设计灵感源自哥本哈根的蒂沃利公园。甚至在20世纪前20年，全球最大的电影出口国是法国和意大利，而非美国。

佩尔斯说，美国文化已经传播到世界各地，因为它吸收了外国风格和思想。后现代主义消除了高级文化和低级文化之间的界限，在全球范围内促进了大众文化的发展。现代主义为一种新的文化奠定了基础，这种文化被美国人转变成一种全球性的现象。由于各种各样的原因，美国和世界上其他地方的这种互动关系在流行文化中表现得更为明显，具体如下：

- 美国媒体集团控制产品生产和销售的能力；
- 英语作为大众沟通的有效语言——简单的结构和语法、较短的句子、更少抽象词汇——它已经渗透到歌曲歌词、广告标语、卡通字幕、报纸头条和电影电视的对话中；
- 美国观众的多元性，正推动媒体行业不断尝试具有广泛文化包容性的叙事方式、视觉符号与情节设计；
- 音乐家们通过融合多元文化风格不断拓展艺术边界——如伦纳德·伯恩斯坦将民间旋律、宗教赞美诗、蓝调福音与爵士乐等元素创造性融入交响乐、歌剧及芭蕾舞剧。

数十年来，好莱坞始终是一个跨国创意共同体——由移民企业家奠基，汇聚全球演员、导演等人才。例如莫斯科的斯坦尼斯拉夫斯基的"方法派"表演体系，先被美国电影吸收转化，继而作为影视表演与社会行为的范式输向世界各地。与此同时，好莱坞与电视行业拒绝用社会说教胁迫观众，转而聚焦人性关系与私密情感。这正是《泰坦尼克号》吸引全球观众的本质原因：并非因其宣扬美国价值观，而是每个人都能在爱与失去的故事中照见自己的生活。

美国大众文化将吸纳的多元文化元素转化为一种全球共通的表达形式。究其本质，美国大众文化并未将世界改造成美式主题公园；恰恰相反，美国对外来文化的深度依赖，使其自身成为世界的微缩镜像。

本章小结

本章中，我们回顾了美国媒体对少数民族的态度和在美国传播与发行的少数族裔媒体。我们看到了刻板印象是如何造成可能的反社会态度，也了解到美国乡村音乐和嘻哈音乐流派的族裔起源。通过把目光投向全球，我们看到了反映国家、文化和宗教价值观的超级英雄的崛起。此外，本章还概述了美国媒体对全球媒体的影响。最后，我们提出了将美国媒体定位为传播种族多样性而非文化帝国主义的论点。我们邀请您通过互联网、电影节、漫画和音乐来亲自探索全球媒体，您可以通过使用自身的资源和在本章结尾处提供的资源，进一步了解全球价值观和吉尔特·霍夫斯泰德（Geert Hofstede）的普遍文化维度。

 **近观全球价值观**   **霍夫斯泰德的5个普世维度**

美国文化与其他国家的文化缘何不同？荷兰社会学家吉尔特·霍夫斯泰德[41]对比了50个国家的文化价值观，由此确定了5个社会维度。这些维度帮助我们了解全球娱乐观众之间的异同。为了加深理解，我们要求你回答5个特征中的每个测验问题，寻找它与各自文化维度的关系。

1. 个人主义与集体主义

问：在美国，大多数人会

a. 参加国内流行的或朋友想看的现场表演。

b. 买自己想看的现场演出的票。

你可能会选b，因为我们的社会是个人主义而不是集体主义。这个维度关系到个人的幸福是否比群体的幸福更重要。集体主义文化是一些国家的典型文化，如韩国、墨西哥、印度尼西亚以及危地马拉、巴拿马和委内瑞拉等，人与人之间联系密切，他们看重群体利益而非个人利益：这是一种"我们"与"我"的选择娱乐和活动的方式。

2. 权力距离

问：在美国，大多数人会

a. 希望有机会和重要人物坐在包厢里看足球比赛。

b. 愿意和其他喜欢看比赛的球迷在看台上观看。

在美国，体育迷通常更倾向于与志同道合者同坐观赛。权力距离（Power Distance）这一概念，衡量的是弱势群体对权贵阶层（如富豪或名人）权威的接受程度。在权力距离较大的文化中，人们普遍认同地位高者应享有特殊待遇。美国人历来崇尚心理层面的平等——即便存在教育或经济差异。在阿拉伯世界、印度、巴西、法国、泰国、墨西哥、中国及菲律宾等权力距离较大的地区，家庭事务（如观赛座位选择或赛事参与）往往由家长独断，其他成员只需遵从。而在美国、欧洲、澳大利亚和加拿大这些奉行低权力距离准则的社会，家庭决策通常由成员共同参与制定。

3. 不确定性规避

问：在美国，大多数人会

a. 成为第一个看新电影的人，即使这意味着要排几个小时的队。

b. 等到影评出来再投入时间和金钱去看这部电影。

大多数美国人都会在电影上映的第一个周末去看，并不担心电影是否好看。事实上，我们大多数人都会去尝试新事物，不去忧虑后果。但有些国家的观众在去电影院之前需要对电影的质量或兴趣有更多的把握，他们因对电影的不确定性感到不安，并试图避免这种不确定性。在希腊、葡萄牙、危地马拉、比利时、日本、西班牙和法国等国的文化中，人们觉得不确定性是一种威胁。北欧人对不确定性的容忍度通常低于地中海国家的人民、新加坡人、牙买加人、丹麦人、瑞典人和英国人。

4. 男性气质VS女性气质

问：在美国，大多数人会

a. 选择冒险、刺激、令人兴奋甚至危险的旅行。

b. 选择一个他们可以享受宁静和有其他游客陪伴的旅行。

美国人以他们的冒险精神而闻名，因此美国被归类为"男性化"国家，与日本、奥地利、委内瑞拉、瑞士、意大利、西班牙、墨西哥和英国并列。相比之下，那些重视和谐、心灵平静、关心他人和生活质量的文化被称为"女性化"文化。女性化国家包括瑞典、挪威、荷兰、丹麦、泰国和韩国。在女性化国家，参观博物馆、历史古迹和国家森林公园是主要的旅游活动。一些男性化国家比其他国家更男性化，例如在墨西哥，"男子气概"非常重要。例如，观看斗牛比赛这种充满男子气概的运动，是墨西哥和西班牙人所偏好的运动。

5. 高语境与低语境

问：在美国，大多数人会

a. 直接说他们讨厌说唱和嘻哈，并拒绝听这种音乐。

b. 容忍音乐会演奏的任何类型的音乐，不管自己的感受如何。

美国人习惯直抒好恶，且决策迅速——这是典型的低语境文化特征。而在高语境文化中（如印度及多数亚洲国家），人们会考量诸多隐性的深层含义。来自这类文化背景的个体往往更顾及他人感受，并懂得结合具体情境做出判断。例如，当询问一位日本人是否想购买警察乐队的演唱会门票时，为避免直接拒绝伤害售票者感情，对方很可能会回答"我需要考虑一下"。与包含多数西方国家在内的低语境文化不同，包括日本在内的东方国家民众通常不会直截了当地表达观点。

你怎么看？

营销人员如何利用霍夫斯泰德的这些维度在国际上销售电影？

讨论与回顾

1. 运用现实社会建构理论来解释，媒体是如何塑造我们的思维方式和行为方式的。
2. 超级英雄是如何传递文化、宗教信仰和价值观的？
3. 你能描述本章没有包括的刻板印象吗？你认为它们是如何发展成为一个特定群体的特征的？
4. 文化帝国主义是新的全球主义吗（全球压缩和对地球作为一个有机整体的日益增长的认识）？还是美国主义？

练习

1. 看两个戏剧性的电视节目，注意屏幕上的民族人数和与种族相关的刻板印象的数量。关于媒体对民族的描述，你能得出什么结论？
2. 登录www.veryfunnyads.com，观看一些来自不同国家的广告视频片段，讨论如何使用幽默和视觉意象来强化观众对群体的看法。
3. 自伊拉克战争以来，大量的穆斯林团体移民到美国。利用互联网资源找出在美国传播的针对穆斯林观众的媒体，这些媒体在哪些城市或地区制作并播出？你在美国媒体上看到过什么刻板印象延续了穆斯林宗教狂热者或恐怖分子的形象？

参考书籍与博客

Bose, D. (2006). *Brand Bollywood: A new global entertainment order*. Thousand Oaks CA: Sage.
Cooper-Chen, A. (2005). *Global entertainment media*. Hillside NJ: Lawrence Erlbaum.
Thussu, D.K. (2008). *News as entertainment: The rise of global infotainment*. Thousand Oaks CA: Sage.
The Source, a U.S.-based monthly magazine covering hop-hop music, politics, and culture.
www.hiphopglobal.com——与嘻哈文化相关的新闻、音乐和购物。
www.global-culture.org——一个关于全球公民和追求世界主义的博客。
www.atimes.com/atime/South_Asia/IH30Df01.htm——在线亚洲时报新闻。
www.fair.org——一个致力于全球报道公正性和准确性的网站。
www.allafrica.com——为全球观众提供的非洲新闻和信息。

第十二章　罪恶之城：暴力、性、毒品和赌博

> 重要的不是输赢，而是你如何对待这场比赛。
>
> ——格兰特兰·赖斯（Grantland Rice）

娱乐产业常因迎合人类的本能欲望——性、暴力、赌博与冒险——而饱受争议。事实上，音乐、影视、博彩等最受欢迎且利润丰厚的娱乐行业，往往是以这些元素为驱动力。毋庸置疑，这些娱乐内容，尤其是对青少年群体而言，大多并不被鼓励当作日常活动的一部分，甚至在某些情况下应当完全避免。由此，社会各界对这些娱乐形式可能对受众及社会产生的影响提出了诸多疑问。一个合理的担忧是，观众可能会受到鼓动去模仿、沉溺其中，或至少对娱乐作品中描绘的不道德与危险行为逐渐变得更加宽容。例如第八章所述，针对影视、广播、电视及网络内容中涉及的赌博、暴力、低俗与淫秽问题，社区领袖与活动人士不断推动出台监管措施、限制条款，甚至在某些情况下要求全面禁止那些具有争议性的言论表达与活动。然而，另一派观点则极力反对此类限制。他们认为娱乐消遣的本质就在于其"消遣性"：这些内容并非现实生活的行为模板，而是人们逃避与宣泄的一种途径。事实上，它们或许为那些"本能欲望"提供了更为安全的发泄渠道，从而减少这些行为在社会中的实际显现。

赌博、暴力与色情这类娱乐消遣可能带来某些严重的意外后果。我们首先关注媒体暴力及其对社会的影响，其次研究娱乐中性和毒品的呈现方式所引起的关注，最后讨论赌博作为一种娱乐形式和一种业态所带来的利与弊。

暴力沦为娱乐

在娱乐产业所引发的各类社会效应中，暴力内容（尤其是媒体娱乐中的暴力）对公众攻击性行为的影响，始终最受公众、立法机构及行业关注。娱乐暴力常被指责会导致青少年犯罪率上升、暴力犯罪增加（包括家庭暴力、强奸及谋杀等行为），甚至使民众

因恐惧而不敢外出。已有研究对电影、电视节目、现场体育赛事、音乐和电子游戏中的暴力的影响进行分析，然而，对这一问题的研究还远没有定论。尽管一些研究发现观看暴力和攻击行为之间存在关系，但其他的研究没有这样的发现。无论哪一方的研究结果几乎总是受到另一方研究者的质疑和批评。因此，媒体和娱乐中的暴力是否会鼓励暴力行为，尚未得到明确的回答。尽管如此，有几种理论暗示这种关系存在的可能性。

其中许多理论认为这种影响是短期的。启动理论（Priming Theory）认为，接触暴力内容可能激活个体的攻击性观念或思维，导致人们在观看暴力娱乐节目后的一段时间内表现出更强的攻击性倾向。类似地，第四章讨论的兴奋迁移理论（Excitation Transfer Theory）表明，在动作片或体育赛事中目睹暴力所产生的兴奋和肾上腺素，可能会使人们处于一种激动的状态，在此后的一段时间里，他们做出的反应可能比被激怒时更加的激烈和咄咄逼人。宣泄理论（Catharsis Theory）所表明的却恰恰相反：在电影、游戏或其他形式的娱乐中目睹到侵略性的东西，可以让我们与角色或玩家一同发泄我们的攻击情绪，从而消除我们的敌意，这样一来，在接下来的短期时间内，我们会变得不再咄咄逼人。

其他理论则认为此类影响会更久。例如，社会认知理论（Social Cognitive Theory）认为，当暴力行为在娱乐内容中获得奖赏性呈现时，观众可能从中习得攻击性行为模式；反之，若暴力行为受到惩戒，则应能降低观众的模仿倾向。文化和累积理论（Cultural and Cumulative Theories）表明，暴力呈现的具体形态（施暴者身份、受害对象等）将对社会固有偏见的延续、特定群体的地位与权力结构产生深远影响。

因此，媒体暴力与现实暴力的确切关系仍不清楚。一种极端的观点是，媒体暴力实际上可以降低暴力倾向，减少真正的攻击。另一个极端的看法则是媒体暴力大大增加了现实生活中的暴力。大多数研究人员倾向于中间立场，认为某些特定条件下对暴力的特定描述，可能会引发特定人群的暴力。

体育与暴力

图12.1　媒体暴力的影响尚不明确

对许多球迷和评论家来说，现代体育似乎比以往更加暴力。即便在棒球、篮球等非对抗性运动中，运动员攻击对手、裁判乃至球迷的暴力事件也屡见不鲜。更令许多人担忧的是，体育比赛中的暴力并不总是随着比赛的结束而结束。媒体热衷于报道运动员在赛场外被卷入的各类冲突，娱乐与体育电视网（ESPN）体育频道甚至开始在每日播报中增设《运动员涉案新闻》专栏。不过也有观点认为，相较于古罗马角斗士你死我活的搏杀,当今体育赛事与运动员的表现实则温和得多。

体育运动与暴力行为向来难以截然区分。研究表明,许多观众——尤其是男性观众——对于包含高强度肢体冲突的比赛往往表现出更浓厚的兴趣。其内在逻辑在于,攻击性行为能够强化体育赛事的戏剧张力与悬念感,同时向观众传递出运动员为夺取胜利不惜铤而走险的强烈动机。

然而有学者指出,真正影响观众观赛体验的并非比赛的实际暴力程度,而是其主观感知的激烈程度。耐人寻味的是,体育解说能够显著改变观众对比赛激烈程度的判断:当解说员刻意强调赛场对抗的粗暴性时,观众感知到的激烈程度会成倍放大。

比起现代体育运动中暴力成分的主观感知,更具争议性的是这种暴力对观众产生的实际影响。体育暴力与社会暴力之间的关联性,始终是大众舆论与学术研究的焦点议题。但正如其他暴力呈现形式的研究现状,理论界对此同样存在显著分歧。[1] 一种观点认为,攻击性体育运动可以起到宣泄情绪的作用,减少观众自己的攻击冲动,从而最大限度地减少实际暴力,然而,对于这种效果的证据支撑却相当薄弱。一种更流行的观点则认为,观看体育节目可能会引发观众的暴力行为。第五章对支持这一观点的理论做了回顾。

从青少年联赛中家长斗殴,到职业赛事现场的大规模骚乱,这些都被视为体育诱发暴力的典型案例。[2] 佛罗里达州萨拉索塔市的一名男子在7岁的儿子参加的夺旗橄榄球比赛中,冲进场地并对裁判拳打脚踢,随后被捕并被指控殴打。在盐湖城的一场青少年棒球锦标赛后,两名女性被控攻击一名母亲,并致其失去知觉。在克利夫兰举行的一场全国橄榄球联赛中,愤怒的球迷们向裁判投掷啤酒瓶和其他杂物,导致他们不得不逃命,事发原因是裁判延迟判罚,让布朗队的季后赛希望落空。

在新奥尔良,马里兰大学的球迷因该校的水龟队(Terps)输掉了比赛,向场内投掷水瓶和其他杂物,导致杜克大学一名篮球运动员的母亲被砸成脑震荡。也许最令人震惊的是,一名44岁的美国男子在马萨诸塞州坎布里奇观看其儿子的冰球练习赛时,杀死了儿子队友的家长。

对这些球迷暴力案例的实证研究表明,体育暴力可以使观众更具攻击性;然而,该项研究也表明,观众在电视上收看体育比赛的反应可能不同于在现场观看时的反应。体育解说和大众媒体的其他特征对观众的影响可能比暴力本身更大。

图12.2 橄榄球赛中的安保人员

如果现场解说为暴力站台，就像他们经常所做的那样，那么观众可能更容易学会并实施暴力行为，如果现场解说谴责暴力，或者没有解说，观众就不会那么容易有暴力倾向。由于电视观众与其他人通常是隔离状态，他们不会面临现场观看时那种容易激发攻击性的情景。[3]尽管如此，这些研究中发现的证据给体育解说员带来了一个重大的两难抉择。研究表明，如果他们想提高体育赛事的娱乐价值，就应该强调暴力和冲突。但是，如果他们这样做，就会冒着鼓励观众发动暴力行为的风险，而许多人会认为这种行为违背新闻事业促进公共利益的信条。

足球流氓行为没有明确的法律定义。这个术语是由媒体，特别是小报，在20世纪60年代中期创造出来的。自此之后，他们再把"流氓"这个标签贴在不同的事件上时，表现得异常灵活和模糊不清。在大多数人看来，足球（美国称为soccer）流氓行为指的是球迷参与的暴力或骚乱事件。但具体来说，被贴上"流氓行为"标签的主要有两种：第一种，客队球迷在比赛期间或周边引发的即兴骚乱（英国赛事常见），通常规模较小；第二种，有组织团伙（或称"公司"）蓄意制造的暴力事件——这些团伙依附于足球俱乐部，常与其他俱乐部的团伙在非比赛时间、远离赛场的地方斗殴。

在英国，考虑到参加比赛的球迷数量，第一种流氓行为相对较少；然而，在国外，英国球迷经常陷进混乱之中。媒体的过度报道往往夸大这种混乱的程度，在很多情况下，英国球迷是暴力攻击的受害者，而不是攻击实施者。媒体通常声称，这种混乱是"流氓"带着打架的意图到处乱窜的结果，并能把喝醉的英国球迷拖进混乱之中。斯托特（Stott）和皮尔森（Pearson）在《足球"流氓主义"：对"英国病"的监管和宣战》（*Football "Hooliganism", Policing and the War on the "English Disease"*）一书中通过分析1990—2007年的案例驳斥了这种论调。该书指出，海外英格兰球迷骚乱的主因通常是警方无差别镇压或当地激进青年的挑衅等。

图12.3 足球比赛中的球迷

第二种则是英国本土足球"帮派"引发的更严重的骚乱。这至今仍是严峻的社会问题——多数足球俱乐部都盘踞着渴望与敌对帮派干架的"高危球迷"群体。英国警方不得不常年应对这些有组织帮派的械斗，不过相关事件很少见诸报端（因为缺乏媒体报道）。因为此类混乱通常发生在远离赛场的地方，"普通"球迷往往不会直接受到影响。2005年埃弗顿与曼联帮派的大规模冲突就是典型案例（该事件曾被报道），在优兔搜索关键词"Everton Valley"还能找到当时的械斗视频。

足球流氓行为在多种场合被称为"英国病"。但是，它并不仅限于英国，其他许多国家也存在严重的流氓问题。在意大利，极端派系（Ultra Fractions）内部的暴力团体近年来参与了一系列严重的暴力事件，包括攻击英国球迷（特别是在罗马），以及在2007年涉嫌造成一名警官死亡等。这种极端派系之间的持续性混乱，不仅导致场地关闭，还是导致意大利未能主办2012年欧洲锦标赛。可以说，东欧、比利时和荷兰在流氓行为方面的问题都比英国更为严重。在英国，体育场内和周围发生混乱是非常罕见的。不过，最为严重的人群混乱也许发生在撒哈拉以南的非洲和南美，在那里，体育场内发生的严重群体暴动通常要比英国常见得多。

举起手来，否则我就开枪了：银幕暴力

在商业利益的驱动下，媒体行业始终致力于投受众所好。其中两大核心要素被公认最能吸引观众：暴力与明星效应。以电影产业为例，票房成败往往取决于影片中的暴力场面（及其他刺激性内容）的多寡，以及主演的票房号召力。但是暴力内容会影响电影的评级。因此，电影人在尝试包含足够的暴力来吸引观众这一点上要把握好尺度，注意暴力元素不能过多，以免导致电影被分级为限制性更强的R或NC–17级而限制观影群体。图12.4展示了电影分级体系简表，详细分级标准请参阅第八章。

无须研究佐证，好莱坞娱乐作品中暴力内容的泛滥已是不争事实。多项调查显示，各类电影和电视节目中的暴力元素都有显著增加。例如，一项针对1937—2000年制作的迪士尼电影的研究发现，这些电影中包含464起暴力事件，出现了564件武器。此外，这一分析发现，每过10年，迪士尼电影中暴力的数量就有一次增加。[4] 如果你对暴力是如何变得更加普遍的问题有兴趣，可以看看《聚焦暴力纪录片：捕捉影像》这一部分。

为什么影视观众会被娱乐暴力所吸引？一些评论家认为，萨姆·佩金帕（Sam Peckinpah）的引领风潮之作《日落黄沙》（*The Wild Bunch*）让我们见识到屠杀和其他暴行的美感。"观众时而被屠杀吓坏，时而因那优美的盛大场面的狂欢而振奋。"这部电影的一位评论家如此说道。[5] 剪辑和特效也会影响观众对暴力的关注，正如我们在希区柯克《惊魂记》（*Psycho*）里的淋浴场景中所看到的。

图12.4 电影分级制度

 聚焦暴力纪录片：捕捉影像

在电影史的早期，观众们被那些承诺展现人类体验极致的纪录片所吸引——外科手术、动物袭击和真实的死刑场面大受欢迎，甚至当主流电影连银幕之吻都羞于呈现时，这类影片就已风靡一时。从那以后，这种影像一直受到推崇，无论是20世纪60年代的"残酷纪录片"（Mondo films）还是最近的"惊悚纪录片"（shockumentaries），如《恐怖分子、杀手和中东怪人》（Terrorist, Killers and Middle-east Wackos）。[6]

纪录片似乎常常与观众有着特殊的关系，比纯虚构更深刻地影响着他们。当出现特别暴力或具有攻击性的内容时，问题就会变成这部作品的目的是向观众传递信息，还是仅仅给他们提供刺激？观众会因他们所看的东西得到教育或受到伤害吗？

最近人们对暴力电影和视频的兴趣激增，这些电影和视频从音乐电视网推出的《蠢蛋搞怪秀》中得到启发，但在品位和安全的界限上突破性更大。在那些对年轻观众具有明显吸引力的作品中，如果极端危险行为被美化，或在没有表明潜在危险的情况下被鼓励模仿，英国的监管机构就会采取行动。

例如，在英国电视剧《肮脏之举》(Dirty Sanchez) 中，当有人用气溶胶喷雾和打火机制作出一个临时火焰喷射器，对准一个男人的屁股时，屏幕上会出现警告性文字。英国还要求对《在家别玩之Steve-O》(Steve-O: Don't try this at home) 的画面进行删减，其中就包括静脉注射伏特加和可能致命的烟花特技表演，这些东西都是年轻人容易接触到的。更复杂的争议在于某些作品带来的"危害"并非直接鼓动具体行为，而是潜移默化地扭曲观众价值观——这类问题在"汇编类"纪录片中尤为突出。

以《恐怖分子、杀人狂与其他怪胎(Terrorists, Killers and Other Wackos)》为例，这部影片串联起意外、处决、自杀等新闻与纪实片段，却毫无叙事逻辑。对多数观众而言，这些画面极具冲击力且令人不适。但在虚构的、经过美化的暴力泛滥成灾的当下，我们是否更应鼓励那些揭露暴力本质与其真实后果的作品？还是该警惕"脱敏效应"的危险——当观众对真实暴力习以为常，自身是否也更易滋生暴力倾向？（见图12.5）

图12.5

对审查人员来说，《恐怖分子、杀手和中东怪人》这部作品中的关键因素在于它对人类苦难和残忍的描绘似乎纯粹是为了娱乐，通常配以滑稽的背景音乐和"有趣"的字幕，对主要是非白人的受害者和侵略者进行评论，怂恿观众持有无情和施虐的心态。

你怎么看？

对于"纪录片"暴力的影响，人们可能会表现出更大的关注，因为它是"真实的"。你认为它的吸引力在于什么？这种暴力的影响和虚构的侵略相比是否有所不同？如果有的话，是怎样的不同？

观众的享受

第四章已经讨论过，暴力的吸引力是以暴力促进悬念产生和推动故事线的能力为基础的。例如，动作片让我们着迷于对暴力的预期——担心英雄可能受到伤害，以及暴力的解决——在恶人罪有应得时感到满足。但是，若要正确看待暴力的吸引力，我们必须记住，对大多数观众来说，暴力娱乐并不像喜剧和情景喜剧那么受欢迎。吸引观众的往往不是暴力本身，而是其他形式的满足感。暴力可能是达到愉悦的一种手段，观众享受的不是暴力本身（侵略、鲜血和血腥），而是它所代表的东西（冒险、风险、兴奋）。例如，幻想和挑战就给暴力电子游戏玩家带去了刺激感受。

我们深知暴力影像具有强烈的冲击力，既能引发社会讨论，又可成为标榜立场的谈资。但由于不同观众群体观赏暴力画面的动机各异，单一理论无法涵盖所有观看的动机。若将多种理论结合，则能构建一个理解暴力娱乐吸引力的综合框架。

儿童权益倡导者坚称暴力内容对儿童有害，但我们都知道，孩子们往往对各类过激场面感到兴奋不已。[7] 研究表明，男孩比女孩更爱观看暴力内容，青春期男性对暴力娱乐的喜好更是远超其他群体[8]——这一点从他们对玩具枪和格斗类电子游戏的偏爱便可见一斑。相较于新闻中真实残酷的暴力画面，卡通化的暴力场景更能给孩子带来欢乐。[9] 虽有研究显示喜爱暴力娱乐的儿童攻击性水平较高，但尚无证据表明暴力内容会直接导致攻击行为。[10]

一些研究人员认为，我们喜欢暴力是因为我们有公平竞争和惩罚的观念。当有人被冤枉的时候，我们乐于见到"以牙还牙"。以报复为名的暴力不仅是可以容忍的，而且是理所当然、让人愉悦的。我们都喜欢看到好人战胜坏人。暴力电影中的可预测性有助于增加其娱乐价值。

暴力娱乐媒体最吸引人的特质之一，是它能将我们带入幻想之境。观众暂时搁置怀疑（Suspension of disbelief）的能力，或许会增强对媒体暴力的耐受度。但要想充分享受这种体验，观众必须确保自身处于安全的观赏环境——他们需要与书籍、电影或节目保持足够的心理距离，从而在叙事/影像世界与现实自我之间筑起一道安全感屏障。

暴力的吸引力主要通过三种截然不同的方式呈现[11]：其一，观众可能因暴力画面直接激发的快感而享受影片；其二，虽整体喜爱电影，却对其中暴力场景产生不适；其三，观影后获得与暴力画面间接相关的满足感。"感觉寻求理论"（SensationSeeking）对此提出一种解释：暴力画面带来的视觉刺激与其本身的新奇性共同构成了其独特魅力[12]。

众多学者研究表明，当特定的主体特征、吸引人的画面特质与情境条件同时满足时，暴力便具有了吸引力。[13] 尽管这些条件已被知晓，但关于其深层动因与文化隐喻的疑问依然存在。无论观众出于何种动机观看，最终对暴力呈现方式的接受尺度仍由他们自行判定——换言之，我们始终保有选择观看与否的权利。但现实是，只要放映《终结者》（Terminator）系列影院前长龙不绝，只要警察殴打他人的冲突视频点击量居高不下，只要斯蒂芬·金（Stephen King）小说持续热销，暴力就注定在媒体图景中占据显要位置。

暴力的影响

尽管评论家对所有银幕暴力的潜在影响都持保留态度，但相对电影中的暴力，许多人士对电视上呈现的暴力表现出更多的关注。在这种情况下，他们最担心的不是暴力的性质，而是观看的背景和频率。首先，电视会引起更多警醒，因为观众看电视的时间太长。人们一个月也许会看多次电影，但是他们在电影院花费的时间仍然只占大多数人通常看电视时间的一小部分。其次，观看体验明显不同。在电影院里，观众对他们可能看到的东西有明确的选择。如果你选择看一部限制级的恐怖片，你知道即将看到什么——这部电影可能会非常恐怖且暴力，但你也知道这一切都是虚幻的。尽管观众在看电视的时候，也可以自由地做出类似的选择，但他们往往更容易分心。他们可能一边看一边切换频道或一边做其他事情。因此，对于他们正在观看的内容，他们可能不怎么在意。由于电视上的虚构节目与新闻和纪录片混在一起，有人担心观众可能无法那么清楚地分清幻想和现实。人们担心，这种注意力的分散，加上巨大的观看量，可能会使电视对观众的思想和行为产生更广泛的影响。因此，电视暴力的影响受到研究者的更多关注，远甚于其他方面的影响或其他娱乐媒体的影响。

与第五章中讨论的有限效果范式相一致，20世纪60年代，人们普遍认为，一些媒体暴力用特定的方式在特定的时间影响着特定的人。但当时多数学者相信，媒体暴力对大多数"正常"观众影响有限。电视的崛起与20世纪60年代的动荡事件相重合，如与日俱增的青少年攻击行为，与民权、妇女权益和反越战运动有关的动乱及骚乱，以及针对罗伯特·肯尼迪和马丁·路德·金牧师的暗杀事件，等等。这些都促进了1969年由卫生部长牵头的电视和社会行为科学咨询委员会的成立。该委员会成员获得电视网络许可，耗时2年，花费100万美元进行了相关研究，[14] 最后卫生部长杰西·L. 斯坦菲尔德（Jesse L. Steinfeld）向美国参议院呈递了研究结论。

> 尽管……报告措辞严谨，符合社会科学家能接受的语言，我清楚地知道，电视暴力和反社会行为之间的因果关系足以证明适当与直接的补救行动是正当的。对于所有社会科学家来说，有关电视、暴力和/或攻击行为等社会现象的数据永远都不够清晰，因此无法就简明的因果关系表述达成一致。但总有一天，数据足以证明采取行动是合理的。[15]

尽管这种说法似乎毫不含糊，但关于媒体暴力与社会行为之间的关系，仍然存在分歧。大多数人同意媒体暴力会影响行为，但关于何时、如何、为什么以及在哪个群体中间产生影响的问题，仍然是争论的焦点。

许多理论都在探讨媒体暴力以何种方式，以及为何会影响观众的问题。涵化理论（Cultivation Theory）认为，观众可能会采用他们在电视上看到的观点。因此，如果电视把世界描绘成一个暴力、恐怖的地方，在那里少数群体是侵略者，女性是无助的受害者，那么观众可能会视这些观点为现实。同样，攻击性线索模型（Aggressive Cues Models）显示，电视内容可能暗示某些群体（如女性或外国人）是合理的攻击目标，从而针对这些群体的暴力行为增加。也许最令人信服的一个观点是，媒体暴力会让观众变得麻木不仁，以减少因社会暴力而受到的困扰，从而让他们更多地接受社会暴力。其他的理论，如社会认知理论，更进一步地指出了观看电视暴力与从事暴力行为之间的直接因果关系。

社会认知理论是适用于电视暴力的一种特别流行的理论，主要是因为其中的替代强化概念，即观察被强化的行为，可能同积极参与其中并因此获得奖励一样奏效。将这一概念应用到电视上，就是说在电视上看到坏蛋因为暴力行为而受到惩罚，实际上会抑制或阻止暴力行为。但问题是，这种惩罚通常是由一个同样暴力的"好人"来实施的，而他似乎因为这样的行为得到了回报。因此，社会认知理论的大部分应用研究显示，大多数电视暴力更有可能鼓励而不是抑制暴力行为。宣泄理论恰恰相反，它支持观看媒体暴力可以减少天生攻击性的观点，然而，宣泄理论并未被广泛接受。批评者不仅指出其缺乏经验支持，同时认为，如果我们不期望通过观看别人吃东西来减少饥饿，那么我们也不应该期望观看电视暴力会减少攻击行为。

脆弱的观众

"谁受到电视暴力的影响最大"这一问题也得到了广泛研究。很明显，大多数人在观看暴力电视节目后不会突然变得咄咄逼人。虽然研究表明那些有暴力倾向的人更有可能受到电视暴力的影响，这并不令人惊讶，但值得注意的是，研究也指出几乎任何人都可能"被诱发"这种倾向。例如，在实验研究中，如果人们在观看媒体暴力之前或之后感到沮丧或愤怒，那么随后做出攻击行为的可能性就会增加。同样可以理解的是，有研究发现，那些观看更多电视暴力的人更容易受到暴力的影响。

调查研究显示，暴力行为与暴力电视的高收视率之间存在关系。[16] 与涵化理论的预测一致，暴力节目的狂热观众更有可能持有与他们所看到的电视内容一致的世界观。[17] 如果我们在电视上看到很多暴力，那么我们在自身的生活中也会预见到更多的暴力，然而，这些关系相对薄弱。[18] 它们可能在统计时受到人为因素的干扰，或者仅仅是表明收视倾向不同的观众之间存在内在差异。[19]

也许更令人信服的是纵向的研究，在纵向研究中，对电视收看率和行为的研究是随着时间的推移而进行的——历经几天、几个月，甚至几年。研究表明，早年看电视的经历同晚年的暴力行为是有关系的，[20] 这些影响甚至在收看后数年内还在继续增强。[21]

暴力对儿童的影响一直是研究的焦点，因为儿童更难区分真实世界和他们在电视上看到的东西。[22] 电视里充斥着暴力。所有黄金时段的节目中，有五分之三的节目含有暴力，按比例计算，每个节目有4.5个暴力行为。[23] 一些研究发现，儿童节目中暴力事件更多，美化暴力的有很多，更有甚者淡化了暴力的负面影响。[24] 一个普遍的观点是，在儿童看来，如果周六晨间卡通中的大笨狼没有因为被平底锅猛砸而脑袋受伤，那么对弟弟如法炮制也应该无妨。儿童可能会被快节奏的汽车追逐或枪战场面吸引，但是，考虑到他们的注意力持续时间很短，他们很有可能不会一直看下去，就更不用说他们会津津有味地去看节目尾声里沉闷的法庭场景,以及所传递出的法律后果了。儿童既是电视观众,又常处于无人监管状态,这使得他们易受影响的心灵尤其暴露于媒介风险之下。

我们在第五章讨论过班杜拉的波比玩偶研究,而与之相似的数百项实验研究已经证明,儿童可能会模仿他们看到的暴力行为。一些研究表明,电视暴力不仅促使儿童模仿特定的攻击行为,还会让儿童进行新形式的暴力行为。有证据表明,这可能让他们在日常生活中更倾向于选择暴力来解决冲突,甚至促使暴力行为的发生。[25] 儿童也可能模仿在电视中未被明确强化的暴力行为。[26] 有人认为,这些影响的强度可与那些已被证实的公共健康威胁相提并论,如铅中毒和吸烟。[27]

鉴于大部分实验研究是在受控的实验室环境中进行的,一些学者对这些发现不以为意,因为结论是在不真实的条件下观察到的。[28] 现实环境中的现场实验也表明了媒体暴力的影响,[29] 然而,虽然实地实验也验证了媒体暴力的影响,但若采用自然观察法而非依赖受访者的模糊记忆,结果则呈现矛盾性。[30] 一项现场实验发现了支持发泄效果的证据,即可以通过幻想暴露在暴力之中减少暴力倾向,[31] 但这些发现仅是例外,而不是惯例。

尽管无数的调查结果都支持接触电视暴力和攻击行为之间的关联,但电视显然不是造成社会暴力的最重要因素。家庭和同伴的影响、社会经济地位以及滥用药物更为重要。[32] 因此电视暴力的影响仍存有争议。大多数专家可能会得出结论,认为接触电视暴力至少可以在短期内影响人们的攻击意识,促进暴力行为产生;许多人可能会承认,这种暴力画面可能也有一些长期影响。但正如其他章节所表明的,研究也显示,许多这类负面影响是可以被抵消的,如通过父母的监督,媒体上的宣传节目,以及电视制作人的积极努力(谨慎处理描述暴力和其他行为的方式,特别是在儿童节目中)。

虚拟暴力

以20世纪70年代早期简单的乒乓球和消消乐游戏为发端,电子游戏一路向前发展,紧随而来的是太空时代的《爆破彗星》(*Asteroids*)、《太空入侵者》(*Space Invaders*)和《吃豆人》(*Pac-Man*)。如今,断肢、飞车射击、被斩首的身体吸引着新一代的玩家,暴力和剥削的可怕场景更是司空见惯。在获得大奖的《侠盗猎车手》(*Grand Theft Auto*)系列游戏中,主要的游戏活动就是劫车。一旦汽车偷到手,玩家就可以碾压行人。玩家还可以购买枪支,在执行犯罪头目布置的任务的同时,射杀对手帮派成员(行人)。《侠盗猎车手:罪恶都市》(*Grand Theft Auto: Vice City*)因涉嫌暗指种族仇恨而遭处罚。这款游戏涉及海地人和古巴人的帮派斗争,玩家经常为两个帮派服务,相互暗算。海地和古巴的反诽谤组织大加批评该游戏,尤其是其中使用的类似"杀掉海地的白痴"等语句让他们感觉受到了冒犯。在海地裔美国人联盟扬言要提起诉讼后,R星公司(Rockstar)在游戏字幕中删除这句话中的"海地"一词。《侠盗人生》(*25 to Life*)这样的游戏也同

图12.6 Blaze（一个以文身和骑车为生的虚拟杀手）

样备受争议，其故事涉及暴力团伙劫持人质和杀害警察等情节。甚至在网上流行的《魔兽世界》（*World of Warcraft*）和《毁灭战士》（*Doom*）等多人游戏，显然也不是为和平主义人士设计的。

最早被广泛承认的具争议性的电子游戏是《死亡赛车》（*Death Race*, 1976），在游戏中玩家可以控制汽车碾压像素化的"小人儿"。这部游戏引起的抗议甚至让它从商店里下架，还在《60分钟》（*60 Minutes*）中被专题报道。在这一强烈抗议之后，PTA主席罗尼·拉姆（Ronnie Lamm）在20世纪80年代早期推动立法，限制电子游戏区和学校的距离，声称游戏诱发儿童斗殴。[33]

随着时间的推移，电子游戏中对暴力的描述变得更加真实，让诸如美国参议员约瑟夫·利伯曼（Joseph Lieberman）等政治家感到担忧。这位参议员曾于20世纪90年代在世卫组织举行听证会，以进一步调查这些游戏。[34] 对电子游戏内容的担心，最终促使游戏行业采用自愿系统，如美国的ESRB评级体系和欧洲的PEGI评级系统，都旨在告知父母他们的孩子要求玩的游戏的类型（见第九章）。

研究表明，游玩《毁灭战士》《德军总部3D》或《真人快打》等暴力游戏，无论在实验室环境还是现实生活中，都会增加个体的攻击性思维、情绪及行为。[35] 此外，一些研究人员认为，相较于暴力电视和电影，暴力电子游戏可能会给人带来更加有害的影响，因其有交互性、沉浸感及要求玩家代入施暴者角色的特性。不同于观看电视或电影时对所看到的暴力行为进行单纯的替代性强化，电子游戏玩家在游戏中的暴力行为会得到更直接的奖励。研究人员克雷格·安德森博士（Craig Anderson）表示，"暴力电子游戏为学习和实践解决冲突局势的攻击性方案提供了平台。从短期来看，玩暴力电子游戏似乎会引发攻击思维，从而对攻击性产生影响；而长期的影响可能会更为持久，随着玩家不断学习和练习新的与攻击相关的剧本，当现实生活中出现冲突时，他们可能会更倾向诉诸这些手段"[36]。

第一人称射击游戏（FPS）因高度模拟真实杀戮行为而频遭批判。有大量的报道表明，科伦拜恩中学（Columbine high school）大屠杀的凶手和许多青少年一样，都是第一人称射击游戏的拥趸。《毁灭战士》这部游戏在枪手的自杀视频中被提及，这导致一些活动人士和家长将这场学校悲剧归咎于此（以及其他类似的第一人称射击游戏）。[37] 但没有证据表明玩游戏会以何种方式影响青少年的行为。美国特勤局的一项研究发现，参与校园枪击案的人中只有12%的人被暴力电子游戏吸引，而24%的人阅读暴力书籍，27%的人被暴力电影吸引。[38]

事实上，没有研究提供证据证明玩电子游戏会导致重大暴力犯罪，如校园枪击案。大多数研究集中探究电子游戏和更有限的攻击行为（如欺凌）之间的关联。[39] 即使在这些情况下，也并不是所有的调查都发现玩游戏和攻击倾向之间存在联系。对大量视频游戏研究进行的元分析得出了不同的结论，即有些最终支持游戏和暴力之间存在联系，其他的则没有。[40] 在科伦拜恩事件之后，美国政府在1999年对电子游戏研究状况进行了一次研究，卫生部长大卫·萨彻（David Satcher）总结说："我们明确认为媒体暴力与攻击行为存在关联，但与其他影响因素相比，这种影响程度非常微弱。"[41]

一些来自游戏玩家和非游戏玩家的批评都是针对游戏本身的，其中一些批评者认为，这些游戏可能会导致沉迷或上瘾。这些批评主要集中在多人在线游戏和第一人称射击游戏中的角色扮演上。角色扮演游戏的核心吸引力在于沉浸感，即虚拟环境的真实性。批评者不仅担忧心理脆弱者会沉溺于游戏而逃避现实，更指责游戏设计者刻意诱导人们沉迷于游戏：多数角色扮演游戏中，玩家需长时间重复击败弱敌才能升级；而在多人在线游戏中，"害怕错过"同伴进度的心理更强化了持续游玩冲动。但很少有研究探讨这些游戏潜在的上瘾性质，而这些都是未来研究的成熟领域。

对暴力电子游戏任何潜在威胁的相关科学研究，依然存在着不确定性。即使因果关系被普遍接受，至少在美国，每一个试图对电子游戏进行监管的州都被法院认定为违宪，因为电子游戏是受言论的保护，有些还可能上升到核心政治性言论的高度（参见第八章）。

性、毒品和（更多的）暴力

批评者同样担心媒体对性、毒品和饮酒的描绘所带来的影响。这些担心主要在于媒体及其他娱乐形式美化了吸烟、饮酒、吸毒和性乱交等活动，从而鼓励观众沉迷于这类行为。

大银幕上的刻画

媒体中的性表现早在19世纪20年代便因好莱坞丑闻浪潮成为焦点话题。如第八章所述，好莱坞当时实施了严格的自律审查。[42]

伊丽莎白·泰勒（Elizabeth Taylor）在1954年的一部电影中说了"处女"一词，引起了轩然大波。对吸毒的描述可以追溯到1936年的电影《大麻烟疯潮》（*Reefer Madness*）。这部电影旨在警告人们使用大麻的危险，但有人批评其效果适得其反。此后，如《逍遥骑士》（*Easy Rider*, 1969）这样的电影经常被指控美化吸毒场景，助长大学生的吸毒行为。

当前，越来越多的制作方和出版商不断挑战内容尺度，在作品中大肆描绘性、吸毒等禁忌行为，表面上是为了吸引观众，实则追逐更高的商业利益。汤普森（Thompso）和横田（Yokoda）分析了1992—2003年的电影，发现暴力和亵渎行为呈上升趋势。[43] 根据《华盛顿邮报》（*Washington Post*）回顾的2005年凯撒家庭基金会（Kaiser Family Foundation）做的一项研究，电视节目中的性相关内容也在增加——该研究抽查的1,000余档节目中，含有性暗示的场景近4,000处，相较基金会1998年首次统计时的不足2,000处翻了一番。[44] 在美国联邦通信委员会（FCC）的监视下，烟草、酒精、吸毒的内容在无线电视上不再那么普遍，但在有线电视上仍然泛滥，特别是在付费频道。

研究确实表明，这样的内容"很畅销"。例如，含有性内容的电影在成人和学生中获得了更高的票房收入，而涉及性和毒品等限制级（R）和特别辅导级（PG–13）电影在国际观众中的销售业绩更佳，这有助于解释为什么电影制片厂会继续生产更多此类分级影片，而不是辅导级（PG）和大众级（G）影片。同样，一些批评人士认为，一向因"更为干净"的节目而受到称赞的美国全国广播公司，在其2008年初的节目阵容中孤注一掷，为了提振低收视率而大幅增加色情内容。有关详细评论，请参见《聚焦庸俗电视》。

聚焦庸俗电视　　　　　　　　　美国全国广播公司加入情色内容竞赛

（警告：包含露骨语言、性及暴力内容）

直到不久前，NBC还被标榜为黄金时段性爱场景不当描绘方面表现最佳（或许更准确的说法是"最不糟糕"）的电视网。的确，NBC的新秋季档并未像ABC、CBS、CW和福克斯那样充斥着低俗的性痴迷情景喜剧和挑战尺度的剧集。但令人遗憾的是，这一情况正在改变——自2005年初以来，NBC正日益效仿其他电视网，在节目编排中注入更多性爱场景。

这种令人生厌的新趋势在今年的《名人学徒》（*Celebrity Apprentice*）首播集中初次得到证实。节目邀请的其中一个名人——在这十分特殊的一集中被赋予最突出的地位——《花花公子》的年度女郎蒂芙尼·法伦（Tiffany Fallon），她连同她为《花花公子》封面拍摄的快照一起闪亮登场。

为了让她同其他功成名就的名人和专业人士坐在一起，美国全国广播公司暗示，一个以脱衣服为生的人，同那些奥运金牌得主以及多张白金唱片在手的乡村歌手一样，都值得尊敬并适合作为儿童榜样。在这一集中出现的还有詹娜·詹姆逊（Jenna

Jameson），她故作端庄，在镜头中被宣传为"成人电影明星"（如色情电影中的"女演员"）。该集以唐纳德·特朗普斥责法伦未能争取到休·赫夫纳（Hugh Hefner）对公司的帮助，并解雇她结束。特朗普冷笑道："我认识很多年度女郎"，并多次夸耀自己与老嫖客们的亲密友谊。《名人学徒》也不是唯一以《花花公子》的中间插页人物为主角的真人秀节目；1月11日的游戏节目《以一敌百》（*1 vs.100*）在东部时间晚上8:00的家庭时间播出（中部和山地时间晚上7:00），主角是《花花公子》前月度女郎，三胞胎姐妹妮可（Nicole）、艾丽卡（Erica）和贾克琳·达姆（Jaclyn Dahm）。

图12.7 模特卡罗尔·艾特（Carol Alt）、珍妮·芬奇（Jennie Finch）和蒂芙尼·法伦（Tiffany Fallon）

但是宣传色情明星和中间插页人物仅仅是美国全国广播公司庸俗行径的冰山一角。为挽救节目持续下滑的收视率，1月10日的《愚人善事》（*My Name Is Earl*）节目播出艾尔（Earl）自述成为脱衣舞郎的经历。

尽管上述例子令人反感，但与1月16日播出的《法律与秩序：犯罪倾向》（*Law and Order: Criminal Intent*）中骇人听闻的性暴力场景相比，它们却微不足道。这一集在东部时间晚上9点播出，而在中部和山区时区，那时才刚刚晚上8点。

最近，美国全国广播公司对这种庸俗节目的迷恋丝毫没有减弱的迹象。美国全国广播公司近期黄金时段广告的亮点是该电视台即将推出的《口红丛林》（*Lipstick Jungle*）节目的广告。该广告画面中不仅有女性衣裙被撕破的场景，更出现近乎全裸的男性角色，而广告最大的卖点，竟是标榜该剧："由《欲望都市》（*Sex and the City*）的作者制作"。若需证据证明电视网高管企图将原本专属成人付费频道的直白露骨内容塞满黄金时段，这则广告便是明证——而NBC，正心甘情愿地充当着共谋者。

资料来源：克里斯托弗·吉尔道迈斯特著。经家长电视委员会许可同意转载，于2008年1月25日发布。网址：http://www.parentstv.org/ptc/publications/tvtrends/2008/0125.asp。

你怎么看？

- 像美国全国广播公司这样的电视台是不是为了提高收视率而挑战底线，推出伤风败俗的内容？
- 如果是的话，你对这个策略的使用有什么看法？
- 你觉得今天的电视太"庸俗下流"了吗？

好莱坞并不羞于描写性和吸毒，但研究表明，像意外怀孕或毒品上瘾这样的后果很少被描绘出来。一项对1983年以来发行的87部票房大片的研究发现，没有一部大片描绘了意外怀孕或性传播疾病。[45] 药物使用也遭到类似的温和处理。其中28部高排行影片包容性爱场景，只有一部暗示过安全性行为，即使用安全套。这些影片没有任何关于性行为严重后果的描述，如意外怀孕，感染上艾滋病或者其他疾病。

研究人员发现，8%的电影描述了大麻的使用，7%的电影显示其他非注射性药物的使用。大约有一半的场景对大麻使用的展示是积极的，而其余是中性的。68%的电影展示人物抽烟，32%的电影展示醉酒行为。令人担忧的是，对危险行为的后果的刻意回避，尤其可能诱导青少年群体更易尝试此类行为。

冒险行为的影响

正如我们之前所讲的，社会认知理论指出，电视和电影中的模仿行为多取决于这种行为是否得到奖励或惩罚。如果性和吸毒被描述为有趣与有益的，那么从理论上来说，观众会更想尝试。例如，对吸烟的迷人描述已经被证明会鼓励年轻人吸烟。[46] 与此类似，电影《朱诺》（*Juno*）上映后，因为马萨诸塞州一所学校的17名学生怀孕而饱受批评。这部电影讲的是一个高中女生怀孕的故事。这种被称作"朱诺效应"的现象引发学界质疑：好莱坞通过渲染女主角困境中阳光甚至救赎的一面，可能美化了未成年怀孕。[47] 现有研究虽无法证实电影的直接影响，但已确认接触性内容确实可能改变青少年的性行为模式。

电视上的性内容所产生的影响也日益受到重视，特别是在青少年中。美国青少年平均每天看3小时电视。典型的青少年题材节目包含大量的性内容。[48] 和电影一样，电视上的性行为常常被呈现为一种没有风险和后果的休闲活动。

在一项研究中，总共有1762名青少年被问及他们的性经历和电视观看习惯，一年后，他们再次接受调查。[49] 研究人员对电视上三种性内容的暴露程度进行测量：①性行为；②关于性计划、欲望或者已发生的性行为的谈话和专家意见；③展示与性行为的风险或安全需求相关的谈话或行为。

结果显示，青少年通过电视大量接触性内容，与青少年开始性行为或发展到更高级的性活动有紧密的联系。观看性内容最多的群体，其次年发生性交的可能性及尝试其他进阶性行为的比例，远超观看量最低的群体。实质上，高频接触性内容的青少年表现出"早熟"倾向。研究结果还显示，在电视上谈论性对青少年行为的影响，与描述性行为的影响几乎相同。这一发现与人们普遍认为的行动描写比谈话更有影响力的看法背道而驰。另外，该研究还发现了其他增加青少年主动性交可能性的因素，包括早熟、有年长朋友、成绩变差、参与逃课等违规行为，以及寻求感官刺激。

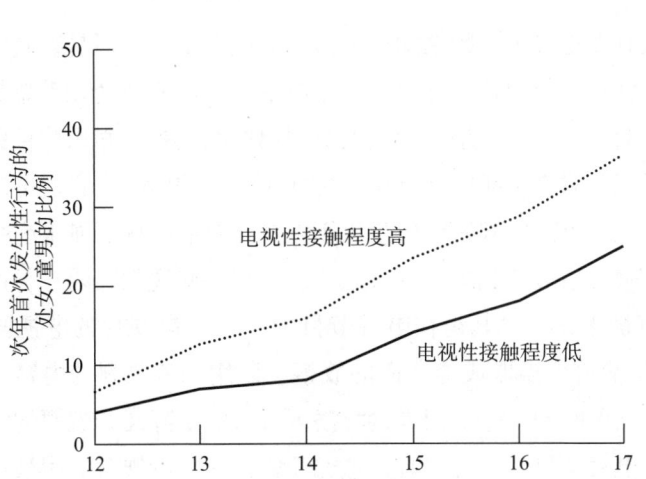

图12.8 电视上的性接触对青少年性行为的影响

如果电视能鼓励性行为和冒险行为，那么反过来，可以推断出同样可以利用电视来阻止这种行为。因此，这些研究人员进行了第二项研究，以检验电视是否有潜力成为提醒青少年性风险性和性安全行为的教育工具。[50] 由凯撒家庭基金会资助的一项研究，审查一部流行情景喜剧（《老友记》）中涉及避孕套功效的一集对青少年观众的影响。在某集中，一个主要角色（瑞秋）透露她怀孕了，尽管她和另一个角色（罗斯）在性交时使用了安全套。该节目提供了有关安全套避孕效果的详细信息，指出安全套在95%的情况下是可以有效避孕的。在该集第一轮播出时（2003年），《老友记》是美国最受欢迎的节目。尼尔森市场研究公司（Nielsen Corporation）的数据显示，167万名年龄在12~17岁的青少年收看了这一集。安全套失效的可能性和由此产生的怀孕后果被生动地传递给大量青少年观众，同时传达了安全套几乎总是有效的信息。考虑到观众的规模，该集被认为有可能对大量青少年产生影响。为了评估这一集造成的影响，兰德公司（RAND）利用其早期研究中的信息来确定经常看《老友记》的青少年，并打电话向他们询问关于《老友记》避孕套那一集的看法，由此评估这一集对他们关于避孕套使用和避孕套失效的看法产生的影响。结果表明：

- 大多数（65%）确认看过该集的青少年回忆得起来该集有关安全套使用效果的具体信息。
- 和之前的调查结果一致，大多数青少年仍然认为安全套是很有效的，尽管这一集播出后，导致这种看法出现两极分化。
- 由于观看了这一集，许多青少年（10%的观众）与父母或另一名成年人探讨过安全套的有效性。
- 青少年对于该集的反应因为与成人一同观看或者讨论而有所改变。这些青少年记得安全套避孕有效性信息的可能性是对照组的两倍之多。

这项研究并没有发现青少年的性知识或信仰有显著变化。但是，研究只着眼于电视剧中的一集，而且针对一个包括些许复杂信息的话题，即避孕套几乎总是起作用，但有时也会失效，而且会产生严重后果。研究人员得出的结论是，娱乐节目中包括性风险和性后果的描述，可能会对青少年的性意识产生两个有益的影响：它们可以传授青少年关于性风险的准确信息，也可以刺激他们与成年人展开对话，从而强化这些信息。

尽管好莱坞对吸毒情节的刻画较少有人关注，但一些逸闻表明，与性的刻画相比，吸毒的情节并没有被美化，尤其是在电视节目中。A&E电视台的电视剧《戒瘾干预》（*Intervention*）用免费治疗换取成瘾者们的故事，以用于该系列的内容。[51] 拍摄瘾君子和酗酒成瘾者最虚弱的时刻——他们吸食海洛因或者灌了好几升烈酒的时候——把该节目变成了现象级的电视节目。与此同时，这也使得该有线电视台成为被投诉的对象，人们认为该节目有剥削的成分。但是网站ABCNEWS.com上的成瘾问题专家认为，为成瘾者提供免费治疗，以换取他们的故事，这会使他们康复的机会大为不同。《戒瘾干预》制作者会在记录几个小时的暴饮暴食的瘾君子和酒鬼渐渐失控的镜头之后，最终组织一次由家庭牵头的干预，并安排成瘾者在康复中心度过90天——一切都是免费的。

在《戒瘾干预》的其中一集，摄像头对准了"瑞安"（Ryan），一个沉迷于奥施康定（OxyContin，一种镇痛药）的年轻鼓手，一天要注射15次。其他集则分别描述了一位高中毕业生代表为了凑钱买维柯丁（Vicodin，一种麻醉性止痛药）而将时间耗费在马赛赌博上；一名儿童牧师讲述他如何被一名男性朋友猥亵，导致他投向冰毒，他现在在卧室里吸食冰毒，而他妈妈在楼下吟唱宗教歌曲；一个瘾君子在他即将进入的康复中心的停车场吸毒。尽管该剧直面吸毒和成瘾的现实，却并未向观众呈现出电视或电影中描绘的那种更为迷幻的吸毒效果。研究还探讨了这些对毒品的负面描述〔举些例子，像《戒瘾干预》这类电视节目，以及《猜火车》（*Trainspotting*）和《街区男孩》（*Boyz N' the Hood*）之类的电影〕是否可以减少人们的药物使用，但发现的结果却不一而同。尽管如此，为了鼓励娱乐业准确描述酒精和药物滥用，NIDA娱乐产业理事会公司（EIC）联手罗伯特·伍德·约翰逊基金会（Robert Wood Johnson Foundation），用棱镜奖（PRISM awards）来奖励娱乐界。电影制片厂和电视网络可以向NIDA娱乐产业理事会公司提名委员会提交参赛作品，这一委员会的成员包括医生、顾问、研究人员和政策制定者。委员会成员随后会对每一类别进行表决，如电视剧、脱口秀和肥皂剧。例如，《欲望都市》因对烟瘾的准确描述而赢得了棱镜奖。影星莎拉·杰西卡·帕克（Sarah Jessica Parker）在其中饰演一名尼古丁成瘾但试图戒烟的女性。帕克在颁奖典礼上说："对于我的角色凯莉的抽烟行为，我们在剧中并没有轻描淡写。我们……觉得这是一个难得的机会，可以展示一个可爱的角色也有不可爱的一面。"[52] 在《聚焦媒体运动：蒙大拿州冰毒项目》中，我们可以看到另一个媒体积极主动地讲述吸毒的后果的例子。

聚焦媒体运动：蒙大拿州冰毒项目

同一媒体在美化吸毒的同时，也描绘它的危险。毒品预防倡导者成功地利用广告向青少年用户传达了他们想要传达的信息。蒙大拿州冰毒项目就是一次这样的努力。蒙大拿州最大的广告商，通过对这项运动每周三次的饱和式宣传，覆盖了70%~90%的青少年。从2005年9月到2007年9月，冰毒项目持续大规模地实施，全州范围的预防运动横跨电视、广播、广告牌、报纸和网络。这个活动包括1个网站、4.5万支电视广告、3.5万条广播广告、1万次报纸上的曝光，还有1000个广告牌。

图12.9 蒙大拿州冰毒项目广告中的一个标语（我和我的朋友分享一切，现在我们分享肝炎和艾滋病。）

这项以研究为基础的信息传播活动，通过印刷、广播和互联网广告等手段生动地描绘了吸食冰毒的危害，并以其不妥协的态度和明显的效果赢得了全国人民的关注，显示了其影响力。该运动的核心信息"即使一次也不要"直接点明了冰毒极其容易上瘾的性质。

首轮宣传聚焦冰毒对吸食者个体的危害——通过展现其对亲友的连带伤害，该创意直接源自蒙大拿州青少年的意见反馈。第二轮则转向揭示冰毒对吸食者亲友的毁灭性影响。

HBO电视网毒瘾系列中的一个纪录片，以个人的视角讲述了冰毒所造成的生理和心理伤害，其影响范围从蛀牙、皮肤损伤、妄想到脑损伤、抽搐乃至死亡。电影制作人埃姆斯·耶茨（Eames Yates）记录了多位蒙大拿州瘾君子与康复者的生活，揭示这种毒品如何摧残人生。

研究显示，在所有衡量标准中，蒙大拿州冰毒项目这一活动的成效明显高于标准，而且这只有世界上最知名的机构才能实现。该项目刊登在蒙大拿州的高中校报和广告牌上的印刷广告揭示了使用冰毒造成的严重身心伤害。蒙大拿州冰毒项目被白宫认为是美国最有力、最有创意的禁毒计划。最近的全州调查数据表明，自冰毒项目发起预防运动以来，人们对冰毒的态度发生了巨大改变。截至2008年4月，蒙大拿州的青少年冰毒使用量已下降45%。

资料来源：Montanameth.org。

你怎么看？

在浏览完该网站（Montanameth.org）的宣传活动后，对内容和对毒品预防有效性的传播方式进行评论。

363 歌词

尽管音乐风格多年来不断变化，但研究表明，歌词的主题仍然相当稳定。爱情也许是最常见的歌词主题。在20世纪40—50年代，歌词以浪漫爱情为中心。到60年代时期，歌词开始更多地反映肉体之爱，同时，也出现了反映那个时代的吸毒和反战示威等主题。在20世纪70年代，迪斯科音乐重拾浪漫与享乐主义；暴力与神秘主题开始出现在20世纪80年代朋克摇滚和重金属流派音乐的歌词中。到90年代，歌词越来越直白和露骨，摇滚音乐和新兴流派如黑帮说唱中出现了诸如性及厌女的主题。

时事速览　对20世纪40—70年代歌词的分析显示，对女性身体特征的提及率每10年便有显著增加。1946年抽样歌曲中有6.4%对此有所提及，1956年抽样歌曲中有11.7%，1966年有13.6%，1976年为30.4%。从20世纪60年代到20世纪70年代，用"婴儿"或"女孩"等词形容女性"稚气"的比例从抽样歌曲的25%左右增加到50%；但是，将妇女作为性对象的比例稳定地保持在20%左右。

图12.10　女孩被当作性对象？

莱夫·詹宁斯（Lyfe Jennings）在网上发布的暗示性歌词在6个月内被浏览了658,398次。

微软全国广播公司（MSNBC）在2006年做的一项研究显示，肮脏的歌词会使青少年过早发生性行为。研究发现，那些在他们iPods里充斥淫秽音乐和性爱歌词的年轻人比喜欢其他歌曲的人更早开始做爱。[53] 无论是嘻哈、说唱、流行还是摇滚，许多针对青少年的流行音乐都含有性色彩。研究人员发现，流行音乐对他们行为的影响似乎取决于性是如何被描绘的。

有研究发现，有些歌曲将男性描绘成"下身思考的种马"，将女性描绘成性对象，明显提到了性行为相关的内容。这些歌曲比起那些描述性更为隐蔽、两性关系更忠诚的歌曲，更容易导致年轻人过早发生性行为。

那些说他们听了很多带有侮辱性信息音乐的青少年，在接下来的两年内开始性交或其他性行为的可能性，几乎是很少听或没有听此类音乐的青少年的两倍。在狂热听众中，51%的人在两年内开始做爱，而在很少或根本没有听过此类性侮辱性音乐的人群中，这个比例仅为

29%。"接触大量含有性侮辱的音乐会给孩子传递关于性的特定信息",匹兹堡的兰德公司的一位研究者如是说。听此类音乐,男孩学会了他们应该不择手段地追求女性,而女孩会学着视自己为性对象。

音乐短片

音乐短片的内容,特别是有关暴力和性的内容,也面临着强烈的公众批评,并且一直是许多研究热衷的主题。[54] 一项分析显示,40%～75%的音乐视频中存在与性有关的意象。在音乐短片中,几乎一半的女性穿着挑逗,而在男性中只有10%会如此打扮。女性比男性更容易被视为性对象。一项研究报告表明,在大约四分之三的音乐短片样本中,女性会"被男性贬低"或"被男性支配"。男女形象往往被刻板地呈现为两极分化:女性被塑造为温柔体贴、充满母爱且怯懦的形象,男性则被刻画成热爱冒险、富有攻击性和支配欲的模样。短片中呈现的职业角色也反映了性别角色的刻板印象,女性经常扮演女服务生、发型师、舞者或时尚模特,而男性扮演警察、科学家、运动员和企业高管的角色。此外,在被研究的短片中,白人角色往往比非白人更年长,社会地位也更高。

拓展艺术表达的边界一直是流行音乐的一部分。在今天的音乐产业中,使可接受范围得以扩大往往是利益驱动的结果。在当今不少流行音乐中充斥着暴力、种族主义、恐同或性别歧视的歌词,可能会对那些刚刚形成认同感和自我价值感,并且易受影响的年轻人产生影响。大量研究表明,偏爱重金属音乐可能是青春期异化、药物滥用、患精神疾病、自杀倾向、性别角色刻板化或冒险行为的重要信号。(资料来源:美国儿科学会,1999年)

图12.11 圣女合唱团(一支英国女孩乐队)

其他研究发现,超过半数的音乐短片样本中存在暴力意象。同样,有过半数的短片被发现包含反社会内容,包括叛逆和不被社会接受的行为。研究还指出,20%～27%的短片中包含了使用毒品、酒精和烟草的内容。

一项研究调查了包含不同程度性意象的嘻哈音乐短片在以下三方面对观众接受度的影响,包括物化女性(把女性当作性对象)、性放纵程度和性别态度。结果发现,男性观众的反应存在显著差异。在性亢奋的情况下,男性参与者对物化女性、性放纵度和性别刻板态度的接受度,比在性欲低下条件下的男性参与者要高。此外,嘻哈狂热的特点在物化女性和性放纵方面也发挥了重要作用。[55]

性主题达到的最明显、最无可争议的效果,也许就是观众的喜爱。研究发现,人们更喜欢性感视频中的音乐和视觉效果。然而，研究表明，暴力视频内容，尤其是与性内容结合时，实际上可能降低观众对画面和音乐的喜爱程度。

当然，歌词及视频内容的批评者担心这样的内容会助长不道德、反社会、刻板偏见和犯罪性的态度与行为，尤其是在易受影响的青少年群体中。针对这些批评之声，一些研究人员认为，青少年似乎不会像批评者那样理解歌词。一些研究发现，年轻的听众并不了解或不理解流行歌曲中的所有歌词，而对于他们所能理解的，他们可能会有不同的解释。例如，齐柏林飞艇乐队（Led Zeppelin）的《通往天堂的阶梯》（*Stairway to Heaven*）这首歌因美化吸毒或性经历而受到谴责。但当青少年被问及这首歌是什么意思时，他们只对这首歌进行了字面上的诠释，认为这首歌讲的就是"攀登通往天空的阶梯"[56]。

越来越多的证据表明，哪怕只是短暂接触流行音乐和音乐短片，听的人也可能会受到其影响。这些研究经常发现摇滚音乐及视频的影响与其主题内容密切相关。[57]尽管第五章讨论的许多理论可能有助于解释音乐和音乐短片的潜在影响，现有的研究大多倾向于支持启动理论。这一理论认为，性和暴力等主题内容会"引发（启动）"观众的认知图式，它反过来又以反映这些主题的方式，影响观众后来的印象和社会判断。以说唱音乐迷为例，说唱歌曲和视频可能会唤起大多数粉丝的积极情绪（这正是他们成为粉丝的原因），然而，许多说唱歌曲和视频将女性描绘成性对象。聆听这些歌曲和观看这类视频被认为会激活乐迷"女性即性对象"的认知图式。因为粉丝们把积极的情绪和音乐联系在一起，他们也可能开始将积极的感觉与这些认知图式联系起来。因此，粉丝们可能也会开始把女性视为性对象。支持这一理论的是，许多研究发现，受试者在观看带有暴力、反社会和性放纵态度和行为的摇滚乐视频后，比观看中性视频后更有可能认可这些态度和行为。研究还发现，在观看了带有刻板性别描绘的视频后，更多的人认可了性别角色的刻板观念。[58]对研究的实际限制（讨论情况见第五章）使人难以知道这种影响是短暂的，还是更持久的。但据推断，这些态度可能会成为更稳定的人格特质。

兴奋传递理论（Excitation Transfer Theory）为音乐和音乐短片的短期影响提供了另一种可能的解释。生理唤醒被认为是音乐欣赏的重要组成部分。如前所述，音乐和许多其他娱乐形式一样，是让我们去感受的。音乐引发的反应被认为特别强烈。音乐唤醒我们的身体（增加我们的心率、升高我们的血压和促进我们的呼吸）和情绪，如第四章所述，研究发现，一次经历过的唤醒方式会无意识地影响我们对随后唤醒经历的反应。因此，听挑逗性音乐或看挑逗性音乐短片，可能会在我们视听时或者视听之后的短时间内影响我们对遇到的人或事的反应。试想：上班途中你正听着最爱的专辑，此时有人在高速公路上突然超车，或老板因你迟到怒吼，你的反应可能异于平常，在无意识状态下表现出更强烈的情绪。根据这一理论，听音乐或看音乐短片可能会导致人们的反应更加刻板、暴力或带有性别歧视的色彩，这仅仅是因为这种音乐更具挑逗性。如果这个理论是正确的，那么任何形式的挑逗性音乐都可能产生同样的效果，不管歌曲或视频是否包含刻板描写、暴力或性别歧视的内容。

图12.12　蕾哈娜（Rihanna）在《怪兽盛宴》（Monster Jam）上

显然，关于音乐和音乐短片的影响还有许多问题有待解答。一些专家推测，随着当代摇滚音乐和其他一些尚被质疑的流派在全球日益流行，我们可能会看到解决这些问题的研究也有类似的增长。

不雅读物和电子游戏

性、吸毒与其他越界行为虽是成人文学的常见主题，但令家长震惊的是，这些内容正日益渗透青少年喜爱的图书、电子游戏与漫画。值得注意的是，此类元素甚至成为面向"少女过渡期"（tween-age）读者群图书的核心卖点。根据微软全国广播公司的文章指出，当下青少年小说发展的趋势是，《欲望都市》比《神探南茜》（Nancy Drew）更受欢迎。[59]

一些不雅读物是出版业增长最快的部分，而年轻女孩是它们最大的消费者。大多数12岁及以上年龄组的书销量低于2万册，但有些标题前卫的作品已经售出近百万册。[60] 13岁青少年如饥似渴地阅读着作家塞西莉·冯·齐格萨（Cecily Von Siegesar）的"绯闻女孩"系列。[61]

一些专家说，像这样的书是没有道理的甚至是危险的，并呼吁对其采取类似其他娱乐媒体使用的限制或评级。《教我》（Teach Me）的作家罗素·纳尔逊（Russell Nelson）则为拥有成熟主题的青少年书籍辩护。他说："我觉得它在让读者走向更高层次的成熟中，填补了重要的位置。"[62] 的确，如果这是鼓励青少年读书的必要条件，一些家长和教育工作者可能会变得愿意接受。到目前为止，还没有公开发表的研究探究过这类读物对青少年读者的影响，但这可能是未来调查研究的方向。

漫画书和电子游戏

觉察到连环漫画的流行后，艺术家/作者们开始以书籍形式出版"长篇"故事集。曾经被称为"纸上电影"[63]的漫画书，对儿童的幻想生活产生了影响，也赋予了他们战胜梦中怪物的超能力。不久，怪物们成了手持野蛮武器的战争贩子。当漫画暴力盛行时，该行业建立起了反对暴力的自我审查制度，并提倡家庭剧、无连续故事的漫画、政治讽刺作品、模仿剧以及成人漫画。

你可能没有注意到，日本漫画已经牢牢抓住了全球读者的想象力。自2004年以来，日本漫画在美国的销量增长了两倍。《火影忍者》（*Naruto*）和《死亡笔记》（*Death Note*）等作品已经稳居美国畅销名单之中。但与大多数美国漫画不同，日本漫画并不是怪人、极客和小人物的专享之物——每个人都看这些漫画。一些作品描写对纯洁情谊和未能满足的感情的向往；其他一些则描绘性遭遇，呈现露骨的性爱场面，描述之细致足以让色情大亨拉里·弗林特（Larry Flynt）脸红！年轻女性通常被性感化——胸部突出，腰围变细（见图12.13）。当然，暴力元素更是大量作品的标配。由于这类漫画的主要受众包含青少年，其中涉及的暴力、色情与毒品内容也引发了广泛担忧和关注。

图12.13　日本漫画中的典型角色

出于同样的原因，电子游戏内容也开始面临类似的审视。在西方电子游戏中，性并不像在电影、书籍甚至电视节目中那样普遍。几乎没有美国的电子游戏会显示正面全裸形象。性主题在一些日本单机游戏中更为常见；但是，任天堂和索尼等游戏机开发公司并不为纯成人内容的游戏提供系统授权。尽管如此，我们还是很容易获取众多以性为突出特色的电子游戏。

需要强调的是，这类行为均属玩家自主选择，且实施犯罪后将遭到游戏内警方的追捕。即便如此，该系列游戏仍因其内容屡遭舆论谴责。2005年6月，有人发现在《侠盗猎车手：圣安地列斯》（*Grand Theft Auto: San Andres*）的主要剧情中埋藏着一个互动性爱迷你游戏的代码。用户随后发现激活这个代码的方法（称为"热咖啡模式"）。这引发了对其的诉讼，其游戏评级在2005年7月20日被调整为"仅限成人"。该游戏随后在众多商店下架，游戏开发公司R星（Rockstar Games）当季亏损2.808亿美元。[64] 性暗示甚至在更主流的游戏中也普遍存在，如《侠盗猎车手》和《超级排球》（*Xtreme Volleyball*），这些游戏往往塑造衣着暴露、姿态挑逗的女性角色形象。

要重申的是，尽管漫画和电子游戏中的性内容变得越来越普遍，但几乎没有研究探讨过它会如何影响受众。与暴力内容类似，电子游戏的额外隐患在于——其互动性可能会放大不良内容带来的影响。

色情作品

除了主流好莱坞电影、电子游戏和印刷出版物中的性内容增加，过去几十年间，杂志、家庭录像带及如今的互联网也导致高度色情的材料数量急剧增长。实验研究显示，男性在接触到露骨的色情内容时，更有可能表达对女性的负面态度，认为相对罕见的性行为很普遍，并在假定性的法庭案件中对强奸犯罪者更宽容。[65] 在关于色情暴力影响的研究中，一个常见的程序是让男性对女性施以"电击"（电击是模拟的，所以没有人真正受伤）。研究发现，男性在接触色情作品后会对女性施以更强烈的电击；但是，这仅适用于暴力色情作品所产生的影响，[66] 因为在此种情况下，女性被表现为享受虐待。[67]

在现实世界中，色情作品的可获得度与同一地区的强奸率似乎无关。[68] 性犯罪者接触色情作品的机会并不比其他人多，然而，他们更容易在性犯罪行为之前消费色情作品，并受到与其行为性质相匹配的素材的激发。[69] 因此，这样看来，尽管色情作品并不会诱发大多数男性的性攻击行为，但在那些处于"高风险攻击性"的人群中，色情作品会大大增加这种风险。[70]

强迫还是上瘾？

即便是非暴力的色情作品也可能会给一些观众带来问题。2004年11月，一个专家小组向美国参议院一个小组委员会做证说，色情作品非常危险，会令人上瘾。色情作品对大脑的影响可以说是有"毒"的，堪比可卡因，据估计，网上有4.2亿个成人网页。色情消费会给人们带来麻烦——其形式表现为信用卡透支、失眠、忽视责任或者忽略亲人。那么色情行为是强迫性的还是上瘾的？

将这种行为描述为强迫性或是上瘾，它们之间的区别是微妙的，但很重要。成瘾的主要特征之一是对成瘾物质耐受性的发展。正如吸毒成瘾者需要越来越大的剂量才能保持亢奋，色情成瘾者需要看越来越多的极端材料，才能达到他们第一次体验到的兴奋程度。人们走上色情道路有三个主要原因，即看到他们的幻想被付诸实践，避免亲密关系，或者只是为了帮助自慰。

金赛研究所（Kinsey Institute）的一名研究人员批评人们在谈论色情作品的时候使

图12.14 论断仍未得出

用了"上瘾"一词,因为他认为该词只是把某些人的行为描述为类似成瘾,但是把他们当成上瘾者可能对他们没有帮助。他说,许多人在阅读有关色情的热门书籍后,可能会把自己诊断为色情成瘾者。但是心理健康专家并没有诊断色情的标准。宾夕法尼亚大学的一名心理学家,也是参议院就色情上瘾进行的听证会上做证的证人之一,表示用于诊断病态赌博和药物滥用等问题的标准,同样适用于不妥的色情使用。治疗色情成瘾者的治疗师在2008年的一次采访中这样告诉网络医学博士(WebMD):"他们的行为和其他成瘾者一样。"[71]

论断仍未得出

关于媒体对攻击行为、性行为及药物使用影响的研究,与所有行为影响研究一样面临着相同的方法论局限。从经典科学视角来看,要准确评估媒体对行为的影响,研究者必须完全控制受试者接触目标媒体的过程,并具备有效可靠的媒体内容(暴力、性、毒品等)测量工具及行为结果评估体系。正如本章前面提到的,这些实现起来颇有难度。研究人员对人们接触媒体程度的控制通常是非常有限的。他们可以控制一部电影、一场体育赛事,或者他们看到的演出,甚至一系列的影像或事件,但他们无法控制人们接触的所有其他媒体。因此,要建立一个从未接触过媒体暴力、毒品等内容描述的对照组几乎不可能。更何况,任何成功规避这些媒体内容的群体,往往本身就是出于对暴力、性或毒品描写的主动排斥——即便这类人群愿意参与研究,其样本特性也必然与研究者期望考察的目标人群存在系统性偏差。

研究者在测量攻击行为、性行为及药物使用的影响时同样面临困境。这些行为通常无法获得受试者或伦理审查委员会的观察许可——多数伦理审查机构禁止研究者将参与者置于敌对情境、健康威胁或法律争议中。即便获得许可,当受试者知晓被观察时,其行为表现也可能与自然状态存在偏差。

因此,研究者往往只能采用纸笔测验,通过"您通常会如何应对……"或"如果发生……您会怎么做?"等设问收集数据。这类测量依赖受试者的自我报告,但自我陈述与实际行为可能存在显著差异。尽管如此,每一项新增研究都可能为理解媒体娱乐内容与受众行为的关系提供新线索。正是这些议题的重要性,持续推动着研究者探索媒体影响的努力。

赌博与成瘾

赌博是指玩家将一些有价值的东西押注在由偶然性决定的比赛结果或不确定的事件上。为了获胜,这些玩家会冒险用钱赌上一把。从掷硬币到赌扑克牌,赌博活动的复杂程度各不相同。结果可能完全由运气决定(如掷双色子),也可能由策略和机会的组合来决定(如扑克)。赌客可以亲身参与,如纸牌游戏和掷双色子的赌博活动;但在彩票和体育活动中,赌客们则受到限制,无法影响结果。

概率论(Probability Theory)对随机现象的分析表明,随机事件的结果无法在事件发生之前就被确定,但它可能是几种可能结果中的任何一种。实际结果被认为是由偶然性决定的。纯粹偶然下得出的诸种游戏结果都有同等的可能性,这就像玩彩票,每个玩家和其他玩家一样,都有相同的获胜机会。在这样的游戏中,每种情况都是一个完全独立的事件——每个玩家在产生某个结果的可能概率上都与其他玩家相同。机会游戏的显著特点是不能准确地预测某一试验事件的结果,尽管大量试验的集体结果呈现出一定的规律性。单就机会博弈中所发现的概率来说,可以表示为公式:概率(p)等于有利结果的总数(f)除以可能性的总数(t),或写成:$p=f/t$。[72]

在赌博游戏中,概率以"赔率"(即不利结果与有利结果之比)的形式呈现。赌徒常陷入认知误区——他们错误地认为每次赌局之间存在关联性,并期待短期内不同结果会自动平衡。这种对"连胜"的幻想,正是许多赌徒不愿见好就收、持续投掷骰子的心理诱因。赌徒基于这种"蒙特卡洛谬误"(Monte Carlo fallacy,赌徒谬论,指误认为独立事件之间存在补偿关系的概率错觉)发明各种"必胜法则";但事实上,赌场优势始终掌握在庄家或其他特定参与者手中。

老虎机是赌场中最受欢迎的赌博形式之一。但无论如何粉饰,这本质上都是一种纯粹的运气游戏。那些宣称拥有"必胜秘诀"或"稳赢系统"的人,不过是在兜售徒耗时间与金钱的骗局。尽管在老虎机游戏中不存在绝对赢面,但保持清醒认知与平和心态确实能够提高赢得累积大奖的概率,放大小额赢利的效益,并可以降低不可避免的亏损幅度。

赌博现象

赌博,即以财物为赌注的随机博弈活动,其存在多种形式,包括赛马博彩(如赛马、赛狗、场外投注和回力球)、各类彩票、赌场游戏(老虎机和桌面游戏)、盘口投注(体育博彩和赛马博彩)、牌室赌博、宾果游戏,甚至股票市场投机行为也常被视为赌博的一种形式。2006年,全球博彩业(包括赌场投注、彩票、博彩中介及游戏业务)总利润达820亿美元。到2011年全球博彩收入突破1440亿美元。普华永道数据显示,亚太区正成为全球第二大赌场——其收入从2004年的88亿美元跃升至2009年的

图 12.15 掷色子

185 亿美元。[73]

博彩业同时成为华尔街的重要增长引擎，越来越多的美国州政府及地方政府将其视为提振萎靡税收的利器。如表 12.1 所示，美国博彩业收入呈现持续增长态势。民意调查显示，公众对博彩的接受度显著提升，这直接体现在美国人愿意投入大量时间与金钱参与博彩活动。

博彩业规模扩张与商业成功的背后存在五大关键驱动因素：

- 民意基础：选民支持博彩场所征收的"自愿税"；
- 休闲转型：更多人将赌博视为首选休闲活动；
- 银发经济：逐年增长的退休人群构成赌场最大客群；
- 客群拓展：赌场营销正吸引曾被忽视的"低筹码玩家"；
- 业态创新：从赌场、游轮到印第安保留地，加之新技术与产品革新，视频彩票终端、老虎机、赛马博彩设备及视频扑克机层出不穷，网络赌博更重塑了以运气为主导的产业格局。

表 12.1　美国博彩收入/10 亿美元

	2006	2007	2008	2009
内华达	12.8	13.8	14.8	15.8
大西洋城	4.5	7.5	6.0	63.1
部落赌场	21	23.3	24.7	26.0
地方赌场	14.5	15.0	15.5	16.0
总数	54.5	57	52.0	64.1

资料来源：美国博彩协会（AGA）、全国印第安博彩协会（NIGA）、内华达博彩委员会（NGC）、新泽西赌场控制委员会，普华永道会计师事务所、威尔科夫斯基格伦协会（Wilkofsky Gruen Associates）。

赌博市场细分

行业专家将赌博市场划分为四大主要客群，每类群体都具有显著差异化的特征。

- 高端玩家：主要由资深赌客构成，这类人群往往比较富有、年龄偏大且以男性为主。他们更倾向于参与技巧型博彩项目而非纯运气游戏。
- 短途游客：这一群体以退休人员为主体，他们通常会选择驾车可轻松抵达的赌场进行多次短途消费，且主要活动集中在老虎机区域。
- 小额投注者及新晋玩家：这个群体是最近将博彩视为休闲娱乐的新兴客群。该群体主要包括拥有充足时间和可支配收入的婴儿潮一代及其父母辈，该群体也包括寻求新型娱乐方式的年轻女性群体。
- 家庭度假游客群体：这一群体将博彩活动作为主题公园等家庭度假行程的附加项目。这类消费者通常将赌博视为度假体验的延伸而非主要目的。

赌博业是美国经济的重要组成部分，这一行业在全国范围内雇用了大约50万人。每年赌场经营会有60亿美元的博彩税收被上缴给所在的州和社区，这些税收为普惠性学校项目和长者计划提供了资金来源。以慈善闻名的赌场公司每年向联合之路（United Way）运动捐赠1000多万美元，每年向慈善机构捐赠6000多万美元。[74] 赌场每产生100万美元收入，就会产生13个工作岗位。[75] 20世纪初，拉斯维加斯是美国发展最快的城市。

霓虹灯城堡：赌场博彩[76]

赌场是合法设立的商业博彩场所，其运营者通过长期保持对玩家的概率优势来获取利润。这些场所通常集中在全球少数法律管制较为宽松的地区——表面上这些宽松政策是为防范欺诈行为而设，但实际上，政府立法更多是着眼于从博彩业获取税收，而非管控欺诈活动。赌场通常提供纸牌游戏，如扑克、百家乐和二十一点。许多赌场也设有老虎机，以及体育赛事的赌注点。赌场开设网站作为营销的手段和预约系统，但经营者并不从事网上赌博业务。

赌场、河船赌场与印第安保留地赌场构成了美国博彩业的三大圣地。为打造更具吸引力的娱乐主题，拉斯维加斯赌场斥资数十亿美元打造综合度假村，通过配备巨型购物中心、剧院、水疗会所、高端餐厅及数以千计的酒店客房来招揽游客。而作为区域性赌客首选的大西洋城，则通过赌场巴士将周边州的中低收入赌客源源不断地运往滨海大道赌场。

国会对赌场管理法规的修订，使曾经规模有限的印第安博彩业变成了一个年收入260亿美元的庞然大物，在全国拥有423家赌场。[77] 康涅狄格州目前是全美最大的部落赌博市场，拥有全美收益最为可观的赌场。由马什塔开特的佩科特部落经营的美国福克斯伍德度假村赌场（Foxwood Resort Casino），平均每天有5.5万多名顾客，每年有2000多万游客到访。作为全国最大的赌场，福克斯伍德雇用了1万多名员工。在其他地方，如加利福尼亚、纽约、佛罗里达州和明尼苏达州的部落里，每年从博彩业务经营中的获利就高达数亿美元。

图12.16 老虎机前赢一把

> **时事速览**
>
> 约翰·麦凯恩（John McCain）是印第安赌场宽松管制的最大倡导者。在2008年总统竞选中，他从博彩业获得了超过50万美元的竞选经费，其中67%来自赌场、赛马场和其他赌博场所，28%来自部落利益集团，5%来自赌博用品制造商和咨询公司。
>
> 资料来源：响应性政治中心（Center for Responsive Politics，CRP）。

认识到赌博收入的好处，全球各地都很快将赌博纳入国民经济体系。在斯洛文尼亚等发展中国家，赌场被置于该国邻近意大利边境的城镇，通过意大利语经销商为意大利赌客提供服务。作为国际旅游目的地，中国澳门、委内瑞拉海岸外的玛格丽塔岛和百慕大将来自世界各地的游客吸引到赌桌上。赌场有潜力吸引游客，并把旅游业推广到没有自然奇观、历史古迹或休闲胜地的地区。

位于中国的澳门是全球最新的赌博热点地区，澳门的赌场收入已经超过了拉斯维加斯的赌城大道：相较于赌城大道接近70亿美元的收入，2007年，澳门赌场的收入约为100亿美元。澳门在1999年回归中国后成为特别行政区，是中国唯一一个赌场合法化的地方。永利度假村（Wynn Resorts）、美高梅金殿梦幻（MGM Mirage）和澳大利亚的皇冠集团（Crown）都获得了澳门特区政府的许可。2005年，约有1050万内地游客访问澳门，据亚太旅游协会预测，2008年，该数字预计将接近1500万人。

澳门25余家赌场主要提供赌博、住宿及餐饮的基础配套，文娱演出资源相对匮乏——仅新葡京赌场设有两档常驻表演，包括康康舞风格的歌舞秀和日本舞团的演出项目。值得关注的是，威尼斯人度假村赌场（Venetian Arena）内设的15,000座竞技场曾举办NBA赛事，成为另一大亮点。该场馆还承接过警察乐队（The Police）和席琳·迪翁（Celine Dion）等国际巨星演唱会，太阳马戏团（Cirque du Soleil）则于2009年在此定制了永久驻场剧院。[78]

网上体育博彩

2008年网络博彩收益超过200亿美元，在美国非法投注达到1500亿美元，影响赌博结果的诱惑从未像现在这样大。[79] 体育赌博的丑闻引发了一个令人不安的问题——我们看到的赌局是否已经被操纵了？有迹象显示赌客从内幕消息中获利，主要的网球管理机构建议调查2003年以来举行的45场网球比赛。必发（Betfair）是2002年开设的一个在线赌博网站，该网站监测到在80个国家的用户中存在操纵赌博的不正当行为。必发被描述为赌客的易贝（eBay），它通常在比赛开始后提供实时投注。

必发每周提供4000种赌局，一直是体育博彩的监管者。有100多万顾客在必发网站上设赌。他们设定自己的赔率，支付的费用相当于传统博彩公司收取佣金的零头。通过在赢得的赌注中收取2%～5%的佣金，现在网络赌博这个60亿美元的产业让基于英国市场的必发获得了6400万美元的收益。

网球界专业人士正呼吁成立全球性体育反腐机构以遏制内幕交易。那么全球范围内究竟有多少体育赛事存在操纵行为？官方机构对此讳莫如深。然而数据显示，超过2%的美国一级联盟橄榄球和篮球运动员承认曾被要求影响比赛结果，其中逾1%的运动员坦言确实改变过赛事结局。相较于其他国家，美国体育赛事面临的腐败风险更为严峻——这源于其规模庞大的非法地下赌注（且缺乏有效监管）。在美国体育博彩市场中，未受监管的非法投注金额远超合法渠道，这种灰色地带为赛事操纵提供了温床。

图12.17　在线赌博在美国是非法的

出售的梦想：玩转彩票

每天，数百万美国人都会购买彩票，期待无须付出多少努力就能赢得数亿美元奖金。过去20年间，州立彩票游戏人气飙升，如今已在美国40个州和哥伦比亚特区合法化。各州政府钟爱彩票，因为它能为教育、自然资源管理、监狱建设乃至一般财政支出筹集资金，同时还能让政客们面不改色地宣称"我们没有增税"。

尽管中奖概率微乎其微，民众对彩票的热情却有增无减。当跨州彩票头奖飙升至惊人的3亿美元以上时，地方新闻总能看到普通民众大排长龙购买彩票的画面。以"超级百万"彩票为例——这款在加利福尼亚、纽约等12个州销售的游戏，让玩家用1美元赌注争取1.35亿分之一的中奖概率。而大多数购彩者并不知道，彩票机构会截留一半销售额。

庄家优势是指博彩机构从总投注额中抽成、而非返还给中奖者的比例；彩票极高的庄家优势，正说明了它为何是一项极不划算的投资。若想判断哪种赌博选项最值得投注，最简单的方法就是比较它们的庄家优势。

赌场游戏看似比彩票风险更高，但庄家抽成却低得多。老虎机的庄家优势从0%到20%不等，轮盘赌约为5.28%，三张扑克牌游戏仅2%。在二十一点中，根据玩家的策略不同，庄家优势可低至1%甚至为负（意味着玩家有机会完全消除庄家优势）。就连赛马的庄家优势也相对较低，约为15%至17%。[80]

相比之下，普通彩票的庄家优势却高达50%左右。那人们为何仍乐此不疲？因为彩票兜售的是其他博彩游戏无法给予的"造梦"体验。换言之，消费者甘愿放弃巨额回报的可能性，只为换取改变人生的头奖机会。盖洛普（Gallup）调查显示，61%的人相信白日梦能缓解情绪压力。[81]当我们不为生活焦虑时，又在寻找轻松致富的捷径。彩票玩家购买的其实是"人生期望值"，而短期快感往往占据上风。

吉泰克公司（GTECH）和洛特玛蒂卡彩票集团（Lottomatica）的合并产生了一家新公司，这家公司目前控制着全球63%的在线彩票业务。这些公司在全球范围内雇用了6300多人，2005年的收入超过10.5亿美元。吉泰克公司在澳大利亚、比利时、波兰和巴西拥有业务中心。美国最流行的彩票游戏是强力球（Powerball），由多态彩票协会（MUSL）运营。该协会由29个州、哥伦比亚特区和美属维尔京群岛彩票委员会联合营运。加州等其他州则独立运作。

图12.18　幸运便士彩票游戏

为了说服人们玩彩票游戏，现在40个州每年都会花费数百万美元进行广告宣传。广告承诺给每个人一个体面的生活——富裕而安逸的生活。广告以普通人和他们的梦想为宣传特色，当然，这些都是通过彩票中奖来实现的。一些广告所展示的场景则将重点放在那些已经实现了疯狂幻想的人身上，如告诉老板你刚刚买下了公司，而他被解雇了，或者驾驶一辆出租车前往你的私人岛屿或者你在意大利的别墅的自我消遣。一个州的广告声称，你只需花一美元，就有可能获得2600%的本金回报。这些广告没有告诉你的是，中彩票的概率还没有被闪电击中的概率大。

为了使广告商说服性的信息合法化，世界彩票协会执行委员会制定并在此前正式批准了一项营销和传播准则，这份准则可以当作全球公认的标准来实施。11家主要彩票公司已经使用的类似准则中的关键要素，它们对于该准则文件的形成起到了重要的作用。来自这些成员彩票公司的营销和传播专家组成了一个提供额外反馈的工作组，由此产生的这份文件正是他们努力的成果。

只要人们有梦想和一块钱可以赌，彩票就会盈利。而且，随着累积奖金向一亿美元大关飙升，人们将继续排队等待名利双收的机会。从长远来看，如果你整个成年生活（18~75岁寿命）里每周买100张一美元的彩票，你将花费29.64万美元，而彩票中奖概率仍然只有1%。可当梦想的成本低至一美元时，谁还在乎赔率和现实呢？

 聚焦赌博合法化：萧条小镇的救星？

赌场赌博给密西西比州黑人贫困区的肮脏小镇图尼卡（Tunica）带来了繁荣。杰西·杰克逊（Jesse Jackson）1985年访问该镇时，将之称为"美国的埃塞俄比亚"。随后，杰西·杰克逊来到这里拍摄糖沟巷（Sugar Ditch Valley），一个以露天下水道为名的摇摇欲坠的棚屋区。

如今，9座拉斯维加斯风格赌场已在这片1990年经州议会批准开放码头赌博的棉花田、大豆田与稻田中拔地而起。在号称美国第五大博彩市场的图尼卡，沿河大型驳船上有不少大型游戏厅。一家楼高31层的酒店屹立于旱地上，发出霓虹的光彩。

得益于赌博，图尼卡为当地1万名居民和周边3个邻近州的1.5万名工人创造了就业机会。2007年，在赌桌和老虎机上创造了超过12亿美元的收入，其中4%进入了养老院、一个娱乐中心和公立学校的预算。

图12.19

但对图尼卡来说，未来并非一帆风顺。来自印度等新兴市场的竞争正在威胁该市的发展。根据国际战略顾问马克·米内维奇（Mark Minevich）的说法，"赌场不能增长技能，也不能培养人才"。所以尽管过去几年向当地经济注入资金，当地的高中教育仍然不如预期，优质住房也稀缺。更糟糕的是，穷人仍然贫穷；超过25%的居民的生活质量在贫困线以下。

新建高档小区位于城镇北部，地处国家高尔夫和网球中心附近，其目标客户不是工人，而是退休人员和已经拥有住房的第二套房主。不过，博彩业也确实为图尼卡平民带来了向上一层阶层流动的可能性，因而具有另一种积极的社会影响，即整合。在该市，黑人员工和白人员工可以并肩工作，因而弥合了土地所有者和劳动者之间的传统鸿沟。

世界各地的区镇纷纷向赌博业寻求拯救经济的良方，但是大多数地区将无法复制图尼卡的成功，图尼卡的好运源自地理位置、运气和时机等多种因素的共同作用。来图尼卡消费的游客平均年龄为58岁，该市想方法招揽一日游游客，同时将利润用于打造高端景点，而这不是解决贫困问题的最佳模式。

这个城市已经成为一个旅游胜地，但它仍然需要使经济多样化发展。吸引新产业的努力困难重重，而且博彩业也已发展到瓶颈期。然而，大型企业雇主希望能为员工提供价格合理的住房，还希望有优质的学校来教育员工的子女，而图尼卡目前还无法满足这些需求。

所以问题依然存在：图尼卡能否应对全球经济的挑战，还是永远维持是赌场公司云集的小镇的现状？

资料来源：斯蒂芬妮·梅塔（Stephanie Mehta），《财富》杂志，2007年3月15日。

你怎么看？

图尼卡的赌场生意能否保持增长和繁荣？还是说这个城市应该投向其他行业，以确保未来的经济稳定？

赌博的影响

我们都喜欢各种形式、适合在各种场所和搭载各种技术的游戏。我们为了享受而玩，为了竞争而玩，也为了实现我们的梦想而玩。在考虑游戏对我们生活的影响时，关注比赛的结果很重要。我们会更快乐吗？我们会更精明吗？我们是赢家还是输家？通过玩游戏得到了何种满足？结果在研究中会被看成是效果，游戏的结果也不例外。为了说明游戏的作用，我们披露了负面影响，并对比了玩电子游戏与赌博在情感、自我评价和愉悦感等方面产生的结果的异同。

电子游戏研究多聚焦其潜在危害，认为互动性设计使玩家需对游戏中的暴行承担个人责任，甚至把玩家引进道德上存疑的行为中。动作类游戏因暴力画面、玩家攻击性反应及主观视角剪辑所引发的高度刺激，最常成为批评者的靶子。赌博成瘾亦被视为游戏负面影响之一——正如电影《间谍游戏》（*Spy Game*）中布拉德·皮特（Brad Pitt）饰演的角色所言："不是你在玩游戏，而是游戏在玩你。"对于病态赌徒而言，游戏已彻底掌控他们的人生。沉溺于赢钱幻想的玩家极易陷入赌瘾泥潭，最终因巨额赌债引发抑郁、社交退缩，甚至为填补赌资缺口铤而走险。社会学家指出，当代社会对消费主义与感官刺激的追捧，正是赌瘾群体不断扩大的核心诱因。

图 12.20 反赌博的标志

电子游戏的互动性和赌博活动的参与性，往往是玩家产生强烈情绪的先决条件。这两种活动中的竞争可以提供唤醒身体感官的刺激。在一般生理过程中，唤醒感官会产生情绪。[82] 玩电子游戏的刺激产生接近真实体验的情绪。赌博的刺激则激发了超越现实、实现幻想的期待情绪。

互动性和参与性与自我评价水平直接相关。在技术型游戏中，玩家要对自己的成败负责。输局可能会导致丧失自尊，因为输局被玩家与他自己在游戏中的表现联系在一起。由于存在运气因素，赌徒们可能不会觉得自己要对输赢负个人责任。因此，比起电子游戏玩家，即使赌客面临毁灭性的经济损失，也会维持更高水平的自尊。

最后，沉浸在虚拟现实中和沉浸在赌博中所获得的愉悦感都属于被动的愉悦。交互式游戏玩家可以主动控制他们自己的情绪状态，而赌客几乎没有机会控制游戏结果。

赌博成瘾

问题性赌博（Problem Gambling）是指超出娱乐、消遣等"正常"范畴的赌博行为。而病态赌博（Pathological Gambling）则表现为长期无法克制赌博冲动，其典型特征包括：对赌博的沉迷程度不断加深，自控力普遍丧失。病态赌徒往往会"追偿"损失（chasing losses），表现为投注频率和金额持续增加，即便行为已造成严重负面影响仍无法停止。

国家民意研究中心的研究发现，16岁和17岁的人群当中的1.5%的人可能会被认定为问题性或病态赌徒，这一概率约为成年人的一半，然而，目前尚不清楚青少年赌博在多大程度上会预示成年后的问题。病态赌博是一种渐进式疾病，它不仅摧残赌徒身心，还摧残与其有密切关系的每个人。1980年，美国精神病学协会（APA）同意将病态赌博列为"冲动控制障碍"，这是一种慢性渐进性疾病，但它可以被诊断和治疗。

图12.21　沉迷赌博，累己累人

病态赌博影响赌客及其家人、雇主和社区。随着成瘾程度加深，赌徒与家人相处时间锐减，直至掏空家庭积蓄后，甚至盗窃亲属钱财。在工作中，病态赌客滥用时间赌博，难以集中精力完成项目，并可能从事挪用公款、盗窃员工钱财或其他非法活动。伊利诺伊州毒瘾康复研究所（IIAR）与雇主合作，为员工及其家属提供评估、治疗、咨询和支持的综合性方案。

伊利诺伊州毒瘾康复研究所认为，老虎机和视频扑克是赌博中的"强效可卡因"，并断言，正是它们使人产生即时满足感，使人非常容易上瘾。同时，研究所发现，玩电子机器时，赌客们会更快地进入赌博成瘾的危险阶段。

医学博士罗伯特·L. 卡斯特（Robert L. Custer）认为，赌博成瘾的发展包括三个阶段：获胜、失败和绝望。在获胜阶段，赌客们经历了一场巨大的胜利——或者一系列连续的胜利——这让他们对自己的胜利将继续持有一种不合理的乐观期待。这让他们在赌博时感到非常兴奋，于是他们开始增加赌注。

在失败阶段，赌客们通常会开始吹嘘自己过去的辉煌，开始独自赌博并在赌博上花更多脑筋，继而借钱——以合法或非法的方式。他们开始对家人和朋友撒谎，变得暴躁易怒、焦躁不安且性情孤僻。他们的家庭生活变得更加不愉快，他们也无力偿还欠下的债务。于是赌客们开始"追回"他们的损失，认为他们必须尽快恢复状态以挽回损失。在绝望阶段，可以看到他们的赌博时间明显增加。这伴随着悔恨、责备他人以及疏远家人和朋友。最终，赌客们可能会从事非法活动来募集赌博所需的资金。他们可能会经历绝望、产生自杀念头和进行自杀尝试、被逮捕、离婚、酗酒和其他药物滥用等。

目前的估计显示，3%的成年人将面临严重的赌博问题，这将导致巨额债务、家庭破裂、失业、犯罪行为，或者自杀。

聚焦赌场：离开拉斯维加斯，发现澳门

图12.22　澳门葡京赌场夜景

自19世纪50年代澳门的博彩业合法化以来，中国沿海的这个岛屿在世界范围内被称为东方的蒙特卡罗，赌博已经成为这个城市经济的重要组成部分。

20世纪西式赌场游戏引进之前，澳门只玩中式的游戏，最受欢迎的是番摊（译注：从前中国一种用豆子进行的赌博）。今天，澳门的博彩业可分为三类：赌场游戏、赛马和灰狗赛跑，此外还有体育博彩和一些彩票抽奖活动。尽管百家乐是最受欢迎的赌桌游戏，但其收益不及更赚钱的老虎机，后者因趣味性不足，在亚洲玩家中备受冷落。

为了改变这一偏好的习惯，博彩业创新者正在创造具有文化特色的老虎机和电脑游戏，以吸引亚洲玩家离开百家乐桌的破旧座位，参与到更有利可图的博彩活动中去。面对劳动力成本飞涨以及游戏收入从传统桌面游戏转向多元化的局面，赌场希望新的设计能复制拉斯维加斯老虎机的成功。

亚洲人擅长以"星球大战和蜘蛛侠"为主题的游戏，但他们对西方英雄没有感情或文化上的依恋。太平洋商业网络有限公司（PacificNet）的首席执行官汤显明说，面向亚洲人的电脑游戏必须使用武术演员成龙这样的明星，还有来自热门电视综艺《超级女声》（相当于《美国偶像》的中国版）里的歌手，这样，用户会更好地与游戏共鸣。

2006年，澳门博彩收入超过了拉斯维加斯赌城大道。政府数据显示，博彩收入的约88%来自百家乐桌，在此，一个庄家一次最多只能服务12名玩家。中国赌客往往会聚集在他们觉得幸运的桌子旁，附近的桌子却空无一人，这减少了赌场的利润。政府数据显示，该市总收入中只有4.3%来自老虎机，而这一数字在拉斯维加斯高达60%。

一些业内观察家怀疑老虎机的投用在亚洲会否获得成功，并认为亚洲玩家更喜欢集体游戏，并试图通过观察庄家的面部表情来预测游戏结果。中国的客户在技巧上一般比美国客户高，但他们似乎觉得老虎机不太对口味，因为他们没有太多的经验。

与此同时，赌局可以以电子赌桌的形式进行，这些电子赌桌保留了现场发牌员和真牌的元素，投注则以电子方式进行，避免了随意更改或大笔付款的麻烦。新机器一次可服务200名到300名玩家，将每笔交易的时间从2分钟缩短到了30秒，最大限度地减少了庄家的错误和欺诈。

在超越拉斯维加斯大道之后，预计澳门博彩业将继续蓬勃发展，有望超越整个内华达州，成为最大的博彩业管辖区。拥有澳门金沙赌场和新开的澳门威尼斯人度假村的拉斯维加斯金沙集团处于领先状态，原因在于它成功地赢得了更多富有的赌客。威尼斯人度假村赌场于2007年在金光大道开业，这里是澳门对标拉斯维加斯大道的地段。来自世界各地的富有赌客推动了当地赌博业的迅猛发展，也带动了内地和香港房地产及股票市场的蓬勃发展。到2010年，澳门将开设大批新的赌场和度假村。

据拉斯维加斯博彩业研究公司Globalysis介绍，2007年，澳门博彩收入增长了45.7%，2008年有望继续增长29%；而2007年内华达赌场的博彩收入是12.8亿美元，只增长了2.8%。拉斯维加斯大道博彩业增长缓慢，这表明澳门新开设的赌场颇具实力，且受到了全球赌客的热烈追捧。

资料来源：www.asiaone.com/Travel/News/Story/A1Story 20080610-69949.html。

你怎么看？
- 赌场老板在为全球玩家设计游戏和老虎机的时候，必须考虑哪些文化因素？
- 你认为澳门新的赌博热点是否会减少移民至拉斯维加斯的中国人的数量？为什么？

本章小节

性、毒品和暴力是当今娱乐中的突出元素。挑衅性内容可以在电影、书籍、歌曲、电子游戏、体育、电视中被发现。人们更加关注媒体中暴力、性和毒品描写对儿童产生的影响。对上述内容造成影响的观察结果喜忧参半；但是，大多数学者认为，特定媒体内容确实会在特定时段对特定受众产生作用。

冒险可能是人类固有的天性，各种各样的游戏给了我们挑战命运、享受胜利的机会。美国游戏协会的成立初衷是帮助公众更好地理解游戏，通过教育与宣传向公众、当选官员和媒体提供信息。他们使命中的一项是解决未成年人的赌博问题。随着越来越多的美国人走进赌场，而不再去大联盟的棒球场或欣赏电影、百老汇的演出和音乐会，美国游戏协会在宣传赌博的负面影响方面日益发挥更大的作用。它提供的证据显示，未来博彩业的经济表现将越来越好。

近观机遇：运用心理统计图学提高彩票中奖率[83]

利用斯坦福研究所（SRI）开发和修订的系统，广告商正把目光聚焦于潜在彩票购买者的价值观和生活方式上，而非仅仅依靠才华和幽默。市场研究是精准定位目标群体的关键。以下是3个州的彩票商如何利用研究成功推动广告宣传活动来兜售彩票的抽样调查。

图 12.23

- 弗吉尼亚彩票研究显示，即刮彩顾客多为冲动消费型，易受他人看法影响，且习惯在上午晚些时候及深夜观看电视。营销人员根据 VALS II 心理细分模型，将潜在玩家归类为"从众者""攀比者"或"成就者"。为吸引喜欢色子和纸牌游戏的"高端玩家"而设计的星际迷航主题旨在吸引高端爱好者。在全州最受欢迎的活动中，"幸运女神"（Lady Luck）用上了各种巧妙的宣传手段。其中一则广告中，这位女神从烟囱上下来，在圣诞袜里塞了一张随机抽取的票。另一个版本展示了一男一女为幸运女神敲门预示自己将要成为赢家而欢呼雀跃。当他们意识到那个星期他俩没买彩票时，他们的希望破灭了。广告通过"若未购彩即错失百万头奖对应的5万美元年收益"的话术强化错失恐惧。

- 马里兰州将基诺玩家分成3个子群："脆弱自尊型""娱乐追求型"与"孤独赌徒"。他们了解到选3个数字的玩家相当迷信，除非他们碰巧梦见一个数字或得到一个数字预感。有了这些信息，广告商精心策划了一场利用迷信的运动，包括每天确定不了幸运数字的恐惧。在一个名为"林桂音"（Linguine，音译）的地方，有一位用餐顾客看到女服务员的发型上有一个"6"，在他的意大利面碗里发现一个"2"，在他杯子下面的水环里发现了一个"0"。当他在当晚没能选中 6-2-0 的组合时，这个顺序组合却最终成了选3个数字的赢家号码。"你的号码，就在那里。"（画外音）另一项州政府研究得出结论说，马里兰选手更关心的是总奖金，而不是获胜的可能性——这是一个应对更大的累积奖金和更高赔率的办法。当他们从焦点小组的参与者那里得知，玩家更喜欢把买彩票赢来的钱"用来买任何我喜欢的东西"而非奢侈品时，该州的广告公司为这项耗资数百万美元的

"大型游戏"制作了一个电视广告。广告中,一名获胜者在他的草地躺椅上愉快而又懒懒地躺着,他的邻居则步履蹒跚地在"十六吨"的调子下工作。

- 盛顿州的一则强力球广告暗示:中奖者的生活方式可以通过赢得"改变人生"的数百万美元的累积奖金而神奇地改变,忽略了5500万分之一的胜算概率。该广告把小赌注幸运数字游戏的目标群体锁定在蓝领一族,而大累积奖金的强力球更适合中等收入人群。广告公司把市场作为创意总监,要求玩家提交策略,以激励那些平常不玩幸运数字游戏的人。

资料来源:C. 巴宾顿和I. 奇诺伊,《彩票商靠巧妙的营销手段获胜》,《华盛顿邮报》,1998年5月4日。

你怎么看?
- 你所在州的彩票广告主题是什么?
- 为创造这些主题可能进行了哪些研究?
- 广告目标客群属于哪种心理统计学细分类型?

讨论和回顾

1. 总结本章所讨论的关于娱乐中的暴力、性和毒品描绘对观众的感知与行为影响的研究结果。根据你所阅读的内容,就孩子可能接触的这些描绘,你会给父母提供什么建议?
2. 电子赌博在哪些方面符合赌博成瘾的特征?如何减少这种成瘾行为?
3. 你会用什么论据来说服广告商将产品植入电子游戏而非电影?
4. 像《戒瘾干预》这样的节目在遏制吸毒方面扮演着什么角色?还有什么媒体可以用来影响潜在用户不"沉迷"?

练习

1. 去当地图书馆或书店浏览一些"年轻的成人"书籍(如果没有这种单独的分类,在网上寻找一份成人文学的作品清单),通过汇总你所浏览的书籍的主题,做一个非正式的"内容分析"。什么话题看起来最受欢迎?如果有的话,你认为占多少百分比的读物是"不雅读物"?
2. 访问本章中列出的网站,分别玩一次在线技巧型游戏和一次在线机会型游戏。技术和新媒体在游戏过程中扮演着什么角色?你认为科技将如何塑造未来的游戏?
3. 运用使用与满足理论解释玩家对动作游戏的迷恋,用期望理论解释人类对赌博的迷恋。这两种理论可以互换吗?为什么?游戏和赌博可以互换吗?为什么?
4. 在累积奖金很高时,去便利店买一张一美元的彩票。利用VALS Ⅱ系统并使用心理学术语描述该地点的其他购票者(有关VALS的更多信息,请参见下面的SRI网站),或者创建自己的子类别。你会用什么样的广告宣传活动来说服这些玩家玩得更频繁？

参考书籍和网页

Bryant, J. (2001). *Television and the American family*. Mahwah NJ: Lawrence Erlbaum.

Bryant, J. and Vorderer, P. (2006). *Psychology of entertainment*. Mahwah NJ: Lawrence Erlbaum.

Gross, E. and Morse, E. (2007). *Governing fortune: Casino gambling in America*. Ann Arbor MI: University of Michigan Press.

Hoffer, R. (2007). *Jackpot nation: America's love affair with gambling*. New York: Harper Collins.

Kamalipour, Y.R. and Rampal, K.R. (2001). *Media, sex, violence, and drugs in the global village*. Lanham MD: Rowman & Littlefield.

Potter, J. (1999). *On media violence*. Thousand Oaks CA: Sage.

Scheri, Saverio (2005). *Casinos most valuable chip: How technology transformed the gaming industry*. Morgantown WV: Institute for the History of Technology.

www.trendspotting.com——提供视频游戏统计和行业数据。

www.digitaltrends.com——提供消费电子新闻、评论和见解。

www.gambling.com——世界上最大的赌博门户网站，拥有16,500个相关网站链接。

www.world-lotteries.org——世界彩票协会网站。

www.addictionrecov.org/aboutgam.htm——提供关于成瘾帮助的信息。

www.sric-bi.com/VALS——有心理特征消费者市场细分体系。

第三部分

创新：当代趋势与实践

第十三章
娱乐的宣传作用：政治、行动主义和教育

> 或许有时我们无力阻止不公，但决不能停止抗议。
>
> ——埃利·威塞尔（Elie Wiesel）

就娱乐的定义而言，其首要目的是娱乐大众。但是，正如本文所述，它也可以有其他各种各样的目的。本章我们将探讨娱乐如何被用于宣传和教育。宣传可以被定义为"为某种事业、理念或政策进行辩护或争论的行为；是一种积极性支持"。同样，教育可以定义为"提供特定领域或出于特定目的的知识或培训；使人理解或接受"[1]。因此，宣传和教育都旨在传达思想和信息，意图影响人们的思想和行动。第五章介绍了娱乐影响观众的思想和行为的不同方式，这种影响既可以是有意之举，也可以是无心插柳。本章，我们将探讨将娱乐作为一种政治社会宣传工具和教育工具的有意之举。

政治与娱乐

在社会中政治和娱乐以多种有趣的方式交织在一起。政治议题和政府长期以来一直是戏剧、讽刺、音乐和其他娱乐形式的灵感来源，与之相应，演艺人员和娱乐论坛也被用来宣传政治和政府议程。政治无疑是新闻媒体中的一个重要话题，并且，由于虚构影视作品往往取材于新闻和时事，致使政治也成为好莱坞电影和电视剧的热门创作话题。就传统而言，政治新闻媒体和娱乐媒体的区别非常明显，然而，正如本书其他章节中所讨论过的，这二者的区别日益模糊，催生了一些富有创意的政治、娱乐混合型节目。

> **时事速览**
>
> 《周六夜现场》（Saturday Night Live）在2008年9月13日创下了自2001年以来最佳首映纪录。这期节目担任嘉宾主持人的是迈克尔·菲尔普斯（Michael Phelps），扮演莎拉·佩林（Sarah Palin）（当时美国副总统候选人）的蒂娜·菲（Tina Fey）。该节目如此成功，取代了2002年12月7日由阿尔·戈尔（Al Gore）（美国前副总统）担任嘉宾主持、即兴演奏乐队鱼（Phish）担任音乐嘉宾的那期节目，成为史上收看人数最多的一期《周六夜现场》。
>
> 根据尼尔森媒介研究，该节目平均家庭收视率为7.4，在全美靠前的55个"收视率监测"市场中，市场份额占比18%，这证明了政治讽刺在电视节目中的受欢迎程度。
>
>
>
> 图13.1 蒂娜·菲在《周六夜现场》七年来最精彩的一季首映上模仿莎拉·佩林
>
> 资料来源：Reuters.com/entertainment news（路透社娱乐新闻网）。

政治类"谈话"节目与政治讽刺

就政治而言，其媒体表达的模糊性显然不是什么新鲜事。政治讽刺是最常见的娱乐化政治表达形式之一。哪里有政府组织，哪里就有讽刺。讽刺是一种喜剧形式，通过模仿和夸张批评人类或揭露个人的恶习、罪恶、暴行或缺点。政治讽刺专门从政治中攫取娱乐素材，以政治家、政府官员和公共事务作为笑话和讽刺的素材。它通常只是提供娱乐，但它往往可能会宣传某个政治议程并试图影响其发展进程。在某一政权禁止政治言论和异议的情况下，它颠覆性地被用来充当一种推进政治争议的方式。通过在一种幽默或"非严肃"的语境中发表批评，批评者找到一条表达他们所关心问题的途径，而这种方式不太可能受到执政者的审查和严惩。讽刺作为一种攻击自己的"敌人"及挫败的贬损幽默（见第四章），其本身很少提供建设性的观点。因此，当它被用来表示抗议或异议时，往往只是表明事件的错误性质，而非提供解决方案。

有记载的最古老的政治讽刺作品是古希腊诗人、剧作家阿里斯托芬的作品。公元前400年，他的作品讽刺历史上著名的雅典市民以及他们所推动的伯罗奔尼撒战争。[2] 政治讽刺也常见于文学作品中，无论是在《圣经新约》（New Testament of the Bible）[3] 中塔尔苏斯人保罗，还是在如乔治·奥威尔的《1984》（Nineteen Eighty-four）这类经典著作中，或是在《杜尼斯伯里》（Doonesbury）、《乡下人》（Boondocks）等这类连载在报刊中的政治漫画（见图13.2）中都可以发现其身影。20世纪，政治讽刺作品从印刷媒体和戏剧转向电子媒体，这包括广播电视节目和以观众为中心的论坛，如脱口秀和博客。

在政治类谈话节目中，主持人往往会引入一个话题，而后邀请一位或多位客座专家展开讨论。电话节目（在广播节目中邀请听众分享相关话题的看法）是政治类谈话节目中特别受欢迎的一种形式。因此，即使许多政治类谈话节目被合并，一些地方谈话节目仍然很受欢迎。安南伯格国民调查显示，18%的成年人每周至少收听一次政治类谈话广播节目。典型的保守节目［如由拉什·林博（Rush Limbaugh）和戈登·利迪（Gordon Liddy）所主持的节目］往往比具有自由主义倾向的节目收听率高。收听保守节目的人通常是较为年长的男性白人，他们比较保守，对政治非常感兴趣，在政治领域很活跃且反感华盛顿政府。[4]

图13.2 一幅发表于1949年的政治讽刺漫画：美国正目睹着"二战"后破产的英国行乞

电视上也有各种各样的政治类谈话和评论节目。许多政治类节目被包装成硬新闻和公共事务节目。政治类节目可以围绕专家咨询小组［《华盛顿评论周刊》（Washington Week in Review）］、讨论小组和新闻人物［《会见新闻界》（Meet the Press）］、单一主题杂志形式［《晚间在线》（Nightline）］、多主题杂志形式［《60分钟》（Sixty Minutes）］、一对一主持人/嘉宾采访［比尔·莫耶斯（Bill Moyers）的《观念世界》（World of Ideas）］等形式进行，然而，以新闻包装的政治类节目和以标榜娱乐为特色的政治类谈话节目之间的界限并不总是那么清晰；如《奥莱利实情》（The O'Reilly Factor）和《科尔伯特报告》（The Colbert Report）等节目，它们在形式和内容上更具社论性和讽刺性，但许多人仍将它们视为政治新闻的主要来源之一。此外，杰·雷诺（Jay Leno）和奥普拉·温弗瑞（Oprah Winfrey）等深夜和日间综艺脱口秀主持人，以及类似《周六夜现场》的喜剧小品节目等也经常关注政治问题、竞选风云和选举动态。

皮尤研究中心2008年公布的一项民意调查显示，近十分之一的美国人（9%）表示他们通常通过深夜脱口秀节目来了解有关总统竞选的一些情况，如由杰·雷诺和大卫·莱特曼（David Letterman）主持的脱口秀节目。较少的人（8%）表示经常通过其他喜剧节目来了解选举新闻，如《周六夜现场》和《政治不正确秀》（Politically Incorrect），而5%的人通常从音乐电视频道中获取相关信息。与美国的老年人相比，更多的年轻人表示，他们通常从以下这些节目（见表13.1）来了解竞选的情况。[5]在2000年，30岁以下的人群中有将近一半（47%）的人偶尔通过深夜脱口秀节目来了解竞选信息（其中，13%的人经常收看电视节目或收听广播节目，34%的人有时收看电视节目或收听广播节目），另外一大批人通过喜剧表演秀节目（37%）和音乐电视频道（25%）

来了解相关信息。报告显示，将近四分之一的黑人（22%）经常从深夜节目中获悉即将举行的选举活动，而白人的这一比例为8%。[6]

表13.1　有关总统竞选的喜剧节目

在竞选战打响之前，是否通过喜剧表演秀了解竞选情况？（%）[a]	总数	18～29岁	30～49岁	50岁+
经常	8	12	7	6
有时	20	27	22	14
几乎不/从来不	59	51	60	63
不看	12	7	10	16
不知道/拒绝回答	1	3	1	1
	100	100	100	100
在竞选战打响之前，是否通过深夜脱口秀节目了解竞选情况？（%）[b]				
经常	9	10	8	9
有时	19	25	21	16
几乎不/从来不	59	53	63	57
不看	12	10	8	18
不知道/拒绝回答	1	2	—	—
	100	100	100	100
因为喜剧表演秀和脱口秀节目的停播而错过竞选的相关信息？（%）[c]				
会错过信息	28	37	28	21
不会错过相关信息	70	62	71	75
不看/不知道/拒绝回答	2	1	2	4
	100	100	100	100

注：a. 喜剧表演秀，如《周六夜现场》《每日秀》(The Daily Show)。
　　b. 深夜脱口秀，如大卫·莱特曼以及杰·雷诺所主持的脱口秀。
　　c. 提问那些定期或有时会通过深夜脱口秀或者喜剧表演秀节目来学习的人。

皮尤研究中心在2007年的另一项调查发现，喜剧节目的忠实观众所了解的竞选情况和关注各大日报网站与吉姆·莱勒（Jim Lehrer）的《新闻一小时》(News Hour)这类精英新闻来源的观众所了解的情况相同。皮尤研究中心的研究表明，这些喜剧节目的忠实观众之所以能较为全面地了解竞选信息，部分原因是他们往往是重度新闻消费者，尽管这些喜剧节目的观众是在欢笑声中了解时事的。经常从深夜节目中了解竞选新闻的观众，会比报告中的其他人更有可能从有线电视新闻节目、互联网、国家公共广播电台、电台热线节目、公共电视台和有线卫星公共事务网等来源了解相关信息。这有助于解释一个事实，即在那些基本只从喜剧和深夜节目中获取竞选信息的观众中，仅有大约四分之一（28%）的人认为在节目停播时会错过竞选相关信息。在30岁以下的人群中，有更多人（37%）表示，如果没有这些节目，他们肯定会错过竞选新闻。[7]

1992年，认识到这种媒体的潜在影响力的克林顿（Clinton），在《阿瑟尼奥·豪尔秀》(The Arsenio Hall Show) 上进行萨克斯管吹奏表演，这不仅刷新了美国总统竞选史，还提升了他的公共形象：一位充满朝气的新候选人。人们认为，他比现任美国总统乔治·W.布什（George W. Bush）更适合在后冷战时代中领导新一代选民。此后，政治候选人和政府官员经常出现在脱口秀节目中，甚至出现在喜剧小品节目中。2000年，希拉里·克林顿实际上是借助参加《大卫·莱特曼深夜秀》(Late Show with David Letterman) 来宣布参选美国参议院的。她在节目中说："我知道，如果我要竞选参议员，我就必须来坐在'这把'椅子上，和'这个'大人物谈谈。"[8] 同样，日间脱口秀节目主持人奥普拉·温弗瑞，也曾获得过独家采访2002年当选加州州长的阿诺德·施瓦辛格（Arnold Schwarzenegger）和乔治·沃克·布什的国家安全顾问康多莉扎·赖斯（Condoleezza Rice）等政治大腕的机会。

聚焦幽默：比尔·马赫（Bill Macher）的《政治不正确秀》

比尔·马赫是美国单口相声演员、电视主持人、政治评论员和作家。马赫以他的政治讽刺和社会政治评论而闻名，这些评论涉及的话题广泛，从右翼到左翼、从政治正确性到大众媒体等。马赫因主持美国广播公司和喜剧中央电视台播出的《政治不正确秀》而闻名。2001年9月17日，马赫在广播中发表有争议的言论，他认同节目嘉宾保守政治评论员迪内什·杜泽（Dinesh D'Souza）的

图13.3 比尔·马赫

意见，认为"9·11"事件中的恐怖分子不是懦夫。马赫之后说道："我们才是懦夫。从两千英里外扔导弹，这才是懦夫行为。当飞机撞上大楼的时候，待在飞机里，无论怎么说，都不是懦夫。"[9] 此后，美国广播公司于2002年决定终止马赫与《政治不正确秀》的合同。

在"9·11"恐怖袭击后的敏感背景下，对于一些赞助商来说，这番言论太具争议性。尽管包括保守派电台主持人拉什·林博在内的一些人支持马赫的观点，指出身体懦弱和道德懦弱之间的区别，但包括联邦快递（FedEx）和西尔斯·罗巴克（Sears Roebuck）在内的公司从节目中撤掉他们的广告，使节目损失掉很大一部分收入。时任白宫新闻秘书的阿里·弗莱舍（Ari Fleischer）在回答记者提出的关于马赫言论的问题

时说:"他们提醒所有美国人,需要注意他们所说的话和他们所做的事情。现在不是发表这种言论的时候。"[10]

节目随后于2002年6月16日停播。尽管总部位于巴尔的摩的辛克莱广播集团早在数月前已经在美国广播公司下属电台停播该节目。在《政治不正确秀》停播后的第六天,马赫获得洛杉矶新闻俱乐部颁发的总统奖(因为"倡导言论自由"),他很快在家庭影院频道主持一档新的有线电视节目,叫《比尔实时秀》(*Real Time with Bill Macher*)。2006年6月1日,他还开始在亚马逊网上主持一档名为《亚马逊鱼缸》(*Amazon Fishbowl*)的网络独播脱口秀。马赫的经历与霍华德·斯特恩(Howard Stern)从广播到卫星广播的转变案例类似,订阅式媒体愿意播出更具争议性的节目,它们不受广告费、联邦通讯委员会法规限制,也不用担心会冒犯到广大的广播观众。

你怎么看?

- 马赫的评论应该被视为无害的政治讽刺而被宽恕,还是其有更严重的影响?
- 应该区别对待政治讽刺节目和其他有争议的节目吗?
- 复习有关法律和道德的章节。你认为马赫的政治评论应该得到更大的言论自由保护,还是广播公司应该或有义务像审查暴力或黄色娱乐内容一样审查这些节目?

政治行动主义

奥普拉·温弗瑞和其他名人在政治上越来越活跃,经常公开支持政治家,并充当具体政策的倡议者。南加州大学诺曼·李尔娱乐研究中心(Norman Lear Center)的主任马蒂·卡普兰(Marty Kaplan)发现,2004年美国总统大选期间,名人参政人数显著增加。卡普兰指出,"德鲁·巴里摩尔(Drew Barrymore)和卡梅隆·迪亚兹(Cameron Diaz)出现在《奥普拉·温弗瑞秀》(*The Oprah Winfrey Show*)和其他论坛上,告诉年轻人投票是件酷事;电视剧《黑道家族》中的影星埃迪·法可(Edie Falco)在电视广告上被视为反布什的妈妈联盟(MOB)的发言人;布鲁斯·斯普林斯汀(Bruce Springsteen)以及志同道合的摇滚歌手们成群结队地像进军战场一样穿越各个选票州,进行反布什投票和支持变革游行。这些无疑都标志着娱乐界人士参与选举进程中的巨大改变"[11]。

讽刺的是,正如政治新闻越来越娱乐化一样,名人宣传也使娱乐新闻越来越政治化。一名记者指出,"像ET、《走进好莱坞》(*Access Hollywood*)以及《惊爆内幕》(*The Insider*)等杂志节目,通常对安吉丽娜·朱莉(Angelina Jolie)或林赛·罗韩(Lindsey Lohan)更感兴趣,而现在其关注范围已经从红地毯扩展到竞选集会"[12]。娱乐媒体对政治领域的新兴趣尤其明显地表现在他们对2008年美国总统大选的报道中。卡茨(Katz)电视集团联合市场的专家比尔·卡罗尔(Bill Carroll)指出,奥普拉·温弗瑞对贝拉克·奥巴马（Barack Obama）的支持是将娱乐节目关注点转向政治的关键时机，"哪里有像温弗瑞这样的名人，哪里就有名流杂志采访"，他说道。[13]

> **时事速览**　《会见新闻界》（*Meet the Press*）是美国观看人数最多且在周日早间公共事务广播中排名第一的节目。2008年，该节目推出第六十一季。节目由三个访谈环节组成，重点访谈具有国家和国际影响力的嘉宾和新闻人物。作为网络电视上开播时间最长的节目，《会见新闻界》以广播形式播出两年后，于1947年首次亮相，该节目以数字高清方式播出。自约翰·菲茨杰拉德·肯尼迪（JFK）总统以来，美国的历任总统都上过这个节目。蒂姆·罗素（Tim Russert）担任此节目主持人14年之久，直到他于2008年6月13日去世。

娱乐公司也一同鼓励年轻人提高政治参与度。自1990年以来，音乐有线电视台的音乐电视频道一直在主办《让选票活动摇滚起来》（*Rock the Vote Campaign*）这档节目。在这档节目的电视宣传片中，流行音乐家讨论政治问题并鼓励年轻人投票。该电视网络还赞助游街小组和选民登记相关活动。最近，儿童电视网络尼克罗迪恩儿童频道也进入政治圈。2008年，儿童电视网络尼克罗迪恩儿童频道在其秋季常规节目中，推出大量的以总统和选举为主题的节目内容，并增加一些新闻专题节目，包括《总统选举儿童联络小组》（*Kids Pick the President Election Connection Team*）——该小组跟踪竞选活动，向儿童观众提供民主党和共和党全国代表大会的内部观点。所有这些都促成2008年10月12日开始的尼克罗迪恩儿童投票活动。"这次节目中的总统选举活动点燃了很多年轻人的热情。"尼克罗迪恩公共事务部／音乐电视网络（Nickelodeon/MTV）儿童与家庭电视组执行副主席马尔瓦·斯莫（Marva Smalls）说："我们想让观众能更多地参与整个选举流程——候选人以及热点事件。孩子们尽管不是合法选民但并不想袖手旁观。"[14]

戏剧、喜剧和纪录片

政府和政治问题一直是好莱坞电影和电视节目的热门话题，就像脱口秀和单口喜剧一样。这些作品可能纯粹是为了娱乐，也可能是使用讽刺和戏剧性的手段来有意地表达政治言论。在揭露政府宣传和操纵的政治讽刺作品中，电影《摇尾狗》（*Wag the Dog*）讲述美国总统在大选前14天陷入性丑闻风波，他的政治顾问和好莱坞电影公司制造了一场欺骗美国民众的"战争"，助他最终赢得大选。电视卡通情景喜剧《居家男人》（*Family Guy*）嘲讽了包括美国总统比尔·克林顿和乔治·布什在内的众多政治家，并嘲笑政府从国土安全、移民、选举政策到公共教育等问题上的失败。

热门电视剧《白宫风云》（*The West Wing*）讲述一位虚构的总统和他的亲密顾问之间的故事。这部电视剧被指控提出一种绝对自由的政治议程，因为它不仅将宗教权利描绘成反犹太小丑，抨击枪支并普遍颂扬自由主义情绪，还将共和党人和保守政治妖魔化。[15] 正如媒介依赖理论和涵化理论所表明的（见第五章），对于我们这些没有直接参与政治或受特定议题影响的人来说，我们对政治问题的理解和相关经验几乎完全取决于我们在媒体上的所见所闻。假设大多数人花在娱乐媒体上的时间比新闻媒体多，那么我们的思想和观点将会更多地被好莱坞电影和电视节目所影响，而不是《时代》(*Times*)杂志或者美国有线电视新闻网（CNN），尽管这些影响可能很微妙。下面，请参阅《聚焦战争状态》，以便能更深入地讨论以上这些问题。

聚焦战争状态　　　　　　　　　　　　　　摘自《政治与战争的娱乐化》

伦道夫·伯恩（Randolph Silliman Bourne）"战争是国家的健康保障"的言论，对于大多数军国主义的批评者来说都很熟悉，但很少有人去探究为什么会存在这种情况。国家主义依赖于大众思维，而大众思维又是建立集体和群体导向型社会的关键。这种群体行为反映出人们在智力和精神上的被动性，群体的思维模式多被形象和表象所迷惑，而不是依据具体的现实。

如此的理智缺失产生的是一个由娱乐主导的社会——这样的社会会削弱大众的思考力，而不是增强批判性意识，这有助于解释为何娱乐产业和政治系统之间长期存在共生关系。娱乐培养一种消极意识，自愿"暂停质疑"。它的目的是产生欢乐，其同义词为"转移"，意思是"分散……的注意力"。人们通常把看电影作为"逃避"现实的一种形式，反映了娱乐的消极功能。政府官员深谙魔术师的戏法，即为了使民众产生错误幻觉，他们必须转移民众的注意力，使民众忽视被隐藏起来的真实目的。

娱乐产业通过制造体制所期望的情绪、恐惧和反应，帮助塑造了我们意识的内容——这一角色贯穿人类历史。古希腊的历史便与神话、寓言和其他虚构叙事紧密交织，而这些故事正是由当时的娱乐传播者——吟游诗人——代代相传的。我们应该扪心自问，我们对美国的历史以及其他人类行为的理解，在多大程度上是通过电影、小说和电视剧所形塑的。通过精心编写的小说和虚幻故事，他人导演我们的人生经历，疏导我们的情绪，塑造我们对现实的看法。这些虚幻故事描绘的更多的是冲突，而不是合作；更多的是暴力，而不是和平；更多的是死亡，而不是生命的重要性。

政治与娱乐世界的相互依存，在战争体系中体现得淋漓尽致：作战区域被称为"战区"（theaters），军事行动被称作战争"剧目"（acts），战场被描述为"场景"（scenes），部队集结区被称为"演兵场"（staging areas），而入侵行动则被称为"彩排"（dress rehearsals）。战争的盛大排场通过仿若戏服的军装得以彰显，并配以堪比大歌剧的雄壮军乐。百老汇戏剧非"哑弹"（bomb）即"爆款"（hit）；部队"驻防"（billeted）一词源自法语"入场券"；电影首映礼如同二战空袭，总伴随着扫射天际的探照灯。就连冷战也被"铁幕"（iron curtain）这一戏剧术语所定义。美国内战——这场人类史上最血腥的战争——落幕时，其主角竟在剧院观剧时遇刺，而凶手作为演员，在完成刺杀后跃上舞台谢幕离场——这一切难道仅是巧合，全无象征意义？

娱乐本质上是一种"再现创造"（re-creation）——它通过对事件的特定诠释，强化对本民族身份的认同，同时贬损敌对者。在此过程中，娱乐从业者往往操纵人性中的"阴暗面"，其一旦被激发，便可能催生最残酷非人的后果。二战电影将驾驶战机撞向美军舰船的日本神风队员塑造为"疯狂的狂热分子"，而同样撞击日舰或列车的美军飞行员却被颂扬为"舍身救战友的英雄"。德国和日本士兵被刻画成一脸讥笑的虐待狂，他们以折磨无辜者为乐，而美国士兵只想结束战争，这样，他们就可以回到家乡，回到妈妈身边，吃她做的苹果派！时至今日，多少人仍将约翰·韦恩（John Wayne）和兰道夫·斯科特（Randolph Scott）饰演的19世纪美国骑兵视为勇敢战士，而将拼死抵抗种族灭绝的印第安战士贬为"野蛮人"？

这一切让我不禁想问，娱乐业是战争体系的延伸，还是战争只是我们对娱乐需求的延伸？我们应该清楚的是，娱乐是一种主要手段。一旦我们选择让自己的思想变得被动，我们的思维就会被他人所掌控和引导。当演员或政治家要求我们停止对所目睹的事件真相进行判断时，以上情况就发生了。当我们满足于被逗乐（如让我们的注意力从现实转向虚幻），且当那些善于触发无意识力量的人利用我们的情感时，我们就会被那些制作节目的人所操纵。

资料来源：巴特勒·谢弗（Butler Shaffer）发表在卢·罗克维尔网站（lewrockwell.com）上的文章）。[16]

你怎么看？
- 好莱坞电影等娱乐对我们的战争观有多大影响？
- 世界领袖和精英们是否利用娱乐来分散公众的注意力以及影响他们的政治观？

在纪录片中可以更直接地发现政治议程。政治和政策问题一直是纪录片制片人的热门选题，他们的纪录片往往被认为更有教育意义而不是娱乐性，并且通常只在电影节、独立剧院、图书馆和某些特殊兴趣的电视节目上发行。直到最近，这类影片才像好莱坞主流影片那样在影院全线上映。2004年，由迈克尔·摩尔（Michael Moore）导演的《华氏911》（Fahrenheit 911）——一部严厉抨击布什政府处理"9·11"恐怖袭击事件的电影——获得戛纳电影节的最高奖项。《华氏911》创下了美国纪录片最佳票房的新纪录，获得了1.19亿美元的票房收入。[17]它也激起了更多偏保守派电影制作人的回应，这些制片人也拍摄了电影，声援包括莱昂内尔·切特温德（Lionel Chetwynd）的《摄氏41.11度》（Celsius 41.11）、迪克·莫里斯（Dick Morris）的《华氏911》和迈克尔·威尔逊（Michael Wilson）的《迈克尔·摩尔讨厌美国》（Michael Moore Hates America）。

2006年，美国前副总统阿尔·戈尔推出的一部关于全球变暖的纪录片《难以忽视的真相》(An Inconvenient Truth)成为迄今为止票房收入排名第四的纪录片，国内票房收入为4900万美元。这部电影获得奥斯卡最佳纪录片奖和最佳原创歌曲奖。由戈尔所著的电影同名书籍《难以忽视的真相：全球变暖所带来的全球危机以及我们如何应对》(An Inconvenient Truth: The Planetary Emergency of Global Warming and What We Can Do About It)同年在《纽约时报》(New York Times)非虚构类平装本的畅销书排行榜上名列第一。[18]

用音乐表达政治观

音乐和政治之间的联系有着丰富的历史渊源，尤其体现在音乐中的政治表达。这种表达通常集中在反建制或抗议主题上，尽管也使用维护建制的观点，如国歌。民间音乐有表达政治不满的传统，人们用歌曲来纪念民众起义和罢工，或抗议不公正和社会不平等。[19]古典音乐通常被用来歌颂政治领袖，主要是因为在几个世纪以前，有钱人或有权势的人为作曲家们提供了主要收入。近来，这种情况逐渐变少。例如，英国女王的音乐大师不再需要为伊丽莎白二世谱写音乐传记。即使在过去，古典音乐作曲家们也会表达异议：贝多芬在他的《第三交响曲》(Symphony NO.3)中删除对拿破仑的献词，以抗议拿破仑加冕自己为帝王。

20世纪，美国的工会运动、经济大萧条、民权运动以及越南战争催生了大量的抗议歌曲，如鲍勃·迪伦(Bob Dylan)的《时代变了》(The Times They Are A-Changin, 1964)、伍迪·格思里(Woody Guthrie)的《这是你的国土》(This Land Is Your Land, 1940)等。获得全世界广泛关注的抗议歌曲是德国流行天后妮娜(Nena)发行于1983年的歌曲《九十九个红气球》(99 Luftballons)。20世纪60年代，抗议歌曲的表现形式通常是原声吉他和口风琴：早在20世纪，伍迪·格思里和皮特·西格(Pete Seeger)的作品就普及了这种表现形式，而菲尔·奥克斯(Phil Ochs)、琼·贝兹(Joan Baez)以及鲍勃·迪伦把这种形式延续到了20世纪后期。电影《天生赢家》(Bob Roberts)则对抗议音乐进行戏仿，蒂姆·罗宾斯(Tim Robbins)饰演的参议员候选人怀抱吉他，创作充满反动色彩的竞选歌曲。20世纪50—60年代的民权运动将黑人灵歌转化为抗议武器，他们改写宗教歌词以呼应时代政治氛围。宗教音乐的运用既凸显抗议的和平本质，其即兴的"呼应唱法"也便于抗议者在游行与静坐中改编新词。一些被捕抗议者甚至在狱中创作歌曲，所创作的歌曲被自由播客(Freedom Riders)传遍全国。[20]

20世纪中叶以来，流行音乐越来越多地以政治性歌词为特色，经常被用来表达反战情绪；吉他手吉米·亨德里克斯(Jimi Hendrix)通过极端扭曲美国国歌《星条旗永不落》的方式作为对越南战争的抗议。大多数政治类流行音乐都表现出反建制的或左翼的观点。保守主义者和自由主义者倾向的歌词主要见于乡村音乐中。除非是在战争时期，否则西方流行文化中拥护建制的音乐很少能在大众中站稳脚跟。朋克摇滚类音乐具有明显的政治色彩：它起源于20世纪70年代中期，是对当时摇滚乐队高冷态度的反应，歌词往往支持无政府状态或革命。受到无政府工团主义启发的克拉斯乐队（Crass）和死亡肯尼迪斯（Dead Kennedys）等就是这一立场的缩影。

如今，在许多流行的地下现代街头朋克、硬核朋克以及呐喊乐队（Oi Bands）中，关于工人阶级和左翼的政治主题、评论和信仰仍然盛行，如德普克·墨菲斯乐队（Dropkick Murphys）、勒夫托·克拉克乐队（Leftover Crack）、腐烂之声乐队（Rancid）、平民之声乐队（Oi Polloi）、猛击者乐队（The Bruisers）和专业之声乐队（The Business）等，这仅仅是列举的一小部分。黑人音乐有着悠久的抗议传统，从20世纪初的蓝调演奏家到近来流行的说唱和嘻哈音乐。抗议歌曲是抗议社会问题的歌曲，如不公正、种族歧视、战争、全球化、通货膨胀、社会不平等、监禁、温室效应和全球变暖等问题。抗议歌曲通常与民间音乐联系在一起，但近来各种音乐流派也都加入了进来。这些歌曲在社会动荡时期的各类社会群体中流行。

21世纪，尼尔·杨（Neil Young）在他的歌曲《让我们弹劾总统》(*Let's Impeach the President*)中延续政治主题，他尖锐地指责乔治·沃克·布什以及他领导的伊拉克战争，正如美国女歌手品珂（Pink）在其歌曲《亲爱的总统先生》(*Dear Mr. President*)中对布什的呼吁一样，不要忘了迪斯派奇乐队（Dispatch）和反战地下热播剧《将军》(*The General*)。犹他·菲利普斯（Utah Philips）、抗争民谣集体（Riot-Folk！Collctive）和大卫·罗威克斯（David Rovics）等歌手和乐队延续了民间音乐抗议的传统。20世纪70年代至今，朋克音乐一直以反战、反国家、反资本主义为歌曲主题。

聚焦抗议音乐　　　　　　　　　　　　　　　　　　　**变化的歌词**

鲍勃·迪伦并非抗议歌曲的创作鼻祖，但他是这类歌曲的代表人物。热爱他歌词的听众肯定能感受到其歌曲所具有的号召民众的力量。迪伦的歌曲从未驻足于国内任何一场政治运动，但他创作政治歌曲所运用的艺术手法仍是当今音乐家们的灵感来源。以下是布什政府时期出现的抗议歌曲。

图13.4　鲍勃·迪伦

- 南方小鸡乐队（Dixie Chicks）的主唱在伊拉克战争爆发之际批评总统，开始创作一系列猛烈抨击战争的流行朋克音乐。
- 绿日乐队（Green Day）于"9·11"事件时期创作的专辑《美国白痴》(*American Idiot*)在排行榜上名列前茅，并在2005年获得格莱美奖。
- 坎耶·韦斯特（Kanye West）的歌曲，如《爆裂音乐》(*Crack Music*)，强烈

地讽刺萨达姆·侯赛因（Saddam Hussein）藏匿武器事件以及在"卡特里娜"（Katrina）飓风后布什政府对待黑人的不当方式。
- 在公告牌音乐榜的现代摇滚排行榜上，珍珠酱乐队（Pearl Jam）的单曲《全球性自杀》（World Wide Suicide）哀悼一名在战争中丧生的儿童。
- 布鲁斯·斯普林斯汀（Bruce Springsteen）在他的专辑《我们终将胜利》（We Shall Overcome）中收录抗议歌手皮特·西格的歌曲以表致敬。

在伍迪·格思里（Woody Guthrie）"尘土碗诗人"角色传统的影响下，迪伦（Dylan）通过他的歌词为美国带来了最具活力的声音，正如这里摘选的一首歌中的两节所展示。

《工会的没落》
嗯，我的鞋子来自新加坡，
我的手电筒来自中国台湾，
我的桌布来自马来西亚，
你知道，我穿的这件衬衫来自菲律宾，
我开的车是雪佛兰，
是在阿根廷由一个每天挣30美分的人组装而成的。
嗯，现在是工会的没落时期，
直到贪婪出现之前，美国制造的确是个好主意。

资料来源：选自2006年5月15日《国家杂志》中的《抗议歌曲》。

你怎么看?
- 歌词能激发听众采取政治行动吗？
- 你能说出哪些激发过你、给你感悟的歌曲？

公职候选人通常都有竞选主题曲，一般在他们公开露面时播放。这些歌曲通常是当代流行歌曲，尽管这些歌曲的歌词很容易变得政治化或口号化，但其中并没有明确的政治内容。自20世纪90年代以来，美国和英国的主要政党都会在选举时挪用流行歌曲，有时却未经唱片艺术家的同意或许可。经常会出现这样的情况：虽然歌曲的副歌部分可能是"传达信息"，但是其中某些歌词可能会支持不同的观点，这就让党派少了些赞美的荣光。19世纪，尤其是在美国，政治活动家们会创作歌曲来赞扬他们最喜爱的候选人或批评他们的对手，这种做法在20世纪逐渐消失。工会的歌曲有着振奋人心或悲伤哀悼的悠久传统，通常由流行和/或民间曲调组成，带有支持工会的歌词或纪念工会组织者或活动的歌词。这些通常在活动或游行期间以及在纠察队或罢工队伍中演唱。[21]

新媒体[22]
互联网正在发挥其作为美国总统竞选新闻主要来源的潜力。2008年，近四分之一的美国人（24%）表示他们经常从互联网上了解竞选的相关信息，比2004年竞选时的人数比例（13%）高出了近一倍。

此外，互联网已成为年轻人获取竞选新闻的主要来源。在18～29岁的人群中，大约42%的人表示他们经常从互联网上了解该活动，这是所有新闻来源中比例最高的。在2004年1月，只有20%的年轻人说他们经常从互联网上获取竞选新闻，虽然大多数年轻人指出，他们主要通过三大新闻来源——微软国家广播公司（MSNBC）、美国有线电视新闻网络（CNN）和雅虎新闻网（Yahoo）来获取竞选信息，但更多年轻人通常通过更多在线信息获取竞选新闻，包括聚友网（MySpace）和优兔视频网站（YouTube）等社交媒体以及一些偏娱乐的媒体网站。

在18～29岁年龄段的美国人中，大约有三分之二的人使用社交网站。在这个年龄组中，超过四分之一（27%）的人从社交网站上获取过候选人和竞选活动的相关信息——这其中有37%的人处于18～24岁这一年龄段。30岁以下的人群中，有将近十分之一（8%）的人在某个网站上"关注"某位候选人。在年轻的记名选民中，以上行为中的每一项数据都更高些。利用社交网站进行政治活动，不光在年长的选民中，甚至在30多岁的选民中，都不太常见。30～39岁年龄段的人中，大约只有五分之一（21%）的人使用社交网站，这个年龄组中只有4%的人从这些网站获取过竞选信息；3%的人"关注"某位候选人。

总统候选人正充分利用着这些新工具。截至2008年4月的初选，奥巴马竞选团队已将840个视频上传到优兔视频"你来选择"网站（YouTube/YouChoose），吸引了4.2万名订阅用户，这些用户通过电子邮件来获得相关视频。希拉里·克林顿竞选团队总共上传了308个视频，拥有1.2万名订阅用户；共和党人约翰·麦凯恩（John McCain）竞选团队上传了175个视频，拥有3700名订阅用户。[23] 每个候选人还在聚友网和其他社交网络上进行候选人个人网页的维护。

互联网不仅成为总统候选人及其竞选活动中越来越重要的新闻来源，还为公民提供了一种表达政治观点以及就政治问题相互交流的平台。大约六分之一的美国人（16%）向朋友和家人发送过或接收过朋友和家人所发送的与候选人及其竞选活动相关的电子邮件。有14%的人收到过政治团体或组织所发送的与竞选活动相关的电子邮件（见表13.2）。很少有美国人会上候选人专属网站：只有8%的人浏览过，另外也只有8%的人浏览过讽刺新闻网站，如洋葱新闻（Onion）或每日秀新闻网（Daily Show）。共和党人比民主党人或无党派人士更有可能与朋友和家人交换电子邮件，但除此之外，以上行为并没有明显的党派差异。除了访问社交网站这一行为年轻人居多，以上行为中几乎没有因年龄导致的差异。然而，年轻选民比年长选民更倾向于民主党和奥巴马竞选团队，且民主党人的在线视频消费超过共和党人的在线视频消费（51%比42%）。此外，民主党在社交网站创建个人档案的人数也明显领先其他党派：36%的在线民主党人创建了个人档案，而共和党人和无党派人士分别为21%和28%。

表13.2 政党在线竞选活动 （单位：%）

	总数	共和党	民主党	无党派
与朋友和家人互发邮件	16	21	14	16
收到政治团体/组织发送的邮件	14	14	14	16
浏览候选人专属网站	8	9	7	9
浏览讽刺新闻网站	8	6	9	10
社交网络	7	7	8	7

新媒体使政治更具互动性、更有趣，甚至对用户而言也更具娱乐性。选民可以在观点交锋网（pollClash.com）直接对比2008年竞选活动的视频片段并投票。观众可以并排窗口观看候选人和其他热门参选人的竞选视频，然后根据候选人所说内容的可信度、有效度以及他们对于经济和国家安全等关键竞选问题的言论而投票。例如，一个是希拉里·克林顿感谢她的支持者们的视频，一个是贝拉克·奥巴马感谢"感恩而死"乐队（The Grateful Dead）以及"感恩而死"迷们参与投票的视频，网站会让选民们从这组视频中做出选择。网站会对选民进行调研：哪个候选人看上去更自然，哪个候选人更真诚。另一组视频对比前白宫新闻秘书斯科特·麦克莱伦（Scott McClellan）的采访和他的死敌卡尔·罗夫（Karl Rove）的采访，后者说前者听起来不像他自己——"他听起来像左翼博主"。网站会调研：哪个视频内容是正确的，哪个内容更可信。个人用户创建的政治网站、博客、电子邮件和视频也可能会被数百万人转发和观看。

网络用户制作的内容可以把候选人捧上天，也可以让他们摔得很惨。本来可能是很小的政治失误和口误，但只要有现场观众目睹，这些就可能会成为广为人知的失误。例如，2004年霍华德·迪恩（Howard Dean）在参加总统竞选活动时，他的参选是由一场刷新纪录的基层在线筹款活动开启的。他的在线竞选活动以名叫"迪恩的尖叫"的讽刺视频作为结束时，最让人印象深刻的是他在艾奥瓦州西得梅因市（West Des Moines, Iowa）为志愿者举行的党团会议后的集会上，面红耳赤、牙关紧咬、声音嘶哑地发表败选演讲。

社会行动主义

娱乐的宣传作用已经不再局限于批评和支持政治家、政府行为和政策问题，它在努力成为变革社会的推动者。电视是社会评论最重要的媒介。

电视和社会评论

在电视节目中,情景喜剧和其他系列节目经常会演变成社会评论。例如,诺曼·李尔(Norman Lear)创作的情景喜剧[美国情景喜剧《全家福》(*All in the Family Season*)和《慕德》(*Maude*)]。在英国,约翰尼·斯佩特(Johnny Speight)创作的《直到死神将我们分离》(*Till Death Us Do Part*)[基于此剧,李尔创作的《全家福》(*All in the Family*)]以及雷·高尔顿(Ray Galton)和艾伦·辛普森(Alan Simpson)创作的《斯特普托和他的儿子》(*Simpson's Steptoe and Son*)等都是很好的例子。这些节目设法解决当时具有争议的社会问题,试图让大众对这些问题有一些不同的思考。《全家福》首映时,警告弹屏上写道:"您即将看到的节目力图以幽默的形式反映我们的弱点、偏见和关注的一些问题,通过以此为笑料,我们希望以一种成熟的方式来展示他们到底有多荒谬。"信息无忧网(nfoplease.com)将该节目排在有史以来十大电视节目中的第三位,并称"虽然有些冒犯,但还是令人喜欢,阿奇·邦克(Archie Bunker)让我们保持清醒,即使他提醒我们生活中不太愉快的现实。《全家福》给电视节目带来了一种新的社会意识,它以幽默和同情的态度来处理从偏执到乳腺癌等广泛的社会问题"[24]。

图13.5 《全家福》

具有讽刺意味的是,尽管《全家福》因其进步的意识形态而受到称赞,但它也因为保留它试图抨击的偏见而受到批评。尽管许多观众理解对剧中人物阿奇保守思想的刻意讽刺和戏仿,但有些观众未能察觉这些暗示,甚至选择直接忽略。这些观众没有谴责阿奇,反而站在他这一边。人们担心,在认同阿奇性格的同时,这些观众会更加固执己见。以上事实证明一条最基本的交流原则,节目制作者也认识到这条原则,即信息发送方和信息接收方对于信息的理解,有时会存在很大的偏差。

电视真人秀节目在全球的成功也可能使其成为社会变革的推动因素,尽管这种推动是无意之举。此外,一些真人秀节目的场景很直白,呈现正统文化中所禁忌的情况,如泛阿拉伯版的《老大哥》,它展示男女共同生活的场景。尽管批评者指责这些鼓励文化帝国主义的节目将西方文化价值观(见第十一章)强加于世界各地,但也有人认为,这些节目可能是更自由和更开放社会的有力而积极的倡导者。

音乐及社会变革

音乐也许是最受欢迎、最成功的积极倡导社会变革的娱乐工具。许多音乐艺术家致力于提高人们对治疗致命疾病、防止虐待动物等各种社会事件的关注度并为其募集资金。最有名的公益宣传和筹款项目是"创可贴"项目（Band Aid）。"创可贴"项目是英国和爱尔兰最大的慈善团体，1984年由鲍勃·盖尔多夫（Bob Geldof）和米基·尤尔（Midge Ure）创立，通过发布圣诞节歌曲《他们知道今天是圣诞节吗？》（*Do They Know It's Christmas*），该团体为埃塞俄比亚的饥荒救济筹集资金。鲍勃·盖尔多夫在看了由英国广播公司电视新闻频道迈克·比尔克（Michael Buerk）所报道的节目后，被饱受饥荒的埃塞俄比亚儿童所处的困境深深触动，他决定尝试用他在流行音乐圈中的人脉来筹集资金。他会集一批杰出的音乐艺术家，合作录制这首歌。这首单曲超出制作人的期望，成为当年圣诞节最热门的歌曲。如今，音乐艺术家们的慈善努力远不局限于举办慈善音乐会，将慈善事业写进歌词。U2乐队的主唱波诺（Bono）是红丝带项目（Red Project）的联合创始人。红丝带项目为非洲国家的艾滋病药物筹款，其中包括与苹果（Apple）、美国运通（American Express）和摩托罗拉（Motorola）等众多知名公司建立伙伴关系，这些公司将部分指定销售收入捐赠给该项目。

凯文·沃尔（Kevin Wall）、阿尔·戈尔、法瑞尔·威廉姆斯（Pharell Williams）、马纳特（Maná）、卡梅隆·迪亚兹和微软网络服务网（MSN）通过更大规模使用音乐来呼吁全球人们关注气候变化和环境问题。2007年7月7日，全球100多个世界顶级音乐表演者参加了横跨7大洲长达24小时的"活乐地球"演唱会（Live Earth），其为"拯救我们自己（SOS）——气候危机活动"中的一部分。"活乐地球"演唱会通过500多家媒体合作伙伴组成了无与伦比的媒体架构，覆盖130多个国家的电视、广播、互联网和无线频道，全球观众约达20亿人。音乐会通过100多个国家的电视网络被播出，全球20多个龙头广播公司进行转播，包括全国广播公司、上海东方传媒集团和中视（Shanghai Media Group and CTV，中国）、英国广播公司、德国电视七台（Pro 7，德国）、巴西环球电视台（TVGLobo，巴西）、富士电视台（Fuji TV，日本）和日本广播协会（NHK，日本）、南非广播公司（South Africa Broadcast Company，南非）和福斯电视台（Foxtel，澳大利亚）等，总共有100多个专属频道用于"活乐地球"演唱会报道。[25] 这场活动是否能带来实际的政治和政策变化，我们不得而知，然而，作为有史以来规模最大的全球性娱乐活动，这一活动确实成功地引起众多媒体对气候变化问题的关注，使观众参与这一话题，并引发全球各地的广泛讨论。

网络行动主义

如今，几乎所有的行动组织都在使用新媒体推动他们的事业。网络行动主义（又称为电子行动主义、电子宣传、互联网行动主义、电子活动以及在线活动组织）是指利用电子邮件、网站和播客等通信技术开展不同形式的行动，使公民运动能够更快速、更具互动性地交流，并将信息传递给更广泛的受众。这些技术和社交媒体，如聚友网和优兔网被用于与慈善相关的募集活动、游说活动、志愿者活动以及团体建设和组织。类似的活动能在这些媒介作用下迅速开展起来。2008年，甚至在"古斯塔夫"（Gustav）和"艾克"（Ike）飓风侵袭美国之前，众多网友已在自己的博客、推特以及网站上聚集并分享了与飓风相关的经历、信息以及应对方法。同年在中国，即时短信发布服务网站——推特网（Twitter）甚至早于官方地震跟踪机构就发布了关于四川地震的信息。亚洲的另一款即时通信软件QQ，收集了众多地震地区用户所拍摄的视频。同时，手机可以快速地上传视频到视频分享网站——土豆网上。在救灾资金募集方面，中国移动公司设置了一个有效的系统，可以让用户通过发送"短信服务"（SMS）进行捐款，然后将其计入电话账单，从而引发了类似基于手机的通信。

一段时间以来，各个组织都利用互联网来争取对行动和筹资的支持。基于网络的自由主义倡导组织"继续前行"（Move On）为美国民主党募集数百万美元。该组织是各类组织联盟的一部分，如"美国人反对伊拉克战争局势升级"（Americans Against Escalation in Iraq）和"不战而胜"联盟（Win Without War）。"继续前行"组织声称其掌握了320万个美国政治进步人士的电子邮件，虽然只有大约10%的人会回复所有的电子邮件通知。

政治、民主和互联网研究所所长卡罗尔·达尔（Carol Darr）认为，网络最适合作为一种组织工具，应用于那些在选举中具有外部吸引力的"魅力非凡、直率的独行者"。[26] 达尔说，互联网使那些小额捐助者更容易在资助政治运动方面发挥有意义的作用。霍华德·迪恩（Howard Dean）的竞选经理乔·特里皮（Joe Trippi）说："互联网是为民粹主义，反叛运动量身定做的。"政治观察家认为，互联网在接触和吸引那些影响他人思想和行为的意见领袖方面拥有巨大的潜力。

据《商业周刊》（Business Week）报道，企业越来越多地通过网络来动员人们支持其事业，推出网站来游说立法者并赢得他们对收购的支持。例如，有线电视巨头考克斯通信公司（Cox Communications）创建网站公平竞技网（makethemplayfair.com），旨在向美国娱乐体育节目电视网（ESPN）和福克斯体育频道（Fox Sports）施压以降低节目制作费用。啤酒商和啤酒经销商通过降低啤酒税网（rollbackthebeertax.com）游说政府降低税收。同样，通过凯马特永恒网（kmartforever.com），凯马特零售公司（Kmart）在破产期间提振了士气。

网络行动主义的批评者们认为，负面讨论加剧了人们的敌意和极端主义倾向。他们警告，信息化交流的非个人性质可能会逐渐破坏对社会运动至关重要的人际交往。不过，社会活动家们利用类似兴趣交友网站（Meetup.com）这样的网站来解决电视社会所造成的社会孤独。

体育与变革

　　与演员和音乐家一样，体育专业人士也在积极宣传社会事业，支持政治家。体育专业人士所做的最引人注目的宣传活动之一是"活得坚强"（Live Strong）腕带活动。这是一款于2004年5月推出的黄色硅胶腕带，它是兰斯·阿姆斯特朗基金会（Lance Armstrong）的筹款商品。该基金会于1997年由自行车手和癌症幸存者兰斯·阿姆斯特朗创建。腕带由耐克公司及其广告代理商韦柯广告公司所开发，目的是宣传基金会"戴上黄色，活得坚强"教育项目。该项目旨在为癌症研究筹集资金，提高人们对癌症的关注度，鼓励人们充分享受生活。手环作为筹资活动的一部分，旨在为基金会募集2500万美元，这一目标在6个月内就已实现，并且一年内的销售量突破了5500万只。之所以选择黄色是因其在职业自行车赛中的重要性，环法自行车赛领队所穿的就是黄色运动衫。

　　"活得坚强"腕带的成功启发其他慈善机构，它们也开发自己的腕带，以增加资金和提高关注度。美国职业篮球联赛的明星球员斯蒂芬·马布里（Stephon Marbury）做出另一项革新性的努力。尽管马布里经常被视为一位具有争议的球员，但他带头开发一款价格合理的篮球鞋以引起人们对体育参与机会的关注（见本章末尾的《近观运动员及其倡议：象征社会正义的运动鞋》），这一行动使他获得赞誉。

担当倡导者的运动员们

　　体育专业人士在政治领域也越来越活跃。职业体育界的捐款者对总统候选人的捐款在过去几届选举中稳步增加。在美国，比起民主党候选人，职业体育人士向来都更青睐共和党政治候选人，但在2008年的总统竞选中，这种差距明显缩小。据美国娱乐体育节目电视网对无党派研究机构响应政治中心数据的分析，在2008年总统大会召开之际，职业运动员及高管就向两位被提名者捐赠44.5334万美元，其中的55.8%捐给了麦凯恩，44.2%捐给了奥巴马。距离竞选结束还有近两个月的时候，职业体育界人士在2008年大选期间给所有总统候选人的助选金总额已经达到之前两次竞选捐助金的两倍。[27]

　　候选人的受欢迎度在一定程度上推动职业体育人士助选金的增长，尤其是奥巴马的支持者们，他们中的许多人因此发起第一次捐助。对一些体育界学者说，立法者们对体育运动中类固醇的使用、间谍和作弊行为的关注动员了捐赠者们。其他一些如体育场融资规则的制定、广播权以及劳工合同等问题，也可能起到一定的作用。据推测，职业运动员通常偏爱共和党人，因为共和党人更倾向于不干涉职业体育帝国，而民主党人往往会制定更多的规范。体育学者和捐款者都认为，职业体育捐款者也相信保守派领导者从他们的高薪中少收一些税。

但在2008年的大选中，职业体育捐款者们的意见产生了更大的分歧。体育经纪人兼律师利·斯坦伯格（Leigh Steinberg）认为，由于种族因素，许多非裔美国运动员支持奥巴马的竞选活动。根据佛罗里达大学美国体育多样性和伦理研究所2008年的数据分析，非裔美国人约占美国职业棒球联盟（MLB）球员的8.2%，占全国橄榄球联盟（NFL）球员的67%，占美国职业篮球联赛（NBA）球员的76%。

在奥巴马竞选活动中，美国职业篮球联赛的全体成员以2.436万美元的捐助金位居职业体育人士捐助榜榜首。奥巴马和篮球的渊源众所周知。高中时，他在夏威夷曾为篮球校队效力，现在仍然坚持投篮运动以保持体态。优兔视频网站上一段奥巴马投中三分球的视频被观看25万次。奇怪的是，奥巴马的第二大职业体育人士捐助者是总部设在芝加哥的一家名为凯勒斯宾（Kiilerspin）的乒乓球公司。该公司的老板和员工为奥巴马总统竞选捐助了1.38万美元。

图13.6　贝拉克·奥巴马会见支持者以及前匹兹堡钢人队球员（Pittsburgh Steelers）

不过，麦凯恩在职业运动员中的支持率仍然领先于奥巴马。麦凯恩最大的支持者是橄榄球队。在麦凯恩总统竞选活动中，职业体育人士捐助榜前10中有6个是全国橄榄球联盟球队，它们分别由圣迭戈电光队（San Diego Chargers）、达拉斯牛仔队（Dallas Cowboys）和休斯敦德州人队（Houston Texans）领衔。电光队执行总裁迪安·斯潘诺斯（Dean Spanos）和牛仔队老板杰里·琼斯（Jerry Jones）是麦凯恩总统竞选的主要筹款人。他们通过举办聚会或活动，从朋友和合伙人那里募集到了5万到25万美元不等的捐款。

利用体育发扬爱国主义精神

宗教、政治和文化领域的领袖们对体育的态度变化无常，时而提倡体育活动，时而反对体育活动。鉴于体育和宗教（见第十章）存在相似之处，这种现象也许并不奇怪。这种立场主要围绕着体育是维护还是威胁公民道德和良好公民形象这一矛盾而变化。历史上，体育活动组织者"经常引起占主导地位的政治和宗教势力的愤怒或道德担忧。他们痛恨那些伴随体育赛事而来的浪费和放荡行为——酗酒、赌博、暴力和性乱交"[28]。

394年，基督教徒强迫罗马皇帝结束包括奥林匹克运动会在内的所有异教仪式。[29] 1365年，国王爱德华三世（Edward Ⅲ）下令，在宗教节日里，"清闲"的"壮丁"只能用弓、箭以及其他被批准的武器从事对军事有益的"运动"。判处"监禁惩罚"的人才会从事"像掷石、手球和足球这样毫无价值的运动"[30]。人们对工作的全力投入以及有限的休闲时间，同样导致1860年德比郡阿什伯恩（Ashbourne, Derbyshire）古代足球赛被废止。[31]

但有许多当局者致力于促进体育的发展，以此作为"释放公民中不健康冲动"的一种方式。[32] 这种观点认为，比起让工人阶级无所事事、从事其他犯罪活动，或变得太虚弱而无法工作及保卫国家，从事体育活动是更好的选择。体育被视为一种促进纪律、合作能力、领导力和纯洁精神的手段。正是这种看法，才使得奥林匹克运动会于19世纪后期重新出现。

如今，体育与政治依然难以分离。国家、州和地方政府给学校体育项目和其他体育组织拨款。地方政府资助公共和职业体育娱乐设施。各国政府还通过立法，禁止体育领域的歧视行为，并限制体育相关的广告和来自烟酒产品的赞助。学者大卫·罗（David Rowe）暗示体育与政府的关系是有趣的。

> 因为体育对国家建设的贡献非常显著，所以国家政府通过国家公共广播公司在体育和体育电视上投以巨资。在按阶级、性别、种族、地区等划分层次的国家中，公民不太可能形成强烈的"集体意识"或作为"一个民族"而存在的意识。[33]

有人认为，奥运会等活动是为了培养爱国主义精神和忠诚心。讽刺的是，虽然有人认为精于体育的国家看起来更强大，也更能有效地发动战争，但也有人认为国际体育比赛增进国际的了解，从而使实战的可能性减小。同时，体育是一种普遍用来"整顿"任性年轻人的活动。再者，除了让孩子们保持忙碌和远离犯罪及暴力，体育还教会人纪律、责任和团队精神。

但是并非每个人都对现代体育运动抱有乐观态度。马克思主义者和新马克思主义者对体育运动进行批判，谴责体育运动中存在的种族主义、商业主义、民族主义以及帝国主义。这种批判往往局限于资本主义社会中的体育运动；相比之下，他们支持社会主义社会（如苏联）的体育运动，认为这类似于亲切的社区建设活动。对于体育运动，许多新马克思主义者甚至比马克思主义者更持怀疑态度：他们反对一切体育运动，因为他们认为政府是在利用体育运动将潜在的革命力量从政治行动中转移出来。从本质上讲，这种观点认为，体育运动可以转移人们对政治和社会问题的关注，让他们无暇顾及，这样他们就没有精力或者兴趣去反抗政府，或者，正如一位学者所述，"当人们与橄榄球场上的勇士们和改装车赛车手们产生共鸣时，他们对政治和经济上不公平现象的抗议已被观众因狂喜和愤怒而发出的盲目尖叫声所淹没"。[34]

第十三章　娱乐的宣传作用：政治、行动主义和教育

冲击与影响

第五章对于娱乐节目如何被用来影响观众的思想及行为进行大量的理论阐述。其中许多理论认为娱乐节目可以通过不同的机制来塑造我们对于政治和社会问题的看法，下面将对此进行论述。此外，本节也将讨论娱乐节目和教育类游戏的亲社会效应，以及媒体对儿童的影响。

理论探讨

议程设置理论会假定娱乐节目中反复传播的政治问题和社会问题仅能影响这些问题对于我们自身的重要性，而态度改变、社会学习、依赖和培养理论认为娱乐倡导可能有助于塑造甚至改变我们对于政治或社会问题的看法。

举例来说，如果我们喜欢的许多艺人都支持某个政治候选人，可能我们也随之青睐那位候选人，或者至少会使我们对政治更感兴趣。同样，像《行尸走肉》(*Dead Man Walking*)或《绿里奇迹》(*The Green Mile*)这样的电影可能会影响我们对死刑的看法，而像安妮·迪弗兰科（Ani DiFranco）的《失落女人之歌》(*Lost Woman Song*)、本·福尔兹五人组（Ben Folds Five）的《砖块》(*Brick*)以及饶舌歌手（Everlast）的《它是怎样的》(*What It's Like*)这样的歌曲可能会影响我们对堕胎、无家可归以及吸毒等社会问题的看法。社会学习理论和创新扩散理论都提出了这些信息可能影响我们行为的机制。如果某些虚拟角色或者名人被描绘为因某些行为如投票选择、资源再循环利用或捐款给慈善机构获得奖励，那么观众可能也会模仿这种行为。同样，如果观众看到这些名人以及核心受众佩戴"活得坚强"腕带，那么这些新奇的东西很快就会变得更加普遍，因为它们会"扩散"到社会其他地方。

娱乐节目的亲社会效应

尽管许多批评者警告媒体和娱乐节目的潜在负面影响，但正如上述例证，它们也可以产生正面影响。电视、电影、音乐、体育和电子游戏常常传递着宽容、多元、诚实、合作、友谊、健康习惯、责任和后果的信息。足球、曲棍球等运动虽然极具进攻性，但也常常彰显团队合作精神以及锲而不舍的体育精神。同样，尽管电子游戏可能会妨碍孩子锻炼身体，或与同龄人互动，但也可能会提高其推理能力和反应能力。

研究发现，媒体确实能够以非常积极的方式影响人们，尤其是儿童。[35] 大量研究表明，人们，特别是儿童，能够并且愿意模仿他们在媒体上看到的良好行为或者社会行为。研究还表明，媒体所渲染的良好行为可以鼓励合作以及解决建设性的问题。儿童节目［如美国儿童电视工作室制作的经典节目《芝麻街》(*Sesame Street*)和尼克国际儿童频道（Nickelodeon）推出的《蓝色斑点狗》(*Blue's Clues*)］旨在教育儿童，培养其社交

图13.7 《芝麻街》(1969年首播)是为娱乐和教育年幼观众而创建的先锋电视节目之一

能力，同时带给他们快乐。研究表明，这些节目颇有成效。此外，媒体和娱乐可以塑造我们的世界，同时它们也反映这个世界。媒体让我们更了解我们的社会、价值观、习俗以及共同关注的问题。同时，媒体也向我们展示我们可能永远无法身临其境的场景——非洲野生动物保护区、珠穆朗玛峰山顶、飓风、暴风雪、孩子降生等。尽管并非所有的故事和影像都是美好的，有的甚至反映我们社会肮脏和丑陋的一面，但有时这些故事和影像却能够帮助我们更好地应对一些令人不快的现实。

寓教于乐

将娱乐与教育结合并非新鲜事。在有着丰富口述历史的国家，以风俗和传奇英雄为主题的娱乐性民间故事，几千年来一直都是儿童非正式教育的一部分。数百年来，在许多国家，音乐、戏剧、舞蹈以及其他一些民间传统也被用于娱乐、奉神、改革和教育目的。书籍发明所产生的最重要的影响之一就是教育和识字的普及。约在1650年之后，阅读材料的大量增加促进教育向中产阶级，尤其是女性普及。在18世纪，中产阶级成为散文、小说的读者，而不太富裕的人购买包含故事或民谣的历书和小册子。如今，传记和科学调查形式的非虚构作品十分畅销，给全球读者带来了丰富的信息。同时，教育机构为教材出版商提供一个巨大的市场。图书贸易的增长自然带动图书馆数量的增长。商业借阅图书馆和免费公共图书馆为各行各业的人们提供着阅读渠道。令书商们惊讶的是，免费借阅不仅没有减少书籍的销量，反而促进了销量，因为图书馆本身就是一个市场。

虽然娱乐媒体的教育影响并不新鲜，但当代娱乐项目(如广播、电视、漫画、摇滚音乐)中的娱乐—教育或"寓教于乐"还是相对较新的概念，在最近25年才出现，而在此之前这些娱乐项目已经存在近50年甚至更长的时间。在广播电台中，第一个著名的寓教于乐的实例始于1951年，当时英国广播公司开始播放广播肥皂剧《阿彻斯一家》(The Archers)，该剧向听众传达有关农业发展的教育信息。20世纪50年代末，英国广播公司培养的作家、制片人开始在牙买加广播系列中尝试寓教于乐策略，向听众宣传计划生育及其他发展问题。1969年，秘鲁通过一部名为《单纯的玛丽亚》(Simplemente Maria)的电视肥皂剧，意外地发现电视节目的寓教于乐功能。该剧的主角是一位单身母亲，她一边工作，一边在晚上参加成人识字课程。随着该剧的流行，参加成人识字课程的年轻女性逐渐增多。该节目在拉丁美洲其他国家播出时也出现类似的效果。在贫穷的工薪阶层女性中，女主角玛丽亚成为社会向上流动的榜样。

墨西哥电视编剧兼制作人米格尔·萨比多（Miguel Sabido）在这一成功事例的启发下，发展了构建寓教于乐肥皂剧的方法论。在1952年至1982年间，萨比多制作了7部旨在促进社会变革的寓教于乐肥皂剧，鼓励人们参与成人识字课程，积极响应计划生育号召，以及接受两性平等和其他观念。这些节目在商业上大获成功，说明教育信息不一定削弱节目的娱乐价值。从那时起，这一策略逐渐传播到其他国家，包括印度、肯尼亚和坦桑尼亚，用以宣传同样的社会信息以及艾滋病病毒/艾滋病防治教育等其他信息。

寓教于乐策略运用广泛，不仅应用于电视和广播行业中，还应用于电影、印刷品和戏剧行业中。在印度、孟加拉和津巴布韦等国家出品了包含社会信息的电影。美国的苏斯博士（Dr.Seuss）以及世界各地的教育人士制作大量的书籍、漫画和卡通画，用以教育儿童和成人了解社会问题。印度和其他国家的教育团体利用街头剧和哑剧来宣传教育信息。在拉丁美洲和菲律宾，寓教于乐策略也被应用于摇滚音乐，用以提升青少年的性责任意识；在尼日利亚，其被用于提升父母的责任心；在其他30多个国家，其被用于宣传其他60多种教育信息。

聚焦教育   **社会变革中寓教于乐的运用**[36]

作家和制作人经常把特定的信息或观点融入娱乐节目。在一本书、一部电影或一首歌中，作家可能会融入工作场所性骚扰或者家庭暴力等故事情节，并对此发表隐晦抑或明确的言论，希望故事除了娱乐观众，还能影响人们对于这些社会问题的态度或行为。同时，娱乐行业也已经开始大规模的集体努力，以期改变观众关于严重社会问题的态度和行为。

美国电视网和"代驾司机"（Designated Drivers）概念

1988年，哈佛大学教授杰伊·温斯顿（Jay Winsten）提出"代驾司机"这一概念，并在电视台进行推广。今天，大多数人都熟悉这个词。"代驾司机"是指在某个场合不饮酒，保持清醒为同行人开车的人。直到在美国哥伦比亚广播公司（CBS）高管弗兰克·斯坦顿（Frank Stanton）的帮助下，温斯顿教授联系到了美国国家广播公司（NBC）总裁格兰特·廷克（Grant Tinker），并向其大力推销通过电视节目打造一种全新社会规范的计划，这个概念和词才得以出现。廷克对温斯顿的想法很感兴趣，并且帮助他争取到13家主流电视网络制作公司负责人的支持与合作。

因此，在接下来的4个网络电视季中，160个不同黄金时段节目的故事情节中都包含"代驾司机"这一元素。就这样，温斯顿提出的"代驾司机"概念覆盖数亿观众，并且研究表明，这些努力确实颇有成效。在引入"代驾司机"概念后不到一年的时间内，

图13.8 "代驾司机"概念被引入了《考斯比一家》（Cosby Show）及其他NBC节目的故事情节当中

就有67%的成年人表示他们已经知道这个概念。到1991年，30岁以下的成年人当中有52%的人表示，他们曾担任过指定驾驶员。从1988年这一概念提出到1997年，美国酒驾死亡人数下降了32%。温斯顿教授认识到，在黄金时段的电视节目里植入这样的信息堪比一颗"灵丹妙药"，其作用并不只是将"代驾司机"这一概念单一地注入观众的思想和行动。他的工作表明，这些信息可以作为更大战略的一部分，其更大的作用则是对现有文化进行有策略的改造。

教育游戏

游戏正在成为流行的寓教于乐的工具。棋类游戏和识字卡游戏已经被视为帮助人们学习各类知识的有趣方式，如《起飞》（Take-Off）这款游戏，就被用来帮助儿童和成人学习地理知识。该游戏的目标是通过掷骰子、碰运气以及正确回答国情简介卡中有关世界各国的问题等方式，让你的飞机编队（总共两到四架）先于你的对手穿越世界地图——从夏威夷出发再回到夏威夷。电子游戏也被改造为一个日益复杂的娱乐学习平台。其中一个例子便是《维度M》（DimensionM）这款游戏，这是一个沉浸式电子游戏，促使学生参与数学知识的学习。虚拟游戏世界中的一系列任务涵盖预代数和代数目标，类似于孩子们喜欢的其他休闲电子游戏。一些研究甚至表明，纯粹为娱乐而设计的电子游戏也可能具有教育价值。研究者们并未提倡将街机式射击游戏用于教育目的，然而，英国的一项研究表明，模拟游戏和冒险游戏，如《模拟城市》（Sim City）和《过山车大亨》（Roller Coaster Tycoon），可以让玩家在游戏中通过建造城市或创建主题公园培养儿童的战略思维和规划技能。父母和老师也认为通过玩这类游戏，孩子们的数学、阅读和拼写能力有所提高。[37]

自20世纪80年代以来，军方一直将电子游戏用作训练工具。现在，这种做法也逐渐被思科系统（Cisco Systems Inc.）以及佳能（Canon Inc.）等公司所采纳。公司培训师认为，游戏的互动性和趣味性将吸引年轻、精通媒体的员工，并帮助他们掌握与保持自身的

图13.9 玩沉浸式电子游戏，让学生参与数学教学与学习

销售、专业技术和管理技能。据游戏咨询公司数码工坊有限公司（Digitalmiil Inc.）的介绍，电子游戏能够培养玩家的资源管理、团队协作、批判性思维以及容错能力。[38]

尽管企业培训游戏（教育和医疗培训游戏）的市场很小，但其增长速度很快——在"严肃"或非娱乐游戏市场中占有15%的份额，其中还包括教育和医疗培训产品。

到2010年，严肃—游戏市场的产值有望翻一番，达到1亿美元，其中培训类游戏占近三分之一。众多公司倾向于借助电子游戏进行员工培训，因为它们性价比高。相对于耗费大量资金将员工送至集中训练营，让他们坐在电脑前玩电子游戏岂不是更好的选择？值得一提的是，员工只需要利用空闲时间在家里就能玩此类游戏。此外，按照行业标准，培训游戏的制作成本很低。一款典型的军事游戏成本高达1000万美元，而复杂的娱乐类游戏成本可能是这个数字的两倍。由于公司培训类游戏并不需要具备惊心动魄的爆炸场面或者复杂的3D图像，因此此类游戏的制作成本要低得多。专为军方设计模拟游戏的破局游戏公司（BreakAway Games），即将完成它的第一个培训游戏《V银行》（V-bank），用以培训银行审计员，而它的预算才50万美元。这类游戏尤其适合培训技术人员。在佳能公司所使用的培训游戏中，修理工必须拖动零件放置到复印机的正确位置。在棋盘游戏《操作》（Operation）中，如果修理工弄错了，灯会闪烁，蜂鸣器也会发出声音。与手册培训之类的传统培训方式相比，使用该培训游戏的员工的培训成绩提高了5%至8%。这类培训游戏可以通过以下3种方式获得：以5万美元以下的价格直接购买，或者每月支付给开发商一定费用以获得授权，再或者出资至少40万美元去制作一款游戏。[39]

聚焦电子游戏中的行动主义　　　　　　　　　　　用游戏拯救世界

长期以来，电子游戏一度使得广大用户沉浸于由恶龙或飞船所构成的奇幻世界里无法自拔。但是一款名为《和平使者》（Peacemaker）的游戏却别开生面：它是一款使用户沉浸于充满政治危机的现实世界的游戏。严肃电子游戏被视为促进社会变革的媒介，并引发了一场由众多渴望改变社会的人士所主导的运动。社会变革的倡导者以及一些非营利组织正试图通过各种新途径接近青年团体，以便最大限度地发挥它们的教育潜能。

联合国于2006年发布一款名为《粮食力量》（Food Force）的游戏，旨在帮助人们理解向战区分发援助物资所要遭遇的重重困难。塞尔维亚抵抗运动领袖伊万·马洛维奇（Ivan Marovic）制作了一款游戏，用以教导用户运用非暴力策略的原则。在游戏《更强大的力量》（A Force More Powerful）中，玩家在试图发动民主起义时必须做出数十项决定，但每一项行动都会带来意想不到的后果。例如，一场示威游行很可能导致你的领袖被警方逮捕。

图 13.10 《粮食力量》的队员必须决定谁应该收到一袋袋粮食和其他物资

图 13.11 《达尔富尔即将死去》试图让玩家对该地区的危机有更深刻的体会

开发人员认为,游戏具备多种功能,可以用作良好的沟通工具,而在游戏中长大的年轻人更能适应这一成熟的媒介。《粮食力量》已经被400万玩家免费下载,而一个名为《达尔富尔即将死亡》(Darfur Is Dying)的在线游戏上线一个月就有70万人在玩。通过进入游戏的政治行动区,玩家可以向政界人士发送电子邮件,并要求对达尔富尔采取行动。

在这些游戏中,玩家可以通过各种尝试来自学,但前提是这些游戏必须清楚独到地向玩家展示体系运作的复杂性。正在开发的是一款选区重划游戏,在游戏中玩家可以改划各个州的选区,这旨在向玩家展示操纵体制是如何容易。该游戏的开发者是安纳伯格传播学院(Annenberg School for Communications)的一位教授,他声称"一年级的课就可以完全解决得克萨斯州的问题!"

严肃电子游戏的倡导者认为,电子游戏拥有书籍或者电影所不具备的说服力:给予玩家不同的身份,并使其从全新的角度看待问题。例如,《和平使者》就允许玩家互换立场,了解对方采取某种行动的原因。游戏引发了一场不同寻常的辩论,那就是规则的变化将如何对社会造成影响。

2003年美国入侵伊拉克后,哥本哈根的一位教授兼游戏开发员制作了一款名为《9月12日》(September 12)的游戏,该游戏以漫画的形式展示一群恐怖分子在拥挤的阿拉伯市场上游荡的画面。玩家试图轰炸他们,但每次爆炸都意外杀死无辜的旁观者。他们的亲人又在悲伤和愤怒的驱使下成为恐怖分子,炸弹越多,你制造的恐怖分子就越多,直到遍布于屏幕上。该游戏试图向玩家阐明的观点:轰炸不是赢得反恐战争的方式。非娱乐游戏开发的出发点很简单——如果你要玩游戏,那为何不在这个过程中学习一些重要的东西呢?

资料来源:克莱夫·汤普森(Clive Thompson),《纽约时报》,2006年7月23日。

新媒体对儿童的影响

关于新媒体对儿童社会和智力发展的影响,尤其是面向青少年对虚拟世界日益欢迎的现象，人们看法不一（见第十七章）。儿童虚拟世界与成人虚拟世界非常相似。在企鹅俱乐部（Club Penguin）网站上，孩子们可以创建虚拟身份、社交、冒险和玩游戏。从积极的一面来看，虚拟世界被认为是比看电视等消极的娱乐方式更"强大和吸引人"的替代品。一些研究进一步表明，虚拟世界还可以成为孩子们提前排练他们在现实生活中将要面对的事情的宝贵场所。在英国广播公司赞助的一项研究中，来自威斯敏斯特大学的大卫·戈莱特（David Gauntlett）教授和利兹·杰克逊（Lizzie Jackson）教授对第一批测试虚拟世界游戏《冒险岩石》（Adventure Rock）的儿童进行了调查和采访。[40] 这个在线世界是比利时游戏制作人拉森（Larian）为英国广播公司的CBBC频道建造的虚拟主题岛屿。

这项研究考察孩子们使用虚拟世界的方式，并从他们那里寻求关于该虚拟世界好坏方面的反馈。戈莱特教授说，研究显示，儿童在探索虚拟世界和使用他们所掌握的工具时，扮演了8个角色之一（见表13.3）。有时孩子们是探险家，有时他们是热衷于与其他玩家联系的社交活跃者，一些则是超级玩家，他们正在寻找有关虚拟空间工作的更多信息。

表13.3 游戏中采用的角色

探险家—调查员——专注于游戏"探索"和解谜
自我标印——专注虚拟形象的创建和个性化
社交活跃者——富有竞争力，关注提升和排名
战士——因物理攻击有限而未能击败鳄鱼，由此感到沮丧
收藏类消费者——收藏游戏页面和金币，热衷商店和礼品
超级玩家——玩到3个小时以上，对游戏本身的运作感兴趣
养成者——想和其他玩家见面并玩耍，想养宠物和有睡觉的地方
生命系统建构者——因未能开辟新土地、增加新元素而苦恼

戈莱特教授说，网络世界是非常有用的练习空间，孩子们可以在这里尝试各种各样的东西，而大多不用考虑他们在现实世界中如此尝试所产生的后果。他认为，尝试《冒险岩石》的儿童获得了许多有用的社交技能，并以比现实生活中更加困难的方式使用自己的身份。孩子们似乎喜欢虚拟世界，因为在这里有创造音乐、漫画和视频等内容的机会，还有衡量他们在世界上与其他人相比处于怎样地位的工具。

许多父母也为这些虚拟世界辩护。[41] 与经常被指责利用虚拟世界逃避现实生活和发展其他身份的成年人不同，这些父母认为孩子的虚拟体验是他们现实世界关系的延伸。孩子们通常不是在网上结识新的、可能令人害怕的陌生人，而是使用虚拟世界作为与学校里的朋友交流的一种方式。玩游戏后不久（或同时），他们就在电话中或第二天在学校就此谈论。一些家长还认为，孩子们在创建"家"的相关成本方面获得了非常真实的经历。孩子们可能会花数小时去探索、收集和购买建立他们的世界所必需的物品。例如，秀娃（Webkinz）虚拟世界让孩子们为他们购买的秀娃毛绒动物创建在线的生命。

网络营销商托德·科皮列维兹（Todd Copilevitz）为此类网站的价值辩护道：

> 如果我没有弄错的话，我女儿现在正想办法买下她的下一个17号秀娃。在网络上，每个玩偶都有一个参照物，里面有朋友、一个房子、抵押贷款以及丰富的幻想世界。突然，她的想象世界因为网络体验丰富起来了。那是《超级护林员》(PowerRangers)从未传达的东西。[42]

但是，批评者对这些虚拟世界表达了一些担忧。对这些虚拟世界进行评论的常识媒体表示，在企鹅俱乐部虚拟世界里，当小孩子试图和其他拒绝他的企鹅交朋友时，问题就会出现。一位评论家解释说："在这个用图标而非语言沟通的虚拟世界里，当提出'想成为朋友吗？'人们很容易得到一个刻薄的面孔图标。然后不友善的企鹅不见了，那只受伤的、无依无靠的企鹅则独自在想它做错了什么。你也可以无缘无故地随意向企鹅扔雪球。"[43] 一些家长承认，这样的经历可能会让他们的孩子非常沮丧。另外有批评者说，这些网站宣扬物质主义，奖励用金钱为角色买装备的玩法。如果充值成为会员，你可以得到更好的"装备"。评论家也担心玩家会对这些虚拟世界上瘾。目前仍需对儿童在线游戏可能带来的潜在益处和危害进行大量研究，大多数专家建议家长花时间观察儿童的虚拟体验，设定限制并平衡在线游戏与其他活动的时间。

"过时"游戏的价值

新媒体并不是现代游戏中唯一引发对儿童教育和社会发展关注的因素。布朗大学文化历史学家霍华德·楚达科夫（Howard Chudacoff）认为，儿童游戏的巨大变化可以追溯到1955年10月3日米老鼠俱乐部的电视首秀。[44] 米老鼠节目很快便成为一个文化图标甚至是定义一个时代的现象，但这个节目本身并非楚达科夫的关注重点。他说，但更重要的一点是，这一天美泰（Mattel）玩具公司开始对一种名为"雷霆爆破"（Thunder Burp）的玩具枪进行广告宣传。该广告之所以意义重大，是因为它标志着第一次有玩具公司试图在除圣诞节以外的时间段在电视上兜售商品。楚达科夫说，几乎在一夜之间，孩子们的游戏就前所未有地集中在玩具本身上了。

"让我感兴趣的是，当我们今天谈论游戏的时候，首先想到的便是玩具。"楚达科夫说，"而当我想到19世纪的游戏时，我会想到这是一项活动，而不是一个物体。"[45] 他最近发表的《儿童游戏史》(History of Child's Play)认为，传统上，儿童游戏是成群结队地或大或小且大多无人监管的小组，随心所欲地想象的游戏。他们是海盗和公主，贵族和英雄。楚达科夫说，他们大部分时间都在做看起来毫无意义的事情。他们即兴发挥，自己制定规则，并且随时调整他们的规则。但在20世纪下半叶，游戏发生了根本的变化。孩子们不再把时间花在自主多变的想象游戏上，而是按既定的剧本玩更具体的玩具。比如，他们不再用树枝玩海盗游戏，而是用玩具光剑玩《星球大战》(*Star Wars*)。楚达科夫称之为"儿童游戏的商业化和合作化"[46]——一种开始缩小儿童想象空间的趋势。

但是商业化并不是想象力受到威胁的唯一原因。楚达科夫说，在20世纪下半叶，父母越来越关心安全问题，这驱使他们创造不被外界威胁渗透的安全游戏环境。空手道课、体操、夏令营——这些为孩子们创造了安全的环境。另外，他们可以帮助丰富孩子的心智，以满足那些日渐担忧孩子成绩的中产阶级父母，但是这样做比传统的和自发的想象游戏更正式、更有条理。

图13.12　创意游戏

游戏的变化，儿童的变化

显而易见，儿童消磨时间的方式已经改变，越来越多的心理学家认为，这些变化也进一步影响儿童的认知水平和情绪发展。想象类游戏实际上有助于儿童发展一种名为执行功能的认知技能，执行功能由多种不同要素组成，其核心要素是自我调节的能力。具有良好自我调节能力的儿童能够控制自己的情绪和行为以抵抗冲动，发挥自控和自律的功能。

但是研究表明，儿童自我调节的能力已经有所下降。[47]最近的一项研究重复了20世纪40年代末首次进行的自我调节研究，在这项研究中，心理研究人员要求3岁、5岁和7岁的儿童做一些练习。其中一项练习包括一动不动地站着。20世纪40年代，3岁的孩子根本无法站立，5岁的孩子可以站立大约3分钟，7岁的孩子可以站立的时间几乎与研究人员要求的一样长，2001年，研究人员重复了这个实验。但是，中部大陆地区教育和学习研究中心的心理学家艾琳娜·博德罗娃（Elena Bodrova）说，结果截然不同。

"如今5岁小孩表现出来的水平与60年前的3岁儿童的水平相当，如今7岁儿童表现出来的水平几乎还达不到60年前5岁儿童的水平。"博德罗娃解释道，"这些结果很不乐观。"[48]自我调节能力被认为非常重要，执行能力低下与高辍学率、吸毒和犯罪有关。事实上，在学校，良好的执行能力比孩子的智商更加能预示成功。能够控制自己的情绪和注意力的孩子更容易专注地学习。想象游戏之所以成为建立自律的有力工具，是因为做游戏这个过程中，儿童会进行自我对话：他们会和自己谈论自己要做什么以及如何去做。这种类型的自我调节语言已经在许多研究中被证明是执行功能的预测指标。

不幸的是，游戏的结构化程度越高，儿童的自我对话机会就越少。从本质上说，因为儿童游戏非常注重经验和等级，而且儿童玩具变得越来越抑制想象力，所以儿童没有练习自我管理的机会。据研究人员劳拉·伯克（Laura Berk）说，但凡他们有机会进行自我监管，结果就显而易见：自我调节能力得到提高或改善。[49]尽管有证据表明想象力游戏有诸多好处，然而，即便是在学龄前儿童的游戏中，他们的游戏占比也在下降。在某些情况下，老师和学校管理人员可能认识不到其价值。对考试的高度重视，促使老师们越来越早地开始对学生进行基础知识的训练，而玩耍可能被视为没有必要和浪费时间。因此，如今老师经常利用过去空闲的游戏时间来进行有组织的活动以发展认知技能。我们的文化似乎急于给予儿童一切好处——保护他们、激发他们、丰富他们——但可能无意中损害了最有助于儿童的一项活动。所有被游戏消耗的光阴并非都是虚掷。

本章小结

娱乐是我们生活中不可或缺的一部分，它可以从不同方面反映我们的世界，也可以投射世界的运作。正因如此，它不得不触及政府、政治、卫生、教育和环境等不胜枚举的重要社会议题。在本章中，我们探索娱乐可以从诸多方式上成为倡导者和教育者，形塑我们对问题的了解、思考和感受，影响我们作为政治公民和社会公民的行为。本章通过政治讽刺、音乐和体育等，记录政治与娱乐之间的悠久历史关系。同时揭示传统媒体和新媒体中新闻和娱乐的模糊性政见，并指出大量名人的参与增加了娱乐在政治中的重要性。本章强调如何利用传统娱乐和新媒体进行政治社会宣传和教化。此外，本章还回顾各种娱乐方式对我们的知识、观点以及社会和教育发展的影响，以及学者们对此所表达的各种赞扬和关切。

近观运动员及其倡议：象征社会正义的运动鞋

图13.13　星布里一号篮球运动鞋

斯蒂芬·马布里，这位才华横溢却饱受争议的纽约尼克斯队（Knicks）控球后卫，公众形象评级（Q rating）很高。但最近几天，马布里因推广一款"革命性"的篮球鞋而备受赞誉。星布里一号——名字源于马布里在球场上的绰号，其"革命性"在于它的花费还不如去毛伊岛的机票钱。该系列球鞋以14.98美元的价格出售。那是14.98美元，不是149.80美元。正如威廉·罗登（William Rhoden）最近在《纽约时报》上写的那样，"这是一个明星运动员鼓励儿童以75美元至200美元价格购买鞋子的行业"。

这双鞋不是用纸板和帆布做成的，却相当结实，马布里还承诺在NBA比赛中穿着它。他说,他这么做源于他与尼克斯队(Knicks)总经理伊萨亚·托马斯(Isaiah Thomas)就民权运动和他的最终遗产进行的讨论。

"托马斯向我解释我这一代人是如何未经世事的。他那一代人经历了我们从未想过的事情。"马布里告诉罗登,"对于我来说,能和他谈谈,并了解一下当时的情况,我看到了他为我创造的景象。这让我也想在历史上留下一些我的印记,让世人知道我是我所推动的事情的一部分。我们现在所创造的是全新的、革命性的品牌。"为契合其篮球鞋品牌倡导的社会公平的理念,马布里个人网站还呼吁访客"加入这项运动",其别致的徽章是一枚风格化的红星,对那些喜爱切·格瓦拉(Che Guevara)的人来说尤其亲切。

马布里不全是空谈。他有过把钱投在爱心慈善事业上的经历。他曾承诺捐助约50万美元援助卡特里娜(Katrina)飓风的受害者,随后在新闻发布会上还哽咽道,"这甚至与金钱无关。"他说,"现在,更重要的是让每个人团结在一起,拧成一股绳……我一直守护着我的孩子。你不会想别的事情,你只是把他们抱得那么紧,他们甚至不知道你为什么那样看着他们。你想在他们面前哭泣,但他们无法理解。"

星布里一号运动鞋由史蒂夫-巴里大学运动服装公司(Steve and Barry's University Sportswear)生产和零售,它们正以最快的速度生产并销售。正如史蒂夫-巴里大学运动服装公司的霍华德·谢克特(Howard Schacter)告诉我的那样,"我们和史蒂夫的愿景是,消除孩子们和父母为购买最新最酷的运动鞋和衣服所要付出的高昂代价和由此所承受的不可思议的压力。我们要说的是,这些东西你可以少付很多钱……消息一出,确实在这个国家引发了一场运动,作为消费者,人们认清了事实真相,即生产高质量的运动鞋和衣服并不需要那么多钱。"

但是因为它的价格和它作为社会公平类鞋类的销售,也受到了审查。运动鞋行业由于某些"血汗工厂"中极度恶劣的条件而臭名昭著。

谢克特说不存在这些问题。"我们是公平劳工协会的成员。"他说,"更重要的是,遵守法律和合乎道德的商业实践深深根植于我们的历史和文化。这种承诺是我们赖以成立的理念的基础部分。"

谢克特表示,成本之所以保持在低水平,原因在于他们"消除了中间人"的商业模式,即在史蒂夫和巴里的商店直营。同时他们也依赖消费者口碑,而不是全国性的广告宣传。

但主导反"血汗工厂"活动的一些人士对这种说法表示非常怀疑。吉姆·凯迪(Jim Keady)曾是圣约翰大学的前职业足球运动员和教练,现在是反"血汗工厂"组织公平教育的联合主任。他同时是新泽西州阿斯伯里帕克市(Asbury Park)议会议员。"界定血汗工厂的关键方法之一是工人是否有权创建工人拥有的合作性的或独立的行业工会,从而在工作场所发表独立、民主的声音。"他对我说,"即便如此,阿斯伯里帕克市的贫困率为30%。我知道孩子们想购买超出他们购买能力的运动鞋,因此能够买到可负担得起的运动鞋也是件好事。"

来自反"血汗工厂"的监督组织工人权益联合会的斯科特·诺瓦（Scott Nova）也不同意谢克特对史蒂夫-巴里劳工实践的信心。他告诉我说："我们发现史蒂夫-巴里的工厂里存在严重的侵犯人权行为，这家公司的反应也是好坏参半。在一次风波中，公司确实采取行动并取得进展。但在另一个案例中，我们发现并报道公司里面存在严重的侵权行为，包括经理对女工的性虐待，然而史蒂夫-巴里的反应缓慢而无效。值得称赞的是，史蒂夫-巴里公司尚在提供价格合理的运动鞋。"诺瓦紧接着说道，"但是这项道德等式还有另一面：制鞋工人。他们的报酬是多少？他们的工作条件如何？忽视工人的权利可以将一项值得鼓励的努力转变成另外一个"血汗工厂"的剥削案例。如果说这些鞋的低价意味着"血汗工厂"的恶劣条件和工人的低薪，那么企业的积极目标就会受到严重损害。斯蒂芬·马布里做的这些积极努力显然值得称赞，但如果能够解决工人的权利问题，他的努力将会更加得到肯定。"

马布里并没有就这方面问题接受采访，但很难想象他对海外工人的困境毫无同情心。因为他公开过他小时候曾在科尼岛（Coney Island）海滩上兜售汽水，在沙滩上艰难踱步，试图从参观这座著名游乐园的游客那里捞到一两美元。

正如吉姆·凯迪（Jim Keady）所说，"真正的扣篮便是，如果斯蒂芬·马布里站出来说：'我不仅希望穷孩子能负担得起我的运动鞋，我还想让他们的父母在科尼岛、贝德斯蒂（Bed-Stuy）或者阿斯伯里帕克市的工厂中拿到高薪。'"他说："想象一下：布鲁克林人为布鲁克林球员制作的运动鞋，他们会以14.98美元的价格卖掉吗？也许不会，但这将是其他运动员和企业家可以效仿的一个极好的模式。"

资料来源：戴夫·齐林（Dave Zirin），《国家报》[50]（The Nation）。

你怎么看？

马布里促进社会正义的愿望会因更便宜的鞋子还是更好的工作条件而更好地实现？

讨论与回顾

1. 电视脱口秀主持人在表达对政治问题的公正看法方面的作用是什么？你认为奥普拉对贝拉克·奥巴马的支持会让她的共和党观众反感吗？
2. 解释电视喜剧如何利用议程设置发表政治声明。
3. 你将如何让体育意见领袖为一个与体育无关的事业进行宣传？你如何把运动和事业联系起来？
4. 回顾娱乐被用于宣传和教育的例子，以及学者们就娱乐对儿童发展的意外影响所提出的赞扬和担忧。

第十三章　娱乐的宣传作用：政治、行动主义和教育

练习

1. 访问一个活跃的网站，如继续前进网（moveon.com），阅读它的目标声明。它的互联网广告存在是如何影响寻求有关民主党派信息的访问者的？这个网站也会吸引独立人士吗？为什么？
2. 利用一家大都市报纸的社论版面，将当天的政治漫画与头条观点相比较。两者之间有什么关系？这些漫画是否带有讽刺或偏见？
3. 阅读莎士比亚的原作，再与其电影相比较，如《仲夏夜之梦》（*Midsummer Night's Dream*）。看电影版本或者《克里夫笔记》（*Cliff Notes*）与阅读原文相同吗？这是赞成还是反对娱乐作为教育的例子？
4. 花些时间观察和/或采访几个小孩子（介于3~7岁）。找出他们喜欢玩什么，并让他们告诉你他们最喜欢的玩具和游戏。注意他们对涉及"想象"和"自由游戏"的活动的参与度，并记下笔记。在孩子们花费不同的时间所做的这些富有想象力/自由的游戏中，你是否看到了他们在气质、个性或成熟度方面有任何不同的特征？

书籍和博客

Baylis, J., Smith, S. and Owens, P. (2008). *The globalization of world politics*. 8th ed. Oxford: Oxford University Press.

Cagle, D. and Fairrington, B. (2007). *The best political cartoons of the year*, 2008 edition. Toronto CA: Que Publishing.

Gibbons, A. (2007). *The Matrix ate my baby* (Educational Futures: Rethinking Theory and Practice). Boston MA: Sense Publishers.

Hauss, C. (2008). *Comparative politics: Domestic responses to global challenges*. Florence KY: Wadsworth.

Singhal, A., Cody, M.J., Rogers, E.M., and Sabido, M. (2003). *Entertainment-education and social change: History, research, and practice*. Mahwah NJ: Lawrence Erlbaum Associates.

www.crooksandliars.com——提供《与媒体见面》访谈的文字记录。
www.world-o-crap.com/blog——每日发布针对最近事件的尖锐评论。
www.rolllingstone.com/rockdaily/index.php——汇总最佳抗议歌曲的榜单。
www.politics-line.com——汇集美国作家群体观点的政治评论平台。
www.motherjones.com——一个专注于政治新闻、评论和深度分析的调查性新闻网站。

第十四章　媒介娱乐

> 媒介即信息。
>
> ——马歇尔·麦克卢汉（Marshall McLuhan）

近一个世纪以来，媒介将信息和娱乐带进我们的家庭生活，而如今，在我们进行旅行和处理业务时，媒介也如影随形。本章介绍当今媒介化社会的新特点和未来发展趋势，内容涵盖书籍、报纸、杂志、广播、电影和电视，我们将关注每种类型的媒介的发展趋势。

图书和出版

出版业生产各种出版物，包括杂志、书籍、报纸和各种手册，此外，还生产贺卡、多媒体产品、日历和其他出版物。虽然出版业主要生产印刷品，但其他形式的出版物也日益增多，如音频、光盘或其他电子媒介，这些媒介给我们生活的世界带来丰富的娱乐形式，本章将逐一展开介绍。出版业的起源决定它的后续发展，因此我们先简述一下出版行业的由来。

早期开端

印刷史以技术创新与社会变革的相互促进为特色。当今印刷出版行业的诞生源于三大发明——文字、纸张和印刷的发明，以及一个至关重要的社会因素——读写能力的普及。在文字发明之前，信息只能通过口头传播。文字最初被认为是一种用来确立宗教形式或记录法典的方式。大部分古代文明开始使用各类文字进行公告、通信、交易和记录，但书籍的出版仍主要由宗教机构主导。

现代意义上的出版——为公众读者服务的印刷业——始于希腊、罗马和中国等非宗教国家的手稿。自古以来，印刷文字的力量不可低估，即使在内容传递日趋电子化的当下。

虽说印刷活动历史悠久，但真正被视为大众传媒鼻祖的其实是印刷术。采用雕版印刷术与可移动的泥活字印刷术进行印刷，是人们最早将油墨印刻到纸张上的方式。一份从594年流传下来的资料表明，印刷术起源于6世纪的中国，其诞生很可能是当时研究佛教经文之需所推动的。中国这一创新的举动极大地促进了印刷科技的发展，从而扩大了书面文字的影响范围。王玠868年出版的《金刚经》是世界上已知的最古老的印刷书籍。自932年到935年间，共130卷儒家经典被印刷成文。古人将数千个象形文字按类似字母表的方式排列成行，这是一种劳动密集型的印刷技术。

11世纪，金属板才被用于印刷，金属活字印刷技术最早始于1040年。欧洲人从埃及人那里学习雕版印刷后，于1375年开始使用这一方法进行印刷。15世纪50年代早期，欧洲文化的快速变革催生快速廉价地制作书面文件的需求。德国美因茨的商人谷登堡（Gutenberg）发明了一种技术来解决印刷的成本瓶颈。这种技术后来首次运用在了《圣经》的出版过程当中，到1476年，英国历史上第一家出版社着手印刷乔叟（Chaucer）的短篇小说集《坎特伯雷故事集》（The Canterbury Tales），该书由威廉·卡克斯顿（William Caxton）负责编辑、印刷和发行。由此，卡克斯顿为英语标准化作出了重大贡献，为他本人赢得了极大的声誉。

教会、政府、大学、改革者和激进派都迅速开始使用印刷技术，毫无意外，各种各样的尝试都是为了控制和规范这种"危险"的新交流方式。在接下来的3个世纪里，印刷出版业的自由成为行业目标，鼓励和抨击夹杂其间，从未停止；但到18世纪末，印刷出版自由的行业目标在西欧和北美很大程度上得以实现，大量印刷品得以流通。在19世纪印刷业实现机械化，在20世纪得到进一步发展，伴随着识字率和教育水平的提高，印刷文字最终成为影响思想，进而影响社会的有力手段。

在如今的美国，阅读行为有着明显的地理特征：在阅读消费上，东北部消费者开支最多，南部则最低，然而书店人流量最大的情况却出现在南部的内华达州、得克萨斯州和密西西比州，也许这一事实说明人们去书店除了买书之外还有其他目的！

关于出版

出版是一项复杂的商业活动，在此过程中，需要对文字与插图进行筛选、编辑和设计。出版商以图书、新闻报纸、指南和期刊的形式出售受版权保护的信息。在如今职业作家不断涌现、识字普及、零售业现代化和计算机大规模应用的时代背景下，出版行业成为大众营销行业，提供娱乐印刷品。大多数出版社起家于印刷或销售书籍，或二者兼有。尽管并购创造了体量巨大的出版集团，但新兴的电子出版公司仍在不断涌现。通过电子形式出版，数据可以在线传输到客户的计算机、磁盘或光盘等便携设备中。

与电子文档不同，打印文档使用便携，用户友好度高，并且能以多种方式呈现文档内容。我最近正在阅读汤姆·沃尔夫（Tom Wolf）的小说《夏洛特·西蒙斯》（I am

图14.1 书本

Charlotte Simmons），本人的阅读体验正是纸质印刷品如何传递和接收信息的例证。在一本杂志上，这本书的节选第一次引起我的注意，随后我看了报纸上的小说评论，听了录音带上的节选，最后读完这本小说的精装本。读完这本书后，听作者在广播里读了一章，又在电视上看到了他的采访。之后我参加他本人的签售会，也很期待将这本小说搬上大荧幕。我还将这本书的平装版送给朋友做飞行读物。

小说和非虚构作品的多元呈现方式，使得内容能够以便捷且经济的方式触达受众——去海滩带上一本好书，飞行途中翻阅杂志，报纸在我们上下班的路上陪伴着我们。再没有什么事情，能够比阅读那些缥缈远方、才子佳人和波澜故事的文字更加让我们浮想联翩了。印刷文体之所以能经久不衰，在于其将信息内容融入我们繁忙的生活，让我们实时掌握最新资讯、不断接受挑战和满足文娱。阅读印刷产品的一大缺点则是需要高度集中的注意力和较高的时间成本。不过，印刷产品阅读方式简易、无须过多感官输入，这一特性颇受青睐。因为这就使得人们不需要过度依赖其他媒介。

当今纸质出版行业正面临诸多重大挑战，主要包括盗版、传播方式日渐多样化以及急需技术革新等。当您通览本章对印刷载体形态与内容特质的深度剖析后，或许就能对《洛杉矶时报书评》（*Los Angeles Times Book Review*）提出的叩问——"出版业真的日薄西山了吗？"——作出更具思辨性的回应。

便携式印刷品：软精装书籍

在美国，图书出版业主要由几个体量庞大的公司主导，它们大部分位于纽约市，然而，美国一些中小型出版社正在蓬勃发展，特别是那些专注于某些领域的出版社。图书出版业近一半的收入来自教科书、技术、科学和其他专业类书籍，另一半则来自成人读物——这是书店中常见的类别——以及青少年读物、宗教书籍等。

悲观主义者认为，纸质书籍是过时的古董，会在与网络小说、有声书籍等（产品/替代品）的竞争中逐渐消亡，然而，我们对图书出版业的观察显示，尽管技术在不断进步，悬疑小说和台式汇编等特定类型的纸质图书仍然畅销。如果你认为所有纸质书籍都只是供机场中消遣，那么不妨考虑一下当前可供公众消费阅读的其他主要类别的书目：

- 普通版图书，包括成年人读物、青少年读物、小说和非虚构文学，这一类别的市场份额最大。烹饪和工艺类书籍占所有成年人读物的11%。想淘到质量上乘的普通版图书，多看《纽约时报》（*New York Times*）书评是最好的选择。

- 宗教书籍，属非虚构文学，多用硬封面和纸质封面装订。《圣经》(*Bibles*)和《圣约》(*Testaments*)占据了绝大部分的市场份额，宗教传记、历史和励志作品的市场份额仍在不断上升。
- 商务、法律、科学、技术和医学等非虚构类专业书籍多为精装和平装两种版本。英语书籍对出版商来说是一个日益增长的市场。
- 大学出版社教材与学术专著持续保持稳定销量，但经济型学生群体普遍倾向选择平装版本。值得注意的是，该细分领域的电子出版物市场呈现显著增长态势。
- 中小学教科书。对出版商而言，中小学教科书的销售额占据整个市场的14%，该类别中电子阅读出版物的份额也在持续增长。

聚焦数字版权　　　　　　　　　　　　出版行业解决版权难题　　418

图书出版领域虽未出现类似音乐行业纳普斯特（Napster）的盗版平台，但文字和图片的创作者仍需应对数字版权管理的棘手问题。在旧金山举行的西博尔德2004贸易展上，出版业专家在小组讨论中设想了各种数字版权管理可能出现的挑战，由此使得保护数字产品的方案源源不断地产生。

电子书的行业领先者EReader对其可下载的书目使用自制的许可方案，基于消费者用于购买书本的信用卡号，每本电子图书都有密钥。该方案在给予购买者广泛权利的同时，很大程度上终止了许可密钥的公开交易。由国际标准化组织（ISO）发布的版权表达语言规范（Rights Expression Language, REL）是一个很好的起点，这将为出版商提供一套传达其版权保护意图的通用框架。

"知识共享"（Creative Commons）是一个非营利性组织，它提倡通过"保留部分权利"实现对数字版权的管理，支持通过不同的技术手段来达到相似的目标。其方法是在每个文档中嵌入元数据，这些数据会表明作者所要寻求的保护级别。这一方案具有多重优势，特别是能够以三种形式呈现权利声明：包含专业法律术语的完整版本、机器可读版本，以及去除法律术语的通俗版本。更多关于"知识共享"组织的讨论，请参见第八章。

尽管文本出版商面临一些与娱乐公司相同的数字版权管理问题，如消费者接受度、可编辑性与易用性，但该行业也面临着一些独有的挑战。

资料来源：大卫·贝克尔，特约撰稿人，科技新闻（CNET News.com），2004年8月18日。

图书营销

写作或出版一本书并不意味着一定会有人购买。要想获得成功，就必须推广各种类型书籍。书籍的销售方案如下：

- 在机场、折扣店、批发店、食品/药品商店和超市销售的平装本这一部分，占总销量的20%，对应的市场份额为6.7%。
- 小说和非虚构体裁的精装与平装版本（近年在书友会中传播）将成为销售额持续增长的主力，占比为18%。
- 连锁书店如鲍德斯书店（Borders）贡献了成人图书26%的销量，而小型独立书店则主要经营绝版书（占比4%）、二手书以及小众市场图书（占比20%）。
- 传统的邮购图书的方式日渐式微，如今仅占5%的市场份额。
- 互联网购书，以亚马逊和巴诺为代表的线上图书销售平台则展现出强劲的增长势头，其发展前景不可限量。

教科书通常是由出版商直接卖给学校的。实际上，超过一半的售出书籍是通过非书店渠道供应的，包括校园书店、图书馆、学校本身以及批发商等。被称为"主打书"的新书是大多数书店维系经营的主要产品，而"常销书目"（backlist）如词典和圣经等经典出版物则长期保持印刷和销售状态。

图书营销的关键在于精准定位——准确识别并触达目标读者群体。出版业销售额的持续增长，主要得益于积极的媒体报道和广告投放策略。以电影衍生图书为例，热门影片带来的知名度能有效带动同名书籍的销售。如今，图书名称本身已成为一种品牌，出版商通过强化特定类型读者对作品的认知度来进行品牌化运营。成功的营销最终催生出畅销书，而这些畅销作品往往又能引领新的阅读风潮。

书籍预告片（Book Trailer）

一本书的封皮设计是最直观的视觉化营销形式。从最初的防尘保护层发展到提供关键的营销信息，封面和封底是最能吸引潜在消费者眼球的元素。最近，诞生了一种新的营销方式，这使得靠封皮设计的推销方式相形见绌——书籍预告片。这种时长2~3分钟的短视频，通过作者出镜与内容可视化呈现，生动演绎书籍精髓。

在图书营销的众多方式中，书籍预告片已经成为出版社在日趋饱和的图书市场中推销新书的主流方式。这种通过互联网或光盘上的书籍短片视频推广新书的方式，与今时今日善用互联网媒介的这一代消费者有了紧密的联系。此外，这种推广方式成本更低廉，制作成本从2000美元到5000美元不等，书籍预告片提供多种功能，包括吸引媒介眼球、虚构图书之旅、网络广告、零售视频、为购书者准备预售材料，以及帮助书友会促销。书籍预告片融娱乐与广告于一体，甚至出现在优兔视频网站上。专注于书籍预告片的公司有书流公司（Bookstream）、七环制作公司（Circle of Seven Productions）和拓展书籍公司（Expanded Books）。伴随书籍预告片而产生的是书籍预告片奖，如"最佳书籍预告片奖"（Standard's Book Video Awards）。就像过去书籍的封面一样，书籍预告片也将发展成为一种艺术形式，用一系列规则和艺术手法发挥商业价值。

聚焦图书公关：口口相传

在美国每年至少有5万名作家发布自己的作品，更有成千上万的作家出版电子书，其中的大多数作家都默默无闻。很少有人能够实现作者的最终目标——建立读者群。

图14.2

新书上市前的宣传和润色主要靠一种方法：抽样调研。大公司利用小组讨论、读者调研以及市场营销等方式来树立自己的品牌。这个过程类似于在花园或果园里播种以收获果实，你播种的种子越多，产出的蔬菜或苹果树的概率也越高。作家自己也可以用抽样或"播种"的方式来塑造图书品牌。

尽管大多数作者都对同行评审心怀忐忑，但现在出现了一种全新的评审方式。与其等到书籍出版后才看到评论，不如直接将书稿发布到网站上提前接受各方批评。《投资铀牛市：投资铀市场实用操作指南》（*Investing in the Great Uranium Bull Market: A Practical Investor's Guide to Uranium Stocks*）的出版商就采用公开的同行评审程序。

在发布该书电子版的前八章之前，他们便在其股票网站向订阅者发出通知：这本书将在6月18日晚上11:59开放阅读并接受评议。在电子邮件中，他们设置一条"告诉朋友"的备忘录以扩大这本书的预售规模。在这本书准备电子出版之际，订阅用户数量已激增近10%！这种创新的营销模式不仅扩大了读者基础，更通过吸纳多元意见显著提升了书籍质量。类似的前期测试还成功吸引了相关行业专家参与——以本书为例，多位股市专业人士贡献了宝贵意见。这种模式既丰富了研究维度，最终也为读者呈现了更优质的阅读产品。

资料来源：www.publishingcentral.com/artides/20060624-17-ld2e.html。

畅销书

小说和非虚构文学畅销作品排行榜最能体现当下的趋势。以下是21世纪前10年最畅销的小说和非虚构类图书概况，这些作品在当时极具影响力，深受读者喜爱。根据《出版人周刊》（*Publishers Weekly*），[1]此类书籍的销量进入年度前10名。年度畅销书排行榜是基于出版商为国内新书销售提供的出货量和账单得出的。

流行小说占美国图书销量的一半，这些书目在被奥普拉书友会（Oprah Book Club）推荐后销量飙升。该广播书友会成立于1996年11月，罗伯特·摩根（Robert Morgan）是它的受益者。在被奥普拉书友会推荐之前，摩根的作品售出不到1.2万本，而在其推荐之后，销量暴增至63.8万本。

2006年，由畅销书改编的电影《达·芬奇密码》(Da Vinci Code)上映，而另一部改编自电影《穿普拉达的女王》(The Devil Wears Prada)的新书也在当年出版。尽管根据小说改编的电影版本从来没有真正达到读者心中的期望值，但电影和小说之间的共生关系却在持续发展。

20世纪90年代，出版业因两项突破性运营策略的成熟应用而迎来重大变革：其一，系统化发行排期机制的建立；其二，一日铺货策略的演进——该策略通过全国范围的密集铺货，配合终端卖场的强效陈列体系，辅以纸媒与广播电视广告的密集投放，使零售商得以同步启动新书销售。这种集中铺货发行模式标志着现代出版营销组合拳的形成。

回想那些曾陪伴你在海边、山间的书籍，在度假胜地，在飞机上，或者在你睡觉前，它们无时无处不在你左右。书籍给读者带来哪些其他娱乐形式所没有的乐趣？你丰富的想象力能否把书本中的文字转变成栩栩如生的图画？当今日趋电子化的社会是否会让社会大众无法享受属于自己的"心灵剧场"？

除了文学小说能在我们脑海中构建恢宏的想象，非虚构类书籍也给我们提供了从其他信息来源无法获得的深度信息。相比小说类作品，非虚构类图书的销量波动更大，因为政治、经济和社会问题对这种类型的畅销书籍有着更加直接的影响。一本书的热度往往取决于新闻中出现的娱乐和体育人物或是好莱坞哪位明星写了回忆录。不同于资深畅销小说家经久不衰的名声，在此领域，公众的品位更嬗变，作家的走红往往昙花一现。

梦想和学习的能力往往取决于在我们成长过程中接触的文学小说和非虚构类书籍。剥夺孩子们对阅读的向往往往会抑制他们的创造力，削弱他们对我们所生活的世界的理解。通过保持印刷行业的活力和生机，我们在激发人类与生俱来的好奇心的同时，也培养了一代知识渊博的公民。书籍是一种廉价的、友好度很高的文娱方式——便携、深刻、令人愉悦。不妨和你的朋友互诉各自的畅销书阅读经历，它们是如何陪伴您度过闲暇之余的呢？

> **时事速览**
>
> 过去25年来，美国最优秀的小说作品包括托尼·莫里森(Toni Morrison)的《宠儿》(Beloved)，它被《纽约时报书评》(New York Times Book Review)选为当时美国最优秀的文学作品。紧随其后的是菲利普·罗斯(Philip Roth)的《美国牧羊犬》(American Pastoral)、科马克·麦卡锡(Cormac McCarthy)的《血色子午线》(Blood Meridian)、约翰·厄普代克(John Updike)的《兔子快跑》(Rabbit Run)和唐·德尔菲奥(Don DeLillo)的《冥界》(Underworld)。

图14.3 作家托尼·莫里森是1998年诺贝尔奖得主

聚焦图书：全球经典畅销图书名单

十大经典畅销书排行（小说和非虚构类）

1.《圣经》

最近的一项调查显示，截至1992年，《圣经》被译成2000多种语言，销售了60亿本。

2.《毛主席语录》（小红本）

从1966年到1971年，中国成年人人手一份。

3. 诺亚·韦伯斯特（Noah Webster）的《英语语法原理》（American Spelling Book）

这部由美国文学家诺亚·韦伯斯特（1758—1843）编纂的参考书的初版于1783年问世，在整个19世纪持续占据美国畅销书排行榜。

4.《吉尼斯世界纪录》（The Guinness Book of Records）

《吉尼斯世界纪录》最早出版于1955年，是当代出版行业最伟大的成就。

5. 威廉·福尔摩斯·麦格菲（William Holmes McGuffey）的《麦格菲读者》（The McGuffey Reads）

自1853年出版以来，这本书被一些权威机构多次出版，累计销量突破1.2亿册。

6. 埃尔伯特·哈伯德（Elbert Hubbard）的《致加西亚的信》（A Message to Garcia）

这部探讨劳资关系的具争议性作品于1899年出版后，短短数年间便创下惊人销量——这主要得益于众多美国企业主批量采购并分发给员工阅读。

7. 本杰明·斯波克（Dr. Benjamin Spock）博士的《婴儿和儿童护理常识》（The Common Sense Book of Baby and Child Care）

斯波克博士1946年的手册成为后代父母婴儿护理的圣经。

8.《世界年鉴》（World Almanac）

这本内容广泛的参考书自1868年以来每年出版一次，至今仍是最畅销的图书。

9. 杰奎琳·苏珊（Jacqueline Susan）的《玩偶之谷》（The Valley of the Doll）

杰奎琳·苏珊（1921—1974）这部充斥着情欲、暴力与毒品描写的小说于1966年首版后，或许成为全球最畅销的小说作品。玛格丽特·米切尔（Margaret Mitchell's）的《飘》（Gone with the Wind）以近2800万册的销量成为其最接近的竞争对手。

10. 牧师查尔斯·门罗·谢尔顿（Rev.Charles Monroe Sheldon）的《效法基督：耶稣会怎么做？》（In His Steps: "What would Jesus Do?"）

美国牧师查尔斯·谢尔顿（1857—1946）在1896年发表的这篇关于道德困境的宗教专著使他名利双收。

世界畅销小说名单

这份名单上的所有书籍在全世界范围内的销量都超过了1000万册，包括精装本和平装本：

- 《海鸥乔纳森》（Jonathan Livingston Seagull）——理查德·乔纳森·巴赫（Richard Jonathan Bach）
- 《大白鲨》（Jaws）——彼得·本特利（Peter Benchley）
- 《驱魔人》（The Exorcist）——威廉姆·布拉特（William Blatty）
- 《上帝小园地》（God's Little Acre）——厄斯金·考德威尔（Erskine Caldwell）
- 《第二十二条军规》（Catch-22）——约瑟夫·海勒（Joseph AcreHeller）
- 《杀死一只知更鸟》（To Kill a Mockingbird）——哈珀·李（Harper Lee）
- 《荆棘鸟》（The Thorn Birds）——柯琳·罗成（Colleen McCullough）
- 《佩顿广场》（Peyton Place）——格雷斯·梅塔琉斯（Grace Metalious）
- 《飘》（Gone with the Wind）——玛格丽特·米切尔
- 《1984》（Nineteen Eighty-Four）、《动物庄园》（Animal Farm）——乔治·奥威尔（George Orwell）
- 《教父》——马里奥·蒲佐（Mario Puzo）
- 《江湖男女》（The Carpetbagger）——哈罗德·罗宾斯（Harold Robbins）
- 《麦田里的守望者》（Catcher in the Rye）——罗姆·大卫·塞林格（J.D.Salinger）

图14.4 《大白鲨》卖出了1000万册

吉尼斯世界纪录最畅销作品是阿加莎·克里斯蒂（Agatha Christie）的作品，据估其作品已售20亿册。

《出版人周刊》每年都会汇编过去一年最畅销的精装版小说类和非虚构图书、专业领域书籍平装本和大众书刊平装本的目录。你可以在它的网站上或者通过图书年鉴上的信息查询。

资料来源：密歇根大学董事会（The Regents of the University of Michigan）。

推理悬疑小说——凶手究竟是谁？

克兰西（Clancy）和格里沙姆（Grisham）小说的销量表明，侦探小说是当今最受欢迎的图书类别。侦探小说的风靡始于埃德加·爱伦·坡（Edgar Allan Poe）在1841年出版的《莫格街凶杀案》（Murder in the Rue Morgue），这本书被认为是第一部真正意义上的侦探小说。侦探小说通常分为两大流派：以知识侦探［夏洛克·福尔摩斯

（Sherlock Holmes）和波洛（Poirot）]为特色的古典学派和以达希尔·哈米特（Dashielle Hammett）的作品为代表的美国硬汉学派。该类型下的子类型还包括以詹姆斯·邦德（James Bond）作品为代表的间谍小说，如《豺狼的日子》（Day of the Jackal），以约翰·勒卡雷（John LeCarré）作品为代表的反惊悚小说，以及以麦克贝恩（Mcbain）作品为代表的警探小说。

雷蒙德·钱德勒（Raymond Thornton Chandler）在20世纪40年代的一部悬疑小说《沉睡》（The Big Sleep）中创作了菲利普·马洛（Phillip Marlowe）一角，在作者笔下，他被塑造成悬疑小说史上第一位厌世的侦探，周旋于危险的蛇蝎美人之间。唐娜·塔尔夫斯（Donna Tratt）借用希腊悲剧《秘史》（The Secret History, 1992）引入了反向推理，读者从一开始就知道谁是凶手，阿尔弗雷德·希区柯克（Alfred Hitchcock）在其执导的悬疑惊悚片中运用了这一剧本模式。

经典悬疑题材依旧令人着迷，如阿加莎·克里斯蒂（Agatha Christie）的《无人生还》（And Then There Were None）一直是热门小说。但在1977年，当玛西娅·穆勒（Marcia Muller）创作《古董街谋杀案》（Edwin of the Iron Shows）时，第一位坚强的女性私家侦探［莎朗·麦康尼（Sharon McCone）］开始破案。女性侦探？没错。果敢的女侦探陪伴着女性的成长，带给她们冒险却又相伴左右的感觉。女侦探们与抽烟、喝酒和玩弄女性的男同事们形成鲜明对比，给悬疑小说带来了人文关怀。

 聚焦悬疑小说——女侦探的故事

悬疑小说中令人佩服的女侦探们包括。

1. 侦探林赛·鲍克瑟（Lindsay Boxer）

作为旧金山的凶杀案调查员，林赛在朋友的帮助下侦破凶杀案。克莱尔（Claire）是法医，吉尔（Jill）是一名助理检察官，辛迪（Cindy）是《旧金山纪事报》（San Francisco Chronicle）的犯罪报道记者。她们自称妇女专案组。这个不太现实的组合汇集了三姐妹的才能，总能将凶手绳之以法。该系列小说由詹姆斯·帕特森（James Patterson）创作。

2. 侦探卡洛塔·卡莱尔（Carlotta Carlyle）

身高约1.85米的红发卡莱尔是前波士顿警察，兼职出租车司机。她是一名独立的私人侦探，从宠物丢失到重大盗窃的任何事情都在她的业务范围之内。该系列小

图14.5 悬疑小说——女侦探的故事

说由内瓦达·巴尔（Nevada Barr）创作。

3. 侦探简·马普尔（Jane Marple）

简小姐是一位世界闻名的侦探，她精明且充满好奇。她对人性的了解给了她破案所必需的洞察力。该系列小说由阿加莎·克里斯蒂创作。

4. 侦探：斯蒂芬妮·普拉姆（Stephanie Plum）

赏金猎人普拉姆在新泽西州特伦顿追踪保释逃犯。她的同伴兰杰（Ranger）经常介入案件并为她提供建议，副警察乔·莫雷里（Joe Morelli）也参与了她的案子。该系列小说由珍妮特·伊万诺维奇（Janet Evanovich）创作。

5. 侦探兰马翠（Precious Ramotswe）

兰马翠是博茨瓦纳第一位女侦探。她卖掉已故父亲的牛，用此收入成立了妇女侦探事务所。事务所开业以来，兰马翠成功地破获了一系列案件。该系列小说由亚历山大·麦卡·史密斯（Alexander McCall Smith）创作。

6. 侦探简·怀特菲尔德（Jane Whitefield）

怀特菲尔德是一位美洲本地向导，她引领人们脱离的并非林木茂密的荒野，而是由索命敌人构筑的绝境。她独力经营着帮助绝望者逃离绝境的业务——凭借塞内卡族狼氏族的身份，她能戏耍任何追踪者，抹除所有踪迹，最终为委托人重塑全新身份。该系列小说由托马斯·佩里（Thomas Perry）创作。

男女读者都热衷于追随书中男女主角抽丝剥茧破解迷案的过程。作为旅途良伴与深夜消遣，"谁是凶手"类小说始终风靡——它们为喜爱悬疑的读者提供了电影银幕之外的可贵体验，让人在想象中畅享动作冒险的酣畅淋漓。

装点门面：茶几书

一位哲学家曾经说过："我们读什么样的书，便成为什么样的人。"但有些书不只有"读"这一种方式，一些含有超大图片的时尚刊物更适合略读。摆放一些附有价格标签、适合作为礼品的图书，有助于展示你在艺术、烹饪等多个领域的品位。和好莱坞上流人物同样吸引人眼球的是《好莱坞名利场》（Vanity Fair's Hollywood），它提供了一瞥另一个世界的机会。这本书有一大批拥趸，避开了批判或历史的敏感性，就像《现代银幕》（Modern Screen Magazine）杂志[2]的合订本一样。在这里，明星们呈现出他们纯粹迷人的本质。安妮·莱博维茨（Annie Leibovitz），带着孩子的麦当娜（Madonna），穿着内衣刮胡子的哈里森·福特（Harrison Ford）和没有穿衬衣的克里斯汀·斯科特·托马斯（Kristin Scott Thomas），他们这些图片都被收录在了《名利场》里。作为读者的我们窥探着富人和明星的私人生活，好奇摄影师是如何说服他们做出这样的摆拍的。

您还可以翻阅《好莱坞幕后瞬间》（Hollywood Candid），这本摄影集收录了默里·加勒特（Murray Garrett）精心挑选的150张20世纪50年代黑白照片，记录了好莱坞巨星们难得一见的居家时光。这些生动传神的镜头既充满幽默感，又展现了明星们不为人知的一面：素面朝天的琼·克劳馥（Joan Crawford）、爱娃·加德纳（Ava Gardner）那种从未在荧幕上出现的自然的笑容，以及在家中与猫咪嬉戏的马龙·白兰度（Marlon Brando）。这位曾为《时代》《生活》和《展望》杂志供稿的摄影师，用镜头捕捉到了明星们最具魅力的时刻——当他们卸下心防，展现最真实的自我之时。

系列丛书《一日光影》（A Day in the Life）以特定州郡的24小时为切片，用镜头凝结成可供细品的视觉盛宴。若想为生活空间注入时尚气息，不妨翻开时装典籍——《乔治·阿玛尼》（Giorgio Armani）这一奢侈品期刊以设计师理查·基尔（Richard Gere）的极简主义美学和超模军团名扬世界；而《中国雅韵》（China Chic）则以绛红为主题风格，将先锋东方文化史与设计师谭燕玉的人生轨迹巧妙交织。

旅行图志同样令人神往：《丛林秘境》（Jungle）带您领略夏威夷、马达加斯加与哥斯达黎加的晨光湖泊，从荧光橙蛙的腾空瞬间到雾霭氤氲的日出胜景；《巴西本色》（Brazil Incarnate）则在咖啡园、狂欢节与天桥风云的每一帧里，萃取这片土地的享乐主义精髓。阿根廷摄影师安东尼·苏安（Anthony Suan）的黑白镜头尤为惊艳，无论是街头游荡的少年，还是对镜理妆的变装者，都成为他诠释这片热土的生动注脚。

若想开启历史之旅，《明信片上的世纪》（The postcard century）不容错过——这部收录2000张卡片及背后故事的图鉴，从1927年林白（Lindbergh's）驾驶的"圣路易斯精神号"，到20世纪90年代海滩上穿着艳色人字拖的游客，包罗万象。琳达·麦卡特尼的《60年代记忆》（Sixties）则带您重回摇滚诞生的黄金岁月，书中221幅黑白与32幅彩色插图，不仅记录着那个时代的音乐浪潮，更以亲历者视角揭秘披头士乐队——尤其是她丈夫保罗·麦卡特尼的幕后故事。

出版商的畅销货架常被这类书籍占据——那些为展示与馈赠而生的精装图册，即便出版数年仍会跻身促销行列。折扣策略从未削弱它们的魅力，更无损其在美国客厅中的崇高地位。这些书籍如同双面镜，既折射赠礼者的品位，又映照受赠者的格调，最终在茶几与展台上赢得显著席位。在这个视觉至上的时代，人们正通过精心策划的桌面景观完成自我定义。那些装帧考究的摄影合集，既是图解化的历史百科全书，更是欲望的美学标本库。下次造访友人寓所时，不妨留意客厅陈列的咖啡桌书籍——这些沉默的展品，或许比主人亲口所述更直抵灵魂。

漫画书

艺术家和作者们觉察到报纸上出现的连环漫画很受欢迎，于是开始以书籍形式出版长篇漫画集。第二次世界大战期间，士兵需要在闲暇之余放松自我，于是漫画书便流行了起来。但是对于在外远征的美国士兵们来说，他们看漫画所获得的慰藉远远超过了放松这一感受。曾经被称为"纸上电影"³的三部漫画一度影响了儿童的幻想生活，赋予他们战胜噩梦中怪物的超能力。不久，漫画中的怪物形象开始手持武器重返舞台，成为战争题材的象征。当漫画暴力盛行时，漫画行业建立了反暴力自我审查制度，并将其推广到家庭戏剧、插叙漫画、政治讽刺作品、戏仿作品和成人漫画中。

超人，这位温和绅士的救世主，堪称美国超级英雄的纯粹典范。⁴他秉持着对正义与公平的信念，超越了民族与宗教的界限。以记者克拉克·肯特的身份隐匿神力时，他始终保持着旁观者的清醒视角——无论是作为星球遗孤还是都市守护者，都冷静审视着这个世界。"为真理、正义和美国精神而战"的宣言，使超人成为20世纪30年代美国核心价值的化身。诞生于大萧条时期的国家信心低谷时期，这个角色被赋予的使命并非惩戒罪恶，而是拯救无辜：他曾驰援田纳西州洪灾中的灾民，解救俄克拉何马州沙尘暴区的受难者，甚至为贫民重建家园。在那个失去纯真的年代，氪星之子用希望重振了整个民族的精气神。

超人这一漫画人物的出现决定了从英雄到超级英雄的概念转变，超越了现实世界，走向了更加宏大的范畴。超级英雄远离人类的日常情感纠葛，一心专注于拯救世界的使命，永远客观理性。漫画的系列化使超级英雄能够不受限制地完成一个接一个的探险，这是漫画英雄的基本剧本模式。超级英雄能够延续至今，还要得益于漫威漫画的编辑师斯坦·李（Stan Lee）的加入。李赋予超级英雄更多人性，他笔下的超级英雄们不再是高高在上的神祇，而是具有人类情感的矛盾角色。

 聚集斯坦·李

图14.6 斯坦·李所创造的角色

2009年已87岁高龄的斯坦·李是最高产的漫画家之一，他作为蜘蛛侠、无敌浩克、神奇四侠中的"石头人"及X战警的创造者，在20世纪60—70年代为孩子们打造超级英雄，如今这些超级英雄正活跃于互联网时代。李创造的漫画英雄角色独具魅力之处在于，他们都被塑造成了有血有肉的人，他们拥有超级能力的同时又有普通人的脆弱。李所塑造的角色都会面对生活中的困境和世俗的烦恼，如家庭斗争，让读者仿佛能够读到自己一般。

以蜘蛛侠为例——这位英雄病态地执着于社会地位与世俗成就，甚至厌恶战斗；神奇四侠作为非传统家庭组合，内斗时间几乎与对抗反派相当；而绿巨人浩克的本体，实则是被伽马炸弹异化为狂暴巨人的温顺核物理学家布鲁斯·班纳（Bruce Banner）。

斯坦·李笔下的角色，恰恰折射出美国社会渴望并认同的英雄范式。蜘蛛侠"能力越大，责任越大"的座右铭，道破了李的创作哲学。他塑造的超级英雄更崇尚动作美学而非暴力宣泄，深刻影响了众多艺术家、作家及电影人。"我厌恶过度暴力。"李曾坦言，"那些父母愿意让孩子阅读的精彩冒险故事，才是我的选择。"[5]李采用现在时态的叙事赋予英雄们即时生命力，使他们永远生活于大众的集体想象中——这种"正在进行时"的史诗感，让60年前诞生的角色至今仍在与新时代读者对话。

尽管超级英雄仍是流行文化的重要符号，但他们的形象已在影视与游戏中悄然进化：克拉克·肯特虽仍是懦弱书生，却已从报社记者转型为电视新闻主播；神奇四侠依旧从公寓起飞迎战毁灭博士，但会为租客会议这类琐事分心。为迎合当代观众的审美趣味，英雄们给自己缝制了一套英雄装备（蜘蛛侠），将旅行支票别进裤腰（浩克的布鲁斯·班纳），甚至更换养父母（超人）。在时髦的改编版本中，正邪界限变得模糊——但最终恶人仍难逃正义铁拳。如今的读者不再迷信全能英雄，更青睐那些兼具脆弱与英勇特质的多元角色。

你怎么看？

从超级英雄到更具人性的"普通人"，你对当今的流行文化有何看法？

非主流漫画

这类以成年读者为目标受众的另类漫画，几乎完全由男性创作、为男性而作。这种漫画类型的根源可以追溯到罗伯特·克拉姆（Robert Crumb）的漫画书——《扎普漫画》（*Zap Comix*），这本漫画册在20世纪60年代定义了地下漫画。最近成功的另类艺术家丹尼尔·克洛维斯（Daniel Clowes）创作了一系列以成人为对象的漫画《八号球》（*Eightball*）。受从"花生"到朋克摇滚和魔幻现实主义等各种因素的影响，克洛维斯以回忆录式的叙事手法，将漫画这一媒介提升至一种全新的艺术层次。[6]他得到了另类漫画的最大出版商——幻图出版社（Fantagraphic Books）的赞助，该社出版了大量该国最好艺术家的作品。

克洛维斯的故事是梦幻而令人不安的，故事总是发生在霍帕雷斯克酒吧和汽车旅馆，孤独的人经常被噩梦、启示录的谣言和性欲所困扰，而与众不同的是他对语言的敏锐感觉。他最著名的作品是1998年的一本图文小说《幽灵世界》（*Ghost World*），讲述了两个心怀不满的高中毕业生埃尼德（Enid）和贝基（Becky），他们嘲笑每个人都是"假波希米亚"失败者。这一生动的青少年形象被拍成了同名电影。他还将所作漫画片段和节选画面的外框作为艺术品出售。

今天，漫画家和艺术家之间相互影响，这些相互交融的作品不仅进入艺术画廊，也作为茶几读物陈列在家庭和公共空间中。漫画家查克·琼斯（Chunk Jones）的画廊展示着他所绘制的一个个栩栩如生的卡通人物，价值数千美元。在这类作品中，艺术和文字被构思并融合到一个单一的媒介中，漫画已逐渐发展为一种与传统小说比肩，甚至更具表现力的叙事艺术形式。

社交读物

你是否曾在书店与人相约、享用咖啡，或参加作者的签售活动？大部分人都有过这种经历。咖啡馆、阅读区、倾听区，甚至还有讨论区，书店已经将阅读变成了一种时尚，旧金山的鲍德斯书店坐落于联合广场附近的一座多层建筑里，这里吸引了数百名读者蜂拥而来，在这里读物陪伴他们共度良宵。

鲍德斯书店和巴诺书店的分店遍布市区多处，它们将阅读体验融合进周围场景，已成为准图书馆，内部配有舒适的椅子，做研究的桌子，即便没有购买意图，读者也可以自由翻阅书架上的图书。尽管更多的传统书商，如走高端路线的里佐利书店，也许已经开始这种书店"图书馆"化的趋势，但是现在书店的市场导向已经从规模为主转变成品质为王。

在旧金山"城市之光"等特色书店与珍本书店淘书固然风雅，却难媲美大型连锁书店的社交活力。这些文化综合体通过作家签售、学者对谈、音乐演出等活动持续制造流量，最终将亲密社群转化为消费行为——当集体淘书成为对抗网络冲浪的线下仪式，这种趋势正以鲍德斯书店的成功为注脚加速蔓延。而星巴克等咖啡品牌的入驻，更完美契合了当代人"左手持卷、右手社交"的复合需求。

出版展望

2004年至2014年间，除软件业外，出版业的薪酬预计将增长7%，而所有工业行业的增幅为14%。随着社会对新闻和信息需求的不断增长，出版业将走在各行业的前列，各种出版物包括书籍、报纸和杂志不断更新着人们的认知。但是，生产效率的提升和更多自由撰稿人的出现将抑制就业增长。

相比于过去，期刊、图书和杂类出版将会增长缓慢，尽管图书出版行业的并购日益减少，但杂志出版行业的并购案例将会增多，在提高行业效率的同时减缓了就业增长。

不过，有几大类出版应会有所增长。预计未来10年，因高中和大学入学人数的增加和在课堂实施新教学标准的需要，教科书出版行业将会从中受益。2002年以来，全日制本科入学率增长最快。如今，教科书占整个出版行业销售额的40%以上，而在20世纪90年代初，这个数字仅为25%。

科学和技术类书籍、期刊向公众传播新知识的作用仍然不可或缺。随着越来越多的出版企业使用这种方式直接向客户推销新产品并保持客户忠诚度，专业公司、杂志出版商或报纸出版商为客户定制时事通讯和杂志的业务也有望实现增长。

一度受到电子媒介挑战的国际出版商们现如今认识到了世界对纸质印刷出版的持续需求。现在我们可以通过各种语言和实体形式获得书本内容。我们可以买到磁带和光盘上的书，甚至可以在我们的电脑和掌上设备上下载。事实上，大多数报纸和杂志社都有官方网站，在这些网站上，其大部分社论文章都可以直接浏览，这表明传统纸质出版商们已经接受了互补而非竞争的商业模式。书籍和电影的出版发行成为相互助推的模式，即以电影剧本刺激平装本发行，以精装本为脚本翻拍电影。

总体来说，尽管有悲观的论调，但出版行业还是存活了下来并且发展前景良好。事实上，这是多产和繁荣的10年，如果你仍存疑虑，请登录亚马逊网，内附大量阅读材料供读者阅读，或者去当地的大书店看看琳琅满目、一眼望不到尽头的书架，全球各地的报纸、杂志、小说和非虚构类文学书籍一应俱全。随着新产品的注入，出版行业无疑会在各行业中蓬勃发展，当然，你也可以去大学书店窥斑见豹！

图书对社会的影响

书籍最重要的作用是普及教育和文化。大约1650年以后，阅读材料的大量增加促进了教育向中产阶级的普及，尤其是向女性的普及。18世纪，中产阶级加入散文小说读者的行列，不太富裕的人们则购买包含故事和叙事歌谣的年鉴和廉价畅销的故事书。如今，非虚构类文学传记和科学探究书籍畅销世界，而教育机构成为教科书出版商的巨大市场。

图书市场的增长自然带动了图书馆数量的增长。商业借阅图书馆和免费公共图书馆为各行各业的人们提供服务。人们担心图书行业的免费准入会抑制销售，但令出版商惊讶的是，图书馆不但没有抑制反而促进了图书的销售，图书馆本身就是市场。

欧洲的审查制度在19世纪中叶逐渐式微并最终消亡，而美国则始终通过司法体系下的诽谤法行使内容监管。对印刷品的管控主要围绕三大争议展开：诽谤中伤、淫秽内容与国家安全。时至今日，仍有许多国家对其国民的阅读物施加审查。

盗版是侵犯版权的行为，盗版商不需要支付作者和出版商版税即可随意印刷和发行。不过自从光盘技术问世以来，盗版行为也不再那么猖獗了。

黑白读物：报纸

报纸虽轻薄，却承载着大量信息，其重量远轻于一般的茶几读物。一位英国作家曾说："人们需要获取新闻，就好比人类需要眼睛一般。"[7] 对于美国最重要的报纸出版商的威廉·伦道夫·赫斯特（William Randolph Hearst）来说，新闻就是"某些人希望版面被广告所覆盖，而非对事实真相进行揭露"[8]。这两个动机都为现代报纸的发展做出了贡献，尽管广播和电视对其冲击十分剧烈，但现代报纸仍然吸引着全世界数百万的普通读者。

报纸可以按天或周计数出版，上午或下午出版；报纸可以为一个小镇的几百名居民、一个国家甚至国际市场提供出版服务，报纸与其他类型的出版物不同之处在于直接性、引人眼球的标题和对各种时事的针砭。报纸对"地球村"中人们关切的国际问题进行报道，阐释自己的观点。

报纸在出版行业中雇佣人数最多。报社通过驻派记者和通讯员报道当地和世界各地发生的事件。尽管大多数报纸的报道内容都是地方性的，但报纸行业仍由拥有全国大部分报纸发行权的几家大公司所主导，同一公司在某地区拥有多家报纸的现象日益普遍，这被称为"产业集群"。这样，报纸行业可以大幅提高生产效率。例如，一家广告销售代理现在就可以为多家报纸销售策划广告版面，而这些报社也共用一家印刷厂。[9]

美国每年的报纸销量超过450亿美元，每天有6000多万份报纸售出，每周发行5500万份付费版和免费版周报。[10]在美国出版的1万份报纸中，只有不到15%是日报。这些数据对报纸行业的影响是深远的。要了解日报的受欢迎程度为何会下降，我们必须换个角度进行审视。

美国几大报社：

- 国际和国家新闻（日报）——《今天美国》(USA Today)、《华尔街日报》(The Wall Street Journal)
- 都市和/或地区新闻（日报）——《波士顿环球报》(Boston Globe)
- 本地新闻（日报）——《橘郡纪事报》(Orange County Register)
- 大众新闻（非日报）——《旧金山湾卫报》(San Francisco Bay Guardian)
- 少数族群新闻——《美国阿拉伯裔消息》(American Arab Message)
- 第二语言——《中国时报》(Chinese Times)
- 军事新闻——《夏威夷海军新闻报》(Hawaii Navy News)
- 专业新闻——《女装日报》(Women's Wear Daily)、《法制快报》(Law Bulletin)

报纸的读者

美国报业协会数据显示，尽管贝塔新闻（BetaNews）2008年9月报告指出年轻读者数量下滑，全美50大都市区的报纸读者基础依然稳固。但网络新闻消费正呈上升趋势——行业调查表明，20%的受众已转向网络获取新闻，而非传统报纸与广播电视。[11]

在线报纸用户呈现年轻化特征：18～34岁用户占比达40%，较非网络用户同年龄段36%的占比更具优势。[12]若将纸质阅读者与网络用户合并计算，报纸媒体对市场成年人群（尤其是年轻群体）的覆盖率显著提升。2008年春读者协会调查显示，非读者群体占比为36%，但读者平均每周工作日阅读时长达27分钟，周日更达57分钟。

报纸的功能

自印刷术诞生以来，报纸始终是新闻传播的重要载体。在摆脱政治势力与工会束缚后，当代严肃报刊已转向为时事提供深度报道、专业分析和独到见解。随着读者素养的普遍提升，报纸在财经、文化艺术及社会议题领域的报道质量越来越受到重视。

除了最新的本地和全球事件，报纸还向我们提供参考评论和意见。社论提供了对经济和政治重要问题的看法，但我们最喜欢的是日常生活中的平凡而深刻的幽默与乐趣。专栏作家经常会为我们报道社会上发生的八卦信息；少数明星专栏作家则以幽默和戏仿来取悦读者，从而吸引订阅者和周末读者；时政评论也多以政治漫画的方式呈现。这些名人和政要的讽刺漫画取笑政府和军事人物，让读者看到了新闻事件荒诞的一面。

尽管报纸或许并非最具娱乐性的媒介，它却是通往娱乐资讯的重要门户。其文化版块为读者提供艺术与电影行业的最新动态、专业评论及潮流趋势；当我们计划观影时，报纸上的排片表与影院指南仍是首选参考。对大多数人而言，浏览明星八卦与娱乐广告版，往往是开启休闲活动的序章。对于那些习惯在早餐时翻阅晨间新闻，或青睐便携折叠设计的读物以便通勤阅读的人而言，报纸在时效性与便捷性上依然无可替代。

幽默漫画

视觉叙事渗透于所有印刷载体：单幅讽刺漫画（cartoons）令人想剪下来贴在冰箱或办公室门板上；连环漫画（comics）则以横向分镜呈现于报刊书籍中，构成连续叙事；多格漫画（comic strips）专攻笑料抖包袱，而超级英雄故事则属于漫画书（comic books）范畴。相较而言，图像小说（graphic novels）常含暴力美学，传统漫画则更具亲和力。

第一幅漫画出现于1734年，但直到19世纪中叶，《笨拙》（Puck Magazine）杂志才在伦敦和美国出版了第一期印刷着卡通封面的漫画。早在1900年，连环画《巴斯特·布朗》（Buster Brown）、《马特·杰夫》（Mutt and Jeff）就出现在纽约和旧金山的报纸上。到1920年，《船长和孩子们》（Captain and the Kids）、《卡家一族》（Katzenjammer Kids）和《菲利克斯猫》（Felix the Cat）以连载漫画的形式出现，《巴克·罗杰斯》（Buck Rogers）则出现在《令人惊叹的故事漫画》（Amazing Stories）8月刊中。

到1930年底，《泰山》（Tarzan）和《大力水手》（Popeye）诞生，随后的20世纪30年代诞生了《金发女郎》（Blondie）、《米老鼠》（Mickey Mouse）、《迪克·特蕾西》（Dick Tracy）、《艾黎·奥普》（Alley Oop）、《莉·艾布纳》（Lil Abner）、《飞侠哥顿》（Flash Gordon）和《特工X-9》（Secret Agent X-9），1936年，漫画发行机构建立，侦探和动作漫画《超人》（Superman）首次亮相。漫威漫画的蝙蝠侠和唐老鸭形象两年后诞生。到20世纪40年代，《神奇女侠》（Wonder Woman）和《波戈》（Pogo）等西方漫画出现，《淘气阿丹》（Dennes the Menace）、《桃小姐》（Miss peach）和《安迪·开普》（Andy Capp）

盛行于报纸上。朱尔斯·费弗（Jules Feiffer）于20世纪50年代开办了自己的漫画公司。第一届漫画大会于1963年在纽约举行，1966年，第一个漫画艺术博物馆在日本大宫建成。20世纪70年代则是《身份大冒险》（Wizard of Id）、《漫威超级英雄》（Marvel Superheros）、《恐怖的夏甲》（Hagar the horrible）、《史酷比》（Scooby-Doo）、《飞石》（Flintstones）、《瑜伽熊》（Yogi Bear）和《飞鼠洛基冒险记》（Bullwinkle and Rocky）的天下。

连载漫画

连载漫画很受报纸读者的欢迎，有些人拿到报纸就是为了看连载漫画。连环漫画分为10大类：[13]

- 四格抖梗漫画——一般会在第四节以一桩令人惊讶的趣事神反转；故事角色具有连续性，如《花生》。
- 单主角漫画——通常角色较少且故事情节跌宕起伏，如《孤儿安妮》（Orphan Annie）。
- 固定班底漫画——常驻角色与客串人物共演长短单元，如《至尊神探》（Dick Tracy）中的反派群。
- 情境卡通漫画——无主线的生活切片，如《金发女郎》。
- 时光流逝连环画——角色随现实时间成长、衰老，如《汽油巷》（Gasoline Alley）。
- 专业领域漫画——深耕单一主题，如《乔·帕洛卡》（Joe Palooka）和拳击题材，《史蒂夫·坎农》（Steve Canyon）和飞行主题。
- 冒险连环画——对抗绝境的史诗性叙事，如《超人》（Superman）。
- 幻想连环画——动物拟人化讽刺，如《唐老鸭》（Donald Duck）。
- 主题连锁漫画——多场景主题拼贴，如《有趣的高尔夫》（Fun Golf）、《童年乐事》（Joys of Childhood）。
- 系列连载漫画——以连续叙事呈现历史传奇，如《勇敢的王子》（Prince Valiant）的前传或续篇，或通过励志纪事传递积极价值观，如《玛丽·沃斯》（Mary Worth）。

图14.7 《花生》（Peanuts）是查尔斯·舒尔茨（Charles Schultz）畅销的报纸连载漫画

报纸的趋势

纸张和运输成本不断上升，《洛杉矶时报》（Los Angeles Times）等大都市日报不得不减少社论以腾出空间来换取更多的广告收入。从广告的销售来看，报纸52%的收入来自版面的零售广告，36%来自分类广告；全国性广告仅占广告收入的12%。广告费是以发行量和订阅量为基础的，而且在逐渐下降。因此，大多数大城市只能支持一份日报。在报社不断努力留住读者的过程中，大都市日报增加了关于生活方式、国际商务、健康和本地新闻的内容。

过去20年的财务策略带来了收益，但可能也埋下了长期的隐患。只顾追求读者基数而不重视读者圈的生态建设，尽管短期有利可图，但出版行业在培训、研究和开发等方面的投入相对较少，在长期项目上的投入也相对较少，无法挽回流失的客户，或吸引新的读者群。当利润滚滚而来时，谁又愿为吸引低收入群体而额外投入大量新闻采编成本呢？

图14.8　全球各地的报纸

当前趋势表明：尽管日报发行量持续萎缩，但周日版与社区周报正逆势增长。随着民众日益依赖杂志获取全国新闻、通过电视了解地方动态，报业将重心转向本土名流特写、校园体育赛事及社区活动报道。通过增设文化版块提供娱乐评论、表演艺术资讯及电影排期，辅以分类广告与优惠券吸引消费群体，报纸正在重构其在地化生存策略。

《商业日报》（*Business Day*）[14]报道称，主流大报正逐渐容忍发行量的下滑，因为获取和维系新订户的成本已居高不下。然而，此刻整个行业面临一个关键抉择——凭借其历史积淀与相对优势，报业是否应该相信：通过投资创新内容乃至开发全新报纸形态，仍能吸引新一代读者？抑或这已是一个夕阳产业，任何此类投入都将徒劳无功？

杂志热

大多数媒体都逃不开潮流、时尚与创新这三重定律。对于杂志，可以用一个词来概括：越来越多。杂志越来越多，广告越来越多，页面越来越多，话题越来越多，读者也越来越多。

杂志是为向订阅者传播相关编辑内容而诞生的媒介介质，而这些订阅者主要是阅读杂志上与内容相关的产品广告。这些全国和地方杂志社归大型企业所有，主要在纽约、宾夕法尼亚州、伊利诺伊州和加利福尼亚州出版发行。主要的杂志出版商有康德·纳斯特（Condé Nast）、赫斯特（Hearst）、梅雷迪思（Meredith）、菲莉亚·帕切比（PHilia Pachibi）和时代华纳（Time Warner）。

杂志与其他印刷品的主要区别在于其受众定位清晰，同时，其出版频率可根据需要灵活安排。与报纸不同的是，杂志迎合特定的读者群，刊载特定的分类广告。此外，杂志还可以从流通收入中实现自给自足。比如，《消费者报告》(Consumer Reports)就是一本不接受广告的杂志。广告出现率由订阅者决定，读者可以选择付费订阅以免除广告或免费阅读植入广告的版本。许多社区杂志，如加州拉古纳海滩的《海岸》(Coast)杂志，就是免邮寄送给订阅者的，并得到当地零售和餐馆广告的支持。

大多数杂志都有官方网站和庞大的订阅者名单，这也解释了为何读者会在杂志上看到如此多的专门留给广告的版面。与报纸相比，杂志的图画和纸张质量似乎是最显著的视觉差异。当然，杂志的版面内容也包括了从简单的描述到冗长的学术或专业讨论。我们发现大多数杂志都带有某种形式的娱乐性，特别是那些有独家图片和独特广告的杂志。总的来说，因为并不知道用什么内容填充，杂志增加版面通常只会使人心神不宁，而月刊杂志每次都要面对这种左右为难的困境。如果鲍德斯书店的杂志架能预示阅读趋势，那我们每个人恐怕永远不会缺少可翻阅的内容。

新闻杂志[15]

一个显著趋势正在显现：娱乐类杂志大行其道，而新兴刊物经历着缓慢而痛苦的消亡。显然，读者更愿追逐明星八卦而非沉重议题——这一取向直接体现在美国顶级新闻杂志销量的持续下滑中。新闻杂志发行与读者群体中浮现的三大趋势，正昭示着这个行业面临的迫在眉睫的危机。

- 没有增长。读者调查显示，新闻杂志的受众数保持稳定，而流行文化、娱乐和生活杂志的受众量不断增加。这符合杂志靠广告版面营收的特性。这表明问题的根源在于新闻杂志市场或多或少处于饱和状态，或者新闻类杂志需要重塑。
- 老化的观众群。尽管为吸引年轻读者，新闻杂志对内容和排版进行了调整，但新闻杂志的受众正在老化——超过了大多数其他类型杂志。虽然新闻杂志的读者总体上比其他类型杂志的读者收入更高，但这对新闻杂志社营收增长的帮助有限。广告商通常更重视受众年龄段，而不是他们的收入水平，尤其是像《新闻周刊》这样大众感兴趣的杂志。
- 行业竞争正在催生新范式。尽管三大新闻周刊仍难突破发行瓶颈，过去15年间，一批聚焦新闻与时政的小众杂志却实现了稳定增长。这一现象或许表明：新闻杂志已到了亟须变革的临界点，其受众——至少其中一部分——正渴求着全新的内容呈现方式。

新闻杂志的读者

新闻杂志读者画像的关键趋势，正如"媒介标记"(media mark)数据所示，阅读新闻杂志正成为一种"银发习惯"。尽管数据偶有波动，但代际鸿沟依然显著。在新闻类杂志几乎没有新刊入场的现状下,显著降低读者平均年龄的愿景恐难实现。

为什么降低读者平均年龄这么重要?因为广告。长期来看,受众老龄化将导致新闻杂志的广告收入持续下滑,长此以往,新闻杂志的读者平均年龄便会明显高于流行文化杂志的读者。

广告商们似乎更青睐年轻读者,他们更倾向于将广告投放在娱乐和流行杂志上,以吸引目标年龄段的读者。

抵消"年龄问题"的是,随着年龄的增长,读者的财富往往会积累起来。总体来看,新闻杂志读者的平均收入明显高于美国成年人的整体水平,而且这种情况已经维持了相当一段时间了。1995年,新闻杂志的读者比美国成年人收入高28%,而2003年,这一差距大致相同,维持在29%。这一读者收入的优势使《时代》(Time)周刊和《新闻周刊》(News Week)等杂志得以对其版面刊登的广告收取更多的费用。鉴于这些杂志的广告版面增长幅度较小,平衡了对非新闻类杂志广告的收入差。

在三大新闻杂志中,读者多为男性。《时代》周刊和《新闻周刊》的男性读者比女性多出约200万人,《美国新闻》(U.S.News)的男性读者比女性读者多出300万人。

《时代》周刊是三家杂志社中历史最悠久的一家,读者最少,平均年龄为43.1岁。《新闻周刊》读者的平均年龄是44.4岁。《美国新闻》读者的平均阅读年龄是45.6岁。

图14.9 杂志读者多为成年人

《新闻周刊》读者的收入比《时代》周刊略高一些。《美国新闻》读者的总体收入虽然仍高于行业平均水平,但平均收入略低于行业平均水平。这一发现令人惊讶,因为老年读者的收入普遍较高。在这方面,《美国新闻》似乎是个例外。

将我们的视野拓宽到传统三大新闻杂志以外,我们可以看到更多差异。在所有的新闻杂志中,《喷气机》(Jet)是一家以非裔读者为主要受众的杂志,目前拥有最年轻的读者群。在过去的十年里,读者的平均年龄从未超过38.7岁,个别年份里读者的平均年龄在30岁出头。该杂志的读者群也总是以女性为主,2003年,其女性读者比男性读者多出200万人。在接受调查的新闻杂志中,《喷气机》读者的家庭平均收入是最低的。

《纽约客》(The New Yorker)和《大西洋月刊》(The Atlantic)的读者群在所有接受调查的新闻杂志中年龄排在前两位——分别为45.4岁和50岁,但收入也是最高的,差距很大。性别方面,《大西洋月刊》的男性读者多于女性读者——2003年男性读者数为77.4万人,而女性读者数为61.5万人。《纽约客》的情况正好相反,它有更多的女性读者——210万女性读者和19万男性读者。

新闻杂志的启示

杂志出版行业的发行量说明了一件事：新闻领域的出版行业并不会消亡，只是行业的发展动力已经衍生于传统的三大新闻杂志社之外了。无论这是新闻出版格局的长久之势，还是现阶段发展模式糅合的表面现象，此时此地我们都不得而知。

但数据显示，三大杂志巨头试图通过削减体量来争夺年轻读者群的尝试似乎没有起到任何效果。没有深度专业的报道，什么都试图蜻蜓点水般探讨一下的杂志并不受读者青睐。更严肃的杂志，如《纽约客》，或者坚持娱乐导向的杂志，如《优家画报》（*In Style*），都很受欢迎。有创意或针砭时弊的杂志在市场上往往都有一席之地。现在的问题是那些在互联网上有影响力的博主们执笔发表文章和看法，很可能会蚕食传统杂志的读者群。

新闻杂志在大多数读者的生活中占有重要的地位，它们是大众媒介。但根据皮尤研究中心的调查，新闻杂志很少能获得影响世界进程事件的新闻来源。电视、广播、报纸和互联网更有可能成为每个人获取新闻时讯的工具。新闻杂志一直偏向分析而非报道缘由，它更像是新闻、阐析和社论的综合体。它们的读者群往往是对新闻信息源更挑剔的一群人。这些杂志社也对读者的意见相当看重。由于新闻杂志不是新闻的主要来源，它们往往对新闻报道有着深刻的剖析和独到的见解，所以造成读者的流失率很高。调查显示：

- 只有少数读者说他们更倾向于通过杂志获取新闻资讯。
- 当爆发重磅新闻时，杂志的存在感会进一步降低。

毫无疑问，在过去十年里，新闻来源的数量成倍增长。互联网的崛起，加上全天候有线电视网络的数量激增，这一切改变了人们获取新闻的方式。即时信息，即时分析和即时意见随手获取。皮尤研究中心的一项调查显示，在这场信息革命中，杂志经受了沉重的打击。

杂志与名人

增长最快的印刷媒介往往是那些刊载娱乐八卦和名人新闻的杂志。这些杂志的订阅量和销售量正在激增——《美国周刊》（*U.S.weekly*）2005年的广告版面增长了25%；《明星杂志》（*Star Magazine*）则比上年增长了17%；《零距离周刊》（*In Touch*

图14.10　新闻杂志有时也会报道明星的新闻

Weekly）同期的广告版面增幅为22%。为什么会出现这种情况？因为聚焦艺人和名人的杂志与小报是有利于广告阅读及宣传的，读者们往往都是一字不落地从头读到尾。由于广告商们对女性读者越来越感兴趣，在他们选择刊载广告的杂志时，一般都会选择女性读者居多的名人八卦杂志。

由"电视导播出版集团"进行的一项研究显示，许多读者会同时购买两三本不同出版商的名人八卦杂志，因为他们对名人的新闻有着极大的兴趣与好奇心。对纽约街头读者的抽样调查表明，沉迷于名人逸事与逃避现实有关，这些读者总是想要实时跟进最新的八卦新闻。[16]

广播：流行音乐

流行音乐这个词通常指在"热榜前40"广播电台播放的特定音乐。流行音乐通常有很强的节奏感、简单的旋律和易于听众跟唱的重复音节。歌曲主题通常是轻松的，多表现爱情、性、舞蹈和派对等内容。如今的流行音乐通常有摇滚、嘻哈、雷鬼、舞蹈、蓝调、放克，有时也包含民谣。流行音乐的流派与大型唱片公司的大规模营销和制作密不可分，这种对音乐流派的刻意区分经常受到一些音乐家的批评。

20世纪90年代，流行乐坛迎来男孩团体与少女偶像的黄金时代——后街男孩、超级男孩与小甜甜布兰妮引领的风潮席卷全球。拉丁裔歌星马克·安东尼、瑞奇·马丁、珍妮弗·洛佩兹和克里斯蒂娜·阿奎莱拉也在这一时期取得了成功。这种被称作"泡泡糖流行乐"（bubblegum pop）的少年偶像文化，直至21世纪初仍主导着专辑销量与演唱会市场。但值得注意的是，青少年流行乐的电台播放率已开始下滑：以布兰妮2001年1月登顶公告牌单曲榜的《坚强》（Stronger）为例，这首销量冠军仅在两周后就跌出电台热播榜前100名，昭示着流行文化风向的微妙转变。

分析家认为这种现象令人不解。流行乐出版刊物《电台与唱片》（Radio & Records）总经理斯凯·丹尼尔斯（Sky Daniels）曾表示：

图14.11 布兰妮

> 尽管收到广播节目邀请的机会越来越少，但布兰妮仍保持了较高的歌曲销量和知名度，似乎很多广播节目制作人都觉得现在应该结束这种产业循环的死胡同了……（制作人说）"这

种产业生态的突破迟早会到来,而我想成为第一个做到的人。"他们想成为潮流的创造者而非最后一个撤出的人……有时候这种产业循环会因为歌迷的怀旧而出现变数,但请自问:如今小甜甜布兰妮有重新火起来吗?并没有。[17]

一些分析人士质疑,如今随着音乐节、直播、电视、电影、互联网和其他技术进步,听众能通过更多的渠道听到歌手的专辑,青少年流行乐是否还需要"热榜前40"这类音乐广播电台。尽管布兰妮的歌曲在流行榜单上的播放量正在减少,但在2000年时她还是互联网上搜索量最多的音乐明星,2001年,她登上了《时代》杂志封面并接拍了电影《十字街头》(Crossroads)。布兰妮、超级男孩与后街男孩同样通过迪士尼电台、尼克儿童频道等青少年媒体维持热度,三者更集体亮相第三十五届"超级碗"中场秀,登上全球舞台——这印证了千禧之交流行文化传播范式的根本性变革。

早在千禧年之交,泡泡糖流行音乐就有过时之势,嘻哈音乐有望成为新的流行音乐领头羊。然而,青少年音乐市场再次焕发活力,其动力并非来自传统广播电台,而是源于《美国偶像》真人秀和迪士尼电视电影的创新。《美国偶像》(American Idol)2002年首播时,观众投票选出了凯利·克拉克森(Kelly Clarkson)和恰伊·艾肯(Clay Aiken)等新生偶像。迪士尼的网络主管们也同样创造了流行公主,如第一次将她们的动画形象刻录进迪士尼的影视作品之中,这些作品无时无刻不在展示着迪士尼的音乐文化。尽管做出了种种努力,2006年迪士尼频道原创电影《歌舞青春》(High School Musical)大获成功前,泡泡糖流行音乐始终未被重视。但这部电影的配乐成为2006年美国销量第一的光盘专辑,少女们为之倾倒。[18]

青少年市场也带动了流行音乐其他子流派的流行,如流行朋克——实质上是一种投青少年观众所好而将音乐风格变得柔和的硬核朋克。New Found Glory、Blink 182、霍桑高地(Hawthorne Heights)等都让少女们为之魂牵梦萦。一些城市流行乐也开始有了泡泡糖流行乐的影子。2004年底、2005年初和2006年的一段时间里,弗兰基·J.(Frankie J.)、克里斯·布朗(Chris Brown)、奥马里恩(Omarion)等艺术家开始变得越来越受欢迎,其受欢迎程度甚至丝毫不逊于当时的"迪士尼"艺术家。

互联网和数字音乐播放器等新技术也对音乐产业产生了深刻的影响。除了提供广播电台播放的替代方式来收听新音乐,这些新生技术使人们的音乐品位多元化,受欢迎的音乐类型也越来越多。传统音乐排行榜是由唱片销量和电台播放量决定的。特里·麦克布莱德(Terry McBride)是加拿大最大的独立唱片公司Nettwerk Productions的首席执行官。他质疑,"在这个时代,音乐爱好者获取新音乐的渠道如此之多——从iTunes到MySpace,从YouTube到eMusic,从铃声到仍然猖獗的非法文件共享——如何才能实时评价出谁才是当红的头号明星?"他还表示:"现在的衡量标准太过混乱,SoundScan、BigChampagne、iTunes、eMusic、雅虎、美国在线,没有统一的规则将所有这些网络音乐平台的数据汇总,当然也无法算出哪首单曲才是畅销之首……数字技术的传播方式打破了旧时音乐传播方式的垄断。"

电音的崛起

多年来流行音乐囊括了许多新流派。DJ艾伦·弗里德(Allen Freed)创造了摇滚这个词,用来描述这种新生的狂野之声,摇滚乐诞生于20世纪40年代末,混合了西方音乐、福音、布鲁斯、摇滚和蓝调。随着技术的不断发展,电子吉他、贝斯和合成器伴随着鼓点的旋律和节奏,成为摇滚乐的主旋律——这种声音在20世纪余下的时间里一直主导着西方世界的流行音乐。

不过,作家迈克尔·杜纳威(Michael Dunaway)认为,在20世纪90年代,富有创造性、前沿性的伟大的音乐风格并不是来自摇滚,而是来自两个音乐家族的新贵:电音和嘻哈。他认为Public Enemy(嘻哈)、Prodigy(电音)和Beck(其音乐内核实为嘻哈)等乐队为流行音乐打开了新的方向。电音的演化轨迹很复杂,一些信息表明,电音起源于20世纪80年代中期芝加哥盛行的浩室音乐。这引起了身在伦敦的弗里德的好奇,他将欧洲的情景舞蹈注入浩室音乐中,专栏作家埃德娜·甘德森(Edna Gunderson)将电音描述为"迪斯科音乐激情的电子复兴,由精通合成器、带有朋克音乐精神却预算有限的电脑怪才自己动手合成的音乐风格"[19]。电音迅速演变成冰冷、亢进动感(每分钟高达140拍)的音乐风格,加上迷幻、朋克、硬核打击乐、民族流行乐、雷鬼和早期爵士乐的元素,电音一跃成为最受热捧的音乐风格,并被传播到大洋彼岸的美国。

在热火朝天的地下舞蹈电音推动下,1992年,由"比利时的洛杉矶"(Belgium's L.A)所创作的单曲《詹姆斯·布朗之逝》(*James Brown Is Dead*)成为首支登上《公告牌》(*Billboard*)排行榜的电音单曲。杜纳威表示,当大部分粉丝"还沉浸在音乐节拍之中,感受着歌词模糊、超然却又愤慨的风格之时,往往忽视了《詹姆斯·布朗之逝》对许多处于新兴技术领域前端的人来说意味着一次宣言——摇滚乐巅峰已过,现在是电音的时代。摇滚的时代一去不复返,电音才是未来的音乐潮流,詹姆斯·布朗已经离我们而去"[20]。主要唱片公司已经开始签约电音制作人,其粉丝群正在不断壮大。至于嘻哈——另一种全新的、影响深远的音乐流派——我们会在下一节讨论。

广播电台

早期电台分为独立电台和网络附属电台,大部分节目播出时间为15分钟,不像如今电台节目都集中于一个领域和行业报道。在1932年,一个电台的节目内容有62.9%是音乐、21.3%是教育、11.8%是文学、2.5%是宗教,还有1.5%是创新或特别内容。[21]广播电台还会播放戏剧节目和故事,如神秘的、冒险的和带有背景音效、由不同播音员扮演不同角色朗读的喜剧小品,然而,到了1933年,广播电台开始担心另一种能展示戏剧内容的新媒介——电视。

20世纪50年代，在托德·斯托茨（Todd Storz, Top 40模式开创者）与戈登·麦克伦登（Gordon McLindon）等节目制作人的推动下，电台形式开始呈现现代雏形。1955年，制作人查克·杜纳威（Chuck Dunaway）与肯特·伯克哈特（Kent Burkhart）在得克萨斯州KXOL电台首创史上首份标准化播放清单，标志着行业转折——这些先驱者引领电台逐渐摒弃"众口调和"模式（即DJ根据个人喜好播放多元音乐），转向针对特定人群的精确定制化节目编排与经过市场调研的播放列表。然而，这种高度控制的节目模式始终存在争议。包括众多DJ在内的群体坚持认为：电台播放应被视为艺术而非科学，应当保留DJ选曲的自由度（参见《聚焦电台：DJ》专栏）。这场持续半个世纪的"艺术VS科学"之争，实质上折射出音乐工业标准化与个性化之间的永恒博弈。

聚焦电台：DJ　　　　　　　　　　　　　　　　　　　吉姆·拉德

图14.12　DJ吉姆·拉德

流行音乐如今已经发展成一个拥有数十亿美元的产业，广播电台之间争夺收听率的竞争变得更加激烈。如今的有限责任广播公司和股份广播公司倾向于将广播电台节目视为一门科学。他们聘用市场顾问，采用严格的研究方法，如市场调查和焦点小组来获取听众的偏好，并战略性地开发标准化的音乐播放列表，供电台主播根据听众喜好跟进。不过，这种电台播放模式还是新生产物。传统上，电台主播还是更多地将自己的职业定义为电台艺术，并基于个人的艺术体验和听众喜好来确定节目音乐单。

没有人会比洛杉矶音乐节目主持人吉姆·拉德（Jim Ladd）更明白广播业里的创新和商业化之间的矛盾关系。20世纪60年代中期以来，拉德一直是洛杉矶广播界的金牌主持人。最近，他成为自由式广播的倡导者，该模式是他之前提出的。拉德拒绝将电台节目标准化；相反，他坚持由自己选择节目中播放的音乐。他的理解是自由式广播意味着广播塔里的主播们可以播放他们想播放的任何音乐节目，虽然他自己也经常收到听众们的节目意见。通过这种方式，拉德留住了摇滚电台曾经独有的听众和主播的互动模式。

拉德认为音乐是一种创造性的媒介，可以对社会产生影响。他的节目通常以内涵丰富的音乐为特色，这些音乐通常包含和平、宽仁和情谊等理想信念。他经常把不同乐曲编排成一个主题集，一首歌接着一首歌，一支曲子接着一支曲子。"我尝试将整首歌曲视作一个音符或和弦来看待，就像摇滚乐家那样。"在被问到如何甄选充满艺术气息的歌曲时，他如是说道。

拉德将营销顾问称为"西服定制工"，他认为这种一味满足听众喜好的电台营销策略只会导致节目停留在无休止的选歌环节。拉德拒绝屈服于公司施加的压力，这一度使他丢了饭碗。不过他有很多坚定的支持者，其粉丝量目前形成了庞大的听众群。当然，电台的收入高低还是要取决于能否为广告商吸引到大量的听众。营销顾问认为，把电台节目视为一门艺术的问题在于，每个人的欣赏品位都不同。因此，电台把自由式的广播视为一种高风险的商业赌博，他们犹豫不决，认为不能依靠电台主播创造性的直觉来判断听众的喜好。

营销顾问认为，形式化、结构化的电台节目只是确保其满足观众需求的一种更有效的手段。事实上，营销顾问和主播在选择要播放的音乐时，都会倾听听众的意见。但是像拉德这样的电台主播认为这种模式阻碍了他们与听众的深入互动。自由式广播倡导者们坚持认为，自由式的广播节目能显著增加主持人与听众的互动频率，互相推荐优秀的音乐作品，一起探讨他们所热爱的歌曲。

总之，无论是自由式还是"定制式"节目，都是基于听众的喜好。最终还是以听众为导向的。

你怎么看？

广播节目应该被视为艺术还是科学？可以从以下几个角度思考——电台听众、电台主管、电台主播和电台广告合作商——看后你是否还能坚持之前的想法？

广播行业市场定位反映并塑造了不断变化的音乐趋势。1975年，全国越来越多的迪斯科舞厅开张，一度流行的怀旧风格音乐很快被迪斯科所取代。最早出现于20世纪60年代的乡村音乐、轻音乐和前卫摇滚乐，到20世纪70年代末进入巅峰状态。1982年，美国各地面向黑人的电台发展了一种将黑人音乐与摇滚和流行音乐相融合的当代城市音乐。虽然这种风格的音乐很受欢迎，但一些黑人电台的节目制作人认为，这种风格淡化了黑人音乐的特色，从而让白人更容易接受。20世纪80年代，随着电台开始进行大规模交易，广播行业跻身为大商户。顶尖的节目制作人和人才的收入水涨船高，全天候广播卫星使电台节目制作网络化，电台节目趋于专业化、整合化。不断发展的广播行业在过去20年内保持了稳步增长，在其他行业难以保持竞争力的情况下，广播行业整体的财务状况依然乐观。如今，美国有将近12,000个广播电台，有大约80种不同的广播制式。

不过，根据桥梁收视率调查公司（Bridge Ratings）最近的一项研究，互联网和卫星广播正在使听众减少收听传统电台广播的时间，55%的网络广播听众几乎不收听传统广播电台，而其他非广播类电台往往是对广播电台的补充。经常下载MP3音乐的受访者中，有43%回复说他们会花更多的时间收听传统电台的广播节目，还有58%的播客听众表示传统的电台广播是对现在网络广播行业的补充。在对15岁至64岁听众进行的4000份调查问卷中，[22]MP3格式的当代城市音乐是最受欢迎的音乐风格。

数字化技术与卫星广播正重塑整个音乐娱乐产业。无线互联网和高速数字互联有着无穷的潜力，使音乐产业首次摆脱对广播电台的依赖成为独立业态。尽管音乐行业尚未公开与广播行业对抗，但批评者提议对电台广告及商业内容增设许可费、演出费等，以便给主要唱片公司的网络化争夺战腾出空间。通过发展自己的互联网广播网站，利用音乐下载技术，唱片公司或许可以绕过零售行业和广播行业，直接向消费者推销自己的音乐产品。

在此大背景下，传统广播电台的收益将会被削弱。总有一天，唱片公司将不再需要通过向广播电台免费提供音乐播放版权进行宣传，而是直接向其收取订阅费，继而为广播电台提供最新的音乐产品。为了重新占据主导地位，一些广播公司考虑了多种策略，从撤出其官网源版面上的传统广告到更激进的变革，如对特定歌曲或艺人收取相应的宣传费用等。音乐娱乐业的未来充满了不确定性，尽管如此，不论这个市场由谁主导，音乐行业依然会保持强劲的发展势头。

数字广播

目前有几种数字技术被应用于传统的广播电台，但由于联邦通信委员会没有制定标准，是否要经历如模拟电台转型升级的阵痛，行业还在犹豫不决。但是，从2002年初开始，伊比基迪数字通信公司（iBiquity Digital）便是美国数字调幅和调频广播技术的唯一开发商和许可证持有者。该公司的投资者包括全国14家顶级广播公司，其中不乏家喻户晓的美国广播公司、高清频道和维亚康姆；技术公司如哈里斯（Harris）、朗讯（Lucent）、得克萨斯仪器公司（Texas Instruments）和伟世通（Visteon），以及摩根大通（J.P. Morgan Chase & Co）、佩科特（Pequot Capital）、塞利格曼（Seligman）等领先的金融机构。总部位于日内瓦（Geneva）的国际电信联盟也认可了伊比基迪数字通信公司的带内同频技术。该技术依靠数字压缩来制作模拟信号，在不增加额外频谱的情况下，允许电台在单个频道上同时播放数字和模拟格式。

卫星广播

数字技术的另一个产物是卫星广播。卫星广播供应商能够提供更好的信号服务和声音质量，从而使越来越多的广播电台提供更多样化的服务。最早横跨美国本土的两个卫星广播供应商天狼星（Sirius）和XM都承诺发射100颗卫星以发展卫星广播。卫星广播提供一些商业广播服务，但卫星广播商与合作伙伴开发的频道多聚焦专业领域或细分市场，内容以免费音乐、新闻访谈及资讯为主，受众范围相对狭窄。折中的办法只能是听众必须为这些卫星服务付费（类似有线电视和卫星电视服务），而传统的广播电台仍然是免费的。因此，问题就变成了观众是否愿意为卫星广播节目掏钱。

截至2007年6月，卫星广播的市场前景仍不明朗。天狼星和XM的订阅量快速增长，天狼星的订阅量从2002年的3万份增加到2006年7月的470万份，而XM在同一时期内从36万份增加到700万份。然而，对用户的争夺导致了广播内容和人才的高价竞标。天狼星为斯特恩和橄榄球职业联盟各自筹集了5亿和2.2亿美元，而XM为职业棒球大联盟和奥普拉·温弗瑞各自投入了6.5亿和5500万美元。XM在一项为期5年的交易中支付了美国赛车协会约1500万美元，随后赛车协会投奔天狼星。两家公司还先后投资过埃米纳姆（Eminem）、50美分（Fifty Cents）、玛莎·斯图尔特（Martha Stewart）、全美篮球职业联盟（National Basketball Association）和橄榄球职业联盟（National Football Leagne）等。截至2005年，这些投入带来了巨大的亏损——XM亏损达6.67亿美元，天狼星亏损则高达8.63亿美元。两家公司股价暴跌后，于2009年合并，其卫星广播业务随之被整合。

数字音乐播放器和播客

根据一项益普索（Ipsos）的新研究，12岁以上的美国人中有20%拥有便携式MP3播放器，而其中每20个人就有一台便携音乐播放器。媒介播放器拥有量较一年以前同比增长了5%。据消费电子协会介绍，2005年，头戴式MP3播放器的销售额达到42.3亿美元，占所有工厂生产的便携式音频设备的85%。调查还发现，近些年的增长主要是由美国的年轻人推动的，超过半数的青少年拥有便携式MP3播放器（54%），18~34岁的青少年中有近三分之一（30%）拥有便携式MP3播放器。调查显示，MP3播放器上存储的内容有近一半（44%）是从私人光盘下载复制的，另有6%是从其他光盘收藏中窃取的。收费下载（25%）和从共享服务中获得的音乐文件（19%）也是主要来源之一。[23]

数字音乐播放器也可以通过具有收音机功能的播客播放。播客（Podcast）是一个数字媒介文件或一系列分散于互联网上的文件，它通过聚合回馈获得海量资源，实现在便携式媒介播放器和个人电脑上的回放。播客的主持人或作者通常被称为播主。术语"podcast"是在broadcast这个词中添加"playable on Demand"的首字母POD得来的，[24]很多人会将此误解为苹果便携式音乐播放器iPod。许多独立和联合广播节目可以作为播客节目从电台网站下载。尽管网点可以提供其他数字格式的内容下载或流式传输，但是播客的独特性在于支持RSS（信息聚合）或Atom等订阅格式，用户可通过软件自动下载、更新内容。如此，个人便可以"订阅"并设置播客自动下载，一旦新节目更新，播客就会立即下载，听众要做的就是在电脑或数字音频播放器上尽情享受根据个人喜好订阅并下载好的节目。

图14.13显示，播客听众快速增长。2005年7月，美国市场研究机构漫射集团（The Diffusion Group）对美国市场进行了一项研究，并得出结论：播客技术的普及率与便携

式数字音频播放器的使用率直接相关。根据统计，该机构预测，2004年至2010年，播客听众的数量将从便携式数字音频播放器用户的15%增长到75%。该机构通过数据分析证实，仅美国，未来几年的播客听众数量将增至约5700万。[25]随着技术进步，视频内容现也可通过播客平台传播，这可能对纯音频播客构成竞争压力。

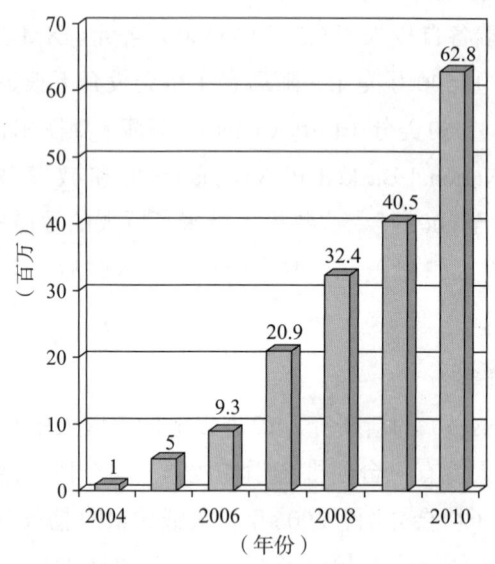

图14.13 2004—2010年曾下载过播客的美国听众人数（百万）

资料来源：桥梁收视率调查公司，2005年

电影动画[26]

长篇故事片如今占据着电影体裁的主导地位。从1919年创造了全球第一个卡通形象的《菲利克斯猫》到第一部德国制作的长篇动画片《阿赫迈德五子历险记》（The Adventures of Prince Achmed），动画给成千上万人带来了乐趣。1928年，迪士尼卡通工作室（Disney Toon Studios）创造了米老鼠（Mickey Mouse）这一动画形象。1930年，福克斯（Fox）的特里通工作室（TerryToons）开始制作以食品名称为名的电影，如《鱼子酱》（Caviar）、《椒盐卷饼》（Pretzels）和《热火鸡》（Hot Turkey）。同年，华纳兄弟公司发行了《鲁尼·图内斯》（Looney Toones）。1938年，大力水手（Popeye）成为第一套动画系列短片中的英雄。随后，弗莱舍工作室（Fleischer Studios）制作了两部长篇动画：《格列佛游记》（Gulliver Travels，1939）和《虫先生进城》（Mr. Bug Goes to Town，1941）。

大约在20年间，查克·琼斯（Chuck Jones）制作了300多部动画片，但只有一部长片《幽灵收费站》(The Phantom Tollbooth, 1970)。他最著名的作品《疯狂兔宝宝》(The Bugs Bunny/Road Runner Movie, 1979)是由短片改编而成。但第一部完整的动画电影是迪士尼经典之作《白雪公主和七个小矮人》(Snow White and the Seven Dwarfs, 1937)。20世纪50年代，迪士尼发行的动画片数量遥遥领先于其他制片厂，包括那十年间票房排名前三位的电影。

20世纪70年代末和80年代初，动画片题材趋于成熟。《沃特希普荒原》(Watership Down, 1978)和《疫病犬》(The Plague Dogs, 1982)均为以保护动物权利为主题的虚无主义黑暗电影。一批电影人用定格动画中的升级版技术动态模糊停格（Go-Motion）制作出了《绝地归来》(Return of the Jedi, 1983)、《印第安纳·琼斯与末日圣殿》(Indiana Jones and the Temple of Doom, 1984)和《侏罗纪公园》等一批电影。以摇滚为主题的热播动画片包括《星球大战》(Star Wars, 1977)、《外星人》和《捉鬼敢死队》(Ghostbusters, 1984)。

20世纪90年代，《小猪宝贝》(Babe, 1995)和《动物庄园》(Animal Farm, 1999)将吉姆·亨森（Jim Henson）这一角色搬上银屏。迪士尼也回归动画，制作出主题更加成熟的电影，如《美女与野兽》和《阿拉丁》(Aladdin, 1992)。迪士尼最受欢迎的电影《狮子王》创下票房纪录，成为当时最成功的商业动画电影，并在四项音乐类提名中斩获两项奥斯卡奖。

《玩具总动员》是皮克斯工作室（Pixar Studio）与迪士尼联合制作的。2001年，梦工厂（DreamWorks, Studios）和太平洋影像公司制作了《怪物史瑞克》(Shrek, 2001)。《海底总动员》是皮克斯和迪士尼的第五次合作，也是迄今为止票房最高的计算机动画电影。随后，双方共同合作制作出《赛车总动员》(Cars, 2006)、《料理鼠王》(Ratatouille, 2007)和《机器人总动员》。30位艺术家通过电脑来"描绘"角色（这被称为"绘画式转描过程"），将一部真人影片转化为动画电影，制作出《盲区行者》(A Scanner Darkly, 2005)。

人们用动作捕捉技术制作出了具有"表演捕捉"特性的电影《极地特快》(The Polar Express, 2004)，影片运用了先进的动作捕捉系统，通过动作捕捉技术记录演员表演，并将其转化为构建虚拟数字角色的基础数据。20世纪50年代，梦工厂科幻恶搞电影《怪物大战外星人》(Monster vs. Aliens, 2009)是第一部运用3D技术拍摄的电脑动画作品。

在观众群体从儿童向成人过渡的过程中，动画师们将成熟的主题与现实生活中的图画融为一体，以吸引成人电影观众。迪士尼通过《虫虫特工队》(A Bugs' Life)推出数十款联名产品，吸引观众收藏片中角色的周边商品。迪士尼整体营销工作的一部分是利用电影来销售产品。通过玩具和电影的交叉销售，迪士尼试图说服父母相信电影对他们的孩子无害，同时说服孩子索取衍生产品和玩具。[27]如今，动画片伴随着各种形式的联合促销、搭配和推销活动，成为受众眼中习以为常的营销策略。

聚焦动画电影：2008年好评如潮的动画电影

图14.14 《功夫熊猫》剧照

《无所事事的海盗：蔬菜宝贝历险记》(The Pirates who Don't Do Anything: A Veggie Tales Movie)

电影讲述了蔬菜伙伴们翘班回到17世纪，在一场真正的海盗冒险中作战。

《霍顿与无名氏》(Horton Hears a Who)

电影讲述了大象霍顿发现了华维尔城。霍顿尽最大努力保护无名氏，并信守他的承诺，做一个忠诚而有价值的朋友。

《功夫熊猫》(Kung Fu Panda)

电影讲述了熊猫阿宝在发现自己的家园受到和平谷敌人的威胁后开始学习武术。故事设定在中国古代。杰克·布莱克（Jack Black）在这部3D电影中为阿宝配音。

《机器人总动员》

瓦力是来自2070年的机器人，被任命为清理地球的最佳人选。他在爱上一个探测器机器人后，意识到必须追求自己生活中真正的激情。

《科学小怪蛋》(Lgor)

这部计算机动画喜剧的主角是一位疯狂科学家的实验室助理，他计划独自赢得邪恶科学博览会的奖项。配音演员包括克里斯蒂安·斯莱特（Christian Slater）、约翰·克立斯（John Creese）、莫莉·香农（Molly Shannon）和史蒂夫·布西密（Steve Buscemi）。

《蓝精灵》(The Smurfs)

《蓝精灵》在沉寂多年后，以3D电脑动画电影形式重返大银幕。这是三部曲中的第一部，于2011年上映。在派拉蒙影业制作的这部长篇故事片中，整个蓝衣军团和蓝精灵将分享一些关于生活的见解。

《马达加斯加2：逃往非洲》(Madagascar 2: Escape Africa)

电影《马达加斯加2：逃往非洲》中观众所喜爱的角色都会一一回归，一同探索非洲，感受家园的真正意义。

本·斯蒂勒（Ben Stiller）、安迪·里希特（Andy Richter）、贾达·科伦·萍克特-史密斯（Jada Koren Pinkett-Smith）和萨莎·拜伦·科恩（Sacha Baron Cohen）是为梦工厂动画电影续集配音的几位代表性明星。

《闪电狗》(Bolt)

这部由迪士尼制片厂出品的家庭友好型动画电影,展示了一只拥有超能力的狗在演艺圈获得了成功,却突然被遗弃在内华达沙漠。当遇到几个动物朋友时,他很快意识到自己并没有真正的超能力,只是一只"正常"的狗。

配音演员有约翰·特拉沃尔塔(John Travolta)、伍迪·哈勒尔森(Woody Harrelson)和伯尼·马克(Bernie Mac)。

你怎么看?
- 明星的声音是否提升了观众对动画电影的兴趣?为什么?
- 使用逼真动画取代真正明星的优势是什么?

《功夫熊猫》在中国广受欢迎。人们不禁好奇,西方创作者为何选择中国文化主题制作此片。中国电影导演陆川在《中国日报》的一篇评论中说,他想知道中国何时会推出这样一部电影。电影《功夫熊猫》的主角是中国国宝大熊猫,情节中借用了中国功夫电影的一些片段,抓住了中国文化的精髓。

从某种程度上说,这部电影只是西方艺术家利用中国文化元素制作的一部反映美国价值观的艺术作品,而这也是百年传统的最新例证,如吉尔伯特(Gilbert)和沙利文(Sullivan)的《米卡多》(Mikado)或普契尼的《图兰朵》(Turandot),抑或是动画片《木兰》(Mulan)就重拾起这一传统的力量。

动画趋势

电影观众曾佩戴红绿纸板3D眼镜观看动画片。2005年,《四眼天鸡》(Chicken Little)重新点燃了这一趋势。如今的3D眼镜不仅高科技,而且轻便,如太阳镜一般。动画制作公司梦工厂声称,其大部分电影都是3D制作,如2008年的《功夫熊猫》。

梦工厂动画总监杰弗里·卡森伯格(Jeffery Katzenberg)称3D电影制作是"电影产业70年来最伟大的革新"。[28] 科技媒体"风险节拍"(Venture Beat)的撰稿人MG. 西格勒(MG Siegler)则认为,3D技术能让我们身临其境体验电影场景。与IMAX(巨幕电影)处理类似,3D的制作成本要高一些,但业界正在依靠技术来让人们重返影院观看他们在网上或电视上看不到的影像。

观影竞争很激烈。使用Vudu、Roku、Apple TV和Xbox 360,或在Netflix等网站,消费者能在线观影,观众也可以通过这些网站将电影下载到电脑上。专家称,DVD和蓝光将让位于模仿iTunes音乐下载的数字发行。为应对这一趋势,连锁院线AMC娱乐公司、Regal娱乐集团和Cinemark院线已经开始将数字设备整合到14,000个屏幕上。理论上来说,随着35毫米胶片的消失,数字投影仪产生的深度模拟图像会变得更加清晰。他们认为这项技术将使观众重返大银幕,在此数字深度将我们带入媒介体验的新领域,影院是提供这种体验的唯一场所。

消费电视图像

在经济因素的推动下，媒介企业努力为观众提供他们想看和想听的内容。这里列出了两个重要因素，来解释我们为何看电视和电影。其一，暴力，据称会滋生社会弊病；其二，明星制，是我们渴望的焦点，这值得我们关注，也值得读者们进一步调查。

寻找版图

真人秀之所以兴盛，是因为它们制作成本低，满足了偷窥者的欲望，并具有真实性。但这并不是网络电视跳上真人秀列车的唯一原因，因为电视正在经历一场深刻的叙事危机。[29] 大多数情节结构起源于民间故事，并没有随时间发生太多变化。故事的结构是这样的：在某个历史时期，主角在特定的物理环境中行动。有一天，他面对的对手是冲突的根源。最后，主角解决了冲突，故事结束了。所有的故事都是这个主题的变体。

2008年黄金时段节目趋势表明，新剧集重点不在于找出罪犯，而在于揭示事件背后的真相。情节围绕着绑架、劫持人质、盗窃艺术品、逃亡者、基因突变和核浩劫不断翻转。由于热门剧集《迷失》(*Lost*)的成功，它催生了一批采用非线性叙事手法的影视剧——这些作品往往从故事的中段切入，并借助时间跳跃的手法，在开头、中段和扣人心弦的集末悬念之间来回穿梭。[30] 两部危险的工作场景类连续剧——《鲨鱼追迹者》(*Shark Taggers*)、(美国广播公司)和《请勿打扰》(*Do Not Disturb*)(福克斯广播公司)围绕危险处境展开。福克斯广播公司剧集《危险边缘》(*Fringe*)和美国广播公司剧集《火星上的生活》(*Life on Mars*)就是两个营造黄金时间紧张氛围的典型例子。

随着电视媒介持续探索叙事边界，各类创新性节目形态正蓬勃涌现：既有以幽默讽刺见长的《每日秀》(*The Daily Show*，喜剧中心)和《马赫脱口秀》(*Real Time with Bill Maher*，HBO)，也不乏充满超现实色彩的《4400》(USA电视网)，更有全即兴对话的《抑制热情》(*Curb Your Enthusiasm*，HBO)。新兴节目模式更打破媒介壁垒，通过混合形式（如网络实时互动）邀请观众深度参与。付费电视战场硝烟弥漫——Showtime以《单身毒妈》(*Weeds*)、《加州靡情》(*Californication*)、《嗜血法医》(*Dexter*)等先锋剧集，正与HBO的新锐之作《夏日高中》(*Summer Heights High*)和《第一女子侦探社》(*No.1 Ladies Detective Agency*)展开激烈角逐。这场优质内容竞赛，标志着电视工业已进入"叙事实验+跨媒介互动"的新纪元。

电视真人秀

历经10年真人秀浪潮的洗礼，我们早已不再揣测这股风潮何时终结——答案或许是永不落幕。究其根本，在于制作人总能将"平凡日常"转化为节目创意：他们通过电视选秀为百老汇输送新血，让街头舞蹈走向大众，更不断跨国"借鉴"节目模式。以下三档2008年问世的节目，正是这种创意哲学的延伸。

真人秀节目《寻找艾丽·伍兹》(*The Search for Elle Woods*) 其实是一场为百老汇音乐剧《律政俏佳人》(*Legally Blonde*) 选角而举办的比赛，其借鉴了2007年塞内斯 (Sehes) 为百老汇音乐剧《油脂》(*Grease*) 选角而制作连续剧的模式。主角贝尔·邦迪 (Bell Bundy) 将在电视节目第八集也是最后一集的某个时候被获胜者取代。27岁的邦迪和10个新面孔（平均年龄22岁）之间的差距是有意为之，因为年轻选手可以吸引同龄女性观看比赛。

有人跳舞吗？似乎从广播网到TLC、lifetive和Bravo，每一个赚回节目制作费的频道都推出了舞蹈真人秀。作为一种意想不到的副作用，如今街舞因电视和网页站点普及而风靡全球，新的舞蹈动作正以前所未有的方式被记录和改编。

街头舞蹈已风靡至几乎每档舞蹈真人秀必设相关环节。作为推手，MTV电视台2008年6月推出的《全美最佳舞团》（第二季）功不可没——这档由《美国偶像》评委兰迪·杰克逊 (Randy Jackson) 策划的节目，让来自全国的各路舞团同台竞技，专业评审团负责技术点评，而观众投票则直接决定选手去留。

图14.15　全球音乐电视台（MTV）《全美最佳舞团》第二季结局

舞者们歪戴棒球帽、身着T恤，严格跟随导师杰夫 (Jazzy) 的指令——先重复身体左侧动作，再换右侧。popping（震感舞）与locking（锁舞）等技巧的加入，正是为迎合新一代电视观众的兴趣浪潮。"这本质上是场嘻哈文化科普，"制作人杰克逊解释道，"当有人说break dancing时，我们会纠正为b-boying——这个专业术语涵盖toprocking（摇滚步）、downrocking（地板动作）、freezes（定格）以及power moves（力量技巧）。"

图14.16 澳大利亚热播电视剧《母女冤家》的两位主演

真人秀节目制作的重要趋势是越发依赖国外创意或版权,其中可以在海外节目中找到原型的有来自以色列的《前任名单》(The Ex List)(哥伦比亚广播公司);来自澳大利亚的《凯斯和吉姆》(Kath and Kim)、《母女冤家》(美国国家广播公司);来自英国的《秘密百万富翁》(Secret Millionaire)(福克斯)、《糟糕一周》(Worst Week)和《第十一小时》(the Eleventh Hour)(哥伦比亚广播公司)及《火星上的生活》(美国广播公司)。已经在广播网播出的借鉴海外理念的电视节目有《美国偶像》《与星共舞》《一掷千金》和《幸存者》。

这一系列的真人秀节目深受欢迎,是因为相较于创作全新节目,获取海外节目版权后加以改编所花费的成本更加低廉。本·西尔弗曼(Ben Silverman)帮助美国广播公司制作了美国版的《丑女贝蒂》(Ugly Betty),也为全国广播公司制作了《爆笑办公室》(The Office)。2009年,哥伦比亚广播公司为下一季《海军调查处》(NCIS)增设了洛杉矶背景,这与《犯罪现场调查》(CSI)相同,复制最初的故事背景模式,在迈阿密(Miami)和纽约(New York)设立分支机构。

性别博弈:男性拼搏,女性制胜

汤姆·比尔斯(Tom Bills)打造的这组纪实节目,以三种高危男性职业为核心:探索频道《虫害终结者》(Verminators)记录杀虫专家深入民宅的工作实况,TruTV《黑金油田》(Black Gold)展现得克萨斯州石油工人的艰辛,历史频道《伐木者传奇》(AxMen)则聚焦森林伐木工的日常。这些充满雄性荷尔蒙的内容本以男性观众为目标,却意外吸引了不少女性观众——她们热衷于追捧节目中崛起的"灭虫明星"、"钻井红人"和"伐木硬汉"。但2008年同时也是女性在真人秀领域大放异彩的转折之年。当镜头前的男性们仍在挥汗如雨时,女性参赛者已经开始改写真人秀的历史规则。

在全国广播公司《超级减肥王》(The Biggest Loser)第五季中,阿里·文森特创造了历史——成为该节目首位女性冠军。而克里斯蒂·山口(Kristy Yamaguchi)自凯莉·摩纳哥(Kelly Monaco)前六季夺冠以来,首次赢得《与星共舞》的女主角。两名女性也在《顶尖主厨大对决:芝加哥季》(Top Chef: Chicago)中获得最高荣誉。这与以往真人秀形成鲜明对比,例如《学徒》前七季仅有两位女性获胜者。连续播出九季的《老大哥》培养出的女性获胜者仅有三分之一。哥伦比亚广播公司的《幸存者》和福克斯的《美国偶像》中,男女获胜比例约为1∶1。[31]

2008年播出的真人秀节目中,也许最能体现男女平等的是希拉里·克林顿(Hillary Clinton)和贝拉克·奥巴马展开的电视辩论。在《拉里·金到周六夜现场》(*Larry King to Saturday Night Live*)中,两位候选人首先说明自己的社会性别:一位是有史以来首位女总统候选人,另一位是首位非裔混血候选人。支持者们成群结队地募捐、发博客,一直拼搏到总决赛投票。尽管演讲内容经过精心设计,但结果始终悬而未决——这种《美国偶像》式的悬念设置,让民主党选民们持续保持着追剧般的热情。

核心家庭消逝现象

儿童权益组织"Children Now"的最新研究表明:在全美黄金时段剧集的常驻角色中,仅有约11%的是扮演父母身份——且其中仅61%的父母维持婚姻状态。以热播剧为例,HBO的《单身毒妈》塑造了为养育两子而贩毒的单亲母亲形象,《大爱》(*Big Love*)则讲述犹他州一夫三妻的摩门家庭故事。虽然单亲与非常规家庭结构已获呈现,但更多剧集正滑向"无家庭主义"的深渊。

家庭剧为何式微?这或许反映了人口结构与文化观念的变迁:当全家围坐看电视的场景成为过去,制作方自然无须再费心讨好所有家庭成员。而随着家庭定义的多元化,广告商也不得不调整策略。一些广告高管参加"家庭友好节目论坛",建议用"丧偶父母"替代"离异家庭"的角色设定。这种改良或许有效,但眼下我们仍被充斥荧屏的露骨情色与粗鄙台词所包围——这些号称"反映现实"的大杂烩式家庭剧,正在重塑着人们对家庭关系的认知。

聚焦互联网音乐复古风说唱

"酷小孩"乐队(Cool Kids)自称喜欢模仿,而并非抄袭,他们是由完全在嘻哈文化中成长的艺术家们创造的一个小而有影响力的嘻哈亚文化——金属说唱的一部分。他们的创作以过去的音乐为基础,并把它变成了新颖且多元化的音乐。

像Kidz in the Hall、Duck Down和Knux等组合几乎没有得到电台或电视台的认可,但他们在互联网上非常受欢迎。这些年轻艺术家在旧派忠诚者和致力于这一风格的局外人的推动下,引领着嘻哈时代的潮流。

他们的音乐大部分是滑稽的,或者是不引人注意的,但经常会在电视里播放。例如,Knux的一首歌就在2008年HBO《明星伙伴》中的一集播放,酷小孩则在微软在线音乐服务Rhapsody的国家电视广告中出现。

除了Kidz in the Hall乐队和Plastic little乐队,还没有一个金属说唱乐队发行过大碟,但他们的成功与传统销量无关。相反,博客炒作帮助他们完善风格,并且能够持续利用，直到复刻版唱片出现。酷小孩举行巡回演出，声称他们想把一切都录下来，就像是1991年那样，看看效果如何。

资料来源：卡拉马尼卡，《探索嘻哈黄金时代》，2008年9月14日。

在线视频

据美国有线电视新闻网（CNN）[33]报道，随着各大媒体争相抢占网络视频阵地，电视行业的未来正在被重塑。观众正从电视机转向电脑，观看画质不输影院的电影、音乐视频和电视节目。福克斯和美国国家广播环球公司老板于2007年3月12日推出了葫芦网（Hulu.com），其首席执行官杰森·基拉尔（Jason Kilar）说："自古以来，赢家都是拥抱变革的人。"该网站提供了3000多部完整的电视节目和100部电影，且全部免费。

华纳兄弟近期联手电视集团，宣布推出两个广告支持的流媒体平台。其中一个是TheWB.com，它将在2008年5月推出《老友记》（*Friends*）、《橘郡男孩》（*The O.C.*）和《吉尔莫女孩》（*Gilmore Girls*）等节目。第二个面向儿童的WB网站将提供来自乐一通（Looney Tunes）、汉娜巴-贝拉（Hanna-Barbera）和DC漫画（DC Comics）的动画节目。

之所以举办这项活动，是因为越来越多的观众在线观看视频。网络视频是否对老式电视的文化和技术构成威胁？也许会。观众喜欢多一个选择，而如今的孩子们正转向优兔网和其他网站来观看美国电视无法播放的节目，如日本动画。厌倦了商业广告的观众可以选择在线观看他们最喜欢的节目，广告也会少很多，还可以看到最新的美国有线电视网新闻视频。

时事速览 根据康姆斯克公司（comScore）的数据，72.8%的美国网民在线观看视频，尤其是18～34岁的男性网民，占总体数量的40%。70%的网络用户提到观看在线视频是因为他们错过了上一集电视剧。

"是的，电视正在改变，"基拉尔（Kilar）说，"但我认为电视并没有消亡，因为客厅里的电视给人非常好的体验，将永远不会过时。"麻省理工学院网络媒介研究员杰弗里·隆（Geoffrey Long）认为，对于后互联网时代的电视文化来说，多种视频传输设备将打破电视带来的传统共享娱乐体验。

营销专家指出，消费者更青睐"有限广告+免费服务"模式。以胡芦网为例：每集开头的贴片广告仅占2分钟（22分钟节目时长），约为传统电视广告量的25%。尽管苹果等公司已研发多款网络电视融合设备，但真正完美的"互联网—电视"一体化解决方案仍前路漫漫。

本章小结

本章介绍了与当今读者、观众和用户紧密相关的媒介的几方面特征。虽然无线阅读设备持续更新迭代，但纸质图书仍受旅行者青睐。随着图书品类日益丰富，书店正成为读者社交的新场所。杂志是很多人的兴趣爱好；星期天报纸最受欢迎。电子媒介随着技术的进步，为听众提供数字音乐、无商业广告的收听体验和高清节目。电视观众越来越多地转向互联网，广告商们也纷纷转向电脑，兜售更多观众所不需要的东西。观众依靠媒介了解各种形式的新闻和娱乐资讯，也依赖那些制作新节目和报道最新事件的人去感知这个世界发生的各类新鲜事。

近观电影：乔治·卢卡斯的"星战系列"

2008年夏天，华纳兄弟公司推出了《星球大战：克隆人战争》(*Star Wars: The Clone Wars*)的动画版，在许多影迷看来，这是延续1977年传奇以来"多余的"尝试。但从来没有人指责乔治·卢卡斯（George Lucas）不接受别人的建议。他说，《星球大战》就像是一个我喜欢玩耍的沙盒。64岁的卢卡斯誓言要继续制作《星球大战》，他还与年长的哈里森·福特（Harrison Ford）一同参与另外一部电影《夺宝奇兵4：水晶骷髅王国》(*Indiana Jones and the Kingdom of the Crystal Skull*)的制作，据说卢卡斯依然同早期拍电影那样，对当前的最新电影也充满兴趣。

卢卡斯的大部分决策是在他致敬自己电影的两处"圣殿"中做出的——一处是马林县的"天行者牧场"（Skywalker Ranch），另一处是旧金山普雷西迪奥区的"莱特曼数字艺术中心"（Letterman Digital Arts Center）。在他六部曲电影中出现过的角色装点着普雷西迪奥的园区：真人大小的达斯·维德（Darth Vader）和波巴·费特雕像、尤达喷泉，以及封存着加·加·宾克斯的碳冻结块，均陈列于此。

卢卡斯在2005年开始制作卢卡斯电影动画，在加州和新加坡的大岩石农场有两个工作室。随后，他聘请了一批痴迷于《星球大战》的年轻艺术家，其中包括执导并出演《星球大战》电影的戴夫·费罗尼（Dave Filoni）。费罗尼

图14.17 导演戴夫·费罗尼和创作/执行兼制片人乔治·卢卡斯于2008年8月10日在好莱坞埃及大剧院一同出席华纳兄弟公司出品的《星球大战：克隆人战争》电影的美国首映式

以前是尼克国际儿童频道（Nickelodeon）《降世神通：最后的气宗》(*Avatar: The Last Airbender*)的导演，他负责《星球大战：克隆人战争》电影和电视剧的动画风格。

《星球大战：克隆人战争》始于漫画网的一系列短片，全剧于2008年秋季在网上公开播出。不幸的是，2007年播出的22集试水剧集网络反响平平，因为它与黄金时段的网络时间表不兼容。华纳兄弟对其萌发兴趣后，卢卡斯决定制作这部电影。作品中的一部全新真人剧集《星球大战》在华纳有线频道播放（TBS、TNT或HBO）。

所以，问题仅仅是因为一部全新的《星球大战》得以制作。许多粉丝对于进一步开发已经产生了漫画、电子游戏、小说以及电影和电视节目等的版权，持有矛盾态度。

卢卡斯说："我会做到的，因为我可以，而且我喜欢这样做。"据卢卡斯的前任同事说，《星球大战》系列推动整个电影行业的技术升级，包括特效公司和数字电影编辑硬件。

卢卡斯自己出资制作了这部电视剧，向时代华纳收取了发行、拍摄和播放该剧的许可费。"对我而言，做我自己想要的节目还是要容易得多，然后他说，'你想要与否？'无可奉告。他们要么选择答应，要么就拒绝。"卢卡斯说，他已经在为《克隆人》第二季和第三季的制作进行前期制作。接下来，卢卡斯将为动画工作室寻找其他电影和电视剧，并继续制作一部关于讲述塔斯克基空军的故事片《红色机尾》(*Red Tails*)。

从1971年发行的首部科幻片《五百年后》(*THX 1138*)到如今的大片系列，卢卡斯抓住了机会，并取得了巨大的经济效益。他说："即使我错过拍摄新电影的机会，我仍会满怀热情。"

资料来源：伊兹多夫·戴夫，《跟随他心，重返"星球大战"》，《纽约时报》，2008年6月29日。

讨论和总结

1. 随着广告商竞争的加剧，杂志标题爆炸多会产生什么样的结果？为什么？
2. 随着互联网信息的爆炸式增长和下载能力的日益增强，小说和非虚构类书籍有可能消失吗？为什么会或为什么不会？
3. 名人出版物越来越引人注目，这会引起什么样的社会评论？这些出版物有多大可能影响阅读水平、类型以及读者行为？
4. 报纸在社会中的角色是如何改变的？都市报纸和社区报纸的关系是什么？哪一个在你的生活中扮演着更重要的角色？为什么？

练习

1. 保留一个星期的媒介日记，记录你与印刷材料和有声小说书籍的互动。这对出版业的需求和未来有什么启示？
2. 参观巴诺书店或鲍德斯书店。分别拿一份书店活动日历，看看下个月会有什么样的活动。查看受邀在互联网上演讲的嘉宾，并确定他们对特定类型观众的潜在吸引力。哪个流派最突出？哪一个缺乏？你能从事件日历中确定某流派的流行度吗？
3. 盘点一个杂志摊，统计读者可以接触到的不同类型杂志（如体育、新闻等）的数量。根据你的统计，杂志最大的目标读者是哪一个群体？哪一个群体是最被忽略的？杂志广告的优点或缺点是什么？
4. 读一期《纽约时报》，然后上网讨论同样的问题。哪种经历最有趣？为什么？你的经验对未来报纸的印刷有何参考性？

书籍和博客

Breakenridge, D. (2008). *PR 2.0: New media, new tools, new audiences*. Upper Saddle River NJ: FT Press.

Hui Kyong Chun, W. and Keenan, T.W. (2005). *New media, old media: A history and theory reader*. London and New York: Routledge.

Hansen, M.B. and Lenoir, T. (2006). *New philosophy for new media*. Cambridge MA: MIT Press.

Harrigan, P. and Wardrip-Fruin, N. (2006). *First person: New media as story, performance and game*. Cambridge MA: MIT Press.

Jones, S. (2008). *The meaning of video games: Gaming and textual strategies*. London and New York: Routledge.

www.fanfiction.net——一个故事汇集平台，读者可以上传自己对喜爱书籍和漫画的改编版本。

www.salon.com——提供225位当代作者的阅读指南，包括插图、作者简介、评论和书目信息。

www.gamespot.com——一个包含游戏评测和在线销售的游戏网站。

www.dmoz.org/Games/Video_Games/——提供年度定量调查，描述玩家的硬件、软件和联网配置。

www.rottentomatoes.com——提供电影评论和影迷观点的平台。

第十五章　舞台上的现场表演艺术

> 魔法能让人们从乏味烦扰的日常生活中解脱出来，并且留下一瞬间的惊奇。
> ——大卫·布莱恩（David Blaine）

在媒体尚未以电子形式传播动态影像之前，所有的娱乐表演都是现场呈现的。如今，表演艺术不得不为在娱乐产业中争取一席之地而艰难奋斗。这些植根于古老传统的艺术形式奠定了戏剧理论的基础，其重要性在于它们直接映照出西方文明的传承。众多艺术门类都被归为表演艺术范畴，这里我们将着重探讨那些对21世纪休闲生活最具影响力的形式。

现场演出是独特的艺术事件，因而与其他娱乐形式截然不同。在这里，观众对演出成败起着决定性作用。活跃的观众会融入群体，共同缔造鲜活的艺术体验。作为群体的一部分，个体能获得更强烈的情感共鸣与审美愉悦。观众不仅为演出提供经济支持，更与之建立深刻的情感连接。这种审美体验包含对表演本身的专注投入、感知领悟与价值认同。而亲临现场感受表演者艺术生命的真实脉动，正是驱使观众走进剧院的核心魅力。

去过现场的人都明白，演出的成功在很大程度上取决于观众的反应。人群中的笑声会"传染"，而独自观看时幽默可能会让你无动于衷。表演的成功取决于观众的兴奋程度。他们希望看到激动人心的、有趣的或感人的表演，并且和其他人一起分享。成功的演出能让个体观众和群体融为一体。要是上座率不高，演出不仅会赔钱，还失去了感染力。

面对电影、电视、视频和其他大众娱乐的竞争，现场演出表现出了令人意想不到的韧性。在现场活动中，观众不仅是旁观者，还是表演者。每一位观众都关系着演出的成败。演出想要取得成功，观众必须很活跃，他们要和表演者一体同心，协力创作。正因为有媒体不具备的隆重现场感，现场表演才能一直具有吸引力。比起电影和电视节目，买票、策划活动、与人交往以及演出后的活动往往能给人带来更愉快的体验。

观众对演出有不同程度的期待，根据使用与满足理论，演出者对这种期待的满足程度决定了观众是否继续参与其中。社会理论能解释演出前后的社交活动。此外，由于每一位观众对表演都有自己的理解，因而接受理论和读者反应论也适用于此。

作为市场营销和销售策略的对象，观众一直是无数研究的中心，这些研究的目的在于发现演出公司怎样才能为艺术活动的支持者提供最好的娱乐表演。结果表明，观众想要看到精彩的表演，他们希望和别人分享这一段经历。为观众奉上精彩的表演是演出制作人面临的一大挑战，除此之外，他们还要继续和其他娱乐形式争夺观众。

我们首先探讨观赏表演艺术的消费体验，进而将表演艺术划分为两大类型。其一，古典表演艺术，因其深受传统观众青睐——这些观众往往通过参与此类活动获得社交满足与生活方式认同。其二，大众表演艺术，则指更易于被不同社会阶层、多元兴趣取向的广泛受众所接受的艺术形式。大众表演艺术通过深耕细分市场，吸引来自不同地域与人口结构的观众群体，这些观众通常更关注表演本身而非附加的场面效果。随着互动表演日益盛行，两类艺术形式的界限正逐渐模糊。例如将影像或动画融入现场戏剧的表演形式，正是当前古典与大众艺术受众共同追捧的跨流派融合典范。

正装出席：古典艺术演出礼仪规范[1]

自希腊戏剧时代起，表演艺术便形成了泾渭分明的受众分野——或服务于精英阶层，或面向普罗大众。当代评论家这样描绘精英群体（上层阶级）：他们身着华服，支付高昂票价，只与社交圈认可的友人共同出席那些被社会规范认可的艺术活动。对许多精英而言，演出场合的社交仪式远比艺术品质更重要。在这些场合的亮相能巩固社会地位，宣告其精英圈层的身份认同。但随着崇尚精英传统的老一辈逐渐退出历史舞台，这种观念正在消逝。

由于昂贵演出场地的上座率降低，为了吸引年轻人，艺术营销员想出了不少有创意的办法来包装戏剧、芭蕾舞和歌剧。他们把闭塞昏暗的演出场地换到了光线充足的户外，还通过演出前的讨论、露天表演和明星效应来减轻观众的不安情绪，从而与媒体以及其他娱乐形式竞争。人们能在商场、小学、中学以及公园看到免费短剧，在城市公园听到歌剧咏叹调，在尼曼百货商店（Neiman Marcus department store）聆听圣菲室内管弦乐队（Santa Fe Chamber Orchestra）的演奏。这些活动能让更多观众观看现场表演，提高了表演场地的上座率。

图15.1　在公园听歌剧

社会学家通过研究古典表演观众以及他们的生活方式,以发现他们的观赏动机。基于"身份来源于社交"这一前提,人们会经常参加一些符合自身社会地位的活动。被名利至上的娱乐活动所吸引的观众,其自主选择性通过票价和着装得到了提升。但随着大众文化的渗透,即使是高格调表演的观众也变得单一化了。

图15.2　音乐剧《猫》在莫斯科上演

本节概述通常面向古典艺术爱好者表演的艺术形式:戏剧、音乐剧、歌剧、舞蹈、芭蕾以及交响乐。艺术场馆经理向企业赞助人和个人捐助者募集资金来支持这些项目,只有少数项目能得到国家艺术基金会的政府资助。每一种表演形式都有自身的传统和发展历程,因为它们对社会和文化身份的塑造举足轻重,所以尤为重要。

帷幕升起:戏剧、歌剧、音乐剧与交响音乐会

尽管戏剧艺术的起源已不可考,但我们公认古希腊雅典诞生的传统奠定了西方戏剧的根基。从最本质的层面而言,戏剧可以被定义为"演员在观众面前的在场艺术"。这门艺术的核心在于虚构与模仿——演员通过扮演他人,带领观众进入一个虚实交织的审美世界。

时事速览

据美国国家剧院和制作人联盟(The League of American Theaters and Producers)报道,2007—2008年度售出了1230万张票,相比之前的纪录提高了2.6%,票价总收入达到9.39亿美元,增长了8.9%,以及2008年时代广场票房预计将突破10亿美元大关。

坏消息是,20世纪90年代的演出节目在30周之后就能收回成本,但是现在的演出得花两年多的时间才能盈利,这意味着有五分之四的演出永远赚不回成本。

资料来源:2017年6月10日《洛杉矶时报》(娱乐版)。

戏剧

戏剧的起源可以追溯至简单的故事讲述，讲述人伪装声音，通过动作和服装来创造角色。现场表演利用故事情节创造出连贯而意味深长的戏剧感，现代戏剧仍然关注这一点。亚里士多德认为戏剧，特别是悲剧让我们产生怜悯和恐惧的情绪，所以能打动我们并净化这些情绪，这种"宣泄论"是戏剧理论的基石。[2]

为了让观众沉浸在情节中，戏剧要有一定程度的真实性。戏剧的可信度取决于演员是否能让观众"相信"他们的一言一行、想法和感受。观众对演员的印象以及导演的意图之间的联系有助于这种可信度的形成。戏剧的虚构性使演员和观众产生了距离，因此成功的戏剧要有现实感，人物必须看起来真实可信，这样才能使观众沉浸在故事情节中，从而缩短距离感。

歌剧

歌剧是以音乐为背景的戏剧。故事以一系列声乐作品的形式呈现，有管弦乐伴奏、序曲和插曲。它起源于中世纪戏剧，19世纪在各国得到了不同程度的发展，意大利、德国和法国是歌剧表演最活跃的国家。美国上演的最著名的歌剧是意大利作曲家朱塞佩·威尔第（Giuseppe Verdi）的《弄臣》（*Rigoletto*）、《游吟诗人》（*trovatore*）、《茶花女》（*La traviata*）和《阿依达》（*Aida*）。德国作曲家理查德·瓦格纳（Richard Wagner）的《尼伯龙根的指环》（*The Ring*）为歌剧带来了革命性变化。但法国和西班牙歌剧较少在美国上演。因为美国本土歌剧最近才出现，所以歌剧迷认为它们只能算作音乐剧。

观众曾对外国歌剧望而生畏，但是由于数字化翻译的出现，美国人现在乐于观看歌剧表演。歌剧"演员"使歌剧音乐更加流行，公共广播电视播放的"三大男高音"（帕瓦罗蒂、多明戈和卡雷拉斯）的表演吸引了更年轻、更包容的观众关注。1999年，"三大男高音"在纽约中央公园的表演吸引了20万人，促进了歌剧融入大众文化。

图15.3　意大利维罗纳（Verona, Italy）的古竞技场仍在上演歌剧

歌剧最初是为大众表演的音乐剧，因此一些普通家庭经常能在户外听歌剧。他们吃着自制面包，喝着家酿酒，跟着音乐一起唱。现在观众仍然能在夏季的意大利维罗纳看到如此精彩的演出，届时成千上万的歌剧爱好者会聚集在古竞技场观看免费歌剧。旧金山金门公园延续了意大利露天表演的传统，人们可以听到免费的歌剧咏叹调。

音乐剧

美国人普遍更喜欢本国的轻歌剧。作为歌剧最有趣的衍生物，音乐剧的受众最多，认可度最高，赢得的奖项也最多。歌舞的感染力使其成为最受欢迎的表演类型。美国打造了《俄克拉何马》（*Oklahoma*）、《窈窕淑女》（*My Fair Lady*）、《西区故事》（*West Side Story*）以及《歌舞线上》（*A Chorus Line*）等现代经典音乐剧。最近百老汇大热音乐剧以演员和流行乐为主打，并且用通俗体裁设定故事情节。

轻歌剧、歌舞杂耍表演和滑稽讽刺歌剧（也称时事讽刺剧）是现代音乐剧的前身。轻歌剧的特点是独白和歌唱交替；歌舞杂耍表演由不同的单独表演组成；而滑稽讽刺歌剧则擅长讽刺其他戏剧形式。弗雷德·阿斯泰尔（Fred Astaire）和吉恩·凯利（Gene Kelly）等舞蹈家和编舞家让踢踏舞、爵士舞、交际

图15.4　纽约皇宫大剧院

舞以及迪斯科等与音乐剧有关的舞蹈种类流行起来，同时他们使音乐剧舞蹈成为真正的艺术。但是近20年来，音乐剧变得越来越多元化，概念音乐剧，如上映时间最长的《异想天开》（*The Fantasticks*）正逐渐占主导地位。还有一些音乐剧是取材于表演团体的音乐，如基于瑞典ABBA乐队歌曲创作的音乐剧《妈妈咪呀》（*Mama Mia*），改编自巨蟒剧团电视剧集的《火腿骑士》（*Spamalot*）。

管弦音乐会

一些观众喜欢听音乐，因为音乐对情绪的影响很大，演奏世界一流交响乐的管弦音乐会仍然受到大众欢迎。古典音乐已经消亡的传闻过于夸张，2006年5月，《纽约时报》报道称"古典音乐的黄金时代"已经来临。[3] 2006年，索尼·贝塔斯曼音乐（Sony BMG）和环球唱片（Universal Music Group, UMG）的古典音乐下载收益有所增加，占iTunes曲目销售额的12%。在iTunes上架的前六周，纽约爱乐乐团（New York Philharmonic）的莫扎特演奏会仅供下载版本就售出了2000张专辑和1000首单曲。虽然和流行乐比起来销量很少，但比古典唱片要好得多，这种趋势表明严肃音乐有了新市场。除此之外，迈阿密、纳什维尔、橘子郡、加利福尼亚和多伦多都开设了新交响乐音

乐厅。为什么会出现这些现象？原因就在于古典音乐的复兴，当代作曲家以及人们对巴赫（Bach）、莫扎特（Mozart）、贝多芬（Beethovery）和马勒（Mahler）的重新认识都在吸引观众重返演出现场。

音乐经理让流行歌手和演员在演奏会登场，还把媒体和现场演出融合在了一起，如洛杉矶的一场音乐会在交响乐团演奏的同时放映经典动画电影。为了和其他娱乐类型竞争，主办方在演出前开设了讲座，为单身的成年人准备了活动，因此古典音乐演奏会的门票订购量有所增加。

踮起脚尖：尽情舞蹈

伴着现场演奏或唱片，观众通过观看芭蕾和其他舞蹈旋转、跳跃的动作和精心设计的服装获得了愉快的体验。舞蹈演员脱下芭蕾舞裙，换上了更为现代的演出服，演绎爱情、战争故事和喜剧。下面让我们进一步了解每一种舞蹈表演形式。

芭蕾舞

芭蕾是戏剧的独特载体，舞蹈演员通过肢体化身故事角色。当浪漫主义芭蕾兴起时，芭蕾舞女演员便成为舞台上的理想化身。这种艺术形式承袭自贵族时代的优雅仪式，具有贵族气质的舞者轻盈多样而又优雅克制的动作，至今仍使其在舞蹈艺术中独树一帜。若您仍以为芭蕾只是穿着蓬蓬裙的女性艺术，不妨观看 PBS 频道的芭蕾演出转播——那里令人震撼的肢体表达，早已超越了传统的足尖舞蹈程式。现代芭蕾更突破边界，将摇滚、大乐队乃至古典乐曲化为戏剧注脚，在保持戏剧表演传统的同时，以舞蹈语汇演绎矛盾冲突的起承转合，最终舞出故事的圆满解答。

现代舞和后现代舞

现代舞植根于芭蕾体系，又融入了流行社交舞的即兴元素，其核心在于全球专业舞团不断探索与演绎的编舞艺术。随着新一代编舞家在理念与实践上的革新，"舞蹈"一词的界定正变得日益模糊。剧场舞蹈中舞者与观众的区隔，深刻影响着舞蹈本身的风格演进及其作为艺术形式的接受美学。在现代舞表演中，舞蹈演员和编舞家的专业水平、动作的呈现以及视觉效果的应用都达到了极高水平。

20世纪六七十年代，新一代美国后现代主义编舞家用转圈、行走、跳跃和跑动之类的简单动作取代了传统舞步。对现代舞发展影响很大的莫斯·肯宁汉（Merce Cunningham）晚期开始了非剧场演出，他将重复、即兴创作、极简主义、独白、演唱和多媒体效果融入舞蹈动作（见图15.5）。

图15.5 芭蕾舞团把现代舞纳入表演剧目

图 15.6 皮娜·鲍什（Pina Bausch）的演出

与剧院上演的现代舞不同，多数后现代舞是在露天场所表演的。本着肯宁汉精神，后现代主义者穿着便服，很少或根本不用背景和灯光，人们能在阁楼、展览馆或者户外看到他们的表演。这些前卫的现代舞团规模小，处于舞蹈界的边缘位置，只受少数专业观众欢迎。尽管"主流"现代舞在欧洲和北美吸引了大批观众，但它只是一种小众艺术形式，往往只有少数人观看。

最近，新活力的注入使舞台剧焕发生机。翻开任意一周的《纽约时报》周日娱乐版都能发现现代舞表演的创新。例如，20世纪70年代早期由达特茅斯学院（Dartmouth College）学生创立的皮洛伯洛斯舞团（Pilobolus），这个舞团的标志性舞蹈风格就是舞蹈中融入了杂技、田径、体操的表演技巧。

皮洛伯洛斯舞团以杂技般的舞蹈动作为特色，[4] 由保罗·沙利文（Paul Sullivan）谱曲的配乐为舞蹈表演带来了独特的后现代元素。另一个例子是芭蕾舞和说唱音乐的融合；在舞蹈《大》的表演中，说唱二人组流浪者合唱团（OutKast）的大冯波（Big Boi）和亚特兰大舞者进行了合作。

资本赋能：企业赞助对古典艺术的扶持与隐忧

古典表演艺术的持续发展，离不开企业赞助的重要支撑。对深陷舆论危机的行业而言，艺术赞助堪称绝佳的形象修复工具。然而这种合作并非总是互利共赢。与媒体行业类似，现场音乐会为维持运营，不得不将品牌元素植入广告。企业青睐艺术赞助，正是看中其独特的形象投射功能。例如，因为赞助了芭蕾舞剧，石油公司和一种高雅的古典表演建立了联系，不佳的形象得到了改善。下次观看演出时，不妨留意节目单上的赞助商及其意图。这种赞助关系的不利之处在于艺术机构可能失去创作自由，一些公司喜欢"掌控"被赞助方，然而只要不插播广告，似乎没有观众对这种合作关系感到不满。

> **时事速览**
>
> 一半以上（56%）对艺术感兴趣的人"几乎总是"或"经常"购买为艺术或文化活动提供赞助的产品。对比之下，只有三分之一（36%）的橄榄球球迷、三分之一（34%）的美洲杯帆船爱好者和不到五分之一（17%）的奥运会观众根据赞助商购买产品。美国近一半（48%）艺术活动爱好者表示他们"更信任"那些提供赞助的公司，而仅有16%的奥运会爱好者宣称他们信任赞助商。
>
> 资料来源：performanceresearch.com/arts-sponsorship。

雅俗共赏：大众表演艺术[5]

大众表演艺术涵盖舞蹈、音乐、戏剧等多种形式，其核心特质在于能被现代都市社会中具备基本文化素养的普通观众所接受与欣赏。这类艺术往往强化主流价值观念，并成为特定社会群体的身份标识。其显著特征表现为：艺术风格的快速迭代、对艺术的复古演绎，以及持续从精英艺术、民间文化、异域风情和现代科技中汲取养分——无论是旋律创作、舞蹈语汇，还是时尚风潮的塑造。

"大众剧场"这一概念特指承袭音乐厅、杂耍剧、滑稽戏、时事讽刺剧、马戏团及音乐喜剧传统的演出形式，与正统剧场艺术形成鲜明分野。其舞台汇聚了歌舞艺人、喜剧演员、小丑、木偶师、杂耍艺人、特技表演者与口技艺人等，构成了所谓"演艺产业"的核心阵容。我们在此重点探讨七种既延续传统又突破

图15.7　化妆师在后台给女演员上妆

窠臼的当代大众剧场形态：行为艺术、摇滚演唱会、喜剧专场、魔术表演、现代马戏、牛仔竞技与犬类秀场。尽管各门类拥有独特的受众群体与艺术风格，但所有大众表演形式都具备一个共同特质——狂热拥趸的鼎力支持。作为流行文化的忠实信徒，观众不仅将相关时尚元素与特色行话融入生活方式，更通过积极参与现场演出、网络论坛、粉丝俱乐部及主题聚会等延伸活动，构建起完整的情感共同体。接下来的章节将为您呈现持续为流行文化爱好者提供创新娱乐形式的当代趋势。

现场演出艺术和行为艺术

现场演出艺术和行为艺术包括独白、个人仪式、舞台剧和艺术家的歌舞喜剧表演等多种形式。其与古典表演的差异体现在五个方面：

- 时效性：紧扣当下事件
- 创意自发性：即兴创作
- 小众性：参与者规模小
- 低成本：制作预算低
- 短暂性：持续时间短

20世纪的表演史表明，表演为原创、激进的艺术形式提供了实验平台也为研究身体、性别和多元文化等观点提供了极好的素材。

"表演艺术"一词意味着一种永恒的生命力。我们可以从杰克逊·波拉克（Jackson

图15.8 骑自行车的人经过克里斯托夫妇2005年在中央公园搭建的作品《门》

Pollock）的行动绘画中体会到艺术创作的表演性，如和着音乐间奏，他将颜料随意地泼洒到画布上。埃德·哈里斯（Ed Harris）的电影《画家波拉克》（Pollock）描绘了画家的表现风格，对理解和欣赏他的画作至关重要。"大地艺术家克里斯托夫妇"（Earth Artist Christo）的作品也是表演艺术，他们用各种材料将风景和建筑物"包裹"起来。1983年，他们"包裹"了佛罗里达迈阿密比斯坎湾（Biscayne Bay）的环绕群岛。1995年，他们又"包裹"了德国柏林（Berlin）的国会大厦。他们的表演艺术包括策划、搭建和拆除大型装置，每次的装置都被拍摄下来保存在了书中。

音乐节和狂欢节

多乐队音乐节日益成为热门现场音乐形式。如全美巡回音乐节（The Vans Warped Tour），绿日乐队和麦迪波士顿乐队（The Mighty Mighty Bosstones）都在这个音乐节表演过。这一类音乐节的历史可以追溯到1969年举办的伍德斯托克音乐节（Woodstock Rock Festival），这场为期三天的音乐节会集了詹尼斯·乔普林（Janis Joplin）、吉米·亨德里克斯（Jimi Hendrix）、感恩而死乐队（Grateful Dead）等一批优秀艺术家。从那以后，音乐节由于高效率更加流行。观众在紧凑的时间里能看到几支乐队的表演，而且通常比观看单个乐队的演出便宜得多。除了音乐表演，这些持续多日的音乐节还会吸引很多小贩兜售食物、饮料、衣服和廉价小饰物，丰富了乐迷的体验。

2008年，得克萨斯（Texas）奥斯汀（Austin）举办的西南偏南音乐节（South by Southwest Festival），为各乐队，尤其是新兴乐队提供了音乐平台。在这场美国最重要的音乐盛会上，1700多个乐队不间断地在俱乐部、音乐厅、会议室、停车场和街角表演。第二十二届音乐节汇聚了来自全球的音乐人、乐迷与行业推手，吸引到花旗银行、戴尔电脑、酒庄、社交网站乃至名厨瑞秋·雷等赞助商——他们都将音乐视为梦想载体与酷文化符号。在传统唱片业萎缩的背景下，音乐节规模逆势扩张（2008年注册人数达12,500人，近乎翻倍），为音乐人开辟了一条绕过传统唱片公司的职业发展新途径。来自澳大利亚、挪威、西班牙和英国等受赞助乐队的演出，更凸显了这一平台的国际影响力。

在内华达黑岩沙漠（Black Rock Desert）举行的一年一度的"火人节"也很受欢迎，年轻人为了摆脱商业主义而聚在一起，他们是这个崇尚自然的节日的一部分。人们纵情歌舞，节日的氛围在燃烧巨大的木人像时达到高潮。参与者通常赤身裸体，他们通过歌曲和仪式开展为期5天的创意表达。

每年也有数千万人参加庆祝活动。"Mardi Gras"（法语意为油腻的星期二）是圣灰星期三的前一天，是为期三天的狂欢节的最后一天。路易斯安那州的新奥尔良和澳大利亚悉尼的狂欢节最为著名。自卡特里娜飓风（Hurricane Katrina）过境后，新奥尔良的狂欢节就恢复了纵情欢乐的热情氛围，节日期间，这座爵士城市的街道充满了狂欢节服装、美食和音乐。葡萄牙语将狂欢节拼写成Carnaval，南美各地都会举行这类节日。巴西和其他天主教国家的城镇村庄都会举行狂欢节，吸引了上万的游客来参加这里的活动，仅"狂欢节之都"里约热内卢的外国游客每年就有50万左右。意大利威尼斯的欧洲狂欢节用装饰性的面具和服装隐藏自己的身份，增强了游客的美好体验。

图15.9　内华达州（Nevada）格拉克（Grack）附近的黑岩沙漠举办一年一度的火人节

图15.10　服装是里约热内卢桑巴人道狂欢节游行的组成部分

乐队盛宴

20世纪上半叶，由于技术进步，流行音乐（区别于音乐厅的音乐）的听众越来越多。1954年，猫王的非教派音乐以电子乐器为伴奏，形式多样，涵盖了热闹的乡村音乐、如泣如诉的蓝调和流行歌手民谣。青少年成为新兴流行音乐演唱会的主力受众。

 聚焦摇滚：商业变局中的乐队合作

受人瞩目的硬摇滚枪炮与玫瑰乐队（Guns N' Roses）前贝斯手达夫·麦克凯汉（Duff McKagan）从未关心过自己的财产状况，但是由于音乐产业的波动，现在他密切注意他现在的丝绒左轮乐队（Velvet Revolver）的经济情况。

正如其他中年摇滚歌手，为了提升乐队的知名度、获得额外收益，麦克凯汉正试

图15.11 麦当娜"忏悔"葡萄酒

着建立新的合作伙伴关系。在唱片销量下滑、音乐文件网络共享的背景下,摇滚歌手急于提升自己的知名度。电视广告、巡演赞助以及多样化商品、自营葡萄酒和精英游轮等都用到了乐队的"品牌"。麦克凯汉的新乐队把音乐授权给了维多利亚的秘密商业广告,还与模拟游戏《吉他英雄》(Guitar Hero)等公司合作,并出现在了设计师约翰·瓦瓦托斯(John Varvatos)的广告中。

摇滚乐队的衍生商品和合作伙伴把音乐当作营销手段。"吻"乐队(Rock band Kiss)是拥有最多衍生商品的乐队,产品从避孕套到限量版"Kiss棺材",无所不包。其最新产品有音乐牙刷、台球杆、百叶窗和毛线婴儿鞋。保罗·麦卡特尼(Paul McCartney)将曲子分销给iTunes和星巴克(Starbucks),甚至摇滚偶像米克·贾格尔(Mick Jagger)也紧跟其后。滚石乐队巡演与运营商(Sprint)和百威啤酒(Budweiser)建立了合作关系,除此之外还销售胸罩、内裤以及皮夹克等商品。

乐队的商品种类增多了,如黑乌鸦乐队(Black Crowes)销售卷烟纸,邦乔维(Bon Jovi)签名的油画复制品能卖到1000美元。莫特利·克鲁乐队(Mötley Crüe)兜售莫特利·克鲁牌碳酸饮料。庆祝酒窖酿造厂(Celebration Cellars)推出了有邦乔维、"吻"乐队、麦当娜和滚石乐队标志的特别版葡萄酒,每瓶售价100美元。

但并不是所有的合作关系都有作用。邦乔维的经纪人杰克·罗夫纳(Jack Rovner)认为,商业合作伙伴要反映出音乐人的氛围、生活方式和音乐思想。乐队的成败取决于商业广告、电视节目和电影配乐。例如,在捷豹启用斯汀(Sting)的《沙漠玫瑰》(Desert Rose)作为广告的背景音乐之前,这首歌并不出名。斯汀是环保人士,不适合为汽车代言,但正是因为这支广告促使唱片大卖300万张,他也因此把格莱美奖收入囊中。但是当威尔科乐队(Wilco)代言大众汽车时,粉丝在网络留言板上批评他们,乐队品牌因此受损。

此外,布鲁斯·斯普林斯汀(Bruce Springsteen)、工具乐队(Tool)以及九寸钉乐队(Nine Inch Nails)等"守旧派"拒绝和公司合作。他们把音乐和艺术置于首位,甚至拒绝授权音乐作为电话铃声。但是对于已经建立合作关系的表演者来说,作为签订合同的条件,唱片公司希望分得宣传和衍生商品销售的收入。因此,一些艺术家离开大型唱片公司,与营销、巡演和数字音乐下载方面的专家合作。

互联网时代的艺术家了解这种新型的合作关系以及其优势的细微差别。跟随懂得品牌效应的嘻哈艺术家的脚步,新兴乐队也开始进军服装业和商业广告。同艺术家一样,企业也看到了合作的两面性。因为合作和衍生商品的收益可观，所以公司在与音乐人签约时会非常小心谨慎。正如一位经理所说，摇滚早已不只是音乐。

资料来源：珍妮·莫里西，《当摇滚变成了商品销售，我们还能称其为摇滚吗？》，《纽约时报》，2007年10月28日。

你怎么看？

- 摇滚明星和衍生产品"联姻"的缺点是什么？
- 消费者购买乐队品牌的商品是否具有附加值？

朋克摇滚是另一种激进的音乐类型，在1975年至1980年间形成了一场国际运动。在讽刺和敌意的表象下，朋克摇滚充满活力，是青少年叛逆和疏离感的原型。作为演奏即兴迷幻摇滚的乐队，感恩而死乐队是摇滚史上较为成功的巡演乐队之一。20世纪60年代早期，该乐队在旧金山湾区把小型民间乐队和音乐人联系起来。1967年旧金山爆发了"爱之夏"（Summer of Love）运动，吸引大批婴儿潮时期出生的嬉皮士聚集，在运动期间的免费音乐演出中，感恩而死乐队起着重要作用。他们创造了一种新形式的追随者，即追星族。死忠乐迷是反主流文化的缩影，他们披着飘逸的披肩，穿着宽大的衣服，随着乐手的即兴演奏跳舞。感恩而死乐队聚集了各种各样的天才，引领了摇滚乐和即兴演奏爵士乐的融合。

与此同时，迷幻乐队（psychedelic bands）吸引了很多狂热爱好者。得克萨斯州奥斯汀的"13号地板电梯"乐队（13th Floor Elevators）展现了酸性摇滚更黑暗、疯狂的一面。酸性摇滚的特点是失真的吉他声，放大的噪声，以及受东方音乐影响的吉他嗡嗡声。平克·弗洛伊德（Pink Floyd）是英国摇滚界的领军人，他们在伦敦的UFO俱乐部和Middle Earth俱乐部等场地演出。14小时彩色梦（14 Hour Technicolor Dream）之类的活动吸引了约翰·列侬（John Lennon）、小野洋子（Yoko Ono）和安迪·沃霍尔（Andy Warhol）等反主流文化名人。虽然现存的迷幻乐队不多，但这个流派有很大的影响力，为时尚、海报艺术和现场表演带来了革新。

20世纪90年代，就像数十年前乐迷热情欢迎感恩而死乐队一样，穿着夏威夷衫的听众为了庆祝热带幻想，蜂拥至吉米·巴菲特（Jimmy Buffett）的演唱会。摇滚发展成充满热情的音乐

图15.12 吉米·巴菲特位于拉斯维加斯的马格丽塔维尔（Margaritaville）酒吧

活动，同时嘻哈、硬核摇滚清修[1]式的生活方式和说唱吸引了很多狂热的粉丝。巨型荧幕、灯光秀和杜比环绕声系统吸引了成千上万的观众到大型场馆和露天场所观看演出。因为观众的参与度高，乐队演唱会成了娱乐演出的流行形式。

喜剧：娱乐我们

喜剧一直是一种流行的表现形式，表演者用它来向观众传递政治和社会信息。数十年来，夜总会、乡村集市和业余者之夜上演的滑稽模仿、讽刺剧、荤段子以及低俗笑话经常逗得观众发笑。讲笑话和喜剧已经成为大众认可的表达观点、批评社会的表演形式。

喜剧也包括用幽默来嘲笑我们不喜欢的人。为什么我们能从别人的不幸中获得快乐？这是因为通过取笑别人的困境，我们可以忘记自己的艰难处境。情绪管理理论认为沮丧的男人和愤怒的女人比其他性格的人更愿意观看喜剧。许多人认为在逆境中，幽默可以提供轻松愉快的解决方案来调节情绪。

在压力大的时候，许多人都会寻求欢笑和宽慰。在喜剧俱乐部，他们可以从笑话中发现幽默。1960年，致力于幽默表演和即兴创作的喜剧俱乐部

图15.13 杰米·福克斯（Jamie Foxx）表演喜剧

出现，并直到20世纪80年代都十分活跃。这之后，随着无趣、出场费又高的二流喜剧演员的增多，观众慢慢减少了。芝加哥的第二城喜剧团（Chicago's Second City）是最有名的喜剧表演场地，比尔·莫里（Bill Murray）、约翰·贝鲁什（Joan Belushi）和克里斯·法利（Chris Farley）的喜剧生涯都以此为起点。每天晚上，在300个座席的剧院里，喜剧团的演员把幽默短剧的脚本和从观众那里得到的即兴段子结合起来表演。

20世纪70年代，加利福尼亚圣盖博谷（San Gabriel Valley）的冰屋（The Ice House）民谣音乐俱乐部开始上演喜剧，此时莉莉·汤姆林（Lily Tomlin）和史默思兄弟（Smothers Brother）在这里录制专辑。俱乐部最近在周末的喜剧诊所增加了新的内容。旧金山（San Francisco）的即兴喜剧演员罗宾·威廉姆斯（Robin Williams）偶尔会去俱乐部尝试新的表演方式。单口相声（stand-up comedy）老手，如节目主持人大卫·莱特曼（David Letterman）和杰·雷诺（Jay Leno）在深夜电视直播中重述时事。《周六夜现

---

[1] 美国硬核摇滚乐队小凶兆（Minor Threat）的同名单曲，是20世纪80年代在美国兴起的一种源于硬核摇滚的亚文化，它反对朋克文化里的过度行为，其追随者不抽烟，不酗酒，不吸毒。还有一部分拥护者遵循素食主义者的生活方式，反对滥交。

场》节目以即兴形式作为开头，并让俱乐部的喜剧演员在滑稽短剧里充当主角。

酒吧和大厅里有许多"开放式麦克风"，方便有抱负的喜剧演员在观众前进行表演。准备电视试镜的人经常在麦克风前表演原创喜剧，这是他们喜剧生涯的开端。他们从喜剧俱乐部毕业，最后会有经纪人促成其职业生涯的进一步提升。新闻组（www.alt.comedy.standup）致力于经纪人、作家和喜剧演员之间的沟通，使专业喜剧演员有交流的机会，而这一切都是为了逗观众开心。

笑因何起？一位记录了1200段笑声的研究人员发现，大多数笑声不是听众，[6]而是表演者发出的。所以只有当表演者笑的时候，我们才会笑得更多。此外，研究人员还发现笑的频率存在性别差异，即女性比男性笑得更多。那么，理想状态下演员为了得到更多的笑声应该吸引女性观众的注意。

无论出于什么原因，自从小丑职业化以来，喜剧在娱乐观众时就起着重要作用。如今的喜剧演员要镇定自如、才思敏捷、创作能力强，他们是将来的电视电影明星。他们把对社会的看法改编成有趣的逸事，这些故事能帮助我们认识自己和他人，而这些可能不是笑料。

魔术：时隐时现[7]

魔术师是演绎"不可能"的演员。例如，吞火人把经过化学物质处理的宽松绳子移出嘴巴来控制着火。观众看到被吞下的绳子发出的火光，就相信了这种错觉。魔术师利用骗术心理和节奏的把握迷惑了观众几个世纪，而迷惑人心的魔术师将他们的职业秘密代代相传。

魔术师大卫·科波菲尔（David Copperfield）在12岁表演的魔术让观众如痴如醉。这位因使大型物体消失而闻名的魔术师（曾让一架飞机从机场跑道上消失）在1987年表演了从恶魔岛监狱逃跑的魔术。2006年8月，每年在世界各地演出500多场的科波菲尔说，他在巴哈马南部的四个小岛中找到了"青春之泉"，并于当年7月14日购买了这些小岛。他声称泉水能让枯叶变绿，让濒死的昆虫复活。他已聘请生物学家和地质学家来研究泉水对人类的影响，这是下一场魔术的预告吗？

魔术师大卫·布莱恩以精彩绝伦的"埋葬"表演闻名于世，他继承了哈利·胡迪尼（Harry Houdini）未完成的魔术，这位魔术师死于阑尾破裂。布莱恩在纽约ABC大楼前的一块冰里待了72小时。他的大部分魔术是为个人而不是

图15.14 魔术师大卫·布莱恩在林肯中心（Lincoln Center）的水泡里

为大众表演的。为了和街头小孩打交道，他拿掉孩子的棒球帽，把手伸进去扯出一条大蛇。此外，布莱恩不收取门票费！与科波菲尔的表演风格相反，布莱恩的魔术很低调，舞台、灯光、烟雾、窗帘都没有，现场只有他自己和随机的观众。[8]

魔术表演最有名的场所是建于1908年的魔术城堡（Magic Castle），这栋维多利亚式的宅邸位于好莱坞上方的山上。该城堡是魔法艺术学院的俱乐部，学院旨在提升公众对魔法艺术的兴趣。观众必须穿正式的服装来观赏看似真实的魔术。[9] 魔术仍然吸引着因大众媒体的视觉骗术而变得迟钝的观众。

马戏团：最精彩的表演

马戏团把杂技的悬念感、小丑的喜剧感和大众对野生动物的好奇心融为一体，形成了一种独特的娱乐形式。绝大多数美国人都曾耳闻或亲历玲玲兄弟马戏团（Ringling Brothers）或巴纳姆贝利马戏团（Barnum & Bailey Circus）的演出。在电视尚未普及的年代，这些巡回表演堪称娱乐盛宴，令无数孩童憧憬着长大后"加入马戏团"的冒险人生。拥有130年历史的"地球上最伟大的表演"至今仍在麦迪逊广场花园等全美各大场馆上演。[10]

为响应娱乐创新的需求，马戏团为了保持其吸引力创造了新的"混合"表演形式。最近的新马戏团的表演中没有动物、小丑和吞火人。始于1984年的法国太阳马戏团（Cirque Plume）首次将戏剧、音乐、舞蹈、魔术、杂技和喜剧融入表演，下文将详细讲述。

聚焦表演

图15.15　2008年6月，《魔幻森林》（Varekai）在德国柏林上演

作为现代马戏团，太阳马戏团通过驻场和巡回演出上演了一部部情节精彩的节目。剧院强调表演中人的作用，糅合了街头表演、马戏团、歌剧、芭蕾舞和摇滚乐的不同元素。表演者有杂技演员、杂耍人、大力士、小丑和高空秋千演员。它还发明了一种用于剧目配乐的虚拟语言，称作戏团语。

剧目分为"常驻"剧和"特约"剧。常驻剧由专职演员表演，他们有可能还要参加其他的演出。特约演员（通常是小丑）不时出演，随着演出的不断发展，演出形式会有所变化。

剧团从中国和俄罗斯的马戏团招募演员，使他们的风格融入剧团。

作为数一数二的马戏团，太阳马戏团演员的收入比一般马戏团演员的薪资水平要高，福利也更好。剧团的演出形式有在专门搭建的帐篷里进行的巡回演出，还有在大酒店的长期驻场演出。

巡演节目《神秘人》（*Quidam*）讲述了一个叫佐伊（Zoe）的小女孩的幻想故事。佐伊的父母不关心她，为了忘记悲伤，她幻想出了神秘人这个不切实际的人物角色。神秘人指的是剧中的无头巨人骑士，虽然是骑士，但他没有马，只有伞和圆顶礼帽。神秘人是我们每一个人的化身，但它又不代表任何一个人。他是孤独的，在我们所有人的内心痛哭、高歌和做梦。

在拉斯维加斯美高梅金殿上演的 *KÀ*，是太阳马戏团首部突破传统模式的革命性作品。该制作摒弃了惯用的抽象视觉叙事，以更直白的故事线和更易理解的呈现方式，重塑了马戏艺术的故事讲述范式。

KÀ 彻底颠覆了传统舞台的概念，其革命性的悬浮平台系统随演员移动旋转——这些可360度翻转的浮动舞台能从水平转为垂直状态：时而"生长"出供攀爬的立柱，时而覆满黄沙成为演员的藏身之所。该制作创造性融合了以下元素：台下的现场乐团、台上的杂技表演与声乐演唱（乐手常着戏服直接参与演出）。通过精密的液压机械、自动化装置、火焰特效、木偶艺术与多媒体投影的协同运作，*KÀ* 为观众打造出全方位的叙事沉浸体验。

太阳马戏团的水上奇观表演 *O* 在拉斯维加斯百乐宫酒店（Bellagio）常驻演出。作为该团首部水陆空三维大秀，所有演员均持有专业潜水认证，将水下特技与地面表演完美融合。每套戏服仅限使用20场次，每位演员需配备多套演出服。为保障升降舞台不起波澜，台面密布数千微孔——这种极致工艺成就了无与伦比的视觉魔法。

若得遇该演出巡演至您所在城市，切莫错失这终生难忘的艺术体验。

资料来源：www.drquedusoieil.com。

马戏产业的阴暗面——动物虐待问题在玲玲兄弟马戏团屡遭曝光。动物伦理组织PETA通过持续行动，揭开了这一娱乐产业背后的残酷真相：

- 商业抵制成效：成功促使Denny's餐厅、万事达卡、Visa信用卡、丽诗加邦服饰及西尔斯百货等全国级赞助商集体撤资，切断了其与这条"动物死亡巡演线"的商

图15.16 玲玲兄弟马戏团抵达俄亥俄州克利夫兰，表演大象背上有克利夫兰印第安人棒球队的横幅

业关联。
- **司法调查突破**：其揭发的证据已促使美国农业部就玲玲兄弟马戏团涉嫌违反《动物福利法》展开六项专项调查。
- **内部证言曝光**：多位前雇员公开揭露蓄意虐待行为，这使该马戏团声誉受到重创，更促使有同情心的家庭转向其他娱乐消费。

竞技表演：牛仔竞技

通过将马戏表演的刺激与体育赛事的原始冲突相结合，美国西部人创造了牛仔竞技。这项以骑术、套索等牛仔技能为核心的赛事是在1867年至1887年发展起来的。观众为公牛骑手、扳倒公牛的牛仔、有鞍野马和无鞍野马骑手还有套牛手欢呼。自1897年开始，牛仔竞技会的诞生地，怀俄明州的夏延每年都有拓荒节（Frontier Days）。过去的25年里，牛仔竞技者、观众人数和收入都有所增加。如今女士有自己的牛仔竞技会，主要比赛项目是骑马绕桶速度赛。

图15.17 恩尼斯举办蒙大拿州最大规模的本地牛仔竞技会

在牛仔竞技会上，马和牛作为骑手和斗牛者的对手起着重要作用。牛一旦从滑槽中出来，牛仔为了获胜就必须在15秒内将牛的三只蹄子套在一起。斗牛比赛的冠军以创纪录的10秒钟扳倒了公牛。在骑马比赛中，选手必须用一只手在马背上停留8秒钟，并根据动作表演难度打分。

牛仔竞技会的观众重温了旧西部的兴奋感，他们观看人兽之间的较量，较量的结局要么是人驯服了动物，要么是动物战胜了人。他们为喜欢的表演者欢呼，参加引发拓荒时代回忆的庆典。比赛的真实感是牛仔竞技参与者的主要动机。作为美国式的娱乐活动，牛仔竞技在大众文化中占有一席之地，至今西部的爱好者仍然喜欢这种表演形式。

萌宠秀场：小狗展览

动物比赛一直受到美国观众的欢迎，而犬展热潮席卷全国。在电影《爱犬大赛》（*Best in Show*）中，比赛将犬和主人或训练者配对，由评委对这些犬的结构比例、皮毛和步态评分。买家和主人都会参加犬展，比赛环节包括展示犬的叫声、步伐动作，抚摸犬的手法，清洁的习惯和精美的奖杯。各犬种按组别展示，由评委评判它们是否符合犬种标准。爱犬人士每周末都会参加这种表演，他们和朋友见面，让彼此的爱犬进行比赛。对犬展参与者来说，这不仅是一种爱好，更是一种生活方式。对观众而言，观看犬展纯粹是因为表演很精彩。

犬种选拔赛设有严格的晋级体系：未获冠军头衔的犬只首先需按性别参加组别角逐。从幼犬组、新手组、美国繁育组、展商繁育组到公开组，每个组别均设有四个等级奖项。优胜者将进入"最佳"荣誉争夺战：最佳犬种奖、最佳性别奖及优胜奖。获得"最佳犬种"称号的犬只，方有资格参与更激烈的组别冠军争夺——犬种按功能划分为七大类别：枪猎犬组、狩猎犬组、工作犬组、梗类犬组、玩赏犬组、家庭犬组和畜牧犬组，每组的冠军参与全场总冠军的角逐。总冠军要经过多阶段的评审，因此参赛者必须为比赛投入大量的时间和精力。

犬的评级是由犬类协会或俱乐部制定的，顶级犬特别贵重。如今有70%的美国人养犬，犬展比赛已经成了一种大众活动，人们和爱犬在评审严格的赛场中相伴闯关。走过美容区域能看到各个犬种的最佳犬只——完美的代表。大家都认为犬展比赛的盛况无可取代。

认同理论能说明我们为什么会对犬如此着迷。主人因为爱犬的成绩得到尊重，拥有一流犬的自豪感与其说和赢得冠军有关，不如说与人类渴望认同有关。研究发现，参与的乐趣和取胜获得的认同感成正比，换句话说就是赢家能获得更多乐趣。

图15.18　犬展比赛中的缅甸山犬和牵犬师

血色艺术：斗牛

西班牙人热爱斗牛运动，斗牛爱好者经常聚集在大型的竞技场内观看斗牛士和动物之间的角逐。但斗牛迷认为这不是一项运动，体育运动意味着对手间的公平竞争，所以报纸的体育版从未刊登过关于斗牛的文章。公牛通常会死去，只有少数情况下能够因勇敢无畏而侥幸存活。这种斗牛传统是一种艺术，公牛与斗牛士的每一次配合都能促成一场截然不同、无法预测的即兴表演。斗牛爱好者认为斗牛士的目的是激发出公牛与生俱来的英勇高贵的气质以及它们不同的个性。开明的观众第一次看表演时会觉得斗牛既艺术又惹人反感，这种矛盾恰似西班牙的民族性格。

图15.19　与公牛对峙的斗牛士费尔南多·加西亚·罗布尔斯（Fernando Garcia Roble）

人们曾经把观看斗牛表演当作日常消遣，但如今斗牛就如红酒一样已然成为精英消遣。斗牛运动没有被政府、教堂和国家控制，所以大家能欣然接受。尽管花费很高，它仍然有受欢迎的一面。每年有1000多场传统形式的表演，斗牛士站稳脚跟，让公牛靠近，设计动作让它通过。如今，乔治·阿玛尼以斗牛士风格为灵感，更直接聘请斗牛士担任品牌模特。在数百个品牌广告的推波助澜下，西班牙各城镇竞相建造斗牛场（corrida），将明星斗牛士作为地方文化名片——这场传统与时尚的共谋，正重塑着西班牙的当代文化景观。

尽管有很多娱乐形式可供人们选择，但是只有斗牛表演能呈现出不可比拟的真实性，因此西班牙人依然会去观看。因为斗牛运动展现出的男子气概，还有斗牛爱好者和斗牛士共有的非理性、纯粹出于内心的反应，使这项古老的运动得以存续。不可思议的是即使在西班牙，斗牛依然具有异国情调。正如一位斗牛士所言，在宇航员和登山者已不再是传奇之后，斗牛将会是仅存的神话和英雄行为。[11]

观看体育比赛

现代体育组织已全情投入娱乐供应商的角色。《华盛顿邮报》记者基思·爱泼斯坦（Keith Epstein）如此描述职业体育赛事如何演变为狂欢盛宴："扩音器会震响《谁把狗放出来》的魔性旋律，啦啦队长带领人群热舞呐喊，开赛前烟花从两端球门区冲天而起……这是盛典，是奇观，是剧场，更是震耳欲聋的感官风暴。"[12]

赞助商视角

体育产业已成长为涵盖代言、赞助、转播权与特许经营的巨型商业生态。迈克尔·乔丹（Michael Jordan）、沙奎尔·奥尼尔（Shacquille O'Neal）和泰格·伍兹（Tiger Woods）等职业运动员代言的产品多种多样，从汉堡到内裤无所不包。据全球领先的赞助统计机构IEG报告，2008年，北美企业的赞助开支增长了12.6%，达到167.8亿美元，这是连续第六年增速高于前一年。但是，调查还发现因为经济低迷，50%的企业在2009年缩减了赞助开支，36%的受访公司则表示将继续保持2008年的赞助水平。企业冠名风暴席卷各大场馆：由路虎赞助的费城第一联盟中心体育馆（费城飞人冰球队和NBA费城76人队的主场），马里兰州的联邦快递球

图15.20　斯台普斯中心

场（华盛顿红皮橄榄球队的主场），以及洛杉矶的斯台普斯中心（NBA洛杉矶湖人队和快船队、国王冰球队的主场）。

虽然联邦快递和史泰博知名度高，但不知名的公司买下冠名权也能带来很好的宣传效果。公关公司马可夫斯基的总经理唐纳·拉默（Donna Ramer）提到了电脑网络技术企业3Com的例子。这家公司买了烛台球场的冠名权（旧金山49人橄榄球队的主场）。"3Com购买冠名权的时候还是家名不见经传的公司，买下冠名权让这家公司获得了知名度。公司希望顾客把产品和城市联系起来。"拉默说道。[13] 在最初的短短六个月里，3Com尽力把自己打造成该领域的龙头企业，而50万美元的赞助投资为公司带来了大约4800万美元的宣传效应。[14]

20世纪的经济衰退迫使一些企业考虑削减赞助开支。1999年，为了在巴尔的摩乌鸦队（Baltimore Raven）新球场冠上公司商标，PSI公司支付了1.05亿美元。但20年的合同期限还不满3年，这家位于弗吉尼亚阿什本（Ashburn）的公司因资金耗尽，不得已申请破产，终止了原先的赞助协议。同时，2000年的春天，迈阿密职业橄榄球场的母公司鲜果布衣（Fruit of the Loom）申请破产，[15] 球场不得不寻找新的赞助商；而3Com公司也选择不和烛台球场续签合同。

当交易无望时，职业球队因交易失败遭受的负面报道不亚于经济上的损失。体育赞助仍然是职业和业余运动的重要组成部分，但签订协议时赞助商与体育项目可能会更加精明谨慎。

场地变化

以前棒球场里的食物只有冷冻比萨、热狗面包和难吃的快餐，但随着老旧体育场或翻修或重建，球场也在加紧改进，这些都不只是为了贵宾看台的观众。新设计的球场广场通道光线充足，看台最远处的观众观赛视角变得更好，而且不用等到比赛结束后再享用美食和啤酒。[16]

虽然场馆内的主要饮食依然是热狗和花生，但是棒球爱好者们能在小摊买到便宜的肉类食品，喝到谷物酿造的啤酒。有些棒球爱好者还能用煎炸油制成的生物柴油为汽车加油。其他国家美食也打入美国球场，如日本的炸猪排、拉丁美洲的甜炸大蕉饼以及古巴三明治。高档球场餐饮的典范当属旧金山的AT&T公园球场。这座于2000年启用的体育

图15.21　棒球爱好者吃着美国传统食物和亚洲食物观看洛杉矶道奇队的比赛

场，既保留了经典拱形竞技场的风貌，又配备了现代化设施——宽阔的走廊通道确保观众随时拥有绝佳观赛视野。当您排队购买啤酒时，若突然听到球棒击球的脆响与人群沸腾的欢呼，只需转身便能目睹棒球飞越外野的围墙的精彩瞬间。不同于以往需将食物带回座位或在水泥通道的垃圾桶旁就餐，如今通风、明亮的走廊里遍布齐腰高的餐桌，让您可一边享用美食，一边俯瞰赛场动态。

本章小结

本章启示我们：当您关闭电视，断开网络，亲身参与现场演出时，必将收获无与伦比的审美体验。表演艺术带来的愉悦，是任何媒介传播形式都无法企及的。作为现场观众，您不仅能参与其中——随声合唱、击掌跺脚、尽情欢呼，更可与上万名志同道合者共享这份激情。表演艺术兼具三重价值：娱乐价值、经济价值与社会价值。仅需花费少许金钱（甚至免费），我们便能暂别日常琐碎，在纵情欢笑或潸然落泪中获得全然沉浸的瞬间体验。绝大多数观众认同：没有任何娱乐形式能像现场演出这般令人获得完美的享受。

我们祈愿现场表演永葆生机，因其承载着其他娱乐形态无法复制的"真实"要素——在这里，我们得以亲身感受、目睹、品味、触碰、嗅闻与聆听一切。作为观众，我们实质上参与了演出的成功。试想：真实的人在真实的时间演绎真实的音乐、艺术与戏剧，这是何等震撼的理念！通过支持这些活动，我们得以保持与美学、与美好事物、与文化传统的连接。作为大众传媒的源头，表演艺术凝聚着数百年的才华与精神。这些艺术既是我们的文化遗产，又是未来瑰宝，更是面向全球的文化"使者"。

 近观演唱会：年老的表演者以及演出收入的崩盘

现场演唱会能带来无法被窃取的艺术体验——你无法将乐队下载到笔记本电脑，更无法复制前排乐迷的狂热汗水。若想共享这场音乐盛宴，你与朋友必须亲自购票入场。正因如此，在低迷的音乐产业中，现场演出正被视为重振行业的希望之光。

随着裁员席卷各大唱片公司，许多业内资深人士将注意力转到演唱会业务上，希望现场表演能增加收益。但是这只是暂时的解决办法。一家演唱会主办方认为"有钱的地方就有路"。但从长远来看，音乐产业不能依赖巡演，原因很简单：在过去几十年里，巡演的巨大利润都是由40多岁到60多岁的演出者创造的。但随着时间推移，这些艺术家变老了，但却不太可能被取代，因为音乐产业没有为培养新人做出投资。

部分音乐产业会陷入困境，所以唱片公司必须加强管理，并且尽可能地利用收益来源和许可授权。30多亿美元的巡演业务竞争激烈，利润也不是很高。尽管如此，2007年，出于对巡演产业的信任，麦当娜和演出公司现场国度（Live Nation）签订了十年合约，报道称合同价值超过1.2亿美元。这家公司举办过滚石乐队、警察乐队和其他大牌明星的巡演。经过多年的专辑发行、大量的巡演和精心发展粉丝群等努力，这些艺术家的品牌形象价值达到数百万美元。

据理想国的迈克尔·拉皮诺（Michael Rapino）说，一家巡演公司的利润约为4%，而演唱会卖出的T恤和其他商品的收入要高得多。2006年，该产业收益创下了历史新高，滚石乐队、麦当娜、U2乐队、芭芭拉·史翠珊和其他受欢迎的表演者都举行了巡演。但据公告牌的数据，2007年，北美演唱会的总收入降至26亿美元，下降了10%以上。上座人数为5100万，下降了19%以上。人数的减少意味着商品销售减少，购买小摊食物的人也少了很多。

若斥资数千万美元签下艺人合约，必须通过长期巡演才能收回成本。30年前，没有人会想到比伊·乔尔（Billy Joel）或罗德·斯图尔特（Rod Stewart）现在仍然在巡演。但是巡演产业必须依赖这些"老一辈表演者"。如图15.22所示，2006年至2007年度巡演票房最高的有滚石乐队、洛·史都华（Rod Stewart）、芭芭拉·史翠珊和罗格·沃特斯（Roger Waters）等乐坛宿将。

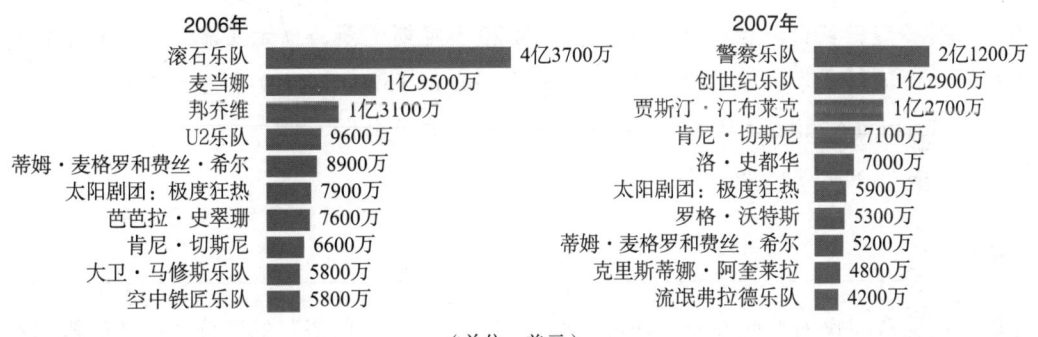

图15.22　巡演收入前十排名

年青一代的明星更喜欢走"媒体捷径"，如出现在MTV里，因此他们缺少发展真正持久力的机会。在快餐式音乐产业的模式下，买专辑或去听演唱会需要很大的决心，尤其对于那些不愿花数百美元买票的年轻人。相反，他们会每周几个晚上花15美元去俱乐部看新乐队的表演。

绝大多数主流演出商仍未能掌握激发年轻群体兴趣并实现票房转化的秘诀。他们投入的广告预算大多流向非年轻受众的传统媒体渠道。反观传统媒体的读者与听众群体，却恰好契合高票房巡演的目标客群。只要这些巡演门票持续热销，推广商便缺乏革新营销策略的动力。

在唱片销量低迷的当下，唯有坚持巡演并拥有忠实乐迷基础的乐队，才能作为艺术家持续发展。行业巨头Live Nation及其竞争对手AEG Live已经认识到，中小型亲密音乐会市场蕴藏着巨大潜力。

近年来，两家公司都在收购中小型场馆，以配合它们原有的大型场地演出。现场国度有蓝调之屋（the House of Blues）和菲尔莫礼堂（Fillmore），而AEG在洛杉矶拥有可容纳700人的埃尔雷剧院（El Rey Theater），最近又在时代广场开设了有2000个座席的诺基亚剧院（Nokia Theater）。尽管这些公司宣扬巡演市场的良好前景，但它们也在两头下注，因为将来的演唱会不会在有20,000个座位的场馆举行，而会选择有2000～5000个座位的俱乐部或剧院大小的场所。

音乐产业仍然希望人才脱颖而出，公众购买相应产品。业界领头人明白音乐和包装无关，无论是黑胶唱片、塑料唱片、硬盘里的音乐，还是第十排的音乐现场体验，这些都不重要。重要的是歌曲唤起的情感，以及听众、艺术家和其他粉丝从中获得的感情共鸣。只是随着唱片包装的改变，这些领头人不知道该如何维持收益。

巡演时代是一个反常的时代。婴儿潮出生的人期待他们的摇滚英雄举行大型演唱会，但10～20年后，只有少数老一辈演出者有毅力继续巡演。据公告牌统计，过去10年里，票房收入前十的演出者中，只有一位是在20世纪70年代后出名的。其中，戴夫·马修斯乐队（Dave Matthews Band）的总收入超过5亿美元，拥有长期巡演成功必不可少的稳定粉丝群。但即使该乐队在今后20年定期巡演，也无法靠个人力量维持巡演周期，而流行音乐歌手贾斯汀·汀布莱克（Justin Timberlakes）和克里斯蒂娜·阿奎莱拉（Christina Aguileras）对大众还没有形成长期的吸引力。[17]

资料来源：www.american.com。

讨论与回顾

1. 如今在受众和娱乐类型方面，是否还存在"高雅"与"低俗"的区分？你如何辨别？
2. 在体育比赛直播中，幽默和笑话起到什么作用？在政治中呢？
3. 讨论向非养犬人播放和宣传犬展的市场潜力。产品代言和赞助的作用是什么？
4. 就"斗牛是一门艺术而非运动"说出你的观点。这项活动涉及哪些伦理问题？

练习

1. 看看本地周日报纸的日程表和娱乐版，算一算本周现场演出的次数。这个数字与体育比赛、电影和其他娱乐形式相比是多是少？结果是否证实了本章表演艺术演出减少的观点？
2. 访问魔术或喜剧网站，查看链接和内容。如果你有兴趣观看现场表演，该网站能帮助你找到本地的演出场馆吗？该网站是否推荐了有助于了解这两种表演形式的地方？你能分辨出这些表演适合精英群体还是普通观众吗？为什么？
3. 回忆一下过去几个月参加的现场表演。你认为它属于古典还是流行艺术？你观看表演是为了社交还是因为对某一类表演形式感兴趣？观众在你欣赏表演的过程中起了什么作用？你赞同现场表演成功与否取决于观众的反映这一观点吗？为什么？

参考书籍和网页

Anderson, J. (1999). Art without boundaries: The world of modern dance. lowa City: University of lowa Press.

Christopher, M. (1996). The illustrated history of magic. Portsmouth NH: Heinemann.

Cunningham, M. (1999). The rock concert industry in the nineties. London: Sanctuary.

Kaye, E. and Barnes, C. (1999). American Ballet Theater: 25-year retrospective. Riverside NJ: Andrews McMeel.

Wagner, R. and Ellis, W.A. (1995). Actors and singers. Lincoln: University of Nebraska Press.

www.sfx.com——输入您的邮政编码，即可查找附近的音乐、戏剧、喜剧演出及其他现场娱乐活动的信息。

www.theaterhistory.com——收录文章和链接，介绍戏剧的起源及其在不同国家、文化和时代的历史。

www.magicexhibit.org——提供魔术与幻术的历史信息。

第十六章　旅游、景点和娱乐

> 游客永远是别人。
>
> ——伊芙琳·沃弗（Evelyn Waugh）

面对如此繁多的娱乐选择，合理规划闲暇时光已成为令人却步的难题。无论是个人还是企业，都日益认识到休憩与焕活的重要性。2007年荣膺"全美最佳雇主"的谷歌公司，为员工提供工作周内的休闲旅行机会与配套设施。科技发展使我们得以摆脱办公室的桎梏，将旅行与休憩融入日常工作节奏。

与其他作为观众或社群成员参与的娱乐形式不同，旅行与休闲要求我们以个体身份主动投入。本章将带您纵览旅游业的各个维度，以及异域风情带来的新奇体验。我们还将呈现现代人如何利用闲暇从事休闲活动与极限运动。

旅游与观光业

旅游业是全球规模最大的就业领域。该行业为旅行者提供住宿、餐饮、纪念品、娱乐及交通等一系列服务。旅行包含前往目的地的旅程，以及促成这段旅程的相关服务。旅游业是一个贯穿全程的综合性产业：从人们离家出发，前往目的地，作为宾客接受东道主服务，购买纪念品，直至返程归家。表16.1展示了旅游流程中的关键要素。本章将从历史沿革与产业结构切入，继而探讨宾客、东道主

图16.1　从芝加哥到洛杉矶的66号公路

与目的地三重维度。在剖析旅游相关争议问题后，我们将审视旅行对娱乐产业的作用、其背后的理论支撑，以及旅游业对全球文化的影响。

表16.1 旅游过程中的要素

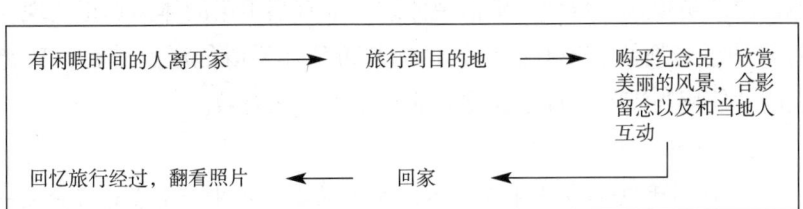

世界第八位：现代旅游业

我们把现代旅游业的建立归功于19世纪中叶开始包装旅游的英国企业家托马斯·库克（Thomas Cook）。库克不仅开拓了新的旅游市场，更永久改变了游客与东道主之间的互动本质。开发旅行社便是为了协调旅游服务、创造新兴需求。在欧洲和美国，铁路和轮船线路为以往普通旅客无法到达的地方提供了通路。早期为游客服务的酒店和度假村由铁路公司管理，美国西部成为城市居民最喜欢的旅游目的地。轮船公司以客运取代货运，将运货路线变成了第一条专门从事海洋体验的游轮航线。欧美度假村最初是教堂团体的静修场所，后来为游客提供了在海滩和山地度假的变革性的体验，游客们在那里学会了如何"享受"太阳。

当代旅游业具有社会和经济意义，将现代性传播到世界各地的农村地区。现代旅游业的创建者通过组织大众旅游，为旅游提供新的合理化服务，利用民族主义和文化自豪感，把公民吸引到农村各地。20世纪50年代，汽车商呼吁人们去探索美国，以及"开着我们的雪佛兰亲眼看看美国"。由于休闲旅游理念打着"促进身心健康"的旗号，传统旅行中长期存在的安全隐患与旅途劳顿问题则被掩盖。

据报道，过去十年全球旅游业开支超过100亿美元。这种爆发式增长的原因可归结为以下几个方面：

- 全球经济繁荣和可支配收入增加。
- 婴儿潮一代的退休人士增加。
- 旅行技术发展进步。
- 闲暇时间增加。
- 易获得的信用卡和签帐卡。
- 旅行、游轮航线和度假的专业包装。
- 旅游频道和探索自然的电视节目带来对远方的探寻意识。

旅行变成了一件商品，游客变成了一位消费者，世界变成了一家充满可能性的旅行超市。无论是为了改变日常生活而度假，还是为了追求想象中的快乐而旅行消费，或是沉醉于常规旅游体验的"人造性"，21世纪的旅行者们都在拥抱旅游业。游客的动机深深植根于他们的期望模式、目标与价值观体系。唯有当承诺的体验真正实现，游客方能成功逃离日常琐事与烦恼。现有的市场目标与价值体系既能激励游客，又能满足其需求——这表明"使用与满足"理论在旅游业中依然行之有效。

> **时事速览**
>
> 在计划于2008年下半年在本地旅游的成年人中，有多达五分之一（22%，510万成年人）的人希望至少要在一家当地的旅馆或度假胜地逗留一晚。"旅行地平线"的调查还显示，如果有更充裕的经费，83%的美国成年人会进行更多休闲旅行；63%的美国成年人认为休闲旅行使家庭关系变得更紧密；58%的人认为休闲旅行对他们的幸福非常重要。
>
> 资料来源：tia.org/press media。

旅游类型

旅游业作为多产业协同服务的活动体系，虽然我们仅聚焦部分类型讨论，但以下分类已涵盖行业重要细分领域。

- 商务旅游。这一类型的旅游是在工作时间而非闲暇时间进行的，包括参加小型会议、培训、大型会议、博览会、展览和奖励性旅行（绩效奖励）等。[1] 商务旅客常延长行程休闲度假或携家属同行。
- 公益旅游。游客无偿参与环保、基建或支教等公益项目。
- 短途旅游。前往主题公园、博物馆、奥特莱斯等地的短程旅行（可能含过夜停留）。
- 教育旅游。旅行是为了学习一门新语言或实地学习历史、艺术和戏剧，或是上一门课。学校、大学旅行以及特殊令营活动也是教育旅游。
- 享乐旅游。旅游体验是基于愉快的活动，包括购物和社交等。
- 健康旅游。提供改善一个人健康或外表等服务的水疗中心和治疗胜地。
- 朝圣旅游。包括宗教圣地巡礼、体育赛事观战、探亲访友及同学会等群体性出行。
- 虚拟旅游。足不出户，通过网络旅游。
- 野外旅游。旅行到生态敏感地域。背包旅行或露营，骑自行车，航海，以及到户外活动盛行的地方旅行。

上述旅游类型除其中三种外，其他旅游类型都是可以一价全包的。对游客来说，各类全包假期都是缓解压力的方法。旅行者从不质疑他们为什么会离开舒适的家，去可能存在不适的未知地方。他们只知道，他们可以花时间和金钱离开家，在异国他乡进行一项"交易"。一些度假者甚至从未离开过他们的酒店。相反，他们在为亲密关系寻找新的空间。

出于各类原因，近年来报名并参加包价旅行的游客数创下纪录。最近有三项创新促进了包价旅游市场。吃住游一体的包办假日让大众市场可以走得更远。专业人士计划观光、住宿和交通，所以旅行者只需要打包行李。互联网和电子设备使更多的独立旅行者能够在没有帮助的情况下得知自己的机票、酒店和租车信息，从而实现个性化包办。酒店联盟通过整合中小型酒店资源，使其具备与大型连锁集团竞争的实力；营销联盟则提供区域联营及细分市场批量采购渠道。航空公司、酒店集团与信用卡机构依托联盟关系推出旅游产品。无论旅客类型或套餐选择为何，其旅游行为均可通过"流量—区域"两方面来理解。

图16.2 一个生态项目的志愿者们帮助人们开辟了一条穿越亚马孙河的道路

旅游路线

通常情况下，我们通过飞机或其他快速交通工具直达目的地。回家的路径可能会比较迂回，一路边走边停。我们可以将往返目的地的旅行视为旅行本身的娱乐和组成部分。[2] 往返目的地的过程包含三个区域。始发地是我们旅行开始的地方。营销活动、预订交通和预订酒店是计划旅行的关键。离开我们的始发地后，我们进入过境地区。办理手续和搭乘特定的交通工具，到达我们的目的地都是去路所花费的时间。各种类型的旅游景点都位于游客到达和接待之处。

一旦一个人离开家，乘坐交通工具前往旅游景点，他就会成为一名游客，去寻觅当地人、纪念品并留下回忆。不论何种旅游，游客都是至关重要的，他会去体验一个新的地方，并带着很多收获返回家园。

有相机，就旅游

如今，任何为了娱乐或休闲而旅游的人都在别人的家乡被称作游客。尽管"旅行者"一词通常指的是游客，但我们仍可以从一个活动的角度来区分这两个词：旅行者积极参与有目的的旅行，而游客采取一种更加被动的和消费性的旅行方式。本文研究的游客特指为娱乐目的进行旅行休闲的人群，本文重点关注其娱乐偏好及动机——理解这些动机将帮助娱乐产业优化旅行体验。

游客会形成特定的"凝视"机制，专注于那些使其脱离日常生活的城乡景观特征。[3]通过相机、摄像机等设备捕捉这些"景观"时，游客实则追寻着新鲜独特的体验（无论真实或人造）。其凝视方式多元：浪漫化的相互凝视、街头活动的旁观式凝视，或集体社交性凝视，亦可指向自然奇观或文化遗迹。

游客的称呼是根据他们所独有的关注方面来命名的。我们把旅行团中的游客称为组团的"追随者"；独自探险旅行的人称为"探险家"；没有活动计划，随意关注旅游信息的人称为"漫游者"。[4]探险家和漫游者喜欢随意住宿，而组团的追随者通常会待在预定的地点。他们有时表现得如同孩童——跟随导游指引，按既定路线行进，完成规定动作。在此情境下，游客似乎在进行一场打破成人规则的孩童游戏：暴食、挥霍、熬夜、穿奇装异服等逾矩行为，都成为暂时挣脱禁忌的方式。部分游客更痴迷于"扮演游客"，将模拟体验置于真实感受之上。

比起"真正的"旅游体验，这样的游客更喜欢虚假和做作的体验。[5]如果现代旅游是"麦当劳—迪士尼"化的，那么游客们寻求肤浅的旅游体验就不足为奇了。[6]游客可能会渴望逃离日常生活中不真实的虚无感，[7]这种逃离体验的质量在一定程度上取决于娱乐对游客的影响程度。

图16.3 许多城市已经为残疾人提供旅游便利

无论我们如何定义游客或解读其旅行动机，他们的本质都是闲暇状态下的人群。[8]旅游过程的一端是家，旅游的过程始于离开家，去其他地方，遇到来自不同文化的人。在这个过程中，游客与服务人员，如旅行代理商、酒店经理、商铺经营者和其他旅游产业从业人员进行一系列交易。为了促进行程顺利，游客的旅行是由该行业的营销努力推进的。旅游过程的另一端是目的地社会，他们依靠客源地输送游客。了解游客与主人之间的社会关系对于营销和提供成功的旅游体验至关重要。

东道主和东道主行为

居住在旅游地区的人们被称为东道主。主人和游客之间的关系取决于各种条件，其中包括以下几个方面：[9]

- 参观一个地方的游客人数与当地人口的规模有关。游客众多的小城镇比大城市更加拥挤。
- 发生的参观类型。游客的参观行为是受到欢迎的，但是当地人会因游客对他们个人的注目而感到不舒服。

- 为服务游客而发展的组织（商业、生态、地方手工艺等）。
- 游客与当地的经济和社会差异。富有的游客到发展中国家旅游，会对当地居民产生深远的影响。
- 旅游业对当地经济和生活方式的影响。旅游业往往会改变旅游目的地居民的生活质量和性质。
- 在一定程度上，游客可以被认定为导致不良的经济和社会发展的罪魁祸首。拥挤和负面影响很容易被归咎于到访的游客。

这些情况的案例将在后面的一项关于旅游业的实例研究中加以介绍，其中包括旅游业对一个海滨小社区的影响。

当地居民成为一种旅游资源，为外地人提供娱乐和新奇的乐趣。在这里，当地人和游客之间形成了一种紧张的关系，因为他们对闲暇时间的偏好不同。换句话说，游客寻求美好和异国情调，而当地人可能渴望逃离现状、谋求发展或经济增长。当地人有时觉得自己的空间被前来参观的游客侵占了，他们指责游客使城市的自然资源和商业资源减少了。

生活在旅游目的地的居民通常以两种方式来对待旅游：积极鼓励或消极接受。接受或拒绝都使当地人与游客在空间和社交上分隔开来。当地人通过空间与社会隔离疏远游客：光顾游客稀少的场所，甚至暂时离城躲避。这种态度虽能抑制旅游发展，却难以终结业态。更理想的做法是积极鼓励，通过营销推广培育本土企业、艺术与娱乐项目。旅游业一旦成为一个地区收入的主要来源后，其服务设施随需求增长而涌现，进而刺激更大客流——目的地最终陷入不得不持续扩张的循环。

在旅游途中＆到达目的地

关于休闲行为存在两种对立假说：其一，认为人们追求与工作环境截然不同的刺激类型；其二，主张游客追寻与其职业相似的愉悦体验。[10] 无论哪种假设，旅游空间的本质在于"感知空间"，即游客心理预期构成的意象场域，而旅行正是对这种期待的满足。

我们通常会去特定的目的地。以下三种旅行类型为理解旅行及其与目的地的关系提供了线索：[11]

- 出发即是目的地。航班是关键。旅行者只想离开家。在这种情况下，旅行很少给旅行者带来深刻或持久的影响。

图16.4 一名当地人帮助一名游客在巴塞罗那找到了路

- 到达即是目的地。这时旅行作为一种娱乐和习惯，旅行者偏好"足不出户"的体验。这类旅行者用模拟体验替代亲历，甚至将在目的地拍照作为唯一目的——拉斯维加斯、主题公园及打包式体验正契合其需求。
- 目的地待定。这些旅行者更喜欢自发的或冲动的探索性或体验性旅行，而不是计划旅行或跟团旅行，甚至迷路对这些人来说也很有趣。

旅游相关行业的存在，其目的是激发游客的旅行欲望。目的地既充当临时或过夜住所，也是"一日游目的地"。以"阳光、沙滩和大海"为特色的目的地是资本密集型旅游景点。[12] 目的地的吸引力在于特定的地理区域、零售或商业机构以及民族或文化群体。

旅游吸引力体现在游客、景点和标志物或信息之间建立起来的各种联系上。[13] 吸引力的一个显著特征是具有标志物或纪念品。城市旅游有特定的旅游区。纽约的苏荷区（SoHo）、巴黎的拉丁区（Latin Quarter）和旧金山的海特·阿什伯里（Haight Ashbury）都是这样的地区。一旦一个地区成为旅游区，它往往会复制人们对新建筑和商业的期待，从而令人质疑其真实性。新墨西哥州的圣塔菲（Sante Fe）就是一个典型的例子，它拆除了原有的土坯结构，代之以目前用作购物广场建设的新土坯结构。尽管材质改变了，但该城市提供给居民的城市风格仍然与其成为旅游中心前基本相同。

公路奇观

时尚的后现代游客，正通过公路流行文化寻找虚拟体验。被称为"路边奇观"的蛇窟（Snake Pit）、野生动物园（Animal Safari），以及类似"摩登原始村"（Flintstones Village）的小型主题公园，散落在高速公路沿线。古董店与二手集市同样成为旅人热衷的去处。部分名胜古迹则隐匿于城市街巷——洛杉矶的"侏罗纪科技博物馆"堪称为怪人设计的伪科学博物馆。

博物馆利用处在我们文化素养边缘的信息——我们听说过但知之甚少的东西——如蝙蝠雷达之类的展品、紫外线和流行文化的各方面吸引我们。其他几个值得驻足参观的博物馆包括得克萨斯州普莱诺的蟑螂名人堂（Cockroach Hall of Fame）、威斯康星州麦迪逊（Madison）的浴室纸巾博物馆（Bathroom Tissue）和新墨西哥州罗斯威尔（Rosewell）的UFO博物馆。这些大众化博物馆及其手工制作的展品值得关注——尽管它们通常不被视为重要的旅游景点。

旅行者也喜欢去那些被媒体广为宣传的地方。以书籍、电视节目和电影为基础的主题旅游正在兴起，以满足那些厌倦被动式度假的旅行者需求。例如，加勒比海的旅游模式是基于《加勒比海盗》这部电影的。游客会被带到牙买加的老海盗藏身处，阅读17世纪审判海盗的记录，聆听穿着特定服装的专家讲述海盗是什么样子的。再如，哈利·波特的英国之旅包括参观城堡和乘坐电影中用作前往霍格沃茨的特快火车。又如，新西兰是《指环王》之旅的东道主；法国根据《达·芬奇密码》提供了一种类似于寻宝游戏的旅行。

作为广受欢迎的HBO电视系列片《黑道家族》(The Sopranos)的产物，新泽西州卡尼的旅游业为商户们创造了相当大的收益。热门旅游景点包括一家汽车修理店、一家猪肉店和一家低俗连锁舞厅。这些地方是《女高音》(Our Ladies)、《萨蒂里亚莱斯》和《八达兵》的拍摄地，在这里的夜总会可以买到周边T恤和《女高音》剧中的物件。游客们高兴地花30美元去参观新泽西一些最没吸引力的景点，仅仅是因为这些地方是小说人物Tony和他的同党合伙做生意的地方。[14]

臭名昭著的犯罪场地同样吸引游客：位于洛杉矶的被谋杀的名人妻子妮可·辛普森（Nicole Simpson）的公寓，位于孟菲斯（Memphis）的马丁·路德·金遇刺的洛林汽车旅馆（Lorraine Motel），还有彭萨科拉（Pensacola）一位堕胎医生遇害的诊所。路边流行文化景点为来往的人们提供了娱乐。和旅游本身一样有趣的是寻找和购买当地的纪念品。

图16.5 外景拍摄式旅游模式，如威尔·史密斯（Will Smith）和爱丽丝·布拉加在纽约拍摄《我是传奇》(Alice Braga)

柯达胶卷和俄罗斯糖果

旅游地的重要组成部分是纪念品或标志物。收集工艺品是旅游仪式的重要部分，其为游客提供了旅游体验的有形象征物。工艺品的象征意义对于理解整个旅游体验很重要。[15]

- 图片影像（如明信片、快照、书籍等）。
- 岩石碎片（从自然环境中保存、收集、捕获或从人造环境中获取的东西）。
- 有象征意义的简洁纪念品（如人造的小型或超大型物体）。
- 标志物（纪念品本身并不与某个特定地点或事件相关，但上面刻有表明其所属地点和时间的文字）。
- 本地产品（如本地食品、食品用具、酒类、服装和工艺品）。

图16.6 俄罗斯套娃

游客的旅行经验多少与其对纪念品真实性的需求存在关联，具有明确公共意义的纪念品体现显性真实，而聚焦符号化无形要素的私人化解读则构成纪念品的特质真实。[16]

在2000年，全球引人注目的纪念品销售额达到1000亿美元。随着旅游业的扩张，预计这一收入将持续增长。例如，硬石咖啡馆（Hard Rock Café）T恤衫的销售收入超过了该馆所有国际分店的食品销售收入；在这里，游客们愿意为一个特色物品付费，以此宣告他们到此一游。威斯康星州奶酪、加州葡萄酒和明尼苏达州野生稻也作为包装的几种美国产品，纪念游客们到此旅游过。迷你埃菲尔铁塔、填充的佛罗里达短吻鳄玩偶、抛光和刷过油漆的海贝壳，以及给人以视觉刺激的明信片，都是经验不多的游客为留念而购买的特色纪念品。

经验丰富的旅行者更青睐那些能象征体验本身而非单纯地域标志的本土手工艺品或天然采集物。为消费而生产的旅游纪念品往往与目的地的乡村人口密切相关——随着旅游业的发展，这些工艺产业因保持"本真性"（而非流水线量产产品）而得以繁荣。当地艺术家亦可通过将他们的作品与地域生态相关联而获益，如以"捕鲸墙"壁画和海豚雕塑闻名的加利福尼亚艺术家怀兰（Wyland），其海洋主题作品被众多国际游客收藏，既作为旅途纪念，也传递生态哲学理念。艺术家怀兰的案例表明，"本土艺术"已发展为价值数百万美元的全球产业，完美诠释了"旅游艺术"的成熟形式。[17]

图16.7 捕鲸墙

要想旅游业收益大增，旅游景点必须借助各种旅游服务。当地居民往往能够享受为迎合游客需求而设立的零售业和餐饮业的服务。在淡季，旅游服务往往依靠当地居民消费得以维持，直到旅游旺季。

旅游业和酒店行业

当目的地培育旅游业时，服务也成了景观的一部分。服务可以被视为中介，因为它在促进旅游业发展方面发挥了重要作用。个人和机构对旅游业的中介作用是独立于主客关系之外的。服务提供者甚至可能不住在景区或附近。中介是为游客提供服务的人，其中包括但不限于规划者、促销员、代理人、艺术家、导游、投资者、酒店经理、飞行员、救生员、出租车司机、办事员、餐馆人员等。每个去旅行或遇到旅行者的人都可以被认为旅游业发展的贡献者。

由弗雷德·哈维（Fred Harvey）等先驱开发的旅游业有双重任务：一项任务是告诉潜在游客他们想要什么以及如何得到它们；另一项任务是建造旅游地，以满足旅游业帮人们建立的期待和愿望。[18]这两项任务都借助娱乐这一因素来获得成功。

商会、会展旅游局及旅游协会通过制作宣传册、影视素材及开展促销活动激发旅行意愿；美国运通公司（AmEx Corporation）整合了交通与住宿资源，去服务吸引预算内的旅客；广告公司通过创作趣味宣传片推介目的地。分时度假产品促进远程旅行，节庆表演则是为了吸引游客。旅游作家、公关专员及视频制作人也吸引人们去冒险与追求刺激。

当人们被说服去旅行，运输系统与目的地体验的满意度便成为关键。提供旅行方式、住宿和体验的行业都具有竞争力，非常繁荣。航空公司承诺准时到达，铁路公司标榜风景优美，邮轮以美食为卖点。酒店提供免费电影和健身设施，公园提供12种不同类型的水上活动，都市则提供博彩娱乐与购物礼遇。

作为娱乐的重要组成部分，休闲本身也是一种产业。卡通人物吸引和娱乐游客，超现实的丛林环境让用餐更有趣，巨大的云霄飞车让我们兴奋不已。为了让旅行途中更有趣，航空公司在飞行途中用电影来招待我们，游船则提供现场表演。我们的酒店会为我们提供游戏，我们参观的地方会提供当地的礼品。没有娱乐，旅行者可能会变得无聊，并寻求其他娱乐方式。为了避免无聊，各行业拥抱娱乐，以确保愉快和有利可图的旅行体验。

旅游空间

旅游空间是人们聚集在一起体验陌生事物的特定场所。娱乐提供者必须考虑真实性问题，以及这种真实性是如何决定旅游空间的娱乐性质和质量的。

游客对所谓"真实"的事物的好奇心促使他们有目的地寻找旅游景点的"幕后场地"。这种现象的一些例子有：游客游荡到住宅小区，窥视私人空间，或探查主人对私密问题的回答。人们经常听到来访者问路："当地人去的地方……"游客有时会把他们的相机藏起来或避开外地游客的典型打扮，试图让自己看起来像本地人。通过建立对真实性的感知，旅游业利用人们追求真实事物的心理获利。

旅游业的迅猛发展大大削弱了很多我们认为真实的东西。作为补偿，旅游业制造了所谓的"舞台真实性"和"假场景"，[19]拉斯维加斯复制城市景观（纽约、威尼斯和巴黎）的成功证明了游客更喜欢去"假"的地方，因为那些地方没有烦恼和不安，如交通、贫穷、肮脏这些他们肯定会在"真实"的地方遇到的问题。

也可以通过复制技术构建旅游现实。参观大峡谷的游客们可以通过直升机观看南缘全景，归家时获得的满足感不亚于亲身徒步光明天使小径（Bright Angel trail）。如果游客更青睐制作精良的视觉奇观体验而非真实冒险，那么可以想象一下大众传媒为人们提供虚拟旅游的无限可能性。

如表16.2所示，[20]旅游空间可划分为四种类型。经验丰富的游客似乎知道他们正在玩的旅游游戏中显然没有真实的东西（类型D）。但他们不在乎！参观葛底斯堡战场的游客明白自己并非时空旅者，夏威夷热带沙滩上的游客也不会假装原始住民，更无人能成为异国的隐形观察者。他们清楚彩色宣传册不会展现游乐场外的长队，也不会提及货币兑换的麻烦。当代游客甚至享受预制化目的地特有的混乱与迷失感——体验的戏剧性越强，游客满意度越高。这恰是休闲旅游产品设计者用以吸引度假消费者的核心逻辑。

表16.2 旅游空间类型

游客印象	真实情况	设计真实情况
场景性质		
真实的	A. 真实地意识到真实情况	C. 怀疑甚至质疑设计的场景
设计的	B. 无法识别人为旅游空间的情况	D. 能够识别人为旅游空间的情况

资料来源：科恩，《旅游社会学再思考》，载于《旅游年鉴》，1979年第6期，18—35页。

新兴旅游市场

全球旅游业正经历着巨大的变化：游客对新产品的需求，传统旅游形式的普及，产品购买方式的改变，以及以往没有旅游业的出境游国家的发展。这里重点介绍了旅游业的发展趋势和新市场。[21]

全包旅游

旅游业兴起早期，全包旅游是一种常态。"如果今天是周六，一定是去比利时"的旅行方式为游客提供了安全感、舒适的住宿条件和愉快的国外介绍服务。自1960年以来，我们看到了包罗万象的旅游业的复兴，旅游业既有满足特定预算和时长需求的常规产品，也不乏高端定制服务。地中海俱乐部（Club Méditerranée）就是一个围绕单个目的地开展业务的高端旅游度假机构。

邮轮旅游业是这种概念的一种表现形式。邮轮旅游经常为乘客提供船上的主题活动，以及教育巡游，包括电脑和语言教学，以及以"智力开发"为特色的舞蹈巡游和观光旅游来吸引游客。此外，作为对公司高管和高成就者的奖励，奖励旅游业务有助于包装和宣传目的地。

聚焦包罗万象的旅游度假：复苏的地中海俱乐部

地中海俱乐部最初开始于一个非营利的理想主义村庄。村庄布满军用帆布帐篷，是一个位于西班牙的偏僻海滨小镇。不像其他度假村崇尚精英主义，它信奉平等原则，给予每个人平等的地位。56年后，这家总部设在巴黎的公司向高端市场进军，此前它遭遇了一系列灾难，从亚洲旋风、海啸到战争和类似度假村的出现，其旗下5个最有利可图的度假胜地都被摧毁。

图16.8 海滩按摩中心

因此，地中海俱乐部村庄一改过去的迎客方式，把游客们带到由棕榈树海边度假村的围墙包围的新式复合建筑中。在那里，有撒满新鲜玫瑰花瓣的套房，散发着茉莉花香的泳池，还有木瓜泡泡浴池。这个摩洛哥度假村的创建是为了竞争美元区和欧元区的游客，在一个每年价值2.8万亿美元的全球产业中满足自由消费游客群体的要求。

过去的度假村庄将客人和工作人员按名字首字母区分开来，鼓励二者通过共享饮食和活动来进行互动。但这种友好的文化正在经历改善，作为高端市场转型的一部分，地中海俱乐部从2008年起每年耗资1.28亿美元升级旗下度假村。从墨西哥到土耳其的70个度假村已修缮完工，更有20个像马拉喀什的拉伊德（Riad）那样的新度假村已经建成。已有50多个度假点被关闭，公司正在出售房产，重新投资转型。

像拉伊德这样的豪华村庄可以满足绰号为"巴夏""pashas"（指土耳其古代对大官的尊称）的尊贵客人，或者是享受全套服务、个人消费高达每周3127美元的皇室游客。其中的消费包括扩大带客厅的套房、私家花园、客房服务、互联网和每日茶的豪华套房服务。文化改造还包括五大洲的2.7万名员工，他们正在接受营造氛围课程的培训。

地中海俱乐部从"高流量策略"向"价值战略"的转型，源于9·11事件后持续流失的客源。由于富裕游客比预算型旅客更具消费韧性，度假村即使在经济政治危机时期，仍可依赖高端市场的旅行支出。为此，集团正着力吸引这类客群——甚至在泳池步行可达范围内，增设配备电脑室与会议空间的商务舱级服务。不过在这里无须瓶装水，因为Riad别墅的宾客畅饮的尽是香槟！

资料来源：多伦·卡瓦加尔，《纽约时报》，2006年9月5日，C6版。

图16.9

488　**儿童假期**

夏令营、学校或团体旅游活动使得儿童成为旅游消费者。作为影响的关键，儿童将继续在决定父母应该购买哪些产品方面发挥更大的作用。

国际婚嫁市场

蜜月旅行是美国的大生意，也在日本和英国蓬勃发展。拉斯维加斯、新英格兰、加勒比群岛和塞浦路斯是热门旅游地。蜜月套餐包括提供当地的婚礼、视频、鲜花、音乐、食物和饮料。充满异国情调的婚礼公司推广水下、降落伞、蹦极和冰洞等结婚方式。远距离蜜月的流行促使旅游业蓬勃发展。

> **时事速览**
>
> 最受欢迎的国内婚礼度假胜地是夏威夷、加州、佛罗里达州和拉斯维加斯；最受欢迎的国际婚礼度假胜地是加勒比海、墨西哥、亚太地区和欧洲。
> 资料来源：《旅行婚礼》杂志，2008年，读者调查。

影视文旅

作为影视拍摄的衍生业态，探访电视剧或电影取景地已成为旅游新宠。从电影《西雅图夜未眠》（*Sleepless in Seattle*）中的西雅图，到书籍《普罗旺斯的一年》（*A Year in Provence*）中的普罗旺斯，以及《安琪拉的灰烬》（*Angela's Ashes*）中的爱尔兰利默里克，这些作品都成功带动了取景地的旅游热潮。幕后观光项目则让游客得以深入幕后——例如在无线电城音乐厅，游客不仅能与火箭女郎舞团成员交谈，还可合影留念。

经济型旅行

地中海与墨西哥湾游轮航线为预算有限的旅行者提供了实惠选择。航空公司机票与游轮产品定价极具竞争力，常通过在线平台实现旅客自主定价，打折旅游服务、捐赠旅游（generousadventure.com）和经济型旅行指南的普及，并正推动自助游与特惠度假模式的流行。

情侣专属高端游

市场为可支配收入高和无子女的夫妻推出了浪漫之旅。大床加早餐的旅游胜地吸引着这类游客到成人专享场所享受周末或一周的短假。桑道斯度假村（Sandals）等度假胜地则满足了关系亲密的游客到海滩和山区度短假的需求。

健康之旅

健康是最原始的旅行动力。健康之旅包括各种产品，如整个"健康农场"、度假胜地的健身假期、天然泥浆和矿泉水水疗以及减肥温泉。例如，在英属哥伦比亚的温哥华岛（Vancouver Island），海岸旅行会在自然环境中为游客提供个性化健康徒步课程，并搭配精致餐饮。许多美国人正跨境寻求器官移植或整形手术，甚至前往墨西哥接受更廉价的牙科治疗与癌症疗法（这些疗法尚未获得美国FDA认证）。医疗旅游在欧洲盛行多年后，如今也吸引着众多寻求替代疗法或高性价比医疗服务的美国消费者。

生态旅游

由于越来越关注雨林和濒危物种，人们为了观赏野生动物和体验自然奇观会进行生态旅游。野生动物和旅游项目提高了人们对动物栖息地冒险的认识。中美洲的伯利兹城（Belize）因其森林保护区、玛雅考古遗址和世界第二大堡礁而闻名于世，是发展生态旅游的要地。在某种程度上，可持续发展是通过关注保护野生动物栖息地来实现的。

宗教静修

寻求精神体验的信徒和旅行者正乐于前往希腊的阿陀斯山（Mount Athos）和亚洲各教派的静修处。冥想与和谐的特色是这些旅游地受到持续欢迎的原因。以印度为例，它专门在茂密的丛林环境中为崇拜宗教或哲学信仰的人提供精神旅游。

冒险旅行

对于那些手头有时间，心中想挑战的人来说，有太多新的冒险可以尝试。加州伯克利市有一家有着22年历史的公司：荒野旅行社（Wilderness Travel）。荒野旅行社只是众多此类旅行公司中的一家。这类旅行公司帮助人们到偏远的地方旅行，提供舒适的住宿或露营条件以及美食，"而不失冒险精神"。对于那些兼具经济实力与冒险精神的人来说，数百家新兴企业应运而生，可以满足他们的需求。人们可以花大约10万美元到太空探险公司（Space Adventures）体验亚轨道太空飞行，也可以花2.5万美元去西北通道公司（Northwest Passage）享受狗拉雪橇之旅，或者花6.5万美元去攀登阿尔卑斯山和珠穆朗玛峰。其他冒险选择包括花费4.5万美元在南极进行两个月的越野滑雪，花6000美元到不丹享受25天的徒步旅行，花10.5万美元在加拿大的驯鹿荒原体验直升机滑雪，或者花3000美元在赞比西河激流漂流（不包括机票费），等等。

商务旅游

商务旅行推动了城市旅游的发展，各类会展活动积极将城市打造成为贸易展览、会议和大型论坛的目的地。波士顿、圣安东尼奥和旧金山等城市通过有效的营销策略，联合私营企业开展广告宣传，并设立充满活力的会议及游客管理局，从而创造了利润丰厚的商业机会。

小众邮轮旅游

寻求邮轮体验，但希望避免传统邮轮度假模式的旅行者可以选择小众邮轮旅游产品，他们会提供更短更亲密的体验。汽船探险、内河驳船旅行、货轮旅行和快艇旅行都是水上旅行者的不错选择。

聚焦小城镇旅游：好莱坞去了马尔法

图 16.10　詹姆斯·迪恩（James Dean）在马尔法

马尔法（Marfa）位于墨西哥边境附近与世隔绝的西得克萨斯州，是一个干旱肆虐的牧场小镇，过去那里的人们日子过得不错。那为什么有人想去马尔法旅游呢？因为电影《巨人》（Giant）是在那里拍摄的。

该镇距离商业机场或购物中心有长达三个小时的车程，在2006年有两部好莱坞电影在那里拍摄。电影《冰血暴》（Fargo）、《谋杀绿脚趾》（The Big Lebowski）和《逃狱三王》（O Brother, Where Art Thou）的作家与编剧乔尔（Joel Coen）及伊桑（Ethan Coen）到马尔法拍摄了电影《老无所依》（NO Country for Old Men）。这部电影由哈维尔·巴登（Javier Bardem）、汤米·李·琼斯（Tommy Lee Jones）和乔什·布洛林（Josh Brolin）主演，但其中的真正英雄却是边境城镇的景观。

在小镇南边，曾执导过电影《木兰花》（Magnolia）和《狂野之爱》（Punch-Drunk Love）的导演保罗·托马斯·安德森（Paul Thomas Anderson）拍摄了电影《血色将至》（There Will Be Blood）。这部史诗片由丹尼尔·戴·刘易斯（Daniel Day-Lewis）主演，他在剧中饰演一位崇尚权力的探矿者。但安德森电影里的事件实际发生在加州的贝克斯菲尔德（Bakersfield）。因为贝克斯菲尔德的牧场在可视范围内都有快餐店，导演才选择了拥有独特风景的马尔法。小镇西边荒凉的沙漠公路上到处是仙人掌和北美野兔，对于拍摄一个由小镇居民充当的群演被电击枪击中头部的场景来说，是理想的拍摄地。

马尔法当地居民早已对名人到访习以为常——这个仅拥有2400户居民的城镇，是户外艺术空间辛拉蒂基金会（Chinaati foundation）和兰南基金会（Lannan Foundation）

图 16.11

作家居住项目的所在地。这个特立独行的小镇已成为艺术家与参观艺术的游客的避风港，随之而来的是新画廊、精品酒店与媒体专题报道。但由于马尔法经济完全依赖旅游业，当数百名电影工作人员突然涌入时，那些服务于常规游客（而非偶尔造访的影视团队）的本地商户难免感到不便。正如一位当地居民不无自豪地抱怨："当你的小镇成为

"明星"时,日子反而不好过了。"

资料来源:惠特尼·乔伊纳的文章,载于《纽约时报》,2006年8月27日。

荒野生活:新式奢华旅游

根据国际豪华旅游博览会(ILTM)发布的数据,前3%的游客贡献了旅游总支出的20%。[22] 但是,这前3%是旅游市场的一个非常重要的部分,当代高端旅行者不仅具备敏锐的判断力、丰富的旅行经验、专业知识储备、环球旅行阅历及冒险精神,更讲究"物有所值"的消费哲学。

这类游客愿意为假期支付高昂费用,同时要求获得满意、独特、高质与无瑕的服务。越来越多饱受都市快节奏生活困扰的人,格外重视宁静开阔的空间、丰沛的自然景观与远离人群的私密空间——对他们而言,"荒野即新奢"。一个极端案例是传媒大亨泰德·特纳在其牧场重建美洲草原并放养野牛群;而像珠宝设计师杰德·贾格尔这样的名流,既可能出现在摩纳哥狂欢派对上,也可能钟情于偏远避世之所。

想要体验世界上最后几个荒野地区的游客准备为享受生态时尚式住宿和度假胜地买单,但荒野保护地同样需要付出代价。一些野生保护区之所以保持原始,仅仅是因为当地人明智地和可持续地利用资源和环境。例如,在发展中国家,公园和野生自然保护区通常有最好的柴火、放牧条件和水资源,当地人为不剥夺公园的这些资源,付出了所谓的"机会成本"。对于保护自然遗产的当地居民,如果没有任何奖励措施的话,那么这些生活在贫穷社区的人们只能想尽一切办法来维持生计,而这样做往往会对野生自然保护区有损害。所以,当奢侈的旅行者在野外放松身心时,我们希望他们也能确保旅行有利于野生自然保护区和当地居民。[23]

图16.12 山林小屋

关于旅游业的理论研究

"筑巢引凤"的旅行理论已不能保证旅游业的经济增长。精心的规划与执行取代了粗放的发展模式。如今,业界通过运用成熟的理论体系、营销原则与美学设计来有效引导旅行消费:既要成功说服人们出行,精准满足旅途需求,又要促使他们成为回头客。下文将重点阐述这些理论与原则的核心要点。

营销原则

旅游业所有环节的营销都运用了4P原则(参见第七章)。产品(场所或交通工具)

必须经过精心设计并通过吸引力测试；价格必须根据大众或小众市场的需求制定得具有竞争力；渠道（场所或交通工具的位置）必须交通便利；推广（公关、广告、直销和促销）必须专业执行。由于大多数游客都是经验丰富的消费者，他们对这个营销组合的每个方面都有很高的期望。

品牌化是旅游业的核心。所有交通方式、住宿场所及旅游目的地都可以成为品牌实体。迪士尼打造并维护着全球最成功的品牌标识典范——毕竟，谁能不认识并喜爱米奇呢？但认可度仅是品牌成功的一个维度，唯有通过有效的品牌管理，才能在游客与旅游品牌间建立持久连接。

为使消费者对品牌产生好感，营销者运用美学策略。营销美学指在企业或品牌输出中，通过感官体验营销来强化品牌识别的实践。我们在此着重强调产品或场所的美学价值：场所吸引力是美学的一个层面，而更关键的维度在于，旅游作为愉悦与满足的象征所提供的审美体验。这种满足感既可源自品牌固有的品质与结构特征，也能通过品牌传递的意义实现。当我们因万豪酒店的外观设计及与之相关的美好记忆而心生愉悦时，便获得了该品牌带来的深层满足。

使用与满足理论[25]

这个理论表明，作为消费者，我们期望得到一定程度的满足，如果我们不满足，就会停止使用某个物品。为了逃离日常生活和问题而旅行的游客被称为"幻想家或逃避现实者"[26]，所以营销人员会承诺游客可以通过旅游来摆脱日常生活。要想成功，旅游业的每一个组成部分都必须满足游客对这种幻想或逃避的期望。

营销美学，就像使用与满足理论一样，通过关注周边信息（娱乐给我们提供信息），从传播研究中汲取灵感。它还借鉴了产品设计（形式和功能）和空间设计（结构和符号）。营销人员主张美学是品牌有形价值的提供者，认为关注信息和设计可以创造忠诚度，允许溢价，减少信息混乱，并防止竞争攻击。《设计管理杂志》（*The Design Management Journal*）致力于提供关于如何运用营销美学的信息，这些信息在旅游业中有具体的应用。

旅游细分法

为促进旅行和旅游业，[27]针对特定游客的目标细分法被创造出来。其中包括以下几点：

- 旅行目的——他们为什么去旅行？
- 旅行者需求——他们对旅行有什么基本要求？
- 寻求动机和好处——他们希望在旅行中获得什么？
- 旅行者特征——他们的经济、地理、心理和人口特征是什么？
- 经费限制——他们计划的旅行花费是多少？

许多旅游企业都必须处理多个旅游环节。通过将他们的信息指向一个或多个细分市场，营销人员能够精准满足旅游消费者的特定需求，并通过适宜的服务方式满足其期待。

旅游效应

旅游业不是在真空中运作的。移民与人口迁移模式及规模会影响目的地社会、经济、政治和环境各个方面。概述这些影响或许有助于游客理解制定政策的复杂过程，因为这些政策需保证一个可持续发展的全球环境。

旅游的社会效应

游客与当地居民建立的社会关系，往往异于当地原生社群内部的关系形态。这种主客互动影响着旅游过程中涉及的个体、家庭及社会各层面。个人可能会经历不同程度的文化接触，这种接触既值得又有教育意义。旅行经历对旅行者有着深远的影响，因为他们的经历往往是他们生活中最美好的回忆。家人一起旅行也是一场难忘的冒险。

但游客也可能成为当地人犯罪的受害者。例如，在意大利，骑摩托车的男孩在市区街道上趁女性购物不备时抢夺其手提包；在西班牙，开车的游客在路上被拦住，财物被抢空。这种事情让人们对东道国和生活在那里的人们产生反感。

旅游业对社会的影响可能同样令人不安。游客的出现从正反两个方面改变了当地人的生活方式。它提高了当地人的经济水平，但却剥夺了他们想要的隐私。在发展中国家，游客可能会影响当地人的穿衣方式、消费模式，会让当地人渴望使用游客常用的产品，也会对当地人在性自由和世界观方面产生影响。旅游业的发展甚至可能影响当地人的整个生活方式，助长卖淫、赌博、酗酒或其他过度行为。

尽管有这些公认的负面影响，旅行依然是不同文化成员相互了解的主要方式。与当地人互动可以消除媒体刻画或历史描述形成的刻板印象，而且沉浸在异国他乡可以为游客反观故土提供一个新视角。大学毕业后花一年时间旅行的学生回国时对民主和美国的看法与离家前不同。旅游业是我们促进和平共处的最大希望。

旅游的环境效应

旅游活动对目的地物质与自然环境的影响最为严重。环境承载力是评估旅游潜在环境影响的核心指标，该概念包含三大要素。[28]

- **物理容量** 物理容量指区域可容纳游客的实际数量上限。如优胜美地国家公园在旅游旺季常出现车辆首尾相接的拥堵状况。
- **环境容量** 环境容量指区域在游客感知兴趣下降前可承受的使用极限。佛罗里达州迈阿密海滩冬季过度拥挤与垃圾问题，已削弱其对日光浴爱好者的吸引力。
- **生态容量** 生态容量指区域在遭受生态破坏前可承载的最大使用量。美加边境沃特顿冰川和平公园每年有数万登山者，几乎摧毁了当地高山植物群落。

环境承载能力由以下因素决定。

- 参观人数。
- 普通游客的使用量（日游与长期房车露营）。
- 资源管理质量和设施设计质量。
- 当地居民的数量及其生活质量需求。

通过精心规划和管理，各国政府可以控制和监测环境承载能力，以谋求当地和游客的共同利益。控制环境破坏要从政策制定开始。

旅游政策发展

世界正在变小。因此，各国正在努力避免地理环境遭到破坏。全球性政策正在发展，全球旅游组织正在共同努力确保安全和可持续的旅行。

可持续发展的旅游业

可持续旅游是从全球角度发展起来的一个理念，强调各国政府协同保护自然地貌与资源。可持续性是指目的地维持物质、社会、文化和环境资源质量的能力。限制增长和进入敏感地区的政策、移民政策、工资和福利政策、外国投资条例、分区法、货币汇率和法律制度政策影响着旅游地的影响力、吸引力、竞争力和可持续性。为协助这项工作，旅游地管理组织要协同合作，包括国家层面的国家旅游机构、州层面的州旅游局和市级层面的地方旅游局。

旅游政策体系包含发展哲学与长期愿景两大要素。愿景引领具体目标的制定，进而为区域长期发展战略提供框架。政策制定过程涵盖以下四大核心环节。[29]

- **定义阶段** 此阶段会制定旅游系统的明确声明。规划者确定旅游发展政策和目标，并调查和统计现有情况。
- **分析阶段** 这一阶段包括内部评议、审计并分析调查信息，还需对当前和未来的需求进行外部宏观评估与政策推广。
- **运作阶段** 在这一阶段，将完成战略确立、影响评估和政策推广。决策者确定实现目标所需的旅游开发范围，并就具体地点的具体项目提出建议。
- **实施阶段** 在此阶段分配责任、确定资金支持并落实时间流程。为确定目标完成进度对计划进行跟踪，并随着目标的变化修改计划。研究方法被用来检查、规划和评估这四个阶段的政策制定与实施情况。

当资源管理和调控不力时，自然景观的生态将受到破坏。例如，沙漠社区居民抱怨沙滩越野车破坏了自然栖息地，森林管理员担心粗心的露营者引起火灾危险。在发展中国家，旅游垃圾也是一个问题。1990年以前，匈牙利布达佩斯没有垃圾桶，因为市民们自己携带食品杂货袋和装预制食品的容器。随着麦当劳的开业，街道上开始充斥被随意丢弃的泡沫塑料餐盒和食品包装纸。快餐零售商的入驻，给城市发展和国家带来了新的环境治理难题。

禁止政策

像古巴的情况一样，有些政策给游客带来了困难。例如，美国对古巴的旅行政策迫使游客需要飞越墨西哥和加拿大，才能到达古巴海岛。由于旅游业为当地带来的收入可观，因此古巴并不管制到访的美国公民。但是当这些美国游客从古巴返回境内时，美国会对他们处以罚款。再如，埃及的极端分子会攻击不穿传统服装的女性游客。为了保护旅游业，埃及政府专门派警察保护在开罗和尼罗河沿岸景区游览的女士。

图16.13　哈瓦那古城

自然景点和人造景点

世界上每个地区都有不同的名胜古迹和娱乐方式。通过翻看一个国家或城市的必做清单，你可以看到目的地是否提供家庭娱乐、观光或冒险。参观景点是因为它们固有的可展览的文化价值、历史意义、自然美感或娱乐机会能吸引游者前来。这些景点包括纪念碑、动物园、博物馆、美术馆、植物园、建筑体系（如城堡、图书馆、前监狱、摩天大楼、桥梁）、国家公园和森林。许多旅游景点也是地标。这部分介绍了包括博物馆和国家公园在内的景点。

国家公园

国家公园是由国家政府管辖的生态保护区，通常禁止大规模开发活动与污染排放。自然奇观的吸引力促使自驾游客与露营者前往这些由护林员及公园管理人员监管的区域。美国国家公园体系每年有超过3.6万名工作人员，为2.7亿游客提供服务，其运营资金主要来源于财政拨款与特许经营收入。

世界上最大的国家公园是1974年建立的东北格陵兰国家公园。1832年，美国政府第一次试图划拨出这些受保护土地，当时安德鲁·杰克逊（Andrew Jackson）总统签署了立法，在现在的阿肯色州温泉城周围划出四块土地，以保护自然温泉和邻近的山坡，供美国政府将来处置。1864年，美国第二次划拨保护区，当时亚伯拉罕·林肯总统签署了国会法案，将约塞米蒂山谷（Yosemite Valley）和玛丽波萨巨杉林（Mariposa Grove

图16.14 巴黎埃菲尔铁塔

of Giant Sequoias）割让给加利福尼亚州。

1872年，黄石国家公园（Yellowstone National Park）成为世界第一个真正意义上的国家公园。尽管黄石公园、约塞米蒂国家公园（Yosemite National Park）和其他37个国家公园和纪念碑都已建立，但是在44年之后，美国才成立了美国国家公园服务局（The U.S. National Park Service，NPS）全面管理这些单位。目前，有391个不同的地区由美国国家公园管理局管理，其中只有58个被指定为国家公园。

按照黄石公园的构想，其他国家的公园也相继建立起来。在澳大利亚，皇室国家公园（Royal National Park）于1879年在悉尼正南部建立。在加拿大，班夫国家公园（Banff National Park）于1885年成为第一个国家公园。在新西兰，第一个国家公园于1887年建立。在欧洲，第一个国家公园于1909年在瑞典建成。目前，欧洲有370个国家公园。1926年，南非政府指定克鲁格国家公园（Kruger National Park）为第一个国家公园。

二战后，全球范围内兴起国家公园建设浪潮。阿尔卑斯山区的瓦努瓦兹国家公园（Vanoise National Park）作为法国首个国家公园，正是在1963年公众反对某旅游开发项目后得以创立的。

聚焦国家公园

图16.15 蒙大拿州冰川国家公园

冰川国家公园（Glacier National Park）位于蒙大拿州，与加拿大的阿尔伯塔省（Alberta）和大不列颠的哥伦比亚接壤，包括两个山脉，有130多个已命名的湖泊，1000多种不同的植物和数百种动物。被称为"大陆生态系统之冠"的中心地带是一片占地16000平方英里的保护区。闻名遐迩的"向阳之路"穿过公园的中心地带，穿过大陆分水岭，游客可以在那里欣赏极美的景观：崎岖的路易斯山脉和利文斯顿山脉，以及茂密的森林、高山苔原、瀑布和两个大湖。5家历史悠久的饭店和木屋入选国家历史地标，共有350个地点被列入国家历史名胜名录。

公园里大约有730英里长的步道纵横交错，所有的步道都穿越了一个"狂野"地带——只要知道哪里有灰熊，就使得绕过每一个弯都更加有趣。

大约有400只灰熊生活在北部大陆分水岭生态系统中，其中就包括冰川。灰熊是一种受到威胁的物种，与大约800只比它们攻击性小的黑熊共存。

冰川国家公园共记录哺乳动物63种，蝙蝠6种和鸟类260种。秃鹰、游隼、鹗、鹰等猛禽常年栖息于此。由于气候寒冷，爬行动物几乎绝迹，记录在案的两栖动物只有6种，但公园水域有23种鱼类，大多数都附有针对渔民的"捕获即放"的警告。

游客可将徒步等户外活动与必要驾车观光相结合——沿途景致之壮美，连孩童都会屏息凝神。弗拉特黑德河漂流包含数段三级急流，而中福克河岸废弃的小径则提供骑马与山地自行车体验。最具特色的当属乘坐公园修复的1936款"干扰机"敞篷巴士，沿向阳大道行驶的观光之旅。

你怎么看？
- 你参观过哪些国家公园？
- 在参观期间，你遇到过什么问题？

国家公园已成为全球性环境保护实践地，绝大多数国家设立了自然保护区。土耳其的戈雷姆国家公园便是典型代表，其风蚀地貌堪称该国最壮美的地质奇观——历经数世纪风雨侵蚀，形成了无数美丽的烟囱岩、洞穴群与彩色岩层，原本的红、粉、棕三色岩体逐渐演变为灰、黄、绿交织的奇幻景观。

图16.16　土耳其卡帕多西亚地区的建筑

美国国家公园体系正面临以下七大环境的挑战：过度使用、运营资金不足、威胁野生动物、特许经营制度、能源和矿物开发、大气污染和邻近土地上的活动。国家公园的人气，特别是像黄石国家公园和约塞米蒂公园这样的皇冠宝石级别的公园，游客络绎不绝；公园接待的游客以每年10%的速度增长。行人和交通车辆的大量增加，也使步道因过度使用而被侵蚀，景点周围的植被被游客践踏，垃圾、噪声、水污染和烟雾都影响着国家公园的游玩乐趣。护林员数量与游客增长比例失衡衍生安全隐患：有限的巡护力量难以全面监控整个公园的犯罪活动，直接影响了公园安全体系。[30]

博物馆

大多数城市游客会在旅途中参观博物馆。现代博物馆拥有流动展览、社交功能和非凡的建筑，为游客提供难忘的体验。博物馆通常被称为世俗大教堂，它已经成为集体价值和多样化历史的仓库——我们或许想在这里度过闲暇时光。它如同新型的良知剧场、苦难纪念碑，或是经过精心设计的仪式化朝圣空间，以寓教于乐的方式传递道德单元。

博物馆介于大学和迪士尼乐园之间，是向人们展示他们未曾想参观的物品的地方。因此，它是娱乐场所。[31] 当代博物馆的前沿趋势，正体现在艺术品、文物与复制品的融合程度上——三者界限已日趋模糊。例如佛罗伦萨米开朗基罗《大卫》真迹常被误认为是仿品，而公共场所的复制雕像反被视作真迹。游客到底是在意观赏原作还是复制品的区分还重要吗？

博物馆的本质在于满足精神愉悦的好奇心探索。在这个被视为最后能体验"本真性"的场所，展品被赋予诠释原创性、真实性与真理价值的使命。

博物馆展出两类物品：作为文化的物品和作为艺术的物品。作为更大整体的一部分或作为文化代表的重要展品，经常在民族志博物馆中展示。在这些博物馆中，它们被融合到其所处的整个环境中。重建的村庄和人体模型提供了现实展示，主要用作解释展品本身的背景。它们帮助观众理解其社会角色。布鲁塞尔一家专门收藏前比利时刚果手工艺品的博物馆就将鼓和面具融入当地的现实环境，以给地区特有的民居房和典型动物提供特色。

购买复制品

位于博物馆和购物中心的博物馆商店出售艺术品复制品，供顾客收藏。你可以花30美元从大英博物馆买一个大卫鼻子的石膏模型，或者花150美元从史密森学会（Smithsonian Institution）买一件印加浴袍。人们购买这些东西是为了纪念他们的旅行，以显示他们"去过"博物馆。过去和现在的事物和生活方式，被整合进一个吸引人的包装，供那些希望被认为是"入世的"消费者购买。我们都能够成为时间旅行者，体验过去而不必脱离现实生活的舒适——这是一种真正的后现代活动。

博物馆无意义?

反映痴迷幻想是拉斯维加斯博物馆的精髓，在这里，游客可以参观赌博博物馆、霓虹博物馆，以及两座献给城市象征性表演者——李伯拉斯与猫王的专题展馆。热带酒店巨型霓虹灯牌上的面板宣称其拥有"全球最大赌博博物馆"，实则该博物馆更多展现的是拉斯维加斯，而不是赌博。由于霓虹是这座城市唯一的文化符号，专设的霓虹博物馆陈列着北美大陆仅存的本土视觉文化遗存——其实只是步行街上8块24小时露天展示的废弃霓虹招牌，如同为后世保存的标识墓地。里伯仑博物馆（Liberace Museum）和它的名字含义一样，把重点放在过度的奢侈上，成了对自己的戏仿。参观者可以看到音乐家镶嵌着珍珠和水钻的斗篷、镜面汽车和坠着钻石的珠宝。猫王博物馆（Elvis Museum）的展示更为专业，专门展出属于这个城市的世俗圣徒的艺术品。拉斯维加斯的贝利亚吉奥（Bellagio）等赌场也不甘示弱，设立了展示艺术大师作品的展厅。威尼斯人现在则展示古根海姆和埃尔米特奇（Hermitage）的作品，它的第一个展览是"摩托车艺术"（"The Art of the Motorcycle"）。

一些评论家担心艺术博物馆正沦落为社会史家和商品陈列室。他们担心策展人把赞助人、出席人和历史叙述置于艺术之前。[33] 一位艺术评论家认为，展示吉他手（波士顿）、摩托车（纽约）和星球大战纪念品（休斯敦）等手工艺品的博物馆是在"欺骗公众"，他们利用艺术的声望，为那些只有表面吸引力的展品筹款。[34] 反对这种观点的美国博物馆协会主席声称，"如今的博物馆正采取必要的手段，拓宽对文化价值的理解，我们不应该只展示某些各类的艺术"。[35]

由于被指责是背叛艺术和艺术家，屈服于物质文化或低劣艺术品的博物馆据说成了出租展厅，而不是美学大师作品的保管机构。博物馆应该纪念过去吗？他们应该美化现在吗？博物馆对其公共赞助人的责任又是什么？

部分博物馆明确摒弃艺术守护者定位，转而聚焦职业发展史或戏仿科学成就。时代广场和拉斯维加斯的杜莎夫人蜡像馆等娱乐场所提供名人的复制品与纪念品。在这里你可以看到拉里·金（Larry King）和一个同事闲聊，伍迪·艾伦（Woody Allen）独自待在角落，芭芭拉·史翠珊坐在喷泉边。当然，这里的现实只是旁观者眼中的。[36] 迎合不同寻常口味的博物馆包括马萨诸塞州伍斯特（Worcester）的美国卫生管道博物馆、巴尔的摩市的国家牙科博物馆（National Museum of Dentistry）、洛杉矶的侏罗纪科技博物馆（Museum of Jurassic Technology）和加州伍德兰（Woodlands）的海斯古董卡车博物馆（Hays Antique Truck Museum）。

图16.17 参观杜莎夫人蜡像馆的游客可以嫁给乔治·克鲁尼（左）(George Clooney)或与休·赫夫纳（右）(Hugh Hefner) 共享一杯香槟

特色场馆

一些博物馆以其独特的娱乐价值为游客提供特别的环境。纽约弗里克（Frick）收藏馆坐落于第五大道。旧金山现代艺术博物馆（Museum of Modern Art）的设计让游客仿佛置身于一个巨大眼球内部，其咖啡馆还提供时尚餐饮。丹佛艺术博物馆（Denver Art Museum）于1997年翻新，其以舒适的、用户友好的场馆成为典范，其设有探索图书馆、大量美洲原住民艺术收藏和有趣的购物区。位于得克萨斯州休斯敦的梅尼尔美术馆（Menil）常被称为美国最精致的博物馆，在现代城市艺术区中融合了古代与部落艺术。尽管在综合排名中仅位列第七，纽约大都会博物馆始终是最受欢迎的博物馆；游客徜徉于浩瀚的藏品、墓室展厅或拥有琳琅满目的礼品的商店中时，总能获得无限乐趣。大都会博物馆以一种独特的方式将游客引入艺术世界，让他们完全沉浸在不朽绘画与雕塑的奇妙殿堂中，既满足了他们的幻想，又超越了人们对博物馆参观体验的所有期待。

随着传统派策展人与管理者的退休，未来展览将更注重展品叙事本身——无论是莫奈画作还是耐克标志。作为观众导向的仪式化娱乐场所，博物馆正以媲美娱乐产业的精准营销方案响应公众需求。我们预判，关于"博物馆作为艺术守护者"的争议仍将持续数十年。在此期间，高雅艺术与流行文化的界限将以典型后现代方式持续消融。

城市景点

城市的民族聚居区总是吸引游客。汤姆·罗宾斯（Tom Robins）在他的书《穿着青蛙睡衣半睡半醒》(*Half Asleep in Frog Pajams*) 中描述了这样一个地区：

在唐人街，霓虹灯不仅是电气化的标志，更是这个街区的主题曲，是视觉化的背景乐。游客被非天然的颜色震撼，走进唐人街，并被渲染了异国情调的发光鲤鱼肚"吞噬"。霓虹穿过龙和宝塔，在芙蓉、人参、桑蚕和鞭炮的影像中流淌。在唐人街上，霓虹灯装饰了既起保护作用又有广告功能的华盖，将唐人街与城中其他地方区别开来。

图16.18　洛杉矶的唐人街

功能型建筑

旧金山的渔人码头是一个作为旅游景点的功能型建筑。它最初是一个码头，后来逐渐改变，以牺牲渔业为代价来吸纳游客。一个功能型建筑完整改造的例子是巴黎的火车站，它最近变成了奥赛博物馆（Musée d'Orsay），一个位于拱形交通中心的现代博物馆。多数建筑在改造中完全丧失初始用途，但纽约帝国大厦实现了办公与观光塔的和谐共生。

还有好莱坞，它最近经历了实质性的革新以吸引游客。迪士尼押注于好莱坞星光大道，翻新了艾尔卡皮坦剧院（El Capitan Theater），并购买了隔壁场地作为其盛大现场表演的场所；此外，迪士尼还花了900万美元翻新潘塔吉斯剧院（Pantages Theater），以延长音乐大片《狮子王》的上映时间。一个由制片厂权力经纪人组成的财团筹集了1400万美元来修复埃及剧院，把这个积水的场地变成了一个宏伟的电影珍藏展示区。一个房地产开发商正花费5.67亿美元建造一个大型设施，包括一个豪华酒店、餐馆和商店、一个演播室和作为奥斯卡奖永久所在地的豪华剧院。星光大道上的中国剧院试图让好莱坞重回昔日辉煌，它吸引了众多游客，这些游客情不自禁地将自己的手印脚印和150位荧幕传奇明星进行比对。

人即风景

人群也可以成为旅游景点：印度的哈里·克里希那教派区（Hare Krishna）就是一个例子，那里的群体成为观光的对象。唐人街上的居民和美洲村落的原住民一样吸引游客。当人群因其文化或族裔特质被视为奇观时，便转化为旅游吸引物——这种将人类作为景点的现象，可追溯至马戏团以"畸形秀"招揽观众的时代。此外，部分旅游吸引物往往是在往返目的地途中被偶然发现或自然形成的。

印度为游客提供城市贫民窟观光。首都的游客可以参观居住在新德里主火车站附近的2000多名街头儿童的生活。两个小时的时间里，曾经是街头儿童的导游，向游客展示该城最贫困的居民生活。

筹集的资金（一张票200卢比，即5美元）会捐给一个广受尊敬的当地慈善机构，该机构试图帮助这些儿童重建住所。旅行被设计成一场旨在提高人们认识的行动，组织者否认这是关注"贫穷"的窥探式旅游：有钱的外国人来到这里，观看发展中国家贫困居民的生活。多年来，索韦托（Soweto）贫民窟的巴士之旅或里约贫民窟的徒步之行吸引着好奇的游客；事实证明，参观新德里（New Delhi）铁路周边底层社会的生活已受到西方和印度游客的欢迎。

休闲娱乐

图16.19 新德里贫民窟的游客看到一位寡妇和她的孩子在街上乞讨

许多人想到休闲时光，通常会想到户外滑雪、滑冰、骑自行车、打网球、徒步旅行或划船。参加户外活动和体育运动是历史最悠久的文明传统。

常见的休闲运动包括徒步旅行、背包旅行及露营。学生旅行时往往同时采用这三种方式，尤其是在预算有限的情况下。青年旅舍专为徒步者提供住宿及社交空间；而公路骑行与越野骑行则让旅者得以更深度探索乡野景观，这是其他交通方式难以比拟的体验。当然，围绕这些休闲活动已形成庞大产业链，相关产品不断升级换代，新型装备亦持续推陈出新。

除了以上讨论的作为爱好的户外娱乐活动，休闲人士还喜欢室内娱乐，尤其是购物。周六下午和朋友一起去购物中心挑选节日礼物等一系列活动都是购物，购物常被誉为地球人最爱的消遣方式。

2007年全球个人消费支出接近32万亿美元；随着宽松的信贷政策刺激了美国、欧洲、亚洲和中东地区的房市繁荣，个人消费在这十年成为全球现象。持续升值的房产使业主能够套现资产，进而刺激了汽车、度假房产、高端旅游及奢侈品的消费。

尽管印度的消费预计到2025年将翻两番，但由于全球经济衰退，其他发展中国家的资金流入量大幅下降。据国际金融研究所估计，流入新兴市场的资本净额将从2008年的4660亿美元降至2009年的1650亿美元。[37]

购物中心已成为国际消费者的重要目的地：英国人涌向纽约淘实惠，亚洲人奔赴加州追逐设计师品牌。

对大多数人来说，购物就是找到一件独一无二的珠宝，发现一件古董珍宝，作为对自己辛勤工作的奖励。但对其他人来说，购物可能演变为失控的消费。这类人被称作"购物狂"；他们难以控制购买冲动。典型的购物狂会从一家商店窜到另一家商店去选择任何东西，样样想买，结果欠下一大笔信用卡账单，但这并不典型。他们有各自的形态和规模。最新研究表明，部分超级购物者通过消费提升自尊、弥补心理缺憾，另一些人则纯粹受物质主义驱动。无论动机为何，研究者普遍认同购物行为可从轻率娱乐延伸至严重成瘾。

图16.20 许多顾客都在寻找当地的设计师品牌

运动

当不购物时，成千上万的人会参加各种各样的竞技体育活动。研究表明，个人参加体育运动有以下三个基本原因：

- **个人提升** 释放紧张，放松，成就感，掌握技巧，改善健康和健身，他人对自己人运动技能的尊重，释放攻击性，享受冒险，个人成长，发展积极价值观或个人骄傲感。
- **欣赏体育** 享受比赛，喜欢体育竞争或胜利的兴奋感。
- **社会助长作用** 和亲密的朋友或家人待在一起，享受集体归属感。

尽管这显示许多人参加体育活动不是为了娱乐，但大多数人参加体育活动是出于喜欢。当然，与体育相关的游戏，如迷你高尔夫球，甚至体育视频游戏是为更少数的人设计的。

我们人生中最开始玩的游戏是少年棒球联盟赛（Little League baseball）、波普·华纳橄榄球赛（Pop Warner football）和足球赛。橄榄球、曲棍球、冰球、网球、篮球等团体运动在高中和大学变得非常重要。有些人更喜欢单人运动，如游泳、冲浪、滑雪、花样滑冰、钓鱼、骑自行车和骑马。其他运动则是出于商业或社会原因，如打高尔夫球和划船。有些人参加是为了比赛，有些人只是为了享受友情和锻炼，还有人参加体育运动是为了挑战他们的身心耐力。

极限运动

极限（限制级）运动代表了另一个最新趋势。如果有些东西很危险，那它也一定很有趣。许多极限运动起源于一种新的、大胆的、颠覆传统娱乐方式的概念，如传统滑板的越野新玩法。但极限运动自十多年前开始以来，已经发生了很大变化，一些运动员们以独特的方式使用自行车、滑板和冰刀等。作为最早的极限运动，滑板滑雪日益流行。滑手们被贴上"叛逆捣乱者"的标签。他们最初因怪异的着装和不正统的动作，为传统滑雪者所鄙视。如今，滑雪胜地欢迎各年龄段的滑雪爱好者改玩滑雪板。

极限运动的趋势是冒更大的风险和付出更多的努力。例如，为了完成攀登珠穆朗

图16.21　跳伞运动员们在空中摆出星状姿势

玛峰这样的史诗般的挑战，登山者乔治·马洛里（George Mallory）不幸冻死，希拉里（Edmund Hillary）和丹增·诺尔盖（Tenzing Norgay）险些丧命。现在，来自世界各地的每一位企业高管似乎都计划挑战珠穆朗玛峰。但这还不够，要想超越前人，现在登上世界最高峰就意味着不能携带氧气罐，或者创造更短的登山纪录，或者在峰顶待得更久。

极限运动员越来越勇敢、大胆、疯狂。那些想挑战极限运动的人现在正在从事像自由飞行（一种速度更快、更不可控的跳伞方式）或自由徒手攀登（不用安全带或绳索攀登高山和冰壁）等活动。如今，极限运动曾经被视为疯狂之举，而那些运动员会告诉你为什么他们喜欢极限运动。"我完全沉迷于肾上腺素。"职业选手特拉维斯·特里普（Travis Tripp）解释说。他在一个8英尺长的名为"街头雪橇"的木板上，以每小时72英里的速度冲下山坡。[38] 尽管极限运动大多由年轻人主导，但一种观点认为，这些运动反映出当代社会对危险的一种更深程度的沉迷。这些运动员为了完成其他人无法完成的挑战，迫使自己做出一些超越自身能力的事。批评者很难为这些运动员冒险的行为提供合理的理由。有些人认为，这些人过于疯狂。[39]

越来越多的极限运动爱好者证明，运动员并不是唯一热爱极限运动的人。极限运动项目，如世界极限运动，吸引了大批观众，一票难求。随着新的体育娱乐趋势，这些活动通常是一场大型庆祝与活动，有领衔乐队、名人出席和成排的摊位。极限运动员正在签署获利颇丰的赞助和代言，极限体育电影和盗版视频的市场也不错。尽管许多极端体育的铁杆粉丝讨厌这种商业化，但极端体育运动的吸引力并不令人惊讶。风险越大，悬念和刺激越多，娱乐性也就越强。体育参与者表现出类似于互联网企业和股市冒险的特点，即风险和过剩现象。[40]

有些人认为极限运动员会像他们所获得的关注一样昙花一现。但心理学家詹尼弗·泰勒（Jennifer Taylor）并不同意这一观点。"他们这样做不是为了走红或做宣传，而是为了挑战自己的身体和精神，看自己能否承受压力并找寻真正的自我。"她补充说，冒着生命危险的运动员是自己的才能掌控大师，他们有着非凡的精神和体力，通过突破极限来检验自己的技能。泰勒说，这些运动甚至给一些人带来精神上的满足或内心的平静：世界极限运动……代表整个西方文化：从响亮快速的音乐，到游击式的电影制作和骇人的广告宣传，不断突破边界是这个时代的标志。[41]

一项风头正劲的极限运动是巨浪冲浪。在加州，自2003年以来每年举行的小牛冲浪大赛（Mavericks Surf Contest），将全球顶级的24位冲浪选手汇聚一堂，让他们在50

英尺高的巨浪中一决高下。参赛者在接到通知后的24小时内，便要面对冷水、强流、巨浪以及其他不可预测的环境条件。

一名参赛者说，"小牛是世界上最大、最险的冲浪地。当威美亚海湾（夏威夷）关闭时，依然狂风大作。当要决定谁是冲浪这个星球上最大的波浪时，冲浪到这里的人就是最好的。"小牛冲浪大赛会在每年冬天全力回归，当条件完美时——一个来自阿拉斯加湾的极具威胁性的浪涌会带来高达50英尺的巨浪。

图16.22　2008年2月，一名巨型冲浪运动员避开了一名在小牛队比赛中失利的选手

本章小结

本章介绍了旅游概念化的不同方法和模型，其中包括游客、东道主和旅游目的地。本文认为，旅游业与休闲娱乐活动存在密切联系。旅游社会学和心理学研究为理解游客动机提供了重要启示。通过市场细分和营销组合策略，我们可以从消费视角分析旅游业。将旅游目的地概念化为品牌，有助于我们理解营销推广和游客满意度对形成好的旅游体验的重要性。

旅游业相关行业的存在，激发了人们的旅行欲望，它们将旅行者安全地带到目的地，并为到访游客提供接待服务。旅游业与策划商、推广机构合作，通过广告宣传和激励性促销活动，将消费者的旅行幻想具象化，从而刺激旅游需求。航空、铁路、公共汽车和出租汽车行业也将娱乐融入交通体验。酒店、体育场馆、主题公园、商场、动物园、博物馆等地都需要雇用操作人员和各类员工，他们在任何时候都是旅游体验的一部分。

运动、景点和娱乐在与旅行有关的休闲时间中发挥重要作用。无论是在家里的空闲时光还是假期，像参观博物馆这样的脑力活动，或者像骑自行车这样的体力活动，都可以改善个人生活方式和社会生活方式。随着我们对这类活动和娱乐的时间投入不断增加，那些愿意开发新活动、新设备或旅游创新的企业家，将会有更多机会。

 近观目的地旅行：拉古纳海滩旅游业

如果我们仔细观察一个度假村及其存在的问题，我们会看到如何使用理论和案例分析情况，并提出解决建议。在2007年夏季，加州拉古纳（Laguna）海滩达到游客流量最大饱和后，开始寻求解决其景点准入和当地居民对接待游客的态度等问题的方法。

海滩位置

旅游业是拉古纳海滩的第一产业，这个太平洋沿岸的城镇拥有4.5万人口。那里的"海岸、阳光和沙滩"以及大师们的盛大演出吸引了方圆50英里的"内陆居民"前来一日游。当然，也吸引了一些游客前来停留游玩4~10天。每年超过20万人参加这次盛会，由志愿者演员们在舞台上演绎著名艺术作品。这项盛会自1942年起与艺术节同时举办，是一项举世闻名的活动，旨在吸引游客和来访者前来参观。

图16.23　拉古纳海滩警卫队的主要驻地

500多名在册艺术家居住在拉古纳海滩，从纪念日到劳动节，他们在3个不同的地点展示作品。此外，美丽夺目的景色、古雅的商店和画廊以及世界级的酒店每年会吸引数百万名游客。游客可以从南、北两个方向沿太平洋海岸公路进入，也可以从内陆经峡谷公路前来。当夏季游客乘公共汽车和长途汽车来到这里欣赏艺术和自然环境时，交通拥堵和停车问题就会困扰这座城市。

据旅游局针对当地13家酒店的客人进行的一项调查显示，拉古纳海滩的平均入住时间为4晚，到该市旅游的主要原因是参加盛会（占46%）。该市非常受欢迎的4项活动是去海滩（占77%）、参观表演艺术场所（占59%）、购物（占39%）和参观艺术节（占36%）。84%的受访者计划下次再来。那些不会再来的人说，停车和拥挤是他们对整个旅游体验不满的主要原因。

当地人和游客

通过应用本章中介绍的当地居民/游客的关系标准，我们确定了如下几个目标问题：

- 参观一个地方的游客人数与当地人口的规模有关。在夏季或年假期间的游客数量是当地居民数量的两倍。
- 对当地的隐私窥探。游客把车停在居民区的街道上到沙滩游玩，妨碍当地居民回家，侵犯了他们的隐私。
- 发展为游客服务的行业组织。市旅游局和商会合作开发旅游相关设施。庆典活动由董事会决定。
- 当地居民和游客之间的经济和社会差异。当地居民住在这个社区是因为当地高档的生活方式。大多数游客的社会经济地位较低，来到拉古纳是为了体验"美好生活"。

- 旅游业对当地经济和生活方式的影响。当地居民可能会因为某些原因对游客不满，如停车受限、交通堵塞以及游客在海滩上乱丢垃圾和破坏潮汐池等行为。
- 游客在多大程度上需为不良社会发展担责，这已成为争议的焦点。一日游游客、周末访客及季节性旅行者造成的拥堵与人流密集等可见影响，正阻碍当地居民维持原有生活方式。

旅游区和游客

拉古纳的目的地景区完全被为其提供配套服务的过境地区所影响。如果交通工具（小轿车和公共汽车）无法到达城市，旅游地的活动将随着收入下降而减少。拉古纳迎合两类游客：一日游型游客和享乐型游客。他们前来参加节日，购买艺术品以及享受海滩。

我们可以把拉古纳形容为充满阳光和海洋的消费娱乐的目的地，它为游客提供了各种各样的纪念品。艺术节海报仅售10元；贝壳是可免费摘取的"岩石碎片"；象征性的简洁纪念品，如微缩拉古纳酒店；拉古纳海滩T恤是游客到此一游的标志；而当地手工艺品为寻找更有意义纪念品的游客提供了真正的纪念。

营销

拉古纳海滩的品牌是艺术节的代名词。对营销组合的回顾确定了当前拉古纳品牌形象存在的一些问题。虽然节日很受欢迎且制作精良，但是作为一个旅游产品，这个城市也存在着不足，如其用户友好度的日益衰退影响了形象；出入境（场所）问题以及当地居民对游客的不满，对游客的满意度产生了负面影响；用餐、停车和参观艺术场馆的费用（价格）很高，令预算紧张的游客望而却步；由于预算有限，促销活动被安排到网站、画廊场馆的手册、旅游局的综合宣传材料以及当地报纸的活动日历上。考虑到邻近海滩的竞争和失去举办盛会机会的威胁，拉古纳海滩最好重新考虑它的过境交通和当地空间。

建议

必须进行规划和决策，为三个旅游区制定目标。为实现这些目标而制定策略，并监督其执行情况。规划过程中的具体目标、策略和手段流程如下：

旅游客源地

- 目标：刺激奥兰治县以外地区的旅游业发展。
- 策略：推广团体游的价格折扣和优惠。
- 手段：通过旅游中心宣传册、网站信息、合作促销和酒店折扣，鼓励城市方圆50英里以外的游客加入季节性旅游。酒店班车为游客提供从机场和公共汽车站到目的地酒店的便捷交通。

过境通行区域

- 目标：控制进入城市的汽车交通，提供不拥堵的海滩和活动通道，以维持一日游游客目前的规模。

- 策略：改善游客交通设施。
- 手段：更多的班车往返于现有的停车场和城镇之间。每趟行程间隔5分钟以改善服务。

目的地区域

- 目标：控制商业区和居民区的停车率和车流量。
- 策略：为当地居民和游客提供可控的停车选择。区分参加城市活动（如蓝鸟公园的周日免费音乐会）的游客和当地居民，以维持住参加人数并保证当地居民的支持。
- 手段：设置额外的停车设施以容纳一日游旅客。设立宅区停车标志。为当地居民设立购物便捷通道。拥有居住证明才能参加仅对当地居民开放的城市活动。

你怎么看？

- 市政府官员如何评价这些项目的成功？
- 我们应该仅从游客方面还是从游客和当地居民两方面收集信息？为什么？

讨论与回顾

1. 这三类旅游地的人们怎样理解旅游业对当地或国家经济的影响？
2. 国家公园和野生动物保护区的发展面临哪些威胁，如何管理？
3. 可持续发展的旅游模式对于发展以"生态旅游"为导向的全包旅游有什么作用？

练习

1. 参观一家当地旅行社，收集三个不同的景点或邮轮线路的宣传手册。比较这些材料在视觉和修辞上的相似性，它们的差异是否足以帮你进行选择？哪些因素会影响你的选择？
2. 登录孤独星球网站（www.IoneIypianet.com）和易行指南网站（www.travel.roughguides.com）研究游客可能在巴黎发现什么。比较每个网站推荐的城市住宿和旅游景点的方法。从这些网站上，你了解到巴黎的哪些情况？
3. 租一个你去过的地方的旅游录像带。观看后，比较你在旅行期间看到的内容和视频上的内容。视频中略过了这个地方的哪些方面？此次对比加深了你对景点营销的哪些方面的认识？

书籍和博客

Chambers, E. (2000). *Native tours: The An anthropology of travel and tourism.* Prospect Heights, IL: Waveland Press.

Cooper, C., Fletcher, J., Gilbert, D., Wanhill, S., and Harlon, R. (1998). *Tourism: Principles and practices*. New York: Longman.

Lippard, L. (1999). *On the beaten track: Tourism, art and place*. New York: The New Press.

MacCannell, D. (1999). *The tourist: A new theory of the leisure class*, 2nd edition. Berkeley: University of California Press.

www.travelbypicture.com——提供旅游行业世界年鉴统计和旅游趋势。

www.highwayproject.com——收集了记录美国路边消失文化的照片集。

www.recreation.gov——综合网站，用于搜索联邦公共土地上的任何娱乐活动。一站式信息服务。

www.maverickssurf.com——提供冲浪比赛的视频、统计数据和比赛新闻。

第十七章　新媒体与未来娱乐

> "我不知道100年后的娱乐方式会是什么样的。但如果能有一个可供我们随时随地掏出来的硬件,它可以像布一样揉成一团放进包包里,又可以解开使用,就好了,这样就可以为我们随时随地提供娱乐了。"
>
> ——英国名人卡罗尔·沃德曼(Carol Vorderman)[1]

娱乐行业的未来会是怎样的呢?"去电影院"或"编程VCR"是否会对未来的孩子来说,像今天的孩子听到"唱片卡住了"[2]或体验"电子票乘车"[3]一样显得过时?本书的许多章节已经讨论了不同娱乐形式的发展趋势,并推测了它们的未来所向。通常情况下,这些推测往往涉及不断发展的新媒体技术。本章节将回顾并深入这方面的讨论,但本章节的讨论将主要关注新媒体及其对宏观娱乐趋势的影响,看看我们是否能够提前窥见未来的娱乐发展。

图17.1　迪士尼经典的电子票

新媒体

从印刷开始,到广播、电影和电视,传播媒介技术的持续进化为娱乐发展开辟了新的途径。几乎所有的传播媒介都有可能被用于娱乐。因此,今天"未来娱乐"一词常被用来指代未来娱乐发展的某种可能性,而这种发展往往倾向于使用互联网和其他新媒体作为娱乐载体,这也许不足为奇。

何为新媒体?

新媒体这个词很难定义。这里列出了一些由不同的研究人员和组织提供的定义:

- 一系列交互式的数字产品和服务，可以通过互联网、CD-ROM（只读光盘存储器）、DVD（数字化视频光盘）、交互式电视和内部网来提供新的贸易、营销、教育和娱乐方式；[4]
- 传统媒体，如电影、音乐多媒体、游戏与娱乐的融合；[5]
- 将动态图像或声音（两者合一）与图形或文本结合的交互式应用程序；[6]
- 与计算机技术和电信融合相关的信息和通信技术，如电子邮件、万维网、电子出版、视频会议、计算机支持的通讯服务以及个人通信服务。就互联网而言，新媒体包括超文本文学、网页和所有用于工作与休闲的虚拟现实系统。[7]

许多人会下意识地把新媒体与媒体技术的进步画上等号。事实上，刚才提到的许多定义更多指向的是互联网、CD-ROM等技术的进步。但根据这些定义，新媒体最核心的特征是各种传媒技术的结合或融合，而非技术本身。因此，简单地说，新媒体（多媒体）这一词指的是包含各种媒体在内的产品或服务。通常情况下，这些技术以允许交互使用的方式组合在一起。

新媒体的类型

只有结合了计算技术、电信和内容等元素的产品或服务，才能算得上是一款新的媒体产品或服务。互联网上的网站就是一个很好的新媒体例子，因为它们需要通过电信技术才能访问，而且它们往往会涵盖各种各样的媒体形式，包括文本、音频和动画等。虚拟现实设备、掌上电脑、手机和电子书阅读器同样属于新媒体范畴，因为它们也是多种媒体形式的结合体：虚拟现实设备通常会结合视觉、音频和其他技术；掌上电脑和手机可以用于实现多种媒体功能——发送和接收信息、记录信息、玩游戏等；电子图书阅读器则将传统的印刷技术与电子技术结合在一起。

时事速览　根据费尔菲尔德研究公司（Fairfield Research）的数据，到2010年，经常用电子书阅读器下载电子图书或电子书的成年人人数预计将达到1600万人。在受访者中，17%的购书者购买过某种数字格式的电子书。电子书阅读器的供应商，包括亚马逊的Kindle数字阅读设备和索尼的Reader Digital Book，都有政策限制授权协议，限制读者将购买的书籍转移到另一台阅读器上。无论是关于电子书的所有权还是版权，出版商和作者无不担心着未来图书出版的安全。[8]

与新媒体融合理念相一致的是，新媒体的各种新兴形式正迅速相互依存起来，而这其中的许多形式又与互联网重新连接了起来。掌上电脑和手机可以与传统的电脑联网，而且很多都有无线上网功能。电子书可以从互联网上下载。当然，所有这些类型的新媒体都可以，而且经常被用于娱乐。今天，书籍、电影、音乐、体育和游戏等传统娱乐形式都可以通过新媒体与互联网以某种方式访问获得。因此，互联网和其他新媒体技术的发展正在影响着几乎所有的娱乐形式。

正如许多其他通信技术的进步（如印刷和无线电领域）一样，互联网最初并不是为娱乐或任何形式的商业而设计的工具。它实际上是由美国国防部开发的计算机网络，以备核攻击之用。政府官员希望即便是计算机或网络出现故障时，他们访问自己信息的权利依旧能得到保障。直到后来，大学和教授们才开始利用互联网来传播和收集信息。

1989年，软件工程师蒂姆·伯纳斯-李（Tim Berners-Lee）创造了一套名为"万维网"的代码和协议，旨在让世界各地的物理学家能够互相访问彼此的计算机网络、数据和文档。万维网成为一个基本平台，使更多的用户能够接入互联网。1994年，美国推出了一款名为"盒子里的网际网络"（Internet in A Box）的产品。该产品让人们通过家里的电脑来连接互联网，进一步开放了互联网的通用性。虽然互联网最初是为政府情报和相关研究而设计出来的，但建立了通用网络接入口之后，娱乐和其他商业用途很快就在互联网上出现了。事实上，娱乐似乎正迅速成为最受欢迎的互联网使用方式（见聚焦互联网娱乐）。

 聚焦互联网娱乐：网络不再仅为获取信息[9]

格林菲尔德在线（Greenfield Online）开展的一项民意调查显示，更多的人上网是为了玩游戏和娱乐，而非收集信息。该公司每半年进行一次的Netstyles调查显示，在约3000名受访者中，超过80%的受访者将互联网视作获得娱乐的来源，而不是新闻和信息的来源。

这项调查展现了几种流行的娱乐形式。在所有调查对象中，80%的受访者用电脑玩游戏（包括在线和离线游戏），66%的受访者拥有搭载多媒体功能的电子设备，并使用互联网下载音乐。受访者当中订阅笑话或游戏更新等网站内容（52%）的最多，比订阅每日新闻报道网站（43%）、电子邮件新闻组网站（31%）、商业新闻更新网站（30%）或股市更新信息网站（22%）的都要多。

有意思的是，报告还指出，近一半的受访者声称，自从他们家里安装了互联网，他们看电视的时间就变少了。近75%的受访者下班后都会上网，形成了与那些下班后便"瘫"在电视机前面的人异曲同工的生活习惯。

新媒体用户

研究人员发现，与美国整体人口相比，美国的新媒体用户往往更年轻、更富裕且受教育程度更高。2007年，一项针对互联网用户的调查研究[10]发现，在49岁或以下的受访者中，80%都会上网；而在50岁或以上的受访者中，这一比例仅为65%或更低。在家庭收入为75,000美元或以上的受访者中，超过93%的人会使用互联网，而在家庭收入为30,000美元或以下的受访者中，这一比例仅为55%。在已完成大学学业的人群中，有91%的人使用过互联网；而在未完成高中学业的人群中，这一比例下降到不到40%。这些趋势都不会特别令人惊讶。年轻人、富裕人群和受过良好教育的人群，可能会比其他人拥有更多的接触到互联网的机会、更好地访问互联网的机会。该调查研究还表明，美国使用新媒体的人群在性别或种族上的差异很小，这一点至少在英语使用者中是这样。使用互联网的成年男性（71%）与女性（70%）人数趋近相同；白人非西班牙裔人群中有73%的人使用互联网，讲英语的西班牙裔人群中有72%的人使用互联网，黑人非西班牙裔人群中有62%的人使用互联网。

在国际社会上，互联网的使用范围也在扩大。2008年的一份中国报告称，中国网民数量已达到约2.53亿，超过美国成为全球最大的互联网市场。[11] 表17.1和图17.2显示，大洋洲/澳大利亚的互联网普及率最高，但亚洲的互联网用户在全球所占比例最大。

表17.1　世界互联网使用情况与网民人口统计

区域	人口 （截至2009年）	互联网用户 （截至2009年6月）	人口普及率 （%）	世界占有率 （%）
非洲	991,002,342	65,903,900	6.7	3.9
亚洲	3,808,070,503	704,213,930	18.5	42.2
欧洲	803,850,858	402,380,474	50.1	24.2
中东	202,687,005	47,964,146	23.7	2.9
北美洲	340,831,831	251,735,500	73.9	15.1
拉丁美洲	586,662,468	175,834,439	30.0	10.5
大洋洲/澳大利亚	34,700,201	20,838,019	60.1	1.2
总计	6,767,805,208	1,668,870,408	24.7	100

资料来源：www.internetworldstats.com/stats.htm. 版权©2009，米尼瓦茨营销集团

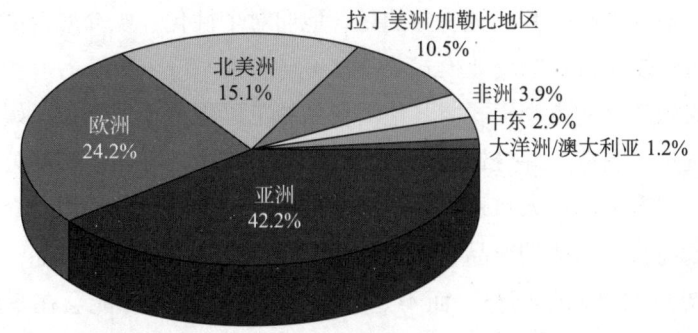

图17.2　按世界地区划分的互联网用户（截至2009年6月）

资料来源：互联网世界统计——http://www.internetworldstats.com/stats.htm——版权©2009，米尼瓦茨营销集团

互联网主要以两种方式为用户提供娱乐服务：一是通过门户网站，即提供娱乐产品或服务的入口以供用户购买或下载相应产品与服务；二是通过网站服务，即提供直接的娱乐体验。门户网站包括 Amazon.com、Sony.com 和 Ticketmaster.com，个人可以在这些网站上购买书籍、录像带、电子游戏、音乐唱片或活动门票。在这种情况下，尽管许多人可能只是喜欢简单地浏览网站提供的内容，并将其视为一种娱乐形式，但互联网还是更多地被用作娱乐项目的目录或入口，而不是娱乐本身。除了上述提及的网站，其他网站也会提供直接的娱乐体验。例如，Yahoo.com、Games.com 和许多其他网站都可以让用户体验各种电子游戏。那些拥有复杂多样、互动性强且有多个角色的游戏的网站，如索尼的 EverQuest.com 网站和 Ultima Online（uo.com）的网站，正变得越来越受欢迎。除了在互联网上玩游戏，用户还可以听音乐、创作音乐、观看视频、装扮芭比娃娃、建设城市、在聊天室里交友——在互联网的世界里，娱乐体验的种类几乎是无穷尽的。许多网站，如 Sony.com 和 Disney.com，都兼具门户网站和直接服务的功能，用户既可以在网站上直接购买或下载娱乐产品，也可以直接在网站上享受其提供的娱乐内容。

新媒体娱乐

根据未来学家迈克·沃尔什的说法，娱乐设备的创新通常专注于提高质量，重点在于"更好"而不是"与众不同"。[12] 例如，彩电的画质比黑白的好，高清电视比模拟的要清晰，CD 和 DVD 的质量会比磁带好。但是，通过网络或便携式设备交付的内容却很少会比传统媒体的更好。事实上，由于网络和便携式设备的分辨率低、内容会被压缩，而且其屏幕较小，通常情况下其内容产出只会更糟糕。但新媒体确实提供了更大的灵活性，使娱乐内容能够在多个平台上分发、添加、混合，并在观众成员之间进行交换。因此，沃尔什认为，新媒体娱乐与传统的娱乐行业有着根本的差异。要理解这些差异，我们不应着眼于技术，而应着眼于使用它们的人。"我们再也不能假设观众会满足于被动地坐在沙发上按遥控器的老样子。有了互联网、社交网络和移动电话，他们比以往任何时候都更加紧密地联系在一起。更重要的是，他们对个性化、媒介融合文本和分享媒体体验的渴望将重塑娱乐行业的商业模式。"[13]

传统上，娱乐产品的生产模式与其他消费品的工厂生产模式类似。娱乐产品是由娱乐"制造商"批量"制造"并分销给大众消费者的。其中，编辑和广播公司负责判断观众的消费品位，记者和制作人负责创造产品，市场营销人员负责说服受众——事实上，受众也确实需要高管们预测的产品，他们基本上会接受这些得到的产品。沃尔什认为，如今的娱乐世界更像是一张网络，而不是一个工厂。一些人可能会在车库里录制一首歌，然后发布到他们的网站上；另一些人无意中听到这首歌，然后用这首歌作为他们在另一个网站上发布的视频的配乐。后来，观看视频的观众会下载其中的音乐文件，其中一些人可能还会对歌曲进行采样或混剪，创作新歌并将其发布到自己的网页上，让他们的朋友可以听到这些歌曲，并继续将其传递给更多的朋友。如今，人们不仅可以从一个信息源网络接收娱乐内容，还可以创建和修改其中的内容，然后在这个网络上再度发布新内容。

从某种意义上说，让消费者生成内容并不是什么新鲜事。人们总是喜欢制作自己的内容——无论是照片、日记还是家庭影片。但近年来发生的变化是，人们与外界/他人分享这些材料内容变得容易得多，交互范围也变得更广，人们甚至可以用这些内容来与其他志同道合的人交友和交流。"消费者在一个相互连接的网络中创造并无缝交换内容信息。即使是像电影和音乐这样的传统娱乐产品，也能由用户进行评论、混剪。他们同样可以只是简单地通过点对点网络对其进行交流。媒体公司逐渐认识到，在网络世界里面，未来真正的分销网络实际上是观众成员之间的联系。"[14] 音乐下载服务就是一个很好的例子。经过长期的竞争，音乐公司终于停止反对文件共享，转而将下载作为一种收入来源。根据国际唱片业协会（IFPI）2006年的数字音乐报告，2005年全球数字音乐下载为唱片公司带来了11亿美元的收益，是2004年收益的三倍。这大约占到了他们总收入的6%，其中，仅手机下载就占了40%。

社交媒体与网站

社交网站（SNS）是一种基于互联网的服务端口。它允许个人在一个封闭系统内建立个人主页与个人网络，由此将被指定为"好友"的其他用户连接起来。在这些网站上，个人能够发布个人资料，包括个人信息、图表、照片和视频。最重要的是，根据第十章概述的网络原则，个人可以通过搜索和联系那些有共同好友与兴趣的人来扩大他们的网络圈子。大多数网络站点都有记录每个用户的"网络"的显示器。有些网站，如Flickr网站（雅虎网络相册），甚至能够绘制用户之间关系网络图（见图17.3）。在过去的几年时间里，这类网站已从一个小众活动迅速发展成为一种现象，吸引了数千万互联网用户。例如，朋友网（Friendster）、聚友网（MySpace）和脸谱网（Facebook）等网站都是功能相当广泛的社交网站。许多专业网站专注于更具体的兴趣。有些更注重媒体共享的网站就可供用户发

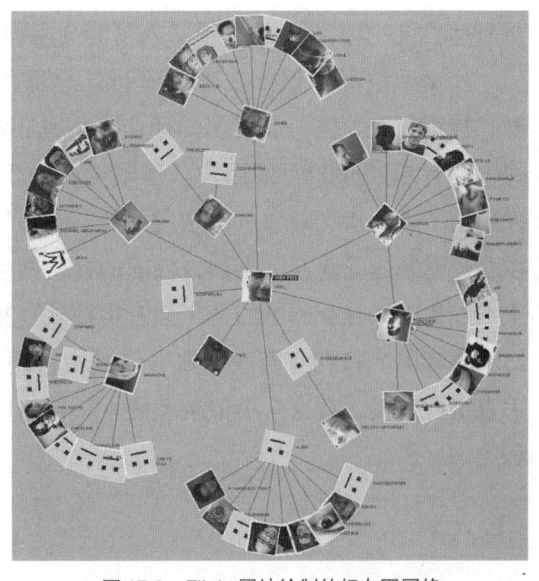

图17.3　Flickr网站绘制的好友圈网络

布和下载文件，如Flickr网站可以发布和下载数码照片，优兔网可以发布和下载视频。其他网站更像是分类广告，在这些网站上，个人可以获取一切想要的东西，不管是一个新的沙发［可在易贝和Craigslist网站上购买］，还是一个新的灵魂伴侣（可在Match和EHarmony网站上寻觅）。还有一些网站是咨询论坛，如Jobseekersadvice网站是求职网站，10w30是有关汽车保养的论坛。

我们可以在很多网站上找到允许下载的视频、想要购买的沙发和汽车保养建议，但社交网站与它们的区别在于，前者的内容和产品是由用户生成的，并非由持有网站的机构或个人生成。在传统媒体中，内容是由"主持人"提供的，因此杂志会聘请撰写故事的员工，广播电台和电视台会为听众创作或购买节目。即使是在大多数网站上，上述提及的视频、沙发、建议和其他内容也都是由专业人士与商业制作人提供的。但社交网站往往仅提供发布和搜索信息的基础设施，因此用户才是填写文本、音频和视频内容的人。在Flickr（照片网站）、优兔网和聚友网等社交媒体网站中，一个关键的隐喻就是"订阅个人频道"这一功能设置。这有点像订阅杂志或付费电视频道，只不过你现在做的是关注真实人物所创作的内容，而这个人可能也会反过来订阅你的频道。这样一来，创造者和消费者之间的界限就模糊了，双方共同形成了一个交互网站。

越来越多的人使用社交媒体不仅是为了"社交"，还将社交媒体用于搭建商业网络和营销。尽管网站上的年轻人往往更加活跃，他们还会花费更多时间来经营自己的个人主页，社交网络正在迅速老龄化。2009年初，脸谱网平台35岁以上用户的平均数量在短短60天内翻了一番。截至2009年3月底，年龄在26岁至44岁的用户占脸谱网用户总数的41%，55岁以上的女性成为增长最快的群体，达到150万人。随着各个年龄层的用户都开始注册脸谱网账号，脸谱网开始更多地迎合家庭用户的需求。但分析人士推测，"妈妈们"在脸谱网上的大量涌入可能会阻碍年轻用户积极登录并使用该网站。[15]

社交网络并不仅仅在美国流行。总部位于美国的BeBo网站拥有强大的国际粉丝群，特别是在英国。非美国的社交网站也非常成功，如Hi5是印度最著名的社交网络品牌，拥有超过4000万的用户。事实上，由于印度是一个科技中心，这个品牌的触角远远超出了这片次大陆——由于用户能够在该网站上与自己的大家庭保持联系，这个网站在欧盟越来越受欢迎。再如，韩国的社交网络赛我网每天拥有超过2000万的用户登录，正在成为未来社交网络的又一强有力模式。根据从维基百科链接而来的新闻引文，超过25%的韩国人口拥有赛我网账号，其中，高达90%的用户是20多岁的韩国人。赛我网一直走在前沿，在这个类似游戏的社交网络中，用户可以通过小额支付购买衣服、家具和配饰。

聚焦社交网络：成为广告媒介

广告媒介购买者如今将互联网纳入其媒体计划。像优兔网、脸谱网和聚友网这类网站每月可吸引2000万至5000万独立访客，[16]已然改变了我们对媒体的认知和使用方式。通过促进消费者在互联网上围绕品牌展开对话，广告主能够扩大覆盖范围，并利用付费传播的内容进行推广。如今，媒体策划者正利用社交网络上的网页来优化媒体排期。这些网页可以帮忙介绍产品、为产品服务造势，或是单纯地为品牌讨论提供一个平台。通过新闻组[1]、电子邮件和博客等途径，互联网的社交属性为消费者提供了一种互动和形成社群的方式。营销人员通过门户式运营，围绕品牌构建社群，用包含生活方式和娱乐信息的内容及功能吸引消费者访问品牌站点。

社区化和销售功能的结合为营销人员带来了一种可触及目标受众的独特方式。《第二人生》这个虚拟世界便是媒体策划者所创建的，他们在其中开设零售店，投放广告，让游客用虚拟游戏币为自己购置虚拟房屋。索尼公司在《第二人生》上有自己的招牌店，精通技术的用户可以在这里购买虚拟设备。使用社交网络的目的是让消费者参与到品牌信息的传递中。2008年，网络娱乐媒体推出了面向男女大学生的Itibiti语音社交网络平台，面对这些平时难以触及的受众群体，该平台为广告商提供了建立品牌忠诚度的机会和渠道。

博客

许多网站都会允许用户创建信息文本、视频日志或博文。此外，互联网用户还可以为自己的个人网站创建博文。人们可以用博客发表公开的"日记"和评论。虽然有些人只是依靠博客来获取信息（如产品评论、技术建议、政治评论等），但更多人纯粹是为了娱乐才阅读和浏览博客的。博客的数量与种类繁多，能够满足不同娱乐口味人群的需求。用户如果对好莱坞八卦新闻感兴趣，可以浏览Defamer.com、Celebritysmackbolg.com、Celebspin.com等博客；如果喜欢体育资讯，可以浏览Sbnation.com、Thebiglead.com等博客；如果是影片《星际迷航》的粉丝，则可以浏览Soulofstartrek.blogspot.com等博客。还记得我们在第九章讨论过的一个视频博客吗？那个视频是由一个网名为"lonelygirl15"的用户在优兔网上发布的（见图17.4），曾引起国际社会的关注。据称，这个视频博客是一个16岁女孩布里（Bree）的视频日记。布里在家受教育，她的父母有宗教信仰，对她很严格。"Lonelygirl15"最终被心存疑惑的观众揭露为一场虚构的骗

---

[1] 新闻组（英文名Usenet或NewsGroup），简单地说就是一个基于网络的计算机组合，这些计算机被称为新闻服务器，不同的用户可通过一些软件连接到新闻服务器上，阅读其他人的消息并参与讨论。新闻组是一个完全交互式的超级电子论坛，任何一个网络用户通过此工具都能进行相互交流。

图17.4 杰西卡·罗斯,又名"lonelygirl15"

局,其由电影制作人团队策划,布里的饰演者是美国与新西兰的混血儿——女演员杰西卡·罗斯(Jessica Rose)。即使该博客的虚构本质被揭示后,创作者们还是继续发布新的视频片段,大批忠实粉丝也仍然收看这些视频。后来,"lonelygirl15"博客还获得了美国音乐电视台网络上点击率最高的奖项,即"2006年度VH1大奖"。

社会上最近出现了一种新型博客,用户在平台上发布的内容更为简短,被称为微博。在微博上,用户可以编写简短文本来更新动态(通常为140个字符)并发布。这些动态可供所有人查看,也可仅供由用户选择的特定群组查看。发布的动态信息有多种多样的形式,包括文本信息、即时通信、电子邮件、MP3音乐或网站等。

在撰写本文时,美国最受欢迎的社交网络及微博服务公司是2006年7月推出的推特(Twitter)。此外,还有一个流行的微博客平台是Jaiku。但近日,社会上出现了许多具有与微博相同功能的新的服务公司,庞斯(Pownce)就是其中一员,它将微博与文件共享及活动邀请功能结合在一起。备受欢迎的社交网站脸谱网、聚友网和领英也都有一个名为"状态更新"的类似微博的功能。2007年5月,据一篇文章统计,全球共有111个类似推特的网站,[17]还有一些新的微博类型的服务正在开发。

微博在中国同样备受欢迎。在中国这个有着3.9亿活跃的即时通信账号的市场中,QQ服务器占据了约78%的市场份额;MSN Live Messenger[1]拥有约1900万活跃用户,占据着4.9%的市场份额;其次是新浪UC(4.1%)和飞信(3.7%)。一直以来,QQ都非常灵活地利用自己占据主导地位的优势,推出了各种各样的集成产品。但拥有雄厚资金的竞争对手,中国移动的飞信服务(该服务可实现个人电脑与手机之间进行免费短信通信功能)和百度的Hi平台,正在紧追不舍。Hi平台推出两周后,百度就已经宣称,已有超过100万人使用这个新的即时通信服务。[18]

虚拟世界

虚拟世界是一个基于计算机的模拟环境,用户通过名为"虚拟形象(avatar)"的图形化角色在其中生活和互动。虚拟世界通常以二维或三维图像的形式呈现,这就类似于电子游戏世界了,但在某些情况下,它看起来非常类似于真实世界的环境,既有城市、乡村、住宅和建筑,还有另外一些基于幻想而建设的虚拟环境。一些虚拟世界允许多个用户同时进入。这种类型的虚拟环境在《无尽的任务》(*EverQuest*)和《魔兽世界》等

---

[1] 微软发布的一款即时通信软件。

大型多人扮演的角色游戏中最为常见。

但虚拟世界最早不是以游戏的形式出现的。最早的虚拟世界，如1987年创建的Habitat，只是一个个社区或聊天室。虚拟形象仅用于模拟面对面的互动，或者简单还原现实世界的场景。在这些环境中，用户还可自主创建建筑、艺术和其他结构，有时甚至无须使用虚拟形象。如今，《第二人生》和《安特罗皮亚的世界》等虚拟社区正变得越来越受欢迎。在这些虚拟世界里面，"居民"

图17.5 《第二人生》中的一个虚拟角色

（在虚拟世界里代表自己的角色）可以探索社区、结识其他"居民"、进行社交、参与个人和团体活动，他们还能创造物品并用于交易，或彼此之间进行物品、服务和房产的购置交易。直到最近以前，网络通信部一直是以文本的形式进行的，但现在，使用网络电话（VOIP电话）进行实时语音通信正在兴起。与社交网站一样，虚拟世界的创造者只提供了基础简易的景观和建筑工具，而用户才是真正"构建"世界的人。截至2007年6月，虚拟世界《第二人生》拥有超过700万的总用户，这些用户在虚拟世界中开发了近5亿平方米的土地。

当媒体的热议还一直停留在《第二人生》和成人的虚拟世界时，一个供孩子们"居住"的虚拟世界正变得甚至比成人的更受欢迎。

这些网站包括源于加拿大的企鹅俱乐部和秀娃世界、源于韩国的赛我网源于芬兰的哈宝旅馆（Habbo Hotel）、源于英国的Piczo和WeeWorld以及源于瑞典的明星派（Stardoll）等。这些网站的功能范围广泛，孩子们不仅可以进行简单的游戏和聊天，还可以在虚拟世界中访问梦幻之地。卡通娃娃平台 Cartoon Doll Emporium 的首席执行官埃文·贝林（Evan Bailyn）在创建网站时表示："我原本只是想做一个有趣又富有童趣的项目。"目前该网站每月吸引约300万访问者。"但它已经变得非常具有竞争力，"他说，"人们认为他们可以在这里大赚一笔。"[19]

事实上，一些规模更大的娱乐公司已经对这些网站做了大笔投资。2007年，迪士尼耗资3.5亿美元收购了"企鹅俱乐部"。据称，该网站每月接待游客超过400万人次。[20]风险投资公司Scale Venture Partners的董事总经理莎伦·维恩巴尔（Sharon Wienbar）称，"企鹅俱乐部"计划当年一年的收入就达3500万美元（不计订阅的利息和税收）。虽然这只是一个预测数值，并不一定是盈利能力的真实指标，但它充分表明了网站的潜力。[21] 尼克国际儿童频道（Nickelodeon）的虚拟世界"尼克特罗波利斯（Nicktropolis）"也于2007年1月推出。尼克网（Nick.com）的数字高级副总裁杰森·鲁特（Jason Root）称，截至2007年底，该网站约有550万注册用户，他们平均每次访问该网站的时间为

55分钟。[22]

该市场尚处于发展初期，给了新兴品牌挑战迪士尼、尼克等巨头的机会。秀娃世界等公司已经证明了这种竞争是有可能取胜的。2005年，秀娃世界开始出售网娃——一种特别版的毛绒玩具。每款网娃都有自己的名字，每件售价10美元至12.5美元，且每件都带有一个密码，玩具主人可凭密码进入秀娃世界。在这个虚拟社区里，玩具是活的，准备被它的主人领养。孩子们可以选定玩具的性别并给它取名，还可以用"网娃币"购置食物、衣服和家具。他们可以去享受游乐场般的游戏、参加知识竞赛、与其他宠物主人聊天，甚至还可以打工，如制作虚拟汉堡，以赚取更多的零花钱。2007年5月，秀娃世界的访客量高达410万，比前一年增长了1300%。两年时间内，其零售额就达到了2000万美元。[23]

因此，越来越多的新生力量涌入虚拟世界这个市场。时尚娃娃制造商芭比娃娃和贝兹娃娃都创建了新的虚拟世界，企图赶上市场黑马——瑞典虚拟纸娃娃网站明星派（Stardoll.com）。据介绍，明星派在不到三年的时间里已经在全球吸引了640万名用户。[24] 卡通片《超级无敌掌门狗》（Wallace and Gromit）的制作公司阿德曼动画工厂（Aardman Animations）最近也设计了一个儿童游戏网站。

这一产业之所以蓬勃发展，是因为人们有所低估的青少年市场的真正价值得以发挥。但据市场调研杂志《包装事实》（Packaged Facts）2005年的一份报告统计，美国有2900万8~14岁的儿童，他们的年购买力总计为400亿美元。在这些孩子中，有近90%的孩子现在都在上网，这意味着如果网站可以吸引孩子们的注意力，抓住他们的眼球，那么这些网站可以赚很多钱。[25]

> **时事速览** 越来越多的孩子会涌向那些充满想象力且由角色驱动的环境。根据eMarketer（全球知名的市场研究机构）最近的一份报告，预计在四年内，53%的儿童网络用户将会进入虚拟世界，这一比例将是2007年820万注册用户的两倍以上。[26]

一位风险投资家总结了这个市场如此火爆的原因：儿童虚拟世界是迄今为止唯一成功的虚拟世界。维恩巴尔（Wienbar）在一次行业会议上也表示："虚拟世界在儿童市场上才是真正的主流。"她在这里所说的虚拟世界指的是像"秀娃世界"和"企鹅俱乐部"这样拥有数百万活跃用户的网站，而不是像There.com和《第二人生》这样的成人的虚拟世界——后者可能有数百万注册用户，但活跃用户的数量就只有数万或数十万。[27]

聚焦名气：虚拟名人

尽管大多数人都渴望成为名人，但一个极端是一位网名为"懒呆呆"（Lazydork）的年轻人。他既在优兔上为数百名网站访客表演，又抱怨着没人知道他是谁。懒呆呆有自己的粉丝群，但他的粉丝关注他只因为他是个"普通人"，而不是名人。

传统意义上的名人，他们的地位被抬至观众之上，观众也倾向于认为他们拥有崇高的品质。但在粉丝的眼里，这些新型明星的地位则

图17.6

大有不同——粉丝认为自己更加重要。没人会期望汤姆·克鲁斯会读他粉丝的来信，但每个人都会指望lonelygirl（中文意思为"孤独女孩"）回复她粉丝的每一封电子邮件。优兔网的网红享有匿名的自由，还享有外加的一些低额收入。平日里，他们可以安然地外出；在网站上，他们在各种崇拜他们的粉丝群中闻名。

在没有电影制片厂或电视节目安排的情况下，Lonelygirl通过视频日记创作了一段关于自己的故事。尽管故事脚本缺乏天赋和才华，但正是因为如此，它被观众欣然接受。据西北大学的一位教授说，我们正从一种由明星来代表我们的表现文化，转向一种我们可以自己表达自己的表现文化。现在，我们所有人都可以在互联网上获得一时的名气，不必再像老电影明星那样到死后才会出名。在我们的表现文化中，如果我们能创造一个故事，我们就可以创造一个明星，而我们都在成为伟大的故事讲述者！

资料来源：约翰·莱兰（John Leland）为《纽约时报》撰写，2006年9月24日，第WK4期

你怎么看?

- 在一个人人都可以拥有名人追随者的时代，"Lazydork"的受欢迎程度让人们对名气的意义产生了疑问：如果一个人正是因为不是名人而出名，那么名人本身还有什么价值？
- "名气"或"名声"一词，曾指代的是可以世代相传的事物。现在，这样的词语、事物是否会像今日的名人一样，会转瞬即逝呢？

传统娱乐走向虚拟化

起初，电视、电影和音乐等传统娱乐行业似乎在是否要采用新媒体的问题上犹豫不决；但很快，这些新媒体的受欢迎程度就不容忽视了。正如未来学家迈克·沃尔什所说

的那样，早在2006年，演艺界就已经发现网络的作用了。

无论是迪士尼在iPod上售卖《绝望的主妇》剧集，福克斯在网站上放映黄金时段的电视节目，还是好莱坞电影公司在网上出售其完整版电影，又或是马克·库班（Mark Cuban）用他的电影《泡沫》（Bubble）扰乱了影片序列窗口——今年对好莱坞巨头们来说都是一个重要的转折点。[28]

如第九章所述，知名娱乐公司，如迪士尼、NBC和索尼等，不仅通过新媒体手段向大众提供他们传统的娱乐项目（电视剧集、电影和音乐），而且创造了新媒体独有的内容。几乎每一部电影和电视剧、每一位演员和音乐艺人都有自己的官方网站。这些网站上有其背景信息、相关新闻、博客，甚至还有新出的音乐歌曲、视频和其他内容可供粉丝查看。许多粉丝还会为他们所喜爱的娱乐节目创建个人的网站和博客。起初，许多公司和名人都对未经授权的网站心存警惕；但现在他们却积极鼓励创建这类网站。

图17.7 全球性的品牌以虚拟的形象出现在《第二人生》中

许多娱乐品牌，如索尼音乐和康卡斯特等，都在《第二人生》和其他虚拟世界中占有一席之地（见图17.7），有些品牌甚至还在创建自己的专属虚拟世界。2006年，MTV推出了"虚拟湖畔"（Virtual Laguna Beach）。它是一个在线服务项目，让粉丝能以虚拟形象进入剧集中的场景，与其他用户互动，形成集社交与游戏于一体的体验。MTV网络音乐、电影和标志集团总裁范·托夫勒（Van Toffler）在谈及这款游戏的互动性时说："你不仅可以看电视，现在你还可以亲身体验电视内容。"[29] 在这些虚拟世界中，粉丝们可以"成为"节目中的角色，并在节目设定的环境中与他人互动。包括辛格乐（Cingular）、百事可乐和宝洁旗下的Secret在内的品牌都同意参与到这个虚拟世界之中。接着，"虚拟湖畔"这个虚拟世界合并了其他的MTV节目，如《帮你改装车》（Pimp My Ride）。MTV迅速扩大成为VMTV，即虚拟MTV。科恩乐队（Korn）和林肯公园（Linkin Park）等音乐乐队也接受了相关采访，并出现在了这个虚拟世界之中，这给歌迷们提供了一个与自己偶像进行虚拟互动的机会。《融合文化》（Convergence culture）一书的作者亨利·詹金斯博士（Dr. Henry Jenkins）表示，对于主流媒体公司来说，这种虚拟社区是他们寻求与粉丝更深层次联系的一个自然步骤。

新媒体的驱动力

在许多娱乐形式,特别是媒体娱乐形式当中,受众常常是被动的。受众往往只是旁观者,对他们所体验的娱乐活动不会产生任何影响。例如,不管是书本还是电影所叙述的故事,通常都遵循预先已确定好的事件进展来讲述,并且这些事件不会因观众反应而改变。但其他形式的娱乐活动允许观众积极参与其中,与参与者进行互动,并对事件发展施加影响。从技术上讲,任何一种观众可以参与其中而不仅是旁观的娱乐形式都可以被归类为互动性娱乐项目。例如,体育运动、游戏、舞蹈等活动,它们于观众而言属于被动性娱乐项目,但于参与者而言,则是互动性娱乐项目。

互动性

互动性的概念经常被用来指那些观众可以参与互动并影响事件发展走向的娱乐形式,尽管如此,他们仍然是观众,而不是参与者。为了创造这种互动性,观众必须通过某种方式将他们的愿望传达给"艺人"们。例如,在音乐表演中,观众可以大声说出他们的心愿——这被视为一种互动方式;在广播节目中,观众可以打入电话来传达自己的心愿,或者参与谈话类节目的讨论。这种形式的互动并不是什么新鲜事。事实上,互动性娱乐可以追溯到角斗士和宫廷小丑的时代。那时,观众通常有权决定艺人们表演后的命运——他们是生,还是死。

直到近些年,大多数的互动性娱乐还是局限于现场活动,观众只有在现场才可以直接向表演者们说出自己的心愿。各种各样的媒介娱乐,包括大多数的印刷品、电视节目和电影,都被认为是被动性娱乐项目,因为观众只能顺从地观看既定的节目内容。但在过去的几年里,一些作者已经涉足了互动性书籍的创作,他们把这类书称为"选择自己的冒险之旅",让读者在事情发生的过程中参与抉择,如比利应该穿过门进去还是沿路返回?现在,新技术的发展使大多数媒体具有了互动功能。事实上,如今的"互动性"常常被认为是新媒体之"新"的特征所在。在该领域,互动性被定义为"一种让用户能够实时参与修改媒介环境的形式和内容的性质"[30]。这样的娱乐方式允许观众在事件发生时做不同的选择,从而塑造自己的娱乐体验。许多新兴的娱乐形式都具有互动性,可以让观众更多地掌控自身的娱乐体验。在角色扮演的在线电子游戏中,大到游戏进行所在的星球,小到他们角色最喜欢的冰激凌口味,都可以让玩家控制。玩家还可以和来自世界各地的人一起加入聊天室聊天。通过赋予个人终极控制权,新媒体还允许个人利用音轨、数字视频、卡通片、音乐,甚至自己的视频游戏和虚拟城市,来创建自己的娱乐软件和硬件幻灯片。

观众也可以选择不进行互动,而是轻松地坐下来,让别人来娱乐他们。观众喜欢所有这些形式的控制,他们往往也愿意为此支付额外的费用。因此,能够提高观众自主性的产品和服务很可能会继续在未来的娱乐形式中占据重要地位。

聚焦互动性：娱乐时间电视网开始互动了[31]

图17.8

娱乐时间电视网（Showtime）[1]在电视机上利用互联网积极地建设互动电视。自2001年以来，每个月都会有观众登录Stargate SG-1.com网站，参与到娱乐时间电视网热播剧《星际之门SG-1》线上发布的互动游戏之中。玩家们组成16支队伍并参赛，获胜方可获得积分来提升自己的等级，并进入网站中的机密区域。他们需要在网站上定期"报到"，此外，他们还可以聊天、了解剧集的情节内容、获得资讯以及下载照片。StargateSG-1.com最初是一个由粉丝创建的网站。该网站制作精良，充满奇幻色彩，还有许多与宇宙相关的信息和画面，正如《星际之门SG-1》系列剧集中所呈现的那样。娱乐时间电视网负责企业战略与传播的执行副总裁马克·格林伯格（Mark Greenberg）说："这个网站当时有很多活动。我们看了一下，觉得都非常喜欢，于是我们就聘请了网站的创建人。"

娱乐时间电视网还开设了"Showtime全天候交互式"频道（Showtime Interactive 24/7），它允许用户使用Wink技术查看网络时间表，以及获取有关电影、电视剧或活动的信息。每个节目或电影（用于宣传）的增强材料都设有一个"焦点"栏目，用于向观众提供有关节目的一手幕后品牌故事。"全天候交互式"频道的内容会显示在屏幕的底部，这样观众就可以在继续观看节目的同时，更加深入地挖掘相关信息。

格林伯格还记得娱乐时间电视网的高管们第一次意识到他们的观众对互动性节目有浓厚兴趣的那一天。那时，娱乐时间电视网正在播放迈克·泰森（Mike Tyson）对战弗兰克·布鲁诺（Frank Bruno）的重量级拳击比赛。为了提高赛事的吸引力，该电视台设置了在线实时计分直播。格林伯格回忆道："我们被在线参与的人数惊讶到了。这让我们意识到，如果人们有充分参与互动的理由，他们一定会参与其中的。"[32]

从那时起，娱乐时间电视网便定期对观众同时收看电视和上网的现象进行研究。格林伯格说："每天晚上，25%的人收看电视的同时会上网。"年轻人尤其容易电视和电脑"同步使用"。娱乐时间电视网上年的一项研究发现，48%的青少年会同时使用电视和电脑；而在18～49岁的成年人中，这一比例约为30%。

---

[1] Showtime电视网（Showtime Networks Inc.），是美国一家付费有线电视网，隶属于CBS集团。

格林伯格认为，这些年轻观众是在有线电视的环境下长大的，他们习惯了付费看电视，但他们同时对付费服务的期望更高。因此，像StargateSG-1.com这样能够让粉丝更深入地挖掘他们最喜欢的娱乐时间电视网产品的网站，是能让观众喜闻乐见的网站。格林伯格说："我们并不期望每个订阅用户都能收看我们播出的所有节目，但对于像我们这样的服务商来说，创造一种文化和社区是很重要的。"[33]

互动的程度

研究人员已经制定了五个用于评估电子媒体互动程度的标准。[34]第一个标准是选择的范围程度，首先是最低程度的选择，用户仅能决定接触媒介内容的起止时间；其次是对同时呈现的产品进行的选择；最后是不同维度上的选择。根据这一标准，电子游戏算得上是高互动性的娱乐产品。这些游戏通常允许用户选择难度系数、使用的角色和场景环境（如城市、乡村、太空时代的背景等）。第二个标准是修改的程度，当用户只能存储或删除信息时，修改的程度较低；而当媒介平台允许用户依据自身兴趣和意图，主动添加内容或进行更深层次编辑时，其互动性则显著增强。修改程度高的网站有雅虎（Yahoo.com），它不仅允许用户添加和删除页面，还允许用户修改网站的页面颜色、内容和布局。第三个标准是可供修改或选择的不同内容的数量，这指的是选项的绝对数量（如"您可以从两扇门还是五扇门中进行选择""您只有一次选择的机会还是有多次"等）。第四个标准从线性维度考察，用户是否必须按照既定顺序接收内容（如电影的线性叙事），或是否可以自由跳转、打破顺序（如网页中的超文本功能所实现的非线性结构）。第五个标准是看被"激活"的感官数量（视觉、触觉、声音等）模拟游乐设施和游戏，如"星球大战飞梭赛车"（Star Wars Pod Racer），可以让玩家同时看到、听到以及感受到他们的娱乐体验。尽管上述五个维度并未明确提供"如何有效实现互动性"的具体策略，但它们为我们理解数字媒介中互动性的广泛可能性与文化实践的多样性，提供了重要的分析框架。

 聚焦趣味：互动娱乐新闻

2008年度游戏行业大会电子娱乐展览会（E3）在美国洛杉矶召开，业内专家齐聚一堂，共同探讨游戏行业的现状。由于游戏领域创意人才达到了历史最高水平，这个行业在经济和文化方面都在迅速发展。展览会上发布了以下8款新游戏：

- 《死亡空间》[Dead Space，由美国艺电公司

图17.9

（Electronic Arts Inc）开发］——一款科幻与血腥恐怖类游戏，人物角色行为与设计都十分狂野。游戏平台有PC（个人计算机）、Xbox 360（第二代家用视频游戏主机）和PS3（家用游戏机）。

- 《小小大星球》（*Little Big Planet*，由索尼开发）——一款与麻布仔一起探索、跳跃、攀爬和建楼的奇思妙想游戏。游戏平台有PS3等。
- 《神鬼寓言Ⅱ》（*Fable II*，由微软开发）——一款内容丰富但情节简单的奇幻角色扮演冒险类游戏。游戏平台为Xbox360。
- 《吉他英雄：世界巡演》（*Guitar Hero: World Tour*，由动视公司开发）——一款用户友好型电子音乐创作工具套件。游戏平台有Xbox360、PS3、PS2（游戏主机）和Wii（电视游戏机）。
- 《自由国度》（*Free Realms*，由索尼开发）——一款面向初中生群体的大型多人在线游戏，支持数千名玩家同时在线。游戏平台为PC。
- 《孢子》（*Spore*，由美国艺电公司开发）——游戏类型为模拟策略，内容主题为生命、进化、文明、宇宙。游戏平台为PC和Mac。
- 《求生之路》［*Left 4 Dead*，由维尔福集团（Valve Corporation）发行］——一款以丧尸为核心元素的游戏，玩家必须紧密合作，共同求生。游戏平台为PC和Xbox360。
- 《辐射3》（*Fallout3*，由Bethesda Softworks发行）——一款带有黑色幽默风格的末世题材角色扮演系列游戏。游戏平台为PC、Xbox360和PS3。

资料来源：赛斯·施塞尔（Seth Schiesel），《电子游戏》，《纽约时报》，2008年7月23日。

互动性实践

最早的一种电子互动娱乐形式是电子游戏。即使是最早的电子游戏往往也有足够强的互动性，使得玩家更像是"参与者"而非"旁观者"。如今电子游戏的互动性变得更强了，在许多情况下，玩家不仅是游戏的操作者，还是内容的创作者，他们可以塑造人物角色、游戏场景、游戏规则和关卡难度。互联网在推动互动性的普及中发挥了关键作用。通过网站，人人都可以用图片、故事、游戏和音乐等形式来塑造自己的娱乐生活。演员、音乐人、电影公司、酒店和主题公园等各类文化产业主体，纷纷设立网站，为用户提供多样的互动机会。

和"选择自己的冒险之旅"类书籍一样，那些允许用户在其中做选择的电影和视频都存在一定的互动性。但是到目前为止，互动这项技术更多地用于教育工具，很少纯粹地用于娱乐。尽管如此，几乎所有形式的娱乐都可以融入互动性，即使是音乐视频也可以。数字嘻哈（Digital Hip Hop）为说唱歌手杰·鲁（Ja Rule）制作了一段视频，其中某几个选项可供观众在视频中自行选择，如说唱歌手征服恶魔时，用的是剑还是链锯，在互动部分出现在屏幕上之前，视频边缘会弹出一系列图标，提示观众从这些图标中进行选择。

电视和电影制作也设置了互动性。几十年来,编剧和导演一直试图鼓励观众参与互动,但由于观众无法通过屏幕直接传达自己的心愿,因此他们必须寻找其他可进行互动的方式。像《美国偶像》这样的才艺竞赛节目,现在普遍依靠在直播时发布的热线通道来与观众互动,让观众进行投票;而在脱口秀节目中,观众可以打电话进现场并参与到直播讨论之中。借助互联网技术,电视节目甚至可以让观众决定普通电视剧中特定人物角色的命运。

三大电视网也都纷纷转向互联网,以期让连续剧的观众更多地参与到剧作之中。在电视剧《我的孩子们》(All My Children)热映时,一个电视网让观众在线回复为其中一个角色挑选婚纱;另一个电视网则询问观众,剧中的一个年轻角色是否应该告诉她的母亲——由苏珊·卢琪(Susan Lucci)饰演的艾丽卡·凯恩(Erica Kane),自己是同性恋。在电视剧《激情》(Passions)中,编剧依照网络投票选出主角;而在《我们的日子》(Days of our lives)中,剧目粉丝通过网上投票,决定扮演角色霍普(Hope)的父亲的演员。Showtime 和 FanLib 在创造互动上则更进一步。他们发起了第一个电视台批准的、与粉丝合作的活动。在该活动中,电视剧编剧会指导粉丝利用 Showtime 热播剧《拉字至上》(The L Word)中的人物创作剧本。他们所编写的剧本由《拉字至上》工作人员组成的评审团队进行评审,再把入围的剧本放在网站上供粉丝投票评选。获奖的剧本将用于拍摄,并整合到原作中去。

同样,电影《航班蛇患》(Snakes on Planes)的创作者在电影还处于制作期间时就发布了一个粉丝网站,鼓励影迷参与创作。粉丝们提出的一些想法和对话实际上都有被融入电影。

情景喜剧《其父"奇"女》(Just Shoot Me)则让观众在三个都有可能发生的结局中选一个作为该集的结局。大卫·斯佩德(David Spade)饰演的芬奇(Finch)有三个结局,分别为"芬奇和尼娜的妹妹睡在一起了""芬奇被尼娜的妹妹甩了"和"事情朝着奇怪的方向发展了"。这次投票的独特之处在于,它是实时发生的。观众不是在几周前进行投票,而是在节目播出前半段之后在网站上投票。广播公司可以统计投票结果,并在节目结束前预告观众选定的故事结尾。新兴技术使得电视台能够与观众进行更加直接的互动,尽管观众还不能直接影响和改变节目情节的走向,但他们可以使用一些其他控制功能,如暂停、转发节目以及获取节目列表与背景信息等(见本章前面的《娱乐时间电视网开始互动了》)。

图 17.10　网络节目脚本的粉丝兼贡献者

受众需要互动性吗？

关于观众在多大程度上喜欢互动的问题存在很多争论。就像真人秀节目一样，互动允许自发性，这可能会增加悬念，从而使娱乐产品最终变得更有趣。还有人认为，通过赋予事件发展的掌控权，观众可能会开始觉得自己对这些事件负有责任，以至于让他们更加关心所发生的事情并留有深刻印象，而这也会进一步增强悬念和娱乐性。但互动的定义本就是要求观众积极参与的，他们必须留心事件发展并做出选择。因此，一些批评者认为，这样的互动会看起来更像是在工作而不是在玩乐。他们认为，观众可能会只喜欢坐着并"被动"地享受娱乐。

和大多数与娱乐相关的问题一样，观众对互动性内容的喜爱程度会受到诸多因素的影响。一些人可能会比其他人更喜欢互动。有些人可能喜欢这种形式的互动，但讨厌其他形式的互动。有的人则喜欢在特定时间内进行互动，在其他时段则不愿进行互动。可选择的程度似乎确实会影响观众的体验感。如果给观众的选择太少，他们可能会觉得无聊或沮丧，但如果给他们太多的选择，他们可能会不知如何下手，或同样会感到沮丧。对于游戏开发者、网络公司，以及其他渴望利用互动娱乐的人来说，探索这些问题是至关重要的。直到最近，研究人员才开始探索受众是如何进行互动，并对各种互动形式做出反应的。

产业驱动

这或许将成为必然趋势：网络娱乐的新动向和新进展，或者说是所有未来的娱乐方式，都将继续挑战当前技术和法律所允许的限度。创新者们不断尝试用各种新设备与软件程序来创造、重构并融合多种娱乐形态。在这过程中，有些想法会成功，有些则会失败。有些项目会因为缺乏趣味而被推翻，另一些则因开发商无法遵循合法途径来从中获利而被放弃。如果你想预测下一个娱乐热点，你就需要找出成功的创新者，并留心他们在做的事情。

> **时事速览**
>
> 根据互联网过滤审查报告（The Internet Filter Review），互联网每秒钟就有：[35]
> - 3,075.64 美元花在色情作品上；
> - 28,258 名互联网用户在观看色情内容；
> - 372 名互联网用户在搜索引擎中输入成人内容的搜索词。

在美国，每39分钟就有一段新的色情视频被制作出来。2006年，色情作品收入最高的国家有韩国（27%）、日本（21%）和美国（14%）。在美国，色情作品的创收已经超过了 ABC（美国广播公司）、CBS（美国哥伦比亚广播公司）和 NBC（美国全国广播公司）的收入总和。2006年，美国全网的色情网站有420万个（占全球总数的12%）。

色情的力量

有意思的是，最赚钱和最具创新性的网站，其中一种便是成人娱乐网站。事实上，许多专家认为，成人娱乐——有些人可能称为色情——是推动新媒体发展的强大的技术力量之一。技术是由需求驱动的。走在前沿的公司会开发出他们所认为会畅销的产品。根据专家们的说法，一些最强烈的需求来自色情"制造商"，因为他们正在寻求技术进步，以帮助他们克服行业面临的一大问题，即人们的羞耻感。[36]

英国反对互联网审查运动的总干事马尔科姆·赫蒂（Malcolm Hutty）解释说，尽管观众对色情片的需求很高，但色情片的传播并不顺利："人们想看色情片，但他们不想到破旧的小巷电影院或性用品商店里面去看，他们希望能在自己舒适的家里享用影片，而且他们不想让别人知道这件事情。科技可以把这些影片直接带到你面前。至少每一次技术的进步可能都会让你更接近你的幻想，并会保护你更多的隐私。它能保护的隐私越多，消费者就会感到越舒服，尤其是女性会觉得更舒适。他们越喜欢这些影片，买得就会越多。"[37]

图17.11　在LA色情大会上的色情片制作人亚当·格拉瑟（Adam Glasser）

人们认为，成人娱乐推动了新媒体的许多进步，这些进步包括为在线金融交易更好地建立了隐私和安全保障，以及提供了更好的流媒体技术。成人娱乐网站是引入启动/暂停视频流的先锋，由此，它允许消费者在时效为24～48小时的窗口上观看购买的在线视频。成人网站还开创了在掌上电脑和移动电话上下载静态和动态图像的技术。成人娱乐供应商非常善于开发技术和在线营利，以至于主流的电子商务——不仅是娱乐领域，还包括从银行到超市领域的商务——现在都在向这一领先的从业者征求发展建议。[38]因此，成人娱乐的新兴趋势可以作为衡量所有娱乐形式的一种实用标准。

我们玩个游戏好吗？

电子游戏的发展速度很快，而且越来越受到人们的欢迎。1997年，电子游戏的销售收入就已经超过了北美地区的电影票房收入。[39] 如第十一章所述，电子游戏不仅产生的总收益比电影高，而且其制作成本更低，这就创造出了更有潜力且更可观的利润空间。

游戏行业最令人印象深刻的一个方面是它存在大量且多样的游戏平台。这些平台有手持设备、电视、计算机、互联网平台以及大批独立的游戏装置。后者包括那些安置在拱廊商业街上的装置，可以是放在比萨饼店内的小型便携式电子游戏机，也可以是放在赌场内的赌博机，还有一些则放置在Dave and Buster's和GameWorks这样的多元游戏中心的大型游戏剧院。虽然人们传统上常把电子游戏视为儿童的娱乐项目，但多元化的游戏中心却可以满足所有年龄段人群对游戏的需求。

图17.12　从一个操纵杆进化到鼓槌装置

制胜之道

游戏在生活的方方面面都有着极高的存在感。要说游戏是人类文明漫长旅程的一部分，这可以算得上是普遍真理，因为在我们的日常生活中，随处可见游戏的痕迹。文化社会学和人类学的研究表明，游戏具有文化的维度，在社会中具有象征意义。

游戏的文化功能围绕着这样一个概念：人类社会中伟大的原型活动都渗透着游戏。正如我们在第一章中所了解到的，游戏根据其结构程度被划分为4种游戏类型。竞技类、机遇类、模拟类和眩晕类的游戏都会被放置在自由的维度上考量，其自由程度从派迪亚（希腊博雅教育）型到游戏型不等。前者自由程度非常高，后者往往高度结构化，因为许多游戏都是基于规则进行的，所以我们会研究我们手头上所玩的游戏，以便在我们生活的其他方面制定出获胜的策略。许多游戏研究都集中在博弈论上。

电子游戏

现在，电子游戏的收入已经超过了电影产业的利润。电子游戏产业所具有的活力，通过它响亮的名号——"普罗米修斯的引擎"展现得淋漓尽致。这一名号的灵感来源于希腊神话中的一位神——普罗米修斯，据说是他赋予了人类力量。[40] 与其他娱乐形式类似，电子游戏玩家也会受到戏剧世界观的影响（见第一章），因为他们认同戏剧里情节的戏剧性结构、冲突的构建方式以及会带来特定结果的解决办法的设定。因此，电子游戏为玩家准备了一系列服务于他们真实情景的戏剧性的消费项目。

在电子游戏设备中，数字计算机与原始游戏机结合，构成了一种新型的有限玩法游戏。在过去的30年里，硅谷发展迅速，促进了电子游戏发生质的改变。[41] 电子游戏通过计算机的高度控制，将玩家与其他人隔离开来，从而变得更接近超现实主义领域。因为电子游戏是模拟出来的，或者说它本身就是一个虚拟现实，因此我们称为"超现实"。我们100年前玩过的游戏至今仍在玩，但是是在电子式的游戏中，体育运动、棋盘游戏和射击类游戏，都属于电子游戏的一部分。

电子游戏[42]的起源可以追溯到街机游戏和数字计算机。作为互动式媒体的一种形式，电子游戏允许玩家对三维视觉交流信息进行往复交换。作为流行文化的一种模式，电子游戏是企业家们为了满足付费观众的需求而大量生产的新奇玩意儿。游戏是为大众消费而开发的，它们通过各种心理机制对玩家产生强烈的情感影响。通常我们将电子游戏定义为：玩家在控制媒介上的视频内容时所进行的互动交流，以及在专用主机或电脑屏幕上玩的游戏。

电子游戏通常遵循以下一种或多种类型：[43]

- 情节基于历史或文学故事情节的角色扮演类游戏，如《最终幻想》（Final Fantasy）系列。
- 实时策略类游戏，常涉及两个队伍之间的比拼，如《星际争霸》（Starcraft）和《导弹指令》（Missile Command）。
- 与敌人交战类游戏，如《毁灭战士》（Doom）、《化解危机》（Time Crisis）和《异型对铁血战士》（Alien vs. Predators）。
- 射击类游戏，如《太空侵略者》（Space Invaders）、《守护者》（Defenders）、《机器人》（Robotron）、《小蜜蜂》（Galaxian）和《战争地带》（Battlezone）。
- 搏击/格斗类游戏，如《街头霸王》（The Street Fighter）系列、《真人快打》（Mortal Combat）、《爆笑拳击》（Ready 2 Rumble Boxing）和《摔角世界》（Pro Wrestling）。
- 赛车类游戏，如《GT赛车》系列（The Grand Turismo）和《哥谭赛车计划》（Project Gotham）。
- 体育运动类游戏，如《ISS实况》（ISS Pro Evolution）、《托尼霍克职业滑板》

（Hawk's Pro Skater）和《疯狂橄榄球》（Madden NFL 2001）。
- 平台类游戏/关卡探险类游戏，如《大金刚》（Donkey Kong）、《刺猬索尼克》（Sonic the Hedgehog）、《超级马里奥兄弟》（Super Mario Brothers）、《恶魔城》（The Castlevania）系列、《古墓丽影》（Tomb Raiders）系列、《克罗人》（The Mega Man）系列、《神秘岛》（Myst）和《掠夺者》（Raven）。
- 益智类游戏，如俄罗斯方块。
- 上帝类游戏，如《罪恶之城》（Sin City）、Sin Theme Parks[1]、《上帝也疯狂》（Populous）、《文明》（Civilization）和《模拟飞行》（Flight Simulator）。

与其他媒体一样，电子游戏也有特定的叙述视角或故事线。在所有的游戏中，玩家都应当被允许违反某些内容，否则就不是游戏而是电影了。另外，互动元素的使用会改变故事叙述的传达方式。

与电影等更为成熟的媒介不同，视频游戏开发者仍在努力定义究竟是什么使一款游戏有趣。硅骑士（Silicon Knights）的丹尼斯·戴雅克（Denis Dyack）就运用参与理论（Engagement Theory），将游戏从艺术、音频、技术、电脑游戏设置和故事的结合中剥离出来。美国的麦基（McGee）更喜欢从角色和艺术的角度开始谈论游戏，然后再自然而然地推出游戏玩法。表17.2显示了印刷叙事和互动式电子叙事之间的差异。[44]

表17.2 印刷与电子叙事之间的差异

印刷叙事（书籍）	互动式电子叙事（电子游戏）
作者讲，读者听	玩家是故事的一部分
作者为读者创作	设计师为玩家创造
热媒介（参与度低）	冷媒介（参与度高）
基于文字	基于图像与声音
想象式	沉浸式
重描述	轻描述
结局性强	结局性弱或无结局
读者在事件之外	玩家在事件之中
通过代入人物角色参与	真实参与其中
角色享有自由	从有限选项中选择角色
插图简单	插图、音乐和音频功能强大
故事结构隐藏	故事结构显露
结构繁多	迷宫式复杂的结构

---

[1] 笔者译为《罪恶主题公园》。

游戏媒体已开始利用图像增强技术和微处理器来制造逼真的游戏体验了。3DFX是一家给游戏图像带来革命性变化的公司，它推出了一种可用于个人电脑的显卡，使用该显卡可以有极致的显示像素增强。Voodoo（一种显卡）的产品线依赖于FX引擎芯片和纹理引擎驱动，它们可为显卡的延展提供基础条件。Verto系列上最新的显卡目前设置了生成逼真像素深度的全新标准。不可否认的是，英特尔新款奔腾4处理器的芯片结构在视频图像和多媒体方面具有最高性能，它正在改变我们观看3D图像的方式。

游戏：文化游乐场

电子游戏有着与人类社会中任何一种游戏都拥有的文化功能，也正如前文所介绍的蕴含着任何游戏共有的理论特征。假设所有形式的休闲活动人们都可以自愿参与，且都传达含有自由意义的象征性信息，那么玩家就不会被迫玩电子游戏——他们玩游戏是因为他们想玩。电子游戏是一种体验式的娱乐消费。它消费的不是实物，而是一种娱乐的目的。一旦游戏匣子被激活，电子游戏就会在一段固定的时间内把玩家带到另一个世界。到体验结束时，又会把玩家送回真实的世界。

电子游戏的玩家必须遵守共同规则。在冒险和体育类游戏中，为了让游戏体验更真实，游戏的规则似乎必须与现实世界的运行规则相似。事实上，不同类型的电子游戏有不同的规则，玩家必须学习这些规则才能得到完整的游戏体验。

时事速览 微软/斯伯林的调查显示，电子游戏玩家的平均年龄为30岁，19%的玩家年龄在50岁以上。目前，男性玩家在这个行业占主导地位；然而，这一差距正在缩小。现在，43%的玩家是女性。在美国，游戏流行度排名前五的城市是西雅图、明尼阿波利斯、亚特兰大、底特律和菲尼克斯。

游戏社区

游戏社区的成立旨在建立竞争机制并推动新游戏的开发。与其他游戏形式一样，电子游戏有其重要的文化功能。电子游戏消费是现代享乐主义的一种形式，因为它关乎我们与产品互动中多感官、幻想与情感的体验。[45] 随着我们的社会变得越来越享乐主义——越来越渴望得到即时满足——我们正在用"为了快乐而消费"的身份取代民族认同。作为一种当代表征，消费是一项重要的文化运动，而娱乐是其基础的重要组成部分。因此，享乐主义是消费者从产品中获得乐趣的一种理念，产品所激发的愉悦感，以及人们出于对产品本身的欣赏而产生的快感。[46]

性别在游戏中扮演什么角色呢？男性和女性有着截然不同的生存机制和生存行为，其中最显著的区别就是狩猎行为。狩猎需要一整套的手眼协调能力与技能。当男性使用这些技能时，他们会获得快感。女性却不会产生相同的化学反应。[47] 动作类和体育类游戏可以帮助身体释放化学物质，这已成为男性锻炼狩猎本能的一种常见方式。那些由男性设计且带有攻击性的电脑游戏，所提供的兴奋刺激可以使男性更容易适应和平社会。

无论是作为幻想、刺激、智力与情感挑战、心理控制、创意艺术，还是单纯的娱乐，电子游戏都是一个通过宣泄和释放紧张感来创造戏剧性结构的完美场所。游戏玩家会下意识地认同情节中的戏剧性结构（如善对恶、英雄对恶棍、神对怪物等），以及导致电子游戏中特定结果的冲突构建方式和解决方案。此外，电子游戏还会提供一系列戏剧性的设定，以实现玩家构建的"现实"。

与其他形式的游戏一样，电子游戏能够满足人们在官僚化职场中无法实现的沟通、自我定义和自我认同需求。在工作中，我们会遇到压力和矛盾；而在家里，虚拟世界中的游戏则为玩家提供了情绪唤醒、权力感，以及逃避现实问题的出口。玩家们称电子游戏是最纯粹的"沟通性愉悦"形式之一！

聚焦伦理道德　　　　　　　　　　　　　　　　　　　**免费游戏的真正费用**

如果你喜欢休闲类游戏，你并不孤单。对于一些全球最大型的公司来说，这个休闲游戏细分领域中蕴藏着巨大的商机。据木星研究公司（Jupiter Research）预测，到2008年，该市场每年的规模将达到10亿美元。而目前，开发和推广这些游戏的人每年可从中获取3.5亿美元的收入。

伴随着该行业的成功而来的是令人头大的营销方向，再随之而来的是广告。其中最令人叫苦不迭的是去设计广告呈现给玩家的方式。以Pogo这个由世界上最大的电子游戏发行商美国艺电创建的休闲游戏网站为例。在Pogo网站上，玩家可以免费玩游戏，但因为玩家没有办法跳过其中的广告，所以，这种免费是以玩家牺牲自己的时间来看广告为代价的。Pogo上最棒的免费游戏之一是《弹珠台》（*The Sims Pinball*），它的原型是威尔·赖特（Will Wright）设计的最畅销的模拟游戏。和现实生活中的弹球游戏一样，玩家在网站上注册后，桌子上就会弹出三个球。

在《弹珠台》所属的《模拟人生》系列中，游戏的重点常常是为自己的角色积累经验。《弹珠台》这款游戏则为玩家提供了多种职业选项，从医生到懒人都有。每一个角色都有六个经验值关卡，但即使是加入了激动人心的多球模式，或

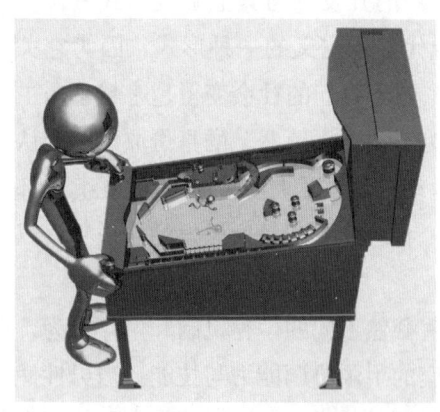

图17.13 《弹珠台》游戏

给予玩家多一两个额外的球,玩家也很难用给定的三个球来获得相应的经验值。

但问题是,这款游戏是由美国专业生产记号笔的三福公司(Sharpie)赞助的,它的标志就放在游戏屏幕的中央。如果玩家累积了一定的分数,就可以参加一场三福举办的比赛。由于人们的天性都是想要得到越来越高的分数,所以玩家会一次又一次地想再玩一局游戏。美国艺电就是这样抓住了玩家的心理。每进行三场到四场比赛,玩家的比赛机会就会用完。此时,玩家就得观看屏幕弹出的持续30秒的广告。这有点像看电视广告,只是这些广告不是以视频的方式出现。

如果你登录Pogo,你总会发现一款自己很喜欢的游戏,而正因为你喜欢这款免费的游戏,你便不会因游戏中出现的广告而感到困扰。休闲游戏及其广告的一大要点:因为这些在线游戏还处于起步阶段,他们可能会听从玩家的意见。所以如果你不喜欢这些广告,你可以通过电子邮件进行投诉。虽然他们可能不会直接移除广告,但他们可能会把这些广告处理得更容易让人接受一些。毕竟,他们最不想失去的肯定是你。

资料来源:哈罗德•戈德堡(Harold Goldberg)为《村声》(*The Village Voice*)撰写的文章,2006年8月30日。

你怎么看?
- 是否允许广告商作为免费电子游戏网站的一部分呢?
- 您是愿意为一款没有广告的游戏付费,还是愿意获得一款有广告的免费游戏?为什么?

游戏发展的趋势

电子游戏2011年的市值预计将从2005年的326亿美元扩增到659亿美元。为什么会有这样大的增幅呢? ABI Research(市场研究公司)的一项研究表明,这是因为在线和移动游戏领域都在快速增长。目前市场上最大的细分市场——主机、个人电脑、手持硬件和软件,它们的增长率都将远低于前面提到的新兴市场。

由于新一代主机带着先进的网络技术和在线游戏功能问世,人们下载游戏演示和访问高清视频等高级内容的愿望得以实现。这将使得"在线"功能成为这一代和后续几代游戏主机的关键技术组件。随着游戏发行商和移动运营商对手游越来越感兴趣,手机用户仅用手机就可以下载进口类和本土原创类游戏,这将使得手机游戏业务在2011年获得长足显著的增长。最近,手游巨头正努力开发一个开放式游戏架构,以减少开发碎片化,这将为消费者提供更多的内容,并为游戏下载带来更高的整体收益。

每月有4000万访问量的DigitalTrends.com网站是主流读者和电子产品爱好者浏览的第一站,他们希望了解消费电子产品、电子游戏、家庭影院组件和其他与科技相关的产品是如何融入日常生活的。自2001年首次亮相以来,该网站已成为那些希望购得突破性新设备和技术创新产品的人的不可或缺的资源。该网站的一位评论员认为,来自任天堂（Nintendo）公司的Wii是未来的潮流。

任天堂的Wii游戏机是一款简单易用且价格低廉的家庭娱乐产品。2007年，它的销售量超过2500万台，击败索尼和微软这两个竞争对手。《Wii Fit》是一款运动创新游戏，它让在电视前做瑜伽和在传统游戏中射击一样有趣。电子游戏是日本最成功的文化输出产品，也正是电子游戏使得任天堂董事长成为日本首富，他的净资产达80亿美元。[48]

在日本电子游戏设计师宫本茂（Shigeru Miyamoto）的指导下，Wii已经从依赖虚构角色和奇幻设定存在，进化到《任天狗：柴犬与她的朋友》(Nintendogs)、《Wii运动》(Wii Sports)、《Wii塑身》(Wii Fit)和正在开发中的《Wii 音乐》(Wii Music)等游戏。根据宫本茂的说法，任天堂希望创造一种体验，让玩家能够非常简单地感受到自己在创作音乐。通过对日常爱好的分析，宫本茂的研究已经从抽象概念转向现实，成为我们触手可及的游戏。

图17.14　用任天堂Wii游戏机玩虚拟拳击游戏

对历年十大热门游戏的游戏时长分析显示，游戏玩家的平均投入时间已经发生了显著变化。如今，大多数人对畅销游戏的平均游玩时间为10至20小时；相比之下，在2005年，玩家普遍会投入超过100小时。长久以来，游戏产业主要聚焦于"硬核玩家"——这一占比不大的群体为行业贡献了不成比例的高收入。自2006年以来，游戏已经成为一个服务大众市场的娱乐产业，与电视、电影和音乐并驾齐驱。到了2011年，电子游戏广告等细分市场的价值将接近30亿美元，这将推动该行业进一步成熟。随着消费者开始将游戏设备视为一站式娱乐平台，那些有着播放音乐与媒体视频的强大功能的游戏机和手持设备将推动整个行业的发展。

电子游戏的未来

如今，似乎每个人都对电子游戏的未来有自己的想法。许多软件开发人员认为自己在与电影业正面撞击，因为游戏也有了自己的奥斯卡奖。也有人认为游戏将在图像表现上经历一系列重塑。实际上，游戏似乎是随着其最重要的载体——电视的演变而发展的。如图17.15所示，电视游戏主机的销售额预计在各制造商之间会有不同程度的增长。

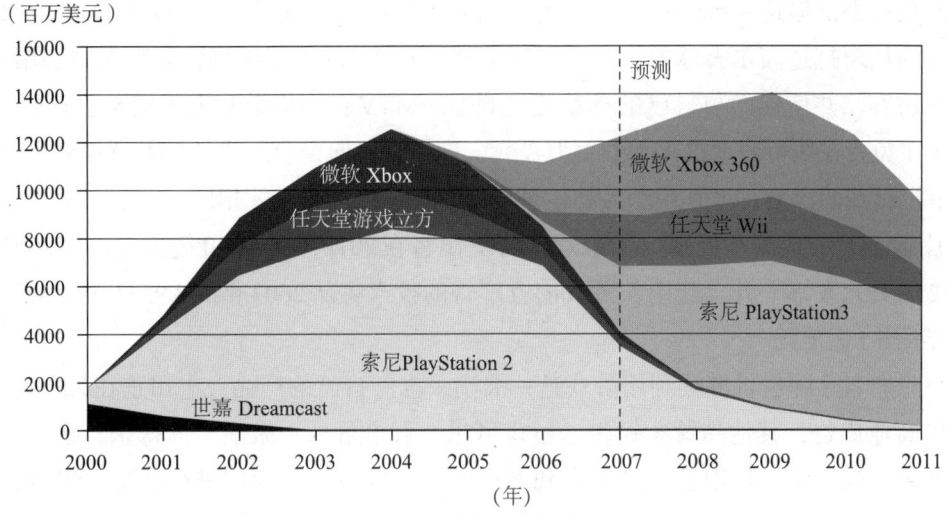

图17.15 游戏主机软件销售额

资料来源：埃德·巴顿（Ed Barton）——荧屏文摘（"屏幕文摘"）。

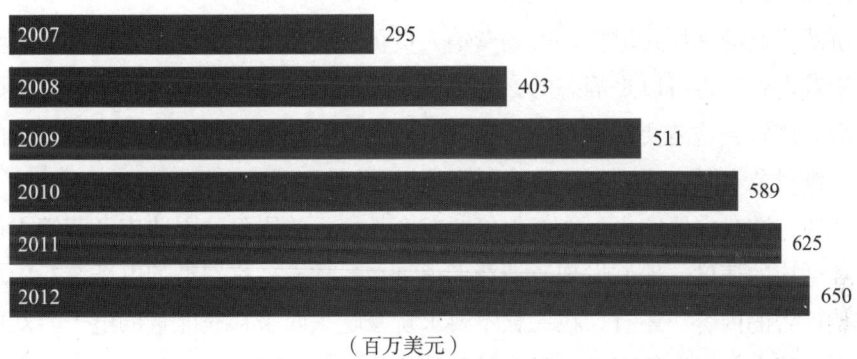

图17.16 2007—2012年游戏内置广告支出预测（百万美元）

注：该支出预测包含游戏平台为主机、个人电脑和网站的游戏中的静态广告、动态广告、产品植入、游戏门户显示广告和赞助部分；不包括广告游戏和手机游戏广告。

资料来源：易观分析（eMarketer），2008年2月版。

正如基于现实改编的题材成为过去10年中最成功的电视内容一样，新版大型多人在线游戏也有可能会遵循类似的路径。随着越来越多18~34岁的用户摒弃网络电视，开始进入游戏领域，市场营销人员一定会瞄准这一有价值的消费群体。产品植入和游戏内置的广告可能会变得越来越多，如此一对比，纳斯卡赛车网站（http://www.nascar.com/）就变得像美国国家公共电台一样。在这种情况下，如果你玩一款赛车游戏，你就会看到各种熟悉的地标，如壳牌加油站、麦当劳、百威等。音乐产业也在寻求新的方式来重新房获年轻用户，唱片公司找到了更有效的交叉推广方式，如把流行音乐植入游戏。

游戏几乎已渗透到整个社会,这为营销人员开展工作提供了新的接触渠道。数以百万计的从未打过高尔夫球的人正在挥舞着任天堂Wii的虚拟球杆;老年人中心用Wii来娱乐访客,并使他们与自己的孙辈建立联系。MTV在网络游戏上投资5亿美元,此外,还在免费在线游戏上投入了数百万美元。即便是面向企业用户的B2B营销者也开始重新审视游戏的潜力,将其用于品牌信息传播、员工培训或人才招聘。

据eMarketer预测,美国电子游戏广告支出将在2012年达到10亿美元,较2007年的5.02亿美元大幅上升。其中,游戏内置广告的投入将从2007年的2.95亿美元增长至2012年的6.5亿美元。

一些知名品牌也将继续利用游戏这一浪潮来推广自己的产品:丰田正在Xbox上独家推出商业广告,其他品牌(锐步、可口可乐、百事可乐、激浪、佳得乐、福特、宝马、三星、麦当劳、肯德基、汉堡王和斧头牌等)也在这一领域进行尝试。但研究报告显示,年轻人对游戏广告持怀疑态度,因为他们似乎不太喜欢游戏广告。研究公司Bunnyfoot对120名年龄在18岁及以上的游戏玩家进行了抽样调查,结果发现体育游戏中的广告认知度较低。

鉴于游戏行业的爆炸式增长,市场营销人员仍然认为电子游戏广告的发展趋势最具吸引力。游戏内置广告可以是静态的,也可以是动态的。将产品或品牌信息硬编码到游戏中的是静态广告,这需要在游戏发行前几个月完成。动态广告则只需要在预留的位置将二维和三维对象实时合成到在线游戏的环境里面即可。

研究表明,游戏内置广告不能仅仅停留在产品植入的层面,因此市场营销人员必须加快学习和适应的速度。他们发现,消费者很难在一款未来科幻类的电子游戏中理解认同当前车型广告的内容。还有,在一款不要求玩家吃东西来补充能量的电子游戏中,游戏玩家不太可能会留意到里面的谷类食品品牌广告。为了解决上述问题,游戏发行商和广告公司正在努力替换这些不合适的广告信息,并制作与电子游戏联系紧密的广告集合。

游戏的未来与其他娱乐形式的未来不会有太大的不同。在大多数玩家决定了他们想从游戏中得到什么之后,大公司便会投入资金和人力来提供这些游戏内容。

玩家的平均年龄正在迅速向30岁靠拢。由于三四十岁的人会一直玩游戏直到他们的中老年时期,因此游戏的类型会不断丰富,以更好地满足这些玩家的需求,匹配他们的可支配收入。[49]当玩游戏仍然满足不了需求的时候,其中的一部分人往往会尝试另外一种更危险的游戏——赌博。

网络赌博可以说是最容易向亲朋好友隐藏的赌博方式。赌徒们只需要关上门并清除他们的互联网浏览痕迹,就可以隐藏所有他们在网上赌博的证据。Help Guide(心理网站)对389名在诊所寻求治疗的赌博成瘾者进行研究。研究表明,虽然网络赌博是最不常见的赌博类型,但那些在网络上赌博的人更可能养成不良的赌博习惯。

如前几章所述,玩家是一群善变的人,他们喜欢新奇有趣的事物。因此,游戏产业需要有足够的动力去保持创新，不能停滞不前。游戏行业已经在创新方面领先了，他们在动画技术和软件编程等领域都取得了许多进步，这些进步也经常被其他娱乐行业所采用。但讽刺的是，未来娱乐的发展似乎正在由两个最不可能是龙头的合作伙伴引领着，它们是成人娱乐与游戏，这里的游戏（除了赌博）主要是一种面向年轻人的娱乐形式。

新媒体模式[50]

正如本章开头所说的那样，未来学家迈克·沃尔什在他的新书《未来娱乐》中介绍了一种新的媒体模式，反映了社会因素和娱乐进步的相互影响。

产品

沃尔什首先回顾了自谷腾堡发明印刷机以来一直存在的媒体工厂化模式。如果你有机会参观一家报纸印刷厂的话，那就去参观吧。这是一个了解过去媒体的极好方式。报纸印刷厂厂房巨大，全机械运作，会发出响亮的声音。在那里，媒体通过印刷网、传送带和漏斗在你眼前组装起来，就像沃尔什所说的那样："就像神秘的威利·旺卡先生（Willy Wonka）的工厂中的产品。"[51]

工厂化模式的发展是可以预料的。有了良好的管理加上不断增长的人口，印刷品的发行量和利润肯定会随着时间的推移而增加。电视和广播电台有自己的忠实粉丝，并受到规定保护，新的竞争者很难入场。也许不是每个人都喜欢当下正在播放的剧目，但不管怎样，他们大部分时间都很喜欢其中的内容，愿意去观看或去阅读。但后来，情况变了。正如前几章所说的，如今的娱乐世界更像是一个网络，而不是一个工厂。其内容由消费者用户在相互连通的网络中创建，并进行无缝交换。

节目编排

沃尔什认为，如果产品制作是媒体这枚双面硬币的其中一面，那么节目就是另一面。许多人都记得，有一段时间，我们所有的娱乐选项都是在《电视指南》《周日晚间电影》《影院列表》《商业广告插播》和有序的上映窗口中罗列出来的。但现在没有了。

虽然早期的新媒体在很大程度上只是作为传统媒体的一个延伸，将预先做好的现有节目"存入仓库"并重新分发，但这种情况正在迅速改变。旧的工厂模式只能进行智能推测工作。编辑选择他们认为最能卖出报纸的故事，节目制作者选择黄金时段来播出节目以保证最佳收视率，而付费电视网络汇集了他们认为能吸引最多付费用户的内容频道。

沃尔什还认为，新的网络受众模式已使节目编排过时。他预测，新一代的消费者将会生活在一个没有媒体编排的世界里。现在，我们已经可以看到用户自己生成的新媒体内容快速地在增长。在优兔网等视频发布网站上，人们正在创建自己的故事视频集，如前面讨论过的lonelygirl的博客。《星际迷航》《吸血鬼猎人巴菲》和《哈利·波特》等流行奇幻科幻片的粉丝在同人小说网站上为剧中人物撰写自己创作的故事或节目"剧集"。这些同人小说网站有Fanfiction.net、Harrypotterfanfiction.com、Trekfanfiction.net和Talesoftheslayer.com等。

分销与营销

媒体所提供的便捷访问方式也正在改变娱乐内容的营销方式。当所有娱乐内容都能在网上随时被任何人获取时，真正促成消费行为的，是你说服某人点开这个链接的能力。在这种情况下，传统营销实际上不如新媒体上的宣传那样强大。MySpace上的博客文章、下载排行榜上的人气、网络论坛上的对话以及谷歌搜索热门关键词的结果都表明了这一点。沃尔什解释说：

> 其他人的想法实际上就是当今大多数网络消费决策的考量因素。亚马逊的图书推荐服务是根据其他有同样阅读兴趣的读者的消费模式来给用户荐书的，谷歌的页面排名是根据链接到他人网页上特定内容的密度进行计算的，聚友网上的乐队则靠他们设法吸引到自己网页上的粉丝数量来保持活跃度。[52]

我们的生活正在加速进入一个"一切内容对所有人都随时可得"的时代。在这种情况下，媒体变成了一个在用户网络中跳动的信号，而不是来自某个卫星或广播塔的线性传播内容。

早期的媒体学者马歇尔·麦克卢汉（Marshall McLuhan）得出了"媒介即讯息"这一结论，意思是媒介将自身形式嵌入信息，创造了一种共生关系，通过这种关系，媒介会影响人们感知信息的方式，并随着时间的推移会不断地产生微妙的变化。这一结论是在他的著作《理解媒介》（1964）中出现的。麦克卢汉提出，媒体研究的重点应该是媒介本身，而不是它们所承载的内容。他说，媒介会影响社会，它的作用不仅在于媒介所传递的内容，还在于媒介本身的特性。在这段论述引导下，我们回顾了不同娱乐媒体与创造和消费它们的社会之间的相互影响。但即使是马歇尔·麦克卢汉，恐怕也会对当今媒体的影响力感到惊讶甚至震撼。新媒体的网络化受众不仅是媒介，其本身也在书写信息。

尽管如此，只要仍有相当一部分人喜欢整日地坐在沙发上看电视，至少是在某些时候喜欢，那么线性娱乐内容就不会消失。但大型娱乐特许经营的发行环境将发生变化。

就像现在,主要的电影发布会都是为了充分利用商品和营销机会而设计的,而未来的娱乐大片也将更像是一个平台而不是产品(见本章末尾的《聚焦》栏目)。

时代的标志

新的娱乐趋势将会继续塑造和反映由娱乐带来的经济、政治和社会环境。正如当下的故事、歌曲、游戏和消遣方式反映了当今的人群和议题,未来的娱乐也将体现未来人群和他们所关注的议题。在第二章中,我们已经探讨了当今的娱乐是如何反映我们所处的这个融合的后现代时代的。后现代主义,即对传统结构的分解和重组,我们的娱乐活动则通过在戏剧、音乐、艺术,甚至是餐饮等诸多方面将各种流派和时代特征融合,来反映这一时代趋势。其中,餐厅的特色是食物口味的融合(不同口味和不同民族菜肴之间的融合)。新媒体具有无限分解、融合和再创造娱乐的可能性,从定义上来说几乎就是属于后现代范畴的。

但钟摆总是会摆动的。今天"万事皆可"的哲学道理可能最终会被新思想所取代。因此,我们对未来娱乐发展趋势的最后一个预测,也许是一个大胆的预测,就是它会回到原点。在经历一个充满搞笑恐怖电影和黑色喜剧、流行另类音乐和北京烤鸭比萨的时代之后,一些人可能会开始渴望在各分类之间有更清晰严格的界限——恐怖电影是真的恐怖,喜剧影片是真的有趣,另类音乐真的就是另类,而比萨是意大利香肠的。

当然,一些人会喜欢这些界限,但另一些人可能会继续把这些界限模糊掉。但只要新兴娱乐能够继续促进观众的自主性,这两大阵营就会享有足够的娱乐选择来满足各自的娱乐口味。

本章小结:收工完成

本章主要聚焦于新媒体如何塑造娱乐的未来。所谓"新媒体娱乐",是指融合多种媒介形式的娱乐方式。我们提出,通过关注新媒体技术的创新者,或许可以识别出未来娱乐趋势。对"未来娱乐(futuretainment)"的预测包括:继续聚焦于整合型的产品与服务,使观众能最大限度地掌控自己的娱乐体验,同时,也可能出现对更传统娱乐形式的回归。

当然,新媒体并不是塑造娱乐未来的唯一重要力量。在这本书中,我们追溯了许多娱乐发展的方式,这些发展不仅受到技术进步的影响,还由当时存在的政治、文化、经济、宗教和法律现实决定。反之,我们也探讨了娱乐如何对这些现实的创造和感知产生重大影响。在这方面,未来的娱乐活动可能不会有什么不同。娱乐的发展演变永远与它所在的社会的演变与发展交织在一起。

近观新媒体

新媒体品牌与营销：品牌困境

图17.17 英国伦敦特拉法尔加广场上融为一体的媒体、品牌与体育

随着越来越多的证据表明，年轻人大多倾向于将他们宝贵的媒体消费时间更多地花在网络或游戏上，因此广告商越发迫切地重新思考他们的营销策略。与传统媒体广告不同的是，提出一个可预测用户使用的社交媒体使用模式的模型并非易事。

毕竟，在一个混乱的、由用户生成内容的环境中，人们既可能攻击你的品牌，也可能对它赞不绝口，这时你该如何做广告呢？什么样的品牌最适合放置在一个以城市贫民区抢劫、掠夺和拉皮条为背景的在线电子游戏中呢？

20世纪90年代末，当真人秀节目取代电视剧成为黄金时段的主流节目模式时，广告商将他们传统的广告模式转向植入式广告，而不再采用公式化的商业广告。下一步的演变可能就触及品牌平台——在松散的结构环境中，用户能够积极成为品牌价值及形象的一部分，同时不受严格控制或监督。[53]

请思考当代的娱乐如何同时反映社会进步和其传统渊源的其他例子。

讨论与回顾

1. 回顾本章是如何描述新媒体的。根据本章的描述，总结自己对新媒体的定义。比较互联网和其他形式的新媒体娱乐与传统媒体在性质上的异同。举例说明你的观点。
2. 哪些行业在引领未来娱乐产业的发展？为什么？在娱乐业和非娱乐业中，你能想到其他哪些可能在未来娱乐业的塑造中扮演重要角色的行业？请给出你的解释。
3. 娱乐制作的工厂化模式和网络化模式有什么区别？请描述新媒体促进网络化模式应用的方式。
4. 讨论本章回顾的未来娱乐的特点。你同意这些特点吗？请用例子解释你的观点。请试着提出其他你认为正在出现或将要出现的未来娱乐特征或趋势。

练习

1. 在互联网搜索引擎和ProQuest或Lexis Nexis这样的新闻数据库中查找"未来娱乐""娱乐的未来"或"新技术和娱乐"等词语，看看你有什么发现。选择一两篇你觉得特别有趣的文章，并对其进行讨论。
2. 让你的朋友写下至少20件人们用来娱乐的事情。看看这20件事情之中有多少目前是涉及新媒体的使用的。对于列出的这20个项目，对于列表上的每一项，推测新媒体可能用于增强、模仿或修改这些娱乐形式的方式。
3. 尝试几种新媒体娱乐形式。然后像评论家评论电影、玩具或餐馆一样，写一份娱乐产品评论。描述一下你的体验，它达到你的期望了吗？回顾产品的优缺点并提出改进建议。

参考书籍与网页

Darly, A. (2002). *Visual digital culture: Surface play and spectacle in new media genres* (Sussex Studies in Culture and Communication series). New York: Routledge.

Manovich, L. (2001). *The language of new media*. Cambridge MA: MIT Press.

Pavlik, J.V. (1997). *New media technology: Cultural and commercial perspectives* (Series in Mass Communication). Boston MA: Allyn & Bacon.

Sayre, S. (2008). *Entertainment marketing & communication: Selling branded performance, people and places*. Upper Saddle River NJ: Prentice Hall.

Weibel, P. and Druckrey, T. (2001). *Net_condition: Art and global media (Electronic culture: History, theory, and practice)*. Cambridge MA: MIT Press.

www.internet-filter-review.toptenreviews.com——帮助了解成人娱乐业的最新动态。

www.madison&vine.com——提供关于融合技术的新闻。

www.redherring.com——报道科技商业领域的新闻。

www.insidebrandedentertainment.com——更新品牌娱乐领域的最新动态。

www.organicentertainment.net——提供互动新闻。

参考文献

第一章

1. See Rifkin, J. (2000). *The age of access*. New York: Penguin Putnam.
2. Huizinga, J. (1950). *Homo ludens*. Boston: Beacon Press.
3. From Stephenson, W. (1988). *The play theory of mass communication*. New Brunswick NJ: Transaction Books.
4. From McLellan, D. (2000). Circus atmosphere: First woman big-top publicist tells tales of three rings. *The Los Angeles Times*, August 13, B8.
5. From A brief history of puppetry. www.sunnieunniezz.com/puppetry/puphisto.htm, Oct. 13, 2000.
6. Mergen, B. (1984). *Cultural dimensions of play, games and sport*. Champaign IL: Human Kinetics Publishers Inc.
7. Plunket Research Inc., 2008, from plunkettresearch.com/Industries/EntertainmentMedia/EntertainmentMediaTrends/tabid/228/Default.aspx.
8. See Wolf, M.J. (1999). *The entertainment economy*. New York: Times Books.
9. Ibid., p. 4.
10. Donaton, Scott (2004). *Madison & Vine: Why the entertainment and advertising industries must converge to survive*. New York: McGraw-Hill.

第二章

1. From ciadvertising.org.
2. Jenkins, Henry (2006). *Convergence culture*. New York: NYU Press.
3. Bolton, J.R. and Grushin, V.V., *International Technology*, p. 224, as found on www.cyberartsweb.org/cpace/infotecch/lectures/media/convergence.html.
4. From www.convergenceculture.org/aboutc3/convergence.php.
5. Book review located at http://home.grandecom.net/~maher/writing/convergence.html.
6. Review by Erica Barnett found on www.watercoolergames.org/archives/000590.shtml.
7. See www.timharrower.com/PDFs/convergence.pdf.
8. Budick, A. (1999). Exhibiting a little pizzazz. *Future.Newsday.Com*. para 1. Accessed Dec. 18, 2002, at http://future.newsday.com/8/ftop0801.htm#museum.
9. Advertisement for Ken Davis's video, *Is it Just Me?* Accessed Dec. 18, 2002, at https://www.kendavis.com/video/vt013.cfm.

10 The slogan of the Christian Comedy Index. Accessed Dec. 17, 2002, at http://christiancomedy.tripod.com.
11 From www.globalization101.org.
12 Excerpted from essays posted on www.thehumanist.org/humanist/articles/essay3mayjune04.pdf.
13 See Baudrillard, J. (1983). *Simulations*. New York: Semiotext(e).
14 From Denzin, N.K. (1991). *Images of postmodern society*. London: Sage, p. vii.
15 From Featherstone, M. (1991). *Consumer culture and postmodernism*. London: Sage, pp. 7–8.
16 Baudrillard, *Simulations*, p. 10.
17 http://www.spiritual-self.com/postmodern-definition.html.
18 From Cumming, R.D. (1965). *The philosophy of Jean Paul Sartre*. New York: Random House.
19 From Ewen, S. and Ewen, E. (1982). *Channels of desire*. New York: McGraw-Hill, pp. 249–51.
20 Quoted by Downey, R. (1999). Experience this! *New York Times*, Feb. 19.
21 Quoted by Verhovek, S.H. (2000). He's turning Seattle into his kind of town. *New York Times*, May 17.
22 See Jameson, F. (1991). *Postmodernism*. Durham NC: Duke University Press, ch. 4.
23 Quoted in Goldberger, P. (2002). High-tech emporiums. *The New Yorker*, March 25.
24 Excerpted from Root, D. (1996). *Cannibal culture: Art, appropriation & the commodification of difference*. Boulder CO: Westview Press.
25 Beaudrillard, *Simulations*, p. 130.
26 From a review by Pauline Kael, *The New Yorker*, Sept. 22, 1986.
27 From a piece by John Simon, *National Review*, Nov. 7, 1986.

第三章

1 Gurvitch, G. (1955). The sociology of the theater. Reprinted in E. Burns and T. Burns (eds) (1973). *Sociology of Literature and Drama*. Harmondsworth: Penguin.
2 McQuail, D. (1994). *Mass communication theory: An introduction*. London: Sage.
3 Carey, J. (1975). A cultural approach to communication. *Communication*, 2: 1–22.
4 Based on a typology by Abercrombie, N. and Longhurst, B. (1998). *Audiences*. London: Sage, which uses the terms "simple, mass and diffused" audiences.
5 Example from Peterson, R., and Simkus, A. (1992). How musical tastes mark occupational status groups. In Michele, L. and Fournier, M. (eds). *Cultivating differences: Symbolic boundaries and the making of inequality*. Chicago: University of Chicago Press.
6 Crawford, D., Jackson, E., and Godbey, G. (1991). A hierarchial model of leisure constraints. *Leisure Sciences*, 13: 309–20.
7 See Tokarski, W. (1985). Some social psychological notes on the meaning of work and leisure. *Leisure Studies*, 4: 227–31.
8 Holt, D. (1995). How do consumers consume: A typology of consumption practices. *Journal of Consumer Research*, 22: 1–16.
9 From Mason, R. (1993). Cross cultural influences in the demand for status goods. *European Advances in Consumer Research*, 1: 46–51.
10 Perrin, D. (2000). *American fan: Sports mania and the culture that feeds it*. New York: Avon Books.
11 From McKinley, J.C. Jr. (2000). It isn't just a game: Clues to avid rooting. *New York Times*, Aug. 11, Sports, C1.

12 McQuail, D. (1997). *Audience analysis*. Thousand Oaks CA: Sage, p. 7.

13 Peters, K. (1998). Disney's magic works on Angels. *Houston Chronicle*, Sept. 13, 12.

14 Peters, K. (1998). Disney's wonderful world: First-place Angels aren't the only attraction at the ballpark. *State Journal Register* [M1, M2 Edition], Springfield IL, , Sept. 11, 24.

15 Cited in Shaikin, B. (2000). Angels rally round a monkey—and win; Sports: A moment of whimsy at Edison Field sparks a fan craze—and a big morale boost. *The Los Angeles Times* [Orange County Edition], July 8, 1.

16 Ibid.

17 Cited in Saxon, L.N. (2000). Angels fans are going bananas. *The Press—Enterprise*, Riverside CA, Aug. 13, C02.

18 From Lindlof, T. (1988). Media audiences as interpretive communities. In Anderson, J. (ed.), *Communication Yearbook II*. Newbury Park CA: Sage, pp. 81–107.

19 McQuail, *Mass communication theory*, ch. 3.

20 Chaney, D. (1995). *Fictions of collective life*. London: Routledge.

21 Abercrombie and Longhurst, *Audiences*, ch. 6.

22 A notion of Debord, G. (1994). *The society of the spectacle*. New York: Zone Books, p. 9.

23 From the ideas presented in Lasch, C. (1980). *The culture of narcissism*. London: Sphere.

24 See Sennett, R. (1997). *The fall of public man*. New York: Knopf.

25 From Narcissus and necessity: Why are we creating virtual realities? www.transparencynow.com/virtual.htm, Aug. 13, 2000.

26 A phrase coined by Umberto Eco.

27 See Rubin, A.M., Perse, E.M., and Powell, E. (1989). Loneliness, parasocial interaction and local TV news viewing. *Communication Research*, 14: 246–68.

28 Abercrombie and Longhurst, *Audiences*, p. 131.

29 From Elliott, P. (1974). Uses and gratifications research: A critique and a sociological alternative. In Blumler, J.G. and Katz, E. (eds), *The uses of mass communications*. Beverly Hills CA: Sage, pp. 249–68.

30 Newcomb, Kevin, clickz.com, Sept. 9, 2005.

31 For a close look at research techniques appropriate for entertainment, see Sayre, S. (2001). *Using qualitative methods for marketplace research*. Thousand Oaks CA: Sage.

32 For more information on the ethnography of media consumption, see Moores, S. (1993). *Interpreting audiences*. London: Sage.

33 See Lull, J. (1990). *Inside family viewing: Ethnographic research on television's audiences*. London: Routledge.

34 See chapter bibliography for works by David Morley (1992) and Ann Gray (1992).

35 See chapter bibliography for works by John Fiske (1987) and Ien Ang (1985).

36 From Stevenson, N. (1995). *Understanding media cultures*. London: Sage, p. 183.

37 McQuail, *Audience analysis*, p. 41.

38 From Blumler, J.G. (1985). The social character of media gratifications. In Rosengren, K.E., Palmgreen, P., and Wenner, L. (eds), *Media gratifications research: Current perspectives*. Beverly Hills CA: Sage, pp. 41–59.

39 McQuail, *Audience analysis*, p. 131.

40 Creswell, J. (2008). Nothing sells like celebrity. *New York Times*, June 22.
41 www.dbireport.com.
42 Based on a process described in Schultz, D.E. and Barners, B.E. (1999). *Strategic brand communications campaigns*. Lincolnwood IL: NTC Business Books, p. 99.
43 From en.wikipedia.org/wiki/Prosumer.
44 From www.futurematters.org.uk.
45 McQuail, *Audience analysis*, p. 150. Edited from a list presented in table 9.1.

第四章

1 Cited in Simpson, J.B., comp. (1988). *Simpson's Contemporary Quotations*. Boston: Houghton Mifflin. Accessed Jan. 22, 2002, at www.bartleby.com/63/.
2 Freud, S. (1925). Formulations regarding the two principles in mental functioning. In *Collected papers*, vol. IV, ch. 1. London: Hogarth Press. As cited in Stephenson, W. (1998). *The play theory of mass communication*. New Brunswick NJ: Transaction, Inc., p. 52.
3 *Merriam-Webster's collegiate dictionary (10th ed.)*. (2001). Springfield MA: Merriam-Webster, Inc. Accessed Jan. 22, 2002, at www.m-w.com/cgi-bin/netdict?drama.
4 Zillmann, D. (1996). The psychology of suspense in dramatic exposition. In Vorderer, P., Wulff, H.J., and Friedrichsen, M. (eds), *Suspense: Conceptualizations, theoretical analyses, and empirical explorations*. Mahwah NJ: Lawrence Erlbaum Associates, pp. 199–244.
5 Ibid.
6 Phillips, M. and Huntley, C. (2004). *Dramatica: A new theory of story*. Glendale CA: Write Brothers.
7 Phillips, M. and Huntley, C. Posted on Dramatica.com. Retrieved on Sept. 25, 2008 at http://www.dramatica.com/theory/what_is_dramatica/index.html, para. 4–5.
8 See for review, Zillmann, D. (1980). *The entertainment functions of television*. Hillsdale NJ: Lawrence Erlbaum.
9 Vorderer, P. and Knobloch, S. (2000). Conflict and suspense in drama. In Zillmann, D. and Vorderer, P. (eds), *Media entertainment: The psychology of its appeal*. Mahwah NJ: Lawrence Erlbaum Associates, pp. 57–72.
10 Festinger, L. (1954). A theory of social comparison processes. Human Relations, 7: 2: 117–40.
11 Freud, S. (1958). *Der Witz und seine Beziehung zum Unbewussten* [Jokes and their relation to the unconscious]. Frankfurt: Fischer Bücherei. (Original work published 1905.)
12 Zillmann, D. (2000). Humor and comedy. In Zillmann and Vorderer (eds), *Media entertainment*, pp. 37–57.
13 See for review, King, C. (2003). Humor and mirth. In Bryant, J., Cantor, J., and Roskos-Ewoldsen, D. (eds), *Communication and emotion: Essays in honor of Dolf Zillmann*. Hillsdale NJ: Lawrence Erlbaum Associates.
14 Zillmann, D. and Bryant, J. (1980). Misattribution theory of tendentious humor. *Journal of Experimental Social Psychology*, 16: 146–60.
15 Adapted from http://en.wikipedia.org/wiki/Situation_comedy. Accessed Dec. 31, 2006.
16 Statistics found at http://dipaolo.wordpress.com/tag/interesting/. Accessed Dec. 31, 2006.
17 McArthur, T. (1992). *The Oxford companion to the English language*. Oxford: Oxford University Press.

18 Lucas, F.L. (1958). *Tragedy: Serious drama in relation to Aristotle's poetics*. New York: Macmillan, p. 175.

19 Ibid.

20 Deans, J. (2000). New media: Gagging to get on the net: TV comedy producers are investing in new entertainment ideas designed to make the City take them seriously. *Guardian*, May 22.

21 Ibid.

22 Ibid., para. 9.

23 Zillmann, D. (1991). Suspense and mystery. In Bryant, J. and Zillmann, D. (eds), *Responding to the screen: Reception and reaction processes*. Mahwah NJ: Lawrence Erlbaum Associates, pp. 281–304.

24 Goldsmith, W. (1975). Beloved monsters: A psychodynamic appraisal of horror. *Journal of Contemporary Psychotherapy*, 7: 17–22.

25 Zillmann, D., Weaver, J., Mundorf, N., and Aust, C. (1986). Effects of an opposite-gender companion's affect to horror on distress, delight, and attraction. *Journal of Personality and Social Psychology*, 51: 586–94.

26 See, for review, Tamborini, R. (1991). Responding to horror: Determinants of exposure and appeal. In Bryant, J. and Zillmann, D. (eds). *Responding to the screen: Reception and reaction processes*. Hillsdale NJ: Lawrence Erlbaum, pp. 305–27.

27 Johnston, D. (1995). Adolescents' motivations for viewing graphic horror. *Human Communication Research*, 21: 4 522–52.

28 Rosenbaum, R. (1979). Gooseflesh. *Harper's Magazine*, September, 86–92.

29 Lowry, B. (2001). Smile, you're in "assisted reality." *The Los Angeles Times*, May 2, F1.

30 Stephenson, W. (1988). *The play theory of mass communication*. New Brunswick NJ: Transaction Books, p. 45.

31 Ibid., p. 46.

32 Carter, B. (2001). TV this fall means taste has changed, analysts say. *The Sunday Patriot*, Harrisburg PA, July 22, E01.

33 Cited in ibid., E01.

34 Cited in ibid.

35 Cited in ibid.

36 Homes, S. (2004). But this time you choose! Approaching the "interactive" audience in reality TV. *International Journal of Cultural Studies*, 7: 2: 213–31.

37 Sardar, S. (2000). Consumed by voyeurism. *Australian Financial Review*, Nov. 10.

38 From Nancy Franklin's piece on television, Fright nights, *The New Yorker*, July 23, 2001, 84.

39 Rhonda Rundle for the Advertising column of the *Wall Street Journal*, Sept. 12, 2006.

40 Burton, R. and Howard, D. (2000). Recovery strategies for sports marketers: The marketing of sports involves unscripted moments delivered by unpredictable individuals and uncontrollable events. *Marketing Management*, 9: 1: 43.

41 Ganz, W., Wang, Z., Paul, B. and Potter, R. (2006). Sports versus all comers: Comparing TV sports fans with fans of other programming genres. *Journal of Broadcasting & Electronic Media*, March.

42 This title change was initially prompted by a lawsuit initiated by the World Wildlife Fund regarding rights to the WWF trademark.

43 Farhi, P. (2002). Lateral drop: Pro wrestling may be down, but don't count it out. *Record*, Bergen

County NJ, Aug. 8, F06 (via Washington Post News Service).

44 Lelan, J. (2000). Why America's hooked on wrestling. *Newsweek*, Feb. 7, 46.

45 Mazer, S. (1998). *Professional wrestling: Sport and spectacle*. Jackson MS: University Press of Mississippi. Chapter 5.

第五章

1 Kuhn, T. (1970). *The structure of scientific revolutions* (2nd ed.). Chicago: University of Chicago Press.

2 Lippmann, Walter (1922/1934). *Public opinion*. New York: Macmillan.

3 Lowery, S.A. and DeFleur, M.L. (1995). *Milestones in mass communication research*. White Plains NY: Longman.

4 Lazarsfeld, P.F. (1941). Remarks on administrative and critical communications research. *Studies in Philosophy and Social Science*, 9: 2–16.

5 Katz, E. and Lazarsfeld, P.F. (1955). *Personal influence: The part played by people in the flow of communications*. New York: Free Press.

6 The bobo doll studies are detailed in Bandura, A. (1977). *Social learning theory*. Englewood Cliffs NJ: Prentice-Hall.

7 Hovland, C.I., Lumsdaine, A.A., and Scheffield, F.D. (1949). *Experiments on mass communication*. Princeton NJ: Princeton University Press.

8 Cooper, J. and Worchel, S. (1970). Role of undesired consequences in arousing cognitive dissonance. *Journal of Personality and Social Psychology*, 16: 1–13.

9 Travis, C. and Aronson, E. (2007). *Mistakes were made (But not by me)*. New York: Harcourt, Inc.

10 Klapper, J.T. (1960). *The effects of mass communication*. New York: Free Press.

11 Iyengar, S. and Kinder, D.R. (1987). *News that matters: Television and American opinion*. Chicago: University of Chicago Press. Also, McCombs, M.E. and Shaw, D.L. (1972). The agenda-setting function of the mass media. *Public Opinion Quarterly*, 36: 176–87.

12 Cohen, B. (1963). *The press and foreign policy*. Princeton NJ: Princeton University Press.

13 Bandura, A. (2002). Social cognitive theory of mass communication. In Bryant, J. and Zillmann, D. (eds), *Media effects: Advances in theory and research* (2nd ed.). Hillsdale NJ: Lawrence Erlbaum Associates, pp. 121–54.

14 See Roskos-Ewoldsen, D.R., Roskos-Ewoldsen, B., and Carpentier, F.R. (2002). Media priming: A synthesis. In Bryant and Zillmann (eds), *Media effects*, pp. 97–120. Also, Jo, E. and Berkowitz, L. (1994). A priming effect analysis of media influences: An update. In Bryant and Zillmann (eds), *Media effects*, pp. 43–60.

15 See for review, King, Humor and mirth. Also, Zillmann, D. (2000). Humor and comedy. In Zillmann and Vorderer (eds), *Media entertainment*, pp. 59–72.

16 DeFleur, M.L. and Ball-Rokeach, S. (1975). Theories of mass communication (3rd ed.). New York: David McKay.

17 Rogers, Everett M. and Shoemaker, F. Floyd (1971). *Communication of innovations: A cross-cultural approach* (2nd ed.). New York: The Free Press.

18 Faules, D.F. and Alexander, D.C. (1978). *Communication and social behavior: A symbolic interaction perspective*. Reading MA: Addison-Wesley, p. 23.

19 Berger, P.L. and Luckmann, T. (1966). *The social construction of reality: A treatise in the sociology of knowledge*. Garden City NY: Doubleday.

20 Kong, L. and Goh, E. (1995) *Folktales and reality: The social construction of race in Chinese tales*. Singapore: National University of Singapore and Port of Singapore Authority.

21 Rohrich, L. (1991) *Folktales and reality*, translated by Peter Tokofsky. Bloomington and Indianapolis: Indiana University Press.

22 Gerbner, G., Gross, L., Morgan, M., and Signorielli, N. (1986). Living with television: The dynamics of the cultivation process. In Bryant, J. and Zillmann, D. (eds), *Perspectives on media effects*. Hillsdale NJ: Lawrence Erlbaum Associates, pp. 17–40.

23 Adapted from Baran, S. (2001). *Introduction to mass communication: Media literacy and culture*. Mountain View CA: Mayfield Publishing Company, pp. 334–5.

24 Calvo, D. and Abramowitz, R. (2001). Uncle Sam wants Hollywood, but Hollywood has qualms. *The Los Angeles Times*, Nov. 19. Available at http://pqasb.pqarchiver.com/latimes.

第六章

1 Wolf, M.J. (1999). *The entertainment economy: How mega-media forces are transforming our lives*. New York: Random House, Times Books, p. 4.

2 Ibid.

3 Global entertainment & media industry will grow to $1.8 trillion in 2010. Posted on Sept. 19, 2006, at www.metrics2.com. Retrieved on Aug. 24, 2008, from www.metrics2.com/blog/2006/09/19/global_entertainment_media_industry_will_grow_to_1.html.

4 Noam, E. (1995). Visions of the media age: Taming the information monster. Paper presented to the Third Annual Colloquium, Alfred Herrhausen Society of International Dialogue, Frankfurt, Germany.

5 Goldhaber, M.H. (1997). The attention economy and the net. *First Monday*, April 7, 2 : 4. Online journal accessed Dec. 9, 2002, at www.firstmonday.dk/issues/issue2_4/goldhaber/index.html.

6 Cited in Petrecca, Laura (2006). Product placement: You can't escape it. *USA Today*, Oct. 10. Retrieved on Aug. 31, 2008, at http://www.usatoday.com/money/advertising/2006-10-10-ad-nauseum-usat_x.htm.

7 Whitney, Daisy (2008). Problems emerge measuring web video ads. *TV News*, Aug. 31.

8 Liodice, B. (2008). Essentials for integrated marketing. *Advertising Age*, June, 79: 23: 26.

9 Excerpted from McAllister, Matthew (2008). Integrated marketing culture? Paper presented at the annual meeting of the Association for Education in Journalism and Mass Communication, Chicago IL.

10 Ibid., p. 3.

11 Petrecca, Product placement.

12 McChesney, R.W. (1999). The new global media: It's a small world of big conglomerates. *The Nation*, Nov. 29. Retrieved on March 24, 2002, from www.thenation.com/doc.mhtml?i=19991129&s=mcchesney.

13 Wolf, *The entertainment economy*.

14 Ahrens, Frank (2002). These giants hope to dump angels and more; media conglomerates say non-core assets must go. *The Washington Post*, Oct. 24, E01.

15 Ibid.

16 Mulkern, A.C. (2002). Feds may propel media mergers Views differ on impact of relaxing rules. *Denver Post*, Denver CO, Nov. 24, K01.

17 Bertelsmann receives @1.63 billion from sale of BMG Music Publishing. Press release posted on Dec. 5, 2006, at http://www.bertelsmann.com//bertelsmann_corp/wms41/bm/index.php?ci=29.

18 And then there were eight: 25 years of media mergers from GE-NBC to Google-YouTube (March/April 2007). MotherJones.Com. Retrieved on Aug. 24, 2008, at http://www.motherjones.com/news/feature/2007/03/and_then_there_were_eight.pdf.

19 Columbus, Louis (2005). Lessons learned in Las Vegas: Loyalty programs pay. *CRM Buyer*, July 29. Retrieved on Aug. 31, 2008, at http://www.crmbuyer.com/story/45033.html.

20 Delta Air Lines, Northwest Airlines combining to create America's premier global airline. News Release posted April 16, 2008, at http://news.delta.com/article_display.cfm?article_id=11034.

21 Statistics and sources cited from Gliniewicz, L. Big summer concerts mean big prices. Accessed Dec. 5, 2002, at www.bankrate.com/brm/news/advice/20000509b.asp.

22 *Rock & Roll Daily*, www.rollingstone.com/rockdaily/index.php/2008/05/14/high-ticket-prices-could-hurtconcert-business/.

23 Larrea, Maria L. (2007). Is Ticketmaster a monopoly? *The Cypress Chronicle*, Dec. 5. Retrieved on Aug. 28, 2008 at http://media.www.cychron.com/media/storage/paper910/news/2007/12/05/Entertainment/Is.Ticketmaster.A.Monopoly-3123361.shtml.

24 Milicia, Joe (2008). Ticketmaster's near monopoly challenged as technology changes. *USA Today*, Jan. 19. Retrieved on Aug. 31, 2008 at http://www.usatoday.com/sports/2008-01-18-48774553_x.htm.

25 Ibid., para. 12.

26 Ibid., para. 6.

27 Cited in ibid.

28 Quoted in ibid.

29 See ibid.

30 From Litman, B.R. (2000). Windows of exhibition. In Greco, A.N. (ed.), *The media and entertainment industries*. Boston: Allyn & Bacon.

31 Pollack, Peter (2006, March 30). Theater chain head discusses DVD release windows. Arstechnica.com. Retrieved on Aug. 29, 2008, at http://arstechnica.com/news.ars/post/20060330-6497.html.

32 Cited in ibid., para. 11.

33 www.hollywoodreporter.com/hr/content_display/news/e3i5dab627a6e5e9f674598128170626f30.

34 Excerpted from Leeds, Jeff (2007). Not many big bands—Madonna, Pussy Cat Dolls, Paramore. *New York Times*, Nov. 11. Retrieved on Aug. 29, 2008, at http://www.nytimes.com/2007/11/11/arts/music/11leed.html?pagewanted=1&_r=1.

35 Hirschman, Celia (2007). The new deal: Band as brand: 360's aka blind ambition. On the beat for KCRW, Nov. 14. KCRW.com. Retrieved on Aug. 29, 2008, at http://www.kcrw.com/etc/programs/ob/ob071114360s_aka_blind_ambit.

36 Cited in Leeds, Not many big bands, para. 8.

37 Ibid., para. 21.

38 Cited in ibid., para. 15.

39 Berry, M. (2000). Keynote address. Proceedings from Entertainment Day, event hosted by the California State University, Fullerton.

40 Nintendo GAMECUBE and Game Boy advance to reinvent video gameplay for 21st century. Canada

Newswire, Ottawa, May 16, 2001.

41 Statistics obtained from VGChartz.com. Retrieved on October 15, 2009 at http://www.vgchartz.com and http://www.vgchartz.com/chartsindex.php.

42 Despite competitors' gains, Sony to lead game consoles through 2010. Press release posted on March 20, 2006, at http://www.instat.com/press.asp?ID=1614&sku=IN0602145ME.

43 Snow, S. (1993) Pop/Rock: The morning report. *The Los Angeles Times*, Aug. 7, 2.

44 Quoted in Barron, K. (1999). Theme players. *Forbes*, March 2, 163: 6: 53.

45 Cited in Brownfield, P. (1999). It's not easy leaving "Home": series swan song saddens Tim Allen. Special from the *Los Angeles Times Record*, Bergen County NJ, May 16, y03.

46 Goldhaber, M.H. (1997). The attention economy and the net. *First Monday*, April 7, 2: 4. Online journal accessed Dec. 9, 2002, at www.firstmonday.dk/issues/issue2_4/goldhaber/index.

47 Johnson, Roy S. (1998). The Jordan effect. *Fortune*, June 22, 124–32.

48 Ibid.

49 Ibid.

50 DiCarlo, Lisa (2004). Six degrees of Tiger Woods. *Forbes.com*, March 18. Retrieved on Sept. 12, 2007, at http://www.forbes.com/2004/03/18/cx_ld_0318nike.html.

51 Goldsmith, Belinda (2008). Michael Phelps, the major advertising vehicle. *International Herald Tribune*, Aug. 18.

52 Adler, R.P. (1997). *The future of advertising: New approaches to the attention economy*. Washington DC: The Aspen Institute.

53 Statistics obtained from the Travel Industry Association of America via its web site at: www.tia.org/. Accessed Nov. 11, 2002.

54 Wolf, *The entertainment economy*.

55 Ednalino, P. (2001). Public finds an escape in books, film; Denverites flock to venues in days after terrorist attacks. *Denver Post, Rockies Edition*, Sept. 19, F.09.

56 Entertainment (Company Town; IN BRIEF): Video rentals soar for second week. *The Los Angeles Times*, Sept. 28, 2001, C5.

57 Rock 'n' Roll's holy war. *Time*, June 20, 1994, 48–9.

58 American Antitrust Institute Activities web site. Accessed Dec. 8, 2002, at http://www.antitrustinstitute.org/recent/21.cfm.

第七章

1 Morrissey, Brian (2008). Brands seek fans on facebook. *Adweek*, Oct. 12.

2 www.viralblog.com/community-marketing/ikea-fans-the-real-brand-fans/.

3 www.mediaweek.com/mw/content_display/news/digital-downloads/broadband/e3ie50bfe67ab19c20ec175bce7f8853710.

4 www.retailtechnologyreview.com/absolutenm/templates/retail_general_news.aspx?articleid=641&zoneid=3.

5 From http://www.fbcmedia.com/en/be_whatis.asp.

6 From http://www.pqmedia.com/branded-entertainment-marketing-2008.

7 From http://dsinsights.blogspot.com/2008/03/branded-entertainment-future-of.

8 Stern, B. (2000). From art to science: Literary theory in the laboratory. Paper presented to the annual conference of the Association for Consumer Research, Salt Lake City.

9 www.dkolb.org/sprawlingplaces.

10 From Gottdiener, M. (1997). *Themed environments*. Boulder CO: Westview Press, p. 3.

11 From Pine, B.J. and Gilmore, J.H. (1999). *The experience economy*. Boston MA: Harvard Business School Press.

12 Philip Kotler, author and marketing professor, is credited with the idea of combining education with entertainment.

13 Firat, A.F. and Venkatesh, A. (1993). Postmodernity: The age of marketing. *International Journal of Research in Marketing*, 10: 3: 227–49.

14 Csaba, F.F. and Askegaard, S. (1999). Malls and the orchestration of the shopping experience in a historical perspective. In Arnould, A. and Scott, L. (eds). *Advances in Consumer Research*, 26: 34–40.

15 See Brown, S. (1995). *Postmodern marketing*. London: Routledge.

16 Reese, W. (2000). Shoppertainment: The Ontario Mills Mall. Unpublished paper, California State University, Fullerton.

17 Hetzel, P.L. (2000). Authenticity in public settings: A socio-semiotic analysis of two Parisian department stores. Paper presented to the annual meeting of the Association for Consumer Research, Salt Lake City.

18 From Sherry, J.F. Jr. (ed.) (1998), *ServiceScapes: The concept of place in contemporary markets*. Chicago: NTC Business Books.

19 From an article on Business Travel by Joe Sharkey, *New York Times*, May 30, 2001.

20 From Beardsworth, A. and Bryman, A. (1999). Late modernity and the dynamics of quasification: The case of the themed restaurant. *Sociological Review*, 47: 2: 228–57.

21 Ibid. p. 243.

22 Name applied to retailers in Sherry, J. (2000). The soul of the companystore: Nike Town Chicago and the emplaced brandscape. In Sherry (ed.), *ServiceScapes*.

23 O'Guinn, T. and Belk, R. (1989). Heaven on earth: Consumption at Heritage Village. *Journal of Consumer Research*, 16: 1: 147–57.

24 Sherry, J. (1985). Cereal monogamy: Brand loyalty as secular ritual in consumer culture. Paper presented to the 17th annual conference of the Association for Consumer Research, Toronto, Ontario, Canada.

25 See Csaba, F.F. and Askegaard, S. (1999). Malls and the orchestration of the shopping experience in a historical perspective. In Arnould, A., and Scott, L. (eds). *Advances in Consumer Research*, 26, 34–40.

26 From Kling, R., Olin, S., and Poster, M. (eds) (1991). *Postsuburban California*. Berkeley: University of California Press, p. ix.

27 From Loja, E.W. (2007). Inside exopolis: Scenes from Orange County. In Sorkin, Michael (ed.), *Variations on a Theme Park*. New York: Macmillan.

28 From Huxtable, A.L. (1997). Living with the fake, and liking it. *New York Times*, March 30, Arts & Leisure, 1.

29 Ibid.

30 From Belk, R. (1998). Las Vegas as farce, consumption as play. *Advances in Consumer Research*, 25: 8.

31 See Weinstein, R. (1992). Disneyland, Coney Island and cultural innovation. *Journal of Popular*

Culture, Summer.

32 From The Imagineers (1996). *Imagineering. A behind the dreams look at making the magic real*. New York: Hyperion.

33 Carson, T. (1992). To Disneyland. *Los Angeles Weekly*, March 27, 27, 16–28.

34 From Goodheart, Adam (2001). Theme park on a hill. *New York Times Magazine*, Feb. 25, 13–14.

第八章

1 Milton, John (1882). *Aeropagitica*, text transcribed in 1997 by Judy Boss for Renascence Editions: An Online Repository of Works Printed in English Between the Years 1477 and 1799 by Judy Boss, accessed Aug. 3, 2009, at https://scholarsbank.uoregon.edu/xmlui/bitstream/handle/1794/739/areopagitica.pdf?sequence=1.

2 Altschull, H. (1995). Agents of power (2nd ed). New York: Longman.

3 Lipschultz. J. (2000). *Free expression in the age of the Internet: Social and legal boundaries*. Boulder CO: Westview Press.

4 Quoted in Gardner, Eriq (2008). What's the deal with Jerry Seinfeld? Is he funny or is he Slanderous. Posted on The Hollywood Reporter Media and Law blog, June 23. Retrieved on Sept. 21, 2008, at http://reporter.blogs.com/thresq/defamation/index.html, para. 2.

5 Ibid., para. 1.

6 Annenberg Study, Call-in political talk radio background, content, audiences, portrayal in mainstream media. August, 1996, University of Pennsylvania.

7 Quoted in Puzzanghera, Jim (2007). Broadcasting—Democrats speak out for Fairness Doctrine—The influence wielded by conservative talk show hosts draws calls to reinstate the policy. *The Los Angeles Times*, July 23, C-1.

8 Ibid.

9 *47% favor government mandated political balance on radio, TV* (2008, August 14). Rasmussen Reports Survey. Retrieved on Sept. 21, 2008, at http://www.rasmussenreports.com/public_content/politics/general_politics/47_favor_government_mandated_political_balance_on_radio_tv.

10 Straubhaar, Joseph and LaRose, Robert (2006). *Media now: Understanding media, culture and technology*. Belmont, CA: Thompson, p. 446.

11 Jolie-Pitt baby pics fetch $14 million. MSNBC.com, Aug. 1, 2008. Retrieved Sept. 23, 2008, at http://www.msnbc.msn.com/id/25967334/.

12 See Dummy and dame arouse the nation. *Broadcasting-Telecasting*, Oct. 15, 1956, p. 258.

13 Straubhaar and LaRose, *Media now*.

14 Reprinted with permission from the Combined Law Enforcement Associations of Texas. Accessed Dec. 5, 2002; full text available at www.cleat.org/remember/TimeWarner/.

15 *Entertainment Industry Marketing Statistics (2007)*. Report issued by the Motion Picture Association of America. Available online at: http://www.mpaa.org/USEntertainmentIndustryMarketStats.pdf.

16 Straubhaar and LaRose, *Media now*.

17 Gilmor, D. (2000). Digital Copyright Act comes back to haunt consumers. *San Jose Mercury News*, Aug. 18, 6C.

18 Campbell, R., Martin, C.R., and Fabos, B. (2006). *Media & culture 5: An introduction to mass*

communication. New York: Bedford/St. Martin's.

19 Cited in Campbell, Martin, and Fabos, *Media & culture* 5, p. 550.

20 Cited in Anderson, M.K. (2000). When copyright goes wrong. *Extra*, May/June, 25.

21 Webb, Sidney and Webb, Beatrice (1920). *History of Trade Unionism*. London: Longman and Co.

22 Podnieks, Andrew (2005). *Lost Season*. Bolton, Ontario: Fenn Publishing Company Ltd.

23 Carlin, John (1997). Midnight intervention by Clinton halts pilots' strike. *The Independent*, Feb. 16. Retrieved on Sept. 25, 2008, at http://findarticles.com/p/articles/mi_qn4158/is_/ai_n14093997.

24 Picket line, not catwalk, at "Top Model." *USA Today*, Aug. 10, 2006. Retrieved on Jan. 1, 2008, at http://www.usatoday.com/life/television/news/2006-08-10-reality-tv-strike_x.htm.

25 *WGA Contract 2007 Proposals*, Writers Guild of America. Retrieved on Sept. 25, 2008, at http://www.wga.org/contract_07/proposalsfull2.pdf.

26 Leopold, Tony (2007). Changing media landscape takes center stage in strike, CNN.com, Nov. 8. Retrieved on Sept. 25, 2008, at http://edition.cnn.com/2007/SHOWBIZ/TV/11/08/strike.impact/index.html.

27 Cieply, Michael (2008). Writers vote to end strike. *New York Times*, Feb. 12. Retrieved on Sept. 25, 2008, at http://www.nytimes.com/2008/02/12/business/media/12cnd-strike.html?_r=1&oref=slogin.

28 White, Michael and Fixmer, Andy (2008). Hollywood writers return to work after ending strike. Bloomberg.com, Feb. 13. Retrieved on Sept. 25, 2008, at http://www.bloomberg.com/apps/news?pid=20601103&sid=aKdwR9oC54WM.

29 WGA strike shuts down most scripted shows (2007). United Press International.com, Dec. 14. Retrieved on Sept. 25, 2008, at http://www.upi.com/NewsTrack/Entertainment/2007/12/14/wga_strike_shuts_down_most_scripted_shows/8516.

30 Finke, Nikki (2007). Attempt fails to restart WGA-AMPTP talks; outlook very grim. *Deadline Hollywood Daily, LA Weekly*, Dec. 24. Retrieved on Sept. 25, 2008, at http://www.deadlinehollywooddaily.com/exclusive-attempt-fails-to-restart-wga-amptp-talks-outlook-very-grim/, para. 1.

31 Proposed net royalties to exceed $2.3 billion by 2008. Posted on clubnetradio.com, March 10, 2007. Accessed May 11, 2007, at http://www.clubnetradio.com/news/Proposed_Net_Radio_Royalties_to_Exceed_2_3_Billion_by_2008/general/271.html.

32 As summarized by Nash, Douglas Roger (1999). Indian gaming. Findlaw.com, Jan. Retrieved on Sept. 25, 2008, at http://library.findlaw.com/1999/Jan/1/241489.html.

33 Ibid.

34 Koller, Jethro (1999). *A practical guide to the Constitution*. Berkeley/Los Angeles: University of California Press.

35 Excerpted with permission from: Johanson, Mary Ann (1999) Anti-MPAA: Female sex and male violence: The divide in movie ratings. Posted Nov. on http://www.flickfilosopher.com/flickfilos/articles/mpaa.shtml. Accessed on Aug. 3, 2009.

第九章

1 Scenarios 1–3 adapted from Straubhaar and LaRose, *Media now*, p. 446.

2 Christians, C., Rotzoll, K., and Fackler, M. (1983). *Media ethics*. New York: Longman, p. 16.

3 Cited in Sherer, M. (1986). Bibliography of grief. *News Photographer*, Aug., 26.

4 Rawls, John (1971). *A theory of justice*. Cambridge MA: Harvard University Press.

5 Cited in Guth, David and Marsh, Charles (2009). *Public relations: A values-driven approach.* Boston MA: Allyn and Bacon, p. 184.

6 Kant, Immanuel (1910). *Fundamental principles of the metaphysics of morals.* Harvard Classics, vol. 32. New York: P.F. Collier and Son, p. 352.

7 Confucius, *The doctrine of the mean*, translated at Classics.Mit.edu, para. 18. Retrieved on Sept. 18, 2008, at http://classics.mit.edu/Confucius/doctmean.html.

8 Lester, Paul M. (1999). *Photojournalism: An ethical approach.* Digital version of *Photojournalism: An ethical approach* (1991). Hillsdale NJ: Lawrence Erlbaum Associates. Retrieved on Sept. 19, 2008, at http://commfaculty.fullerton.edu/lester/writings/chapter3.html.

9 Christians, Rotzoll, and Fackler, *Media ethics.* pp. 9–10.

10 Elliott, Deni (in press). Getting Mill right. *Journal of Mass Media Ethics*, 22: 2&3: para. 1.

11 Mill, J.S. (1859). *On liberty and other essays.* New York: Oxford University Press, p. 23.

12 Lester, Photojournalism.

13 Edwards, R. (1979). *A theory of qualitative hedonism.* Ithaca NY: Cornell University Press, p. 24.

14 Cited in Gross, Michael Joseph (2009, July 2). Michael Jackson's last close-up, para. 15. Accessed on August 1, 2009, at http://www.vanityfair.com/culture/features/2009/07/michael-jackson-photo200907?currentPage=1.

15 Heffernan, Virgina and Zeller, Tom Jr. (2006). The lonely girl that really wasn't. *New York Times*, Sept. 13. http://www.nytimes.com/2006/09/13/technology/13lonely.html?_r=1&ref=business&oref=slogin. Retrieved on Aug. 22, 2008.

16 Rich, Motoko (2008). Gang memoir, Turning Page, is pure fiction. *New York Times*, March 4. http://www.nytimes.com/2008/03/04/books/04fake.html?_r=1&pagewanted=1&oref=slogin. Retrieved on Aug. 22, 2008.

17 Van Gelder, Lawrence (2008). Holocaust memoir turns out to be fiction. *New York Times*, March 3. http://www.nytimes.com/2008/03/03/books/03arts-HOLOCAUSTMEM_BRF.html?ref=arts. Retrieved on Aug. 22, 2008.

18 Gang memoir the latest among literary fakes. http://www.findingdulcinea.com/news/entertainment/March-April-08/Gang-Memoir-the-Latest-Among-Literary-Fakes.html. Retrieved on Aug. 22, 2008.

19 Wortham, Jenna (2008). Company fesses up to corn popping cellphone clips. http://blog.wired.com/underwire/ 2008/06/bluetooth-compa.html. Retrieved on Aug. 22, 2008.

20 McQuail, *Mass communication theory.*

21 Society of Professional Journalists' Code of Ethics. Posted at www.spj.org, para. 3. Retrieved on Sept. 14, 2008, at http://www.spj.org/ethicscode.asp.

22 American Advertising Federation, Advertising Ethics and Principles, posted at AAf.org, para. 1. Retrieved on Sept. 14, 2008, at http://www.aaf.org/default.asp?id=37.

23 Free Speech Coalition, Ethics and Best Practices. Posted at www.freespeechcoalition.com. Retrieved on Sept. 14, 2008, at http://www.freespeechcoalition.com/FSCview.asp?coid=595&keywords=ethics+code.

24 Quoted in Waterfield, Bruno (2008). Wolf-woman invents Holocaust survival tale ("Surviving with Wolves" author admits fabrication), para. 4. *Daily Telegraph* (U.K), Feb. 29. http://www.freerepublic.com/ focus/fnews/1978327/posts. Retrieved on Aug. 22, 2008.

25 Quoted in Heffernan and Zeller, The lonely girl that really wasn't, para. 8.

26 Quoted in Rich, Gang memoir, Turning Page, is pure fiction, para. 5.

27 Quoted in Smith, Sam (June 3, 2007), para 3. http://blackdogstrategic.com/2007/06/03/reality-tv-hoaxraises-interesting-marketing-question/. Retrieved on June 8, 2008.

28 Quoted in Heffernan and Zeller, The lonely girl that really wasn't, paras 8–9.

29 Quoted in McNern, Ethan (2007). Dutch organ donor numbers soar after "Win a kidney" show hoax. News.scotman.com, July 17, para 3. http://news.scotsman.com/latestnews/Dutch-organ-donor-numbers-soar.3304820.jp. Retrieved on Aug. 22, 2008.

30 Smith, paras 3–4.

31 Brown, Charles (2006). Blair Witch marketing. http://ezinearticles.com/?Blair-Witch-Marketing&id=333148. Retrieved on June 30, 2008.

32 Ibid., para. 3.

33 Product placement with a twist. Bnet.com Aug., 2002, para. 4. http://findarticles.com/p/articles/mi_pwwi/is_200208/ai_mark03045742. Retrieved on Aug. 22, 2008.

34 Study cited in Product placement with a twist.

35 Pozner, Jennifer (2004). Triumph of the shill: Part II. *Bitch Magazine*, 24, Spring: 56.

36 Ibid., p. 59.

37 Patterson, Thomas (2001). Doing well and doing good: How soft news and critical journalism are shrinking the news audience and weakening democracy—And what news outlets can do about it. The Joan Shorenstein Center for Press, Politics, & Public Policy at Harvard University.

38 Clifford, Stephanie (2008). A product's place is on the set. *New York Times*, July 22. http://www.nytimes.com/2008/07/22/business/media/22adco.html?_r=2&scp=1&sq=a%20product's%20place%20is%20on%20the%20set&st=cse&oref=slogin&oref=slogin. Retrieved on Aug. 14, 2008.

39 Ibid., para. 7.

40 Poniewozik, James (2006). How reality TV fakes it. Time.Com, Jan. 29. Retrieved on Sept. 16, 2008, at http://www.time.com/time/magazine/article/0,9171,1154194-1,00.html.

41 Cited in ibid.

42 Cited in ibid.

43 Cited in ibid.

44 Hill, Annette (2005). *Reality TV: Audiences and popular factual television*. New York: Routledge, p. 178.

45 Levak, Richard (2003). The dangerous reality of reality television. *Television Week*, Sept. 23, 14.

46 Crew, Richard (2007). The ethics of reality television producers. *Media Ethics*, 18: 2: 10, 19.

47 Cline, Austin (n.d.). Should we really watch? Posted on About.com. Retrieved on Sept. 16, 2008, at http://atheism.about.com/library/FAQs/phil/blphil_eth_realitytv.htm, para. 22.

48 Straubhaar and LaRose, *Media now*, p. 446.

49 Wiltz, Teresa (2004). The evil sista of reality television: Shows trot out old stereotypes. *Washington Post*, Feb. 25. Retrieved on July 31, 2009, at http://www.msnbc.msn.com/id/4365789.

50 Ibid.

51 Ibid.

52 Ibid.

53 Cline, Should we really watch?

54 Wiltz, The evil sista of reality television.

55 Ibid.

56 Cline, Should we really watch?

57 Straubhaar and LaRose, *Media now*, p. 446.

58 As outlined on Tourism Concern's website. Retrieved on Sept. 20, 2008, at http://www.tourismconcern.org.uk/index.php?page=the-issues.

59 Global Code of Ethics for Tourism (1999). Posted by the World Tourism Organization, para. 4. Retrieved on Sept. 20, 2008, at http://www.gdrc.org/uem/eco-tour/principles.html.

60 World Anti-Doping Agency 2003. www.wada-ama.org return.

61 Mehlman, Maxwell J. (2005). Performance enhancing drugs in sports. TheDoctorWillSeeYouKnow.com, April. Retrieved on Sept. 20, 2008, at http://www.thedoctorwillseeyounow.com/articles/bioethics/perfdrugs_10/#ref2.

62 Shermer, Michael (2008). The doping dilemma. Game theory helps to explain the pervasive abuse of drugs in cycling, baseball and other sports. *Scientific American*, March. Retrieved on Sept. 20, 2008, at http://www.sciam.com/article.cfm?id=the-doping-dilemma&page=2.

63 Mehlman, Performance enhancing drugs in sports.

64 Quinn, Ryan (date unknown). Why the silence? Athletes need to speak out about sports doping. Outsports.com. Retrieved on Sept. 20, 2008, at http://www.outsports.com/columns/2005/0209quinndoping.htm., para. 5.

65 Elliott, V.S. (2001). Anti-doping effort looks at sports doctors. Amednews.com, Aug. 20. http://www.amaassn.org/amanews/2001/08/20/hlsc0820.htm. return.

第十章

1 www.slate.com/id/2171430/.

2 Kilde, Jeanne H. (2002). *When church became theater*. Oxford: Oxford University Press.

3 Reported by Leo Shanahan for www.smh.com.au/.../2008/02/07/1202234012004.html.

4 CBA Retailers+Resources Industry Brief, June 2, 2008.

5 Matt Davis for BBC News on news.bbc.co.uk/2/hi/americas/4534835.stm.

6 Posted by Scott Eaton on worshipandthearts.blogspot.com/2008/01/religious-video-games.html.

7 http://www.media-anthropology.net.

8 www.parentstv.org/PTC/publications/reports/religionstudy06/exsummary.asp.

9 Hernandez, E.H. (2000). Lights, camera, spiritual enlightenment? A phenomenology of the TBN viewing experience. Master's thesis completed at California State University, Fullerton.

10 www.hollywoodreporter.com/hr/content_display/film/news/e3iddf6bb69274592b7f613724b4d867fac?pn=1.

11 Berger, A. (1982). *Media analysis techniques*. Beverly Hills CA: Sage, p. 129.

12 Ibid.

13 www.economist.com/business/displaystory.cfm?story_id=10880936.

14 MacMillan for BusinessWeek.com New York posted on businessweek.com/innovate/content/nov2007/id20071114_257766.htm.

15 www.broadcastnewsroom.com/articles/viewarticle.jsp?id=416233.

16 Cashmere, Paul (2006). Universal is the biggest music company of 2005. Undercover (Australia),

Jan. 5. Accessed on May 27, 2006, at http://www.undercover.com.au/news/2006/jan06/20060105_universal.html.

17 IFPI Report (2005, Aug.). Accessed on May 27, 2006, at: http://www.ifpi.org/site-content/publications/rin_order.html.

18 Monaco, J. (2000). *How to read a film: Movies, media, multimedia*. New York: Oxford University Press, p. 264.

19 Menand, L. (1997). The iron law of stardom. *The New Yorker*, March 24, 36–40.

20 Dyer, R. (1998). Stars. London: British Film Institute, p. 18.

21 Tolston, A. (1996). *Mediations: Text and discourse in media studies*. London: Arnold, ch. 5.

22 West, W. (1999). The blurred lines of heroism, villainy. *Insight on the News*, April 19, 15: 14, 48 (1).

23 Goodman, M. (1993). Where have you gone, Joe DiMaggio? *Utne Reader*, May–June, 57: 103 (2).

24 As reported in (1995) How to be great! What does it take to be a hero? Start with six basic character traits. *Psychology Today*, Nov.–Dec., 28: 6: 46 (6).

25 Cited in ibid.

26 Study referenced in ibid.

27 Ibid.

28 Ibid.

29 Fainaru-Wada, Mark and Williams, Lance (2006). *Game of shadows: Barry Bonds, BALCO, and the steroids scandal that rocked professional sports*. New York: Gotham Books.

30 Quoted in an interview with Mark Fainaru-Wada author of *Game of shadows*, posted on the UNESCO website. Accessed on June 11, 2007, at http://portal.unesco.org/en/ev.php-URL_ID=33429&URL_DO=DO_TOPIC&URL_SECTION=201.html.

31 Amos, B., Cameron, T., Mesko, J., Smith, K., and Tuinstra, K. (2001). Techno kids: An injured breed. *Grand Rapids Press*, Grand Rapids MI, June 4, B3.

第十一章

1 www.abc.net.au/science/news/stories/s1692920/.

2 www.media-awareness.ca/english/stereotyping/.

3 Fujioka, Y. (2005). Black media images as a perceived threat to African American ethnic identity. *Journal of Broadcasting & Electronic Media*, Dec.

4 Davis, J. and Gandy, O. (1999). Racial identity and media orientation. *Journal of Black Studies*, 29: 367–97.

5 Selznick, Barbara (2007). Religion and race in global non-fiction programming. *Global Media Journal*, Fall, 6: 11.

6 Branton, R. and Dunaway, J. (2008). English and Spanish language media coverage of immigration: A comparison. Paper presented to the Southern Political Science Association. www.allacademic.com/meta/p208258_index.html.

7 Majjar, Orayb (2007). Our north is the south *Global Media Journal*, 6: 10.

8 Havens, Timothy (2007). Universal childhood, *Global Media Journal*, 6: 10.

9 Let's go Euro (2000). *Young Consumers*, 2: 1.

10 Wolf, M.J. (1999). *The entertainment economy: How mega-media forces are transforming our lives*.

New York: Random House, Times Books.

11 A history of country music. Accessed Dec. 9, 2002, at www.cduniverse.com/asp/university/cy/cy_origin.asp.

12 www.cmaworld.com/international/. Retrieved on July 29, 2008.

13 Blow, K. (1976). *History of rap: Vol. 1: The genesis* posted at http://rap.about.com/gi/dynamic/offsite.htm?site=http%3A%2F%2Frhino.com%2FFeatures%2Fliners%2F72851lin.html.

14 Cited on Davey D's Hip Hop Corner, What is Hip Hop Directory web site. Accessed Dec. 8, 2002, at www.daveyd.com/whatiship.html.

15 Erlewine, S.T. *All music guide*. Accessed Dec. 10, 2002, at www.24-7rap.com/drdre/.

16 Stroman, C. (1986). Television viewing and self concept among Black children. *Journal of Broadcast and Electronic Media*, 30: 1: 87–93.

17 Tajfel, H. (ed.) (1982). *Social identity and intergroup relations*. Cambridge: Cambridge University Press.

18 Fischoff, S., Franco, A., Gram, E., Hernandez, A., and Parker, J. (1999). Offensive ethnic clichés. Presented to the annual meeting of the American Psychological Association, Boston.

19 Luchina Fisher for ABC News; abcnews.go.com/entertainment/story?id=4991235&page=4, June 4, 2008.

20 From Tad Friends (2001). Comics from underground. *The New Yorker*, July 30, 26–9.

21 Mulkern, A.C. (2002). Feds may propel media mergers. Views differ on impact of relaxing rules. *Denver Post*, Denver, CO, Nov. 24, K01.

22 Bertelsmann receives @1.63 billion from sale of BMG Music Publishing. Press release posted on Dec. 5, 2006, at http://www.bertelsmann.com/bertelsmann_corp/wms41/bm/index.php?ci=29.

23 Patel, S.S. (2007). Writing on the wall. *Archaeology*, 60: 4.

24 Samantha Skinazi for culturenow.com, film reviewed June 16, 2008.

25 Ibid.

26 Winseck, Dwayne (2007). Media ownership and markets. *Sociology Compass*, 2: 1: 34–47.

27 Adams, K.A. and Hill, L. Jr. (1991). Protest and rebellion: Fantasy themes in Japanese comics. *Journal of Popular Culture*, 25: 1: 99–127.

28 www.thingsasian.com/stories-photos/26879/.

29 Bhattacharya, Roshmila (2007). Hanuman returns as a global superhero, *Hindustan Times*, Mumbai, Dec. From an online journal at www.virtual-china.org/2008/07/26/friendfeed-superheroes-globaliconography.

30 Hindustantimes.com/storypage/.

31 dearcinema.com/iron-man-and-the-league-of-extraordinary-superheroes/.

32 Jeffery, Lyn (2008). FriendFeed superheroes: Global iconography July 26.

33 www.german-way.com/american.html.

34 Jeffery, FriendFeed superheroes.

35 Christina Passariello's Advertising column in the *Wall Street Journal*, June 20, 2006, B1.

36 Barnard, A. (2008). Raucous Russian tabloids thrive despite narrowing of press freedom. *New York Times*, July 27, 6.

37 www.punching.com/Articl.aspx?theartic=Art2008807272514842.

38 www.nytimes.com/2008/07/28/business/media/28snoop.html.

39 www.globalhiphop.org/2008/01/20/Palestinian-hip-hop-rapped-at-sundance/.

40 Diane Garrett for *Variety Magazine*. www.varietyu.com/article/VR1117968073.htm.

41 Hofstede, Geert (1990). *Cultural consequences: International differences in work-related values.* Beverly Hills CA: Sage.

第十二章

1 See for review Crabb, P.B. and Goldstein, J.H. (1996). The social psychology of watching sports: From ilium to living room. In Bryant, J. and Zillmann, D. (eds), *Responding to the screen: Reception and reaction processes.* Hillsdale NJ: Lawrence Erlbaum Associates, pp. 355–71.

2 Outrageous behavior: Sportsmanship becomes a casualty of escalating violence on and off field. *The Grand Rapids Press*, Grand Rapids MI, Jan. 15, 2002, A8.

3 Crabb and Goldstein, The social psychology of watching sports.

4 Aust, Philip (2007). What is your child watching? A content analysis of violence in Disney animated films: scene. Paper presented at the annual meeting of the International Communication Association, San Francisco CA. Retrieved on Sept. 30, 2008, at http://www.allacademic.com/meta/ p171268_index.html.

5 Ansen, D. (1995). The return of a bloody great classic; *The wild bunch* still pushes our buttons about violence. *Newsweek*, March 13, 70–1.

6 From sbbfc.co.uk.

7 From Tartar, M. (1992). *Off with their heads! Fairy tales and the culture of childhood.* Princeton NJ: Princeton University Press.

8 Watson, M.W. and Peng, Y. (1992). The relation between toy gun play and children's aggressive behavior. *Early Education and Development*, 3: 370–89.

9 Lagerspetz, K.M., Wahlroos, C., and Wendeline, C. (1978). Facial expressions of preschool children while watching televised violence. *Scandinavian Journal of Psychology*, 19: 213–22.

10 Zillman, D. (1991). Television viewing and psychological arousal. In Bryant and Zillman (eds), *Responding to the screen.*

11 From Zillman, D. and Vorder, P. (eds) (2000). *Media entertainment: The psychology of its appeal.* Mahwah NJ: Lawrence Erlbaum.

12 See Zuckerman, M. (1996). Sensation seeking and the taste for vicarious horror. In Weaver, J.B. III and Tamborini, R. (eds), *Horror films: Current research on audience preferences and reactions.* Mahwah NJ: Lawrence Erlbaum, pp. 147–60.

13 See Goldstein, J.H. (ed.) (1998). *Why we watch: The attractions of violent entertainment.* New York: Oxford University Press, p. 232, Table 10.1.

14 Baron, Stanley (2004). *Introduction to mass communication: Media literacy and culture.* New York: McGraw Hill.

15 Ninety Second Congress. (1972). Hearings before the Subcommittee on Communications on the Surgeon General's Report by the Scientific Advisory Committee on Television and Social Behavior. Washington DC: U.S. Government Printing Office.

16 Paik, H. and Comstock, G. (1994). The effects of television violence on social behavior: A meta-analysis. *Communication Research*, 21: 516–45.

17 Gerbner, G., Gross, L., Morgan, M., and Signorelli, N. (1994). Growing up with television. The cultivation perspective. In Bryant, J. and Zilmann, D. (eds). *Media effects: Advances in theory and*

research. Hillsdale NJ: Lawrence Erlbaum.

18 Morgan, M. and Shanahan, J. (1997). Two decades of cultivation research. In Burelson, P.R. (ed.), *Communication Yearbook 20*. Thousand Oaks CA: Sage, pp. 1–47.

19 Hirsch, P. (1980). The "scary world" of the nonviewer and other anomalies: A reanalysis of Gerbner et al.'s findings on cultivation analysis. *Communication Research*, 7: 403–56.

20 Huesmann, L.R., Moise-Titus, J., Podolski, C., and Eron, L.D. (2003). Longitudinal relations between children's exposure to TV violence and their aggressive and violent behavior in young adulthood: 1977–1992. *Developmental Psychology*, 39: 201–21.

21 Johnson, J.G., Cohen, P., Smailes, E.M., Kasen, S., and Brook, J.S. (2002). Television viewing and aggressive behavior during adolescence and adulthood. *Science*, Mar. 29: 2468–71.

22 See for review Straubhaar, Joseph, and LaRose, Robert. (2006). *Media now: Understanding media, culture and technology*. Belmont CA: Thompson.

23 Signorelli, N. (2003). *Mass media images and impact on health. A sourcebook*. Westport CT: Greenwood.

24 Wilson, B., Smith, S., Potter, W., Kunkel, D. et al. (2002). Violence in children's television programming: Assessing the risks. *Journal of Communication*, 52: 1: 5–35.

25 Anderson, C.A., Berkowitz, L., Donnerstein, E., Huesmann, L.R., Johnson, J., Linz, D., Malamuth, N., and Wartella, E. (2003). The influence of media violence on youth. *Psychological Science in the Public Interest*, 4: 81–110.

26 Liebert, R. and Sprafkin, J. (1988). *The early window*. New York: Pergamon Press.

27 Baron, M., Broughton, D., Butross, S., Corrigan, S. et al. (2001). Media violence. *Pedriatrics*, 108: 5: 1222–6.

28 Anderson, J. and Meyer, T. (1988). *Mediated communication*. Newbury Park CA: Sage. Milavsky, J. Kessler, R., Stipp, H., and Rubens, W. (1982). Television and aggression: Results of a panel study. In Perarl, D., Bouthliet, I., and Lazar, J. (eds). *Television and behavior: Ten years of scientific progress and implications for the eighties*, vol. 2. Washington DC: National Institute for Mental Health.

29 Paik and Comstock, The effects of television violence on social behavior: A meta-analysis.

30 Wood, Wendy, Wong, Frank F., and Chachere, Gregory J. (1991). Effects of media violence on viewers' aggression in unconstrained social interaction. *Psychological Bulletin*, 109: 371–83.

31 Feshbeck, S. and Singer, R. (1971). *Television and aggression*. San Francisco: Jossey-Bass.

32 U.S. Department of Health and Human Services (2001). *Youth violence: A report of the Surgeon General*. Rockville MD.

33 Gonzalez, Lauren. When two tribes go to war: A history of video game controversy. *Gamespot*. Retrieved on Sept. 30, 2008, at http://www.gamespot.com/features/6090892/index.html.

34 Critics zap video games: senators urge government action to curb video-game violence. Bnet.com, Jan. 3, 1994. Retrieved on Sept. 30, 2008, at http://findarticles.com/p/articles/mi_m0EPF/is_n14_v93/ai_16809718.

35 Anderson, C.A. and Dill, K. (2000). Video games and aggressive thoughts, feelings, and behavior in the laboratory and in life. *Journal of Personality and Social Psychology*, 78: 4.

36 Ibid.

37 No easy explanation for Columbine killings. CNN.com, April 28, 1999. Retrieved on Sept. 30, 2008, at http://www.cnn.com/US/9904/28/dark.culture/.

38 Study cited in Ardent, S. (2007) Study: Kids unaffected by violent games. Wired.com. Retrieved on Sept. 30, 2008, at http://blog.wired.com/games/2007/04/study_kids_unaf.html.

39 Bensely, L. and Van Eenwyk, J. (2001). Video games and real life aggression. *Journal of Adolescent Health*, 29: 112–43.

40 See for review Williams, Ian (2007). US teen violence study exonerates video games. IT Week.com, March 6. Retrieved on Sept. 30, at http://www.computing.co.uk/vnunet/news/2184836/link-video-gamesviolent-teens.

41 Cited in Wright, B. (2004). Sounding the alarm on video game ratings. CNN.com, Feb. 18, para. 12. Retrieved on Sept. 29, 2008, at http://archives.cnn.com/2002/TECH/fun.games/12/19/games.ratings/.

42 Straubhaar and LaRose. *Media now*.

43 Thompson, Kimberly M. and Yokota, Fumie (2004). Violence, sex and profanity in films: Correlation of movie ratings with content. *Medscape General Medicine*, 6: 3: 3.

44 Reported in De Moraes, Lisa (2005). Television more oversexed than ever, study finds. *The Washington Post*, Nov. 10, C01.

45 Gunasekera, H., Chapman S., and Campbell, S. (2005). Sex and drugs in popular movies: An analysis of the top 200 films. *Journal of the Royal Society of Medicine*, 98: 10: 464–70; doi:10.1258/jrsm.98.10.464.

46 Pechmann, C. and Shih, C. (1999). Smoking scenes in movies and antismoking advertising before movies: Effects on youth. *Journal of Marketing*, 63: 3: 1–13.

47 Referenced in Luscombe, B. (2008). The truth about teen girls. Time.com, Sept. 11. Retrieved on Sept. 29, 2008, at http://www.time.com/time/magazine/article/0,9171,1840556,00.html.

48 Collins, Rebecca L., Elliott, Marc N., Berry, Sandra H., Kanouse, David E., Kunkel, Dale, Hunter, Sarah B., and Miu, Angela (2004). Watching sex on television predicts adolescent initiation of sexual behavior, *Pediatrics*, Sept., 114: 3.

49 Ibid.

50 Collins, Rebecca L., Elliott, Marc N., Berry, Sandra H., Kanouse, David E., and Hunter, Sarah B. (2003). Entertainment television as a healthy sex educator: The impact of condom-efficacy information in an episode of *Friends. Pediatrics*, Nov., 112: 5.

51 a.abcnews.com/.../Health/ is_drugs_080114_mn.jpg.

52 Cited in TV, films honored for accurate drug-use depictions. Posted at http://pn.psychiatryonline.org/cgi/content/full/36/10/5.

53 From www.msnbc.msn.com/id/14227775/.

54 For review, see Hansen, C. and Hansen, R. (2000). Music and music videos. In Zillmann and Vorderer (eds), *Media entertainment*, pp. 175–196.

55 http://www.allacademic.com/meta/p_mla_apa_research_citation/1/7/2/4/6/p172.

56 Ibid.

57 Ibid.

58 Ibid.

59 Shamlian, J. (2005). New trend in teen fiction: Racy reads. MSNBC.com, Aug. 15. Retrieved on Sept. 29, 2008, at http://www.msnbc.msn.com/id/8962686/.

60 Ibid.

61 Cited in Shamlian, New trend in teen fiction.

62 Ibid.

63 Jules Feiffer as quoted in Mitchell, E. (2000). They oughta be in pictures. *New York Times*, July 25, B1.

64 Glater, J. (July 31, 2008). Settlement over sex scenes in Grant Theft Auto Hits a snag. Retrieved on Sept. 29, 2008, at http://bits.blogs.nytimes.com/2008/07/31/settlement-over-sex-scenes-in-grand-theftauto-hits-a-snag/.

65 Straubhaar and LaRose, *Media now*.

66 Allen, M., D'Alessio, D., and Brezgel, K. (1995). A meta-analysis summarizing the effects of pornography. Aggression after exposure. *Human Communication Research*, 22: 2: 258–83.

67 Felson, R. (1996). Mass media effects on violent behavior. *Annual Review of Sociology*, 22: 103–28.

68 Gentry, C. (1991). Pornography and rape: An empirical analysis. *Deviant Behavior*, 12: 277–88.

69 Allen, M., D'Alessio, D., and Emmers-Sommer, T. (1999). Reaction of criminal sexual offenders to pornography: A meta-analytic summary. In Roloff, M.E. (ed). *Communication Yearbook*, 22. Thousand Oaks CA: Sage, pp. 139–70.

70 Malamuth, N., Addison T., and Koss, M. (2000). Pornography and sexual aggression: Are there reliable effects and can we understand them? *Annual Review of Sex Research*, 11: 26–91.

71 Cited in Downs, M.F. Is pornography addictive? Psychologists debate whether people can have an addiction to pornography. WebMd.com. Retrieved on Sept. 30, 2008, at http://men.webmd.com/guide/is-pornography-addictive.

72 Presented in "gambling" at *Encyclopedia Britannica Online*, www.eb.com/bol/topic, Sept. 7, 2001.

73 *Global Gaming Bulletin: 25th Anniversary Edition* (2007). Report commissioned by Global Gaming Services. Accessed on August 3, 2009, at http://www.hotelnewsresource.com/pdf/EY07090701.pdf.

74 From www.lasvegas.com/features.impact.html.

75 From Hsu, C. (ed.) (1999). *Bad bets: The inside story of the glamour, glitz and danger of America's gambling industry*. New York: Random House.

76 From www.business.com/directory/travelandleisure/casinosandgaming/profile/, March 12, 2001.

77 Becker, J. and Van Natta, D. (2008). McCain and a host of aides forged close ties to casinos. *New York Times*, Sept. 28, 1.

78 Harney, A. (2008). Macau's next gamble. *The Wall Street Journal*, Feb. 23.

79 Drape, Joe (2005). Internet site battles the fix in sports bets. *New York Times*, May 25, 11.

80 From an article by Liz Moyer for Forbes.com, Aug. 29, 2006.

81 Reported by Shafaatulla, S. (2000). Millions live in hopes of a dream ticket. *The Herald*, April 3.

82 Grodal, T. (2000), Video games and the pleasures of control. In Zillman and Vorderer (eds), *Media entertainment*, pp. 197–214.

83 From Babington, C. and Chinoy, I. (1998). Lotteries win with slick marketing. *Washington Post*, May 4, A1.

第十三章

1 Definitions retrieved from http://www.answers.com on Sept. 11, 2008.

2 Lee, Jae Num (1971). *Swift and Scatological Satire*. Albuquerque: University of New Mexico Press, pp. 7–22; 23–53.

3 Weisman, Ze'ev (1998). *Political satire in the Bible*. Atlanta GA: Scholar's Press.

4 Study cited in Talk-radio fans informed, but not too influential, study says. *Seattle Times*, Aug. 9, 1996. Retrieved Sept. 7, 2008, at http://community.seattletimes.nwsource.com/archive/?date=19960809&slug=2343411.

5 Internet's broader role in campaign 2008. Report posted by The Pew Research Center for People & the Press, Jan. 11, 2008. Retrieved on Sept. 7, 2008, at http://people-press.org/report/384/internetsbroader-role-in-campaign-2008.

6 The tough job of communicating with voters. Report posted by The Pew Research Center for People & the Press, Feb. 5, 2000. Retrieved on Sept. 7, 2008, at http://people-press.org/report/?pageid=243.

7 Internet's broader role in campaign 2008.

8 Cited in Winter, Kevin (2007). Campaigning in late night. Time.com, Aug. 29, para. 5. Retrieved on Sept. 11, 2008, at http://www.time.com/time/nation/article/0,8599,1657421,00.html?xid=feed-cnn-topics.

9 Cited in Tapper, Jake (2002). The salon interview: Bill Maher. The Salon.Com, Dec. 11, para. 1. Retrieved on Sept. 9, 2008, at http://dir.salon.com/story/people/interview/2002/12/11/maher/.

10 Press briefing by Ari Fleischer (Sept. 26, 2001). Posted at http://www.whitehouse.gov/news/releases/2001/09/20010926-5.html#BillMaher-Comments.

11 Littleton, Cynthia (2004). Entertainment and politics: Media are the message. *New York Times*, Oct. 26. Retrieved on Sept. 7, 2008, at http://www.hollywoodreporter.com/hr/search/article_display.jsp?vnu_content_id=1000684734.

12 Bauder, David (2008). Entertainment magazines new on campaign trail. Posted at Katu.com, Sept. 1, para. 3. Retrieved on Sept. 9, 2008, at http://www.katu.com/news/election/27734459.html.

13 Cited in ibid.

14 Nickelodeon hits the campaign trail with election-themed content, leading up to October kids' vote. Nickelodeon press release Aug. 20, 2008, para.3. Posted at Examiner.com. Retrieved on Sept. 9, 2008, at http://www.examiner.com/p-214909~Nickelodeon_Hits_the_Campaign_Trail_With_Election_Themed_Content__Leading_Up_to_October_Kids__Vote.html.

15 Top Ten Left Wing Scenes on NBC's The West Wing. Posted at http://www.mediaresearch.org/Profiles/westwing/welcome.asp. Retrieved September 9, 2008.

16 Excerpted with permission from Shaffer, Butler (2002). LewRockwell.com, May 29. Retrieved on Sept. 12, 2008, at http://www.lewrockwell.com/shaffer/shaffer19.html.

17 Cited in Littleton, Entertainment and politics, para. 7.

18 New York Times bestsellers: Paperback nonfiction. *New York Times*, July 2, 2006. Retrieved on Sep. 9, 2008 at http://www.nytimes.com/2006/07/02/books/bestseller/0702bestpapernonfiction.html?ex=1174363200&en=aa0e9c76ef010f5a&ei=5070.

19 Seeger, Pete (1985). *Carry it on: A history in song and picture of the working men and women of America*. New York: Simon and Schuster.

20 Accessed June 5, 2007, at: http://www.lib.virginia.edu/small/exhibits/music/protest_overcome.html.

21 Seeger, *Carry it on*!

22 Unless otherwise indicated, all statistics in this section are taken from Internet's broader role in campaign 2008.

23 Cited in Davies, Frank (April 4, 2008). In 2008 campaign, the Internet packs a powerful political punch. http://www.mercurynews.com/news/ci_8793261.

24 Haney, Elissa (2006). The top 10 TV shows of the century, indeed of the millennium! Paragraph 7, http://www.infoplease.com/spot/toptv1.html. Accessed Dec. 30, 2006.

25 *Live Earth Breaks World-Wide Audience Records* (July 23, 2007). Life Earth press release circulated through Business Wire accessed on July 24, 2007, at http://home.businesswire.com/portal/site/google/index.jsp?ndmViewId=news_view&newsId=20070723006327&newsLang=en.

26 From sourcewatch.org/index.php?title=Internet_activism. Retrieved on Sept. 16, 2008.

27 Statistics cited in Lavigne, Paula (2008). Pro sports figures more invested in this political election. Espn.com, Sept. 4. Retrieved on Sept. 12, 2008, at http://sports.espn.go.com/espn/otl/news/story?id=3565666.

28 Rowe, D. (1999). *Sport culture and the media*. Philadelphia: Open University Press, p. 14.

29 Olympic pageEditor: Documented at each of the following websites accessed Dec. 19, 2002: http://www.aef2004.org/ancient_olympics/index.asp; http://www.enchantedlearning.com/olympics/printouts/Flag.shtml; http://www.wsd1.org/earlgrey/Grp3History.htm.

30 Elias, N. and Dunning, E. (1986). Folk football in medieval and early modern Britain. In Elias, N. and Dunning, E. (eds) *Quest for excitement: Sport and leisure in the civilising process*. Oxford: Basil Blackwell, p. 176.

31 Rowe, *Sport culture and the media*.

32 Ibid., p. 16.

33 Ibid., p. 22.

34 Guttmann, A. (1986). *Sports spectators*. New York: Columbia University Press, p. 149.

35 See Singer, D.G. and Singer, J.L. (eds) (2001). *Handbook of children and the media*. Thousand Oaks CA: Sage.

36 Adapted from Baran, S. (2001). *Introduction to mass communication: Media literacy and culture*. Mountain View CA: Mayfield Publishing Company. Also, Singhal, A. and Rogers, E.M. (1999). *Entertainment-education: A communication strategy for social change*. Hillsdale NJ: Lawrence Erlbaum Associates.

37 Study cited in Video games stimulate learning (2002). BBC News, March 18. Retrieved on Sept. 13, 2008, at http://news.bbc.co.uk/2/hi/uk_news/education/1879019.stm.

38 Jana, Reena (2006). Microsoft: Serious gaming. Businessweek.com, March 27. Retrieved on Sept. 13, 2008, at http://images.businessweek.com/ss/07/12/1221_microsoft_esp/index_01.htm.

39 Ibid.

40 Study cited in Web worlds "useful" for children (2008). BBC News, May 23. Retrieved on Sept. 11, 2008, at http://news.bbc.co.uk/2/hi/technology/7415442.stm.

41 Glaser, Mark (2007). Virtual worlds for kids entwined with real worlds. PBS.org, June 11. Retrieved on Sept. 11, 2008, at http://www.pbs.org/mediashift/2007/06/your_take_roundupvirtual_world.html.

42 Quoted in ibid., para. 5.

43 Quoted in ibid., para. 13.

44 Speigel, Alex (2008). Old fashioned play builds serious skills. NPR.org, Feb. 21. Retrieved on Sept. 12, 2008, at http://www.npr.org/templates/story/story.php?storyId=19212514.

45 Quoted in ibid.

46 Paraphrased in ibid., para. 6.

47 Cited in ibid.

48 Quoted in ibid., para. 14.

49 Referenced in ibid., para. 6.

50 Adapted from Zirin, David (2006). Sneakers for social justice. *The Nation*, Sept. 19 (web only). http://www.thenation.com/doc/20061002/southpaw.

第十四章

1 Maryles, D. and Riippa, L. (2001). How they landed on top. *Publishers Weekly*, 248: 12: 31.

2 The opinion of Schickel, R. (2000). The frenzy of renown. *The Los Angeles Times Book Review*, Dec. 10, 1–2.

3 Jules Feiffer as quoted in Mitchell, E. (2000). They oughta be in pictures. *New York Times*, July 25, B1.

4 Lang, J.S. and Trimble, P. (1988). Whatever happened to the man of tomorrow? *Journal of Popular Culture*, 22: 3: 157–73.

5 Lee was quoted in Raphael, J. (2000). The invincible Stan Lee? *The Los Angeles Times Magazine*, July 16, 18–21.

6 From Tad Friends (2001). Comics from underground. *The New Yorker*, July 30, 26–9.

7 Dame Rebecca West said this as quoted in www.britannica.com.

8 As quoted in www.britannica.com.

9 Department of Labor, Bureau of Statistics.

10 Statistics from Picard, R. and Brody, J. (2000). The structure of the newspaper industry. In Greco, A. (ed.), *The media and entertainment industries*. Boston: Allyn & Bacon, p. 46.

11 Emigh, Jacqueline (2008). Analysts: Online news viewers rising as newspaper readership falls. *BetaNews*, Sept. 5.

12 Melinda Gipson at Newspaper Association of America, naa.org, July 15, 2006.

13 Encyclopedia Britannica, "Comic strip" found at www.britannica.com/bcom/eb/article/ (Dec. 8, 2000).

14 http://www.nytimes.com/2007/10/01/business/media/01paper.html?pagewanted=all.

15 From www.stateofthenewsmedia.com/narrative, July 18, 2006.

16 By Louise Story for the *New York Times*, June 13, 2005.

17 Cited in Boucher, G. (2001). The bubble pops: Radio stations are beginning to turn a cold shoulder to teen acts. *Star Tribune*, Minneapolis MN (Metro Edition), Feb. 11, 10F.

18 Bauder. David (2007). Disney rules tween scene. Newday.com, Feb. 7. Accessed on April 2, 2007, at http://www.newsday.com/features/printedition/ny-ettel5084892feb09,0,4427920.sto.

19 Gundersen, E. (1992). Hyperkinetic techno music wins dance floor raves // Blasts from Belgium // Innovators struggle to keep ahead of the clones. *USA Today*, Dec. 4, 04D.

20 Dunaway, M. (1999). James Brown is dead. *Pif Magazine* (online), 20. Accessed Dec. 5, 2002, at http://pifmagazine.com/vol20/duna.shtml.

21 Ibid.

22 Brige Ratings Press Release (June 29, 2006). Accessed May 11, 2007, at http://www.bridgeratings.com/press.06.22.06.formats.htm.

23 Ipsos press release accessed June 5, 2007, at http://www.ipsos-na.com/news/pressrelease.cfm?id=3124.

24 Podcasts and media. Accessed May 11, 2007, at http://www.pasadenatab.org/html/worship/podcasts/podcast.htm.

25 From posting accessed May 11, 2007, at http://www.podspider.com.

26 www.filmsite.org/animatedfilms7.html.

27 From Heller, S. (1994). Dissecting Disney. *The Chronicle of Higher Education*, Feb. 16, A-1.

28 Chelna Khatau for CNN at www.cnn.com/2008/TECH/09/12/future.cinema/.

29 Proclaimed in an Op-Ed column by Neal Gabler (2001). When every TV show is a rerun. *New York Times*, March 4, 15.

30 From Alessandra Stanley for the *New York Times*, Sept. 10, 2006, Arts 95.

31 Tenley Woodman for the *Boston Herald*, June 9, 2008.

32 Stated in an article by Julie Salamon in Critic's notebook for the *New York Times*, July 30, 2001, B1.

33 Patterson, Tom (2008). Is the future of television on the web? May 2. http://www.cnn.com/2008/SHOWBIZ/TV/05/01/tv.future/index.html.

第十五章

1 Historical facts are based on information obtained from www.britannica.com, Nov. 2000.

2 See Zillmann, D. and Vorderer, P. (eds) (2000). *Media entertainment*. Mahwah NJ: Lawrence Erlbaum, ch. 1.

3 Alan Kozin for the *New York Times*, May 28, 2006, Arts & Leisure, 1.

4 These are the words of New York dance critic Arlene Croce as cited in an article by Chris Pasles on dance for *The Los Angeles Times*, Dec. 4, 2005, B8.

5 www.britannica.com.

6 Eakin, E. (2000). If it's funny you laugh, but why? *New York Times*, Dec. 9, A23.

7 Factual information from http://lookd.com/magic/.

8 From Jameson, M. (2000). The Houdini of the hoi polloi. *The Los Angeles Times*, Nov. 19, E1.

9 From www.magiccastle.com.

10 Furchgott, R. (2000). Taking its brand beyond the center ring. *New York Times*, March 12, B4.

11 Kimmelman, M. (2008). Bullfighting is dead! Long live the bullfight. *New York Times Sunday Magazine*, June 8.

12 Epstein, K. (2000). Sound offense, no defense: Today's pro sports events, like much entertainment, assault you with noise; some explosive moments at Redskins games can throw your hearing for a loss. *The Washington Post*, Dec. 19, Z10.

13 Hickey, J. (2000). Corporations love sports. *Insight on the News*, Nov. 13, Section: Nation: Business, p. 22.

14 Simon, M. (2001). Buying goodwill that'll stick: Big wheel could stop the stadium whining. *San Francisco Chronicle*, Dec. 13, A19.

15 Johnson, G. (2001). Some fumbles in arena name game; Marketing: A few companies with their moniker up in lights have faltered since signing the big-money deals. It's bad news for the sports franchises, too. *The Los Angeles Times*, April 20, C1.

16 Meehan, P. for the *New York Times*, June 8, 2008.

17 Cohan, J. (2008). The show must go on. www.american.com/archive/2008/march-april-magazinecontents/the-show-must-go-on.

第十六章

1. Horner, S. and Swarbrooke, J. (1996). *Marketing tourism, hospitality and leisure in Europe*. London: International Thomson Business Press.
2. Matley, I.M. (1976). *The geography of international tourism*. Resource Paper 76–1. Washington: Association of American Geographers.
3. Urry, J. (1990). *The tourist gaze*. Thousand Oaks CA: Sage.
4. Adapted from a list by Cohen, E. (1972). Towards a sociology of international tourism. *Social Research*, 39: 64–82.
5. See Boorstein, D. (1961). *The image: A guide to pseudo events in America*. New York: Harper & Row.
6. Ritzer, G. and Liska, A. (1997). "McDisneyization" and "post-tourism": Complementary perspectives on contemporary tourism. In Rojek, C. and Urry, J. (eds), *Touring cultures: Transformations of travel & theory*. New York: Routledge.
7. Based on a view by MacCannell, D. (1989). *The tourist: A new theory of the leisure class*. Berkeley: University of California Press.
8. From Nash, D. (1981). Tourism as an anthropological subject. *Current Anthropology*, 22: 5: 461–81.
9. Urry, *The tourist gaze*.
10. See a discussion by Pearce, P.L. (1982). *The social psychology of tourist behavior*. London: Pergamon.
11. From Dobb, E. (1998). Where the good begins: Notes of the art of modern travel. *Harper's Magazine*, 297: 1778: 59.
12. Gladstone, David (1998). Tourism urbanism in the U.S. *Urban Affairs Review*, 34: 1: 3–27.
13. MacCannell, The tourist, p. 41.
14. From Debra Galant (2001). Guides finger "Sopranos" sites. *New York Times*, July 22, T5.
15. From Gordon, B. (1986). The souvenir: Messenger of the extraordinary. *Journal of Popular Culture*, 20: 3: 135–46.
16. See Love, L. and Sheldon, P.S. (1998). Souvenirs: Messengers of meaning. *Advances in Consumer Research*, 25: 170–5.
17. Sayre, S. (2000). Tourism, art stars and consumption: Wyland's whales. Paper presented to the annual conference of the Association of Consumer Research, Salt Lake City.
18. From Chambers, E. (2000). *Native tours: An anthropology of travel and tourism*. Berkeley: University of California Press.
19. MacCannell, *The tourist*.
20. From Cohen, E. (1979). Rethinking the sociology of tourism. *Annals of Tourism Research*, 6: 18–35.
21. Horner and Swarbrooke, *Marketing tourism*, Ch. 16.
22. www.htrends.com/researcharticle9335.html.
23. By Justin Francis, responsibletravel.com.
24. From Schmitt, B. and Simonson, A. (1997). *Marketing aesthetics: The strategic management of brands, identity and image*. New York: The Free Press.
25. See Severin, W.J. and Tankard, J.W. Jr. (1992). *Communication theories: Origins, methods and uses in the mass media*. New York: Longman.
26. Terms used by Weiss, W. (1971). Mass communication. *Annual Review of Psychology*, 22: 309–36.
27. Horner and Swarbrooke, Marketing tourism, p. 98.

28 From Cook, R.A., Yale, L.J., and Marqua, J.J. (2002). *Tourism: The business of travel*. Upper Saddle River NJ: Prentice Hall.

29 Adapted from Inskeep, E. (1991). *Tourism planning: An integrated and sustainable development approach*. New York: Van Nostrand Reinhold.

30 By Eliel Sabastian at www.associatedcontent.com/article/13522/the_problems_facing_the_us_national.html?cat=58.

31 From Michael Kimmelman (2001). Museums in a quandary: Where are the ideals? *New York Times*, Aug. 26, AR2.

32 Said by art and culture critic Dave Hickey in Steven Kinzer (2001). Las Vegas's museums play to type. *New York Times*, Sept. 5, B1.

33 Smith, R. (2000). Memo to art museums: Don't give up on art. *New York Times*, Dec. 3, Arts 35.

34 Remark of art critic Hilton Kramer quoted in Puente, M. (2001). What is art? *USA Today*, Jan. 5, D1.

35 Ed Able as quoted in ibid.

36 From Ferrell, S. (2000). Famous faces, all in wax. *New York Times*, Nov. 12, TR31.

37 bizjournals.com/triangle/stories/2008/06/09/daily23.html.

38 Cited in Bonfante, P. (1999). Hooked on the edge: The old extremes aren't extreme enough for a new brand of athlete. *Boston Globe* [City Edition], Sept. 29, F1.

39 Cited in ibid.

40 Yema, J. (2000). Herd instinct. *Boston Globe* [Third Edition], July 2, BGM 5.

41 Quoted in Sullivan, J. (2000). Extreme's foothold firm in pop culture: Music, filmmaking, ads move to the edge. *San Francisco Chronicle* [Final Edition], Aug. 19, D1.

第十七章

1 Cited in Brown, W. and Boxer, S. (1999). Connected—Millennium issue: Entertainment. *Daily Telegraph*, London, Dec. 30, 13.

2 The phrase "sounding like a broken record" has been used to describe a person who says the same thing over and over again; the reference is to old records that would skip and repeat owing to scratch marks on the vinyl.

3 The phrase "taking an E-ticket ride" was a metaphor for a great, exciting—often whirlwind—experience; the reference was to Disney theme park's ticketing practices up until the mid-1980s. At that time, people bought individual tickets for park attractions with E-tickets, which were designated for Disney's most exciting and popular attractions, such as the Space Mountain and the Pirates of the Caribbean rides.

4 Copeland, P. (2000). Foreword to new media f@ctfile Brighton Wired Sussex. Cited in Perrons, D. (2001). Understanding social and spatial divisions in the new economy. Paper prepared for presentation at Regional Transitions. European regions and the challenges of development, integration and enlargement, Regional Studies International Conference University of Gdansk 15–18 September. Accessed Dec. 15, 2002, at http://secure.rogerbooth.co.uk/rsa/gdansk/Perrons.doc.

5 Accessed Dec. 17, 2002, at www.dabra.com/newmediaskills.pdf.

6 New Media Survey: PriceWaterhouseCoopers (1999). *Public Policy Review: A Review of Recent Policies, Regulations and Announcements*, June, 99: 6: 3 [An online publication of the Institute of Chartered Accountants of BC]. Accessed Dec. 17, 2002, at www.ica.bc.ca/pdf/june99.pdf.

7 New media: Communicating in the new media to promote teamwork. Accessed March 9, 2002, at

www.lc.capellauniversity.edu/~thamilton/NewMediaSite/newmedia2.htm.

8 www.newmedia.org/articles/109/1/Prevalence-of-Digital-Reading-Electronic-Books-E-Books-and-E-Book-Readers/Page1.html.

9 Reported in Allen, K. (2000). Net used for entertainment, not info. *Advertising and Marketing*, July 28. Accessed March 9, 2002, at www.digitrends.net/ena/index_10402.html.

10 Statistics taken from the Pew Internet & American Life Project, February 15–March 7, 2007 Tracking Survey. Accessed on June 14, 2007, at http://www.pewinternet.org/trends/User_Demo_6.11.07.htm.

11 Statistics reported by Chinatoday.com. Retrieved Sept. 1, 2008, at http://www.chinatoday.com/data/data.htm.

12 Walsh, Mike (2006, July). Futuretainment: The new business of show business. *Australian Anthill Magazine*, 16, para. 1. Accessed on June 15, 2007, at http://www.australiananthill.com/main.php?page=ed_futuretainment16.

13 Ibid., para. 4.

14 Ibid., para. 12.

15 Walsh, Mark (2009). Facebook users growing up fast. *MediaPostNews*, March 26. Accessed Aug. 6, 2009, at http://www. mediapost.com/publications/?fa=Articles.showArticle&art_aid=102973.

16 Digital marketing & media fact pact, *Advertising Age*, April 23, 2007.

17 The twitter-clone-twitter-like sites collection (2007). Posted on www.thws.cn, May. Retrieved on Sept. 1, 2008, at http://www.thws.cn/articles/twitter-clones.html.

18 Some stats on China's IM services (2008). Posted on The China 2.0 Review, April 8. Retrieved on Sept. 1, 2008, at http://www.cwrblog.net/1027/some-stats-on-chinas-im-services.html.

19 Cited in Richtel, Matt and Stone, Brad (2007). Play sites offer safe fun—and lucrative advertising space. *International Herald Tribune*, June 5. Retrieved on Sept. 1, 2008, at http://www.iht.com/articles/2007/06/05/news/dolls04.4.php, para. 11.

20 Olsen, Stephanie (2007). There's about to be a boomlet in kids' virtual worlds. News.cent.com, Oct. 15. Retrieved on Sept. 1, 2008, at http://news.cnet.com/Virtual-world-makers-aim-to-hook-kids/2009-1025_3-6213355.html.

21 Cited in Olsen, Stephanie (2007). Virtual-world makers aim to hook kids. News.cnet.com, Oct. 15. Retrieved on Sept. 1, 2008, at http://news.cnet.com/Virtual-world-makers-aim-to-hook-kids/2009-1025_3-6213355.html.

22 Ibid., para. 17.

23 Hawn, Carleen (2007). Time to play, money to spend: Webkinz and Club Penguin struck gold by attracting millions of kids to their online worlds and keeping them there. What makes their sites so sticky? *Business 2.0 Magazine*, March 23. Retrieved on Sept. 1, 2008, from http://money.cnn.com/magazines/business2/business2_archive/2007/04/01/8403359/index.htm.

24 Ibid.

25 Ibid.

26 Reported in Olsen, Virtual-world makers aim to hook kids.

27 Cited in Olsen, Virtual-world makers aim to hook kids, para. 3.

28 Walsh, Futuretainment, para. 1.

29 Cited in Park, Roger (2006). Brands participate in virtual shows. Imediaconnection.com, Sept. 19. Accessed on July 2, 2007, at http://www.imediaconnection.com/ news/11266.asp.

30 Quote found on p. 74 of Steuer, J. (1992). Defining virtual reality: Dimensions determining telepresence. *Journal of Communication*, 42: 4: 73–93.

31 Haley, K. (2001). More. Better, different. [Showtime management strategy to include interactivity and expanding digital multiplex]. *Multichannel News*, July 23, 22: 30: 12A.

32 Cited in ibid.

33 Cited in ibid.

34 Vorderer, P. (2000). Interactive entertainment and beyond. In Zillmann, D. and Vorderer, P. (eds), *Media entertainment: The psychology of its appeal*. Mahwah NJ: Lawrence Erlbaum Associates.

35 www.internet-filter-review.toptenreviews.com/internet-pornography-statistics.html.

36 Arlidge, J. (2002). Focus: Naked capitalism: The dirty secret that drives new technology: it's porn. *The Observer*, London, March 3, 20.

37 Ibid.

38 Ibid.

39 Cornell, D. (1997). Edutainment and girls. CPSR [Computer Professionals for Social Responsibility] *Newsletter*, winter, 15: 1: 6.

40 From Poole, S. (2000). *Trigger happy: Video games and the entertainment revolution*. New York: Arcade Publishing.

41 For a comprehensive review of video game history, see Kent, S. (2000). *The first quarter: 25-year history of video games*. London: BWD Publishers.

42 From Loftus, G.R. and Loftus, E.F. (1983). *Mind at play: The psychology of video games*. New York: Basic Books.

43 Adapted from Poole, *Trigger happy*.

44 Adapted from Berger, A.A. (2000). *Video games: A popular culture phenomenon*. London: Transaction Publishers.

45 Hirschman, E. and Holbrook, H. (1982). The experiential aspects of consumption: Consumer fantasies, feelings and fun. *Journal of Consumer Research*, 9: 2: 132–40.

46 Ibid., p. 138.

47 From www.gamedev.net/reference/business/features/biologhy/page4, May 4, 2001.

48 Schiesel, Seth (2008). Resistance is futile. New York Times, May 25.

49 Michael Dolan for *HFM* magazine in New York City, Sept. 2006.

50 Walsh, Mike (in press). *Futuretainment: The new business of show business*. London: Phaidon Press.

51 Walsh, Mike (2006). The new business of show business. Fourth-Estate.Com. Retrieved on Sept. 1, 2008, at http://www.fourth-estate.com/2006/06/the_new_busines.html, para. 6.

52 Ibid., para. 24.

53 Walsh, *Futuretainment*.

54 Emuss, Peter (2006). Nike's Joga Bonito. Mansized.co.uk, Aug. 5. Retrieved on Aug. 31, 2008, at http://www.mansized.co.uk/reviews/review.phtml/204/331/.

55 Quote taken from a summary of Nike's Joga Bonito campaign in Hong Kong posted on Nike's advertising agency e-crusade's website. Retrieved on Sept. 1, 2008, at http://www.e-crusade.com/award/spikes 2007/04/nike/jogaBonito.htm#.

56 Ibid.

索 引

A

ABC 170, 224, 233, 238–9, 258–60, 296, 389, 444 美国广播公司
Abdul, Paula 171 宝拉·阿巴杜
Abdul-Jabbar, Kareem 58 卡里姆·阿卜杜尔·贾巴尔
Abraham, Josh 159 乔什·亚伯拉罕
acid rock 463 酸性摇滚
Ackroyd, Peter 299 彼得·阿克罗伊德
ACLU 216, 218 美国公民自由联盟
Acruff-Rose 230–1 罗伊·奥比森
action genre 93–5, 351 行动基因
Activision Publishing 35, 137 动视暴雪推出
activism 389–96, 406–7 激进主义
actors, ethnic 315, 326–7 演员，种族
adbusting 64 破坏广告
addictive behavior 356, 368–9, 377–8 上瘾行为
Adventure Rock 407《冒险岩石》
adventure seeking 94–5 冒险
adventure tourism 489 探险旅游
advergames 192–3 广告游戏
advertainment 26, 91 广告
advertiser-consumer dialog 76–7 广告商-消费者对话
advertising 25, 31, 71–3, 120, 122, 145–7, 167, 186, 255, 261, 409 see also branding; product placements; sponsorship; filtering out 256, 269–70; imbedded 188–93; of lotteries 374–5; online 18, 531–5; in the press 431–3; social 303–4, 516–17 广告
advocacy: education 403–10; politics 385–96; social activism 396–403, 411–13 宣传
Aeropagitica 210, 252

Africa 19, 114–15, 398《论出版自由》
African American critiques 135, 326 研究非裔美国人的学者
African Christian Comics Project 293 非洲基督教漫画项目
AFTRA 239 美国电视与广播艺术家联合会
agenda-setting 123–4, 133, 402 议程设置
aggression 118–19, 124, 345–6, 356, 531 攻击性
aggressive cues models 353 攻击性线索模型
Aguilera, Christin 325, 435 克里斯蒂娜·阿奎莱拉
Ahrens, Frank 151 弗兰克·阿伦斯
Airtight Garage 200 封闭式车库
Al Arabiya 219 阿拉比亚
Al Jazeera 127, 219 半岛电视台
Alexander, Dennis 131 丹尼斯·亚历山大
a-LIST 366 A 名单
All I Need 187《我需要的一切》
All in the Family 396–7《全家福》
All My Children 525《我的孩子们》
All Saved Freak Band 286 "获救的怪胎"乐队
Allen, Tim 91, 164 迪姆·艾伦
Allen, Woody 91, 307 伍迪·艾伦
alpha consumers 171–2, 183 核心受众
Amazing Stories 430《令人惊叹的故事漫画》
Amazon.com 76, 100, 226–7, 238, 389, 427 亚马逊网站
AMC 13, 443 美国电影院线
American Catholic Theatre 288–9 美国天主教剧院
American Civil Liberties Union 218 美国公民自由联盟
American History X 111, 134《美国X档案》
American Idiot 394《美国白痴》
American Idol 25, 100, 170–1, 258, 435, 446《美国

偶像》
American influence 336–41 美国影响
American Society of Composers, Authors and Publishers 271 美国作曲家、作家与出版商协会
American Spelling Book 421《英语语法原理》
American values 341 美国价值观
Americanization 30–1, 126, 340–1 美国化
America's Next Top Model 100–1, 237, 264《美国超模》
Amos & Andy 90, 265《阿莫斯和安迪》
AMPTP 237–8 美国电影电视制作人联盟
An Inconvenient Truth 392《难以忽视的真相》
Anaheim Angels 62–3, 151
Anderson, Carl 288 卡尔·安德森
Anderson, Craig 355 克雷格·安德森
Anderson, Paul Thomas 490 保罗·托马斯·安德森
animation 92, 237–8, 294, 320–1, 334, 441–4 动画
Animation Guild 237–8 动画协会
Aniston, Jennifer 215 詹妮弗·安妮斯顿
Anna and the King 326《安娜和国王》
antitrust legislation 173 反垄断立法
AOL 149, 151, 218, 320 美国在线
Apple 13, 91, 398, 440 苹果
The Apprentice 100–1, 189, 264–5, 446《学徒》
Arab countries/perspectives 127, 294, 320, 397 阿拉伯国家/前景
archetypal characters 83–4, 107–8 人物
architecture 39–41, 200–1, 284, 286 建筑
Aristippus 249 阿里斯提波
Aristophanes 386 阿里斯托芬
Aristotle 247–8, 454 亚里士多德
Armani, Giorgio 41, 200, 470 乔治·阿玛尼
Armstrong, Lance 399 兰斯·阿姆斯特朗
Aronsen, Elliot 122 埃利奥特·阿伦森
art tourism 490, 499–500, 506 艺术旅游
artist and repertory development 158–61 艺术家和剧目发展
artists' contracts 159 艺术家的合同
ASCAP 226, 239, 271 美国作曲家、作者与出版商协会
Ascher, David 303 大卫·阿舍尔
Asia 332–3, 398 亚洲
association theory 126 关联理论
athletes 276–80, 308–11, 399–400, 413 运动员
The Atlantic magazine 433 大西洋杂志
Atlantic Records 159–61 大西洋唱片公司

AT&T 185, 233 美国电话电报公司
attention economy 16–18, 54, 124; consolidation and convergence 148–61; dynamics of attention 161–72; economic and technological forces 143–8 注意力经济
attitude change theory 121–3 态度改变理论
audiences 98–9, 146, 164, 297–9, 317, 332, 342–3, 351–2, 432, 438, 451, 525–6 see also consumerism; fans; user profiles; autonomy 51–2, 64; children 320–1, 333–4, 367; definitions 53–4; diffused 49–50, 65, 67; live 54–60; mass media 61–8; niche 432, 438; as participants 50–4, 59; research/theory 69–72; segmentation 70–7, 156; targeting 43, 54, 71, 73, 83, 171, 320–1, 333–4; technology and 66 观众
Audio Home Recording Act 228《家用录音法》
Australia 226, 279–80, 310, 337, 398, 460, 496, 513 澳大利亚
authenticity 484–6, 498–9 真实性
autonomy, audience 51–2, 64 自主权，观众
Avatar 449 玩家
avatars 17, 333 玩家

B

The Bachelor 97, 101《单身汉》
Bagley, Ralph, Rev. 295 拉尔夫·巴格利
Bailyn, Evan 518 埃文·拜林
Baker, Eric 155 埃里克·贝克
ballet 456–7 芭蕾
Ball-Rokeach, Sandra 129 巴尔-罗卡奇、桑德拉
Bambaataa, Afrika 324 非洲班巴塔
Band Aid 397 "创可贴"项目
Bandura, Albert 116, 124, 354 阿尔伯特·班杜拉
Barnard, Kurt 163 库尔特·巴纳德
Barnes & Noble bookstores 426 巴诺书店
Barnum & Bailey 10, 465 巴纳姆＆贝利马戏团
Barr, Nevada 423 巴尔，内华达州
Barrymore, Drew 389 德鲁·巴里摩尔
Bartsch, Jeff 杰夫·巴茨
baseball 62–3, 105, 151, 235, 279 棒球
basketball 58, 105 篮球
BBC 319–20, 398, 403, 英国广播公司
Beatles 163, 220, 披头士乐队
Bebo 18, 304, 312, 516 贝博
Beckett, Miles 254 迈尔斯·贝克特
Beers, Thom 446 汤姆·比尔斯

The Beginning 292–3《人类黎明的开端》
behavioral effects 111, 124–5 行为效果
behavioral targeting 73, 186, 191 行为定位
behavioral triggers 55–6 行为触发因素
Beliefnet 298 信仰网站
Bellow, Saul 299 索尔·贝洛
Beloved 421 钟爱
Berger, Arthur Asa 300 伯杰，阿瑟-阿萨
Berger, Peter 131 彼得·伯格
Berk, Laura 410 劳拉·伯克
Berkowitz, Leonard 125 伦纳德·伯科威茨
Berry, Halle 281, 327 哈莉·贝瑞
Berry, Mike 162 迈克·贝利
Bertelsmann 148, 152, 270 贝塔曼
best-sellers 420–2 畅销书
Betfair 373 必发网站
Bettman, Gary 235–6 加里·贝特曼
The Beverly Hillbillies 91《贝弗利山人》
bhangra 339 班歌拉舞
Bible Park USA 291 美国圣经公园
Big 457 大
Big Brother 25, 95, 97–8, 100, 397, 446《老大哥》
The Big Donor Show 254–5《大捐赠者秀》
The Big Sleep 422《沉睡》
The Biggest Loser 102, 446《超级减肥王》
Billboard 20, 160, 435–6《广告牌》
Bird, Larry 58 拉里·伯德
BizParents Foundation 267 非营利组织童星父母组织
Black and White 34《白与黑》
Black, Jennifer 165 珍妮弗·布莱克
Blaine, David 186 戴维·布莱恩
The Blair Witch Project 90, 96, 171–2, 255《女巫布莱尔》
Blind Date 102, 260《初次约会》
Blink 182 154, 436 "眨眼182" 乐团
blogging 192, 251, 336, 434, 517–18 博客
Blood Diamonds 111, 173《血钻》
Blow, Kurtis 323–4 库尔提斯
Blue Velvet 44《蓝丝绒》
blues music 393 蓝调音乐
Blu-ray 158, 443 蓝光
BMG 152, 270, 455, 521 贝图斯曼唱片公司
BMI 226, 239, 271 美国广播音乐公司
Bob Roberts 393《鲍勃·罗伯茨》
Bobo doll studies 116–17, 354 波波娃研究

Bodrova, Elena 410 埃琳娜·博德罗娃
Bogart, Humphrey 192 汉弗莱·鲍嘉
Boggs, Wade 106 韦德·博格斯
Bollywood 19, 335, 339 宝莱坞
Bolt 443《闪电狗》
Bomb It 330《炸掉的它》
Bonds, Barry 310 巴里·邦兹
Bongiovanni, Gary 154 加里·邦乔瓦尼
Bonner, Joe 155 乔·邦纳
Bono 299, 307, 398 波诺
books 366–7, 403, 415–24, 426–8 *see also* graphic novels 书
boredom 255–6 厌倦
boundaries, blurring of 36, 40, 43, 45, 96, 98, 329, 516, 537 边界模糊
Bourdieus, Pierre 320 皮埃尔·布尔迪厄
boxing 221 拳击
Boyd, Todd 265 托德·博伊德
Brazil Incarnate 424《化身巴西》
BreakAway Games Ltd. 406
Breakthrough Gaming 294 突破游戏公司
Broadway musicals 83–4 百老汇音乐剧
Brown, Charles 255 查尔斯·布朗
bubblegum pop 435–6 泡泡糖流行音乐
Buddhism 289, 299 佛教
Buffet, Jimmy 463 吉米·巴菲特
Bugs' Life 442《虫虫特工队》
bullfighting 469–70 斗牛
Burke, Edmund 210
Burkhart, Kent 437 埃德蒙·博克
burlesque 455 滑稽表演
Burnett, Mark 189, 258 马克·伯内特
Burning Man festival 460 火人节
Burris, Chad 326 伯里斯·查德
Burstyn v. Wilson 222 思想交流的重要媒介 Burton, Rick 103 里克·伯顿
Bush, George W. 137, 393–4 乔治·W·布什
business as spectator sport 164–5 围观商业
business disputes 232–42 商业纠纷
business tourism 478, 489 商务旅游
Buzzplant 299 嗡嗡植物

C

C2C economy 77 共享经济
Calaway, Alicia 265 卡拉韦·艾丽西亚
campaigning 183, 394–6 竞选

Campbell v. Acuff-Rose 230–1 坎贝尔诉阿卡夫·罗斯案
Canada 316, 321, 340, 342, 436, 489, 495–6 加拿大
Cantona, Erik 538 埃里克·坎通纳
capitalism 6, 65, 336 消费社会
Carlin, George 217 卡林·乔治
Carnival 460 狂欢节
Carroll, Bill 389–90 比尔·卡罗尔
carrying capacities 493 环境承载能力
Cartoon Network 320–1, 449 卡通频道
cartoons 92, 430 *see also* animation; comics 卡通
casino gambling 370, 372–3, 378–9 赌博
casual games 531–2 休闲游戏
categorical imperatives 247, 251, 269 绝对命令
catharsis theory 87, 93, 97, 346–7, 353–4, 454, 531 宣泄理论
Caxton, William 416 威廉-卡克斯顿
CBS 90, 147, 170, 238, 258–9, 262, 296, 404, 444 哥伦比亚广播公司
CD sales 159–61 CD 销量
Celebrity Apprentice 357–8《名人学徒》
celebrity branding 181–3, 307 名人品牌代言
celebrity culture 13, 68, 97, 164–5, 225, 306–11, 520 名人文化
celebrity endorsements 126, 165–6, 181–2, 257, 281–2, 299–301, 389, 470, 538 名人代言
Celebrity Extreme Dodgeball 147–8 名人极限躲避球
Celebrity Index scores 71–2 名人指数得分
celebrity magazines 215, 434 名人新闻杂志
censorship 210, 216–17, 219–24, 338, 428 审查制度
Chandler, Raymond 雷蒙德·钱德勒
channel transnationalization 320 渠道跨国化
character development in sports 104–6 体育运动中的品格培养
characterization of audiences 53–4 受众特征
character-oriented gaming 34 面向角色的游戏
characters: main and obstacle 82–3; stock 107–8, 263–4 人物：主要人物和障碍人物
charity 307, 325, 399 慈善
Chatterton, Thomas 252 托马斯·查特顿
Chaucer 416 杰夫雷·乔叟
Chicken Little《四眼天鸡》
Child Actor Program 266 童星培养项目
Child On-Line Protection Act 218 children: as audiences 320–1, 333–4, 367; and new media 407–8, 518–19; and play 408–10, 488; programs for 320–1, 402–3; and violence 116–17, 351, 353–6; and work 266–7, 273–4《儿童在线保护法》
Children's Internet Protection Act 218《儿童在线保护法》
Children's Television Workshop 402 儿童电视工作室
Chile 288, 312, 323 智利
China 11, 19, 23, 68, 133, 204, 229, 309, 332–3, 415, 428, 中国 443; Beijing Olympics 13, 104, 166, 281, 322; and gambling 373, 375–6, 378–9; globalization 336–9; and new media 513, 517–18; tourism 398, 412, 493–4 北京奥运会
China Chic 424《中国风尚》
Chinatown, Los Angeles 501–2 洛杉矶唐人街
choices 172, 263, 352 选择
Chow Yun-Fat 326 周润发
Christianity 285–7, 289–90, 292–5, 299 基督教
Christians, C. 246, 248 基督徒
Christie, Agatha 422–3 阿加莎·克里斯蒂娜
Christo 459 克里斯托
Chudacoff, Howard 408–9 霍华德·丘达科夫
church distribution systems 298–9 教堂配电系统
circuses 10–11, 465–7 马戏团
Cirque du Soleil 466–7
Civil Rights movement 393, 411 民权运动
Clancy, Tom 137 汤姆·克雷西
Clapton, Eric 154 埃里克·克雷普顿
classical music 392–3, 452–8 古典音乐
Clear Channel 234, 239 美国清晰频道通信公司
Clemens, Roger 72 罗杰·克雷门斯
Cleveland Cavaliers 155 克利夫兰骑士队
Cline, Austin 261, 265 奥斯汀·克莱因
Clinton, Bill 236, 388 比尔·克林顿
Clinton, Hilary 388, 395–6, 446 希拉里·克林顿
Clone Wars 449 克隆战争
Cloud Ten Pictures 298–9 云十影业
Clowes, Daniel 328, 426
Club Med holidays 487 地中海俱乐部假期
Club Penguin 407–8, 518–19 企鹅俱乐部
CNN 32, 181, 320, 395 美国有线电视网
Coca-Cola 184, 190, 200, 325 可口可乐
codes of ethics 127, 221–2, 224, 245, 253, 266, 268–9, 275 道德规范
Coen, Joel and Ethan 489–90 科恩、乔尔和伊桑
coffee table books 423–4 茶几书
cognitive dissonance 121–2 认知失调
Cohen, Barnard 123–4 巴纳德·科恩

The Colbert Report 387 科尔迪克报告
Columbia Records 160, 271 哥伦比亚唱片公司
Comanche Moon 317–18《月满荒原》
comedy 11, 27, 88–92, 128, 385–9, 395, 444, 463–4 *see also* sitcoms 喜剧片
Comedy Central 11, 27, 444 喜剧中心
comics 292–3, 327–8, 333–6, 367, 424–6, 430–1, 447 漫画
COMIX35 293 国际非营利组织
commercialism 26, 65, 145–8, 245, 409, 438 商业化
The Common Sense Book of Baby and Child Care 422 婴幼儿护理常识手册
Communications Decency Act 218 通信体面法
communications theories 112, 127 传播理论
community standards 216–17 社区标准
competition-based programs 97, 100–1 以竞争为基础的节目
compulsive behavior 368–9 强迫性行为
Coney Island 202–3 科尼岛
conflict: cultural 114, 272–3, 292, 317; dramatic 80–2, 86–8, 93, 96–7, 100, 237, 265, 391, 444, 456, 528, 531 冲突：文化
Confucius 247–8 孔子
Congress Hotel dispute 236 国会酒店纠纷
conjuring acts 464–5 变戏法
consequentialism 253–6 结果论
consolidation 148–61, 331–2 整合
consumer lifestyles 74–5, 307 消费者生活方式
consumer-generated content 514–15, 518, 539 让消费者生成内容
consumerism 6–7, 18, 22, 56–7, 71, 74–7, 170–2, 183–4, 268–70, 307 *see also* audiences; fans; user profiles consumption system 55–6 消费体系
content analysis 119–20 内容分析
content, consumer-generated 514–15, 518, 539 消费者生成的内容
convergence 13–15, 28–9, 73, 148–61, 329, 510–11; consequences of 30–3; definitions 13, 24; and postmodernism 33–45; principles of 22–7 融合
Cook, Thomas 477 托马斯·库克
Cooper and Worchel experiment 122 库珀和沃尔切尔实验
Cop Killer 220–1 警察杀手
Copilevitz, Todd 408 托德·科普勒维茨
Copperfield, David 464–5 大卫·科波菲尔
copyright 224–32, 418

Copyright Royalty Tribunal 226
Copyright Term Extension Act 224–5, 227–8 版权
corporatization 42–3 企业化
Cosby Show 91《考斯比一家》
Cosmopolitan 338《时尚》
Country music 322–3 乡村歌曲
Couples, Fred 147 弗雷德夫妇
Cowell, Simon 170–1 西蒙·考威尔
Creative Commons 227, 232, 418 知识共享
creativity 22, 29, 254, 438, 457, 514 创造力
crime 132–4, 318, 323, 345, 378 犯罪
critical cultural theory 135 文化批评理论
cross-promotion 147–8 交叉促销
Cruise, Tom 190, 291 汤姆克鲁斯
cruises 487–9 游轮
Crumb, Robert 328, 426 罗伯特·克鲁姆
cult classics 172 邪教经典
cultivation theory 133–5, 263, 353 涵化理论
cultural and critical media studies 128–9, 346 文化与媒体批判研究
cultural conflicts 114, 272–3, 292, 317 文化冲突
cultural identity 315–22, 453, 530 文化认同
cultural imperialism 30–3, 126, 337, 397 文化帝国主义
cultural values 342–3 文化价值
culture jamming 64–5 文化反堵
cumulative and cultural effects 114, 128–36, 346 累积效应与文化效应
Cunningham, Merce 456–7 梅斯·坎宁安
Custer, Robert L. 378 罗伯特·L·卡斯特
cyberactivism 398–9 网络行动主义
cycling 278, 310 自行车
Cyworld 516, 518 赛我网

D

The Daily Show 11, 27, 444《每日秀》
dance 100–1, 285, 288, 445–6, 455–7 舞蹈
Dancing with the Stars 100–1, 446《与星共舞》
Daniels, Sky 435 丹尼尔斯
Darfur Is Dying 406–7《达尔富尔即将死亡》
Darnell, Mike 258 迈克·达内尔
Darr, Carol 399 卡罗尔·达尔
data mining 267–8 数据挖掘
Date Movie 90《约会电影》
The Dating Experiment 260《约会实验》
dating shows 102, 260 约会节目

Dave Matthews Band 154, 159, 474 戴夫·马修斯乐队
Davie Brown Index (DBI) 71 戴维布朗指数
Davis, J. 317 J·戴维斯
Davis, Ken 28 肯·戴维斯
Davis, S. M. 179 S.·M.·戴维斯
A Day in the Life 424《生命中的一天》
DC Comics 327–8, 447 DC 漫画
De Wael, Monique 251, 253 莫尼克·德瓦尔
Dead Space 524《死亡空间》
Deadheads 68, 396, 462–3 "感恩而死"迷
Dean, Howard 396, 399 霍华德·迪安
Dean, Zoey 366 佐伊·迪安
Death Race 355《死亡赛车》
Debt of Honor 137《美国开战》
deceptions 203, 251–6, 259–60, 262, 275–81, 517 欺骗
decision making 246–7, 250–1 决策方式
deconstructivism 40 解构主义
decryption software 227 解密软件
defamation 211–12, 325 诽谤
definitions: advocacy 385; attention 16; audiences 53–4; branding 176, 179; convergence 13, 24; cultural imperialism 30–1; drama 80; education 385; entertainment 4–6, 15–16; genre 86–7; leisure 7; new media 510–11; paradigm shift 111–12; play 8–9; postmodernism 33–5; theme 84, 193《定义：宣传》
DeFleur, Melvin 129 梅尔文·德弗勒尔
DeGeneres, Ellen 182 艾伦·德杰尼勒斯
Dehnart, Andy 265 安迪·德纳特
deindividuation 59 非分裂
demassification 52 分众化
demographics 429, 431–3, 452, 473, 516, 530, 535 人口统计数据
Denmark 32 丹麦
Denver Art Museum 500 丹麦艺术博物馆
dependency theory 129, 133, 263, 318 依赖理论
deregulation 150–2, 233 放松管制
desensitisation 351, 353 脱敏
"Desert Rose" 462《沙漠玫瑰》
designated driver campaign 404–5 指定驾驶员活动
destination regions 479, 481–2 目的地区域
detective novels 422–3 侦探小说
developing countries 337–8 发展中国家
developmental psychology 321 发展心理学

Di Sabatino, David 286 戴维·迪·萨巴蒂诺
dialog, advertiser-consumer 76–7 对话，广告-消费商
diamondlounge.com 303 社交商业网站
Dianetics techniques 292 戴尼提技术
Diaz, Cameron 211, 389, 398 卡梅伦·迪亚兹
difference 38 差异
diffusion: audience 49–50, 65, 67; innovation 129–30
diffusion theory 114–15《传播：受众》
digital advertising 146 数字广告
Digital Millennium Copyright Act 239《数字千年版权法》
digital rights 227–8, 418 数字版权
digital technology 73, 146, 186, 298, 333, 439–40, 515 数字技术
DigitalTrends.com 532 提供消费电子新闻、评论和见解的网站
DiMaggio, Joe 308 迪马乔
DimensionM 405 尺寸 M
direct observation measures 直接观察措施
Dirty Sanchez 350《肮脏之举》
disc jockeys 437–8 电台主播
Discovery channel 319–20, 322 探索频道
disinhibitory effects 125 抑制作用
Disney 62–3, 146–53, 162, 180, 186, 227, 233, 237–9, 491, 501, 510, 518–19; films 36, 149–50, 158, 172, 181–2, 298, 320, 350, 436, 441–4; Radio 435–6; theme parks and attractions 28, 36, 102, 150, 168, 200–5, 341 迪士尼
disparagement humor 88–9, 261, 385–9, 395, 444, 463 贬损幽默
Dispatch 393 迪斯派奇乐队
disposition theory 81, 93, 103 倾向理论
distraction principle 128 分散原则
distribution 22, 536–7 传播
diversity 150 多样性
divestiture 151–2 剥离
DIY record labels 78 DIY 唱片公司
"Do They Know It's Christmas?" 398《他们知道今天是圣诞节吗？》
doctrine of the mean 247–8 中庸之道
documentaries 319, 322, 350–1, 392 纪录片
documentary style 97, 101 纪实风格
Dodge 184–5 道奇
dog shows 468–9 腹语表演者

Doom 295, 355–6《毁灭战士》
Dr. Seuss 404, 442 苏斯博士
drama 27, 29, 85–6, 102–6, 286–9, 454; and conflict 80–2, 86–8, 93, 96–7, 100, 237, 265, 391, 444, 456, 528, 531 戏剧
dramatic formula 80–6 戏剧
Dramatica theory 82–4 戏剧理论
DreamWorks 36, 441–3 梦工厂
DRM issues 227–8 数字版权管理
drugs 276–80, 310–11, 356–62 药物
dubbing 228–9 配音
Dunaway, Michael 436–7 迈克尔·达纳韦
DVDs 100, 156–8, 237, 298, 443 数字影碟
Dyack, Denis 530 丹尼斯·戴亚克
Dylan, Bob 393–4 鲍勃·迪伦

E

e-activism 398–9 电子行动主义
economic downturn 172–3, 190–1, 471 经济衰退
economic factors 143–8, 375–6, 427, 440, 453 经济特征
eco-tourism 275, 489 生态旅游
Eden, Kate 321 凯特
editing strategies 97, 260, 265 编辑策略
editorial content 431–2 编辑内容
education/edutainment 15, 28, 228, 291, 360, 385, 402–10, 478 教育/娱乐
Edwin of the Iron Shows 422《铁面人埃德温》
Egypt 284, 289, 495 埃及
Eightball 328, 426《八号球》
electronic publishing 416, 419–20, 511 电子出版
Elle magazine 338 时尚杂志
Elliott, Deni 248, 273 德尼·埃利奥特
e-mail 92, 303, 395 邮件
eMarketer 146, 534 电子营销
Eminem 325 阿姆
emotional reactions 81, 104, 106–7, 306, 341, 376 情绪反应
empathy 81–2, 94–5 同理心
end-justified approaches 254–5 目的明确的方法
Enquirer 211 调查者
entertainment effects 110–11, 137–8 see also impacts; media effect theories; media effects; cumulative and cultural effects theories 128–36; historical contexts 111–15; limited effects theories 112–14; 121–7, 352; physiological 111, 128, 365, 377; research methods 115–21 娱乐效果
Entertainment Weekly 20, 258《娱乐周刊》
Entropia Universe 17, 518 安特罗皮亚世界
environmental concerns 272–3, 334, 392, 398, 493–4, 497–8 环境问题
environments, simulated 168–9 模拟环境
epicenters concept 41 震中概念
equal competition 279–80 平等竞争
ER 96
EReader 227, 418 一款电子书阅读器名
escapism 16, 86–7, 434 逃避现实
ESPN 20, 181, 346, 399–400 娱乐与体育电视网
esthetics, marketing 491–2
ET 190, 389 美容市场营销
ethical issues 192, 196, 245–6, 263–5, 282, 467, 531–2; philosophical perspectives 246–9; in sports 275–81; and storytelling 251–62; in tourism 272–5 道德问题
Ethiopia 398 埃塞俄比亚
ethnicity 19, 84, 100, 133, 199, 326–7, 335, 501–2; and culture 315–22; and origins of entertainment 322–8 族裔
ethnographic research 70, 116 人种学研究
E-tizing publicity 281–2 电子宣传
EuroDisney 205 欧洲迪士尼
Europe 226, 289, 294, 496 欧洲
Evanovich, Janet 423 珍妮特·埃文诺维奇
Evenstad, Ben 251 本·埃文斯塔德
event sponsorship 186–8, 325 活动赞助
everyday life performances 50 日常生活表演
evolution of audiences 56–7 受众演变
The Ex List 445–6《前任名单》
excitation transfer theory 85–6, 93, 346, 365–6 兴奋迁移理论
existentialism 127 存在主义
expectancy-value theory 69 期望价值理论
expectations 307 期望
Expedition Robinson 261 鲁滨逊漂流记
experience 5–6, 15–18, 25–6, 56, 177, 191, 194–5 经历
Experience Music Project, Seattle 39 体验音乐项目
experimental research 116–20 实验研究
exploitation 272–6 开发
exposure methods 116–21 曝光方法
extreme sports 504–5 极限运动

Eyes Wide Shut 243《大开眼界》

F

Fable II 524《神鬼寓言2》
fabrications 203, 251–4, 259–60, 262 制造
Facebook 18, 83, 183, 186, 302–4, 312, 515–16 脸书
Fackler, M. 246, 248
factory model 514, 535–6 出厂型号
Fade In《淡入》
Fahrenheit 9/11 392《华氏9·11》
fairness doctrine 212–14; fair play 279–80; fair use 230–2 公平原则
faketainment 201, 251 虚假娱乐
Falco, Edie 389 伊迪·法尔科
Fallon, Tiffany 357–8 蒂芙尼·法伦
Fallout 3 524《辐射3》
Falwell v. Flynt 212
fame 68, 72, 98, 333 法尔韦尔诉弗林特案
families on TV 446–7 电视上的家庭
Family Friendly Programming Forum 447 家庭友好型节目制作论坛
Family Guy 238, 390《全家福》
fanaticism 58 狂热
FanLib 525 旨在创造互动
fans 6, 25, 52–3, 57–61, 67, 78, 183–5, 346–9, 458, 462, 505 粉丝
Fantagraphic Books 328, 426 幻图公司
fantasy 9, 25, 38, 45, 80, 97, 201–5, 334, 430, 499–500, 536; violent 351–4, 367, 424; virtual 518, 522–4, 526, 530–1 幻想
fanzines 78 粉丝杂志
Farley, Frank 308–10 弗兰克·法利
Farro, Josh 161 乔什·法罗
fashion 38–9, 45, 130, 306, 325, 338, 424 时装
"The Fashion of The Christ" 46–7 基督的时尚
Faules, Don 131 唐·福尔斯
FCC 212–13, 217–20, 233, 271, 329 美国联邦通信委员会
FCC v. Pacifica Foundation 218 联邦通信委员会诉太平洋基金会
Federal Trade Commission 268, 271 联邦贸易委员会
FedEx 389, 471 联邦快递
Feiffer, Jules 430 朱尔斯·费弗尔
Feinstein, Dianne 213 戴安娜·费恩斯坦
feminist theory 135, 188 女性主义理论
Ferrell, Will 148 威尔·费瑞尔

festivals 19, 288–9, 323, 339–40, 444, 460–1 节日
Fey, Tina 385 蒂娜·费伊
Fiasco, Lupe 325 鲁佩·菲亚斯科
fictive reality 133 虚构现实
field research 118, 123, 320 费尔菲尔德公司
film industry 13, 36–7, 43–4, 156–8, 221–4, 293–4, 325–6, 330–1, 391–2 *see also* DVDs; individual films, directors, actors 电影业
Filmaka.com 187 一个网站
Fingeroth, Danny 336 丹妮·芬格斯
Finke, Nikki 238 尼基·芬克
Fin-Syn Rules 233 联合规则
First Amendment 210–12, 215–16, 218–19 第一修正案
First Nations 316 原住民
"first run movies" concept 13 首映电影
first-person shooter games 35, 356 第一人称射击游戏
Firth, Nicholas 270 弗斯·尼古拉斯
flagship stores 200 旗舰店
flamenco 285 弗拉门戈
Flash Seats 155
Fleischer, Ari 389 闪座公司
Flickr 516 照片共享网站
Flinders, Ramesh 254 拉梅什·弗林德斯
Flohr, Bruce 159–60 布鲁斯·弗洛尔
Flynt, Larry 212 拉里·弗林特
focus groups 116 焦点小组
folk music 392–3, 395 民间音乐
folktales 133 民间故事
Food Force 406《粮食力量》
football 105, 300, 538–9 足球
football hooliganism 348–9 足球
Forbes Magazine 72 福布斯杂志
A Force More Powerful 406《更强大的力量》
foreign-language media 319–20 外语媒体
Forrester Research Inc. 156, 302 独立技术和市场研究公司
Fotolog 312 图片博客
Four Sheets to the Wind 326–7《风帆》
4Ps/4Cs mix marketing 176–8, 491 组合营销
Fox 25, 170–1, 224, 233, 238, 258–9, 296, 298–9, 398–9, 441, 444 福克斯
France 454, 496 法国
franchises 42 专营权
Frank, Paul 256 保罗·弗兰克
Frankenbiting 260 科学怪人弗兰肯斯坦

Franklin, Benjamin 210 本杰明·富兰克林
free entertainment 18, 531–2 免费娱乐
Free Realms 524《自由国度》
free speech 210–11, 253, 416 言论自由
Freed, Alan 271, 436 艾伦·弗里德
freedoms and powers 246–7 自由与权力
free-form radio 438 自由式广播
Freud, Sigmund 80, 88–9, 97, 333 西格蒙德·弗洛伊德
Frey, James 251 詹姆斯·弗雷
Friedberg, Jason 90 杰森·弗里德伯格
Friends 91, 164, 257, 360, 447 老友记
Friendster 312, 515 朋友网
Frisbee, Lonnie 286 朗尼·弗里斯比
Fueled By Ramen 160–1 佛罗里达州公司"燃情拉面"
fundraising 399 筹集资金
fusion journalism 26–7 融合新闻
futuretainment 28, 535–7 未来娱乐

G

gambling 12, 240–2, 370–3, 375–9, 527–35; lotteries 11–12, 84, 374–5, 380–1 赌博
Game of Shadows 310《阴影下的比赛》
game shows 95, 98, 100–1 游戏节目
game theory 276–7 博弈论
GameCube 162 任天堂
games 11–13 *see also* video games 游戏
Gandy, O. 317 甘地·O.
Garrett, Murray 424 默里·加勒特
gated sites 303 封闭型社交网站
Gates, Bill 164–5 比尔·盖茨
Gatlin, Justin 310 贾斯汀·盖特林
Gatorade 165, 310 佳得乐
Gauntlett, David 407 大卫·冈特莱特
gay and lesbian critiques 135 同性恋批评
gaze theory 65, 480 凝视理论
Gehry, Frank O. 39–40 弗兰克·O.盖里
Geico 186, 188 保险公司
Geldof, Bob 398 鲍勃·盖尔多夫
gender issues 7, 18, 120, 127, 346, 351, 363–6, 422–3, 446, 464; and globalization 333, 338; and legal issues 230, 243; and narratives 94, 106; and new media 530–1
genre blending 29, 35, 102, 537 性别问题
genre theory 188 类型理论

genres 80, 86–7, 93–5, 102, 334, 529 *see also* comedy; reality TV 类型
Gerace, Sam 155 萨姆·格拉切
Gerbner, George 133–5 乔治·格伯纳
Germany 68, 331, 337, 398, 441, 454, 539 德国
Gerson, Errol 92 埃罗尔·格森
Ghost World 426《幽灵世界》
Giant 489《巨人》
Gibson, Mel 293–4 梅尔·吉布森
Gilbert, Dan 155 丹·吉尔伯特
Giorgio Armani 424 乔治·阿玛尼
Global Underground Film and Music Fest 339–40 全球地下电影和音乐节
global values 342–3 全球价值观
globalization 19, 30, 288, 293, 295, 328–36, 372–3; and American influence 336–41; and socialization 312–13 全球化
God Save the Queen 220《天佑女王》
Godspell 288 福音
Goldberg, David 98 大卫·戈德堡
Golden Era 292 黄金时代
golden mean 247–8, 251 中庸之道
golden rule 246, 251 黄金法则
Goldhaber, Michael 16, 144, 164–6 迈克尔·戈德海伯
go-motion technology 441 动态运动艺术
Gone with the Wind 222, 226, 265《乱世佳人》
good vs evil elements 95, 105–6, 316 善与恶的元素
Google 152, 303, 538–9 谷歌
Gore, Al 385, 392, 398 阿尔·戈尔
gospel music 289, 296 福音音乐
Gossip Girl 367《绯闻女孩》
Gracenote 270 美国数字娱乐公司"优雅音符"
Graden, Brian 98 布莱恩·格拉登
graffiti 329–30 涂鸦
Grand Argument Story 82 全面论证故事
Grand Canyon 262–3 大峡谷
Grand Theft Auto 35, 316, 355, 367–8《侠盗猎车手》
graphic novels 292–3 漫画
Grateful Dead 68, 159, 396, 460, 462–3 感恩而死乐队
gratification sets 63, 69, 491–2 寻求满足感的人群的集合
The Great Debaters《伟大的辩论家》
Greece (ancient) 11, 284–5, 386 古希腊
Green Day 394, 460 绿日乐队

green marketing 190 绿色营销
Greenberg, Mark 522–3 马克·格林伯格
Greenfield, Jeff 256 杰夫·格林菲尔德
Grindhouse 94《刑房》
group identity 305, 315 群体身份
Guess Who's Coming to Dinner? 134, 135《猜猜谁来吃晚餐》
Guinness Book of Records 421 吉尼斯世界纪录
Guitar Hero 461, 524《吉他英雄》
Gundersen, Edna 436 艾德娜·冈德森
Guns N' Roses 220, 461 枪炮与玫瑰乐队
Guthrie, Woody 393–4 伍迪·格斯里
gymnastics 281 体操

H

hacking 269, 304 黑客攻击
Haga, Carline 228 卡琳·哈加
Haitians 355 海地人
Hanuman 295 哈努曼
Harjo, Sterlin 326 斯特林·哈乔
Harley Davidson and the Marlboro Man 191《铁汉狂奔》
Harris, Ed 459 埃德·哈里斯
Harry Potter 108, 125, 172, 483, 536 哈利·波特
Hays Office Motion Picture Code 221–2 海斯办公室电影代码
HBO 389, 444, 447 美国有线电视网络
health risks in sports 278–80 运动中的健康风险
health tourism 478, 488 医疗旅游
Hearst, William Randolph 428 威廉·兰道夫·赫斯特
heavy metal 364 重金属音乐
hedonism 9, 249, 251, 478, 530 享乐主义
Hegel, Friedrich 169 弗里德里希·黑格尔
Hendrix, Jimi 393, 460 吉米·亨德里克斯
Henson, Jim 441 吉姆·汉森
hi5.com 312, 516 网站名
hierarchies 127 等级制度
High School Musical 436
Hill, Annette 261《歌舞青春》
Hilton, Paris 72, 181–2, 260 帕利斯·希尔顿
Hinduism 284, 289, 335 印度教
hip hop 323–5, 339–40, 364, 393, 436–7, 447, 457, 463 嘻哈
hippies 285–6, 462–3 嬉皮士

Hispanic cultures/media 31, 319–20, 326 西班牙文化/媒体
historical analyses 116 历史分析
historical contexts: books 403, 415–16, 424; comics 430; entertainment 322–8; entertainment effects 111–15; games 11–12; internet 512; live performance 10–11, 452–4; music 322–8; performance 282–92; radio 437; religious performance 284–7, 289; satire 386; sports 12–13, 116, 401; tourism 477–8 历史背景
Hitchcock, Alfred 350, 422 阿尔弗雷德·希区柯克
hits 169–72 热门作品
hoaxes 253–6, 517 恶作剧
Hofstede, Geert 342–3 吉尔特·霍夫斯泰德
Hollywood 148, 247, 307, 330–1, 337, 341, 356–7, 424, 501 好莱坞
Hollywood Candid 424《好莱坞机密》
Holocaust Memorial 196 大屠杀纪念馆
Holy Land Experience 205, 291 "圣地体验"宗教主题公园
Home Improvement 91, 108, 164《家居装饰》
homogenization 57, 306 同质化
Hong Kong 200, 204–5, 229, 319, 333, 342, 379, 539 香港
hooliganism 348 足球流氓行为
horizontal integration 233–4 横向整合
horror 93–5 恐怖
Horton Hears a Who 442《霍顿听见了呼呼的声音》
hosts/hospitality industry 152–4, 163, 236, 480–1, 485–6, 507 主办/酒店行业
Hottest Mom in America 102《美国最火热的妈妈》
house edge 374 庄家优势
house music 436 浩室音乐
Hovland, Carl 121 卡尔·霍夫兰
Howard, Dennis 103 丹尼斯·霍华德
Howell, Bailey 58 贝利·豪厄尔
Hubbard, Elbert 421 艾尔伯特·哈伯德
Hubbard, L. Ron 291–2 L.罗恩·哈伯德
Huizinga, J. 8–9 约翰·赫伊津哈
Hulu.com 13, 447–8 rights issues 412 美国视频网站
humor 11, 27, 88–92, 128, 261, 385–9, 395, 444, 463–4 幽默
Hungary 495 匈牙利
Huntley, Chris 82 克里斯·亨特利
Hurricane Katrina 394, 411, 460 飓风卡特里娜
Hustler 212《好色客》

Hutty, Malcolm 526 马尔科姆·哈蒂
hybridity 31, 35, 444, 466 混合性
hyperreality 37–8, 45, 195–6 超现实

I

I Am Charlotte Simmons 416《我是夏洛特·辛普森》
IATSE 237–8 国际戏剧舞台雇员联盟
iBiquity Digital 439 数字公司（美国数字广播技术公司）
Ice House 463–4 冰屋
Ice T 220–1 艾斯·T
iconography 336 图像学
icons, athletes as 310–11 作为偶像的运动员
identification theory 81, 95, 124, 172, 306, 355, 469 认同理论
identities 38–9, 57, 59, 78, 268, 305, 315–22, 332–3, 453, 30–1; social identity theory 317, 325 身份
Iger, Robert 158 罗伯特·艾格
Igor 442 伊戈尔
Ikea 32, 184 宜家
Il Miracolo 222《奇迹》
illegal downloads 158, 173 非法下载
Illinois Institute for Addiction Recovery 378 伊利诺伊州成瘾康复研究所
illusionists 464–5 魔术师
imaginative play 409 想象游戏
"Imagine" 297《想象》
IMAX 443, 486 巨幕电影
imbedded advertising 188–93 嵌入式广告
IMDb.com 94 互联网数据库
imitation 124, 307, 354 模仿
impacts: of American influence 340–1 美国的影响; of books 427–8; of gambling 376–8; television 352–3; of television 321–2, 325; of tourism 492–4; of violent content 352–3 imported cultures 341 进口文化
In His Steps 422《跟随耶稣的脚步：耶稣会怎么做？》
In Style magazine 433–4 风尚杂志
In the Heights 83–4《身在高地》
incitement 219–24 煽动
inclusive holidays 478–9 包办假日
incongruity-resolution 89 不协调解决
indecency 216–19 不雅
independent films 327 独立电影

independent record labels 78 独立唱片标签
in-depth interviews 116 深度访谈
India 11, 19, 285, 297, 335, 338–9, 375, 404, 502–3, 516 印度
Indian Gaming Regulatory Act 241–2 印第安博彩管理法案
Indiana Jones films 441, 449 印第安纳·琼斯电影
indie-rock bands 160 独立摇滚乐队
individualism 127, 342 个人主义
Indonesia 338 印度尼西亚
industry ethics 266–72 行业道德
infamy 72 丑闻
information overload 134–5, 144, 333 信息过载
informative functions 86–7, 96 信息功能
infotainment 26–7, 144, 245, 255, 385, 387–8 资讯娱乐
in-group/out-group biases 59 内群体/外群体偏见
inhibitory effects 124–5 抑制效应
INmobile.org 303 网站名
insider-based marketing strategy 171 基于内部人士的营销策略
installation art 459 装置艺术
instrumental attention 16 工具性注意
integrated audience numbers 69–70 综合观众人数
Integrated Brand Communication 74 整合品牌传播
integrated marketing communication 145–8 整合营销传播
Integrated Marketing Culture 146–7 整合营销文化
integration 14–15, 56, 146–7, 184, 233–4, 257, 331 整合
intellectual property 224–32 知识产权与版权
interactivity 63–4, 66, 396, 398, 452, 510–11, 521–6, 539 互动性
inter-governmental disputes 240–2 政府间争端
inter-industry disputes 239–40 行业间争端
international film market 157–8 国际电影市场
International Olympic Committee 277, 279–80 国际奥林匹克委员会
International Standards Organization 227, 418 国际标准化组织
internet 13, 32, 76, 171, 228–9, 298–9, 332–3, 512–14 *see also* online media; virtual reality; and advocacy 395–6, 398–9; and branding 183, 186, 193; and ethical issues 255–6, 268–9 互联网
interpretation 126–7, 365 解释
interpretive communities 63 解释性社群

Interpublic 258 国际公众集团
interstitial program 147–8 插播节目
intertextuality 35, 37 互文性
Intervention 361 干预
Interview magazine 20 杂志
intrusiveness 267–8 侵扰性
Inuit 316 因纽特人
investigative journalism 27 调查性新闻报道
Investing in the Great Uranium Bull Market 420 投资大铀牛市
Iraq War 393–4, 407 伊拉克战争
Ireland 206–7 爱尔兰
Iron Man 335–6 钢铁侠
irony 36, 89 讽刺
Irving, Clifford 252
Is It Just Me? 28《这就是我吗？》
Islam/Islamic perspectives 126–7, 219, 284–5, 288, 294, 299, 334–5, 337–8, 340 伊斯兰教
isolation 169, 399 孤立
Israel 335, 446 以色列
Italy 12, 348, 372, 454–5, 460 意大利
iTunes 83, 229, 238, 444, 455, 462 苹果公司的音乐和多媒体播放应用程序
Ja Rule 524 美国说唱歌手
Jackass 95, 98, 100, 263, 350 蠢蛋
Jackson, Andrew 496 安德鲁·杰克逊
Jackson, Jesse 375 杰西·杰克逊
Jackson, Lizzie 407 莉齐·杰克逊
Jackson, Michael 251, 270 迈克尔·杰克逊
Jackson, Randy 171, 445 兰迪·杰克逊
Jade World 319 翡翠全球电视
James Bond films 191, 282 詹姆斯·邦德电影
"James Brown Is Dead" 436–7《詹姆斯·布朗之逝》
Japan 11, 289, 293–5, 331, 398, 430, 532; *anime* 294, 334; *manga* 333–4, 367 日本
Jay-Z 72, 339 美国说唱歌手
JBNR 538–9 缩写
Jefferson, Thomas 210 托马斯·杰斐逊
Jeffries, Jim 221 吉姆·杰弗里斯
Jenkins, Henry 22, 25, 521 亨利·詹金斯
Jennings, Lyfe 363 莱夫·詹宁斯
Jesus Christ Superstar 287–8《万世巨星》
Jesus freaks 285–6 耶稣狂热者
Jet magazine 433 杂志
Joga 538–9 瑜伽

Johnson, Jack 221 杰克·约翰逊
Johnson, Steven 25 史蒂文·约翰逊
Johnston, D. 94 D.约翰斯顿
Jolie, Angelina 72, 215, 327 安吉丽娜·朱莉
Jones, Chuck 426, 441 查克·琼斯
Jones, Marion 310–11 马里昂·琼斯
Jones, Tommy Lee 130, 490 汤米·李·琼斯
Jordan, Michael 72, 164–6, 182, 307–8, 310, 470 迈克尔·乔丹
Joyce, James 216 詹姆斯·乔伊斯
Judaism 289, 299, 335 犹太教
Jungles 424 丛林
Juno 359 朱诺
Jurassic Park 162, 441《侏罗纪公园》
Just Shoot Me 525《其父"奇"女》

K

KÁ 466–7 缩写
Kaiser Family Foundation 360 Kallman, Craig 159, 161 凯撒家庭基金会
Kant, Immanuel 247 克雷格·卡尔曼
Kaplan, Martin 282, 389 伊曼努尔·康德
Katzenberg, Jeffery 443 马丁·卡普兰
Keady, Jim 412–13 杰弗里·卡森伯格
Keys, Alicia 338 吉姆·基迪
Kids Pick the President 390《总统选举儿童联络小组》
Kilar, Jason 447–8 杰森·吉拉尔
Kilbourne, Jean 120 简·吉尔伯恩
Kill Bill 45, 108《杀死比尔》
Killing Us Softly 120
Kindle 511
King, Martin Luther 169, 352, 483 马丁·路德·金
King Tut's Wah Wah Hut 171《图坦卡蒙的哇哇小屋》
Kinko's 64, 169 金考快印
Kiss 461–2 吻乐队
Kitson 281–2 基特森
Klapper, Thomas 123 托马斯·克拉珀
Klein, Naomi 31–2 娜奥米·克莱因
Knott's Berry Farm 201 诺特贝里农场
Koolhaas, Rem 41 雷姆·库哈斯
Korea 333, 516 韩国
Korman, Eric 155 埃里克·科曼
Kotler, Philip 176, 178 菲利普·科特勒
Kroeber, Ted 326 特德·克罗伯
Kung Fu Panda 442–3《功夫熊猫》

L

The L Word 525《拉字至上》
L.A. Style 436 洛杉矶风格
labor disputes 234–9 劳资纠纷
laboratory research 116–20, 354 实验室研究
Ladd, Jim 437–8 吉姆·拉德
Lady Luck campaign, Virginia 380 弗吉尼亚州的好运女士运动
Laguna Beach 100–1 拉古纳海滩
Laguna Beach tourism 506–8 拉古纳海滩旅游业
Lamm, Ronnie 355 罗尼·拉姆
Lance Armstrong Foundation 399 兰斯·阿姆斯特朗基金会
Lander, Christian 318–19 克里斯蒂安·兰德
Landis, Floyd 310 弗洛伊德·兰迪斯
Lapine, Missy Chase 211 米西·蔡斯·拉皮恩
Las Vegas 168–9, 201–2, 372, 379, 499
Las Vegas 358 拉斯维加斯
Lasswell, Harold 113 哈罗德·拉斯韦尔
Law and Order 358《法律与秩序：犯罪倾向》
laydown distribution 420 平铺式分销
Lazarsfeld, Paul 113 保罗·拉扎斯菲尔德
Lazydork 520 懒呆呆
Le Bon Marché 197 乐蓬马歇
League of American Theaters and Producers 453 美国剧院和制片人联盟
Led Zeppelin 365 齐柏林飞艇乐队
Lee, Stan 425–6 斯坦·李
Left 4 Dead 524《左死》
Left Behind 295, 299《末日迷踪》
legal issues 64–5, 209–16; censorship and incitement 219–24; disputes 234–44; gambling 375–6; indecency and obscenity 216–19; 法律问题 intellectual property and copyright 224–32, 418; 知识产权和版权 ownership issues 232–42 所有权问题
Legally Blonde 83, 445《律政俏佳人》
Leibovitz, Annie 424 安妮·莱博维茨
leisure 7–8, 97, 167–9 休闲
Leno, Jay 11, 387, 464 杰·雷诺
Les Galéries Lafayette 197 老佛爷百货集团
Let's Talk about Sex 243《让我们谈谈性》
Letterman, Dave 11, 387–8, 464 戴卫·莱特曼
Levak, Richard 261 查德·里瓦克
Li, Charlene 302 李夏琳

libel 211–12 文字诽谤
libertarianism 252, 254 自由主义
libraries 428 图书馆
licensing 181, 210, 226, 232 品牌授权
Lieberman, Al 178 阿尔·利伯曼
Lieberman, Joseph 355 约瑟夫·利伯曼
lies and truth 253–6 谎言与真相
Life on Mars 444, 446《火星生活》
lifestyles 38–9, 71, 74–5, 186, 307 生活方式
limited effects theories 112–14, 121–7, 352 有限效果理论
Linda McCartney's Sixties 424《琳达·麦卡特尼的60年代》
linear narrative 34, 523 线性叙事
LinkedIn 303, 517 领英
The Lion King 149–50, 172, 181, 441, 501《狮子王》
Lippmann, Walter 112 沃尔特·李普曼
Lipstick Jungle 358《口红丛林》
listening behaviors 363, 440 倾听行为
literacy 415, 427 读写能力
The Little Matchgirl 444《卖火柴的小女孩》
Little Big Planet 524《小小大星球》
Live Earth 398 "活乐地球"
Live Nation 156, 159, 473–4 美国莱恩公司
live performances 13, 54–60, 154–6, 347; 现场表演 classical 452–8; 古典 historical contexts 10–11, 452–4; 历史背景 popular 458–70, 472–4; 流行 sports 470–2 体育比赛
"Live Strong" wristband 399 "活得坚强"腕带活动
Lodiers, Patrick 254 帕特里克·洛迪耶斯
"lonelygirl15" 146, 251, 253–5, 517, 520 优兔网上一名用户的网名为"lonelygirl15"
Long, Geoffrey 448 杰弗里·隆
long-term effects 134 长期影响
Lord, Daniel 222 丹尼尔·洛德
Lordi 159 洛迪乐队
Los Angeles Dodgers 62 洛杉矶道奇队
Lost 83, 87, 444《失落》
The Lost Ring game 185 游戏《丢失的指环》
lotteries 11–12, 84, 374–5, 380–1 彩票
Love and Consequences 251《爱及后果》
loyalties 250–1 忠诚
Lu Chuan 443 陆川
Lucas, George 91 乔治·卢卡斯
Luce, Ron 290 罗恩·卢斯
Luckmann, Thomas 131 托马斯·卢克曼

Lucky Chance 184–5 洛基
Lucky Numbers campaign, Washington DC 380–1 华盛顿的幸运数字游戏
Luna Park 202 月神公园
luxury tourism 490–1 奢华旅游
Lynch, David 35 大卫·林奇
lyrics publishers 270 歌词出版

M

McAlister, Matthew 146 马修·麦卡利斯特
Macau 229, 373, 378–9 澳门
McBride, Terry 436 麦克布赖德，特里
McCain, John 372, 395, 400 麦凯恩，约翰
McCartney, Paul 462 麦卡特尼，保罗
McClellan, Scott 396 麦克莱伦，斯科特
McCollum, Kevin 84 麦科勒姆，凯文
McDonald's 31, 65, 185, 259, 495 麦当劳
McGee, American 530 麦吉，美国
The McGuffey Readers 421 麦戈菲读物
McKagan, Duff 461 麦凯根，达夫
McLuhan, Marshall 536 麦克卢汉，马歇尔
McMahon, Vince 106 麦马洪，文斯
Madagascar 442–3 马达加斯加
Madonna 159, 163, 424, 462, 473 麦当娜
magazines 215, 431–4 杂志
magicians 464–5 魔术师
Magna Global Entertainment 187, 258 玛格纳全球娱乐公司
Maher, Bill 388–9 梅赫，比尔
mainstreaming 134 主流化
make-believe play 409–10 假装游戏
makeover shows 101–2 整形改造节目
makethemplayfair.com 399 公平竞技网
Malaysia 333 马来西亚
malls 196–7 购物中心
manga 333–4, 367 漫画
Manga Messiah 293 漫画《弥赛亚》
Manigault-Stallworth, Omarosa 265 欧玛罗莎·马尼戈·斯托沃斯
Marbury, Stephon 166, 399, 411–13 斯蒂芬·马布里
Marfa resort 489–90 马尔法度假村
Mario 72 马里奥
marketing 26, 70, 186–8, 298–9, 418–20, 438, 486–91, 536–7 市场营销 *see also* advertising; branding; product placements; promotions; 4Ps/4Cs mix 176–8; 见：广告；品牌建设；产品植入；促销；4Ps/4Cs 组合 online 18, 255, 299, 531–5; 在线 segmentation 70–7, 101, 156, 492 细分
marketplace of ideas concept 210 思想市场概念
Marvel Comics 327–8, 430 漫威漫画
Marxism 135, 401 马克思主义
mass media 13–15, 61–72 大众传媒
mass society theory 112–13 大众社会理论
materialism 408 物质主义
Mather, Jay 246 杰·马瑟
The Matrix 25, 90, 162, 243《黑客帝国》
Mattel 189, 257, 409 美泰公司
Maximum Rock & Roll 78《最大的摇滚》
mean world syndrome 134 冷酷世界症候群
meaning-oriented theories 69 意义导向理论
media choice factors 65–6 媒体选择因素
media effect theories 69, 111–15; 媒介效果理论 attitude change theory 121–3; 态度改变理论 audience theory 69–72; 受众理论 catharsis theory 87, 93, 97, 346–7, 353–4, 454, 531; 宣泄理论 Communications theories 127; 传播理论 Cultivation theory 133–5, 263, 353; 涵化理论 dependency theory 129, 133, 263, 318; 依赖理论 disposition theory 81, 93, 103; 倾向理论 Excitation transfer theory 85–6, 93, 346, 365–6; 兴奋迁移理论 inhibitory effects 124–5; 抑制效果 limited effects 112–14, 121–7, 352; 有限效果 Mass society theory 112–13; 大众社会理论 mood management theory 86; 情绪管理理论 priming theory 125–6, 346, 355, 365; 启动理论 reinforcement theory 123–4; 强化理论 uses and gratifications theory 63, 69, 491–2 使用与满足理论
media effects 134–5, 260–5, 311, 402–10 媒介的影响
media literacy 263 媒介素养
medical ethics 279 医学伦理
medical programs 102 医学节目
Meet the Press 27, 387, 390《与媒体会面》
mega-corporations 151–3, 232, 330 超级大公司
Mehlman, Maxwell 277, 280 麦克斯韦·梅尔曼
Men in Black 89, 130《黑衣人》
merchandising 483–5, 507 商品化
mergers and acquisitions 148–53, 329, 332, 374, 399, 427–8, 519 并购
A Message to Garcia 421《致加西亚的信》
meta-emotions 87 元情感
method acting technique 341 方法演技技巧

Metreon servicescape 199–200 米特里恩服务空间
Mexico 404, 488 墨西哥
MH2 319 一个独立的非商业性电视频道
Michaels, Lorne 98 洛恩·迈克尔斯
Mickey Mouse 409, 441《米老鼠》
micro-blogging 518 微博
Microsoft 137, 152, 162–5, 187, 303 微软
Middle East 338, 340, 428 中东
militarism 391, 405–6 军国主义
Mill, Harriet Taylor 248–9 哈丽雅特·泰勒·米勒
Mill, John Stuart 210, 248–9 约翰·斯图亚特·穆勒
Millennium Copyright Act 228《数字千年版权法案》
Miller v. California 216 米勒诉加利福尼亚案
A Million Little Pieces 251《百万碎片》
Milton, John 210, 252 约翰·弥尔顿
Minevich, Mark 376 马克·米内维奇
Minimax 321 匈牙利儿童频道
minimum basic agreements 237 最低基本协议
misattribution theory 89 错误归因理论
Mission Viejo 201 米逊维耶荷市镇
Miyamoto, Shiguru 162, 532–3 宫本茂
M&M 189, 200 一支乐队
mobile devices 25, 191, 304, 332, 398, 532–3 移动设备
modeling 124–5 建模
modern dance 456–7 现代舞蹈
modernity 31, 37 现代性
Monda, Antonio 299 安东尼奥·蒙德
monopolies 150–1, 173–4 垄断
Monroe, Marilyn 225 玛丽莲·蒙罗
Monster vs. Aliens 442《怪物大战外星人》
Montana, Hannah 155 汉娜·蒙塔娜
Montana Meth Project 362 蒙大拿州毒品项目
mood management theory 86 情绪管理理论
Moore, Michael 392 迈克尔·摩尔
moral issues 345, 389, 401, 412 道德问题
moral values 126–7, 308, 323 道德价值观
Morality plays 287 道德剧
Morgenstern, Oskar 276 奥斯卡·摩根斯坦
Morrison, Toni 421 托尼·莫里森
Mothers Opposed to Bush 389《母亲反对布什》
motion capture technology 441 动作捕捉技术
motivation of audiences 56–8 观众动机
Mötley Crüe 220, 462 美国重金属乐团克鲁小丑
MoveOn 398–9 自由主义倡导组织"继续前行"
Movie Extra 147–8 电影特技

MP3 228–9, 440 一种能播放音乐文件的播放器
MPAA 222–3, 243, 269 美国电影协会
MSN 187, 363, 366, 395, 398 微软网络
MTV 31, 98, 187, 390, 445 音乐电视网
Mulholland Drive 44《穆赫兰道》
Muller, Marcia 422 玛西娅·穆勒
Mulpuru, Sucharita 156 苏查里塔·穆尔普鲁
multi-player games 355–6, 533 多人游戏
multiple rights deals 158–61 多重版权交易
multiple-sensory experiences 28 多感官体验
multi-tasking 333 多任务处理
Murdoch, Robert 151, 170 鲁珀特·默多克
museums 28, 42–3, 196, 430, 482–3, 498–500 博物馆
music 23, 106–7, 219–21, 304–6, 363, 392–5, 397–8, 437, 461–3, 472–4 音乐 see also individual genres, composers and performers; festivals 339–40, 460; 见个别音乐流派、作曲家和表演者；节日 Historical contexts 322–8; 历史背景 industry 154, 158–61, 163–4, 171, 226, 228–9, 271–2, 322, 339–40, 437–9; 行业 online 249, 439, 443, 447, 455, 515; 在线音乐 religious 286, 289–91, 393; 宗教音乐 subcultures 77–8; 亚文化 videos 364–6 视频
musicals 83–4, 455 音乐剧
Mutual v. Ohio 221 互惠电影公司诉俄亥俄州案
My Name is Earl 358《愚人善事》
MySpace 18, 61, 83, 171, 232, 302–4, 312, 395, 398, 516 聚友网
mystery 93 悬疑
The Mystery festival 288 名为"神秘主义"的国际基督戏剧节
mystery novels 422–3 悬疑小说
Mystery plays 287 神迹剧

N

Napoleon Dynamite 108《大人物拿破仑》
Napster 228–9 纳普斯特
narcissism 65–7, 249 自恋
narcotizing effect 134–5 麻痹效果
narrative crisis in TV 444 电视中的叙事危机
NASCAR 188, 533 纳斯卡赛车
National Gambling Impact Study Commission 242 国家博彩影响研究委员会
National Hockey League 235–6 美国国家冰球联盟
National Indian Gaming Commission 241 印第安人

博彩委员会
National Labor Union 235 全国劳工联盟
national parks 496–8 国家公园
national perspectives in news 321 新闻中的国家视角
Native Americans 240–2, 316–19, 326–7 美洲原住民
NBC 184, 217, 296, 357–8, 404–5, 446 美国全国广播公司
Nelson, Russell 366–7 罗素·纳尔逊
Nelson, Willy 307 威利·纳尔逊
neo-Marxism 401–2 新马克思主义
Netherlands 28, 254, 295, 343, 349 荷兰
network model 514–15 网络模型
new media 28, 226–9, 395–6, 407–8, 511–21, 526–7 新媒体
See also internet; online media; branding 538–9; 见互联网；在线媒体；品牌化
definition 510–11; 定义
futuretainment 535–7; 未来娱乐
gaming 527–35; 游戏
interactivity 521–6 互动性
New York Knicks 151, 166, 411 纽约尼克斯队
New York Rangers 151 纽约游骑兵队
New York Times 144, 421, 455, 457《纽约时报》
New Yorker magazine 433《纽约客》杂志
New Zealand 297, 312, 483, 496 新西兰
news 26–7, 123–4, 137, 215, 258–9, 319–21, 332, 338–9 新闻
News Corp. 148, 151–2, 170, 298 新闻集团
news magazines 432–4 新闻杂志
newspapers 428–31 新闻报纸
Newsweek 181, 433《新闻周刊》
niche audiences 432, 438 小众观众
Nickelodeon 320, 390, 402, 435, 519 尼克罗迪恩公共事务部
Nielsen/NetRatings 69–70, 104 尼尔森/网络评分
Nigeria 114–15, 339, 404 尼日利亚
nihilism 249 虚无主义
Nike 165–6, 186, 199, 399, 538–9 耐克
Nine Inch Nails 462 九寸钉乐队
9/11 attack 124, 129, 137–8, 173, 247, 389, 392 9/11袭击
The 99 334 以伊斯兰文化为基础的漫画系列 The 99
Nintendo 162–3, 294, 532–3 任天堂
N'Lightning Software 295 N'Lightning 软件
No Country for Old Men 490《老无所依》

Norman Lear Center 389 洛杉矶诺曼李尔中心
normative communication theories 127 规范性传播理论
Nova, Scott 412 斯科特·诺瓦
novelty 161–3, 172 新奇
NPR 238, 318 美国国家公共电台

O

O Mundo de Otávio 293《奥塔维奥的世界》
Oasis 171 绿洲乐队
Obama, Barack 183, 390, 395–6, 400, 446 贝拉克·奥巴马
obscenity 216–19 猥亵
observation measures 115 观察措施
Oceania 513 大洋洲
O'Conner, Shirley 10 雪莉·奥康纳
The Office 446《爆笑办公室》
Oh, Pretty Woman 230–1《哦，漂亮女人》
oi! bands 393 呐喊乐队
Okami 295《大神》
Old School 147–8《单身男子俱乐部》
Old Spice 184 老香料
oligopolies 305 寡头垄断
Olympic Games 12–13, 300, 401, 458; 奥林匹克运动会 Beijing 13, 104, 166, 281, 322; 北京 Sydney 279–80, 310 悉尼
One Day at a Time 91《活在当下》
O'Neill's Bars 206 奥尼尔酒吧
online activism 395–6, 398–9 在线行动主义
online communities 268, 302, 336, 515–18 在线社区
online marketing 18, 255, 299, 531–5 在线营销
online media 389, 429, 432, 439, 447–8, 515; 在线媒体 gambling 373, 535; 赌博 games 25, 35, 64, 304, 355–6, 524, 531–5; 游戏 music 249, 439, 443, 447, 455, 515; 音乐 newspapers/magazines 429, 432; 报纸/杂志 radio 239, 389, 439–41; 广播 TV 447–8 电视
online monitoring 269 在线监测
Ontario Mills Mall 196 安大略米尔斯购物中心
open mikes 464 开放式麦克风
open-ended narrative 34 开放式叙事
opera 454–5 歌剧
opinion leaders 113–14, 434 意见领袖
Oprah Book Club 420 奥普拉书友会
The Oprah Winfrey Show 389《奥普拉·温弗瑞秀》

Orange County 200–1 橘子郡
Orbison, Roy 230 罗伊·奥比森
orchestral concerts 455–6 管弦乐会
The O'Reilly Factor 387《奥莱利实情》
originality, decline of 36 原创性下降
Orkut 312, 538 奥库网
O'Rourke, Brian 162–3 布赖恩·奥罗克
Other People's Money 190《金钱太保》
OutKast 457 流浪者合唱团
Outsiders 328《局外人》
Own, Terrell 218 特雷尔
ownership issues 232–42 所有权问题

P

Pac Man 72 吃豆人
Pacific Heights 191《午夜惊兆》
Pacifica radio 217–18 太平洋广播电台
Paciolan Inc. 155 总部位于加利福尼亚欧文的
Paciolan Inc., 该公司为体育和娱乐场所提供自动售票所需的软件
packaged holidays 478, 486–7 全包假期
Paine, Thomas 210 托马斯·潘恩
paparazzi 215–16, 281–2, 307 狗仔队
parades 460, 506 游行
paradigm shift 111–13 范式转变
Paramore 158, 160–1 帕拉摩尔
Parker, Sarah Jessica 361 莎拉·杰西卡·帕克
parody 90, 212, 230–1, 393, 397 恶搞
Parsons, Richard 158 理查德·帕森斯
participation 6, 13, 50–4, 59, 68, 260–2; 参与 culture of 24–5 文化
Passing Strange 84《流浪异乡》
The Passion of the Christ 223, 293–4《耶稣受难记》
Passions 525《激情》
passivity 15, 134–5, 377, 391–2, 525 被动
pastiche 35 拼贴
patents 224, 226 专利
paternalism 127 父权主义
patriotism and sport 400–2 爱国主义与运动
Patterson, James 423 詹姆斯·帕特森
Patterson, Thomas 258 托马斯·帕特森
payola 271–2 "支付演奏费"
Peacemaker 406《和平使者》
Pearl Jam 154, 163, 173–4, 394 珍珠酱乐队
Peckinpah, Sam 350 萨姆·佩金帕

Peer, Ralph 270 小拉尔夫·皮尔
peer reviews 420 同行评审
Pells, Richard 340–1 佩尔斯，理查德
people as attractions 502 人群作为吸引力
People for the Ethical Treatment of Animals 467 动物权益保护协会"善待动物组织"
People magazine 215《人物》杂志
people meters 69 人流量
Pepsi 148, 189, 200, 521, 534 百事公司
Percept Pictures 335 完美影像影视公司
perception, selective 122 选择性感知
performance 10–13, 50, 70, 282–92, 457–8 表演 see also live performances; origins of 282–92; 见：现场表演；起源 spaces 55, 452, 456–7, 463, 465, 471–2, 474 空间
performance art 459 表演艺术
performance capture technology 441–2 表演捕捉技术
Perrin, Dennis 58 丹尼斯·佩林
Perry, Thomas 423 托马斯·佩里
persona theory 189 人物角色理论
Persuasive Games 64 说服游戏
Peru 403–4 秘鲁
Peter and the Wolf 106《彼得和狼》
Pew Internet Project 298, 302 皮尤互联网项目
Pew Research 340, 387–8, 434 皮尤研究
Phelps, Michael 166, 385 迈克尔·菲尔普斯
phenomena 169–72 现象
phenomenistic theory 123 现象学理论
Philip Morris 191 菲利普·莫里斯国际公司
Philippines 342, 404 菲律宾
Phillips, Melanie 82 梅兰妮·菲利普斯
philosophical perspectives 246–9 哲学视角
phishing 304 网络钓鱼
photography 20, 61, 132, 215–16, 225, 251, 282, 312, 423–4, 482–4, 515 摄影
physiological effects 111, 128, 365, 377 生理效应
Pick 3 Numbers campaign 380–1 "选择3个数字"活动
pilgrimage tourism 478, 489 朝圣旅游
Pilobolus 457 皮洛伯洛斯舞团
Pink 159, 393 美国女歌手品珂
Pink Floyd 463 平克·弗洛伊德乐队
piracy 158, 173, 228–9, 269–70, 428 海盗行为
Pirates of the Caribbean tours 483《加勒比海盗》旅游

The Pirates Who Don't Do Anything 294, 442《无所事事的海盗》
Pitt, Brad 72, 215, 307, 376 布拉德·皮特
Pixar 84, 441 皮克斯
Planet Hollywood 163, 199 "好莱坞星球"
play 8–10, 17, 38, 97, 407–10, 488, 502–3, 528 游戏
    see also multi-player games; video games; rule-based 11–13, 105, 279, 530 见：多人游戏；视频游戏；基于规则的游戏
play lists 164 播放列表
Playboy 181, 357–8 花花公子
playfulness 36–7 游戏性
PlayStation 137, 162, 294 索尼的一款游戏机
pleasure principle 80, 97 快乐原则
plot 83, 105, 444 情节
plugola 272 插播广告
podcasting 440–1 播客
Poe, Edgar Allan 422 埃德加·爱伦·坡
Pogo 531–2《波戈》
Police 72, 155, 473 警察乐队
policies 209, 231, 494–5, 507–8 政策
political satire 385–9, 395, 444 政治讽刺
political speech 210, 213–14 政治演讲
Politically Incorrect 387–9《政治不正确秀》
politics 11, 135, 338, 385–96, 400 政治
pollClash.com 396 观点交锋网
Pollock, Jackson 459 杰克逊·波拉克
pop culture travel 488 流行文化旅游
Pop Idol 97, 170《流行偶像》
pop music 435–6 流行音乐
popular performance 458–70, 472–4 流行表演
popularity measures 436 流行度衡量
pornography 368–9, 526–7 色情
The Postcard Century 424《明信片世纪》
postmodernism 33–45, 341, 537; 后现代主义 and architecture 39–41; 与建筑 and dance 456–7; 与舞蹈 and film 43–4; 与电影 and lifestyles 38–9; 与生活方式 and suburbia 200–1 与郊区
Potter's Box framework 250–1 波特图式框架
power relations 342 权力关系
powerball 374 强力球
powerful effects theories 112 强力效应理论
powers and freedoms 246–7 权力与自由
PQ Media 146, 185 PQ 传媒
Prada store, New York 41 纽约的普拉达商店
presentation culture 520 展示文化

Presley, Elvis 162, 226, 461 埃尔维斯·普雷斯利
Pretty Woman 230–1《漂亮女人》
Priceline.com 227 普林斯莱恩
PriceWaterhouse Coopers 3, 328 普华永道
Prime Gig 307《首场演出》
priming theory 125–6, 346, 355, 365 启动理论
Prince 163, 220 普林斯
Prince of Persia 34《波斯王子》
Princess Natasha 320–1 公主娜塔莎
printing technology 415–16 印刷技术
PRISM awards 361 棱镜奖
prisoner's dilemma game 276–7 囚徒困境游戏
privacy rights 214–16, 267–8 隐私权
probability theory 370 概率论
problem solving process 82 问题解决过程
problem watchers 95 问题观察者
Procter & Gamble 186, 189 宝洁
producers 6, 104 制片人
product placements 126, 130, 145–8, 188, 190–1, 256–62 产品置入
production models 535–6 制作模型
products, entertainment as 4 娱乐产品
profile building 73 建立个人形象
programming models 536 编程模型
Project Red 398 红丝带项目
Project Runway 100–1《天桥骄子》
projection 133, 307 投影
promotions 6, 73–4, 147, 149–50, 177–8, 255, 281–2 促销活动
propaganda 112–13, 121, 252 宣传
prosocial effects 402–10 亲社会效应
prosumers 75–7 "生产型消费者"
protest songs 392–5 抗议歌曲
protests 32–3, 292, 323 抗议活动
PSINet Inc. 471 PSINet 公司
psychedelic bands 463 迷幻乐队
Psycho 94, 350《惊魂记》
psychographics 380–1 心理图谱
Pu Songling 133 蒲松龄
public, audiences as 63 公共，作为观众
Public Broadcasting 454 公共广播
public domain 226 公共领域
Public Enemy 163, 436 人民公敌组合
Public Law 280 241 公法
public opinion 319, 428 公共舆论
Public Opinion 112《舆论》

publicists 282 公关
publicity rights 225 公共传播权
publicity stunts 281–2 公关噱头
Publishers Weekly 420, 422《出版人周刊》
publishing industry 227–8, 366, 415–28 出版业
Pulp Fiction 44–5, 83《低俗小说》
punk rock 77–8, 305, 393, 436, 462 朋克摇滚
puppets 11 木偶
Puritanism 323 清教主义
Pussycat Dolls 159 "小野猫"
Putin, Vladimir 339 普京，弗拉基米尔
Pyramid 262《金字塔》

Q

QQ 398, 517–18 即时通信软件QQ
Quake 35《雷神之锤》
qualitative measures 116, 131, 514 定性衡量
quantitative measures 115–16, 129, 133 定量衡量
Quidam 466《神秘人》
Quigley, Martin 222 马丁·奎格利
Quinn, Patrick 185 帕特里克·奎因
Quinn, Ryan 278 莱恩·奎恩
quiz shows 262 问答节目
Quotations from Chairman Mao 421 毛主席语录

R

race issues 133–5, 219–21, 264–5, 315–16, 318–19, 322, 325, 355, 364, 400 种族问题
radio 113, 145, 212, 214, 217–20, 228–9, 271–2, 403, 435–8; 广播 online 239, 389, 439–41 在线
Radio Act 212 无线电管理法
Radiohead 171, 187 电台司令乐队
Rainforest Café 163, 199 热带雨林餐厅
Ralbovsky, Steve 160 史蒂夫·拉博夫斯基
Rally Monkey, Anaheim Angels 62–3 天使队逆转猴
Ramer, Donna 471 唐纳·拉默
random selection/assignment 117–18 随机选择/分配
rap 159, 163, 230–1, 325, 339, 365, 393, 447, 463 嘻哈
Rapino, Michael 473 迈克尔·拉皮诺
rating systems 64, 69, 100, 104, 106, 243, 349, 355, 357 评级系统
rational processes 127 理性过程
Rawls, John 246–7 约翰·罗尔斯
RayBan 130, 190 雷朋

RCA Records 159–60, 224, 271 RCA唱片公司
reader response theory 69 读者反应理论
The Real Housewives of Orange County 101《橘子郡娇妻》
Real Time with Bill Maher 389, 444《彪马实时秀》
The Real World 95, 97《真实世界》
reality principle 97–8 现实原则
reality TV 25, 29, 91–2, 95–102, 170–1, 237, 254, 257–62, 264–5, 397, 444–6 现实电视
realityblurred.com 265 顶级真人秀汇总网站 realityblurred.com
recession 190–1 经济衰退
recording industry 305–6 唱片业
Recording Industry associations 228–9, 239, 269 美国唱片业协会
recreation 7, 391, 502–5 娱乐
Reddy, Helen 287 海伦·瑞迪
Redford, Robert 262 罗伯特·雷德福
Reefer Madness 357《大麻烟疯潮》
reinforcement theory 123–4 强化理论
reinvention 161–3 重塑
Reiss, Jon 330 乔恩·雷斯
religion 28, 46–7, 126–7 219–20, 222, 246, 291, 300, 335, 489 宗教; Mediated entertainment 286, 289–301, 335, 393; 以媒介为载体的娱乐 and performance 282–92 以及表演
research role and methods 14–15, 115–21 研究角色与方法
Reservoir Dogs 44–5《落水狗》
residuals disputes 237–8 残余纠纷
resource segments 74–5 资源分段
responsibility 263 责任
restaurants, theming of 163, 198–9 餐厅主题化
restricted access 218, 220, 223, 263 限制访问
retention 122, 124 留存
Reuters Space 303 路透社太空
Revelations: Personal Responses 299《启示录：对圣经的个体体验》
reverse engineering 226 反向工程
Rhapsodic Theater 288–9 狂想剧场
Rhoden, William 411 威廉·罗登
Rice, Tim 287 蒂姆·赖斯
Richman, Roger 225 罗杰·里奇曼
Rights Expression Language 227, 418 版权表达语言规范
Ringling Brothers Circus 10, 465, 467 林林兄弟马

戏团
risk taking 277–8, 346, 359–61, 369 冒险
ritual entertainment 43, 58–9 仪式娱乐
ritual model 54 仪式模型
Road Runner 124, 441《公路奔跑者》
roadside attractions 482 路边景点
rock and roll 271, 286, 436–7 摇滚
rock music 290, 461–3, 472–4 摇滚音乐
rock operas 287–8 摇滚歌剧
Rock the Vote Campaign 390《让选票活动摇滚起来》
 Rockefeller, John D. 164 约翰・D・洛克菲勒
 Rocket Jumping 35 火箭跳跃
rodeo 468 牛仔竞技
Roesler, Mark 225 马克・罗斯勒
Rogge, Jacques 33 雅克・罗格
Rohrich, L. 133 L. 罗里奇
role models 306, 308, 310 角色模型
role-playing 25, 50, 407–8, 518 角色扮演
Rolling Stone magazine 20 滚石杂志
Rolling Stones 163, 462, 473 滚石乐队
Rome (ancient) 10–11, 13, 284, 289, 401 古罗马
Rooftop MC's 339 屋顶主持人
Rossellini, Roberto 222 罗伯托・罗西里尼
Roth v. United States 216 美国诉罗斯案件
Rotzoll, K. 246, 248 K. 罗佐尔
Rove, Karl 137, 396 卡尔・罗夫
Rovner, Jack 462 杰克・罗夫纳
Rowe, David 401 大卫・罗
Rowley, Thomas 252 托马斯・罗利
Rowling, J. K. 72, 172 J.K. 罗琳
royalties disputes 239–40 版税纠纷
rule-based play 11–13, 105, 279, 530 规则游戏
Run-DMC 163 大嘴跑火车组合
Russia 338–9 俄罗斯

S

Sabido, Miguel 404 米格尔・萨比多
Sam and Henry 90《山姆和亨利》
Sartre, Jean-Paul 38 让-保罗・萨特
Satcher, David 356 大卫・萨彻
satellite radio 439–40 卫星广播
satire 385–9, 395, 444 讽刺
Saturday Night Live 98, 385, 387, 464《周六夜现场》
Save Our Selves campaign 398 "拯救我们自己"运动

Saving Private Ryan 209《拯救大兵瑞恩》
A Scanner Darkly 441《盲区行者》
Schacter, Howard 412 霍华德・谢克特
Schlosser, Eric 31 埃里克・施洛瑟
Schmidt, Bill 165 比尔・施密特
Schultz, Charles 430 查尔斯・舒尔茨
Schwarzenegger, Arnold 181, 240, 388 阿诺德・施瓦辛格
Scientific Advisory Committee on Television and Social Behavior 353 科学电视和社会行为顾问委员会
scientific perspectives 113, 319 科学视角
Scientology 291–2 山达基教
Scion brand 324 思昂品牌
Screen Actors Guild 216, 315 演员公会
The Search for Elle Woods 445《寻找艾丽・伍兹》
Second City 463 第二城喜剧团
Second Life 17, 45, 186, 517–18, 521 游戏"第二人生"
secondary ticket sales 154–6 二手票销售
The Secret History 422《秘史》
Seeger, Pete 393–4 皮特・西格
segmentation 70–7, 101, 156, 492 市场细分
Seinfeld 91, 108, 164《宋飞传》
Seinfeld, Jerry 91, 211 杰瑞・宋飞
selective exposure 86, 121–2, 523 选择性曝光
self-control 410 自我控制
self-definition 531 自我定义
self-esteem 58–9, 377 自尊
self-improvement shows 101–2 自我提升节目
self-reflective functions 56, 60, 86, 96, 122, 170, 531 自我反思功能
self-regulation 192, 209, 220–4, 249, 356–7 自我调节
self-report measures 115, 119–20 自我报告测量
Seltzer, Aaron 90 亚伦・赛尔策
Seltzer, Margaret 251, 254 玛格丽特・塞特泽
Seminole Tribe v. Florida 241 塞米诺尔部落诉佛罗里达
semiotics 64, 195 符号学
sensation seeking 94–5, 352, 360 感觉寻求
sequels 95, 172, 449 续集
services 4–5, 191, 485 服务
Sesame Street 321, 402《芝麻街》
sex 243, 262, 325, 336, 356–61, 363–9 性别
Sex and the City 358, 361《欲望都市》

Sex Pistols 220 性手枪（英国最有影响的朋克摇滚乐队之一）
Shady, Slim 325 苗条的阴影
Shaikin, Bill 62 比尔·谢金
Shalabi, Mahmoud 340 穆罕默德·夏拉贝
Sharp, Todd 260 托德·夏普
Shaun of the Dead 94《僵尸肖恩》
Sheldon, Charles Monroe 422 查尔斯·门罗·谢尔顿
Shermer, Michael 276 迈克尔·舍默
Shinto 295 神道教
shoppertainment 41, 60, 167, 169, 196–8, 499, 502–3 购物娱乐
short-term effects 125–6 短期影响
short-termism 255–6 短期主义
Showtime 522–3, 525 娱乐时间电视网
Shrek 36–7, 108, 441《怪物史莱克》
Siegler, M. G. 443 M. G 西格勒
Silverman, Ben 446 本·西尔弗曼
Simplemente María 403–4《单纯的玛法》
The Simpsons 108, 238《辛普森一家》
The Sims Pinball 531–2《弹珠台》
simulations 168–9, 196, 480, 482, 498–9 模拟
Singh Is King 339《辛格为王》
Sirius 439–40 天狼星电台
sitcoms 90–2, 164, 257, 396 情景喜剧
The $64,000 Question 262《价值64,000美元的问题》
Skyblog 312 天空博客
Slater, Christian 184, 442 克里斯蒂安·史莱特
sleeper curve concept 25 睡眠曲线概念
slot machines 198, 379 老虎机
"slow food movement" 31–2 慢食运动
Smalls, Marva 390 马尔瓦·斯莫
small-town tourism 489–90 小镇旅游
Smith, Alexander McCall 423 亚历山大·麦卡·史密斯
Smith, Sam 255 山姆·史密斯
Smith, Will 130, 327 威尔·史密斯
Smoke Signals 327《烟火信号》
The Smurfs Movie 442《蓝精灵》电影
Snakes on Planes 525《航班蛇患》
Snoop Dogg 339 史努比-道格
snowboarders 504 滑雪板运动员
soap opera 91, 403–4 肥皂剧
soccer 236, 348–9 足球

social activism 396–403, 411–13 社会行动主义
social change 123, 263, 397–402, 404 社会变革
social cognitive theory 124–5, 346 社会认知理论
social comparison theory 87 社会比较理论
social construction of reality131–3 现实的社会建构
social identity theory 317, 325 社会身份理论
social interaction 55–6 社会互动
social justice 166, 411–13 社会正义
social learning theory 308, 353, 359 社会学习理论
social marketing 115, 187, 303–4, 516–17 社会营销
social media 61, 311, 515–18 社交媒体
social network advertising516–17 社交网络广告
social network theory 301–2 社交网络理论
social networking 18, 186, 191, 395, 515–18 社交网络
social responsibility theory 252–3 社会责任理论
social science approaches 128–9 社会科学方法
social separation 54–5 社会隔离
social skills 407–8 社交技能
social status 452–3 社会地位
social stereotypes 264–5 社会刻板印象
socialization 183, 301–13, 451 社会化
Soderberg, Steven 35, 158 史蒂文·索德伯格
soft news 258–9 软新闻
software patents 226–7 软件专利
songwriters 226, 231 歌词作家
Sony 144, 148, 152, 162, 199–200, 270, 455 索尼
The Sopranos 326, 389, 483《黑道家族》
Sosa, Sammy 310 萨米·索萨
Souter, David 231 戴维·苏特
South Africa 115, 496 南非
South America 19, 325, 335, 342, 349, 460 南美洲
South Park 171–2 南方公园
souvenirs 483–5 纪念品
Spain 11, 39, 285, 469–70 西班牙
spam 304 垃圾邮件
specialization 417, 427, 433 专业化
spectacle 65, 67, 452, 470 壮观的景象
spectators 52–3 观众
Speight, Johnny 396 约翰尼·斯佩特
spending on entertainment 13, 17–18, 143 娱乐支出
Spiderman 72, 137, 173《蜘蛛侠》
Spock, Benjamin 422 本杰明·斯波克
sponsorship 25, 145–7, 164, 165–6, 186–8, 325, 338, 470–1, 532 赞助
spontaneity 95–6, 98, 100, 103–4 自发性
Spore 524《孢子》

sports 12–13, 103–6, 235–6, 300–1, 346–9, 373, 399–402, 470–2, 502–5, 538–9 体育 see also athletes; individual sports; and attention economy 151–2, 166; 见也：运动员；个人运动；以及注意力经济 audiences 57–60, 62; 观众 and drugs 276–8, 310–11; 和毒品 ethical issues 275–81; 伦理问题 historical contexts 12–13, 116, 401 历史背景

sportscasters 347–8 体育播音员

Springsteen, Bruce 154–5, 389, 394, 462 布鲁斯·斯普林斯汀

Spy Game 376《间谍游戏》

"Stairway to Heaven" 365《通往天堂的阶梯》

standards 209, 224, 227, 245 标准

Stanford Research 261, 380 斯坦福研究

Staples 471 史泰博公司

Star Wars 61, 108, 441, 449《星球大战》

Starbury One 167, 411–13 马布里一代

Stardoll 518–19 明星派

stardom 225, 306–7 明星地位 see also celebrity culture 又见：名人文化

Stargate-SG1 522–3 星际之门-SG1

"The Star-Spangled Banner" 393 星条旗歌

Steeplechase 202 障碍赛

Steinberg, Leigh 400 利·斯坦伯格

Steinfeld, Grant 254–5 格兰特·斯坦菲尔德

Steinfield, Jesse L. 352–3 长杰西·L. 斯坦菲尔德

Step Brothers 148《非亲兄弟》

Stephenson, William 9, 97 威廉·斯蒂芬森

stereotypes 107–8, 120, 137–8, 247, 263–5, 316, 318–19, 325–6, 364–5 刻板印象

Stern, Howard 218, 389 霍华德·斯特恩

Steve-O 350《在家别玩之 Steve-O》

Stewart, Martha 45, 182 玛莎·斯图尔特

Sting 73, 163, 462 斯汀

stock characters 107–8, 263–4 固定角色

Stone, Oliver 35 奥利弗·斯通

stop-motion technology 441 定格动画技术

story elements 82–3, 102–3 故事元素

Story Mind concept 82 故事思维概念

storytelling 251–62, 454 叙事

Stott and Pearson 348 斯托特和皮尔逊

Stradal, J. Ryan 260 J. 瑞安·斯特拉德

straight edge 77–8, 463 直线边缘

Strasberg, Anna 225 安娜·斯特拉斯伯格

strategic behaviors 405 战略行为

streaming 24, 156, 238, 440, 515 流媒体

street dance 445 街舞

Streisand, Barbara 308, 473 芭芭拉·斯特赖桑

strikes 235–8, 248, 395 罢工

"Stronger" 435《坚强》

StubHub.com 154–5 互联网转售网站 StubHub.com

Stuff White People Like 318–19 白人喜欢的东西

Suan, Anthony 424 安东尼·苏安

subcultures 98, 172, 305–6, 462–3 亚文化

subversion 36, 271, 386 颠覆

Sullivan, Paul 457 保罗·沙利文

Sundance Film Festival 327, 340 圣丹斯电影节

Super Jump 193《超级跳跃》

superheroes 333–6, 424–6 超级英雄

supply and demand 143, 322 供需关系

Surviving with Wolves 251《与狼共存》

Survivor 25, 95–100, 188, 237, 258, 261, 264, 446《幸存者》

Susann, Jacqueline 422 杰奎琳·苏珊

suspense 81–2, 93, 96, 104 悬念

sustainability tourism 494–5 可持续性旅游

Sweden 32, 496 瑞典

symbolic interactionism 131, 133, 530 符号互动主义

syndication 100, 156 联播

synergy 149–50 协同作用

T

tabloid news 27, 338–9 小报新闻

tagging 329–30 标签

Take-Off game 405《起飞》游戏

talk shows 95, 386 脱口秀

taping tax 229 录音税

Tarantino, Quentin 45 昆汀·塔伦蒂诺

target audiences 54, 71, 73, 83, 171, 320–1, 333–4 目标观众

Tartt, Donna 422 唐娜·塔尔夫斯

taste cultures 52 品味文化

Taylor, Elizabeth 357 伊丽莎白·泰勒

Taylor, Jennifer 505 詹尼弗·泰勒

TBN 296–8 三一广播网

Teach Me 366–7《教我》

techno music 436–7 电子音乐

technology 13, 22–3, 51, 66, 92, 129–30, 143–8, 269, 441 技术

Teen Mania 290 "少年狂"

teen market 290, 359–60, 366–7, 435–6 青少年市场

Teen Titans 335《少年泰坦》
Telecommunications Act 209, 218, 223, 233《电信法》
television 70, 133–4, 145, 149, 156, 226, 233–4, 243, 296–8, 396–7, 444–8 电视 See also reality TV; individual channels/programs; 又见：真人秀；个人频道/节目 impacts 321–2, 325, 352–3; 影响 Narrative crisis 444; 叙事危机 online 447–8; 在线 social commentary 396–7 社会评论
temporal aspects 5, 16, 29, 34, 183 时间方面
tendentious humor 88–90 有偏见的幽默
tennis 279, 310, 373 网球
terrorism 123–4, 137–8, 247 恐怖主义
Terrorists, Killers and Other Wackos 350–1《恐怖分子、杀手和中东怪人》
Tetris 172 俄罗斯方块
textbooks 418–19, 427 教科书
textual analysis 119–20 文本分析
Thailand 326, 333, 342–3 泰国
the press 210–11, 227–8 see also newspapers 新闻界；又见，报纸
theater 11, 54, 286–9 see also drama 剧院；又见：戏剧
Theater of the Word 288–9 言语剧场
theme parks 150, 168, 202–5, 291 主题公园
theming 13, 35, 41, 62, 84, 194–6, 198–200, 483, 489–90 see also theme parks; 主题化；又见：主题公园 of architecture 200–1; 建筑主题化 of cities 201–2; 城市主题化 of pubs 206–7; 酒吧主题化 of shopping 196–8; 购物主题化 of spaces 193–4; 空间主题化 of stores and restaurants 163, 198–9 商店和餐厅主题化
theory, role of 14–15 理论的角色
There Will Be Blood 490《血色将至》
TheWB.com 447 广告网站
13th Floor Elevators 463 "13号地板电梯"乐队
Thomas, Isaiah 411 以赛亚·托马斯
Thompson, K. M. 357 K. M. 汤姆森
Thomson Learning 228 美国汤姆森学习出版集团
The Three Tenors 454 三大男高音
3Com Corp. 471 3Com公司
3D films 442–3 3D电影
360 deals 158–61 360交易
Thunderbird 303 雷鸟电子邮件应用程序
Tibet 33, 493–4 西藏
Ticketmaster 154–6, 173–4 特玛捷票务公司
Till Death Us Do Part 396–7《直到死神将我们分离》

Time magazine 173, 181, 338, 433, 435《时代》杂志
time manipulation 29, 34 时间操控
time maximization 167–9 时间最大化
Time Warner 32, 146–8, 151–2, 158, 220–1, 227, 233 时代华纳
Tinker, Grant 404–5 格兰特·廷克
Titanic 87, 172, 223《泰坦尼克号》
TiVo 64, 190, 256–7 数字录像设备
Tomb Raider 330《古墓丽影》
Tong, Tony 379 托尼.唐
Tool 462 工具乐队
Top Model 182《全美超模大赛》
Torero 469–70 托雷罗
tourism 50, 153–4, 167–8, 236, 376, 379, 398, 412, 476–9, 502–5; 旅游 attractions 40, 102, 482–3, 495–502; 旅游景点 destinations 481–2, 506–8; 旅游目的地 eco-tourism 275, 489; 生态旅游 effects of 492–4; 其影响 emerging markets 486–91; 新兴市场 ethical issues 272–5; 伦理问题 historical contexts 477–8; 历史背景 hosts and hospitality 273–4, 480–1, 485–6, 507; 接待与酒店业 policy development 494–5; 政策发展 souvenirs 483–5; 纪念品 theories 491–2 理论
Tourism Concern 272 "旅游关注"（一家英国的独立慈善组织）
Toy Story 181, 441《玩具总动员》
Toyota 324, 534 丰田
toys 41, 63, 149, 169, 189, 351, 409–10, 442, 519 玩具
Toys "R" Us 41, 189 玩具反斗城
trade unions 234–5, 395, 412 工会
Trading Spaces 101–2《交易空间》
Trading Spouses 224《交换配偶》
traditional practices 58–9 传统实践
Traffic 96《毒品网络》
tragedy 87 悲剧
Trainspotting 330, 361《猜火车》
transcendentalism 127 超验主义
transit regions 479, 481 交通区域
transmedia entertainment 26 跨媒体娱乐
transmission model 54 传播模型
travel advisories 274–5 旅行建议
Travel Channel 20 旅游频道
Travolta, John 291, 443 约翰·特拉沃尔塔
tribal gambling 240–2, 372 部落赌博
Trippi, Joe 399 乔·特里皮
Trump, Donald 189, 264, 358 唐纳德·特朗普

truth and lies 253–6 真相与谎言
TruTV 304 真理频道
Tunica 375–6 肮脏小镇图尼卡
Turkey 115, 497 土耳其
Turner Entertainment 184–5 特纳娱乐
Turner, Ted 490 特德·特纳
Twin Peaks 44《双峰》
Twitter 398 推特网
2 Live Crew 230–1 说唱组合 2 Live Crew
two-step flow theory 113–14 两级传播
typification schemes 131–2 类型化方案

U

U2 398, 473 U2 乐队
Uganda 293, 340 乌干达
Ultimate Fighter 101《终极格斗》
Ulysses 216《尤利西斯》
uncertainty 93, 96, 172, 342 不确定性
"Union Sundown" 394 "工会日落"
unions 234–5, 395, 412 工会
unique selling propositions 170 独特卖点
United Kingdom 90, 170, 330–1, 348, 350, 394, 398, 403, 446, 516 英国
Universal Declaration of Human Rights 234–5《世界人权宣言》
urban attractions 501–2 城市景点
Ure, Midge 398 米基·尤尔
user profiles 73, 512–14 用户简介
uses and gratifications theory 63, 69, 491–2 使用与满足理论
utilitarianism 248–9, 251 功利主义

V

Vaidhyanathan, Siva 231 希瓦·韦迪雅那桑
The Valley of the Dolls 422《娃娃谷》
VALS system 74–5 价值观和生活方式系统
values 126–7, 250–1, 342–3 价值观
Vampire game 35 吸血鬼游戏
Vanity Fair's Hollywood 424《好莱坞名利场》
Variety (trade publication) 20, 271《种类》(电影产业周刊)
vaudeville 455 滑稽剧
Vaughn, Vince 307 文斯·沃恩
V-bank 406《V 银行》
VeggieTales 294, 442《蔬菜宝贝》

veil of ignorance 246–7, 251 无知面纱
Velvet Revolver 461 丝绒左轮乐队
venues 452, 456–7, 463, 465, 471–2, 474 场馆
Verdi, Giuseppe 454 朱塞佩·威尔第
vertical integration 233–4, 331 纵向整合
Verve 171 神韵乐队
Viacom 148, 152, 187, 258 维亚康姆
video 13, 24, 156, 191, 364–6, 447–8 *see also* DVDs 视频；又见：DVD
video games 25, 294–5, 316, 354–6, 367–8, 377, 405–7, 461, 524, 528–35 *see also* individual games 视频游戏；又见：个人游戏
video gaming 34, 72, 103, 118–19, 137, 162–3, 168, 192–3 视频游戏产业
Vietnam War 393 越南战争
viewing behaviors 352–3, 443, 448 观看行为
violence of sports/fans 346–9 体育暴力/球迷暴力
violent content 93–4, 119, 124, 133–4, 221, 243, 262–3, 336, 345–53, 364, 424；暴力内容 And children 116–17, 351, 353–6, 367 与儿童
viral marketing 299 病毒营销
virtual reality 17, 28, 34–5, 45, 66, 169, 297, 354–6, 407–8, 478, 518–21 虚拟现实
Vivendi Universal 151–2, 270 维旺迪环球公司
Von Neumann, John 276 约翰·冯·诺伊曼
Von Siegesar, Cecily 367 塞西莉·冯·齐格萨
voting behavior 113, 214, 390 投票行为
voyeurism 96, 424, 502 偷窥癖
vulnerable viewers 353–4 脆弱观众

W

Wag the Dog 390《摇尾狗》
Wagner, Richard 454 理查德·瓦格纳
Wall-E 84, 441–2《机器人总动员》
Walsh, Mike 332, 514, 520, 535–6 迈克·沃尔什
Wang Jie 415 王杰
Wang Xiaolel 339 王小乐
war as entertainment 391–2 战争作为娱乐
War of the Worlds 113《世界大战》
Warner Brothers 441, 447, 449 华纳兄弟
Washington, Denzel 299 丹泽尔·华盛顿
watchdogs, media as 151 媒体作为看门狗
WB network 170, 296 WB 网络
"Wear Yellow Live Strong" 399 "穿上黄色的衣服，坚强地生活"

Webber, Andrew Lloyd 287 安德鲁·劳埃德·韦伯
Webkinz 408, 518–19 秀娃世界
Webster, Noah 421 诺亚·韦伯斯特
webzines 78 网络杂志
wedding holidays 488 婚假
Weiss, Chris 251 克里斯·里斯
West, Kanye 394 坎耶·韦斯特
West, Mae 217 梅·韦斯特
West Side Story 108, 455《西城故事》
West Wing 390《白宫风云》
What On Earth Is Going On 187 英国公司"到底发生了什么事"
Who Wants to Be a Millionaire 95, 258《谁想成为百万富翁》
Wicked 83《魔法坏女巫》
Wienbar, Sharon 519 莎伦·维恩巴尔
Wife Swap 224《交换妻子》
Wii Fit 162, 532–3 一款运动创新游戏 Wii Fit
Wilco 462 威尔科乐队
The Wild Bunch 350《日落黄沙》
Wild China 322《野生中国》
wilderness tourism 478, 490–1 荒野旅游
Will & Grace 108, 257《威尔与格蕾斯》
Williams, Brent 259 布伦特·威廉姆斯
Williams, Haley 160–1 海莉·威廉姆斯
Williams, Robbie 159 罗比·威廉姆斯
Williams, Robin 464 罗宾·威廉姆斯
Wiltz, Teresa 264–5 特蕾莎·威尔茨
windowing 156–8 窗口期
Winfrey, Oprah 72, 181, 251, 387–90 奥普拉·温弗瑞
WingClips.com 299 WingClips.com
Winsten, Jay 404–5 杰伊·温斯顿
Wired 20–1《连线》
The Witcher game 367《巫师》游戏
Wolf, Michael J. 143, 169, 337–8 迈克尔·J.沃尔夫
Wolf, Tom 416 汤姆·沃尔夫
Woods, Tiger 72, 166, 182, 310, 470 老虎·伍兹

Woodstock festival 460 伍德斯托克音乐节
working conditions and tourism 273–4 工作条件与旅游
work-play combinations 167 工作与娱乐的结合
World Almanac 422《世界年鉴》
World Anti-Doping Agency 276, 279 世界反兴奋剂机构
world historical persons 169 世界历史人物
World of Warcraft 355, 518《魔兽世界》
World Trade Center attack 124, 129, 137–8, 173, 247, 389, 392 世贸中心袭击
World Wide Web 24, 144 万维网
Worthy Tunes 293 "美妙曲调"
wrestling 104–6 摔跤
Wright, Will 531 威尔·赖特
Writer's Guild of America 237–8 美国编剧协会
Wyland marine art 484 怀兰海洋艺术

X

XBox 162, 294, 534 游戏机 XBOX
XM 439–40 美国 XM 卫星广播公司
Xtreme sports 504–5 极限运动

Y

Yahoo! 152, 189, 303, 395, 523 雅虎
Yates, Eames 362 埃姆斯·耶茨
Yokota, F. 357 横田福一
Young, Neil 393 尼尔·杨
YouTube 92, 171, 232, 251, 292, 348, 395, 400, 419, 444, 448, 516, 520 优兔网

Z

Zap Comix 328, 426《疯狂漫画》
Zillmann, Dolf 81 道夫·齐尔曼
Zimbabwe 33, 404, 489 津巴布韦
Zucker, Jeff 98 杰夫·扎克

图片版权

Chapter 1 p. 5 © pdesign/shutterstock; p. 7 © Nebojsa/Shutterstock; p. 9 © frantisekhojdysz/ shutterstock; p. 11 © Getty Images; p. 12 © Jack Cronkhite/shutterstock; p. 15 © Jason Stitt/ Shutterstock (upper left); p. 15 © Eldad Yitzhak/Shutterstock (upper right); p. 15 © Hannamariah/ Shutterstock (lower left); p. 15 © Jaimie Duplass/ Shutterstock (lower right); p. 19 © Entertainment Press/Shutterstock (upper right); p. 19 © Alexandra Thompson/Shutterstock (middle left); p. 19 © Jeff Schultes/Shutterstock (lower right).

Chapter 2 p. 25 © Ben Heys/Shutterstock; p. 27 © Scott Gries/Getty Images for MTV Networks; p. 30 © kwest/Shutterstock; p. 32 © Andrew F. Kazmierski/Shutterstock; p. 33 © PSHAW-PHOTO/Shutterstock; p. 34 © Cate Gillon/Getty Images; p. 37 © INDRANIL MUKHERJEE/AFP/Getty Images; p. 38 © cjpdesigns/Shutterstock; p. 39 © David Livingston/Getty Images; p. 40 © rubiphoto/Shutterstock (upper right); p. 40 © Sergei Bachlakov/Shutterstock (middle left); p. 40 © Joel Shawn/Shutterstock (lower left); p. 41 © Junko Kimura/Getty Images; p. 42 © Jarno Gonzalez Zarraonandia/Shutterstock; p. 43 © Ivo Vitanov Velinov/Shutterstock; p. 44 © AFP/Getty Images (upper left); p. 44 © Vasily Smirnov/Shutterstock (upper right); p. 46 © laurent hamels/Shutterstock.

Chapter 3 p. 49 © Sergei Bachlakov/Shutterstock; p. 52 © Shay Sayre; p. 53 © aceshot1/Shutterstock; p. 55 © Cora Reed/Shutterstock; p. 58 © Tomasz Trojanowski/Shutterstock; p. 61 © Gabriel Moisa/Shutterstock; p. 62 © Jasna/Shutterstock; p. 64 © PETA/Newsmakers; p. Ph. 66 © Christopher van Schaik Muir/Shutterstock; p. 67 © Christos Georghiou/Shutterstock; p. 68 © Andrew H. Walker/Getty Images; p. 71 © Sergey I/Shutterstock; p. 72 © Entertainment Press/Shutterstock; p. 73 © Dave Hogan/Getty Images; p. 76 © Amy Walters/Shutterstock; p. 78 © Cora Reed/Shuttestock.

Chapter 4 p. 81 © risteski goce/Shutterstock (upper right); p. 81 © Jason Stitt/Shutterstock (lower left); p. 83 © Laurence Gough/Shutterstock; p. 85 © coka/Shutterstock; p. 90 © Michael Ochs Archives/Getty Images; p. 96 © Robert C. Mora/WireImage/Getty Images; p. 99 © Joe Kohen/WireImage/Getty Images; p. 101 © Jason Merritt/FilmMagic; p. 105 © Max Blain/Shutterstock; p. 107 © Thomas Alderson aldersongraphics/Shutterstock.

Chapter 5 p. 113 © Popperfoto/Getty Images; p. 116 © Vadim Ponomarenko/Shutterstock; p. 118 © Andrey Parfyonov/Shutterstock; p. 120 © Business Wire via Getty Images; p. 122 © Andrew Taylor/Shutterstock; p. 123 © Thomas Sztanek/Shutterstock; p. 126 ©Sinan Isakovic/Shutterstock; p. 130 © Stuart Elflett/Shutterstock; p. 132 © egd/Shutterstock; p. 135 © Columbia Tristar/Getty Images; p. 136 © David McNew/Getty Images.

Chapter 6 p. 144 © Tihis/Shutterstock; p. 145 © Kaspars Grinvalds/Shutterstock; p. 147 © Entertainment Press/Shutterstock; p. 150 © China Photos/Getty Images (upper right); p. 150 © Andrea Zabiello/Shutterstock (lower left); p. 153 © John Sartin/Shutterstock; p. 156 © aceshot1/Shutterstock; p. 157 © Lynn Watson/Shutterstock; p. 160 © FilmMagic/Getty Images; p. 163 © Jaimie Duplass/Shutterstock; p. 166 © Keith Murphy/Shutterstock (upper right); p. 166 © WireImage/Getty Images (lower right); p. 168 © Bryan Busovicki/Shutterstock; p. 170 © Glen Jones/Shutterstock; p. 173 © Junial Enterprises/Shutterstock.

Chapter 7 p. 182 © Frederick M. Brown/Getty Images; p. 187 © Varina and Jay Patel/Shutterstock; p. 188 © Kevin Norris/Shutterstock; p. 189 © Graham Prentice/Shutterstock; p. 190 © Masterpiece/Shutterstock; p. 194 © Cristian Alexandru Ciobanu/Shutterstock; p. 197 © Morozova Oksana/Shutterstock; p. 198 © Jose AS Reyes/Shutterstock; p. 199 © Ritu Manoj Jethani/Shutterstock; p. 202 © Chee-Onn Leong/Shutterstock; p. 203 © AKV/Shutterstock; p.204 © MARK RALSTON/AFP/Getty Images; p. 207 © Keith Murphy/Shutterstock.

Chapter 8 p. 212 © Tom Mc Nemar/Shutterstock; p. 214 © Ampower/Shutterstock; p. 219 © Volkova/Shutterstock; p. 220 © Fair use screen grab from http://www.cleat.org/; p. 224 © dundanim/Shutterstock; p. 225 © Fair use screen grab from http://www.traderharrys.com/servlet/StoreFront; p. 227 © Norebbo/Shutterstock; p. 229 © CRAIG ALLEN/AFP/Getty Images; p. 230 © Ron Wolfson/Time Life Pictures/Getty Images; p. 235 © Joseph Gareri/Shutterstock; p. 237 © Michael-John Wolfe/Shutterstock; p. 240 © David McNew/Getty Images; p. 243 © Maxx-Studio/Shutterstock.

Chapter 9 p. 248 © Ptahi/Shutterstock; p. 250 © Feverpitch/Shutterstock; p. 254 © Lonelygirl15 Studios/http://www.lg15.com/ press/about/. This file is licensed under the Creative

Commons Attribution ShareAlike 2.5; p. 256 © Martin Novak/Shutterstock; p. 257 © Gabriel Moisa/Shutterstock; p. 258 © Tonis Valing/Shutterstock; p. 260 © Olly/Shutterstock; p. 262 © LesPalenik/Shutterstock; p. 264 © Martin Garnham/Shutterstock; p. 266 © Junial Enterprises; p. 271 © ttueni/Shutterstock; p. 272 © Maksym Gorpenyuk/Shutterstock; p. 274 © Paul Prescott/Shutterstock; p. 276 © Knud Nielsen/Shutterstock; p. 277 © Liv friis-larsen/Shutterstock; p. 280 © David P. Lewis/Shutterstock; p. 281 © Galina Barskaya/Shutterstock; p. 282 © Sculpies/Shutterstock.

Chapter 10 p. 285 ©zengarden/Shutterstock; p. 287 ©Leonard Burt/Central Press/Getty Images; p. 290 © Lorelyn Medina/Shutterstock; p. 291 © Sergei Bachlakov/Shutterstock; p. 293 © Mike Flippo/ Shutterstock; p. 294 © Ed Rode/WireImage/Getty; p. 295 © Scott Olson/Getty Images; p. 297 © Evangelical Environmental Network/Getty Images; p. 299 © WireImage/Getty Images; p. 304 © Diego Cervo/Shutterstock; p. 307 © Jim Lopes/ Shutterstock (upper right); p. 307 © Entertainment Press/Shutterstock (lower right); p. 310 © Aceshot1/Shutterstock (lower left); p. 310 © Phil Anthony/Shutterstock (lower middle); p. 310 © James M Phelps, Jr/Shutterstock (lower right).

Chapter 11 p. 316 © Diamond Images/Getty Images; p. 317 © Sergei Bachlakov/Shutterstock; p. 320 © Tim Boyle/Getty Images; p. 321 © Stephen Mulcahey/Shutterstock (lower left); p. 321 © Lloyd Smith/Shutterstock (lower right); p. 324 © Johnny Nunez/WireImage/Getty Images; p. 325 © Getty Images; p. 328 © Patrimonio/Shutterstock; p. 329 © Neale Cousland/Shutterstock; p. 334 © zabi/Shutterstock; p. 335 © Ajay Shrivastava/Shutterstock; p. 339 © MAXIM MARMUR/AFP/Getty Images.

Chapter 12 p. 346 © Helen Von Allmen/Shutterstock; p. 347 © Werner Gillmer/Shutterstock; p. 348 © Yoree Grozenok/Shutterstock; p. 350 © Drazen Vukelic/Shutterstock; p. 355 © Frederick R. Matzen/Shutterstock; p. 357 © Jonathan Torgovnik/Getty Images; p. 362 © Jonathan Torgovnik/Getty Images; p. 364 © polusvet/Shutterstock (upper right); p. 364 © Ralf Herschbach/Shutterstock (lower left); p. 366 © Adam J. Sablich/Shutterstock; p. 367 © Adam J. Sablich/Shutterstock; p. 369 © nikit_a/Shutterstock; p. 371 © Protogeridis/Shutterstock; p. 372 © Monkey Business Images/Shutterstock; p. 373 © Emin Ozkan/Shutterstock; p. 374 © Steve Snowden/Shutterstock; p. 375 © Yuri Arcurs/Shutterstock; p. 377 © Stephen Finn/Shutterstock (upper right); p. 377 © kwest/Shutterstock (lower left); p. 379 © Tito Wong/Shutterstock; p. 380 © rj lerich/Shutterstock.

Chapter 13 p. 386 © Chris Hondros/Getty Images (upper right); p. 386 © Hulton Archive/Getty Images (lower left); p. 388 © Michael Buckner/Getty Images; p. 394 © jumpingsack/Shutterstock; p. 397 © CBS Photo Archive/Shutterstock; p. 400 © STAN HONDA/AFP/Getty Images; p. 403 ©Hulton Archive/Getty Images; p. 404 © Lisa F. Young/Shutterstock; p. 405 © Lisa F. Young/Shutterstock; p. 406 © Adrian Lindley/Shutterstock; p. 407 © Kirsz Marcin/Shutterstock; p. 409 © Gelpi/Shutterstock; p. 411 © NBAE/Getty Images.

Chapter 14 p. 416 © sn4ke/Shutterstock; p. 419 © Andresr/Shutterstock; p. 421 ©THOMAS COEX/AFP/Getty Images (upper right); p. 421 © Ian Scott/Shutterstock (lower left); p. 423 © smagal/

Shutterstock; p. 425 © Julien Tromeur/Shutterstock; p. 430 © Fotos International/Courtesy of Getty; p. 431 © Clara/Shutterstock; p. 433 © Konstantin Sutyagin/Shutterstock; p. 434 © NICHOLAS KAMM/AFP/Getty Images; p. 435 © Dave Hoganr/Getty Images; p. 436 © Frazer Harrison/Getty Images; p. 442 © Koichi Kamoshida/Getty Images; p. 445 © Photo by Chris Polk/FilmMagic; p. 446 © Photo by Kristian Dowling/Getty Images; p. 449 © WireImage/Getty.

Chapter 15 p. 452 © Ragne Kabanova/Shutterstock; p. 453 © kojoku/Shutterstock; p. 454 © Sailorr/Shutterstock; p. 455 © Stefano Tiraboschi/Shutterstock; p. 456 © Razoom Game/Shutterstock;p. 457 © Paul Prescott/Shutterstock; p. 458 © Alexander Gitlits/Shutterstock; p. 459 © Ira Block/National Geographic/Getty Images; p. 460 © David McNew/Newsmakers; p. 461 © David Davis/Shutterstock; p. 462 © Hal Horowitz/WireImage/Getty Images; p. 463 © Gary Paul Louis/Shutterstock; p. 464 © Jose Gil/Shutterstock; p. 465 © tatiana sayig/Shutterstock; p. 466 © Anita Bugge/WireImage; p. 467 ©Denise Kappa/Shutterstock; p. 468 © Eric Limon/Shutterstock; p. 469 © PHOTOCREO Michal Bednarek/Shutterstock (upper right); p. 469 ©digitalsport-photoagency/shutterstock (lower left); p. 470 © Byron W. Moore/Shutterstock; p. 471 © Vince Bucci/AFP/Getty Images.

Chapter 16 p. 476 © Bruce Grubbs/Shutterstock; p. 479 © Dr. Morley Read/Shutterstock; p. 480 © Prism68/Shutterstock; p. 481 © Factoria singular fotografia/Shutterstock; p. 483 © Steve Broer/Shutterstock (upper right); p. 483 © Bruno SINNAH/Shutterstock (lower right); p. 484 © Patsy A. Jacks/Shutterstock; p. 487 © P.Uzunova/Shutterstock (upper left); p. 487 © Zastol`skiy Victor Leonidovich/Shutterstock (lower right); p. 490 © Popperfoto/Getty Images (upper left); p. 490 © Ramon Berk/Shutterstock (lower right); p. 491 © Coral Coolahan/Shutterstock; p. 494 © Vladimir Melnik/Shutterstock (upper left); p. 494 © Lily Rosen - Zohar/Shutterstock (lower right); p. 495 © AYAKOVLEVdotCOM/Shutterstock; p. 496 © snow_wons/Shutterstock; p. 497 © Doug Lemke/Shutterstock; p. 498 © Morozova Tatyana (Manamana)/Shutterstock; p. 500 © Shay Sayre (upper left); p. 500 © Shay Sayre (upper right); p. 501 © Bobby Deal / RealDealPhoto/Shutterstock; p. 502 © Dhoxax/Shutterstock; p. 503 © Chris Jenner/Shutterstock; p. 504 ©Joggie Botma/Shutterstock; p. 505 © Shay Sayre; p. 506 © michael ledray/Shutterstock.

Chapter 17 p. 510 © Disney Enterprises, Inc.; p. 515 © http://www.flickr.com/photos/moe/4568 619; p. 516 © Spectral-Design/Shutterstock; p. 517 © http://www.lg15.com/press/about; p. 518 © http://www.flickr.com/photos/cosmickitty/54030 607; p. 520 © Andresr/Shutterstock; p. 521 © screen image from Second Life; p. 522 © Eoghan McNally/Shutterstock; p. 524 © Mikael Damkier/Shutterstock; p. 525 © Aga & Miko (arsat)/Shutterstock; p. 527 © Rodolfo Arpia/Shutterstock; p. 528 © Marc Dietrich/Shutterstock (upper left); p. 528 © http://www. flickr.com/photo/15468843@N00/3040406743 (upper right); p. 531 © Scott Maxwell / LuMaxArt/Shutterstock; p. 533 © http://www.flickr.com/photos/abbynormy/311328 547/); p. 538 © Getty Images for Nike.

后记　跨越文化鸿沟的学术跋涉

娱乐是什么？这一问题看似简单，实则蕴含着深刻的社会密码。从原始部落的篝火到现代都市的广场舞，从古希腊剧场到今天的数字影院，娱乐以不同的形式贯穿于人类社会的每个发展阶段。在个体层面，它如空气般渗透进我们每个人日常生活的每个间隙，悄然地牵动着我们的喜怒哀乐和情绪脉搏。在社会层面，它已演变为维系现代文明的新型基础设施——庞大的文化产业不仅创造着惊人的经济价值，更推动着技术革新，成为社会发展的重要引擎。

在此，谨向本书作者谢伊·塞尔与辛西娅·金两位教授致以崇高敬意。两位学者以严谨的学术态度构建起这个横跨政治、经济、文化等多维度的研究体系，为我们理解娱乐与社会的复杂关系提供了全景式视角。但读者需注意，本书实为研究美国娱乐生态的样本，其中关于种族、宗教等议题的讨论具有鲜明的美国特色，与我们中国社会和娱乐发展的现实存在诸多不同，我们必须批判地学习与审慎地思考。特别是作者关于"美国媒体传播种族多样性而非文化帝国主义"的论断，显然带有主观立场。在全球化语境下，美国强势的文化输出及其帝国主义的文化策略，早已是国际学界共识。

翻译这部639页的学术巨著，是一场历时四年的文化苦旅。17个章节、800余条索引、1000多篇参考文献，构成了令人望而生畏的知识迷宫。犹记大年初二伏案开工的孤勇，紧锣密鼓的翻译工作带来的压迫感，以及稿纸上密密麻麻的修订痕迹。翻译此书耗尽多少心力，很难用数据去量化，但是那份在繁重任务中艰难前行的感觉刻骨铭心，如同在一个幽深的山洞中凿那座大山，急不得，快不得，只能手拿斧凿，一点一点地凿穿阻碍。横亘在译者面前的不仅是语言屏障，更有文化语境的巨大差异。尽管译者有在美国留学的经历，但是原著中大量本土化的娱乐案例，还有法律条文等都需要逐一考证。这场翻译已超越语言转换的范畴，成为对美国社会文化的深度研习，更是对译者学术耐力与跨文化理解力的严苛考验。此书终于付梓，虽经反复校订，但是精力和才学都有限，疏漏仍在所难免，敬请读者批评指正。惟愿读者能从中感受到译者对学术的敬畏、对原著的尊重，就足以告慰自己的披荆斩棘。

这本译著的完成凝聚着众多师友的心血。首先感谢我的挚友四川外国语大学的宋建华,她在翻译初稿过程中给与我很大的帮助。每每遇到翻译瓶颈,我都向她求助,英语专业出身的宋宋都是倾囊相授,从无婉拒。另外,还要感谢暨南大学新闻与传播学院的晏青教授,他致力于娱乐研究,组织几位同仁翻译这样一套前沿的娱乐研究译丛。他很勤勉,自己带头翻译一部同样重磅的书稿,同时也在一旁不停地鼓励、推动和督促。感谢我门下的研究生们,从2021级入学到现在的在校生,都或多或少参与过译稿的校对工作。有时我们也把一起阅读校对译稿的某一章节作为我们师门的组会学习任务之一,以此保证译稿在一次又一次的阅读和审校中提高准确率和翻译质量。当中有些同学已经顺利毕业走上工作岗位,而且就在腾讯、喜马拉雅等与娱乐相关的行业就职,希望这段学术训练可以助力他们现在的工作,能够给他们提供一个国际比较的视野和纵观全局的学术思辨立场。另外还要特别感谢中国传媒大学出版社编辑部主任曾静娴,相识十多年,我们已经超越编辑与作者的情感,成为感情甚笃的好姐妹,她的鼓励与支持,也是我坚持完成重任的精神动力之一。翻译的工作并不顺利,中途出了很多插曲,都是静娴出面解决各种麻烦,积极推进,才使得此书能够终于下厂付印。同时也要郑重感谢此书的责任编辑裴向敏,感谢她的专业编辑和创意美化,让译稿无论是外观还是内容排版上都很专业精美。最后,将最深沉的谢意献予我亲爱的家人,是他们无条件的支持陪伴我度过这段学术远征,此书的出版印刻着我和家人彼此支持共度难关的时光。

这部译作不仅是文字的转译,更是一次跨越文化鸿沟的学术跋涉。它记录着两国学者在学术研究道路上的执着求索,同时也见证着对待工作认真负责精神的薪火相传。

图书在版编目（CIP）数据

娱乐与社会：影响、效果与创新：第二版 /（美）谢伊·塞尔（Shay Sayre），（美）辛西娅·金（Cynthia King）著；张建敏译 . -- 2 版 . -- 北京：中国传媒大学出版社，2025.5.
ISBN 978-7-5657-3855-5
Ⅰ . C913.3
中国国家版本馆 CIP 数据核字第 2025Z79T89 号

Entertainment and Society: Influences, Impacts, and Innovations, 2nd Edition / by Shay Sayre, Cynthia King
©2010 Taylor & Francis
Authorized translation from the English language edition published by Routledge, a member of the Taylor & Francis Group, LLC. All rights reserved.
本书原版由 Taylor & Francis 出版集团旗下 Routledge 出版公司出版，并经其授权翻译出版。版权所有，侵权必究。
Communication University of China Press is authorized to publish and distribute the exclusively the Chinese (simplified characters) language edition. This edition is authorized for sale throughout Mainland of China. No part of the publication may be reproduced or distributed by any means, or stored in a database or retrieval system, without the prior written permission of the publisher.
本书中文简体翻译版授权由中国传媒大学出版社独家出版并仅限在中国大陆地区销售，未经出版者书面许可，不得以任何方式复制或发行本书的任何部分。
Copies of this book sold without a Taylor & Francis sticker on the cover are unauthorized and illegal.
本书贴有 Taylor & Francis 公司防伪标签，无标签者不得销售。

著作权合同登记号　图字：01-2022-6738

娱乐与社会：影响、效果与创新（第二版）
YULE YU SHEHUI: YINGXIANG、XIAOGUO YU CHUANGXIN（DI-ER BAN）

著　　者	［美］谢伊·塞尔（Shay Sayre）　　［美］辛西娅·金（Cynthia King）
译　　者	张建敏
责任编辑	裴向敏
封面设计	闻江文化
责任印制	李志鹏
出版发行	中国传媒大学出版社
社　　址	北京市朝阳区定福庄东街 1 号　　邮　编　100024
电　　话	86-10-65450528　65450532　　传　真　65779405
网　　址	http://cucp.cuc.edu.cn
经　　销	全国新华书店
印　　刷	唐山玺诚印务有限公司
开　　本	787mm×1092mm　　1/16
印　　张	41.25
字　　数	872 千字
版　　次	2025 年 5 月第 2 版
印　　次	2025 年 5 月第 1 次印刷
书　　号	ISBN 978-7-5657-3855-5　　定　价　198.00 元

本社法律顾问：北京李伟斌律师事务所　　郭建平